Kırmızı Kedi Yayınevi 819

Kırmızı Kedi Yayınevi: 819
Güncel: 34

Sen Kimsin?
Yılmaz Özdil

Yayın Yönetmeni: İlknur Özdemir

Editör: Tunca Arslan
Son Okuma: Merve Çay
Kapak Tasarımı: Füsun Turcan Elmasoğlu
Grafik: Yasemin Çatal

Birinci Basım: Ekim 2017, İstanbul
ISBN: 978-605-298-167-2
Kırmızı Kedi Sertifika No: 13252

Baskı: Pasifik Ofset
Cihangir Mah. Güvercin Cad. No: 3/1 Baha İş Merkezi A Blok Kat: 2
34310 Haramidere/İSTANBUL
Tel: 0212 412 17 77 Sertifika No: 12027

Kırmızı Kedi Yayınevi
kirmizikedi@kirmizikedi.com / www.kirmizikedi.com
www.facebook.com/kirmizikedikitap / twitter.com/krmzkedikitap
kirmizikediedebiyat.blogspot.com.tr
Ömer Avni Mah. Emektar Sok. No: 18 Gümüşsuyu 34427 İSTANBUL
T: 0212 244 89 82 F: 0212 244 09 48

Yılmaz Özdil

SEN KİMSİN?

KIRMIZIKEDİ

Tayyip

"Romen Diyojen batarya batarya, gülle gülle saldırırken, Sultan Alparslan ve askerleri Allah Allah diye saldırıyordu" dedi... 1071'de batarya, top filan yoktu. Barut anca 250 sene sonra toplarda kullanılmaya başlandı.

"İstanbul'un tarihçesini bilmiyorlar, tarih bilseler konuşmaya yüzleri olmaz, öyle elinde mercekle Romen Diyojen gibi dolaşılmaz" dedi... Mercekle dolaşan, hayali roman kahramanı Sherlock Holmes'tü. Mercek yerine fenerle dolaşan Diyojen'in İstanbul'la alakası yoktu, Sinoplu filozoftu. Romen Diyojen desen, zaten mercekle fenerle alakası yoktu, Malazgirt'te esir düşen Bizans imparatoruydu. Üstelik, bir araya getirdiği bu üç isim arasında iki bin sene vardı.

"Kanuni'nin 30 senesi at sırtında geçti" dedi... Kanuni 13 defa sefere çıkmış, toplam 10 sene üç ay seferde kalmıştı. 30 seneye tamamlamak için, sarayda 20 sene at üstünde oturdu herhalde!

"Bizans'ın hanımları Fatih Sultan Mehmet'i karşılarken, başımızda kardinal külahı görmektense Osmanlı sarığı görmeyi tercih ederiz demişlerdir" dedi... O lafı söyleyen, Bizanslı hanımlar değildi. O lafın orijinali, öyle değildi. Söylendiği tarih de 1453 değildi. Her şeye rağmen halimize şükretmeliydi, Bizanslı hanımlar Fatih'i görünce "Cüneyt Arkın da geldi mi?" diye sorabilirlerdi!

"Ankara, Selçuklu başkenti" dedi... Profesör İlber Ortaylı itiraz etti, "Selçuklu başkenti filan değildir, Selçuklu başkenti Konya'dır" dedi. Noolacak şu İlber hocanın cehaleti, bilmiyorum gari!

"Olimpiyatlara adını veren dağ, Antalya'daki Olimpos dağıdır, olimpiyat meşalesinin kaynağı da, Olimpos dağındaki Çıralı'dır" dedi... Olimpos dağı Türkiye'de değil, Selanik'te. Bizdeki Olimpos, dağ değil, carettaların yavrulama alanı. Olimpiyat meşalesinin Çıralı'yla alakası yok, ilk kez 1928'de Amsterdam Olimpiyatı'nda yakıldı.

"Akdeniz, beyaz deniz, White Sea olarak adlandırılır" dedi... Akdeniz'in adı White Sea değil. White Sea, Rusya'nın kuzeyinde.

"Almanların Goethe'si varsa, İspanyolların Sokrates'i var" dedi... Sokrates, İspanyol değil, Yunan. Sokrates'le Cervantes arasında iki bin sene var.

"Yüzde 84 oranında oy kullanıldı, bunun yüzde 47'sini biz aldık, eğer yüzde 100 üzerinden bu hesabı yapacak olursanız, aldığımız oy yüzde 55.4'tür" dedi... Bu hesabı yüzde 100 üzerinden yaparsan, yüzde 115 çıkıyor.

Miting sırasında hıçkırık tuttu, "biliyorsunuz, bizim Karadeniz'de bunun türküsü var, hıçkırık tuttu beni, tuttu da bırakmadı" dedi... O türkünün sözleri öyle değil. Karadeniz değil, Ege türküsü.

"Türkçemizin abideleşmiş şairi Fazıl Hüsnü Dağlarca'nın Sanat isimli şiirini okumak istiyorum" dedi, okudu... O şiir Fazıl Hüsnü Dağlarca'nın değil, Faruk Nafiz Çamlıbel'in.

"Zonguldak'ta üniversite var mıydı, Zonguldak Karaelmas Üniversitesi'ni 2007'de biz kurduk" dedi... Üniversitenin logosunda 1992 yazıyor.

"Arif Nihat Asya'nın Bayrak şiiri var, bayrakları bayrak yapan üstündeki kandır, toprak eğer uğrunda ölen varsa vatandır" dedi... O mısralar Arif Nihat Asya'nın değil, Mithat Cemal Kuntay'ın.

"Sütçü Nine'nin diyarı Kahramanmaraş" dedi... İmam'ı Nine yaptı. Sütçü İmam Kahramanmaraş'ta ama, Nene Hatun tee Erzurum'da. Direndikleri düşman bile farklı.

"Ziya Paşa'nın güzel bir lafı var, eşek ölür kalır eseri" dedi, sonra düzelterek, "pardon pardon, eşek ölür kalır semeri, insan ölür kalır eseri" dedi... Halbuki düzelttiği filan yoktu, o laf Ziya

Paşa'nın değil, Mehmet Akif Ersoy'un.

En son... Kendi yaşadıklarını Hazreti Muhammed'in yaşadıklarına benzetti, "darbeciler bizden önce Dalaman'a gelmişler, uçağa girmişler, bakmışlar çıkmışlar, hani Nur mağarasındaydı değil mi, hani geliyorlar sevgili peygamberimiz, Ebubekir Sıddık ile orada ama, mağaranın kapısını örümcek örüyor, gelip bakıyorlar, burada örümcek ağ ördüğüne göre herhalde buraya kimse girip çıkmamış diyorlar ve müşrikler dönüp gidiyor, şimdi bunlar da bakıyor, uçakta kimseyi görmeyince dönüp gidiyorlar" dedi...

Birincisi, bu anlattıkları Hazreti Muhammed'in yaşadıklarına benzemiyor, çünkü, örümcek olayında Hazreti Muhammed mağaranın içindeyken, asrın liderimiz zaten uçakta yok.

İkincisi, Kuran'ı Kerim'de anlatılan o mağaranın adı, Nur değil, Sevr mağarası... Nur ise, Hira mağarasının bulunduğu dağın adı.

Nur dağındaki Hira mağarasında, Hazreti Muhammed'e gelen ilk vahiy neydi?
Oku!

Okumak lazım.

Recep Tayyip Erdoğan

İstanbul büyükşehir belediye başkanıyken "halkı din ve ırk farkı gözeterek, kin ve düşmanlığa açıkça tahrik etmek suçu"ndan yargılandı, mahkum oldu, dört ay hapis yattı, siyasetten men edildi. Sayın ahalimiz, bu sicile ve yukardaki bilgi birikimine sahip olan RTE'yi milletvekili seçti, başbakan seçti, cumhurbaşkanı seçti, yetmedi, rejimi değiştirmeye evet deyip, tek adam seçti, asrın lideri ilan etti.

Abdullah

Abdullah Gül'ün cumhurbaşkanlığı adaylığı açıklandığında, fitre beş liraydı.

Dindar cumhurbaşkanımız, yedi sene zarfında 750 milyon liracık harcadı. Çankaya Köşkü'ndeki son sene bütçesi 169 milyon liracıktı. Günlüğü 463 bin liraya geliyordu. Her gün 463 bin lira... Bi ara mesele oldu, çok para harcıyor bu denildi. Şak, cumhurbaşkanlığından açıklama yapıldı, "görev süremizin ilk altı ayında iddia edildiği gibi çok masraf yapılmadı, sadece 20.196 bin YTL harcama yapıldı" denildi. Yani? Yeni parayla 20 milyon lira, eski parayla 20 trilyon lira diyeceklerine "20.196 bin" denilmişti!

Abrakadabranın böylesi görülmemişti.

Dindar cumhurbaşkanımız, bismillah ilk icraat, kızını evlendirdi. İstanbul Gösteri ve Kongre Merkezi'ndeki mütevazı (!) düğüne üç bin davetli katıldı, altı bin polis nöbet tuttu, şarkıcı Kıraç özel beste yaptı, nikah sırasında o çalındı, tavandan ışık şelaleleri döküldü. Takılar desen... Derishow'un hazırladığı torbalarla toplandı.

Dindar cumhurbaşkanımızın oğlu, bizim gibi gerizekalı değil, akıllı çocuk, henüz 14 yaşında sigortalı oldu, Ankara Ticaret Odası'na kaydını yaptırdı, henüz 15 yaşındayken ticaret hayatına atıldı, bardakta mısır işine girdi, Ankara'daki alışveriş merkezlerinde yer açtı. Dindar cumhurbaşkanımız "oğlum Bill Gates'i örnek alıyor, finansörü annesi" dedi. Bill Gates'i mısır toptancısı zanneden sayın ahalimiz, alkışladı. Bu akıllı çocuk, geçenlerde ABD'de diploma aldı, mezuniyet törenine giden dindar cumhurbaşkanımız, geceliği 14 bin lira olan otelde kaldı. Dört gece kaldı, fatura 56 bin liracıktı. Ama merak etmeyin, kahvaltı dahildi.

Dindar cumhurbaşkanımız George Clooney'nin ikizi gibiydi! Hani belki merak ediyorsunuzdur, ilk defa kim benzetmişti diye... Yalaka medyamızın günahı yoktu. Köprü, tünel, boru hattı ihalelerini kovalayan İtalyanların işiydi. Tarihte ilk defa, İtalyan dergisi *Panorama* "Boğaz'ın George Clooney'i" başlığıyla tanıtmıştı. Allah bereket versin, malı acayip götürdüler Türkiye'den... Bilahare, İngiliz dergileri Tayyip Erdoğan'ı Sean Connery'e benzetti ama, artık çok geçti.

Dindar cumhurbaşkanımızın babasını "yılın ahisi" seçtiler. Adamcağız 62 yıldır tornacıydı, seçmemişlerdi, oğlu cumhurbaşkanı oldu, şırrak, yılın ahisi seçtiler.

Dindar cumhurbaşkanımızın eşi, first leydimiz, Dolmabahçe Sarayı'nı gezerken, padişahların kullandığı koltuk, sehpa gibi 35 parça tarihi eseri beğendi, fotoğraflarını çektirdi, Çankaya Köşkü'ne gönderilmelerini istedi. Hır çıktı. "Orası mobilya mağazası değil, müze" denildi. "İyi ki Topkapı'yı gezmedi, kaşıkçı elması'nı da isteyebilirdi" denildi. First leydimiz kırıldı, küstü. E haklı tabii... Hakikaten yaranılmıyor bu millete yani... Tarihi eserlerin transferinden vazgeçildi.

Halbuki... First leydimizin tadilat krizi sırasında, dindar cumhurbaşkanımızın genel sekreteri bizzat TBMM'ye gelerek izah etmişti. Ömer Seyfettin'in Pembe İncili Kaftan'ından örnek vermiş, bu tür tadilatların "psikolojik etkisi" olduğunu, masraf olarak görülmemesi gerektiğini, devletimizin büyüklüğüne yakıştığını söylemişti. Helali hoş olsun, bu mantıklı izahat (!) benim içime sinmişti.

İncili kaftan filan deyince, aklıma geldi... Varlığıyla onur duyduğumuz sayın cumhurbaşkanımız Ahmet Necdet Sezer, kendisine hediye edilen 1243 parça hediyenin 1243'ünü de Çankaya'da bıraktı. Koliye doldurup, evine götürmedi. Dindar cumhurbaşkanımıza neler neler hediye edildiği ise meçhul.

Dindar cumhurbaşkanımız 72 ayrı ülkeye, 114 defa yurtdışına gitti, devletimiz için kendini hırpaladı, New York Central Park'ta yürüdü, sokak ressamına portresini çizdirdi, Gabon sahillerinde çıplak ayakla dolaşıp resmi temaslarda bulunurken balıkçı Ayao Nyavor'la sohbet etti, Kenya'da safariye çıktı, zürafa fotoğrafı çekti. First leydimiz çita'ları sevdi, Boston'da Hermes'ten alışveriş yaptı, Washington'da Cafe Milano'da ıstakozlu makarna yedi, tabağı 45 dolarcıktı, ıstakozlu makarna haberini basına sızdıran Türk garson derhal işinden atıldı.

Ve, Tayyip Erdoğan'ın adaylığı açıklandı.
Fitre 10 lira.

Bana sorarsanız, asrın liderimiz, dindar cumhurbaşkanımızı hiç aratmaz, hatta beş basar... 2023'te su içinde 15 lira olur.

Yaşadı gene yani garibanlar.
Cümleten hayırlı çankayalar.

Abdullah Gül

Refah Partisi'nden ve Fazilet Partisi'nden milletvekili oldu, her iki parti de laiklik karşıtı eylemlerin odağı olduğu için kapatıldı, Akp'nin kurucusu oldu, Akp de laiklik karşıtı eylemlerin odağı ilan edildi. Kaderin cilvesi... Daima cumhuriyet ilkelerine aykırı partilere mensuptu ama 29 Ekim Cumhuriyet Bayramı doğumluydu! Siyasete Necmettin Erbakan sayesinde girdi, Erbakan siyasi yasaklıyken, fırsat bu fırsat, Fazilet Partisi'nin genel başkanı olmaya çalıştı, beceremedi, seçilemedi, Tayyip Erdoğan'la birlikte Akp'yi kurdu, Tayyip Erdoğan siyasi yasaklıyken, fırsat bu fırsat, onun yerine başbakan oldu, Tayyip Erdoğan 2007'de cumhurbaşkanı olmaya cesaret edemedi, fırsat bu fırsat, onun yerine cumhurbaşkanı oldu, her zaman Tayyip Erdoğan'ın gölgesindeydi ama hep bir adım öndeydi, seçimleri hep Tayyip Erdoğan kazandı, koltuğa hep Abdullah Gül oturdu. Dışişleri bakanı, başbakan ve cumhurbaşkanıyken, fetocuları korudu kolladı. 15 temmuz darbe girişiminden sonra, TBMM darbe komisyonuna "cemaatle hiç ilişkim olmadı, kayda değer bilgi sahibi değilim" dedi ama... Yurtdışındaki feto okullarına destek verilmesi, himaye edilmesi, protokole dahil edilmesi, tanıtılması için, büyükelçilerimize talimat veren, resmi genelge gönderen bile kendisiydi.

Bülent

50 metrekarelik bir oda, retina taramasıyla giriliyor, 17 haneli kapı şifresi üç günde bir değiştiriliyor, sadece genelkurmay başkanı, kuvvet komutanları ve burada görevli 12 subayın girebilme yetkisi var, kamuoyunda kısaca "kozmik oda" olarak biliniyor.

50'li yılların başında NATO talimatıyla Seferberlik Tetkik Kurulu oluşturulmuştu. Türkiye işgal edilirse, kendi topraklarımızdaki direnişi örgütleyecek olan birimdi. Barış zamanında silahı, mühimmatı, insan gücünü temin edecek, işgal olursa, bunları devreye sokacaktı. Sovyetler dağılınca, Soğuk Savaş sona erdi, gene NATO talimatıyla, Seferberlik Tetkik Kurulu lağvedildi.

Artık gerek yok denildi. ABD'nin isteğiyle kurulmuş, ABD'nin isteğiyle kaldırılmıştı.

90'lı yılların başında "ulusal tehdit algısı" değişti, Türkiye Cumhuriyeti devleti kendi göbeğini kendisi kesmeye karar verdi. Silahlı kuvvetlerini yeniden yapılandırmaya başladı. Seferberlik Dairesi'ni Özel Kuvvetler Komutanlığı'na bağlı olarak yeniden kurdu.

Görevi neydi?
Memleket işgal edilirse, Türk silahlı kuvvetleri herhangi bir sebeple çökerse, özgürlük direnişini örgütleyecekti.

Bu amaçla, kritik şehirlerde seferberlik bölge başkanlıkları tesis edildi. Kısaca "kozmik oda" olarak bilinen yer, bunlardan biriydi.

Ordunun silah depoları, cephanelikleri imha edilirse, gizlenmiş sivil depoların adresleri kimlerde olacak? Havaalanları zarar görürse, hangi şehirlerarası yollar pist olarak kullanılacak? İşgalcilerin ilerlemesini engellemek için hangi demiryolları havaya uçurulacak, hangi viyadükler patlatılacak? Bölgeyi bataklığa çevirmek için hangi barajların kapakları açılacak? Kozmik odada bunların planları vardı.

Kimlerin teknesi, hangi balıkçı barınakları kullanılacak? Hangi kahvehane, hangi park, hangi bakkal... Mazotu nereden alacağız? Adresler, kapı numaraları, kodlar... Yaralananlar olacak, hastaneye gidemezsin, hangi doktorlar gizli ameliyatlar için yeraltına inecek, hangi eczacılar ilaç temin edecek? Elektrik kesik, telefon yok, hangi taksici, hangi çiçekçi kuryelik yapacak? Hangi mühendis, hangi mimar, hangi avukat hangi işe yarayacak? Senin o kırtasiyeci zannettiğin, mobilyacı zannettiğin, aslında kim? Vatan için hayatını ortaya koyacak olan sivil kahramanların isim isim listesi vardı.

(Dombıra söylemekle olmuyor bu işler.)

Kozmik oda...
Nefsi müdafaaydı.
Kuvayi milliye'ydi.

Bülent Arınç... İşte bu kozmik odanın kapısını kırıp, bu milletin kuvayi milliyesini imha etmek için kullanılan levyeydi.

Suikast ayağıyla, kozmik odaya 1.5 terabaytlık bilgisayar hafızasıyla daldılar, 125 milyon word sayfası ebatında devlet sırrı çaldılar.

Fetocular Bülent Arınç levyesiyle girdikleri kozmik odayı talan ederken, Bülent Arınç hâlâ alay ediyor, "kozmetik oda" diyordu.

Atatürk dahil tüm cumhurbaşkanlarımız sanki dinsizmiş gibi "dindar cumhurbaşkanı seçeceğiz" diyordu, feto mahkemeleri inşa edilirken gevrek gevrek gülerek "kurban olduğum Allahım, verdikçe veriyor" diyordu, fetocu savcı adliyeyi basıp, başsavcı İlhan Cihaner'i tutuklarken, fetocu savcıyı eleştirenlere tükürüyordu, "adliye basıldı diyorlar, buna baskın denir mi, tuuu size" diyordu, Onuncu Yıl Marşı'nı duyduğunda "asabım bozuluyor, kapatın şunu" diyordu, sırf Mustafa Kemal'i hatırlatıyor diye Vardar Ovası türküsüne bile kafayı takıyordu, bebek katili apo için "namazında niyazında masum bir çocuk" diyordu, kendisi gibi düşünmeyen özgür kadınlara "pornocu" diyordu, muhalefet partisinin kadın milletvekiline "yaratık" diyordu, "bir kadın olarak sus" diye bağırıyordu, kahkaha atan kadınlara "iffetsiz" diyordu, laik eğitime saldırıyor, "çok şükür satanist olanlar, memleketi soyanlar imam hatipten yetişmedi" diyordu, madalyalı kahramanlarımız asrın iftirasıyla hapislere tıkılırken, kahırdan canlarına kıyarlarken "Türkiye bağırsaklarını temizliyor" diyordu.

Tek başına hükümet olmanın şımarıklığıyla, cumhuriyet değerlerine hakaret ediyordu, Atatürk devrimlerinin kendisine tanıdığı imkanları, Atatürkçüleri aşağılamak için kullanıyordu, hukukçu olmasına rağmen, dinciliği yüceltiyor, eğitimli olmasına rağmen, lümpen küstahlığını cesaretlendiriyordu, güya edepten ahlaktan dem vururken, daima belden aşağı vuruyordu.

Boş süt şişesi gibi kapının önüne konuldu.

Şimdi çıkmış, cemaat beni kullanmış olabilir filan diyor.

İnsanın kendisini bu kadar kaybetmesi için "iktidar sarhoşu" olması yetmez... "İktidar ayyaşı"ydı bunlar!

Bülent Arınç

TBMM demek, 23 Nisan demek ama... TBMM başkanıyken, fetocular tarafından 23 Nisan'ın yerine monte edilmeye çalışılan Türkçe olimpiyatını himayesine aldı, ilk o başlattı, cemaatin hamisiydi, fetonun bir numaralı şakşakçısıydı, Atatürkçülere yönelik aşağılayıcı ve alaycı sözleri nedeniyle Akp medyası tarafından yere göğe sığdırılamıyordu. Akp'yle cemaat kapışınca, aynı Akp medyası tarafından "Manisalı Lawrence, cüppeli bülo, siyasi cenaze, paralel hain" manşetleriyle linç edildi. Bir zamanlar kendisine "abi" diyen Tayyip Erdoğan, telefonlarına bile çıkmaz oldu, ismi bile söylenmiyor, "o zat" diye bahsediliyordu. Laik'lerle alay ediyordu, layık'ını buldu!

Feto

Din Baronu'nun Kazları...
Bir kitap bu.

Hikmet Çetinkaya yazdı.
Tee 1997'de.

Din baronu, feto.

"Peki ya kazlar?" diye merak ediyorsanız... Feto'nun çocukluğunda kazları varmış, feto onları çok severmiş, bir gün bu kazlar Necip ağa ismindeki komşularının tarlasına girmişler, Necip ağa kızmış, kazları dövmüş, kiminin ayağı kırılmış, kiminin gözü çıkmış, feto'nun içi sızlamış, fakat komşusuna saygısı gereği tek kelime etmemiş, aradan çok geçmemiş, havada bir bulut belirmiş, Necip ağanın tarlasına öyle bir dolu yağmış ki, tarlada bahçede ne var ne yok götürmüş, feto hayret içinde kalmış, çünkü köyde başka hiçbir yere dolu yağmamış.

Feto bu kazları anlatıyor, etrafındaki kazları inandırıyordu!

Hikmet Çetinkaya, feto'nun bu tür palavralarını sıralayıp, sinsi sinsi örgütlendiğine dikkat çekip, *Din Baronu'nun Kazları*'nı kaleme aldığında... Türkiye'nin henüz fetodan metodan haberi bile yoktu.

Şeriat Pazarı'nı yazdığında 1997'ydi.
İrtica'nın Kara Yüzü'nü tee 2002'de yazdı.
Fethullah Gülen'in 40 Yıllık Serüveni'ni yazdı, 2004'te... *Fethullah Gülen'in 40 Yıllık Serüveni*'nin ikinci cildini yazdı, 2005'te.

Kuzu Postunda Kurt'u yazdı.
Soros'un Çocukları'nı yazdı.
Dinci Kuşatma'yı yazdı.
Tarikat Kampları'nı yazdı.
Yobaz ve Hokkabaz'ı yazdı.
Amerikan Mızıkacıları'nı yazdı.
Fethullah Gülen, ABD ve AKP'yi yazdı.

(Hani senin çocukluğunu bilirim derler ya... Rahmetli babamın arkadaşı Hikmet Çetinkaya'yı hakikaten çocukluğumdan beri tanırım, üzerimde hakkı vardır, benim gibi İzmir'den yetişen gazeteciler için rol modeldir, bu mesleği yapıyorsak, değerli büyüğüm Hikmet Çetinkaya gibilerini örnek alarak yapıyoruz.)

Tee 2000 senesinde aynen şunları yazdı...
"Fethullahçılar sahte raporlarla askeri okullara giriyor, Fethullahçılar müritlerini Meclis'e taşıyor, vali, kaymakam, polis müdürü oluyorlar, korunup kollanarak Türk Silahlı Kuvvetleri'ne sızıyorlar, Akyazılı Vakfı'nın Maltepe Askeri Lisesi'ndeki örgütlenme biçimine şaşarsınız, askeri lise öğrencilerini 'laik devleti yıkacağız, sizden olmayan subayları ordudan temizleyeceksiniz' diye eğitiyorlar, Maltepe Askeri Lisesi'nden atılan Fethullahçı öğrenciler dönemin başbakanı Turgut Özal tarafından yatay geçişle Anadolu liselerine sınavsız alındı. Fethullah Gülen'in tek amacı var, Türk Silahlı Kuvvetleri'nde iyice örgütlenip, askeri darbeyle devleti ele geçirmek... Fethullah Gülen askeri darbe planı yapıyor."

Tee 2000 senesinde...
Kabak gibi ortaya koydu.
Olacakları aynen böyle yazdı!

Feto'ya "Türkiye'nin övüncü" diyen, "vizyoner lider hocaefendi" diyen, "benim ümidim Fethullah Gülen okulları" diyen, "demokrasi kıvılcımı" diyen şarlatanları, yandaş medyaya başyazar yapacaksın...
"Fethullah Gülen bin yılın Türk büyüklerinden biridir,

Shakespeare gibi evrenseldir" diyen, "Türk rönesansını başlatan mucize" diyen, "Fethullah Gülen hareketine yönelik düşmanca tavırları hiçbir vicdan sahibi onaylamaz" diyen, "Fethullah Gülen vatan hasretiyle dışarda yaşıyor, ona karşı yapılanlar cezasız kalmayacak" diyen, "ceviz kadar beyni olanlar hocaefendi'nin büyüklüğünü anlayamaz" diyen, "hocaefendi barışçı, nazik, çok naif bir insan" diyen, Pensilvanya'ya gidip el etek öpen yalakaları, yandaş medyaya yazar yapacaksın...

Tee 2000 senesinde bangır bangır "feto darbe planı yapıyor" diyen Hikmet Çetinkaya'yı, feto operasyonuyla gözaltına alıp, hapse tıkmaya çalışacaksın!

Özetle... Hikmet Çetinkaya hayatı boyunca ne anlatmaya çalışıyorsa, tam olarak o oluyor!

Fethullah Gülen

1999'da ABD'ye kaçtı, 2006'da kalıcı oturma izni için başvuruda bulundu. Kimin kuklası olduğunu kavrayabilmek için, kendisine referans mektubu verenlerin kim olduğuna bakmak yeterliydi... CIA görevlisi Graham Fuller, CIA görevlisi George Fidas, ABD Ankara Büyükelçisi Morton Abramowitz, Rum Ortodoks Kilisesi'nin ABD temsilcisi Alexander Karloutsos, ABD dışişleri bakanlığında çalışan, ABD'de İslami dernekler kurup yöneten, Georgetown Üniversitesi profesörü John Esposito, İsa'nın Birleşik Kilisesi'ne bağlı Elmhurst College'ın başkanı Paul Parker, Evanjelik Lutheran Kilisesi piskoposu Floyd Schoenhals, Georgetown Üniversitesi Dinlerarası Girişimler Kürsüsü başkanı, Washington'da "barış için uluslararası namaz" toplantısı organize eden John Borelli, İbrani araştırmalar profesörü James Bowley, Rice Üniversitesi Dini Hoşgörü Merkezi başkanı Jill Carroll, Protestan Baptist Üniversitesi öğretim üyesi David Capes, Kaliforniya Üniversitesi kampüs papazı Terry Mathis, papaz Loye Ashton, papaz Thomas Michel... Bu kitabın yayımlandığı Ekim 2017 itibariyle hâlâ ABD'deydi, kimin koruyup kolladığı gayet netti. Ayrıca... 15 Şubat 1999'da Abdullah Öcalan Türkiye'ye teslim edildi, sadece bir ay sonra, 21 Mart 1999'da Fethullah Gülen ABD'ye uçtu. Açılım sürecinde İmralı'da Hdp heyetiyle görüşen Abdullah Öcalan, bu durumu şöyle izah ediyordu: "Cemaatin merkezi ABD'dir, benim buraya alınmamla birlikte Fethullah da ABD'ye alındı, Nur hareketini inceleyin, saidi nursi eski Nurs köyündendir, eski bir Ermeni köyüdür, Fethullah Gülen ABD'de yaşıyor, 120 devlette okul açmış, para nereden, Florida kontrgerillanın eski merkezidir, Türkeş ve Latin Amerika'daki kontrgerilla orada yetiştirildi, yeni merkez Utah'tadır, Emre Uslu vesaire orada yetiştirildi, sağda ve solda örgütleri kontrgerilla ele geçirdi."

Necdet

Sene 2010...
Yüksek Askeri Şura'ya bir hafta kala 28'i general-amiral, 102 muvazzaf subay hakkında yakalama kararı çıktı. Ne tesadüftür ki, yakalama kararı çıkarılan subayların tamamı, terfi listelerinde birinci sıradaydı. Akp yandaşı *Yeni Şafak* gazetesi "genç subaylar Balyoz'dan rahatsız" manşeti attı. Haberin spotunda "Balyoz sanıkları rütbelerini koruduğu için, Yüksek Askeri Şura'da terfi bekleyen subayların rahatsız olduğu" belirtiliyordu. Yani... Bugün "fetocular bizi kandırmış" filan diyorlar ama, o gün açıkça fetoculara çalışıyor, "Balyoz sanıklarının hepsini ordudan ihraç edin" diyorlardı.

Yüksek Askeri Şura bu baskıyla başladı. Kuvvet komutanlıklarının görüşüleceği gün, şırrak... Kara kuvvetleri komutanı olmasına kesin gözüyle bakılan Birinci Ordu Komutanı Hasan Iğsız "acil" koduyla, Ergenekon'dan ifadeye çağrıldı. İmzasız ihbar mektubu savcılığa 10 ay önce gelmişti ama, acilen ifade çağrısı 10 ay sonra, tam Yüksek Askeri Şura'ya denk gelmişti! Yandaş medya "Ergenekoncu" manşetleri attı. Tayyip Erdoğan zart diye veto etti, Hasan Iğsız zurt diye emekliye sevkedildi, tasfiye edildi.

Necdet Özel jandarma genel komutanı yapıldı. Jandarma genel komutanı Atilla Işık, kara kuvvetleri komutanlığına kaydırılacaktı. Tarihi protesto gerçekleşti... Atilla Işık, Hasan Iğsız'ın tasfiye edilmesini, onun yerine kendisinin oturtulmasını kabul etmedi. Emeklilik dilekçesi verdi, bıraktı. Hasan Iğsız'ı imha edelim derken, teamüller bozulmuş, komuta kademesi allak bullak olmuştu.

Akp yandaşı medyada ve cemaat medyasında tuhaf bir telaş başladı.
"Necdet Özel'in önü kesiliyor" yorumları yapılıyordu.
Çünkü... Atilla Işık bırakınca, Necdet Özel'in kara kuvvetleri komutanlığına atanma ihtimali doğmuştu. E ne var bunda

derseniz? Şu vardı... Işık Koşaner genelkurmay başkanı oluyordu, üç sene görev yapacaktı, Necdet Özel kara kuvvetleri komutanı olursa, iki sene görev yapacaktı. Böylece... Necdet Özel iki sene sonra, genelkurmay başkanı olamadan emekliye ayrılmak zorunda kalacaktı. Yandaş ve cemaat medyasının telaşı buydu. Her akşam televizyon ekranlarına çıkıp "Necdet Özel'in önü kesiliyor" diye anlatıyorlardı. Necdet Özel'i pek seviyorlardı.

Netice?
Erdal Ceylanoğlu kara kuvvetleri komutanı yapıldı, terfi sırasında Ceylanoğlu'nun önünde yer almasına rağmen, Necdet Özel jandarma'da kaldı, yeniden genelkurmay başkanlığı yolu açılmış oldu.

Sene 2011...
Yüksek Askeri Şura'ya iki gün kala, gene kriz çıktı. Ege ordu komutanı, genelkurmay istihbarat başkanı, genelkurmay adli müşaviri ve Hasan Iğsız hakkında yakalama kararı çıktı.

Cumhuriyet tarihinde bir ilk yaşandı. Genelkurmay başkanı Işık Koşaner, kara kuvvetleri komutanı, deniz kuvvetleri komutanı, hava kuvvetleri komutanı istifa etti. Necdet Özel hiç istifini bozmadı, koltuğunda oturmaya devam etti. Genelkurmay başkanı olabilmesi için, kuvvet komutanlığı yapmış olması gerekiyordu, jandarma genel komutanları kuvvet komutanı sayılmıyordu. Ne yapıldı? 23 Nisan çocukları gibi, bir günlüğüne kara kuvvetleri komutanı yapıldı, ertesi gün genelkurmay başkanı yapıldı. İttire kaktıra, amaca ulaşılmıştı.

Bismillah ilk iş... Yüksek Askeri Şura'nın oturma düzeni değiştirildi. Eskiden, genelkurmay başkanıyla başbakan, masanın başında, yan yana otururlardı. O gün, Tayyip Erdoğan masanın başına tek başına oturdu. Necdet Özel kenara oturdu.

Sonra?

Genelkurmay'ın ev sahipliğinde yapılan geleneksel 30 Ağustos resepsiyonu, Necdet Özel döneminde, Akp'nin cumhurbaşkanına devredildi.

Necdet Özel döneminde, Türkiye'nin dinleme ve istihbarat konusunda en donanımlı kurumu, Genelkurmay Elektronik Sistemler Komutanlığı, tüm teçhizatıyla birlikte MİT'e devredildi.

Genelkurmay başkanlığı resmi internet sitesindeki "Anıtkabir ziyaretçi sayısı" bölümü... Yani, Anıtkabir'i gün gün kaç kişinin ziyaret ettiğini gösteren istatistik, Necdet Özel döneminde kaldırıldı.

Harp Akademileri Komutanlığı'nın mezuniyet töreninde, tarihte ilk defa, Necdet Özel döneminde iftar verildi.

Akp ve cemaat gazetecileri, asrın iftirasına uğrayan subaylarımıza açık açık "rezil, ahlaksız, tecavüzcü, kepaze, iğrenç, pislik, kafatasçı, namussuz, vatan haini, lekeli, onursuz, katil, dinsiz" dedi. Bunlara gıkını bile çıkarmayan Necdet Özel, varlığıyla onur duyduğumuz Bekir Coşkun'a "hakaret davası" açtı.

Necdet Özel döneminde savaş uçağımız düşürüldü, pilotlarımız şehit oldu, Necdet Özel "savaş çıkaracak halimiz yok herhalde" dedi.

Cephanelik patladı, 25 şehidimiz henüz morgda yatarken... Akp valisi "tanıtım potansiyeli olan popüler kişi" dediği Necdet Özel'e törenle sucuk hediye etti, Necdet Özel objektiflere poz vererek sucuğu aldı.

Necdet Özel döneminde, askeri üssümüzden bayrak indirildi.

Necdet Özel döneminde, Mahsum Korkmaz heykeli dikildi.

Necdet Özel döneminde, şehit babası hapse mahkum edildi.

Necdet Özel döneminde, Libyalıları, Yemenlileri, Mısırlıları, Suriyelileri ambulans uçaklarla Türkiye'ye getirip, özel hastanelerde tedavi ettirdiler, kendi şehitlerimizin cenazelerini kamyonet kasasında taşıdılar, gazilerimizi evlerine şehirlerarası otobüslerle gönderdiler, gazilerimiz otobüs biletlerini kendi cebinden ödedi.

Necdet Özel döneminde bedelli çıkarıldı, ensesi kalınsa canı sağolsun, garibansa vatan sağolsun haline getirildi.

Necdet Özel döneminde, Necdet Özel'i eleştiren generallerin, hatta o generallerin eşlerinin orduevlerine girişi yasaklandı. Herkes Suudi kralının Tayyip Erdoğan'la Abdullah Gül'e taktığı madalyayı konuşuyor ama, Suudi kralı aynı madalyadan Necdet Özel'e de taktı. Üstelik... Necdet Özel'e nazar değmesin diye "Maşallah" isimli at hediye etti.

17/25'te bakanların kendisi bile kabul ettiği halde... Necdet Özel çıktı, "bakan çocuklarının evine dışardan para sayma makinesi yerleştirildiğini, sanki orada bulunmuş gibi bir hava yaratıldığını" söyledi.

Necdet Özel döneminde vatan toprağı terkedildi, Süleyman Şah Türbesi'ndeki boş sandukalar tanka yüklendi, götün götün kaçıldı.

İmralı'yla muhabbet edilmesine sesini çıkarmayan Necdet Özel, Hasdal'da söyledikleri afişe edildiği için, CHP'yi mahkemeye verdi.

Necdet Özel döneminde, PKK tanık oldu, TSK sanık oldu, genelkurmay başkanı terörist ilan edildi.

Amerika Birleşik Devletleri ikinci dünya savaşında Avrupa'dan Afrika'ya Atlantik'ten Pasifik'e kadar yerkürenin her yerinde savaştı, 45 general-amiral kaybetti. Türkiye Cumhuriyeti devleti, Necdet Özel döneminde, mermi sıkmadan, 58 general-amiral kaybetti.

Necdet Özel döneminde ilaç için bir tane fetocu bile ordudan atılmadı, 122 Atatürkçü subayın general-amiral olma hakkı elinden alındı, 237 Atatürkçü subay, darbeci-casus diye tasfiye edildi.

Bir savaş gemisi üç senede inşa ediliyor, buna kumanda edecek subay 15 senede yetişiyor. Necdet Özel döneminde donanma imha edildi.

Bir pilot anca 11 senede harbi pilot olabiliyor, senede anca 25 savaş pilotu yetişebiliyor. Necdet Özel döneminde 350 civarında savaş pilotumuz yazıklar olsun dedi, hava kuvvetlerinden istifa etti.

Necdet Özel döneminde "bunlar en başarılı" denilerek terfi ettirilenlerin, general-amiral yapılanların yüzde 70'i fetocu çıktı!

Genelkurmay deniyor...
Özelkurmay başkanıydı.
Üç günlük ikbal uğruna dut yemiş bülbül gibiydi.
Şimdi ötüyor.
"Yüreğim yanıyor, milletten özür dilememiz gerekiyor, millet hepimizi affetsin" falan diyor.

Millet affeder mi, bilmem ama...
Tarih affetmeyecek necdet bey.

Necdet Özel

Mete Han'dan başlayarak, iki bin iki yüz senelik Türk askeri geleneğinde böyle komutan görülmedi. Dört sene genelkurmay başkanlığı yaptı, sadece dört senede, 22 asırlık sistem imha oldu.

Hulusi

Ilık bi bahar akşamıydı...
Ankara'daki ABD elçiliğinin bahçesindeki koltuklarda seçkin misafirler oturuyordu. Sinema perdesi kurulmuş, ışıklar kapatılmıştı. Celal Bayar, Adnan Menderes, iktidardaki demokrat parti'nin bakanları, ellerinde kadehler, suratlarında gururlu bi gülümseme, film seyrediyorlardı. Başrolde, cumhurbaşkanımız vardı. Eisenhower çağırmış, Celal Bayar da, İngiltere'den yola çıkan Mauritania gemisine binerek, ABD'ye varmıştı. Ike lakabıyla tanınan general başkan, bizim cumhurbaşkanına Beyaz Saray'da yemek yedirmiş, burada yaptığı konuşmada "Türk milletinin istikbalini alakayla takip etmemiz gerekiyor" demişti. Sonra "hadi gez dolaş biraz" diyerek, altına özel uçağını vermiş, New York, San Francisco, Los Angeles, Chicago, Las Vegas, tam bir ay, 24 eyaleti avantadan gezdirmişti. Yüce Türk basını "reisicumhurumuz el üstünde tutuldu, baştacı yapıldı" manşetleri atmıştı. Reisicumhurumuz İstanbul ve Ankara'da davul zurnalarla karşılanmıştı. ABD'nin o zamanki Ankara elçisi Avra Warren, bu seyahati siyah-beyaz kaydetmiş, bahçeye sinema perdesi kurmuş, alayını toplamış, ışıkları kapatmıştı. "The film" böyle başlamıştı.

Çok sürükleyici olan bu filmin, başbakanımız ve bakanlarımız tarafından en çok alkışlanan sahnesi, madalya töreniydi. Başkan Eisenhower, bizzat kendi elleriyle reisicumhurumuzun göğsüne madalya takıyordu. Seyredenlerin göğsü kabarıyordu.

The legion of merit'ti. ABD liyakat lejyonu madalyası'ydı. "Üstün hizmetlerinden ötürü övgüye layık görülen kişi"lere takılıyordu.

Karşı devrimci demokrat parti, Kore'ye asker göndermiş, Nato'ya girmiş, İzmir'e Landsoutheast'i kondurmuş, İncirlik'i vermiş, Türkiye'yi ABD'nin kucağına oturtmuştu... Üstün hizmetlerinden (!) ötürü Celal Bayar'a madalya takmayacaklardı da, kime takacaklardı?

Sonra...
Kenan Evren'e taktılar.

CIA'in "bizim çocuklar"ıydı. Darbe yaptı, solcuları astı, ülkücüleri astı, 1982 anayasasıyla temel hak ve özgürlükleri budadı, sol siyaseti yok etti, toplumsal örgütlenmeyi dincilere teslim etti, piyasa ekonomisine eklemliyorum ayağıyla Türkiye'yi "pazar" haline getirdi. Ronald Reagan çağırdı, aferin dedi, the legion of merit taktı.

Sonra...
İsmail Hakkı Karadayı'ya taktılar.

İrticaya karşıymış gibi görünüp, AKP'nin önünü açmak için mıntıka temizliği yapan, Tayyip Erdoğan'ı iktidara taşıyan 28 Şubat'ın, genelkurmay başkanıydı. 1997 yılında 28 Şubat süreci başladı, 1998'de Pentagon'a çağırıp, liyakat lejyonu madalyası taktılar.

Sonra...
Hilmi Özkök'e taktılar.

Cumhuriyet'in kırılma noktasında, 2002 senesinde, Akp iktidara gelmeden altı ay önce, henüz kara kuvvetleri komutanıyken taktılar. Buna niye taktılar acaba diye düşünüyorduk ki... Kasaptaki ete soğan doğramam deyince, anladık! Kendi dönemine ait yalan belgelerle, ordumuzu tek kurşun sıkmadan hapse tıktılar, Hilmi bey hiç oralı olmadı, darbe girişimi var da diyemem yok da diyemem dedi. E hal böyleyken, göğsüne odun köftesi takacak değillerdi tabii.
Sonra...
Yaşar Büyükanıt'a taktılar.

Ona da Hilmi bey gibi, henüz kara kuvvetleri komutanıyken taktılar. Peki buna niye taktılar acaba diye düşünüyorduk ki...

27 Nisan e-muhtırası'yla akp'nin oylarını patlattı, bilahare, Tayyip Erdoğan hükümeti tarafından kendisine "şeref madalyası" takıldı!

En son...
Hulusi Akar'a taktılar.

Kafamıza çuval geçirdiklerinde, liyakat madalyalı Hilmi bey genelkurmay başkanıydı, liyakat madalyalı Yaşar bey genelkurmay ikinci başkanıydı, Hulusi beye de liyakat madalyasını kafamıza çuval geçiren arkadaş taktı!

Celal Bayar kimse...
Kenan Evren kimse...
Hilmi Özkök kimse...
Bu isimler size neyi çağrıştıyorsa...
Hulusi Akar da odur.

Peş peşe dizilen, aynı tespihin tanesidir.

Hulusi Akar

Bu yazıyı Ağustos 2015'te yazmıştım, tam bir sene sonra, 15 Temmuz 2016'da darbe girişimi yaşandı. The legion of merit tesadüfü (!) gene denk gelmişti yani... Kayseri'den Abdullah Gül'ün lise arkadaşıydı, kindar nesillerin teorisyeni Necip Fazıl Kısakürek'le hatıra fotoğrafı vardı, siyasal İslamcı edebiyatçı Nuri Pakdil'i evinde ziyaret etti, Atatürkçülere küfür yağdıran dinci gazeteci Hasan Karakaya'nın ölümü üzerine "yeri doldurulamaz" diyerek taziye mesajı yayınladı. Kuleli Askeri Lisesi'nin, Heybeliada Deniz Lisesi'nin kapatılmasına, GATA'nın Abdülhamid hastanesi yapılmasına, Harp Akademileri'nin lağvedilmesine gıkını çıkarmadı. Jandarma genel komutanlığının ve sahil güvenlik komutanlığının, içişleri bakanlığına, kara, deniz, hava kuvvetlerinin, savunma bakanlığına bağlanmasına, emir-komuta zincirinin koparılmasına sessiz kaldı. Bu kitabın yayımlandığı Ekim 2017 itibariyle, 15 Temmuz darbe girişimine dair pekçok soru işareti bulunuyordu, en büyük soru işareti de, genelkurmay başkanlığı koltuğunda oturan Hulusi Akar'ın rolüydü.

Necip Fazıl

Fetocuların kumpas davaları tamgaz devam ederken, yandaş medyada iftiralara alkış tutulurken, Atatürkçüler "terörist" ilan edilirken, andımız yasaklanırken, *Nutuk* suç delili kabul edilirken... Asrın liderimiz, Akp gençlik kollarına hitaben konuşma yapmıştı, "dindar gençlik yetiştireceğiz, dininin, dilinin, beyninin, ilminin, ırzının, evinin, kininin davacısı bir gençlikten bahsediyorum" demişti.

Hatırladınız di mi?

Bu cümle, Necip Fazıl'ın "gençliğe hitabe"sinden alıntıydı.

Bu cümlenin devamı vardı. Asrın liderimiz devamını söylememiş, orasını es geçmişti! Çünkü... Necip Fazıl "kindar gençlik" cümlesinin devamında "halka değil, hakka inanan, meclisinin duvarında 'hakimiyet hakkındır' düsturuna hasret çeken bir gençlik" diyordu.

1975'te kaleme almıştı... Aklınca, Atatürk'ün gençliğe hitabesine alternatif olarak yazmıştı.

Bu hitabede... Türkiye Cumhuriyeti'nin son 50 senesini, yani 1920'den sonrasını "işgal ordularının bile yapamayacağı cinayet, öldürücü küfür, çürük, süründürücü, taklitçi" diye tarif ediyordu.

Türkçeyi "son moda kurbağa dili"ne benzetiyordu.

İşdünyasını tehdit ediyor, "Allah buyruğunu kalbinin ve kasanın kapısına kazımadıkça serbest nefes bile alamazsın! Bunun ihtarını edecek bir gençlik" diyordu.

Laik eğitim sistemine "komik üniversite, hokkabaz profesör, yalancı ders kitabı" diyordu. Gençleri yetiştiren kurumlara "zehirli tesir" diyordu.

Gazetelere "fuhuş albümü" diyordu.

Cumhuriyet'e bağlı aileleri "temeli yıkık" diye niteliyordu. "Annenizi babanızı ninenizi dedenizi bile beğenmeyin, gerçek müslüman olsaydınız bunlar başımıza gelmezdi diye hesap sorun, gerçek müslümanlığı gösterin" diye akıl veriyordu.

"Bu gençliğin ilk filizlerini görüyorum, şekillenmesi için 30 yıldır, devrimbaz kodamanların viski çektiği kamış borularla, kalemime ciğerimden kan çekerek yırtındım" diyordu.

"Genç adam! Senden beklediğim, manevi babanın tabutunu musalla taşına, Anadolu kıtası büyüklüğündeki dava taşını gediğine koymandır. Surda bir gedik açtık, mukaddes mi mukaddes, ey kahpe rüzgar, artık ne yandan esersen es" diyordu.

Türkçe mealiyle özetlersek... Necip Fazıl'ın gençliğe hitabesinde bahsettiği gençlik "kindar, demokrasiye inanmayan, egemenlik kayıtsız şartsız milletindir'i reddeden, devlet yönetiminde şeriat isteyen, Cumhuriyet'i dinsizlik, devrimcileri ayyaş, devrimleri kahpe rüzgar olarak nitelendiren, Türkçeyi aşağılayan, kendi çizgisine gelmeyen işdünyasını açıkça tehdit eden, laik eğitimi zehirli gören, yandaş olmayan medyaya fuhuşçu damgası yapıştıran, neticede, bu davanın taşını gediğine koyana kadar mücadele edecek bir gençlik"ti.

Necip Fazıl'ın hayalini kurduğu kindar gençlik, Türkiye'yi getire getire nereye getirdi? 15 Temmuz darbesine getirdi.

Ve dün...
Feto davası, başkent Ankara'da başladı.

Çatı iddianamesinin girişinde ne var biliyor musunuz?
Atatürk'ün Gençliğe Hitabesi var!

Evet... Mahkeme başkanı ilk duruşmayı iddianamenin girişindeki alıntıyı okuyarak açtı ve aynen şunları söyledi: "Atatürk'ün Gençliğe Hitabesi'nde Türk gençliğinin birinci vazifesi, Türk istiklalini ve Türk Cumhuriyetini ilelebet muhafaza ve müdafaa etmek olarak ilan edilmiştir. Bu gençliğin, devlet egemenliğini gizli bir örgütün ele geçirmesini acziyet içinde seyretmesi beklenemez."

Allah'ın tokadı yok dedikleri, işte tam olarak budur.

Necip Fazıl'ın kindar gençliğinden yola çıkarsın, dönersin dolaşırsın, hepinizi kurtarsın diye, Atatürk'ün asil Türk gençliğine varırsın!

Necip Fazıl Kısakürek

Kalemini kötüye kullanan etkileyici bir şairdi, alkolik seviyesinde içki içiyor, kumar oynuyor, esrar çekiyor, İstanbul'da ve Paris'te bohem hayat sürüyordu, parasız kalınca dümeni din tüccarlığına kırdı, siyasal İslamcıların rol modeli oldu, antisemitizmin yayılmasında öncülük yaptı. Aslına bakarsanız, peşinden gelenlerle alay ediyor, "ben bunlara abdestsiz namaz bile kıldırırım" diyordu. Yandaş-tetikçi gazeteciliğin mucitlerinden biriydi, örtülü ödenekten para kapmak için dönemin başbakanı Adnan Menderes'e yalvaran mektuplar yazıyor, "10 bin lira lütfedilirse, ayda altı bin lira tahsis olunursa, bütün muhalefet matbuatını çürütürüm" filan diyordu.

Binali

Bakanlık kariyerine 41 cenazeyle başladı.
Balkan harbinden kalma ilkel vagonlara 160 kilometre hız yaptırdılar, ilk virajda 41 vatandaşımız sizlere ömür... İstifa edecek misiniz diye sordular. "Niye istifa edeyim, treni ben mi kullanıyorum" dedi.

Bu faciadan 20 gün sonra Ankara'dan İstanbul'a gelen trenle, İstanbul'dan Ankara'ya giden tren, Kocaeli'de kafa kafaya tokuştu, altı vatandaşımız daha sizlere ömür... "İstifa edecek bir şey görmüyorum, her sene karayollarında beş bin kişi ölüyor" dedi.

Henüz 22 yaşındaki oğlunun zeka küpü olduğu, 445 bin euroya gemi aldığı ortaya çıktı. Babasının maaşı iki bin euro bile etmiyordu, oğlu 445 bin euroya gemi alıyordu. Babasına sordular, "ne var bunda, 445 bin euro çok büyük para sayılmaz" dedi.

Türkiye'de herkesin telefonunun yasadışı yollarla dinlendiği ortaya çıktı. Telekulak skandalını önlemek için ne yapıyorsunuz diye sordular. "Dinlenmek istemiyorsanız, konuşmayın" dedi.

Konya isimli THY uçağı, Diyarbakır'da düştü, 75 kişi hayatını kaybetti, "uçakta teknik kusur bulunmuyor" dedi.
Atlasjet uçağı Isparta'da düştü, 57 kişi hayatını kaybetti, "uçakta teknik kusur bulunmuyor" dedi.

Tekirdağ isimli THY uçağı, Amsterdam'da düştü, dokuz kişi hayatını kaybetti, "uçakta teknik kusur bulunmuyor" dedi.

Karaköy iskelesi bakımsızlıktan battı, "ekiplerimiz sabaha kadar çalışıp batığı emniyete aldı" dedi.

Haydarpaşa garı ihmalden yandı.
"Kusur görünmüyor" dedi.

Ankara metro inşaatında göçük oldu, kaldırımda yürüyen bir vatandaş hayatını kaybetti. "Normaldir, dünyada da böyle" dedi.

2010'da... Avrasya maratonu koşuldu, 30 bin kişi Boğaz Köprüsü üzerindeyken titreşim başladı, adeta beşik gibi sallandı, elektrik direkleri otomobillerin cam sileceği gibi sağa sola hareket ediyordu, tarihi felaketin eşiğinden dönüldü. Eleştirilere kızdı... "Asma köprü olur da sallanmaz mı, köprünün işi zaten sallanmak, köprü eğer sallanmazsa korkmak lazım, neymiş, elektrik direkleri sağa sola yaylanıyormuş, elektrik direkleri aksesuvardır, mesela saçın rüzgarda savrulması gibi bir şey, kökü orada direğin, bilip bilmeden milleti paniğe sevketmeyin" dedi. Bravo diye alkışladılar.

Üç sene sonra, 2013'te... "Avrasya maratonunda köprüden artık koşarak değil, yürüyüş şeklinde geçilecek, grup grup alınacak, bir grup köprüyü terk edecek, ondan sonra öbür grup geçecek, çünkü Boğaziçi Köprüsü asma bir köprü, asma köprü olunca toplu halde geçmenin rezonans riski var, rezonans olunca ne oluyor, köprüdeki salınımlar artıyor, salınımlar eğer köprünün özgün frekansıyla aynı değere ulaşırsa, artık sönümlenmiyor, köprü yıkılıncaya kadar devam ediyor, aynen deprem gibi, işin fiziği bu" dedi. Bravo diye alkışladılar.

Üniversite sınav sorularının çalındığı ortaya çıktı. "Hile hurda işi yeni değil, bizim zamanımızda da vardı" dedi.

Pkk'yla masaya oturduklarında, açılım'ı şöyle savundu: "Terör örgütünün ortaya çıktığı zamanki Türkiye topraklarıyla bugünkü Türkiye toprakları arasında ne fark var? Eksilme var mı? Yok. Artma var mı? Var. Dolgular yapmışız. Deniz dolguları. Türkiye 12 bin kilometre büyümüş. Neresi bölünüyor? Koca bir yalan. Bölünme yok."

Üçüncü köprüye Yavuz Sultan Selim'den başka isim bulamadınız mı diye sordular. "Yavuz Sultan Selim'in Alevi katliamı yaptığına dair iddialar soyut iddialardır, Alevi katliamı efsanedir, gerçeklikle alakası yoktur" dedi.

17/25'te, İzmir limanındaki yolsuzluk operasyonunda bacanağını enselediler. "Haberim yok, benimle ne alakası var" dedi.

Havuzcu müteahhit gevrek gevrek gülerek, "Binali kalırsa yaşadık, milletin orasına koyacağız" dedi, tüm Türkiye kendi kulağıyla dinledi. "Ciddiyetten uzak, asparagas bir haber" dedi.

50 milyon vatandaşın kimlik bilgileri çalındı, internette şakır şakır yayınlanıyor. "Yok öyle bir şey, geçmişte yaşanmış bir hadise" dedi.

Oğlu kumarhanede rulet oynarken yakalandı. "Hiç umuruma gelmez, şerbetliyim, ekşi ayran içmedim ki karnım ağrısın" dedi.

Başbakanlık kariyerine 44 cenazeyle başladı... Atatürk havalimanı canlı bombalarla basıldı. "Güvenlik zafiyeti var mı yok mu tarzında muhabbetler oluyor, güvenlik zafiyeti yok, işin özü budur" dedi.

Havalimanında hayatını kaybeden insanlarımız henüz toprağa bile verilmemişken, aynı gün şehit düşen uzman çavuşlarımız henüz morgda yatarken... Köprü açılışında konfeti yağdırıp, balonlar uçurdu, "bayram öncesi bayram yaşıyoruz" dedi.

Bana mı sordun cumhuriyetinin başbakanı.

En düşük profil sanılıyordu ama...
En yüksek pişkin o.

Binali Yıldırım

Başbakan Ahmet Davutoğlu şırrak diye görevden alındığında, Tayyip Erdoğan'ın konuşma metinlerini yazan Akp milletvekili Aydın Ünal enteresan ötesi bir açıklama yapmış ve "bundan sonra gelecek başbakanın profili daha düşük olacak" demişti. Acaba kim bu düşük profilli demeye kalmadan, Binali Yıldırım başbakan oldu. Ve... Başbakanlık makamının lağvedilmesi için kampanya yürüten, başbakanlığın kaldırılması için vatandaştan oy isteyen ilk ve tek başbakan olarak dünya siyaset tarihine geçti!

Apo

Asrın liderimiz, Apo'yla müzakere meselesine açıklık getirdi. "Herhalde kalkıp özel villa tahsis edecek halimiz yok" dedi.

Ki, daha önce iki defa villada oturmuştu.
Biri Lazkiye'de, biri Roma'da.

Roma'daki villanın adresi, Quartiere Inferno, Via Male'ydi. Türkçesi... Cehennem mahallesi, Kötülük sokak... Cuk oturmuştu! Dubleks, kepenkli, bahçesi palmiyeli, sayfiye villasıydı. Sahibi, Enrico Peli'ydi. Villasını aylık 2 bin 200 dolardan, bir seneliğine kiralamıştı ama, kime kiraladığını bilmiyordu. Kira sözleşmesini Marino emlak bürosunun sahibi Enrico Gavello yapmıştı. Emlakçı Gavello, bana ne birader, ben komisyonuma bakarım diyerek, villayı kiralayan Ahmet Yaman'ın kim olduğuyla ilgilenmemişti. Üç gün sonra, en başta Türk televizyonları, dünya medyası mahalleye üşüşünce, kiracının aslında kim olduğunu öğrendiler!

Apo'nun komşuları, yani mahalle sakinleri, eli silahlı gizli servis elemanları her köşede nöbet tutuyor, her an bombalanacağız korkusuyla yaşıyoruz, huzurumuz kaçtı, derhal gitsin burdan diyerek, imza kampanyası başlattı. Villanın sahibi Enrico Peli, mahkemeye koştu, kandırıldım, kiracının bu olduğunu bilmiyordum, telefonum susmuyor, tehdit ediliyorum, Türkiye'nin düşmanı ilan edildim, hayatım kabusa döndü, evimi boşaltsın diyerek, tahliye davası açtı.

Apo iki ay sonra gitti. Ama... Villa sahibinin kabusu bitmedi! Apo gitmiş, Pkk'lılar kalmıştı, sözleşme sonuna kadar bir sene villada oturdular. Güya 2 bin 200 dolardan kiraya vermişti, tek kuruş bile alamadı. Ödemediler. Gene mahkemeye koştu, emlakçıyı dava etti, tazminat istedi. Muhatabın emlakçı değil, muhatabın kiracı dediler. Pkk'yı mahkemeye verse, tam papazı bulacak, mecburen tazminattan mazminattan vazgeçti, 26 bin 400 dolarlık kira gelirinin üstüne bi bardak soğuk su içti.

Sıtkı sıyrılmıştı, görmek bile istemiyorum dedi, villasını 350 bin dolardan satılığa çıkardı, bir sene, iki sene, yok kardeşim, alıcı çıkmadı. Çünkü, mahallenin çivisi çıkmıştı... Dedim ya, sakin, huzurlu, sayfiye mahallesiydi, Apo gelince, mahallenin her köşesinden, her açısından naklen yayınlar yapıldı, hangi pencereden hangi villanın bahçesi görünüyor, güvenlik kameraları hangi direklerde, suikastçılar nerden girerse, nerden kaçabilir filan, detaylı krokiler tartışıldı. Böylece, hırsızlara yol haritası çıktı! Apo gidip, mahalle yeniden sessizliğine bürününce, tek tek bütün villalar soyuldu iyi mi... İllallah diyen, satılığa çıkardı, fiyatlar düştü. Apo'nun evsahibi, villasını teee dört sene sonra, anca 225 bin dolara satabildi.

Bitmedi... Apo'nun evsahibi Enrico Peli, pilottu, Alitalia'da çalışıyordu. Yüksek kiraya tamah edeyim derken, başına bunlar geldiği için, alay konusu oldu, arkadaşları laf sokuyordu. Kimileri de, bilmeden kiraya verecek kadar salak olamaz, muhtemelen derin devletin adamıdır diyerek, uzak duruyor, selamı sabahı kesiyordu. Herkes ona şüpheyle bakar hale gelmişti. Yalnızlaştı. Baktı olacak gibi değil, emekliliğini istedi, Alitalia'dan ayrıldı, köşesine çekildi. Villasını Apo'ya kiralayan adamın, kelimenin tam manasıyla hayatı kaymıştı.

Lazkiye'deki villasına gelince...

Apo'nun Şam'da oturduğu apartman dairesi ve Lazkiye'de oturduğu villası, Abdullah Bedro'ya aitti. Abdullah Bedro, Suriye Kamışlı'daki en büyük Kürt aşiretlerinden birinin lideriydi, PKK destekçisiydi, dairesini ve villasını Apo'ya tahsis etmişti. Apo Suriye'den kaçtı, bilahare malum, Suriye'de çarşı karıştı, içsavaş çıktı. Abdullah Bedro, nasıl olsa artık siz kullanmıyorsunuz deyip, tapuları kendi üstüne olan daireyi ve villayı geri istedi. Pkk'lılar gayet iyiniyetli (!) davrandılar, hangi tapudan bahsediyorsun ulan yavşak deyip, Abdullah Bedro ve üç oğlunu şakır şakır taradılar, Abdullah Bedro'nun oğulları öldü, Abdullah Bedro ağır yaralandı, komaya girdi, ameliyat üstüne ameliyat, neticede kefeni yırttı ama, bir böbreğiyle, dalağı alındı. Villayı millayı geri istemekten vazgeçti.

Hani "ev alma komşu al" derler ya... İşte o, Apo'dur!

Hazır villaya çıkması söz konusuyken, müstakbel evsahiplerini ve komşularını şimdiden bilgilendireyim istedim.
Şahane kiracıdır.
Pek hayırlı komşudur Apo!

Abdullah
Öcalan

Türkiye Cumhuriyeti Devleti'ni parçalamak için örgüt kurdu, 40 bin insanın ölümüne sebep oldu, yedi bin asker polis korucu ve sivilin şehit edilmesine sebep oldu, 350 milyar dolarlık kaynağın heba edilmesine sebep oldu... Türkiye'ye teslim edildiği için Yunanistan'ı mahkemeye verip, 20 bin euro manevi tazminat istedi iyi mi!

Ahmet

Amerika Amerika
Türkler dünya durdukça
beraberdir seninle
hürriyet savaşında

Bu bir dostluk şarkısıdır
kardeşliğin yankısıdır
Kore'de olduk kan kardeşi
sönmez bu yangının ateşi

Gençler ilk defa duymuştur ama, yaşı 60'ın üzerinde olanlar bu şarkıyı eminim çok iyi hatırlar... 50'li yılların pop starı Celal İnce söylüyordu. Demokrat Parti iktidara gelir gelmez Türkiye'yi ABD'nin kucağına oturtmuş, Amerikan yalakalığı tavan yapmış, Celal İnce'nin bu şarkısı hit olmuştu, adeta marş gibi ezberlenmişti. Celal İnce ABD'de yaşıyordu, eşi Amerikalıydı, Türkçe yayına başlayan Amerika'nın Sesi Radyosu'nda söylüyordu, program başına 150 dolar alıyordu. Amerika'nın Sesi Radyosu, bu şarkıyı tek taraflı plastik plaklara onbinlerce adet basmış, dostluğun hediyesi olarak, 1957 İzmir Fuarı'ndan başlayarak, Türkiye'nin her yerinde "bedava" dağıtmıştı. Plağın ambalajında New York ve İstanbul'un fotoğrafları vardı. Ayrıca, Franklin Roosevelt, Thomas Jefferson, George Washington, Patrick Henry, Namık Kemal, Ziya Gökalp ve Atatürk'ün özgürlük konusundaki sözleri yer alıyordu. Sayın ahalimiz hep bir ağızdan söylüyordu, Amerika Amerika, Türkler dünya durdukça, beraberdir seninle, hürriyet savaşında.
Sene 1992... Dünya durdukça beraber olacağımız kan

kardeşimizle (!) Ege denizinde ortak tatbikat yapıyorduk. Amerikan uçak gemisi Saratoga'dan iki adet sea sparrow füzesi fırlatıldı, Türk muhribi Muavenet'in beyni, köprüüstü vuruldu. Beş şehit verdik, 22 yaralımız vardı. ABD "pardon" dedi, yanlışlıkla vurulduğunu söyledi. Halbuki, sea sparrowlar yanlışlıkla düğmesine bastık gitti denebilecek türden füzeler değildi. Ateşleme için altı aşamadan geçmek zorundaydı, komutan onayı şarttı. At ve unut türünden, güdümlü mermi değildi. Ateşlendikten sonra, hedefini vurabilmesi için rehbere ihtiyacı vardı, fırlatan geminin hedef gemiyi radarla aydınlatması gerekiyordu. Yanlışlıkla fırlatma ihtimali, milyonda bir bile mümkün değildi.

Peki neydi?
Irak'ı bölebilmek, kuzeyinde Kürdistan kurabilmek için, İncirlik ve Pirinçlik'te konuşlanan "çekiç güç" şarttı. Türkiye ayak diretiyordu. Muavenet zart diye vuruldu. Türkiye mesajı aldı, TBMM çekiç güç'ün süresini zurt diye uzattı. Bir daha hiç ayak diretmedik, her defasında başımıza aynı şeyin geleceği belliydi, o nedenle, ABD 2003'te Irak'a girene kadar çekiç güç'ün süresini hep uzattık, hiç itiraz etmedik.

(Aslına bakarsanız, operasyona katılacak olan hava unsurlarının adı çekiç güç değildi. Poised hammer, yani, kalkık horoz'du. "Mermi namluya sürüldü, tabancanın tetiğine basıldı, horoz kalktı" manasındaydı. Propaganda şaheseri tam burada devreye girdi... Sayın ahalimiz "kalkık" kelimesinden rahatsız olmasın diye, bilinçli şekilde yanlış tercüme edildi, çekiç güç denildi. Kapatalım parantezi.)

2003... Artık çekiç güçe mekiç güçe ihtiyaç kalmamıştı. Tam 4 Temmuz'da, Amerikan bağımsızlık gününde, bizim hükümetin bakanları ABD Ankara Büyükelçiliği'ndeki resepsiyonda Amerikalı dostlarımızı (!) tebrik ederken... Kafamıza çuval geçirdiler.

Irak Süleymaniye'deki irtibat büromuz, ağır silahlı Amerikan askerleri tarafından basıldı, bordo bereli 11 subay ve astsubayımız kafalarına çuval geçirilerek, ters kelepçe takılarak, dipçiklenerek tutuklandı. Binbaşımızın kaburgası kırıldı. 57 saat esir tutuldular. Mesaj gayet açıktı. "Artık burası Kürdistan, burnunuzu sokmayın, kurcalamaya çalışmayın, defolun gidin" deniyordu. Türkiye ayağa kalktı, akp hükümeti hariç! ABD'ye nota verdiğimiz iddia edildi, üç saniye sonra yalanlandı. Bizzat asrın liderimiz yalanladı, "müzik notası değil bu, her aklınıza estiğinde verilmez, ciddiyeti vardır" dedi!

Kafamıza çuval geçirilmiş, onurumuzla oynanmış birader... Asrın liderimiz hâlâ yeteri kadar ciddi bulmuyordu!

Bilahare... Sayın ahalimizin gazını almak için "terörle mücadele koordinatörlüğü" icat ettiler. Güya Amerikalı dostlarımızla terörle mücadeleyi koordine edecektik, bize anlık bilgiler vereceklerdi.

Bize nasıl anlık bilgi verdiklerini, bizzat terörle mücadele koordinatörümüz orgeneral Edip Başer anlattı... "PKK'ya silah mühimmat nereden geliyor? Barzani'nin kontrolündeki Kuzey Irak'tan geliyor. Barzani kimin kontrolünde? ABD'nin kontrolünde... ABD tarafıyla dokuz defa toplantı yaptık. En son Beyaz Saray'da başkanın güvenlik başdanışmanıyla konuştuk, anlattık. Bir CD verdik... PKK'ya malzeme taşıyan kamyonun şoför mahallinde bir Amerikan askeri oturuyordu! Biz bunu Türk kamuoyuna anlatamayız dedim, biz hâlâ 'Amerika bizim dostumuz' diyebilir miyiz dedim. Bu toplantıdan sonra Türkiye'ye döndüm, üç maddelik rapor hazırladım, ABD'deki muhatabım orgeneral Ralston'a bildirdim, 15 gün içinde cevap bekliyorum dedim. Beni o gün görevden aldılar!"

"Anlık bilgi" kepazeliği sadece bununla sınırlı mıydı? Hayır. Kandil dağında Murat Karayılan'la röportaj yapan İngiliz *The Daily Telegraph* gazetesinin muhabiri Damien McElroy açık açık yazdı, tüm dünya açık açık okudu... "Kandil dağında helikopter pisti var, spotlarla aydınlatması yapılıyor, Irak'ta görevli bazı Amerikalı subaylar helikopterle sık sık Kandil'e geliyor, örgütün lider kadrosuyla görüşmeler yapıyor, ABD hükümetinin Irak'ta çalıştırdığı özel güvenlik firmasına ait cipler de Kandil'deki kamplarda park halinde duruyor."

"Terörle mücadele koordinatörlüğü" rezaleti sadece bununla sınırlı mıydı? Hayır. Edip Başer'in yardımcısı tümgeneral "mücadelenin nasıl yapıldığını" açıkladı... "Başbakanlıktan oda istedik, vermediler, fotokopi makinesi istedik, taa 6,5 ay sonra verdiler, faksımız yoktu, yan odalardan faks çektik, bilgisayarımız bile yoktu, cep telefonu vermediler, randevu istedik, randevu vermediler, hatta selam bile vermediler, bir tane sim kart verdiler, onu da yedi ay sonra verdiler, çay paralarını bile cebimizden ödedik, şeker parasını bile biz ödedik."

Az biraz geçti... Kuzey Suriye'deki otorite boşluğundan faydalanmak isteyen Barzani, Kobani'ye girmeye karar verdi. Sayın hükümetimiz esti gürledi, Barzani'ye haddini bildiririz filan denildi. Zırrr... Telefon çaldı. Obama arıyordu. Asrın liderimiz açtı, konuştular. Sayın hükümetimiz her defasında "başbakanımızla ABD başkanı telefonda konuştu" diye son dakika açıklaması yapardı, tüm yalaka televizyonlarımızdan son dakika diye duyururdu. Bu defa öyle yapmadı. Hiç duyurmadı. Nerden haberimiz oldu derseniz... Bizim hükümet duyurmayınca, bizzat Beyaz Saray duyurdu. Beyaz Saray'ın resmi internet sitesine, bu konuşmayla alakalı fotoğraf konuldu, Obama'nın elinde beyzbol sopası vardı!

Kızılcık sopası'nın İngilizcesiydi.
"Barzani'ye dokunanın kafasını kırarım" mesajıydı.
Bizimki anında yelkenleri suya indirdi.

Sayın TBMM'den "yabancı silahlı askerlerin Türkiye'de bulunmasına izin veren tezkere" çıkarıldı. Alenen Barzani tezkeresiydi.

Takvimde başka gün yokmuş gibi, onurumuzla dalga geçerek, tam 29 Ekim'de, Cumhuriyet Bayramı'nda... Kürdistan silahlı kuvvetleri, topuyla füzesiyle Kürdistan bayraklarıyla, Türkiye topraklarında resmi geçit yaptı. Habur'dan girdiler, Silopi, Cizre, Nusaybin, Suruç güzergahını katedip, Mürşitpınar sınır kapımızdan Suriye'ye, Kobani'ye geçtiler. Bir bölümü, THY uçaklarıyla geldi. Kürdistan silahlı kuvvetlerini, Türkiye Cumhuriyeti'nin bayrak taşıyıcısı THY taşıdı... Erbil'den bindiler, Şanlıurfa'ya indiler, karayoluyla devam ettiler, resmen şov yaptılar, kurbanlar kesildi, havai fişekler fırlatıldı, halaylar çekildi. Bazılarının üniformasında ABD bayrağı vardı, biji serok obama sloganları atıldı. MİT eskortluk yaptı. Mardin-Urfa yolunda acıktılar, benzin istasyonunun dinlenme tesisinde lahmacun yediler, lahmacunun parasını bile Türkiye Cumhuriyeti

Devleti ödedi. Türk milletinin haysiyeti ayaklar altına alınırken, Akp'nin başbakanı Ahmet Davutoğlu ne diyordu? "Kobani'ye selam ediyorum, Kobani'deki kardeşlerimin alnından öpüyorum" diyordu.

Sanki bunlar hiç yaşanmamış gibi, hepimiz bunları unutmuşuz gibi, hepimiz gerizekalıymışız gibi, gözümüzün içine baka baka ne diyor şimdi asrın liderimiz?

"Koalisyon güçleri sonuna kadar yanınızdayız diyorlardı, ortadan kayboldular, sözlerini tutmadılar, bizi Suriye'de yalnız bıraktılar, tam aksine YPG / PYD'ye destek veriyorlar, elimizde belgeleri var" diyor.

Yapma yavv!
Sahiden mi?

Ahmet Davutoğlu

Malezya İslam Üniversitesi'nde öğretim görevlisiydi, *Stratejik Derinlik* diye bi kitabı vardı, "Yeni Osmanlıcılık" hayalini savunuyordu, Türkiye'de kimse tanımıyordu, adı bile duyulmamıştı, Akp iktidara gelir gelmez, adeta sihirli bir el tarafından kıymete bindirildi, diplomat olmadığı halde büyükelçi unvanı verildi, milletvekili olmadığı halde dışişleri bakanı yapıldı, Akp'ye genel başkan oldu, başbakan oldu, komşularla sıfır sorun politikası başlattı, bütün komşularımızla papaz olduk, İsrail, Mısır, Libya ve Yemen'le diplomatik ilişkimiz kesildi, Musul konsolosluğumuz basıldı, başkonsolosumuz dahil, tüm personelimiz aileleriyle birlikte kaçırıldı, Rusya'yla savaşın eşiğine geldik, Suriye içsavaşının içine düştük, tarihimizde ilk kez vatan toprağı terkedildi, Süleyman Şah'ın boş sandukaları tanklara yüklendi, götün götün kaçıldı, üç milyondan fazla Suriyeli bize girdi, tüm bu fiyaskolara rağmen, egosuna hakim olamadı, Tayyip Erdoğan'ın altını oymaya kalktı, zart diye istifa ettirildi. ABD'nin dış politika vizyonunu yansıtan *Foreign Policy* dergisi, Ahmet Davutoğlu'nun başbakanlığı bırakması üzerine şu yorumu yaptı: "ABD, Ankara'daki adamını kaybetti."

Barzani

Sabah işe geldim.
Bilgisayarı açtım.
Mesaj yağmış...
"Kürdistan bayrağı tarihte ilk kez Türkiye'nin başkentinde Ankara Esenboğa Havalimanı'nda göndere çekildi, bu konuyu yazın lütfen."

Nesini yazayım birader...

Pkk'nın tanık, TSK'nın sanık yapılmasına şaşmadın da, Kürdistan bayrağının dalgalanmasına mı hayret ettin?
"Diyarbakır'a karışırım" diyen Barzani'nin Akp kongresinde onur konuğu yapılmasından rahatsız olmadın da, Türkiye seninle gurur duyuyor diye alkışlanmasından rencide olmadın da, Kürdistan bayrağının göndere çekilmesini mi yadırgadın?

"Yaşasın Kürdistan, keşke sayın Öcalan da aramızda olsaydı" diyen Barzani'nin, başkanlık sarayını biz inşa etmedik mi?
Barzani'nin babasına anıt mezar dikmedik mi?
Kürdistan'ın başbakanlık binasını, içişleri bakanlığı binasını, merkez bankası binasını, üniversitelerini, altyapısını, alışveriş merkezlerini, toplu konutlarını, otellerini, parklarını biz yapmadık mı?
Kürdistan'ın havalimanlarını "milletin orasına koyacağım" diyen yandaş müteahhit yapmadı mı?
Barzani'nin yancısı Talabani "hiçbir pkklıyı Türkiye'ye teslim etmem, Türkiye'ye kedi bile vermem" derken, pkklıların ücretsiz tedavi edildiği hastaneleri biz yapmadık mı?
Kürdistan'da askeri faaliyet göstermeyelim diye kafamıza çuval geçirdiler... Teşekkür mahiyetinde, Kürdistan'daki Amerikan üssünü biz yapmadık mı? Kürdistan Amerikan Elçiliği'ni biz yapmadık mı?
Kendi vatandaşımıza 20 kuruştan verdiğimiz elektriği, Kürdistan'a yarı fiyatına, 10 kuruştan vermiyor muyuz?
Kürdistan'ın çöpçülük işini, çöp toplama işini biz yapmıyor muyuz?
Kürdistan silahlı kuvvetleri, takvimde başka gün yokmuş gibi, tam 29 Ekim'de, Cumhuriyet Bayramı'nda, topuyla füzesiyle Kürdistan bayraklarıyla, Türkiye topraklarında resmi geçit yapmadı mı?

Kürdistan silahlı kuvvetleri, Türkiye Cumhuriyeti'nin bayrak taşıyıcısı THY uçakları tarafından taşınmadı mı?
Kürdistan silahlı kuvvetlerinin yediği lahmacunun parasını bile Türkiye Cumhuriyeti devleti ödemedi mi?
TC silinirken, Pkk bayrağı serbest bırakılmadı mı?
Pkk bayrağıyla alakalı suç duyurusunu inceleyen savcılık "sarı kırmızı yeşil renkler pkk sembolü manasına gelmez, Senegal'in Gana'nın Kamerun'un bayrağı da yeşil kırmızı sarıdır" deyip, takipsizlik kararı vermedi mi?
Bodrum'a tatile gelen yabancı turist, dövmeciye girdi, omzuna Türk bayrağı yapılmasını istedi, dövmeci Türk bayrağı yerine Pkk bayrağı kazıdı, turist şikayetçi oldu, dava açtı ama... Hapis cezasına çarptırılan pkk'lı dövmeci, sayın hükümetimizin yargı paketiyle affa sokulmadı mı?
Akp'nin başbakanı "ulus devlet ayrıştırıcıdır, ulusçulukla hesaplaşma zamanı geldi, bana serok Ahmet diyorlar, bana biji serok Ahmet diyen dillerinize kurban olayım, Kobani'ye selam ediyorum, Kobani'deki kardeşlerimin alnından öpüyorum" demedi mi?
Başbakan yardımcımız "Kandil'le direkt görüşülmesini arzuluyorum" demedi mi?
Tbmm başkanımız "Pkk bayrağı taşımayı suç olmaktan biz çıkardık" diye övünmedi mi?
Aynı Tbmm başkanımız "Abdullah Öcalan oruç tutardı, camiye giderdi, namazında niyazında çocuktu, kandırıldı" demedi mi? Gelmiş geçmiş en kanlı teröriste "zavallı apocuk" demeye getirmedi mi?
Akp milletvekili "pkk seçime girsin, seçilsin" demedi mi?
Akp milletvekili "bağımsız Kürdistan için silah kullanabilirsiniz" demedi mi?
Akp milletvekili "pkk terör örgütü değildir" demedi mi?
Akp genel başkan yardımcısı "Türk yoktur" demedi mi?
"Ulus devlet Allah'ın belasıdır, Türk kimliği bölücüdür, Türk bayrağı demeyelim Türkiyeli bayrağı diyelim, Öcalan çok karizmatik" diyenler, akil insan yapılmadı mı?
Türkülerinde "barutun kokusu düştü burnuma, dört bir yanı istiyorum dibinden patlatayım, tutmak istiyorum Kürdistanımı" diyen Şivan Perwer'e, adeta "barış güvercini" muamelesi yapılmadı mı, Akp mitinginde düet yaptırılmadı mı?
Pkk'lılar Habur'da havai fişekle karşılanmadı mı?

Oslo'da masaya oturulmadı mı?
Apo'ya Diyarbakır meydanında Ulusa Sesleniş konuşması yaptırılmadı mı?
Pkk kurşunuyla tekerlekli sandalyeye mahkum olmuş, şeref madalyalı subayımız, Pkk itirafçısının yalanıyla intihar ettirilmedi mi?
Diyarbakır Akp teşkilatı temsili mahkeme kurup, şeref madalyalı şehit binbaşıyı müebbet hapis cezasına çarptırmadı mı?
Şehit babasına hapis cezası verilmedi mi?
Gazilerin protezlerine haciz gelmedi mi?
Şehit tabutu, portakal kasası gibi, kamyonette taşınmadı mı?
10 şehidimiz toprağa verilirken, başbakanımız şarkıcılarla birlikte Somali'ye gidip, Somalililere moral vermedi mi? Sekiz şehidimiz toprağa verilirken, dışişleri bakanımız Myanmar'a gidip, Myanmarlılara ağlamadı mı? 15 şehidimiz varken, Akp milletvekili stadyumda sünnet düğünü yapmadı mı? Sekiz şehidimiz toprağa verilirken, genelkurmay başkanı hulusi bey nikah şahidi olmadı mı?
Akp borazanı haline getirilen anadolu ajansı, Murat Karayılan'ın Kandil'deki basın toplantısını canlı yayınlamadı mı?

Nesini yazayım...

Irak Kürdistan'ı birinci çinko.
Suriye Kürdistan'ı ikinci çinko.
Tombala'nın eli kulağında mı diyeyim?

Eminim hatırlarsanız... Sınırötesi harekat yapmamıza karşı çıkan Barzani "Türkiye bizim topraklarımıza girerse, savaş anlamına gelir, karşılık veririz" dediğinde, asrın liderimiz esip gürlemişti, "Barzani muhatabım değil, haddini aştı, terör örgütüne yataklık yapıyor, söylediği lafların altında ezilir, bizim kim olduğumuzu tarih iyi bilir, biz aşiret değiliz, bedeli çok ağır olur" demişti. Abdullah Gül hiddetlenmişti, Barzani için Washington'a telefon etmiş, "susturun şu adamı, yoksa biz susturmasını biliriz" demişti. Bülent Arınç ağır konuşmuştu, "verdiğimiz ekmek bile hâlâ Barzani'nin kursağında duruyor, uyarıyorum, perişan olur" demişti. Akp grup başkanvekili tehdit etmişti, "Barzani'nin ağzından çıkanı kulağı duysun, sabrımızı taşırmasın, sonu Saddam'ın sonuna benzer" demişti. Sayın basınımız "Ortadoğu'nun dansözü, küstah Barzani, kukla Barzani, Osmanlı tokadı istiyor, günah bizden gitti, Barzani kaşınıyor, Barzani kudurdu" manşetleri atmıştı.

Breh breh breh...
Şimdi aynı Barzani, asrın liderimiz tarafından Mabeyn Köşkü'nde, binali bey tarafından da Çankaya Köşkü'nde ağırlandı mı diyeyim?

Devlet püskevit oldu mu diyeyim?

Bunların hepsi milletin gözünün önünde yaşanıyor... Sonra dönüp, aynı milletin gözünün içine baka baka "hayır diyenler Pkk'lıdır" diyorlar mı diyeyim?
Bu kafayla gidelim, referandumda aynen devam edelim, Kürdistan bayrağını göndere çekerken, bari Türk bayrağını indirmediklerine şükredelim mi diyeyim?

Mesud Barzani

90'lı yıllarda anca Türkiye'nin verdiği TC pasaportuyla yurtdışına çıkabiliyor, Patagonya'da bile adam yerine konulmuyordu. 2017 itibariyle... 45 milyar varillik rezervin üstünde oturuyordu, Exxon Mobil, Chevron, Hunt Oil, Addax, Heritage Oil, Oryx Petroleum, BP, Shell, Total gibi dünya devleriyle anlaşma imzalıyor, Beyaz Saray'da ağırlanıyordu. Eylül 2017'de bağımsızlık referandumu yaptı.

Bob

Robert Booker Baer, kısaca Bob adıyla tanınıyordu, CIA'in Irak şefiydi. Irak'tan önce Fransa'da Hindistan'da Lübnan'da Sudan'da Fas'ta Tacikistan'da görev yapmıştı. Anadili seviyesinde Arapça, Farsça, Fransızca, Almanca, Rusça, Tacikçe konuşuyordu, anca Belucistan'da duyabileceğiniz Beluççayı bile biliyordu.

Peşmergeleri örgütledi, 1995'te Saddam'ı devirmek için darbe organize etti. Beceremediler, çuvalladılar, fiyaskoyla sonuçlandı. E haliyle yanlarına kalmayacaktı, Saddam hepsini imha edecekti.

CIA apar topar tahliye operasyonu başlattı, maşa olarak kullandığı 10 bin civarında peşmergeyi kaçırdı. Aileleriyle birlikte

Habur'dan Türkiye'ye soktular, Batman'dan nakliye uçaklarına bindirdiler, tee pasifik okyanusundaki Guam adasına götürdüler.

Peki niye tee oraya götürdüler? Çünkü, adeta Allah'ın unuttuğu yerdeki bu adada ABD'nin en önemli hava ve deniz üslerinden biri vardı. Bu seferki girişimlerinde başarısız olan peşmergeleri, bir dahaki sefere başarılı olmaları için eğiteceklerdi.

Bazılarını, Special Activities Division, Özel Operasyon Bölümü tarafından eğitip, adı üstünde, örtülü operasyonlarda kullanacaklardı. Bazılarını da, akademik konularda eğitip, merkez bankası, nüfus idaresi, tapu dairesi, vergi dairesi gibi, yakında kurulacak olan Kürdistan'ın bürokrat kadrosunu yetiştireceklerdi.

Küçük bi pürüz vardı... CIA'in peşmergeleri ABD Adana Konsolosluğu denetiminde sınırdan geçirilip Silopi'deki hac konaklama tesislerine yerleştirilmişti ama, pasaportları yoktu, kimlik bilgileri yoktu. Daha doğrusu, elbette vardı ama, Amerikalılar yok diyor, yok dedirtiyordu, maşalarının kimlik bilgilerini Türkiye'ye vermek istemiyorlardı.

Akıl öğrettiler... "Sizin pasaport kanununuzda bu tür durumlara uygun madde var, parmak izlerini alın, geçirin" dediler. Bizimkiler hık mık etti ama, elleri mecburdu, geçirmiyoruz birader diyecek halleri yoktu. Ankara'dan beş kişilik uzman ekip getirildi, peşmergelerin tek tek parmak izleri alındı, buyrun geçin denildi. Parmak izi bilgileri, MİT arşivine kaldırıldı.

(Parantez açalım... CIA peşmergelerinin Habur'dan Batman'a transferi sırasında ABD Ankara Büyükelçiliği'nde Batman doğumlu Kürt kökenli bir genç çalışıyordu. Elçilik tarafından Silopi'ye getirildi, Amerikalılarla peşmergeler arasında tercümanlık yaptı. Gel zaman git zaman, bu kabiliyetli gencimiz, Türkiye Cumhuriyeti'ne bakan oldu.)

(Aynı günlerde, ABD İstanbul Başkonsolosluğu'nda siyasi ataşe olarak çalışan Amerikalı'nın adı neydi biliyor musunuz? James B. Bond'tu! Şaka değil, gerçek... Hem adı, hem işlevi açısından James Bond'tu. Almanya'da yayınlanan Geheim (Gizli) dergisi, 1995'te Türkiye'de görev yapan CIA ajanlarının listesini yayımlamıştı, bu arkadaşın adı da o listedeydi. Parantezi kapatalım.)

Üç sene sonra... Guam'a götürülen peşmergeler artık iyice pişmiş, olgunlaşmış, "Guamerge" olmuşlardı. Gene Türkiye üzerinden, bazıları da Ürdün üzerinden, Kuzey Irak'a sokuldular.

Bu dönemde, Kuzey Irak'taki otorite boşluğundan en çok PKK faydalanmıştı, Kandil dağına iyiden iyiye yerleşmişti. Özellikle Guamergeler döndükten sonra, PKK'nın bölgeye geçişi hızlanmıştı. Peşmergeyle PKK'nın işbirliği ayyuka çıkmıştı.

Acaba... Guam'a götürülenler arasında PKK'lılar da var mıydı?

Bu sorunun cevabını bulmaya çalışan Türk istihbaratı, Barzani'ye haber saldı, PKK faaliyetleri hakkında konuşmak üzere, bölgedeki aşiret liderlerini toplantıya davet etti. Randevu ayarlandı. Kuzey Irak'ta, bizim kontrolümüzdeki bir adreste buluşuldu. Biraz sohbet edildi, bilahare mevzuya gelindi. Türk tarafı rahatsızlığını dile getirdi, aşiret liderleri sessizce dinledi. O sırada çay servisi yapılıyordu. Garsonlar tabii ki garson değildi. Çaylar içildi, çay bardakları garsonlar (!) tarafından toplandı, mutfağa götürüldü, o bardağı kim kullandıysa onun adıyla etiketlendi, kolilendi, Ankara'ya getirildi.

Üç sene önce Guam'a götürülenlerin parmak izleriyle eşleştirildi. Bingo... PKK'ya açık destek veren 17 aşiret lideri, Guamerge'ydi!

Yedi sene sonra, *Syriana* filmi vizyona girdi. Başrolünde George Clooney vardı. Senaryosu pek sürükleyiciydi, Amerikan petrol şirketleri, gizli servisler, suikastlar, köktendinci örgütler ve Ortadoğu hükümetleri arasında dönen dolapları anlatıyordu. Suriye'yi andıran Syriana kelimesi, Ortadoğu'yu yeniden dizayn etme projesinin, yani, Büyük Ortadoğu Projesi'nin kod adıydı.

(Hani şu asrın liderimizin "eşbaşkanıyım" dediği Büyük Ortadoğu Projesi var ya... İşte onun kod adıydı Syriana.)

Bu filmdeki rolüyle Oscar ödülü kazanan George Clooney, tecrübeli CIA ajanı Bob Barnes'ı canlandırıyordu. Bilmiyorum Bob Barnes adı size birini hatırlattı mı? Evet... Filmdeki hayali karakter Bob Barnes, aslında, kısaca Bob adıyla tanınan, Robert Booker Baer'di. Çünkü... *Syriana* filminin senaryosu, bizzat Robert Booker Baer'in yazdığı *See No Evil* adlı kitabından uyarlanmıştı. Kitaptaki hadiseler, Robert Booker Baer'in hatıralarından oluşuyordu. Büyük Ortadoğu Projesi'nin kod adı... *Syriana*'nın birebir ilham kaynağı, Guamergelerin mucidiydi!

Bu maharetli Bob'un, dünyada büyük ilgi uyandıran bir kitabı daha var, *The Devil We Know*... Suriye'deki içsavaşın başlamasından hemen önce, 2008'de yazmıştı. Ve bu kitabında, yeni Ortadoğu'yu inşa etmek için bir başka aksiyon filmini, *Mad Max*'i öneriyordu.

Kelimesine kelimesine şunu diyordu... "Yeni Ortadoğu'yu kurabilmenin tek yolu, Mad Max seçeneğiyle, bölgede geniş çaplı şii-sünni savaşını tetiklemekten geçiyor. Niye biz Amerikalılar ölelim ki? Bırakalım, müslümanlar kendi aralarında birbirlerini öldürsünler!"

Muhtemelen gözlerinize inanamıyorsunuz ama, doğru okudunuz...
Kürdistan'ın mimarı açık açık böyle yazmıştı, "niye biz Amerikalılar ölelim ki? Bırakalım, müslümanlar birbirlerini öldürsünler!"

Vaziyet bu kadar net ve açıkken... Suriye'den, adını bile ilk defa duyduğumuz yerlerden şehit üstüne şehit gelirken... Ocak ayı içinde Ankara'da Kürdistan konsolosluğu açılacağı resmen ilan edilirken... Sayın ahalimiz hâlâ, televizyon haberlerinde film gibi seyrediyor, sevinip alkışlıyor, "Suriye'de istiklal savaşı veriyoruz, El Bab'a girdik, sırada Münbiç var, Rakka'ya gireceğiz" filan...

Robert Booker Baer

15 Temmuz darbe girişiminden bir gün sonra, Türkiye uzmanı sıfatıyla, ABD'deki CNN International televizyonuna canlı yayın konuğu olarak davet edilen ilk kişi kimdi biliyor musunuz... Evet, Bob'tu! 15 Temmuz'un kendisi için sürpriz olduğunu, temmuzdan önceki aylarda Türk ordusundaki tanıdıklarıyla sürekli konuştuğunu, kendisine "kesinlikle darbe olmayacağını" söylediklerini, bu darbe girişiminin "profesyonelce yapılmadığını" anlattı.

Bender

İngiltere'yle Suudi Arabistan arasında "Al-Yamamah" adı verilen bir silah anlaşması imzalanmıştı, devlet şirketi British Aerospace Systems, toplam bedeli 80 milyar dolarlık savaş uçağı satıyordu.

Zart diye soruşturma açıldı. Çünkü... Suudi Arabistan'a uçak satılırken, Suudi Arabistan'a rüşvet verildiği tespit edilmişti!

Tuhaf bir durumdu.
Suudi Arabistan uçak almak için para ödüyor, İngiliz şirketi de Suudi Arabistan'ın Washington Büyükelçiliği'ne rüşvet ödüyordu. 2007 itibariyle, peyderpey, iki milyar dolar rüşvet transfer edilmişti.

Tuhaf ötesi bir durum daha yaşandı. Suudi Arabistan, İngiltere'ye nota verdi iyi mi... "Soruşturmayı derhal durdurun, yoksa sizden alacağım uçakları almam, gider Fransa'dan alırım" dedi.

Rüşvet alırken suçüstü yakalanan ülke... Kendisine rüşvet veren ülkeyi tehdit ediyordu.

Ne oldu biliyor musunuz?
İngiltere Yüksek Mahkemesi, soruşturmayı derhal durdurdu, uluslararası kepazeliğin üstünü örttü.

İngiltere başbakanı Tony Blair'di... "Hukuk üstündür ama, ulusal çıkarlarımızdan üstün değildir" dedi. Suudilerin yakası bırakıldı.

Peki, bu olan bitenin perde arkasında hangi dolaplar dönüyordu? Rüşvet parası neden Washington büyükelçiliğine gidiyordu? İngiltere'nin rüşvet verdiği, Suudi kraliyet ailesinin koruduğu büyükelçi kimdi?

Prens Bender'di.

Tam adı, Bandar bin Sultan bin Abdulaziz Al Saud'du. Veliaht prens Abdulaziz'in oğluydu. İngiltere Kraliyet Hava Kuvvetleri Koleji'nden mezun oldu, savaş pilotu oldu, ABD Ulusal Savunma Üniversitesi'nde eğitim aldı, Johns Hopkins Üniversitesi'nde uluslararası ilişkiler üzerine yüksek lisans yaptı, yarbay rütbesiyle Suudi Arabistan Hava Kuvvetleri'ne katıldı. 17 senelik askeri görevden sonra, 1983'te, Washington büyükelçisi oldu. Dört başkanla, Reagan, Clinton ve Bushlarla çalıştı. Baba Bush ve oğul Bush'la o kadar yakın ilişkiler kurdu ki, aileden kabul edildi, "Bender Bush" lakabı takıldı.

Parası ganiydi. Mesela... Aspen'deki çiftliği 135 milyon dolar, Kaliforniya'daki malikanesi 165 milyon dolardı.

Elbette rüşveti kendisi için almıyordu, ihtiyacı yoktu. Nasıl olsa her ihalede rüşvet dönüyordu, bu parayı İngiliz devletine bırakmanın âlemi yoktu, kendi devleti adına alıyordu. Ve bu parayı... Suudi Arabistan'ın örtülü operasyonlarını finanse etmek için kullanıyordu!

Prens Bender... Usame bin Ladin'in terör kariyerini başlatan aktörlerin başında geliyordu. Kendisini ABD düşmanı zanneden köktendinci fanatikleri organize ediyor, tam tersi yönde, ABD-Suudi çıkarları doğrultusunda, CIA maşası olarak kullanıyordu. Hakikaten büyük zeka isteyen bu ölümcül işi Afganistan'da yaptı, Kafkasya'da yaptı, Bosna'da yaptı, Lübnan'da yaptı, Irak'ta yaptı, Libya'da yaptı.

Suudi İstihbarat Teşkilatı'nın başına getirildi.
Suudi Ulusal Güvenlik Konseyi başkanı oldu.

Karanlık el'di.
Mezhepçi çatışmanın kuklacısı'ydı.

Gel zaman git zaman, Arap Baharı ayaklarıyla Libya'da Mısır'da istediği gibi at koşturan Beyaz Saray, Suriye'de duvara tosladı. O duvar, Kremlin'di.

Selamünaleyküm dediği için Müslüman âleminin en sevdiği başkan olan Obama... Vekalet savaşı için Prens Bender'e başvurdu.

Onun aklına uydu.

Işid icat oldu.

Dünyada ne kadar ruh hastası varsa, alayını Suriye'ye getirdiler. Kimin kimi soktuğu belli olmayan "eşekarısı kovanı" yarattılar.

Libya'dan yüklenen silahları, gemilerle Hırvatistan'a getirdiler, Hırvatistan'dan uçaklara yükleyip "tanıdık" bir havalimanına indirdiler, tır'larla Suriye'ye taşıdılar!

İçsavaşı körüklediler, 300 bin kişinin ölümüne sebep oldular, çoğunluğu çocuk ve kadın, beş milyon kişiyi mülteci haline getirdiler, sırf bizim sahillerimizde dört bin çaresiz gariban boğularak can verdi, taş üstünde taş bırakmadılar, insanlık tarihinde görülmemiş vahşetler sergilediler.

Netice?
Başaramadılar.

Suriye'de...

Rusya ve İran kazandı.

Obama çuvalladı.
ABD-Suudi planı iflas etti.

Fatura ona kesildi.
Prens Bender görevden alındı.

Suudi Arabistan'ın yeni kralı Selman, koltuğa oturur oturmaz, ilk iş, Prens Bender'in defterini dürdü. 30 senedir Ortadoğu'nun korkulu rüyasıydı, emperyal günahların, günah keçisi oluverdi.

Üç saatte Şam'a girip, Emevi camisinde namaz kılacağız zannederken, tükürdüğümüzü yalayıp, Putin'den özür dilememize gelirsek...

Rus atasözü var.
"Akıl doğuştandır.
Aptallık öğrenilir."

Bandar bin Sultan bin Abdulaziz Al Saud

Bu arkadaş Suriye'yi kurcalamaya başladığında, Suudi Kralı takvimde başka gün kalmamış gibi tam 10 Kasım'da Ankara'ya gelmiş, kendisine Çankaya Köşkü'nde Abdullah Gül tarafından "Türkiye Cumhuriyeti Devlet Şeref Madalyası" takdim edilmişti, rezalet sadece bununla sınırlı değildi, Suudi Kralı kendisine madalya takan Abdullah Gül'le Tayyip Erdoğan'ı kaldığı otele, ayağına çağırmış, ikisine birden madalya takmış, birini sağına birini soluna oturtup, fotoğraf çektirmişti. Sayın ahalimiz nasıl olsa hiç merak etmiyordu, şimdi biz durup dururken bu herife niye madalya taktık, bu herif bize niye madalya taktı?

Khaled

Türkiye'de son beş senede beş bin Suriyeli şirket kuruldu. Şu anda Türkiye'de faaliyette bulunan yabancı şirketlerin 10'da biri Suriyeli... Ticaret siciline kaydolma hızında, taa 1923'den beri Türkiye'de yatırım yapan Alman şirketlerini bile solladılar.

İnşaattan tekstile, gıdadan oto kiralamaya kadar, vergisiz mergisiz, kayıtdışı faaliyet gösteren 10 binden fazla Suriyeli şirket var.

Şam'dan sonra en büyük Suriyeli şehri İstanbul... 700 bin Suriyeli İstanbul'da yaşıyor. Fatih'te Suriyeli mahallesi oluştu. Tüm tabelalar Arapça, mahallede sadece Arapça konuşuluyor, istersen git dene, Türkçe adres bile soramazsın. Türkçe yok ama, Batı kültürü var, mesela Suriyeli sanatçılar tarafından caz müziği yapılan, caz kafe var. Suriyeli yazarların imza günü düzenlediği kitabevi var.

Bağcılar'da ikinci Suriyeli mahallesi kuruluyor, resmi rakamlara göre, Bağcılar'da yaşayan her 15 kişiden biri Suriyeli... Son bir senede, Bağcılar eğitim araştırma hastanesinde dünyaya gelen her iki bebekten biri Suriyeli.

(Türkiye Halk Sağlığı Enstitüsü'nün verilerine göre, Türkiye'deki Suriyelilerin doğum oranı, Türk vatandaşlarının doğum oranını geçti. Türkiye'de son dört senede 177 bin Suriyeli bebek dünyaya geldi, bunların sırf 70 bini geçen sene doğdu, katlanarak artıyor, bu sene 130 bin civarında Suriyeli bebek doğumu bekleniyor.)

Türkiye'de yaşayan Suriyelilerin radyoları var. Gazeteleri var, İstanbul'da hazırlanıyor, Adana'da basılıyor.

Sadece Suriyelilerin çalıştığı, sadece Suriyelilere hizmet veren hastaneleri var. Tahlil laboratuvarları var. Ecza depoları var.

"Sosyetik" Suriyeliler var.
"Gariban" Suriyeli istemiyorlar.
Bizzat İstanbul valisi anlattı...
"İstanbul'da yaşayan Suriyeliler, sokaklarda dilenen Suriyelilerden rahatsız oluyor, temsilcileri bize geliyor, 'bizim imajımız bozuluyor' diye şikayet ediyorlar" dedi.

Suriyeli İşadamları Derneği var.
Hatta, asrın liderimiz "dolar bozdurun" kampanyası başlatınca, yalakalık olsun diye "bir milyon dolar" bozdurup, makbuzunu törenle basına servis ettiler.

Suriyeli işadamları, uluslararası fuarlara Türkiye kontenjanından katılıp, Türkiye'yi temsil ediyoruz ayağıyla, kendilerine iş bağlıyorlar. İstanbul Boatshow'da fiyatı üç milyon euroluk tekneler satıldı, bu süperlüks yatların üç tanesini Suriyeli işadamları satın aldı.

İzmir'de kağıt havlu ticareti yapan Suriyeli var.
Aydın'da incir ihracatına başlayan Suriyeli var.
Samsun'da ekmek fabrikası kuran Suriyeli var.
İstanbul'da restoran zinciri kuran Suriyeli var.
Uyanık Suriyeli Hatay'da fırın açtı, ürettiği ekmeği "Tayyib" markasıyla satıyor.
Gaziantep'te bakkal görünümlü diş kliniği var, önden giriyorsun bakkal, aradaki kapıyı geçiyorsun, ruhsatsız diş kliniği...
Suriyeli emlak şirketi, Kilyos ve Küçükçekmece'de 400 bin metrekare üzerine villa sitesi kuruyor.
Suriyeli işadamı, Emlak Konut'un İstinye'deki 158 bin metrekarelik arazisine talip oldu.
Holdingleşen Suriyeli var.

Bu tür mevzuları yazdığımızda "yabancı düşmanlığı" filan deniyor. Bakın ben size anlatayım "yabancı düşmanlığı"nı... CHP Kayseri milletvekili Çetin Arık esnaf ziyareti yapıyor, Suriyeli bir kuyumcu görüyor, dükkana giriyor, hayırlı işler diliyor, sohbet ediyor, "Türk işçi çalıştırıyor musunuz?" diye sorunca, Suriyeli kuyumcu ne cevap veriyor biliyor musunuz? "Yabancı çalıştırmıyorum" cevabını veriyor!

Herif bizim memleketimizde patron olmuş, bize yabancı diyor.

(Sayın hükümetimiz Suriyeli gençler için İstanbul'da Yarına Umut Projesi başlattı, Hatay'da Ver Elini Kardeşim Projesi başlattı, Kilis'te Spor Kardeşliği Projesi başlattı, Suriyeli gençler bu projeler kapsamında tiyatro, resim, müzik, halk oyunları ve satranç eğitimi alıyor, Öncüpınar sınır kapısındaki bir hangar spor salonu haline getirildi, Suriyeli gençler iki antrenör eşliğinde judo öğreniyor, judo takımı kurdular, Konya'daki turnuvaya katılmaya hazırlanıyorlar.)
(Sayın hükümetimiz Suriyeli gençler için Kayseri'de Suriyeli Gençlerin Yüksek Öğrenime Uyumu Projesi başlattı, Yalova'da Farklılıklar Zenginliğimizdir Projesi başlattı, Suriyeli gençler bu projeler kapsamında psikolojik danışmanlık hizmeti alıyor, Erciyes kayak merkezinde kayak öğreniyor, tiyatro gösterisi, müzik dinletisi, sinema gibi sosyal aktivitelere katılıyor, kültür gezileri yapıyor.)

(Sayın hükümetimiz Suriyeli gençler için Gaziantep'te Kardeşlik İçin Ben Varım Projesi başlattı, Adana'da Kültür Kardeşliği

Projesi başlattı, Suriyeli gençler bu projeler kapsamında, sosyologlarla görüşüyor, grafik tasarım kursu alıyor, boş zamanlarını sportif faaliyetlerle değerlendiriyor, cami, şadırvan, türbe gibi tarihi mekanları dolaşıyor.)

(Sayın hükümetimiz Suriyeli gençler için Ankara'da Farkındayım Yanıbaşındayım Projesi başlattı, Siirt'te Gönül Köprüsü Projesi başlattı, Hatay'da Suriyeli Gençler Ekmeğini Taştan Çıkarıyor Projesi başlattı, Suriyeli gençler bu projeler kapsamında, mozaik kursuna katılıyor, eserleriyle sergi açıyor, sağlıklı yaşam, iletişim, sanat gibi konularda eğitim seminerlerine katılıyor, Türkiye'yi daha iyi tanımaları için İstanbul'a Çanakkale'ye gezmeye götürülüyor.)

(Türkiye'de yaşayan Suriyeli gençler, kurban bayramını memleketleri Suriye'de geçirdi, bol bol hediye alarak arefe günü memleketlerine giden Suriyeli gençler, akrabalarıyla hasret giderip Türkiye'ye geri döndüler. İstanbul'da yaşayan Suriyeli gençler Florya plajında parti verdi, güneşlenen, denize giren, halaylar çeken Suriyeli gençler "Suriye Suriye" diye sloganlar attı. Mersin'de yaşayan Suriyeli gençler Mezitli sahilinde nargile keyfi yaptı. Bursa'da yaşayan Suriyeli gençler İznik gölünde piknik yaptı. Kilis'te yaşayan Suriyeli gençler, Kırşehir'de gençlik kampına katıldı, yapay tırmanış ve doğa yürüyüşü yaptılar, kano kullandılar, badminton öğrendiler, paintball oynadılar.)

(Sayın hükümetimiz Suriyeli gençler için Yeşil Sahada Barış İçin Kardeşlik Futbol Turnuvası düzenledi, Antalya'da yapıldı, İstanbul, Ankara, İzmir, Bursa, Samsun, Adana, Mersin, Hatay, Gaziantep, Adıyaman, Osmaniye, Kahramanmaraş, Şanlıurfa, Kilis, Batman ve Mardin'de yaşayan Suriyeli gençlerin takımları katıldı, Suriyeli gençlerin takımları bu turnuvaya dört ay boyunca profesyonel antrenörler eşliğinde hazırlandı, antrenörleri spor bakanlığımız tahsis etti, Suriyeli gençler turnuva boyunca beş yıldızlı otellerde ağırlandı, Suriyeli gençlerin şampiyon takımı, milletvekillerimizden oluşan TBMM futbol takımı ve Süperlig'ten bir takımımızla dostluk maçı yapacak.)

Vaziyet böyleyken...

Suriye'den sekiz şehit daha geldi.
Şimdilik 64 şehidimiz oldu.

Türk Silahlı Kuvvetleri'nde hava, deniz, kara, general, amiral, subay, astsubay, uzman, erbaş ve er dahil, toplam 351 bin asker bulunuyor.
Buna mukabil, Türkiye'de askerlik çağında 425 bin Suriyeli yaşıyor!

Yani... Türkiye'de, Türk Silahlı Kuvvetleri'nin mevcudundan daha fazla sayıda, eli silah tutacak yaşta Suriyeli var.

Bunlar kendi memleketlerine sahip çıkmak yerine, bizim memlekette şirket kuracak, patron olacak, villada oturacak, yatlarda dolaşacak, caz dinleyecek, kayak öğrenecek, paintball oynayacak, götünü gezdirecek, plajda nargile tüttürecek... Bizim çocuklar bunların memleketini kurtarmak için oralarda vuruşacak, şehit düşecek, gözünü bacağını kaybedecek öyle mi?

Suriyeliler ana kuzusu da... Biz kendi kınalı kuzularımızı ağaç kovuğunda mı bulduk kardeşim?

Khaled Bablli

Türkiye'deki Suriyeli işadamları TÜSİAD gibi MÜSİAD gibi, SİAD adı altında dernekleşti, sivil toplum örgütü haline geldi. Suriyeli İşadamları Derneği'nin başkanı Khaled Bablli, müteahhitti, milyon dolarlarla siyasi şov yapıyordu. Derneğin üyeleri arasında, inşaattan ulaştırmaya, bilişimden turizme, eğitimden sağlığa, hayvancılıktan mobilyaya, aklınıza gelen gelmeyen her türlü firma vardı. Ve, 2017 itibariyle... Gariban Türk halkının bu Suriyelilere "mazlum" diye harcadığı para 25 milyar doları aşmıştı!

Mevlüt

2016 başladı... Yılbaşında, Sur, Cizre, Yüksekova'da içsavaş manzaraları vardı, hendek operasyonları açılım saçmalığının sonucuydu, 249 şehit verdik. Akp hükümeti genelge çıkardı, isteyen memur cuma namazına gidecek dedi. Atatürk'e senelerdir küfreden akp'nin akil adamı Hasan Karakaya, asrın liderimizin gezisinde Suudi Arabistan'da öldü, hulusi beyin genelkurmayı taziye mesajı yayınladı. Diyanet'in resmi internet sitesinden "babaların öz kızlarına şehvet duyması haram değildir" fetvası yayınlandı. Sultanahmet'te canlı bomba patladı, 12 Alman turist öldü. Diyarbakır'da polis lojmanı havaya uçuruldu, kundaktaki bebeklerimizi kaybettik. Ahmet Kiziroğlu "bu bahar terörsüz bir bahar olacak" dedi. Mustafa Koç vefat etti. Bülent Arınç boş süt şişesi gibi kapının önüne konuldu, asrın liderimiz "o zat" dedi, yandaş medya "manisalı lawrence" lakabı taktı, cüppeli bülo, paralel hain dediler. Kut'ül Amare icat ettiler, yandaş medya bile ne olduğunu anlamadı, vazgeçtiler. Suriyeli sayısı 3,5 milyonu geçti, asrın liderimiz "bizim alnımızda enayi yazmıyor, otobüsler boşuna durmuyor, bindirir göndeririz" dedi. İncirlik'e tarihimizde ilk kez Suudi uçağı geldi. Ahmet Kiziroğlu "en geç haziran ayında Avrupa'ya vizesiz gideceğimizi" açıkladı, geçen hazirandı! Ankara Merasim Sokak'ta canlı bomba patladı, 29 insanımızı kaybettik. Ankara Kızılay'da canlı bomba patladı, 38 insanımızı daha kaybettik. Asrın liderimiz "benim gitmem demek, devletin yıkılması demektir" dedi. Atatürk "benim naçiz vücudum elbet bir gün toprak olacaktır, fakat Türkiye Cumhuriyeti ilelebet payidar kalacaktır" derken, bu böyle dedi. İstiklal Caddesi'nde canlı bomba patladı, 5 kişi can verdi. Ahmet Kiziroğlu "Avrupa Birliği'yle Kayserili pazarlığı yaptım" dedi, güya Suriyelileri alıp, üstüne 10 milyar euro vereceklerdi, Suriyeliler bizde kaldı, babafingoyu aldık. Sabahattin Zaim Üniversitesi rektör yardımcısı "ben bu ülkede cahil, okumamış, tahsilsiz kesimin ferasetine güveniyorum, ülkeyi ayakta tutacak olan cahil halktır, en tehlikeli olanlar üniversite okuyanlardır, okuma oranı arttıkça beni hafakanlar basıyor" dedi, bu herifi YÖK'e yönetici yaptılar. Hayırsever Rıza'yı New York'ta enselediler, içeri attılar, "ölene kadar ayrılmayacağız" diyorlardı, Ebru Gündeş şak diye boşanma davası açtı. Akp yandaşı Ensar vakfının yurdunda oğlan çocuklarına tecavüz edildiği ortaya çıktı, kadın aile bakanı "bi kerecik" dedi, "bir kerecik rastlanmış, gurur duyduğumuz kurumumuzu karalamak için gerekçe olamaz" dedi. Asrın liderimiz başkanlık sistemine örnek verdi, "Hitler Almanyasında bile var" dedi, alkışladılar! Rize Kızılay başkanı, oğlan çocuklarına tecavüzden tutuklandı. Eminanım büyükelçilere konuştu, "Türkiye eskiden yeri dahi bilinmeyen bir ülkeydi" dedi. Canlı bomba olarak aranan ışid'liye yeşil kart verildiği ortaya çıktı. TBMM külliye oldu. Asrın liderimiz Latin Amerika'ya gezmeye gitti, zırhlı makam mercedesi de askeri uçakla götürüldü. Yandaş gazetenin yazarı "Afrika ormanlarında yaşayan şempanzeler Yahudi" dedi. Uşşaki tarikatı şeyhi nurullah efendi "elimi öpen cennete gider" dedi. Sosyal doku vakfı başkanı "üç yaşındaki kız çocukları amcalarının yanına külotla çıkmamalı" dedi. Diyanet çocuk dergisi, çizgi öyküdeki kaplumbağaya türban taktı. Bilal doktor olmak için İtalya'ya gitti, kara para soruşturması açıldı, asrın liderimiz "oğlumu tutuklamaya kalkıyorlar" dedi. Can Dündar ve Erdem Gül tutuklandı, Anayasa Mahkemesi kararıyla tahliye edildiler, asrın liderimiz "karara uymuyorum, saygı duymuyorum" dedi. Bir zamanlar Akp'nin cankuşu olan *Zaman* gazetesine el kondu. Cep telefonuna Kuran'ı Kerim indiren Tuğçe Kazaz, diyanete sordu, cep telefonumuza abdestsiz dokunabilir miyiz? Süleyman Demirel Üniversitesi ilahiyat fakültesi dekanının makalesinde "cinsel ilişki sırasında şeyhinizi hatırlarsanız, doğacak çocuğunuz bereketli olur" ifadesine yer verildi. Diyanet'in Çanakkale Zaferi hutbesinde Atatürk'e hiç yer verilmedi. Tayyip Erdoğan Sempozyumu düzenlendi, Egemen Bağış moderatör oldu, "Tayyip Erdoğan Allah'ın ümmete lütfudur" denildi. Orman bakanımız "NASA da kim oluyor, onlar bizim çok gerimizde, bizim teknolojimiz onlardan ileri" dedi. Şehitler var diye 23 Nisan törenleri iptal edildi, akp'lilerin düğünleri iptal edilmedi. Asrın liderimiz diyanet toplantısında anlattı, babasına "biz Laz mıyız, Türk müyüz" diye sormuş, meğer bu mevzu babasının da aklına takılıyormuş, babası da babasına sormuş, "biz laz mıyız, Türk müyüz" demiş, dede mollaymış, "yarın öleceğuk, Allah bize men rabbüke, ve men nebiyyüke, ve ma dinüke diye soracak, ve ma kavmüke diye sormayacak, müslümanım de geç" demiş... Binali beyin oğlu Singapur'da kumar masasında yakalandı. TBMM başkanı "yeni anayasa dindar olmalı, anayasada laiklik olmamalı" dedi. Canlı bombaları niye yakalamıyorsunuz diye sordular, Ahmet Kiziroğlu "hepsinin isim listesi tek tek elimizde ama, eylem yapmadan tutuklayamayız" dedi! Kilis'e habire roket atıldı, 18 insanımızı kaybettik, Kilis valisi "roketlerin buraya düşmesi eleştiriliyor, tabii ki düşecek, havada mı kalacak, yerçekimi var" dedi. Asrın liderimiz "1919'dan başlayan tarih anlayışını reddediyorum" dedi. Bir bilge adam, bir yiğit adam, bir hışımla geldi geçti, peh peh peh peh, Ahmet Kiziroğlu zart diye başbakanlıktan alındı, gıkını bile çıkaramadı, peh peh peh peh... Asrın liderimizin danışmanı açıkça izah etti, "bundan sonra gelecek başbakan düşük profilli olacak" dedi. Binali bey başbakan oldu. Can Dündar'a adliye önünde ateş ettiler. Sümeyye Erdoğan evlendi, hulusi bey sekiz şehidimizi toprağa verdiğimiz gün, helikopterle yetişti, nikah şahidi oldu. İstanbul Vezneciler'de canlı bomba patladı, 13 insanımızı kaybettik. Muhammed Ali vefat etti, asrın liderimiz cenaze törenine gitti, kimse sallamadı, küstü döndü. Profesör Yaşar Nuri Öztürk vefat etti. Van münüts sona erdi, İsrail tiko para 20 milyon dolar bastırdı, asrın liderimiz Mavi Marmaracılara "giderken bana mı sordunuz" dedi, çıktı işin içinden... Attık tuttuk, turizm çöktü, Rusya'dan resmen özür diledik. Atatürk Havalimanı canlı bombalarla basıldı, 45 insanımızı kaybettik. Polonya basını yazdı, NATO zirvesi için asrın liderimizle birlikte Varşova'ya gelen Eminanım, 147 bin lira tutarında antika masa, antika komodin, antika porselen yemek takımı aldı. Akp'nin iktidara geldiği günden beri koruyup kolladığı fetocular, devlete millete saldırdı... 15 Temmuz darbe girişimi yaşandı, F16'lar Meclis'i bombaladı, genelkurmay başkanıyla kuvvet komutanları esir alındı, darbe henüz bastırılmadan önce, TSK bile kendini savunmak için organize olamazken, MİT'in bile haberi yokken, asrın liderimiz anca eniştesinden öğrenirken, memleketin 85 bin camisinde senkronize şekilde sela okundu, devlet komadayken, nasıl olduysa, memleketin en ücra köylerindeki imamlar müezzinler organize olmuştu! 249 insanımızı kaybettik, köprüde askerlerin gırtlağını kestiler. Asrın liderimiz "Rabbim affetsin, milletim affetsin" dedi, Olağanüstü Hal ilan edildi. 40 bin kişi tutuklandı, 100 bin kişi devletten atıldı. Kuleli kapatıldı, Heybeliada deniz lisesine kilit vuruldu, GATA'yı abdülhamid hastanesi yaptılar. İçişleri bakanı Efkan Ala zart diye görevden alındı. TBMM başkanı, Dolmabahçe Sarayı'nda abdülhamid'i anma sempozyumu düzenledi. Tarık Akan vefat etti. Genelkurmay başkanlığı, Anıtkabir'in avlusuna kargo şirketinin sponsorluğunda morlu pembeli plastikten oyun parkı koydu, vatandaş söktü. Asrın liderimiz "Lozan'ı zafer diye bize yutturmaya çalıştılar, zafer mi bu" dedi. Seçkin liselerimizi proje okul adı altında imamlaştırdılar. Kazan ilçesi Kahramankazan oldu. Tankımızla topumuzla Suriye'ye girdik, şimdilik dokuz tankımız vuruldu, şimdilik 21 şehidimiz var. *Cumhuriyet* gazetesi polis tarafından basıldı, yazarları hapse atıldı, asrın liderimizin canını sıkan karikatürist Musa Kart tutuklandı. Kendisi muhalefetteyken "başkanlık sistemi Amerikan emperyalizminin bize tavsiyesidir" diyen asrın liderimiz, şimdi "başkanlık sistemi bizim için gelenekseldir, bizim genlerimizde var" dedi. Binali bey "başkanlık gelmezse Türkiye bölünür" dedi. Devlet Bahçeli adeta kanun hükmünde kararnameyle ak saray'a bağlanmış gibi oldu! Dolar roketledi, Türk lirası bir sene içinde yüzde 20 değer kaybetti, Binali bey "dolardan bize ne, dolsa ne olur, dolmasa ne olur" dedi, Keynes mübarek... Akut'a musallat oldular, Nasuh Mahruki'yi az daha tutukluyorlardı, Akut başkanlığını zorla bıraktırdılar. Hdp'yi komple içeri attılar, Selahattin Demirtaş, Figen Yüksekdağ, Gültan Kışanak, Ahmet Türk filan, alayını tutukladılar. Asrın liderimiz "ben çobanım" dedi. Sapıklar kanuna uymuyor diye, kanunu sapıklara uydurmaya kalktılar, 11 yaşındaki kız çocuklarını imam nikahıyla koynuna alan 60 yaşındaki sapıklara af çıkarmaya çalıştılar, Binali bey "bi kereliğine" dedi. Süleymancıların tarikat yuvasında 10 kız çocuğumuz yanarak can verdi. Sinan Çetin'in polis öldüren oğlunu parayla helalleşerek sokağa saldılar. Ethem Sarısülük'ü suratından vurarak öldüren polise hiç kimse hakkını helal etmedi ama, 10 bin liraya serbest bıraktılar. Bunca sıkıntı arasında biraz olsun gülümsememizi sağlayan Erdal Tosun, trafik kazasına kurban gitti. Beşiktaş'ta canlı bombalar patladı, 45 insanımızı kaybettik. Asrın liderimiz "milli seferberlik ilan ediyorum" dedi, sonra "seferberlik" dediğini ama "seferberliği kastetmediğini" söyledi. Hüsnü Mahalli tutuklandı. Kayseri'de canlı bomba patladı, 14 insanımızı daha kaybettik.

Ve, elçiye zeval oldu...
Tarihte ilk kez, Türkiye Cumhuriyeti Devleti'nin polisi, Ankara'nın göbeğinde, tekbir getirerek, Rusya Büyükelçisi'ni sırtından vurdu.

"Huzur ve istikrar adası" denilen ülkenin son bir senesi işte bu!

Mevlüt Mert
Altıntaş

Polis suikastçı 22 yaşındaydı, ilkokula başladığı sene Akp iktidar olmuştu, ömrü boyunca Akp'den başka hükümet, Tayyip Erdoğan'dan başka yönetici görmemişti, kendini bildi bileli televizyonu her açtığında onu görmüştü, Akp ikliminde yetişmiş, Akp iktidarında polis olmuştu. Elbette pekçok başka dinamik vardı ama, özü itibariyle... Kindar nesil tohumlarının ekildiği tarlanın hasatıydı. "Alnı secdeye eriyor" kriteriyle, "aynı menzile yürüyoruz" emeliyle, cemaat tarikat yuvalarını hoşgören, tekke zaviyeleri hortlatan, zır cahil cüppelileri mollaları kıymete bindiren, "mezhep kardeşimiz" diye köktendinci örgütlerin sırtını sıvazlayan zihniyetin eseriydi.

Derviş, Cafer, Vahdeti, Ozan

Aklındaki baklayı ağzından kaçıran Akp yöneticisi, milleti milletle tehdit etmiş, "evet çıkmazsa içsavaşa hazırlanın" demiş.

Biz bu kötü kalpli karakteri Menemen'den tanıyoruz...

Sarıklı cüppeli müritleriyle Manisa'dan Menemen'e gelip, camide sabah namazı kılan ahaliyi "din elden gidiyor, imanımızı kurtarmaya geldik, ne duruyorsunuz" diye kışkırtan, minareden havaya ateş açarak galeyana getiren, cahili cühelayı peşine takıp, yeşil bayrakla hükümet konağına yürüyen, kendisine katılmayanlara tehditler savuran, bu bayrak altında toplanmayanların kılıçtan geçirileceğini söyleyen, hükümet meydanında zikir çeken, tabancayla yaraladıkları Kubilay'ı cami avlusunda yüzüstü yere yatırıp, testere ağızlı bağ bıçağıyla kafasını kesen, saçlarından tutarak taşa vuran, sırığın ucuna takıp dolaştıran, "cumhuriyet bitmiştir, işte kafirlerin sonu" diye haykıran Derviş Mehmet'in sevinç çığlıklarından tanıyoruz.

Biz bu kötü kalpli karakteri Sivas'tan tanıyoruz...

Camilerde el altından bildiri dağıtıp, "müslümanlara küfür ediyorlar, dinimizle alay ediyorlar, susacak mısınız?" diyerek tahrik eden, kültür şenliği için şehre gelen aydınlarımızı "kılık değiştirmiş şeytan" diye hedef göstererek, ahaliyi sokağa döken, hükümet konağını taşlayan, "cumhuriyet Sivas'ta kuruldu, Sivas'ta yıkılacak, laiklere ölüm" sloganlarıyla Madımak Oteli'ne yürüyen, "yakın ulan yakın" diye bağırıp, zemin kattaki perdeleri tutuşturan, varlığıyla onur duyduğumuz insanlar diri diri yanarken "işte cehennem ateşi" diye kahkaha atan gözü dönmüş güruhun sevinç çığlıklarından tanıyoruz.

Biz bu kötü kalpli karakteri, sadece Cumhuriyet döneminden değil, Cumhuriyet öncesinden de, 31 Mart vakasından da tanıyoruz...

Meşrutiyet'i hazmedemeyen yobazların "din elden gidiyor" yalanından, günümüzün yandaş medyası gibi bedava dağıtılan *Volkan* gazetesinden, o kindar gazetenin ektiği nifak tohumlarından, "şeriat isteriz" sloganlarıyla Ayasofya meydanından yürüyüşe geçip, yeşil bayraklarıyla Meclis-i Mebusan'ı basan tarikatçılardan, kendilerine katılmayanları "dinsiz" ilan eden, milleti birbirine kırdıran, sarıklı İngiliz casusu Derviş Vahdeti'nin sevinç çığlıklarından tanıyoruz.

Hukuk tanımayan...
Kendisi gibi düşünmeyenlere yaşam hakkı tanımayan'dır o.

Biz bu kötü kalpli karakteri demokrasi tarihimizden tanıyoruz.

Derviş Mehmet

Cafer Erçakmak

Derviş Vahdeti

Ozan Erdem

Derviş Mehmet, Menemen'de Kubilay'ın kafasını kesen yobazdı, Akp iktidarı boyunca Menemen'deki Kubilay'ı anma törenlerine hiçbir zaman hiçbir Akp yöneticisi katılmadı. Cafer Erçakmak, Madımak katliamının bir numaralı sanığıydı, aranıyordu, Fransa'da olduğu söyleniyordu, halbuki Sivas'ta oğlunun evinde yaşadığı, Akp iktidarı döneminde Sivas'ta oğlunun evinde öldüğü ortaya çıktı, Madımak sanıklarını mahkemede savunan avukatlar, Akp milletvekili oldu, Akp hükümetlerinde bakan oldu, başbakan yardımcısı bile oldu. Derviş Vahdeti, 31 Mart'ta şeriat isteyen cahil askerlerle Topçu Kışlası'nda ayaklanma çıkarmıştı, isyan bastırıldı, Topçu Kışlası yıkıldı, yerine Gezi Parkı yapıldı, Akp iktidarı döneminde Gezi Parkı'nın yerine yeniden Topçu Kışlası yapmaya kalktılar, memleket altüst oldu. İçsavaş çığırtkanı Ozan Erdem, Akp Manisa il başkan yardımcısıydı, güya soruşturma açıldı, unutturuldu, üstü örtüldü.

Fevai

"Tayyip Erdoğan Allah'ın bütün vasıflarını üzerinde toplayan lider" diyen Akp milletvekili Fevai Arslan "sözlerim cımbızlandı, çarpıtıldı" dedi.
Erkek çocuklarının senelerce tecavüze uğradığı Ensar Vakfı'nı savunarak, "buna bir kere rastlanmış, kurumumuzu karalamak için gerekçe olamaz" diyen aile bakanı Sema Ramazanoğlu "sözlerim cımbızlandı, çarpıtıldı" dedi.
"Gezi Parkı olaylarını Yahudi diyasporası tetikledi" diyen başbakan yardımcısı Beşir Atalay "sözlerim cımbızlandı, çarpıtıldı" dedi.
"Referandumda evet çıkınca, terör örgütlerinin sesi soluğu kesilir" diyen Numan Kurtulmuş "sözlerim cımbızlandı, çarpıtıldı" dedi.
"Yeni anayasada laiklik olmamalı" diyen Tbmm başkanı İsmail Kahraman "sözlerim çarpıtıldı" dedi.
"Allah başbakanımızı bize nasip ettiği için her gün iki rekat şükür namazı kılmalıyız" diyen Akp milletvekili Oktay Saral "sözlerim çarpıtıldı" dedi.
"Tayyip Erdoğan ikinci peygamberdir" diyen Akp il başkanı İsmail Hakkı Eser "sözlerim cımbızlandı, çarpıtıldı" dedi.
"Gösterişçi intihar sendromu var" diyen, ataması yapılmayan öğretmenlerin ilgi çekmek için intihar ettiğini söyleyen milli eğitim bakanı Nabi Avcı "sözlerim çarpıtıldı" dedi.
Rus uçağı düşürüldükten sonra "emri ben verdim" diyen başbakan Ahmet Kiziroğlu "sözlerim çarpıtıldı" dedi.
TRT'deki ramazan programında "namaz kılmayan hayvandır" diyen yandaş profesör "sözlerim cımbızlandı, çarpıtıldı" dedi.
TRT'deki ramazan programında "hamilelerin sokakta gezmesi terbiyesizliktir" diyen yandaş tarikatçı "sözlerim çarpıtıldı" dedi.
"Kadın erkek eşitliği fıtrata ters" diyen asrın liderimiz "sözlerim çarpıtıldı" dedi.

"Ben Türk değilim" diyen Akp'nin fetocu milletvekili Hakan Şükür "sözlerim çarpıtıldı" dedi.
"Türk filan yok" diyen Akp genel başkan yardımcısı Yasin Aktay "sözlerim cımbızlandı, çarpıtıldı" dedi.
"Başbakanımız Berkin Elvan'ın annesini yuhalattı, çünkü, onun da annesine küfredilmişti" diyen şarkıcı Yavuz Bingöl "sözlerim çarpıtıldı" dedi.
Ahmet Kiziroğlu görevden alındığında "bundan sonra gelecek başbakan daha düşük profilli olacak" diyen Akp milletvekili Aydın Ünal "sözlerim çarpıtıldı" dedi.
"Kadın iffetli olacak, herkesin içinde kahkaha atmayacak" diyen Bülent Arınç "sözlerim cımbızlandı, çarpıtıldı" dedi.
Açılım döneminde "aklıma gelse ben de dağa çıkardım" diyen Bülent Arınç "sözlerim çarpıtıldı" dedi.
"18 yaşındakinin zinasına karşı çıkmıyorsanız, 17 aylık bebeğe tecavüze karşı çıkmak timsah gözyaşlarıdır" diyen müftü "sözlerim çarpıtıldı" dedi.
"Makyaj yapar kıvırtırsanız, erkeklere sarılırsanız, sonunuz Özgecan gibi olur" diyen ortaokul müdürü "sözlerim çarpıtıldı" dedi.
"Bizans dostu kahpe İnönü" diye tweet atan Akp milletvekili Tülay Babuşçu "mesajım çarpıtıldı" dedi.
"Bu ülke müslüman bir ülke, yüzde 99'u müslüman, tarihten gelen bir yapısı var, Türkiye konumu itibariyle icat yapamaz, buluş yapamaz, ara eleman ülkesiyiz" diyen şehircilik bakanı Erdoğan Bayraktar "sözlerim cımbızlandı, çarpıtıldı" dedi.
10 yaşındaki kız çocuklarını imam nikahıyla koynuna alan 60 yaşındaki sapıklara af getirmeye çalıştılar, başbakan Binali Yıldırım "yasa teklifimiz çarpıtıldı" dedi.
"Roketlerin buraya düşüyor olması eleştiriliyor, tabii ki düşecek, havada mı kalacak, yerçekimi var" diyen Akp valisi "sözlerim çarpıtıldı" dedi.
Vatandaşa "gavat" diyen Akp valisi "gavat demedim, kavas dedim, sözlerim çarpıtıldı" dedi.
İzmir'e açık açık "gavur" diyemeyen, "İzmir'in farklı bir dindarlığı var, bu dindarlığın irfan geleneğine ihtiyacı var" diyen diyanet işleri başkanı Mehmet Görmez "sözlerim çarpıtıldı" dedi.
"Düğünde eşinin dans etmesine izin veren erkek deyyustur" diyen müftü yardımcısı "sözlerim çarpıtıldı" dedi.
Fıkra anlatıyorum ayağıyla Atatürk'e açık açık "ibne" diyen Akp belediye başkanı "olay çarpıtıldı" dedi.

"40 yıldır onlar halkı fişliyordu, şimdi biz onları fişliyoruz" diyen Akp milletvekili Avni Doğan "sözlerim cımbızlandı, çarpıtıldı" dedi. "Akp iktidarına karşı çıkanların kanını tahlile yollamak gerekir, kanı bozuklar" diyen Akp milletvekili Ahmet Aydoğmuş "sözlerim cımbızlandı, çarpıtıldı" dedi.

"Referandumda evet çıkmazsa, içsavaşa hazırlanın" diyen Akp il başkan yardımcısı "sözlerim cımbızlandı, çarpıtıldı" dedi. Sözlerimizi ister cımbızlayarak, ister cımbızlamadan dinleyin... Alayınıza HAYIR diyoruz, düpedüz HAYIR yani.

Fevai Arslan

Akp döneminde, hakikaten kulaklarımıza inanamadığımız sözler işittik ama, hiçbiri Fevai Arslan boyutlarında değildi. Allah'ın vasıflarıyla Tayyip Erdoğan'ın vasıflarını bir tutan kişi, imam hatip lisesi mezunuydu. 2006'yla 2011 arasında Akp Düzce il başkanıydı. Düzce ahalisi, bu arkadaşı milletvekili seçip, kendilerini temsil etsin diye TBMM'ye gönderdi, bir defa yetmedi, üç defa milletvekili seçildi.

Mehdi

Sen bizim dağları bilmezsin gülüm
hele boz dumanlar çekilsin de gör
her haftası bayram, her günü düğün
hele yaylalara çıkılsın da gör

Bilmezsin ovalar nasıldır bizde
kağnılar yollarda, yoncalar dizde
saydıklarım damla değil denizde
hele bir ekinler ekilsin de gör

Buydu Anadolu.

Abdurrahim Karakoç'un şiiriydi, Veysel'in türküsüydü, Fikret Otyam'ın tablosu, Erdinç Bakla'nın heykeli, Fakir Baykurt'un romanıydı, Özay Gönlüm'ün yareni, Nesimi Çimen'in curası, Cahit Berkay'ın gitarı, kurban olduğum Selda Bağcan'ın sesi, Kurtalan Ekspres'in ezgisiydi. Kendi kendine yeten yedi ülkeden

birinin, dünyayı imrendiren bereketli topraklarıydı.
Bunlar bi geldi kardeşim...
Saman ithal ediyoruz.

Kendi kendimizi doyurmaktan vazgeçtik, artık hayvanlarımızı bile doyuramıyoruz. İnek zaten ithal, koyun ithal, keçi ithal... Anadolu'da gezerken yanlışlıkla çekirdeğini elinden düşür, ayçiçeği fışkırır, o ayçiçeğini utanmadan Rusya'dan alıyoruz. Buğdayı ABD'den getiriyoruz, arpayı Ukrayna'dan, mercimeği Kanada'dan, mısırı Arjantin'den, baklayı İtalya'dan, nohutu Meksika'dan, sarmısağı Çin'den ithal ediyoruz. Pamuk Yunanistan'dan, vişne Almanya'dan, nar Bulgaristan'dan güya milli yemeğimiz, fasulye İran'dan... En cüzel çay? İngiltere'den... Domates tohumu İsrail'den, karnabahar tohumu Hollanda'dan, turşuluk hıyar ABD'den... Çocuklarımıza üniversite sınavına girerken yutturduğumuz üç adet okunmuş pirinç tanesi var ya... Tee Avustralya'dan geliyor. Dünyanın gıpta ettiği yedi ülkeden biriydik, şimdi, 104 ülkeden tarım ithalatı yapıyoruz, nerdeyse bize tarım ürünü satmayan ülke kalmadı. Samanı mesela, nerelerden alıyoruz? Angola, Eritre, Kongo gibi gelişmiş (!) ülkelerden alıyoruz.

Ve, şimdi sıkı durun...

Türk tarımının ocağına incir ağacı diken sayın hükümetimiz ne yaptı biliyor musunuz? Tarım yapmak için Afrika'da tarla kiraladı!

Evet, yanlış okumadınız.
Sayın hükümetimiz, bastı tiko parayı, Sudan'da 7 milyon 805 bin dönüm arazi kiraladı. Hem de bi kaç seneliğine filan değil, 99 seneliğine kiraladı. Peki kim çalışacak bu arazide? Sudanlı köylüler çalışacak. Sayın hükümetimizin projesine göre, Sudanlı köylüler bizim araziyi ekip biçecek, ürün yetiştirecek, o ürünler hem Türkiye'ye ucuza ithal edilecek, hem de başka ülkelere ihraç edilecek.

(Kiraladığımız tarımsal arazinin büyüklüğü ne anlama geliyor diye merak ediyorsanız, Sivas kadar... Kayseri, Eskişehir, Diyarbakır, Yozgat, Çorum ve Manisa'nın tarım arazisinden daha büyük.)

Bitmedi...
Sayın hükümetimizin yaptığı anlaşmaya göre, Sudan'da kiraladığımız araziye bir de "örnek çiftlik" kurulacak, 125 bin

dönüm büyüklüğündeki bu örnek çiftlikte, ürün kalitesini arttırmak için araştırmalar yapılacak, Sudanlı köylülere eğitim verilecek.

Mustafa Kemal'in örnek olsun diye kurduğu Atatürk Orman Çiftliği'ne saray dikeceksin, sonra gidip, elalemin Sudanına örnek çiftlik kuracaksın öyle mi?

Akp geldiğinden beri, 2002'den beri, Türkiye'nin toplam tarım alanı 26 milyon hektardan 23 milyon hektara geriledi. Ekilen tarım alanımız, 18 milyon hektardan 15 milyon hektara geriledi. Bunca dramatik küçülmeye ilaveten... Şu anda 4 milyon hektarlık alan, maddi imkansızlıklar nedeniyle ekilemiyor. Kendi topraklarını adeta çöle çevireceksin, sonra gidip, elalemin Sudan'ından 99 seneliğine 8 milyon dönüm arazi kiralayacaksın öyle mi?

Bizim köylünün tarlasına, bahçesine, serasına, traktörüne haciz üstüne haciz gelirken... Bizim paramızla Sudan köylüsünü ihya edeceksin öyle mi?

Sanırsın...
Sudanlı milletin efendisidir!

(CHP Niğde milletvekili Ömer Fethi Gürer, sayın hükümetimiz tarafından cevaplanması istemiyle "nedir bu kepazelik?" şeklinde bir soru önergesi verdi. Lütfedip cevap verirler mi? Elbette hayır.)

Hani diyorlar ya...
Hayır diyen teröristtir.
Hayır diyen darbecidir.
Hayır diyen dış güçlerdir.
Görünen o ki...
Evet diyen Sudanlı'dır.

Mehdi Eker

Tayyip Erdoğan'ın belediye ekibindendi, veteriner işleri müdürüydü, 2002'de Akp milletvekili oldu, 10 sene tarım bakanlığı yaptı, Cumhuriyet tarihinin en uzun süre görevde kalan tarım bakanı oldu, kendi kendine yeten yedi ülkeden biri olan Türkiye, saman ithal eder hale geldi. Dünyanın en büyük tarım ihracatçılarından olan Fransa, tarihte ilk kez bir Türkiye Cumhuriyeti bakanına, Mehdi Eker'e, tarım alanında şövalye liyakat nişanı, Chevalier dans l'Ordre du Merite Agricole verdi. Nasıl olsa sayın ahalimiz merak etmiyordu, "niye bu herifler bizim bakana madalya verdi" diye kafasına takmıyordu!

Hüseyin

"Cemaatin ileri gelenleri, mensupları bugüne kadar ne getirdiler de bunu geri gönderdim, yapabileceğim ne varsa yaptım, rabbim şahittir, ne istediniz de alamadınız" diyen kimdi? Asrın liderimiz.

Akp iktidara gelir gelmez "yurtdışındaki cemaat okullarını destekleyeceksiniz, ziyaret edeceksiniz, elçiliklerdeki resmi törenlere davet edeceksiniz" diye genelge yayınlayan kimdi? Abdullah Gül.

İktidara gelir gelmez 23 Nisan'a alternatif olarak feto'nun Türkçe olimpiyatlarını kutlamaya başlayan, hatta ilk olimpiyatı kendi himayesinde yaptırarak, "milyonlarca insan şu anda gözyaşı dökerek bizi izliyor, bunların arasında birisi var ki, gurbette tek başına hüzünle bizi seyrediyor, televizyon başında bizi izleyen o güzel insana teşekkür borcum var" diyen kimdi? Bülent Arınç.

"Türkçe sevgi dilidir, barış dilidir, Yunus'un dilidir, Mevlana'nın dilidir, aç herkese sineni aç, onun gibi ilaç diyen fethullah gülen hocaefendinin dilidir" diyen kimdi? Binali Yıldırım.

Cemaatin hedefleriyle Türkiye'nin hedeflerinin "tamamen örtüştüğünü" söyleyen kimdi? Ahmet Davutoğlu.

"Cemaat devleti ele geçirmiş, devlete sızmış filan, bunlar kargaları bile güldürür" diyen kimdi? Akp'nin bakanı Hüseyin Çelik.

"Bu yolu açan, bu ateşi yakan, bu fikri veren muhterem fethullah gülen hocaefendiye gönül dolusu saygılar gönderiyorum, kendisine çete diye hitap edilmesi büyük haksızlıktır, vicdansızlıktır" diyen kimdi? Akp'nin bakanı Bekir Bozdağ.

Cemaat hakkında "faaliyetlerinin daha fazla arttırılması, daha yaygın hale getirilmesi, vatanseverlik görevidir" diyen kimdi? Akp'nin bakanı Numan Kurtulmuş.

Cemaate yönelik suçlamalar hakkında "aynen 28 Şubat gibi, aynen 12 Eylül öncesi gibi senaryodur, derin devlet harekete geçti, cemaati döverek, cemaate saldırarak Türkiye'nin değişim yönünü etkilemeye çalışıyorlar" diyen kimdi? Akp'nin bakanı Süleyman Soylu.

Cemaati savunarak "insan merkezli bir hizmeti esas alan insanlara 'hizmetlerinizi durdurun' denir mi, aksine, teşvik edilir, desteklenir, elden ne geliyorsa o katkı sağlanır, bu gerçeği görememek ferasetsizliktir" diyen kimdi? Akp'nin bakanı Faruk Çelik.

Feto'ya yönelik suçlamalar hakkında "şiddetle kınıyorum, daha ağır kelime kullanmamak için kendimi zor tutuyorum, hayatı insanlığa hizmetle geçmiş bir büyük zat için suçlamalarda bulunmak, son derece çirkindir, kara lekedir, fethullah gülen hocaefendi hayatının her döneminde tertemiz kalmış bir kişidir, kendisine şükran borçluyuz" diyen kimdi? Akp'nin bakanı Recep Akdağ.

Feto için "gönül dünyalarını imar eden, bu hizmetlere öncülük eden, gurbetten sılaya gelme özlemi çeken büyüğümüze saygı ve şükran hislerimi ifade ediyorum" diyen kimdi? Akp'nin bakanı Suat Kılıç.

"Fethullah Gülen hocaefendi son 1000 yılın en büyük Türk büyüklerinden birisidir, evrensel Türk rönesansını başlatan Türk mucizesidir, Shakespeare gibi evrenseldir, ona düşmanlık edenlerin utanması gerekir" diyen kimdi? Akp milletvekili Hüseyin Kocabıyık.

"Vicdanlı bir insan olarak diyorum ki, bu hizmetlerin durdurulmasını isteyeceğinize, gölge etmeyin başka ihsan istemeyiz" diyen kimdi? Akp milletvekili Ahmet Gündoğdu.

Fethullah'a Feto diyenleri azarlayarak, "terbiyeni takın, Fethullah Gülen'e feto diyemezsin, özür dile" diyen kimdi? Melih Gökçek.

"Fethullah Gülen vatan hasretiyle dışarda yaşıyor, ona karşı yapılanlar cezasız kalmayacak" diyen, "Fethullah Gülen hareketine yönelik düşmanca tavırları hiçbir vicdan sahibi onaylamaz" diyen, "benim ümidim Fethullah Gülen okulları" diyen, "demokrasi kıvılcımı" diyen, "vizyoner lider" diyen,

"Türkiye'nin övüncü" diyen, "hocaefendi barışçı, nazik, çok naif bir insan" diyen, "ceviz kadar beyni olanlar hocaefendinin büyüklüğünü anlayamaz" diyen kimdi? Yandaş medya.

MHP yöneticilerinin kumpas kasetleri piyasaya servis edildiğinde, Devlet Bahçeli feto'yu suçladığında, feto'ya toz kondurmayarak... "MHP'nin Fethullah hocaefendiye saldırısı, bana göre ihanet derecesindedir, hiç ahlaki değil, çok çirkin bir şey, yani hocaefendi işi gücü bırakmış da MHP'yle mi uğraşıyor, bir defa onun bulunduğu makam böyle bir şeye müsaade etmez, onun meşgalesi böyle bir şeye müsaade etmez, çok çok çirkin, çok ayıp bir şey, ben bunu ihanet derecesinde kınıyorum" diyen kimdi? Asrın liderimiz.

Şimdi ne diyor?
"Hayır diyenler aslında 15 Temmuz'un yanındadır" diyor.

Hepimizin komple ahmak olduğunu bile varsaysak... "Aslında" kimlerin kimin "yanında" olduğuna "rabbim şahit" değil miydi yahu?

Hüseyin Çelik

Akp'nin iki dönem milli eğitim bakanıydı, "cemaat devlete sızmış, buna kargalar bile güler" diyordu, 15 Temmuz'dan sonra 40 bin öğretmen fetoculuktan atıldı! Milli eğitim kadroları, Hüseyin Çelik döneminde "kargalar" tarafından istila edilmişti. Hatta, bu kitabın piyasaya çıktığı Ekim 2017 itibariyle, Hüseyin Çelik hakkında bile "karga imamı" olduğu iddiasıyla soruşturma açılmıştı.

Hasan

Türk nedir derseniz...
Şöyle tarif etmiş Atatürk...
"Bu memleket, dünyanın beklemediği, asla ümit etmediği bir müstesna mevcudiyetin yüksek tecellisine sahne oldu. Bu sahne, yedi bin senelik Türk beşiğidir. Bu beşik, tabiatın rüzgarlarıyla sallandı, beşiğin içindeki çocuk, tabiatın yağmurlarıyla yıkandı. O çocuk, tabiatın şimşeklerinden, yıldırımlarından, kasırgalarından

evvela korkar gibi oldu, sonra onlara alıştı. Onları, tabiatın babası tanıdı, onların oğlu oldu. Bir gün o tabiat çocuğu, tabiat oldu, şimşek oldu, yıldırım oldu, güneş oldu. Türk oldu. Türk budur. Yıldırımdır, kasırgadır, dünyayı aydınlatan güneştir."

Tüm etnik kökenleri bünyesinde barındıran "Ne Mutlu Türküm Diyene" kavramının, ruhu budur.

Hal böyleyken... Akp gençlik kolları başkanı, yüreğindeki nefreti kusmuş, "birisinin babasının ve kendisinin doğum yeri Selanik'se, Selaniklidir, kimse Türk, Atatürk demesin, orijinali Yunan yani, Türk'e benzemiyor, keşke Atatürk olmasaydı" demiş.

Bu arkadaşın iltihaplı mantığına göre, Akp hükümetinde Yunan bakan var demek ki... Çünkü, Mehmet Müezzinoğlu Gümülcine doğumlu, babası da Gümülcine doğumlu... Bu durumda "evet" diyenler, Yunan hükümetine mi evet demiş oluyor?

Şimdi bakın...

"Sayın başkan,
Yaklaşık yedi asır boyunca yakındoğu ve orta Avrupa kanlı savaşlara sahne oldu. Mustafa Kemal Paşa'nın milli hareketinin rakiplerine galip gelmesiyle kurulan Türkiye Cumhuriyeti, bu belirsizlik ve hoşgörüsüzlük ortamına son verdi.
Bir milletin hayatında bu kadar kısa zamanda bu kadar köklü bir değişim, hakikaten nadiren gerçekleştirilebilmiştir. Teokratik bir rejim altında yaşayan, hukuk ve din kavramlarının birbirine karıştığı çöküş halindeki imparatorluk, tamamen hayat ve canlılık dolu, modern bir ulus devlete dönüştürüldü. Yakındoğu, gerçek bir barışın dayanağı haline geldi.
Türkiye'yle sürekli devam eden anlaşmazlıkların neticesinde kanlı savaşlara sürüklenmiş olan biz Yunanlar, Osmanlı imparatorluğunun halefi olan bu ülkede gerçekleşen derin değişikliğin etkilerini ilk hissedenler olduk.
Küçük Asya felaketi'nden hemen sonra, savaştan bir ulus devlet olarak çıkmış olan, yeniden doğan Türkiye'ye, samimi barış arzusuyla elimizi uzattık, o da samimiyetle karşılık verdi. Barış için bu paha biçilmez katkıyı gerçekleştiren kişi, elbette, Türkiye Cumhuriyeti Cumhurbaşkanı Mustafa Kemal Paşa'dır. Bu yüzden, 1933 Yunanistan Hükümeti'nin lideri olarak,

Mustafa Kemal Paşa'nın Nobel Barış Ödülü'nün ayırtedici itibarıyla ödüllendirilmesini teklif etmekten onur duyarım."

İmza?
Eleftherios Venizelos.

Evet... Mustafa Kemal Atatürk, sadece kahramanlığıyla değil, dehası ve evrensel vizyonuyla, dizlerinin üstüne çökerttiği düşmanlarının bile böylesine büyük saygısını kazanmış bir devlet adamıydı.
Yunanistan başbakanı Venizelos, savaş meydanlarında ülkesini yenmiş, Anadolu'dan kazıyıp atmış, ordusunu denize dökmüş, Yunan ırkçılığının simgesi megalo idea'yı tarihin çöp tenekesine fırlatmış olan Atatürk'ü, 1934'te Norveç Nobel Komitesi'ne gönderdiği bu mektupla, Yunan halkı adına, Nobel Barış Ödülü'ne aday göstermişti.

İnsani değerler bakımından, gırtlak gırtlağa geldiğimiz milletlere bile ilham veren bir karizmaydı Atatürk.

Türk adalarını Yunan'a bırakacaksın.
Türk yoktur diyeni alkışlayacaksın.
Ne mutlu Türküm diyene'li Andımıza tahammül edemeyeceksin.
TC'yi sileceksin...
Sonra çıkıp Atatürk'e Yunan diyeceksin öyle mi?

Atatürk, bilimsel gerçek olarak, Oğuz Türkü'dür, yörüktür.
Bu kindar nesil nankörlüğü ise, işgalci mezaliminden kötüdür.

Hasan Baki

Akp Anamur gençlik kolları başkanıydı. Hep aynı taktikti, halktan gelen tepki üzerine Atatürk'e küfür eden Akp yöneticisi Akp'den istifa ediyor, güya soruşturma açılıyor, en başta CHP, kimse takip etmediği için, kısa sürede unutuluyor, üstü örtülüyordu. Atatürk'e böylesine kin kusan Hasan Baki'nin durumu da aynen böyle oldu.

Mehmet Ali

"Kedi" karikatürü çizen Musa Kart, iddianamesi bile olmadan 115 gündür hapiste tutuluyorken... "Kırmızı Kedi"yi kar maskeleriyle basıp, çekiçlerle saldıranlar, yakalanır yakalanmaz serbest bırakıldı.

Ömrü boyunca karıncayı bile incitmeyen modacı Barbaros Şansal, apronda linç edilerek, halkı kin ve düşmanlığa tahrikten hapiste tutuluyorken... "Tabanca"larıyla poz verip, bu silahlı fotoğraflarını sosyal medyada yayınlayıp, "hayır diyenleri sokaklarda bekliyoruz" diye tehdit savuranlar, yakalanır yakalanmaz serbest bırakıldı.

"Hayır" afişi yapıştıran gençler cumhurbaşkanına hakaretten gözaltına alınıyorken, vapurda "hayır" şarkısı söyleyen gençler cumhurbaşkanına hakaretten savcılığa şikayet ediliyorken, "hayır" tweeti atan gençler cumhurbaşkanına hakaretten tutuklanıyorken... Akp gençlik kolları başkanının, Cumhurbaşkanı Atatürk'e "kimse Türk demesin, Türk'e benzemiyor, orijinali Yunan" demesi, serbest.

"Hayır" diyen CHP parti meclisi üyesi, gözaltına alınıyorken... Akp yöneticisinin "evet çıkmazsa içsavaşa hazırlanın" demesi, serbest.

Türkiye'nin hiç tartışmasız en saygın hukukçularından, varlığıyla onur duyduğumuz anayasa hukuku profesörü Süheyl Batum "hayır" dediği için, hem dekanlığını, hem rektörlüğünü yaptığı üniversiteden atılıyorken... Yandaş rektörlerin "evet" demesi, serbest.

"Hayır" diyen Meral Akşener'in konuşma yapacağı otelin elektrikleri bile kesiliyorken... Hukuken eşitlik ilkesine uymak zorunda olan televizyonların, eşitlik ilkesine uymaması, serbest... Yüksek Seçim Kurulu'nun seçim yasaklarına aykırı yayın yapan televizyonlara müdahale yetkisini lağvetmek, serbest... Hukuka aykırı yayınlara durdurma cezası verilmesini engellemek, serbest.

"Hayır" diyenlere bizzat cumhurbaşkanı ve başbakan tarafından "pkklı, fetocu, daeşli" deniyorken... Savcının biri "hayır diyenler pkk'yla aynı muameleyi göze alıyor" diye tehdit ediyorken... Yandaş ilahiyatçı "hayır diyenler şeytandır" diyorken... Akp grup başkanvekilinin, hepimizle alay edercesine "inanın bana, evet diyenlere büyük baskı var" demesi, serbest.

Halk Sağlığı Müdürlüğü tarafından bastırılan "sigaraya hayır" afişleri, "hayır" kelimesi nedeniyle yasaklanıyorken... Yüksek Seçim Kurulu il müdürünün "vallahi evet, billahi evet, tallahi evet" demesi, serbest.

"Hayır" diyen gazeteciler, tarafsızlık ilkesini çiğnedikleri gerekçesiyle işten atılıyorken... "Evet" diyen gazetecilerin, tarafsızlık ilkesini çiğnemeden evet demeleri, serbest.

Ve...

Yarım asırdan fazladır bu memleketin sanatına emek veren Müjdat Gezen'in, ömrü boyunca kazandıklarını sanata bağışlayarak, 26 senedir tek kuruş almadan, binlerce sanatçı yetiştirdiği okulu, yobazlar tarafından benzin dökülüp, yakılıyorken...
Kültür bakanı, milli eğitim bakanı lütfedip bir geçmiş olsun telefonu açmıyorken...
İstanbul valisi, büyükşehir belediye başkanı, devlet tiyatroları genel müdürü, şehir tiyatroları genel müdürü, hiç olmazsa sekreterleriyle haber yollayıp, geçmiş olsun demiyorken...
Hâlâ "evet" diyebilen sanatçıların, aynaya bakıp utanmaları serbest!

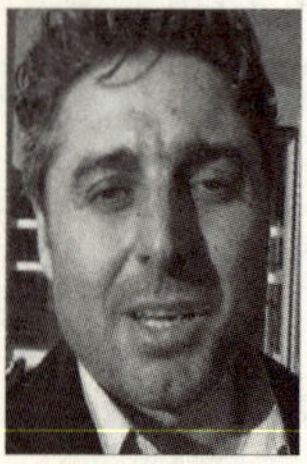

Mehmet Ali Aligül

Abdülhamid'in beşinci kuşak torunu Nilhan Osmanoğlu, bir taraftan Akp şakşakçılığı yapıyor, bir taraftan da tapusunun padişah dedesine ait olduğunu söyleyerek Galatasaray Adası'nı istiyordu, Uğur Dündar'ın Halk TV'de yayınlanan programına konuk oldum, Müjdat Gezen ağır grip geçiriyordu, gelemedi, telefonla katıldı, her zamanki mizahi üslubuyla sohbet ettik, Nilhan Osmanoğlu'nun adayı istemesine filan kahkaha attık.

Program bitti, bir gün geçti, sorun yok, iki gün geçti, sorun yok, tam bir hafta sonra yandaş medyada aynı anda aynı manşetlerle saldırılmaya başlandı. Belli ki, bir merkezden hazırlanmış, topluca servis edilmişti. Müjdat Gezen'in Nilhan Osmanoğlu'na küfrettiği iddia ediliyor, belden aşağı laflarla kadıncağıza saldırıldığı, namusuna dil uzatıldığı öne sürülüyordu. Bu iftira kampanyası günlerce devam etti. Nilhan Osmanoğlu bile yandaş medyaya çıktı, kendisine hakaret edildiğini söyledi. Neticede, bir gece, Mehmet Ali Aligül denilen herif, elinde benzin bidonuyla geldi, Müjdat Gezen Sanat Merkezi'ni ateşe verdi. Neyse ki, gece bekçisi uyumuyordu, alevlere müdahale etti, itfaiyeye haber verdi, Kadıköy itfaiyesi çok yakındı, çabuk yetişti, sadece maddi zararla atlatıldı. Kundakçı tutuklandı, dokuz yıla kadar hapsi isteniyordu. Müjdat Gezen'in padişah torunu hakkında ne dediğini bile bilmeyen, yandaş medyanın dolduruşuna gelen, muhtemelen eline bidon tutuşturulan cahil bir maşaydı. Dört çocuk babasıydı, ailesi perişan olmuştu. Sanat merkezini yaktıran zihniyet, aslında, kundakçıyı yakmıştı... Müjdat Gezen kıyamadı, kendisine yakışan büyüklüğü gösterdi, affetti, şikayetini geri çekti, Müjdat Gezen'den özür dileyen kundakçı, serbest bırakıldı. Akp döneminde maddi-manevi en çok saldırıya uğrayan sanatçı, Müjdat Gezen'di. Saldırıları, iftiraları, yalanları, daima sanatıyla yendi.

Haydar

Azerbaycan cumhurbaşkanı Aliyev, eşi Mihriban'ı birinci cumhurbaşkanı yardımcısı olarak atadı. Kocasına bi şey olursa, Azerbaycan'ı Mihriban yönetecek.

Memleket babasının malıydı.
Tapusunu eşinin üstüne yaptı.

Yönetim tek elde toplanmıştı.
Artık "tek evde" toplanmış oldu!

Çünkü...

Ebulfez Elçibey.
Azerbaycan'ın elbet bir gün bağımsız olacağına, halk egemenliğine dayalı demokratik bir cumhuriyet olacağına inanıyordu.
Rol modeli Mustafa Kemal'di.
"Men Atatürk'ün esgeriyem" diyordu.
Tutuklandı.
1,5 yıl hapis cezası verdiler.
KGB zindanlarında, taş ocaklarındaki ağır şartlarda hayatta kaldı.
"Çok işkence gördüm, çok çektirdiler, hiçbirine yanmam da, Atatürk rozeti vardı yakamda, onu aldılar elimden, ona yanarım" diyordu.

Çıkar çıkmaz, bağımsızlık mücadelesine kaldığı yerden devam etti. Azerbaycan Halk Cephesi'ni kurdu. Bir yandan özgürlük, bir yandan Ermenistan'a bırakılan Türk topraklarını geri almak için boğuştu.
Sovyetler dağılınca, Azerbaycan cumhurbaşkanı oldu.
İlk resmi seyahatini Türkiye'ye yaptı, Anıtkabir'e gitti, şeref defterine "ey böyük Türk'ün böyük komutanı, seni ziyaret etmekle özüm ve bütün milletim adına şeref duydum" diye yazdı ve aynen şöyle imzaladı, "senin esgerin, Ebulfez Elçibey."
Anıtkabir'den sonra TBMM'ye gitti, kürsüye çıktı, milletvekillerimize hitaben aynen şunları söyledi: "Biz bu mücadeleye başlarken, bana sordular, ne yapacaksınız, onlara dedim ki, yolumuz Mustafa Kemal'in yoludur, demokrasi devleti kuracağız!"
Böylesine yurtsever...
Böylesine demokrasi âşığıydı.
Sözde değil, özde Atatürkçüydü.
Atatürk devrimlerini Azerbaycan'da gerçekleştirmeye başladı, Kiril alfabesinden Latin alfabesine geçti, devletin resmi dilini Türkçe yaptı, milli para bastı, Ruble'den Manat'a geçti, Rus ordusunu Azerbaycan topraklarından çıkardı, petrol ve doğalgazda "milli menfaatler" çerçevesinde anlaşmalar imzalamaya başladı.
E haliyle...
Düğmeye basıldı.
Elçibey'den acilen kurtulmak gerekiyordu.
İşbirlikçi subaylarla ayaklanma başlatıldı.
Memleket kaosa sürüklendi.
Elçibey telefona sarıldı, Ankara'dan yardım istedi.
Ancak... Büyük hayal kırıklığına uğradı.
Çünkü, Ankara kılını bile kıpırdatmıyordu, ne silah veriyordu, ne para veriyordu, ne de diplomatik destek veriyordu. Tuhaf bi durumdu.

Elçibey henüz bilmiyordu ama... ABD'nin kucağında oturan Ankara siyasetçileri, maalesef, bağımsız Azerbaycan'ı satmıştı!

Elçibey'e bizzat Ankara tarafından akıl verildi, "Haydar Aliyev'i göreve davet et, meclis başkanı yap, Rusları yakından tanıyor, çok tecrübelidir, ayaklanmayı bastırsa bastırsa o bastırır" denildi. Haydar Aliyev, KGB generaliydi, Sovyetler Birliği'nde 20 sene milletvekilliği yapmıştı, Gorbaçov tarafından görevden alınmıştı, Nahçıvan'da Yeni Azerbaycan Partisi'nin başkanıydı.

Elçibey çaresizdi, adeta eli mahkumdu.
Aliyev meclis başkanı oldu.
"Kumpas" tamamdı...

Aliyev koltuğa oturur oturmaz, ayaklanmayı başlatan subaylarla el sıkıştı, yangına körükle gitti, ülke içsavaşın eşiğine getirildi. Azerbaycan halkı tarihi bir hata yaptı... Elçibey'in yanında durmak yerine, korkuya boyun eğdi, baskıya, şiddete teslim oldu.

Atatürk'ün esgeri yapayalnızdı.
Çekilmek zorunda kaldı.

Darbe kumpasıyla, memleket tek adam'a bırakılmıştı.

Haydar Aliyev cumhurbaşkanı oldu, darbeci albayı da başbakan yaptı. Bismillah ilk iş... Elçibey döneminde imzası atılan milli petrol-doğalgaz anlaşmalarını iptal etti, Azerbaycan kaynaklarını Amerikan, İngiliz, Rus petrol şirketlerine kapış kapış paylaştırdı.

Elçibey tamamen tasfiye edildi, henüz 61 yaşındayken GATA'da şak diye rahmetli oldu. Cenaze törenine bir milyon kişi katıldı ama, iş işten geçmişti. Azerbaycan artık Azerbaycan halkının değildi.

Bundan sonra yapılacak olan seçimler elbette formaliteden ibaretti. Azerbaycan halkı ne oy verirse versin, Haydar Aliyev yüzde 80, yüzde 90 gibi oranlarla kazandı. 11 sene tek başına yönetti. Oğlunu önce milletvekili, sonra başbakan yaptı. Öldüğünde de, memleketi oğluna bıraktı. Oğlu 14 senedir tek başına yönetiyor. Eşi Mihriban'ı önce milletvekili yaptı, dün itibariyle de, birinci başkan yardımcısı yaptı. Muhtemelen Mihriban da, memleketi ya kızına bırakır, ya torununa.

Tam referandum arefesinde, Allah'ın lütfudur, ibrettir bu.

"Atatürk'ün esgeri"ne sahip çıkmayan milletin hazin akıbeti, "Mustafa Kemal'in Askerleri"ne kulak vermeyenlere, ibret olmalıdır.

Birey olarak kalın kardeşim...
Babasının malı olmayın.

Haydar Aliyev

Ebulfez Elçibey, hastalığıyla mücadele için başka bir ülkeye gitmeyi düşünmedi, Türkiye'ye geldi, Ankara'da vefat etti, son nefesini "Atatürk'ün askeriyim" dediği "öz vatanı"nda verdi. Haydar Aliyev ise, hastalığıyla mücadele için ABD'ye gitti, Cleveland'ta öldü. Bu iki insanın "sonu" bile, adeta, tercih ettikleri "yolu" gösteriyordu.

Süleyman, Numan, Tuğrul

"Civanım delikanlı" diyen Bülent Arınç, boş süt şişesi gibi kapının önüne konulunca, civanım delikanlı'yı ispiyonlamaya başladı. Bir zamanlar "abi" diyen civanım delikanlı da, şimdi abisine "o zat" diyor.

Kendisi bakanken, Tayyip Erdoğan'ı eleştirmeye kalkanların öncelikle "ağzını çalkalaması" gerektiğini söyleyen Hüseyin Çelik, son kullanma tarihi geçmiş gıda maddesi durumuna düşünce, tornistan yaptı, asrın liderimizi eleştirdi, açılımın zararları hakkında kendisini uyardığını, ancak "romantizme kapılanlara" dinletemediğini söyledi.

Tayyip Erdoğan tarafından yakasına Akp rozeti takılırken, Akp'de bakan olurken "Ak parti demokrasinin güvencesidir, demokrasinin garantisidir" diyen Ertuğrul Günay, akp'den kovulunca, "Akp'de bir otokrat ve ona teslim olmuş itaatkar kapıkulu tayfası var, bu partide sadece Tayyip Erdoğan'ın ayak hizmetlerini gören bir grup var" dedi.

Bakanlık koltuğunda otururken "Ak Partinin çok iyi korunması lazım, hep sahiplenilmesi, sevilmesi, sayılması, önemsenmesi lazım ki, Ak parti nezle bile olmasın, Ak Parti öksürürse Türkiye zatürree olur" diyen İdris Naim Şahin, koltuktan kaldırılınca, memleketi Akp'den kurtarmak için CHP'ye oy istedi, sonra gitti parti kurdu. Akp genel başkan yardımcısıyken "Ak parti cici partidir" diyen Dengir Mir Mehmet Fırat, Akp'yle yolları ayrılınca "Tayyip Erdoğan'ın ruh sağlığı bozuk, yaşadığı korku nedeniyle hasta, eğer duayla iyileşecekse dua edelim ama, duayla olmaz, psikiyatriye gitmek lazım, etrafında bir avuç yalaka, saray soytarısı var, utanç verici" dedi.

Toki bakanıyken "bakın samimi söylüyorum, Allah bize yardım ediyor, bize parayı Allah gönderiyor" diyen Erdoğan Bayraktar, 17/25'te zorla istifa ettirilince "yaptığım her iş Tayyip Erdoğan'ın talimatıyla yapıldı, Tayyip Erdoğan'ın da istifa etmesi gerekir" deyiverdi.

Akp milletvekiliyken "ben bilmem büyüklerim bilir" diyen, "beyefendiye sordum, gerisi laf-ı güzaf" diyen Hakan Şükür, Akp'den ayrılınca "dini değerleri sömüren, sonra da camilerde hırsızlık ve rüşvetten bahsedilmesine müsaade etmeyen dindar cumhurbaşkanı adayı olmak, ramazan demeden oruç demeden nefret vaizliği yapan bir cumhurbaşkanı adayı olmak, hayır işleri için hırsızlığı, rüşveti meşru gören dindar bir cumhurbaşkanı olmak" diye tweet attı.

Akp'nin kurucularından olan, Akp'nin ilk dışişleri bakanı olan, o zamanlar gıkını bile çıkarmayan Yaşar Yakış, Akp'den tasfiye edilince "benim gibi Abdullah Gül ve Ali Babacan da üzüntüyle izliyor" dedi.

Buna mukabil...

"Tayyip Erdoğan padişah olmak istiyor, Akp hükümetine zıkkımın kökünü göstereceğiz, paçalarından yolsuzluk akıyor, bayramları bile millete zehir ettiler, insanlar gülmeyi unuttu, Tayyip Erdoğan'ın altı ayda hurdasını çıkarırım" diyen Süleyman Soylu, şimdi "Tayyip Erdoğan Türkiye'nin ebedi ve ilelebet başkanıdır" diyor.

"Akp'liler Harun olmaya geldiler, yoldan çıkıp Karun oldular, biz Akp gibi firavunlaşmayacağız, Tayyip Erdoğan gibi İsrail'in vagonu olmayacağız, Akp Amerikan mandasıdır" diyen Numan Kurtulmuş, şimdi pişkin pişkin "Akp olmasaydı Türkiye mahvolurdu" diyor.

"Bizans bile pekçok Akp'liden daha millidir, daha Türk'tür" diyen, "tek talebim Tayyip Erdoğan'ın yargılanması" diyen Tuğrul Türkeş, şimdi "Ak Parti'den seçildim, Ak Parti milletvekiliyim, memnunum, nedir bu Tayyip Erdoğan düşmanlığı, anlamıyorum" diyor.

Bir zamanlar "Allah Tayyip beyden razı olsun, Hazreti Eyüp gibi maaşallah" diyen Bülent Arınç, şimdi alenen tehdit ediyor, "yıkmaya çalıştığınız çınarın gölgesinde, güneş görmemiş daha birçok hakikat gölgeleniyor" diyor, "bildiklerimi açıklarım" demeye getiriyor. Bir zamanlar Bülent Arınç'ı yere göğe sığdıramayan yandaş medya da "Manisalı Lawrence, cüppeli Bülo, siyasi cenaze, paralel hain" diyor.

Fotoğraf gayet net.

Ortada ne bir parti ideali var.
Ne güdülen bir dava var.
Ne de ideoloji var.
Sadece...
"Menfaat koalisyonu" var.

Bana sorarsanız, asrın liderimizin uykularını kaçıran gerçek bu... Bi tökezlerse, muhalefete filan gerek kalmayacak, bizzat kendi çevresindekiler lime lime edecek.

Süleyman Soylu

Numan Kurtulmuş

Tuğrul Türkeş

Süleyman Soylu, DYP il başkanıydı, Demokrat Parti genel başkanıydı, "Tayyip Erdoğan padişah olmak istiyor" diyordu, Tayyip Erdoğan'ın çalışma bakanı oldu, içişleri bakanı oldu. Numan Kurtulmuş, Fazilet Partisi il başkanıydı, Saadet Partisi genel başkanıydı, HAS Parti genel başkanıydı, "biz AKP gibi firavunlaşmayacağız" diyordu, Tayyip Erdoğan'ın başbakan yardımcısı oldu. Tuğrul Türkeş, MHP kurucusu Alparslan Türkeş'in oğluydu, adını bile Nihal Atsız koymuştu, Aydınlık Türkiye Partisi genel başkanıydı, MHP milletvekiliydi, "Bizans bile pekçok AKP'liden daha millidir, daha Türk'tür" diyordu, Tayyip Erdoğan'ın başbakan yardımcısı oldu. "Türkiye'de siyaset nedir?" derseniz... Sırf bu üçü bile, bu sorunun cevabı için yeterliydi.

Şükrü, Temel

O apronda deve kestiler birader...
Aynı apronda aynı hoyratlıkla kendileri gibi düşünmeyen birisinin linç edilmesi tuhaf mıdır?

Yatırıp kesmediklerine şükret.

O apronu yöneten zihniyet, hosteslere fes takmaya kalktı, etek yerine kaftan giydirmeye kalktı, kırmızı ve pembe ruj sürmelerini yasakladı, saçlarının rengine bile karıştı, kızıl ve platin sarısını yasakladı, saç modellerine müdahale etti, saçını toplayacak olanlara üstten değil, arkadan topuz mecburiyeti getirdi, THY genel müdürü Arabistan'dan geldi, vip salonunda siyah çorap beyaz terlikle dolaştı, abdestimizi bozuyor diye mayo reklamını brandayla örttüler... "Türkiye'nin vitrini" olan bu apronda moda buyken, zihniyet modelini beğenmedikleri modacıyı aynı apronda dövmeleri anormal midir?

O apronun en kritik noktasında, uçakların bakım-teknik servisinde, cüppeli, sarıklı, takkeli, göbeğine kadar sakallı tarikatçılar çalışıyor, öyle gizli saklı filan değil, apronda bu kıyafetleriyle dolaşıyorlar, hatta o sarıklılardan biri sosyal medya hesabından Atatürk'e iftiralar hakaretler yağdırdı, "Allah'a savaş açmış kefere" dedi, "cehennem lideri" dedi, mecliste soru önergesi oldu... O apronda, bunlara karışmayıp hostesin rujuna karışılırken, aynı apronda Atatürk tişörtüyle dolaşan modacıya yumruk atılması şaşırtıcı mıdır?

O aprondaki uçaklarda güya alkol yasaklandı ama, uçakların kanatları, kuyruğu, motoru, boydan boya gövdesi ve hatta pist şakır şakır alkolle yıkanıyor. O apronda komple alkol banyosuyla uçarken, alkolsüz uçtuğunu düşünen kafanın, aynı apronda modacıya kafa atarken "alkollü bu şerefsiz" diye bağırması yadırgatıcı mıdır?

O aprona Işidçiler girebiliyor.

Reina'da kıyım yapan terörist mesela, Kırgızistan'dan geldiğinde o aprona indiği anlaşıldı.
O aprona fetocular girebiliyor.
Nerdeyse hepsinin o aprondan yurtdışına kaçtığı ortaya çıktı.
Hal böyleyken...
Sözcü gazetesi o aprona giremiyor!
Pilotların, hosteslerin, hatta yolcuların en çok okuduğu gazete *Sözcü* ama, gerçekleri yazdığı için, o apronda yasak... E aynı apronda, muhalif modacıya çullanıp, tüm muhalifleri temsilen tekme tokat girişilmesi hayret verici midir?

Velhasılıkelam.

O apronda kestikleri deveye sormuşlar, boynun neden eğri diye... Gevrek gevrek gülerek milletin orasına koyacağız diyen yandaş müteahhidi alkışlıyorsunuz, sonra gidip, millete hakaret etti diye modacı Barbaros Şansal'ı linç ediyorsunuz, asıl sizin nereniz doğru ki demiş!

Şükrü Can

Temel Kotil

Türk Hava Yolları, İngiltere'den kiralanan ve çok sık arıza yapan RJ-100 tipi köhne yolcu uçaklarını seferden kaldırdığı gün, kazasız belasız kurtulduk diye, İstanbul Atatürk Havalimanı'nın apronunda deve kurban etti. Ayağından vinçle astılar, kafasını kesip, derisini yüzdüler, parçaladılar, 700 kilo et çıktı, personele dağıttılar, çok şahane bi şey yapılıyormuş gibi bu halde poz verdiler, fotoğraf çektirdiler, dünya basınına servis ettiler. İleri teknoloji ve deve... Dünya tarihine geçti! Reuters Ajansı tarafından "2006 yılının dünyada en tuhaf olayı" seçildi. Bu tarihi rezaleti gerçekleştiren arkadaş, THY uçak bakım şefi Şükrü Can'dı. Güya açığa alındı, ödül gibi ceza verildi, İngiltere'ye gönderildi, THY'nin Londra teknik müdürü yapıldı. Bu ballı tayin gazetelerde manşet olunca, lütfedip THY'den ayrıldı, Nijerya Havayolları'na geçti. Apronda deve kesilirken THY'nin genel müdürü olan "terlikli" Temel Kotil ise, 10 sene THY'yi yönettikten sonra Türk Uzay Sanayi'nin başına getirildi. Uzay mekiğimiz olursa, bi deve de ona keseriz gari!

Adolf

Almanya'yla hır çıktı.
Asrın liderimiz "eyy Almanya demokrasiyle alakanız yok, Almanya'daki referandum oylarının evet değil de hayır çıkacağını mı zannediyorsunuz, şu anki uygulamalarınız Nazilerden farksız" dedi.

Nazilerin referandum uygulamaları nasıldı derseniz?
Şöyleydi.

Adolf başbakandı.
Referandum yaptı.
"Hem başbakanlık makamını, hem cumhurbaşkanlığı makamını, ikisini birden üstleneyim mi?" diye sordu. Evet çıktı. Führer oldu.

Bu referandumdan önce Almanya'nın her tarafını bir ve iki numaralı posterlerle donatmıştı. "Gıda kolisi" ve "duble yol" posterleriydi. Birinci posterde, fakir fukara yaşlı bi kadıncağızla garip gureba bi yavrucak vardı, battaniyeye sarınmışlardı, onlara iki şefkatli kol uzanıyordu. Üzerinde "hiç kimse aç kalmamalı, hiç kimse üşümemeli" yazıyordu. Öbür posterde ise, duble yol fotoğrafına kürekli Adolf fotoğrafı monte edilmişti. "Adolf'un yolları" yazıyordu.

Baktı ki şahane evet çıkıyor.
Bi referandum daha yaptı.

Tek sorulu referandumdu. Birinci dünya savaşının barış antlaşması gereğince, Ren bölgesi silahtan arındırılmıştı. Almanya'nın bu bölgede asker bulundurması yasaklanmıştı. Savaş çıkararak oy toplamayı planlayan Adolf, ahaliye işte bunu soruyordu. Ren bölgesini işgal edelim mi, etmeyelim mi? Evet çıktı. Bu evet'in neticesinde hem parlamentonun tamamı nazilerden oluştu, hem de ikinci dünya savaşı çıktı.
Zehirli fikirlerini referandumlarla meşrulaştıran Adolf, dünya savaşı referandumundan önce Almanya'nın her tarafını üç ve dört numaralı posterlerle donatmıştı. "Avanta kömür" ve "köprü yaptık" posterleriydi. Birinci posterde Mısır piramitleri vardı, "hiçbir Alman üşümemeli, Führer size 11,5 milyon metreküp kömür verdi, Keops piramidinin dört katıdır, siz de oyunuzu ona verin" yazıyordu. Yani, aldığınız avantanın karşılığını verin, nankörlük etmeyin deniyordu. Öbür posterde ise, duble yolun üstünden geçen bi köprünün fotoğrafı vardı, "bu inşaatı führerimiz Adolf'e borçluyuz" yazıyordu.

Asrın liderimiz, Almanya'ya işte bu Nazileri hatırlattı.
"Referandum uygulamalarınız Nazilerden farksız" dedi.

Haklı.
Hatta tıpatıp aynı!

Adolf Hitler

Hitler'in sapık fikirleriyle dolu *Kavgam* isimli kitabı, 2005 yılında Türkiye'de "en çok satanlar listesi"ne girdi. Dünya çapında endişe yaratan bir durumdu. Çünkü... Alman hükümetinin açtığı davalar nedeniyle Türkiye'de yayımlanması, satılması yasaktı ama, pekçok yayınevi tarafından "korsan" basımı yapılıyor, şakır şakır alıcı buluyordu. Nazi ideolojisinin el rehberi olan bu kitabın, akademik olarak irdelenmesi elbette gerekli ama, sayın ahalimizin özellikle 2000'lerden itibaren bu kitaba olan aşırı ilgisi, dikkat çekici, korkutucu boyutlardaydı.

Benito, Francisco, Antonio

Atatürk, memleketin tapusunu kendi üstüne geçirebilirdi, 600 senedir kul olarak yaşayan toplum bunu yadırgamaz, kabullenirdi. Ama öyle yapmadı. Egemenliği saraydan aldı, millete verdi.

Aynı dönemlerde...

Almanya'da Hitler iktidar oldu.
İtalya'da Mussolini başa geçti.
İspanya'yı Franco teslim aldı.
Portekiz'i Salazar yönetiyordu.
Rusya'da Stalin hakimdi.
Polonya'yı darbeyle iktidara gelen mareşal Pilsudski eziyordu.
Macaristan'ı kral naibi ayaklarıyla amiral Horthy inletiyordu.
Romanya'da kral vardı.
Yugoslavya'da kral vardı.
Avusturya'da çar vardı.
Arnavutluk'ta cumhurbaşkanı Zago kendini kral ilan etti.
Yunanistan'da general Metaksas darbe yaptı, cuntayla yönetti.
İsveç nazi yandaşıydı.

Elinde her türlü imkan varken sadece Atatürk demokrasiyi tercih etti.

Diktatör, kral, çar... Avrupa'da o dönemde, İngiltere, Fransa ve Türkiye dışında, halk egemenliğiyle yönetilen başka ülke yoktu. Demokrasi kavramı, ikinci dünya savaşından sonra yayıldı.

Avrupa'ya henüz demokrasi gelmeden çoook önce, Atatürk döneminde hazırlanan 1924 Anayasası, halk egemenliğine dayalı, meclisi yücelten "demokrasi anayasası"ydı. Türkiye çok partili rejime 1924 anayasasıyla geçti. Tarihimizin en uzun ömürlü anayasası oldu.

Ve dün... 100 sene sonra 100 sene ileriye gideceğimize 100 sene geriye gittik.

Saraydan alınıp halka verilen egemenliği, halktan alıp saraya geri veriyorlar. Meclisi feshedip, her yetkiyi tek kişiye devrediyorlar.

Ve sen hâlâ bön bön bakıp, acaba bundan sonra neler olacak diye merak ediyorsan?

Allah'ın lütfu Atatürk sayesinde deneme-yanılma'dan kurtulmuştun... Deneme-yamulma'yla öğrenirsin!

Benito Mussolini

Francisco Franco

Antonio Salazar

Atatürk, 23 Nisan 1920'de egemenliği saraydan aldı, millete verdi. Sayın ahalimiz, 16 Nisan 2017'de bizzat kendi elleriyle egemenliğini saraya geri verdi. Türkiye'de sevinçten havai fişekler fırlatılırken... Almanya, İtalya, İspanya, Portekiz gibi, demokrasilerini çok ağır bedeller ödeyerek kazanan ülkelerde, 2017 Türkiyesi'ni Avrupa Birliği'nden uzak tutmak için adeta alarm sirenleri çalıyordu. Çünkü, sayın ahalimiz kendi demokrasi tarihinin kıymetini bilmediği gibi, dünya demokrasi tarihinden de hiç ders almadığını kanıtlamıştı.

Cüppeli

Malta'da cüppesiz halde jetski yaparken fotoğraflandı.
Gerisi çorap söküğü gibi geldi... Şehitliklerimizi ve Sultan Abdülhamid'in kabrini ziyarete geldim diyordu ama, beş yıldızlı Intercontinental'de kalıyor, bikinili kadınlarla yüzüyordu. Gayet makul bi savunma yaptı, gözlerim bozuk, baktığımda kadın mıdır erkek midir, seçemiyorum dedi. Altın çerçeveli Versace, Ferre gözlükler takıyordu. Kışın Alpler'e gidiyordu. İki eşi vardı, İsviçre tatilinde eşlerine Chopard saatler almıştı. Havuzlu villasındaki musluğu bile ithaldi.
Jet Fadıl'ın kankasıydı. Jet Fadıl'la beraber caprice gold oteli'nin şantiyesine çadır kurup, dua toplantısı yaptılar, duayı bu okudu. Duayı bitirince, bu otelin sadece otel değil, İslama hizmet eden

alimlerin kalesi olacağını anlattı, şahıs meselesi olmadığını, ümmet meselesi olduğunu söyledi, kıyamete kadar dayanacak sağlamlıkta bir bina yapıldığını izah etti. Buradan yer satın almak caiz midir diye sordular. Ben size fetva veriyorum, caizdir, fıkıh heyetimizle görüştük, her dört mezhebe uygun hale getirdik, kiralamanız da caizdir dedi. Gerçi bilahare, Jet Fadıl'ı nitelikli dolandırıcılıktan tutukladılar ama, o kadarcık kusur her fıkıh heyetinde olur gari.

Kitaplar yazdı. Birinin adı "uzuvlar için okunması münasip olan şifa ayetleri"ydi. Erkeğin cinsel organı için okunacaklar başlığı altında, şunları anlattı... "Şu surenin şu ayeti kerimesinin bir kısmı suya okunur, okunmuş sudan alınıp, tenasül organına serpilir, tenasül uzvu okunup üflenir, sabah akşam yedi ismi şerifi yüz kere zikreden kişi, edebiyyen tenasül organı iktidarsızlığı görmez."

Bu bilimsel (!) kitap, satış rekoru kırdı.

(Bakın bilim deyince aklıma geldi. Google'a girin, Profesör Aziz Sancar diye arayın, sadece 137 bin sonuç çıkıyor, cüppeli ahmet diye arayın, 5 milyon 400 bin sonuç çıkıyor. Sayın ahalimiz ve sayın basınımız, cüppeliyi 40 kat fazla merak ediyor. E hal böyleyken, cüppeliye Nobel vermeyen Nobel heyetini kınıyorum, fıkıh heyetini örnek almalarını temenni ediyorum, parantezi kapatıyorum.)

Giyenleri dooğru cennete götüren terlik satıyor. Nal-ı şerif... Sadece cennete götürmekle kalmıyor, peygamberimizi rüyanda görmeni sağlıyor, azgınların saldırısından, düşmanların

galibiyetinden, şeytanların şerrinden, sihirden ve büyüden koruyor. 130 lira.
Kabir azabından koruyan, cehennem ateşine dayanıklı kefen satıyor iyi mi... Ceylan derisine dua yazıyor, bu duayı rahmetlinin göğsüne koyup, bu kefene sarıyorsun, kabirden cennet bahçelerine pencere açılıyor. Televizyonda kampanya yapıp, bu kefenin satıldığı dükkanın adresini veriyor, telefon numarasını veriyor. Alırken dikkat edin, kadın modeli var, erkek modeli var. 370 lira.

Peygamberimizin saçının yıkandığı suların paketleme fabrikasını geziyor, paketleme işlemi sırasında mevlit okuyor, mevlit işlemini fotoğraflatıyor, facebook sayfasına koyuyor. Kaça satıyor Allah bilir.

Muska var.
Yangına atıyorsun, sönüyor.
Depremde cebindeyse, yırtıyorsun.

NASA'nın uzay araştırmalarını "israf" olarak görüyor, Mars'ta su var mı, et var mı, but var mı, manyak manyak işler bunlar, masrafa değmez, bir insan bu kadar akılsız olur mu yauv, salak herifler, bu kafirlerin hepsi cahil zaten, ver bana 100 bin dolar, hepsini anlatayım diyor... İlkokul mezunu.

İlkokuldan sonra okumadığı için feto'nun okullarında filan okumuş olma tehlikesi yok.

12 Eylül darbesinde, devrimcileri, ülkücüleri tutuklayıp işkence yaparlarken, her dinci gibi bunu da kollamışlar, şeker hastası diye "askerlikten muaf" raporu vermişler. Dolayısıyla... Askerlik yapmadığı için, askeri liselerden mezun olma ihtimali yok, feto'nun silahlı kuvvetlerdeki imamlarından olma ihtimali de yok.
Pırıl pırıl.
Özü sözü güvenilir bi insan.

Ben Hulusi beyin yerinde olsam...
Bunu yaver yapardım.

Ahmet Mahmut Ünlü

15 Temmuz darbe girişiminden sonra, Tayyip Erdoğan tarafından İstanbul Yenikapı'da "Demokrasi ve Şehitler Mitingi" düzenlendi. Yukarıdaki fotoğraf orada çekildi. Türkiye Cumhuriyeti'nin resmi üniformalı genelkurmay başkanı ve İsmailağa cemaatinin cüppeli hocası, bir başka cemaatin askeri darbe girişiminden hemen sonra, böyle tokalaşıyor, böyle gülümsüyordu. Mitingi yapılan demokrasi, herhalde böyle bi demokrasiydi!

Devlet

Alp Er Tunga Destanı...
Tunga kelimesi, leopar türevi yırtıcı hayvanlara verilen genel sıfattı. Yiğitlik simgesi olarak erkek çocuklarına Tunga ismi konulurdu. Uzun saç tungaları çağrıştırdığı için, erkekler saçlarını uzatırdı, aslan kaplan pars gibi hayvanların postlarını giyerlerdi. Alp Er Tunga han, yeraltındaki yüz sütunlu demir sarayında yaşardı. Orhun Yazıtları'nda anlatılır, Kutadgu Bilig'de ağıt yakılır.

Alp Er Tunga öldi mü?
ıssız ajun kaldı mu?
ödlek öçin aldı mu?
emdi yürek yırtılır.

Oğuz Kağan Destanı...
Güzeller güzeli Ay Kağan bir erkek evlat doğurur, yüzü gök, ağzı ateş, gözleri ela, kaşları karadır, Oğuz ismi verilir. Anasından ilk sütü emdikten sonra konuşur, et, çorba, kımız ister. Kırk gün sonra yürür. Yiğit olur. Obanın hemen yanındaki ormanda, halka zarar veren bir canavar vardır. Oğuz kargısını, yayını, okunu, kılıcını, kalkanını alır, tek başına ormana gider. Canavarla boğuşur, kargısıyla öldürür, kılıcıyla başını kesip, obaya getirir. Şenlik düzenler, halkına seslenir.

Ben sizlere kağan oldum
alalım yay ile kalkan
nişan olsun bize buyan
bozkurt olsun bize uran

Ergenekon destanı...
Düşmandan kaçarak göç ettiler, bir bozkurt düştü önlerine, yol gösterdi, yüksek bir dağda, dar bir geçide vardılar. Bu geçitten geçip, içinde akarsular, pınarlar, bitkiler, çayırlar, meyve ağaçları ve çeşitli avların bulunduğu yere geldiler. Tanrı'ya şükrettiler. Bu yere "maden yeri" anlamında Ergene Kon ismini verdiler. Mutlu mutlu yaşadılar, evlendiler, çocukları oldu, çoğaldılar, dört yüz yıl sonra Ergenekon'a sığamaz oldular. Atalarının buraya geldiği geçidin yeri unutulmuştu, aradılar, bulamadılar. Bir demirci, dağın demir kısmı eritilirse yol açılır dedi. Dağın demir kısmına odun-kömür dizdiler, ateşi yaktılar, yetmiş yere koydukları yetmiş körükle körüklediler. Demir eridi, geçit açıldı, Türkler yeniden güçlenmiş olarak eski yurtlarına döndüler, sel gibi akıp, atalarının intikamını aldılar.

Asena'nın kurtları girdi o güzel yurda
hepsi duacıydılar o yol gösteren kurda
kağan soyunda gelen önderleriydi
o demirden kurt başlı bayrak gönderleriydi

Manas destanı...
Yakup han'la Çığrıcı hatun'un oğluydu, doğumu üzerine civardan gelen elçiler onun kahraman olacağını hemen anlamıştı, henüz 10 yaşında düşmanlarının üzerine saldırdı, atlarına at erişemez, zırhına ok işlemezdi, gözünü budaktan sakınmayan bir yiğitti, halkının birliğini bütünlüğünü korudu, kahramanlık, özgürlük sembolü oldu.

Kırmızı saplı ay baltayı
kırmadan kim yapabilir?
Darmadağın olan halkı...
Kırmadan kim toplayabilir?
Tutsak olan bu millete...
Kim adil han olabilir?

Püskevit destanı...
"Bozkurtlarla geziyorum" diyordu.
Şimdi "kudursalar da evet diyeceğim" diyor.

Türk tarihinin en hazin destanıdır.

Tayyip Erdoğan, Devlet Bahçeli için "MHP'yi küçülten zat, uçma özürlü, ırkçı, alçak, adi, namert, aile nedir bilmez, çoluk çocuk nedir bilmez, siyasette çırak bile olamadı, ağzından salyalar akıyor, ikiyüzlü" diyordu. Devlet Bahçeli de Tayyip Erdoğan için "klinik vaka, senin yaptıklarına ancak iblis teşebbüs eder, şerefsiz" diyordu. Sadece bununla kalmıyordu... Aynı Devlet Bahçeli, tek adam sistemine kesinlikle karşıydı, esip gürlüyordu, "Tayyip Erdoğan'ın başkanlık isteği, başkanlık hırsı, parlamenter sisteme ve mevcut devlet nizamına taban tabana zıttır, PKK'yla al özerkliği ver başkanlığı mutabakatına vardığı anlaşılıyor, PKK'nın desteğiyle başkanlık amacı güdüyor, bölünme anayasasına heves ediyor, başkanlık sistemi federasyon demektir, ülkeyi bölünmeye götürür, başkanlık sistemi ihanet sürecidir, Beştepe hanedanı aile boyu rüşvet ve yolsuzluk çamuruna battı, Tayyip Erdoğan 17/25 dosyalarını tamamen kapatmak için, hırsızlık çarkını döndürebilmek için diktatörlüğünü ilan etmek istiyor, Tayyip Erdoğan tipi başkanlık sistemi Türkiye'nin bölünmesinin reçetesidir, demokrasinin idam fermanıdır, karanlık bir Türkiye'dir, partili cumhurbaşkanlığı ileride aşırı bedellere malolur, Milliyetçi Hareket Partisi başkanlık sistemine tümden karşıdır" diyordu. Sonra... Aynı Devlet Bahçeli, 2017 referandumunda Tayyip Erdoğan'a tam destek verdi, AKP'liler gibi kampanya yaptı, partili cumhurbaşkanlığına "evet" oyu verdi. Demokrasi tarihi böyle U dönüşü, böyle ters köşe görmedi!

Devlet Bahçeli

Efkan

"Pkk'yla görüştüğümüzü iddia edenler şerefsizdir" dedikten sonra, "tabii görüşülüyor, MİT müsteşarımızı Oslo'ya gönderen benim, İmralı'ya gönderen benim" diyen kim? Asrın liderimiz.

"Öcalan'ın düşünceleri bizim de düşüncelerimiz" diyen, "Öcalan'la direkt diyaloğumuz var" diyen, "Kandil'le de direkt görüşülmesini arzuluyorum" diyen kim? Başbakan yardımcısı Beşir Atalay.

"Görüşmeler aracı ülkelerle yapılıyordu, aracıları aradan çıkardık, Ak Parti kendisi görüşüyor" diyen kim? Akp'nin içişleri bakanı Efkan Ala.

"Sayın Öcalan demeyi, posterini taşımayı, Pkk bayrağı açmayı suç olmaktan biz çıkardık, cezalarını erteledik" diyen kim? Bülent Arınç... "Abdullah Öcalan oruç tutardı, camiye giderdi, namazında niyazında çocuktu, kandırıldı, kurban edildi" diyen kim? Gene Bülent Arınç.

"Pkk'ya katılan çocuklar benim canım ciğerim" diyen kim? Akp milletvekili Cuma İçten.

"Yerel yönetimlerin güçlendirildiği bir modelde Pkk seçime girsin ve seçilsin, Öcalan şanstır" diyen kim? Akp milletvekili Galip Ensarioğlu.

"Öcalan, Türkiye'nin reel politiğini sağlıklı değerlendiriyor, yaklaşımı pozitif" diyen kim? Akp'nin adalet bakanı Sadullah Ergin.

"Abdullah Öcalan kadar ilkeli olun" diyen kim? Akp'nin spor bakan yardımcısı Abdurrahim Boynukalın.

"Öcalan Türkiye'nin önünü açıyor" diyen kim? Asrın liderimizin danışmanı Yiğit Bulut.

"Türk yoktur, Öcalan geleceği iyi okuyor" diyen kim? Akp genel başkan yardımcısı Yasin Aktay.

"Öcalan demokrasiye katkı sağlıyor" diyen, "bağımsız Kürdistan için silah kullanabilirsiniz" diyen kim? Akp milletvekili Mehmet Metiner.

"Öcalan'ın olayları okuma kabiliyeti var, tecrübesi var, düşünceli ve hassasiyet sahibi" diye öve öve bitiremeyen, "Öcalan kendisi için bir şey istemiyor" diyen kim? Başbakan yardımcısı Yalçın Akdoğan.

"Pkk terör örgütü değildir, kendi topraklarında politik harekettir" diyen kim? Akp milletvekili Orhan Miroğlu.

"Yolda gördüğüm çobanla konuştum, çözüm süreci sayesinde hayvanlarının yüzünün güldüğünü söyledi, çözüm sürecini hayvanlar bile anlamış ama bazı insanlar anlamıyor" diyen kim? Akp milletvekili Ahmet Gündoğdu.

"Öcalan nadir insanlardan birisi, çok prestijli, karizmatik, gerçekten bir rehber ve lider" diyen kim? Akp'nin akili Etyen Mahçupyan.

"Bakın ben garanti veriyorum, ülke bölünmeyecek, bölünme olduğu zaman gelin benim yakama yapışın" diyen kim? Akp'nin akili Can Paker.

"Ulus devlet bizim başımızda Allah'ın belasıdır, Türk üst kimliği bölücüdür, Öcalan'ın eli rahatlatılmalı" diyen kim? Akp'nin akili Baskın Oran.

Murat Karayılan'ın basın toplantısını Kandil'den canlı yayınlayan kim? Akp'nin Anadolu Ajansı.

Kandil'de Murat Karayılan'ın yanına sırayla oturarak, sırıta sırıta hatıra fotoğrafı çektiren, Murat Karayılan hakkında "çatık kaşlı olacağını düşünmüştüm, halbuki sohbet boyunca gülümsüyor, kariyer hırsı yok, bir lokma bir hırka, saygılı, kültürlü, bilimsel konuşuyor" diye döktüren kim? Akp medyası.

"Barutun kokusu düştü burnuma / dört bir yana istiyorum dibinden patlatayım / adamlar gibi dağlara düşeyim / tutmak istiyorum Kürdistanımı / ya ölüm ya kurtuluş / uyanın uykudan çabuk, artık savaş zamanıdır" şeklinde hümanist (!) şarkılar söyleyen Şivan Perwer'e barış güvercini muamelesi yapan kim? Akp hükümeti.

Pkk'yı tanık, TSK'yı sanık yapan kim?
İsmet İnönü hükümeti mi?

Pkk'nın evsahibi Barzani'yi onur konuğu yapıp, Türkiye seninle gurur duyuyor diye tezahürat yapan kim? Akp kongresi.

Bugün "hayır" diyenler, o günlerde de "hayır" diyerek, Allah aşkına yapmayın, memlekete yazık etmeyin diye yalvarırken...
"Ulus devlet ayrıştırıcıdır, ulusçulukla hesaplaşma zamanı geldi, bana serok Ahmet diyorlar, Kobani'ye selam ediyorum, Kobani'deki kardeşlerimin alnından öpüyorum" diyen kim? Akp'nin başbakanı Ahmet Kiziroğlu.

Hal böyleyken...
Ne diyor şimdi Binali Yıldırım?
"Pkk hayır dediği için, bölücülere karşı biz evet diyoruz" diyor.

Şöyle de diyebilirdi aslında...
"Pkk'ya evet dediğimizi iddia edenler şerefsizdir" filan.

Pkk'yla yaşanan "açılım süreci"nde pekçok kişi rol aldı ama, sembol isimlerin başında Efkan Ala geliyordu. Akp iktidar olur olmaz, 2003'te vali yapıldı. Türkiye'nin en genç valisi olmuştu. Batman'dan hemen sonra, henüz 39 yaşındayken ve yeterli deneyimi yokken, memleketin en kritik şehirlerinden olan Diyarbakır'a vali yapıldı. Pkk gösterilerine hoşgörüyle yaklaşıyor, devlet binalarını yakıp yıkmalarına ses çıkarmıyor, "cana geleceğine cama gelsin" diyordu. Yandaş medyada "Avrupa Birliği valisi" diye pompalanıyordu. 2007'de Tayyip Erdoğan tarafından başbakanlık müsteşarlığına getirildi, sağ kolu oldu. 2013 yılında, 17/25 Aralık yolsuzluk rezaleti patlayınca, Muammer Güler'in yerine içişleri bakanı yapıldı, o sırada milletvekili bile değildi, TBMM dışından içişleri bakanı oldu, anca iki sene sonra milletvekili oldu. Bir taraftan fetoyla mücadele, bir taraftan açılım saçmalığı, emniyet teşkilatı darmadağın edildi, valiler adeta Akp ilçe başkanı haline getirildi, devlet sistemi Efkan Ala'nın içişleri bakanlığı döneminde allak bullak oldu. Tayyip Erdoğan için kelimenin tam manasıyla saçını süpürge etti. Ancak... Yaranamadı. 2016'da zart diye istifa etmek zorunda kaldı! Neden istifa etti, bu kitabın piyasaya çıktığı tarihte hâlâ meçhuldü. Tek somut veri şuydu: Açılım bitmiş, Efkan Ala'nın da işi bitmişti.

Efkan Ala

Bülent

Sabahattin Zaim Üniversitesi rektör yardımcısı profesör, "ben bu ülkede cahil, okumamış, tahsilsiz kesimin ferasetine güveniyorum, ülkeyi ayakta tutacak olanlar, okumamış, cahil halktır, profesörden başlayarak en tehlikeli olanlar üniversite mensuplarıdır, en güvenilir olanlar, ilkokul bile okumamış olanlardır, okuma oranı arttıkça beni hafakanlar basıyor" dedi. Bu herifi YÖK'e yönetici yaptılar.

Kadın profesör Akp'den milletvekili adayı oldu, kazanamadı, rektör adayı oldu, gene kazanamadı, dindar cumhurbaşkanı tarafından metazori rektör yapıldı, tarihteki ilk türbanlı rektör oldu, yandaş medya tarafından ayakta alkışlandı, ne kadar Atatürkçü akademisyen varsa hepsine kan kusturdu, neticede fetocu olduğu anlaşıldı, tutuklandı! Senelerce başörtümüz yüzünden üniversiteye giremedik diye oy istediler, kendilerinin atadığı ilk türbanlı rektör darbeci çıktı.

Profesör Veysel Eroğlu, "NASA da kim oluyor, bizim teknolojimiz onlardan ileri, NASA bizim çok gerimizde" dedi. Hükümetimiz tarafından "ilim adamı" kabul edilen Cüppeli Ahmet, profesör Veysel Eroğlu'nu tasdikledi, "Mars'ta su var mı, Merih'te et var mı, but var mı, manyak manyak işler, masrafa değmez, akılsız, salak herifler, hepsi cahil zaten, ver bana 100 bin dolar hepsini anlatayım" dedi.

Hacettepe Üniversitesi profesörü, trenlere mescit yapılmasını istedi, Devlet Demiryolları inceledi, virajlarda kıble denk getirilemeyeceği için yapılamadı.

İTÜ profesörü, rüyasında tarikat şeyhi gördü, tarikat şeyhi "YÖK yanlış işler yapıyor" dedi, rüyasındaki şeyhin sözlerini dilekçeye döken profesör, başbakanlığa gönderdi, başbakanlık inceledi, "kardeşim arıza mısın?" demedi, gereğinin yapılması için milli eğitim bakanlığına havale etti, milli eğitim bakanlığı dilekçeyi inceledi, gereğinin yapılması için YÖK'e havale etti iyi mi.

Dumlupınar Üniversitesi doçenti, evini dergaha çevirdi, çarşaflı eşini peygamber ilan etti, çarşafın üstüne kafasına taç takıp, çıplak ayaklarını öptüren bu arkadaşın "gökyüzünde nikahımız kıyıldı" diyerek, gözüne kestirdiği müritleriyle yattığı anlaşıldı.

Selçuk Üniversitesi profesörü, dekolte giyen kadınların tecavüzü göze alması gerektiğini söyledi, "kadının evden çıkması caiz değildir, parfüm haramdır, kadının topuklu ayakkabı giymesi ayete aykırıdır, saç boyama caiz değildir, kadının fazla laf etmeden arada sırada konuşmasında sakınca yoktur" dedi.

Yıldız Teknik Üniversitesi profesörü, teknoloji panelinde konuştu, İslami usullerle, helal bisiklet üretilebileceğini izah etti.

Lise mezunu dolandırıcı, sahte üniversite diplomasıyla Kastamonu Üniversitesi'nde bölüm başkanı oldu, kimse uyanmadı, şakır şakır ders verdi, mis gibi dekan olacaktı, profesör olarak Mustafa Kemal Üniversitesi'ne transfer olmaya kalktı, tesadüfen enselendi.

Yıldız Teknik Üniversitesi profesörü, Gezi parkına alışveriş merkezi dikilmesine karşı çıkanları "gavur" ilan etti, "Yahudi, Ermeni veya Rumsanız, Gezi eylemlerinde aktif rol almanızı anlayışla karşılıyorum, soyunuzu araştırın" dedi.

TBMM'de dağıtılan imam hatip mezunlarının dergisinde, plajlarımızdaki boğulma vakalarını önlemek için "bilimsel" öneri getirildi. "Herhangi bir kişi denizde boğulmak üzereyken, samimi şekilde dua ederse kurtulur" denildi.

TRT'de "bilimsel" program yayınlandı, CIA ve Mossad'ın cinlerle istihbarat topladığı, KGB'nin cinler sayesinde düşman denizaltılarını takip ettiği açıklandı. NASA yetkililerinin uzayda kaybolan uyduların cinler tarafından tamir edilmesi için Türkiye'ye geldiği, Turgut Özal aracılığıyla Sakarya'daki bir hoca'dan yardım istediği anlatıldı.

İsmi Abdülhamid olarak değiştirilen GATA'nın profesörü, şizofreni hastalığının cin çarpması yüzünden meydana geldiğini izah etti. İnsan beynine yerleşen cinlerin şizofreniye sebep olduğunu, tedavi için dini şifacılarla üfürükçülerin faydalı olabileceğini söyledi.

TÜBİTAK başkan yardımcılığı da yapan YÖK başkanı profesör, akademik yıl açılış konuşmasında "domatesin içine öyle bir mekanizma yerleştirirler ki, milletimiz yok olabilir" dedi.

Selçuk Üniversitesi profesörü, kalçaya takılan platinleri, sanayi sitesinde tornacıya yaptırdı.

Profesör sağlık bakanımız, Türkiye'deki sağlık sisteminin ABD'den çok daha iyi durumda olduğunu söyledi, keneden korunmak için pantolon paçalarını çoraba sokmamızı önerdi.

Fahri profesör unvanı bulunan asrın liderimiz, neden matematik dersi, fizik dersi, "kimya" dersi tartışılmıyor da, din dersi tartılışıyor derken... Türk profesör Aziz Sancar "kimya" dalında Nobel kazandı.

Varlığıyla onur duyduğumuz Mardinli profesör Aziz Sancar, "bu ödül Atatürk ve Cumhuriyet sayesinde kazanıldı" diyerek, Nobel ödülünü tam 19 Mayıs'ta Anıtkabir'e teslim ederken... Mardin üniversitesinin "imam" rektörü, şeytan rıdvan gibi video hazırladı, Cumhuriyet'in sonu anlamına gelen referandum için "evet diyorum" filan dedi.

Açıkça görüldüğü üzere...
Evet-Hayır seçimi değildir.

"Hayatta en hakiki mürşit ilimdir" vizyonuyla, "ulemaya soralım" arasındaki tercihin, referandumudur.

Bülent Arı

"Ben daha çok cahil ve okumamış, tahsilsiz kesimin ferasetine güveniyorum. Ülkeyi ayakta tutacak olanlar, okumamış, hatta ilkokul bile okumamış, üniversite okumamış cahil halktır. Onlar, yanlışların hiçbirini yapmazlar. Türkiye'nin okumuş kesimi, profesörlerden başlayarak, geriye doğru en tehlikeli olanlar üniversite mezunlarıdır. Olayları en rahat okuyanlar, ilkokul mezunlarıdır. Çünkü zihinleri berrak. Üniversite ve sonrası, durum çok vahim. Çünkü gidişatı okuyamıyorlar, zihinleri bulanık. Sultan Hamid devrine geri dönelim, Sultan Hamid mülkiye başta olmak üzere sultanileri kurdu, yani, medreselerde kıt kanaat sadece dini tedrisat olmak yerine, laik eğitimi bütün ülkeye yaydı. Bu okullarda okuyanlar Sultan Hamid'i devirdiler. Bizde de şimdi, okuma oranı arttıkça beni hafakanlar basıyor. Açıkçası korkuyorum. Ben her zaman cahil halkın ferasetine güveniyorum. Sürekli gözlem yapıyorum, trafikte en tehlikeli tipler üniversite mezunlarıdır, hiç okumamış kesimler trafikte tehdit oluşturmazlar. Dünyanın gidişatını göremeyenler, okumuşlardır. Okuma oranı arttıkça, Türkiye'de olayları tahlil kabiliyeti azalıyor. Tayyip Erdoğan giderse, tam bir felaketle karşı karşıya kalırız. Gelecek nesillere bir şey bırakabilmemiz için, evet, bizim de ölmemiz gerekiyor. Sevdiklerimizden de vazgeçeceğiz. Üzeri örtülü bir savaş halindeyiz, bunu kabul edelim..." Sabahattin Zaim Üniversitesi rektör yardımcısı profesör Bülent Arı, televizyon programında kelimesi kelimesine bunları söyledi. Sonra çıktı, "görüntüler montaj" dedi, rektör yardımcılığı görevinden istifa etti. Aradan birkaç ay geçti... Profesörleri tehlikeli bulan, üniversite mezunlarını tehlikeli bulan, cahilliği yücelten bu arkadaş ödüllendirildi, tüm üniversitelerin başına, YÖK Denetleme Kurulu üyesi yapıldı!

Hakan

Bundan önceki anayasa referandumunun evet kampanyasını Hakan Şükür başlatmıştı, "ülkemizin geleceği için evet diyorum" demişti. Şu anda terörist olarak aranıyor, yurtdışına kaçmak zorunda kaldı, babasını bile tutukladılar, malına mülküne el kondu.

Nazlı Ilıcak evet'in en büyük destekçisiydi, "tahakküm edici havadan kurtulmak için evet diyeceğim" diyordu. Şu anda hapiste.

Ahmet Altan "evet" başlıklı makale yazmıştı, "Evet çıkmasını ümitle bekliyorum, çünkü bu evet, zalim bir sistemin temeline şahmerdan gibi vurup, o temeli kıracak" diyordu. Şu anda hapiste.

Mehmet Altan hayır diyenleri ayıplıyordu, "toplum ikiye ayrılmış, evet mi diyeceğiz, hayır mı diyeceğiz, ayıp bir şey, bu anayasanın bugüne kadar değiştirilmediğine isyan etmeliyiz" diyordu. Şu anda hapiste.

Şahin Alpay "bin kere evet diyorum" diyordu.
Şu anda hapiste.

Ali Bulaç "hayır diyenler aslında askeri darbeye evet demiş olurlar, demokrasi adına evet" diyordu. Şu anda hapiste.

Hasan Cemal evet demeyi tarihi bir fırsat olarak görüyordu, "referandum Türkiye için tarihi bir fırsat, hukukun üstünlüğü için tarihi bir fırsat, bu nedenle referandum sürecinin başından beri evet'i savunuyorum" diyordu. İşinden atıldı, herhangi bir gazetede yazmasına izin verilmiyor, yurtdışına taşınmak zorunda kaldı.

Mümtazer Türköne hayır diyenleri darbe yanlısı olmakla suçluyordu, "bu berbat statükoyu tarihin çöp sepetine atmakta geç bile kaldık" diyordu. Şu anda hapiste.

Baskın Oran, göğsünde "yetmez ama evet" yazılı tişört giyiyordu, sokakta bu tişörtle dolaşıyordu, "ne kadar değişse o kadar sevaptır" diyordu, "Tayyip Erdoğan demokrasi kahramanı" diyordu. Şimdi aynı Baskın Oran "Türkiye yönetilemiyor, hayatımda Türkiye'nin bu kadar bataklığa girdiği bir dönemi görmedim" diyor.

HDP sandığa gitmedi, Selahattin Demirtaş "evet veya hayır çerçevesine sıkışmayarak, Türkiye'de başka umut var demek için boykot ediyoruz" diyordu. Başka umudu gördük... Selahattin Demirtaş başta olmak üzere, HDP şu anda komple hapiste.

Murat Belge evet'i savunurken Atatürkçülere küfrediyordu, "merkezinde Kemalizm'in yeraldığı cephe, sırf hükümete duyduğu nefret nedeniyle hayır diyor" diyordu. Şimdi "doğrusu ben kendimi kandırılmış hissediyorum, elim kırılsaydı da oy vermeseydim diyecek halim yok ama, bizim desteklediğimiz adam uydurma bir Tayyip Erdoğanmış, aklımızı kullanmıyorduk, konu mankeniydik" diyor.

Cengiz Çandar "Türkiye'nin önü açılıyor, hukukun üstünlüğüne evet demekten başka yol var mı?" diyordu. İşten atıldı. Şimdi "pişman mısın dersen, pişmanım, daha uyanık davranmalıydık" diyor.

Bülent Arınç "hayır diyenlere acıyorum" diyordu, "kurban olduğum Allah verdikçe veriyor" diyordu. Şimdi aynı Bülent Arınç'ı boş süt şişesi gibi kapının önüne koydular, Tayyip Erdoğan telefonuna bile çıkmıyor, yandaş medyada "Manisalı Lawrence" deniyor.

Ertuğrul Günay o zamanlar bakandı, "hayır demek, bilerek veya bilmeyerek darbeci zihniyetle işbirliği yapmak demektir" diyordu. Kapının önüne kondu, şimdi "ülke ateşler içinde" diyor.

Orhan Pamuk "evet diyeceğim, darbecilerle hesaplaşmanın yolu açılıyor, Ak Parti Türkiye'yi çok iyi yönetiyor" diyordu. Şimdi aynı Orhan Pamuk "insan hakları her gün ihlal ediliyor, otoriter askerlerin yerini otoriter ve İslamcı hükümet aldı" diyor.
Aydın Engin "harbiden evet dedim, duraksamadan evet dedim, ülke demokrasisine çok yararlı olduğuna kanaat getirdim, hiçbir kuvvet beni evet demekten alıkoyamazdı, alıkoyamadı" diyordu. Tutuklandı, genel yayın yönetmeni yurtdışına kaçmak zorunda kaldı, birlikte çalıştığı *Cumhuriyet* gazetesinin yazarları şu anda hapiste.

Adalet Ağaoğlu sadece evet demekle kalmıyor, açık çek veriyordu, "evet diyerek hakkımızı arama hakkını elde ediyoruz, yetmez ama evet diyorum, atılan her adıma evet diyorum" diyordu. Şimdi "evet dediğim için çok pişmanım, enayilik etmişim, bunlara kandığım için hâlâ başımı duvarlara vuruyorum" diyor.

Sezen Aksu "tabii ki evet diyeceğim, evet demeye devam edeceğim" diyordu. Sonradan Akp'nin işine gelmeyen laflar söyleyince yandaş medyada linç edildi, "kart serçe" manşeti atıldı.

Cemil İpekçi "evet diyorum, buna hayır diyenlerin çoğunluğu eski diktanın, eski despotluğun sürmesini isteyenlerdir, hakiki kitap okumuşsanız buna hayır demeniz mümkün değil" diyordu. Şimdi ise "yetmez ama evet derken sanatçı olmamın hayaline kapılmışım, demokrasi diyorlar, bunun neresi demokrasi anlamadım, güzelim ülkemize yazık oluyor, bir daha ak partiye oy yok" diyor.

Fethullah Gülen'e "büyük vizyoner" diyen Sinan Çetin "bir daha darbe olmamasını garanti altına almak adına evet" diyordu. Tam tersine... 15 Temmuz darbesi o evetler sayesinde garanti altına alınmadı mı?

İbrettir.

Evet demeye niyeti olanlar bunları iyi okursa, memleket için hayır'lı olur.

Hakan Şükür

"İmam nikahlı"ların "kanlı bıçaklı" olmasına dair pekçok örnek verilebilir ama, Hakan Şükür sanırım en çarpıcı olanıydı. Akp'yle cemaat'in hem kesiştiği, hem kapıştığı noktaydı. 1995'te ilk evliliğini yaptığında, nikah şahidi Fethullah Gülen'di, nikahı kıyan ise Tayyip Erdoğan'dı. Kafasına Akp şapkası takıyor, Akp mitinglerinde kürsüye çıkarılıyor, TRT'de spor yorumculuğu yaptırılıyor, eşşek yükü para ödeniyordu. 2011'de Akp milletvekili oldu. Kendisine siyasetle alakalı sorular sorulduğunda, "gündemi takip edemedim, büyüklerim bilir" diyordu. Milletvekillerinin bir başka işte çalışması etik olarak uygun değilken, avukat milletvekilleri avukatlık yapamıyorken, öğretmen milletvekilleri öğretmenlik yapamıyorken, Hakan Şükür eşşek yükü parayla Lig Tv'de yorumculuk yapıyordu. Bu konuda eleştirildiği zaman da, sırtını Tayyip Erdoğan'a yaslayarak, küstah şekilde "beyefendiye sordum, gerisi laf-ı güzaf" diyordu. İkinci eşinin saçı başı açıktı, evleneli 13 yıl olmuştu, milletvekili olduktan bir yıl sonra, şak, türban taktı. Hakan Şükür 16 Aralık 2013'te zehir zemberek suçlamalar yaparak, kendi kalesine doksana taktı, Akp'den istifa etti. Ertesi gün, 17 Aralık yolsuzluk skandalı patladı. Hakan Şükür'ün istifası, cemaatin Akp'ye yönelik operasyonunun işaret fişeğiydi. Hakan Şükür'ün ismi Esenyurt'ta ve Sancaktepe'de stadyumlara verilmişti, derhal silindi, Çanakkale 18 Mart Üniversitesi'nden fahri doktora verilmişti, derhal geri alındı. Yurtdışına kaçtı, haziran 2016'da ABD'ye taşındığını açıkladı, temmuz 2016'da darbe girişimi oldu. Feto'ya üye olmaktan yakalama kararı çıkarıldı, Türkiye'deki malvarlığına el konuldu, o günkü döviz kuruyla 50 milyon dolar değerindeydi. 2017 itibariyle, feto'nun ABD'deki üniversitesi olarak bilinen North American University'de futbol dersleri veriyordu.

Adil

Başkan seçilecek.
Sene 1936...
Demokrat partili Roosevelt ile Cumhuriyetçi partili Landon yarışıyor.

ABD'nin o tarihte en çok satan dergisi, bir milyondan fazla tirajı olan *Literary Digest*, kamuoyu araştırması yapmaya karar veriyor.

Öyle bir yöntem uygulayalım ki, kimseye hak geçmesin, adaletli olsun diye düşünüyorlar. Açıyorlar telefon rehberini ve ehliyet sahiplerinin listesini... Rehberde ve ehliyet listesinde yer alan vatandaşların adreslerine, istisnasız tek tek, sembolik oy pusulası gönderiyorlar.

Kaç kişiye gönderiyorlar?
10 milyon kişiye...
Bir de not ilave ediyorlar, "lütfen oyunuzu işaretleyin, postaneden bize gönderin, gönderme işleminiz tamamen ücretsiz olacak, tüm masrafı biz karşılayacağız" diyorlar.

Beklenenin çok üzerinde katılım oluyor, dörtte biri geri geliyor.
2 milyon 400 bin kişi bu anket için oy kullanıyor, postalıyor.

Sonuç ne çıkıyor?
Yüzde 59 Landon.
Yüzde 41 Roosevelt çıkıyor.
Dergi, sonuçları resmen açıklıyor.
Landon "tamamdır bu iş" diyerek, şişine şişine gezinmeye başlıyor.

Ardından seçim oluyor.
Gerçek seçim.
a-aaa!
Roosevelt yüzde 61.
Landon yüzde 39 çıkıyor.
Landon kös kös evine gidiyor.
Roosevelt Beyaz Saray'a gidiyor.

Peki neden böyle oluyor?
Neden tam tersi çıkıyor?
Sosyal bilimciler inceliyor...
Şu yoruma varıyorlar.
O dönemde büyük bunalım'ın etkileri sürüyor, ekonomik kriz, işsizlik, adaletsiz gelir dağılımı ülkeye kan kusturuyor. Bu kriz ortamında otomobil ve telefon sahibi olanlar, tuzu kuru olanlar... Cukkası sağlam olan bu mutlu azınlıkta "komünizm fobisi" var, kızıllar iktidara gelecek diye ödleri kopuyor, bu korku yüzünden sermayenin partisine sarılıyorlar, Landon'a oy veriyorlar. *Literary Digest*'ın hemen hemen hiç ulaşamadığı garibanlar ise, oylarını komple Roosevelt'e veriyor. Böylece, anket rezaleti meydana geliyor. Bu fiyasko, kısaca "kamuoyu yoklaması" denilen bilim dalının yeniden şekillenmesine yol açıyor. Gerçek sonucu bulabilmek için kaç kişiye sorduğun değil, nerelerde ve kimlere sorduğun önemli hale geliyor.

Ve, bu fiyaskonun asıl "tarihi sonucu" ne oluyor biliyor musunuz?

O dergi artık yok!
Kaş yapayım derken göz çıkaran, en ufak bir kötü niyeti olmamasına rağmen millete yanlış sonuç veren, seçmen tercihlerini maniple etmiş durumuna düşen dergi, kapısına kilit vuruyor, kapanıyor.
Aslına bakarsanız, kapanmaktan başka çaresi kalmıyor. Çünkü, bir milyondan fazla tirajı varken, gümbür gümbür çakılıyor, insanlar bir daha o dergiyi satın almıyor, elini bile sürmüyor.

E bize bakıyoruz...
Palavracılığı tescilli anketçiler, yalancılığı tescilli televizyonlarda boy göstermeye devam ediyor. Hiç utanmadan, uydurmasyon anket sonuçlarını, sanki kesin bilgiymiş gibi anlatıyorlar. İnsanlar

kazanmaktan umudu kessin, nasıl olsa gene sonuç değişmeyecek diye düşünüp, sandığa gitmesinler diye, iktidar lehine amigoluk yapıyorlar.

Dolayısıyla, bu referandumun tercihlerinden biri de budur.

Ahlaksız medyaya...
Yetmez ama evet mi?
Yetti gari hayır mı?

Adil Gür

Google'a girin, herhangi bir kamuoyu araştırma şirketi sahibinin ismini yazın, arayın, karşınıza mutlaka "en isabetli tahmini yapan" cümlesi çıkar! Elbette hepsi palavradır. Her seçimden önce en az 10 tane birbirinden farklı sonuç açıklıyor, seçimden sonra da, nasıl olsa birine denk geldiği için "bildik" diyorlardı. İtiraf edilmeyen çıplak gerçek şuydu... Para musluğu hükümetin elindeydi, devlet kurumlarından anket şirketlerine yüklü miktarda iş veriliyordu. Devlet kurumları tarafından istatistik yaptırıyoruz ayağıyla adeta beslenen anket şirketleri, bu ballı parayı kaybetmemek için, her seçim döneminde Akp lehine sonuçlar açıklıyordu. Bu tür maniplasyonlarla, Akp karşıtı seçmenlerin, nasıl olsa gene kaybedeceğiz duygusuyla sandığa gitmesi engelleniyordu. En skandal örneklerden biri, Adil Gür'dü... Yüksek Seçim Kurulu'nun hukuksuz-mühürsüz kararlarına rağmen, zorla, kılpayı evet çıkan 2017 referandumunda, yüzde 60 oranında "evet" çıkacağını açıklamıştı! İktidar partisinin isminde "adalet" vardı, anketçinin ismi "adil"di ama, kamuoyu araştırmalarımız pek öyle değildi.

Rıdvan, Arda, Burak, Murat

Deniz
Yusuf
Hüseyin
Orada asıldılar.

Ulucanlar cezaevi...
İktidar gücünü eline geçiren tiranların, kendisi gibi düşünmeyenlere, kendi halkına nasıl vicdansızca zulmettiğini

gösteren, utanç müzesi.

Bülent Ecevit, Muhsin Yazıcıoğlu, sağcı solcu, orada yattılar.

Darağacı var, orijinal.
Yağlı urgan.
Devrimci Necdet Adalı, ülkücü Mustafa Pehlivanoğlu, suçsuz olduğu halde yalan raporla tutuklanıp, henüz 17 yaşındayken, yalan raporla yaşı büyütülerek ipe gönderilen lise öğrencisi Erdal Eren... Orada idam edildiler.

Nazım Hikmet, Kemal Tahir, Necip Fazıl Kısakürek, Fakir Baykurt, Halikarnas balıkçısı Cevat Şakir, Yaşar Kemal, Yılmaz Güney, İsmet İnönü'nün gazeteci damadı Metin Toker, Cüneyt Arcayürek, Behice Boran, Sabiha Sertel, hep oraya tıkıldılar... Ard arda kaç zemheri / kurt uyur, kuş uyur, zindan uyurdu / dışarda gürül gürül akan bir dünya / bir ben uyumadım / kaç leylim bahar / hasretinden prangalar eskittim / Ahmed Arif, orada eskitti o prangaları.

Tecrit hücresi var.
Nasılmış acaba diye hissetmek istersen, kelepçelenip içeri tıkılıyorsun, drann diye örtüyorlar demir kapıyı, bir saat kalıyorsun. Anlıyorsun, saat denilen kavramın, aslında seneden uzun olduğunu. Ki, o tecrit hücresinden çıkınca şöyle yazmıştı Nazım...
"Bugün beni ilk defa güneşe çıkardılar, ve ben, ömrümde ilk defa gökyüzünün bu kadar benden uzak, bu kadar mavi, bu kadar geniş olduğuna şaşarak, kımıldamadan durdum, sonra saygıyla toprağa oturdum, dayadım sırtımı duvara, bu anda ne düşmek dalgalara, ne baş aşağı, ne baş yukarı, bu anda ne kavga, ne hürriyet, ne karım... Toprak, güneş ve ben, bahtiyarım."

Okuyorsun, neler hissettiğini, ne trajediler yaşandığını anlıyorsun.

Kulaklık var, takıyorsun... Beynine saplanmış tornavidayı kanırtırcasına, işkence dinliyorsun.

Kişisel eşyalar var.
Muhsin Yazıcıoğlu'nun seccadesi, Bülent Ecevit'in kasketi, Hüseyin İnan'ın idamdan sonra jiletle kesilip çıkarılan fanilası, Deniz Gezmiş'in cigarası.

Ranzalarda mektuplar var.
"Gün gelecek hiç bitmeyecek, gün gelecek sana kavuşacağım."
"Ağlamayı bil, gülmeyi unutma, cezaevini sev demiyorum ama, bu kötü yataklarını asla unutma."
"Zincir soğuk, zindan yaş, belki biraz üşürüz, hele başım zindandan çıksın, görüşürüz" diyen satırlar var.

Ve, bir poster var.
Dördüncü koğuşun duvarında.
Dördüncü koğuş deyip geçmemek lazım... Utanç müzesi'nin simgesi dördüncü koğuş... Güya 80 kişi kapasiteli ama, 200 kişi tıkmışlar oraya, ranzaları bitiştirip ayaklı-başlı yatmışlar yer kalmadığı için, mecburen nöbetleşe uyumuşlar. Başarısız firar için kazılan tünellerden biri, orada... Elbette en önemlisi, ölüm orucuna yattıkları için tutukluların diri diri yakıldığı, sözde "hayata dönüş" operasyonunun başladığı koğuş, dördüncü koğuş.

İşte o koğuşun... İdeolojilerden, yasadışı örgütlerden ibaret sanılan o dördüncü koğuşun duvarında bir poster var.

Fenerbahçe posteri!

1988-1989 sezonunda şampiyon olan Fenerbahçe'nin posteri...
Schumacher, Hakan Tecimer, Nezihi Tosuncuk, Hasan Vezir, Oğuz Çetin, Turhan Sofuoğlu, Aykut Kocaman, İsmail Kartal, Şenol Ustaömer, Müjdat Yetkiner, Rıdvan Dilmen.
Kime ait, kim yapıştırmış oraya, bilinmiyor.
Cezaevi boşaltıldıktan sonra yapılan temizlik sırasında dördüncü koğuşun duvarında bulunmuş... Müzeye dahil edilmiş.

Belli ki, müebbete mahkum Alcatraz Kuşçusu'nu hayata bağlayan kanarya gibi... Kanarya posteriyle hayata tutunmuş dördüncü koğuş.

"Memlekete zararlı, vatana millete zararlı" diye eziyet edilen insanların "milli" futbolcularla nasıl gurur duyduğunu... Tecrit atmosferinde bile "derbi nasıl biter?" diye sohbet ettiklerini... Galatasaraylı, Beşiktaşlı diye birbirlerine takıldıklarını, şakalaştıklarını düşünüyorum... Yüreğime kıymık batıyor.

Ve, bakıyoruz bugün...
O posterdeki Rıdvan Dilmen, yalaka yalaka sırıtarak "ben evet diycem" filan diye video çekmiş, Arda sen de evet diycen mi, Burak sen de evet diycen mi diye pas atmış, onlar da bu imam nikahına evet deyip, şarkıcı Murat Boz'la Acun'a filan orta yapmışlar.

Utanç müzesindeki posteri hatırlayınca...
İnsaniyet namına utanıyor hakikaten insan!

Rıdvan Dilmen

Arda Turan

Burak Yılmaz

Murat Boz

2017'de rejimi değiştirecek olan referandum öncesinde, "şeytan" lakaplı eski futbolcu Rıdvan Dilmen, sosyal medyada "evet" kampanyası başlatmıştı. "Vatanımız, ülkemiz çok zorlu bir süreçten geçiyor, adeta bir İstiklal Savaşı, güçlü bir Türkiye istiyoruz, güçlü bir Türkiye için evet, ben de varım" diyordu. Sonra "sevgili Arda, sen de var mısın?" diyerek, futbolcu Arda Turan'a pas atıyordu. Arda Turan da aynı lafları söyleyip, futbolcu Burak Yılmaz'a pas atıyor, Burak Yılmaz da şarkıcı Murat Boz'a pas atıyordu. Herhangi bir yurttaşın, futbolcunun, şarkıcının herhangi bir partiye gönül vermesi, oy vermesi, elbette demokratik hakkıydı. Ancak, herhangi bir yurttaşın, futbolcunun, şarkıcının, iktidar gücünü arkasına alarak, bir başkasına tehditkar şekilde "sen de var mısın?" diye sorması, demokratik hak filan değildi, dayatmaydı, "sıkıyorsa yokum de bakalım" anlamına geliyordu. Üstelik... Kısa süre önce bir televizyon kanalının sokak röportajında tesadüfen Rıdvan Dilmen'e mikrofon uzatılmış, "Türkiye hangi yarımküreededir, Türkiye kaç coğrafi bölgedir" soruları sorulmuş, Rıdvan Dilmen iki soruya da cevap verememişti. Türkiye'nin hangi yarımkürede olduğunu bilmeyen, Türkiye'nin kaç coğrafi bölge olduğunu bilmeyen arkadaş, Türkiye'nin rejimine dair fikir yürütüyor, kampanya yürütüyordu! Üstelik... Arda Turan, Burak Yılmaz ve Murat Boz "istiklal savaşı"na çağrı yapıyorlardı ama, üçü de askerliğini bedelli yapmıştı. Koğuş nöbeti bile tutmayan tipler, memleketin gençlerini "istiklal savaşı"na davet ediyordu!

Maduro

Tek adam'a hayır demeliyiz.
Mutlaka hayır demeliyiz.
Neden derseniz?
Somut örnek vereyim.
Venezuela'nın nüfusu 30 milyon kişi.
Suudi Arabistan'ın bile 265 milyar varil petrol rezervi varken, Venezuela'nın 296 milyar varil petrol rezervi var. Varilini 55 dolardan hesapla bak ne çıkıyor... Venezuela halkının en az Kanadalılar kadar refah içinde olması gerekiyor.

Venezuela'da başkanlık sistemi var.

Hugo Chavez 1998'de başkan seçildi. Yoksul ve cahil ahali, onu çok seviyordu, gıda kolisi dağıtıyor, gariban mahallelere sağlık ocağı filan açıyor, devletin kaynaklarını sebil gibi kullanıyor, açlıktan nefesi kokan halkın kurtarıcısı olarak görülüyordu. Şak... Anayasayı değiştirdi, devletin yönetim şeklini değiştirdi. Artık onu sevip sevmemelerinin önemi yoktu, çünkü, artık onu başkanlıktan indirmek hukuken mümkün değildi. Muhalefeti susturdu, basını susturdu, işdünyasını sustalı maymuna çevirdi. Onun yönetim şekli yüzünden 1.5 milyon kişi ülkeden kaçtı. Nüfusun yüzde beşi ülkeden kaçarken... Twitter'dan kendisini takip eden üç milyonuncu takipçisine ev hediye ederek, kendisini alkışlatıyordu.

Kansere yakalandı. Halefi olarak, başkan yardımcısı Maduro'yu seçti. Bütçe dahil, tüm yetkilerini başkan yardımcısı Maduro'ya devretti.

Maduro otobüs şoförüydü, lise mezunuydu, sendikacılıktan tırmanmış, Chavez'in sağkolu olmuştu.

"Üniversite mezunu olmayan biri devlete başkan olabilir mi?" diye eleştirildiğinde... Chavez "neden olmasın" diyordu, "iktidar halkındır, elitler-seçkinciler istemese de otobüs şoförü başkan olur" diyordu.

Chavez öldü.
Otobüs şoförü Maduro geçici olarak başkan oldu.

Nisan 2013'te yeniden başkanlık seçimi yapıldı, başkanlık imkanlarını sonuna kadar kullanan Maduro, yüzde 50.6 oyla kılpayı kazandı. Rakibi yüzde 49.1 almıştı. Seçimde şaibe olduğunu, oyların çalındığını elbette herkes biliyordu ama, itirazlardan netice alınamadı, çünkü, seçim kurulu, yargı, komple Maduro'nun kontrolündeydi. Toplum karpuz gibi ikiye bölündü.

Protesto gösterileri başlayınca, halka ateş açıldı. Harvard mezunu muhalefet lideri tutuklandı. Bizzat başkan Maduro tarafından "kendisinin başkanlığını kabul etmeyenlere konuşma yasağı" getiren yasa teklifi hazırlandı, meclis bu teklifi kabul etti iyi mi... Muhalefete kanunen konuşma yasağı getirildi. Başkanlık yetkilerini daha da arttıran yasalar çıkarttı, mesela, petrol ve madenler konusunda meclise sormadan karar verme yetkisini kendisine aldı!

Yandaş medya oluşturdu, şu anda Maduro haricinde hiçbir şey yazmıyorlar, televizyonlarda devamlı Maduro konuşuyor. Muhalif medyayı susturdu, yayınlarını beğenmediği televizyon kanallarını kablolu kanaldan çıkardı.

20 milyon kişiye 120 bin ton gıda kolisi dağıttı. Temel ihtiyaç maddeleri karaborsaya düşmeye başlayınca, başkanlık bünyesinde komisyon kurdu, kıtlığın sebebinin araştırılmasını istedi. Yalaka komisyon araştırdı. Ne buldular biliyor musunuz? "Halkımızın yüzde 95'i günde dört-beş öğün yemek yiyor, bu nedenle tüketim maddelerinde sıkıntı yaşanıyor" sonucunu buldular! Kıtlığın sebebi halkın çok yemesiydi yani... Başkanın sorumluluğu, kusuru yoktu!

2015'te parlamento seçimi yapıldı. Maduro her türlü katakulliyi yaptı ama, hezimete uğramaktan kurtulamadı. Muhalefet ezici çoğunlukla kazandı. Muhalefet parlamentoyu kazandı ama... Başkan hâlâ Maduro'ydu. Ordu, polis, yargı, onun elindeydi. Hükümeti hâlâ o kuruyordu.

Meclis çoğunluğunu ele geçiren muhalefet, 2019'da yapılması gereken başkanlık seçimlerinin öne çekilmesi için, erken seçim talebinde bulundu. Başkan reddetti!

Bunun üzerine, erken seçime gidilmesi konusunda referandum yapılması için anayasal süreç başlatıldı. Anayasaya göre, referanduma gidilmesi için seçmenin yüzde 20'sinden imza toplanması gerekiyordu. Dört milyon imza toplandı. Nafile... Başkanın emrindeki seçim kurulu, imzaları kabul etmedi, referandum meferandum yapamazsınız dedi, kesti attı!

Muhalefet bir başka yol aradı, meclisten, Maduro'nun başkanlıktan azledilmesini talep eden karar çıkarıldı. Gel gör ki... Tüm üyeleri Maduro tarafından seçilen Anayasa Mahkemesi bu kararı reddetti. Meclisin azil talebinin anayasaya aykırı olduğu açıklandı!

Bunlar yetmezmiş gibi, Aragua eyaletinin valisini, kendisine başkan yardımcısı yaptı. Bu herif "uyuşturucu baronu" olarak tanınıyor! Eğer Maduro da Chavez gibi ölürse, 2019'a kadar ülkeyi bu arkadaş yönetecek.

Netice?

Şu anda Venezuela'da enflasyon yüzde 700... Bu sene yüzde 1600'e çıkması bekleniyor. Alışverişlerde kredi kartı geçmiyor, mağazalar kabul etmiyor. Hükümet devalüasyonla eriyen banknotları tedavülden kaldırıp, yerine yenilerini sürmek istedi, para basmak için bile para bulamadı! Asgari ücrete güya yüzde 50 zam yapıldı, 40 bin bolivar oldu, 40 bin bolivar ne ediyor biliyor musunuz, 15 dolar ediyor! Et, un, şeker, pirinç, süt karaborsa satılıyor, ekmek için bile kuyruk var, marketler saldırıya uğruyor, yağmalanıyor. Hal böyleyken, zengin daha da zengin oldu, bir hamburger 170 dolara satılıyor, alıcı buluyor! Eczane rafları boşaldı, ilaç sıkıntısı var, sağlık sistemi çöktü, ameliyat malzemesi yok, yenidoğan bebek ölümleri rekor seviyeye ulaştı. İthalat bıçak gibi kesildi, alt tarafı diş macunu almak isteyen, normal fiyatının yüz misli ödemek zorunda kalıyor. Günde 18 saate varan elektrik kesintileri yapılıyor, yeterli elektrik üretilemediği için, kamu kurumları haftada beş gün tatil ediliyor, sadece pazartesi ve salı çalışıyor, özel sektör haftalık izin gününü üçe çıkardı. Şehirlerde günde sekiz saat su kesintisi yapılıyor, her gün... Fuhuş patladı. Suç patladı, her 21 dakikada bir cinayet işleniyor, her sene 17 bin adam kaçırma olayı, fidye rapor ediliyor. Gasp öyle hale geldi ki, insanlar cep telefonuyla anca evlerinde konuşuyor, sokağa çıkarken yanına almıyor. Sosyal hayat durdu, sinema yok, tiyatro yok, konser yok, hava kararınca şehirler ıssızlaşıyor. Karayolları, limanlar ve havalimanları ordu kontrolünde tutuluyor.

Memleketin içine etti.
Başkan hâlâ başkan.

Nicolas Maduro

Venezuela başkanı'nın demokrasi kavramına bakışı, Türkiye'deki bakış açısından farklı değildi. Kendisini destekleyenler "millet"ti, kendisine karşı çıkanlar milletten sayılmıyordu, "dış mihrak"tı. "Tek adam"ların tipik davranış biçimiydi, iyi şeyler oluyorsa kendisi sayesinde oluyordu, kötü şeyler oluyorsa başkasının yüzündendi!

İsmet

29 Ekim 1923...
Cumhuriyet ilan edildi.
30 Ekim 1923 sabahı...
Mustafa Kemal kendi elyazısıyla İsmet'e mektup yazdı.
Cumhuriyet'in ilk cumhurbaşkanı, Cumhuriyet'in ilk gününde, Cumhuriyet'in ilk başbakanına şöyle diyordu...
"Bizi yine büyük bir savaş bekliyor. Cumhuriyet'in insan malzemesini hazırlamalı, namus cephesini güçlendirmeliyiz. Bize, geri, borçlu, hastalıklı bir vatan miras kaldı. Bu zor durumdan nasıl çıkılabileceğini gösteren ne bir örnek var önümüzde, ne de bir deney... Ama yılmamak zorundayız. Yolu birlikte arayıp bulacağız. Yoksul ve esir ülkelere örnek olacağız. Kaderin bizim kuşağımıza yüklediği bir görev bu. Özgür bir toplum oluşturmak,

çağdaşlaşmak, bu ideali gerçekleştirmek zorundayız. Bu görevin ağırlığını ve onurunu seninle paylaşmak istedim, Allah yardımcımız olsun."

Ve şimdi öğreniyoruz ki...
İsmet'i müfredattan çıkarıyorlarmış.

İsmet'i müfredattan çıkaran milli eğitim bakanı kim?
İsmet Yılmaz.

İsmet Yılmaz'ın adı niye İsmet?
Bizzat amcaoğlu anlattı...
"İsmet'in babası İbrahim amca İsmet İnönü'yü çok severdi, İsmet İnönü gibi olsun diye oğluna İsmet adını koydu. Zaten bu nedenle çocukken bütün arkadaşları ve akrabaları 'paşa' diye hitap ederdi. Kendisi de bu sıfatı çok severdi, büyüyünce paşa olacağını söylerdi."

Rahmetli İbrahim amca, oğlunun marifetini görse ne derdi acaba?

Kendini mi inkar ediyorsun demez miydi?

Bana sorarsanız...
İsmet'i müfredattan çıkaran, kendi nüfus cüzdanından da çıkarmalı.

Adını değiştirsin milli eğitim bakanı.
Recep filan yapsın.

İsmet Yılmaz

Şuraya otur dediler, denizcilik müsteşarı oldu, oradan kalk, şuraya otur dediler, Türk Telekom yönetim kurulu başkan vekili oldu, seçim döneminde şuraya otur dediler, dışardan ulaştırma bakanı oldu, şimdi şuraya otur dediler, kültür ve turizm bakanlığı müsteşarı oldu, şimdi milletvekili ol dediler, 2011'de milletvekili oldu, şuraya otur dediler, milli savunma bakanı oldu, kalk o koltuktan, seçim hükümetinde bakan olma, milletvekili olarak devam et dediler, kalktı, milletvekili olarak devam etti, şimdi TBMM başkanı ol dediler, TBMM başkanı oldu, şimdi kalk oradan, gene milli savunma bakanı ol dediler, kalktı, gene milli savunma bakanı oldu, şimdi kalk oradan, milli eğitim bakanı ol dediler, milli eğitim bakanı oldu... Birbirinden alakasız makamlar, birbirinden alakasız uzmanlıklar, birbirinden farklı bakanlıklar, hiç fark etmiyor, hiçbirine "yapamam" demiyordu. "Liyakat" denilen kavram, Türkiye'deki siyasetten çok uzaktı.

Ekmeleddin

Vahdettin'in şeyhülislamı'ydı Mustafa Sabri... Sevr'in imzalanması için özel çaba harcadı. Sarıklı İngiliz finosuydu, İngiliz Muhipleri Cemiyeti'nin kurucularındandı. Anadolu'daki direnişi kırmak için İngilizler tarafından icat edilen İslam Teali Cemiyeti'nin kurucularındandı. Mustafa Kemal'in idam fermanını bizzat kaleme aldı, fetva verdi, "Mustafa Kemal'in öldürülmesi caizdir, hatta her müslümanın dini vazifesidir" dedi. Böylesine süzme şerefsizdi yani... Kuvayi Milliye'den nefret ediyordu, "kudurmuş haydutlar, hainler, caniler" diyordu. "Eyy Allah'tan korkmayan, eyy peygamberden haya etmeyen mahluklar" diyordu. "Mustafa Kemal ve Ankara Hükümeti kahpedir" diyordu. "Bunların dinsizlik derecesi tasavvur edilemez, cenabı hakkın gazabı ve laneti bunların üzerine olsun" diyordu. Milli mücadelenin moralini bozmak için elinden geleni yapıyordu, "İngilizlerin, Fransızların ve sair devletlerin, iki paralık Mustafa Kemal kuvvetinin baskısına boyun eğerek İstanbul'dan çekip gitmelerini, ancak Kemalist Türk aklı kabul edebilir" diyordu. "Yunanlılara fazla zayiat verdirmek bizim için hayırlı ve menfaatli olamaz, İngilizleri kızdırırız, İngiliz gibi muazzam devlete karşı katiyen kazanma ihtimali yoktur" diyordu. "Yunan ordusu halifenin ordusudur, asıl kafası koparılacak mahlukat Ankara'dadır" diyordu. "Eyy askerler, Mustafa Kemal'in gayrimeşru emirlerine uyduğunuz yeter, bunların vücudlarını külliyen dünyadan kaldırmak beşeriyet için, müslümanlık için farz olmuştur, sizin bu hainlere itaatiniz mescitlerimizi mabetlerimizi harap eyleyecek, bu zalimlere, bu katil canavarlara alet olduğunuz yeter, padişahımız halifemiz efendimiz hazretlerinin merhamet kucağı size açılmıştır, Allahını peygamberini seven bu tarafa gelsin" diyordu. Kuvayi Milliye'nin yanında saf tutan Denizli, Isparta, Uşak, Antalya, Sinop müftülerini görevden azletti, Ankara müftüsü Börekçizade Rıfat için idam fermanı çıkarttı. İzmir'deki Yunan Yüksek Komiserliği'ne teklifte bulundu, "Mustafa Kemal'in pençesinden kurtulmak için Batı Anadolu'da sizin kontrolünüzde özerk hükümet kuralım" dedi, Atina'ya iletildi, Yunan başbakanı Gunaris teklifi inceledi, "kendi milletini satan hainlere ihtiyacımız yok" dedi, reddetti. Bu haysiyetsiz yobaz... Milli mücadele kazanılınca, padişahı efendisi Vahdettin gibi, İngiliz gemisiyle kaçtı, Yunanistan'a sığındı, *Yarın* adıyla gazete çıkardı. O gazeteye 1927 senesinde "Allah'ın huzurunda Türklükten istifa ediyorum, tövbe yarabbi tövbe Türklüğüme, beni Türk milletinden addetme" diye makale yazdı. "Elimden gelse bütün Türkleri Arap yaparım, bunların vaktiyle Araplaşmadığına eseflenirim" diye yazdı. Hilafetin yeniden kurulması için dönemin Papa'sına mektup gönderdi, İslamiyet adına Vatikan'dan yardım istedi. Yunanistan'dan Suudi Arabistan'a geçti, en son Mısır'a yerleşti, El Ezher Üniversitesi'nde ders verdi, Kahire'de öldü, Gafir mezarlığına gömüldü.

Mehmet İhsan efendi, bu haysiyetsiz Mustafa Sabri'nin en birinci öğrencisiydi. Atatürk Cumhuriyeti'ne katlanamadı, Cumhuriyet ilan edilir edilmez tası tarağı topladı, henüz 22 yaşındayken, Mustafa Sabri'nin yanına Mısır'a gitti. Birbirlerini öylesine seviyorlardı ki, Mehmet İhsan efendi öldüğünde, Mustafa Sabri'nin yanına gömüldü.

Kemal Kılıçdaroğlu efendi, bu Mehmet İhsan efendinin oğlunu Atatürk Cumhuriyeti'ne cumhurbaşkanı adayı yaptı! Atatürkçüler şoke oldu. Memlekette adam kalmamış gibi, tee Mısır'dan getirilmişti. Herkes google'a koştu, "kim bu Ekmeleddin?" diye aradı. Vatandaşların yüzde 78'i adını bile duymamıştı. Yukarıda özetlediğim zihniyetle, Arap kültürüyle yetişmişti. Kahire'de doğmuş, Türkiye'ye hayatında ilk defa 27 yaşında gelmişti, 27 yaşına kadar memlekete adım bile atmamıştı. Akp'nin ve özellikle Abdullah Gül'ün desteğiyle İslam İşbirliği Teşkilatı genel sekreteri olmuştu. İslam Ordusu kurulmasını önerdi ki, bu İslam Ordusu aslında ABD'nin projesiydi. Açık açık "CHP'li değilim" diyordu. Demokrat Parti geleneğinden geldiğini söylüyor, Turgut Özal hayranı olduğunu söylüyor, güya rakip olduğu Tayyip Erdoğan için "aile dostum" diyordu. Seçim bildirgesini okumaya Fatiha suresiyle başladı, Menderes'in mezarının başında konuşma yaparken ağladı. Yurt gezilerinde en önce türbelere gitti, vatandaşları "ehlen ve sehlen" diye Arapça selamladı. Ekmeleddin İhsanoğlu efendinin cumhurbaşkanı adaylığını, Kemal Kılıçdaroğlu efendi ve Devlet Bahçeli efendiden başka, sadece Fethullah Gülen destekliyordu, Pensilvanya'daki vaazında "her halimizde, her tavrımızda iman-ı ekmel, İslam-ı ekmel, ihsan-ı ekmel, ihlas-ı ekmel, rıza-yı ekmel, yakin-i ekmel demeliyiz, hayatımızı bu atkılar arasında dantela gibi işlemeliyiz, sürçsek bile, kalktığımızda el ihsan demeliyiz" diyordu. Ekmeleddin efendinin adaylığına itiraz etmek adeta suç haline getirilmişti, itiraz edenler "CHP düşmanı, Atatürk düşmanı, AKP yandaşı" ilan ediliyordu. Kemal Kılıçdaroğlu efendi "tıpış tıpış oy vereceksiniz" diyordu. Netice kaçınılmazdı... Tayyip Erdoğan cumhurbaşkanı seçildi. CHP seçmeni saçını başını yolarken, ekmeleddin efendi gevrek gevrek gülümseyerek "çok mutluyum" dedi. Kemal Kılıçdaroğlu efendi de "siyaset dünyamız çok önemli bir aktör kazandı, bugün seçim olsa yine sayın İhsanoğlu'nu aday gösterirdim" dedi.

Chp'nin cumhurbaşkanı adayı olan Ekmeleddin efendi, Chp'den milletvekili olmayı kabul etmedi, gitti Mhp'den milletvekili oldu.

Mhp'deki tüm muhalifleri fetocu olmakla suçlayan Devlet Bahçeli efendi, fetonun bizzat dualar ettiği Ekmeleddin efendiyi hem cumhurbaşkanı çatı adayı yaptı, hem milletvekili yaptı, hem TBMM başkan adayı yaptı.
Ve şimdi, bu Ekmeleddin efendi, Türkiye Cumhuriyeti'nin rejimini değiştirecek olan yeni anayasaya, halkın egemenliğini saraya veren yeni anasayasa "evet" oyu verdi. Henüz aksini açıklamadığına göre... Kemal Kılıçdaroğlu efendinin halka dayattığı cumhurbaşkanı adayı, gitti, Tayyip Erdoğan'ın başkanlığı lehine oy kullandı!

Bitmedi...

TBMM'de rejim değiştirilirken, oylamaları sürerken, başbakan Binali efendi muhalefet kulisine geldi, yılışık yılışık sırıtan Chp'lilerle çay içti, Kemal Kılıçdaroğlu efendiyle Kars kazı muhabbeti yaptı, hep birlikte Kars kazı yeme konusunda anlaştılar.
Meclis kulisindeki bu görüşmede Chp ve Akp kurmaylarından başka biri daha vardı. Ekmeleddin İhsanoğlu efendi de oradaydı!

TBMM'de rejim değiştirilirken... Bir avuç namuslu CHP

milletvekili canhıraş şekilde direnirken... CHP'li kadın milletvekili AKP milletvekilleri tarafından tartaklanırken... Atatürkçü yurttaşlar bu vahim hadiseleri Halk Tv ekranından seyredip, kahrolurken... Ekmeleddin efendi, Binali efendiye ne dedi biliyor musunuz?

"Osmanlı hanedanı mensuplarına maaş bağlanması, hanedanın çocuklarına yurt ve burs imkanı sağlanması için bir yasa teklifi sunmuştum, bu konuda yardımlarınızı rica ediyorum" dedi!

Evet, yanlış okumadınız...

Atatürk Cumhuriyeti'nin adeta kapısına kilit vurulurken... Atatürkçü seçmene zorla dayatılan cumhurbaşkanı adayı Ekmeleddin efendi, Osmanlı'ya maaş bağlanması için kulis yapmakla meşguldü.

Üzülüyorsunuz, daha çok üzülün diye yazmıyorum bu satırları...

Bile bile, göz göre göre, yurtsever duygularınızı istismar edip, aslanlar gibi direniyorlar, bravo Chp yönetimine, Kılıçdaroğlu'nun Atatürk'lü klibine bayıldım, elli kere tıkladım filan diyebilirdim. Kişisel olarak bana çok faydası olur ama, memlekete yazık olur.
Yarınların aydınlık olmasını istiyorsak, bu karanlık günlere nasıl sürüklendiğimizi asla unutmayalım diye yazıyorum.
Mücadele ediyormuş gibi görünürken, aslında kimlerin Kuvayi Milliye maskesinin altına gizlendiğini görelim diye yazıyorum.

Ekmeleddin İhsanoğlu

2014'te, cumhurbaşkanlığı seçiminden önce, CHP yönetimi gayet demokratik bir yol tercih etti, CHP milletvekillerine, il başkanlarına, belediye başkanlarına "cumhurbaşkanı adayımız kim olsun?" diye soruldu. Ezici çoğunlukla "Yılmaz Büyükerşen" çıktı. Anadolu Üniversitesi'nin efsane rektörü Profesör Yılmaz Büyükerşen, Eskişehir büyükşehir belediye başkanıydı, 1999'da 2004'te 2009'da 2014'te aralıksız kazanmıştı, Türkiye'nin tartışmasız en başarılı belediye başkanıydı, sadece CHP seçmenlerinin değil, AKP'li MHP'li HDP'li seçmenlerin oyunu da alıyordu. Kamuoyu araştırmalarına göre, cumhurbaşkanlığını kazanma ihtimali vardı, kazanamasa bile, HDP'li Selahattin Demirtaş üçüncü aday olduğu için, Tayyip Erdoğan'ın birinci turda kazanmasını engelleyeceği kesindi, birinci turda kazanamayan Tayyip Erdoğan, daima vurgu yaptığı "çoğunluk"tan bahsedemeyecekti, siyaset başka türlü şekillenecekti. İşte bu atmosferde, CHP genel başkan yardımcıları, Yılmaz Büyükerşen'e ayrı ayrı telefon ettiler, cumhurbaşkanı adaylığının kesinleştiğini bildirdiler. 15 Haziran 2014'te CHP'nin tüm belediye başkanları, CHP genel merkezinin davetiyle Eskişehir'de buluştu. Kulaklara fısıldandı... Canlı yayında, bizzat Kemal Kılıçdaroğlu tarafından Büyükerşen'in cumhurbaşkanı adaylığı açıklanacaktı. Herkes biraraya geldi, tüm televizyonlar aynı anda canlı yayına geçti, nefesler tutuldu... Ve bitti! Aday maday açıklanmadı. En başta CHP'liler, tüm medya şaşkındı. Ne oluyor demeye kalmadı, ertesi sabah, Kemal Kılıçdaroğlu çıktı, "adayımız Ekmeleddin İhsanoğlu" dedi. CHP milletvekilleri, genel başkan yardımcıları bile o saniyede öğrenmişti. O saniyeye kadar kimsenin Ekmeleddin İhsanoğlu'ndan haberi yoktu. Ne oldu, nasıl oldu da, CHP'nin adayı Ekmeleddin İhsanoğlu oldu? Bu soruyu soran herkese, Kemal Kılıçdaroğlu'nun tetikçileri tarafından saldırıldı, hakaret edildi. Bu soruyu soran herkes "CHP düşmanı" ilan edildi, bu yaftayla susturulmaya çalışıldı. Türkiye Cumhuriyeti'nin kaderini değiştiren bu soru, bu kitabın piyasaya çıktığı Ekim 2017 itibariyle hâlâ cevapsızdı.

Bilal

Deniyor ki, başbakan kim olsun?
Valla benim içimden geçen isim, Bilal.

Birincisi, devlette devamlılık esastır.
Devlet dediğin, babadan oğula'dır.

İkincisi, hiç unutmam, 2005 senesinde Brüksel'deki NATO zirvesinde ABD başkanı Bush, İngiltere başbakanı Blair ve bunun babası bir araya gelmişti. Bush bunu kastederek, "çalışıyor mu bu?" diye sormuştu. Babası "çalışıyor" demişti. Bush da daha bi saniye önce çalışıp çalışmadığını bile bilmediği halde "çok akıllı bi çocuk" demişti. Blair de gülerek "tıpkı babası gibi" demişti.

Üçüncüsü, Bush'la Blair haklıydı. Hakikaten çok zeki bi çocuk... Küçükken okuyacak parası bile yoktu, Remzi'nin bursuyla okudu. Şimdi, gemicikleri var, tuttukları yükü sıfırla sıfırla bitmiyor, zekasını düşün yani.

Dördüncüsü, milletvekili olmasına filan gerek yoktur. Doğuştan "milli egemen"dir. 23 Nisan doğumludur. Çocuk bayramı kapsamında makama oturtulsun, bi daha kalkmasın, ister assın ister kessin.

Beşincisi, vakıfçı olduğu için, memlekete dair her mevzuya vakıftır. Babası ne zaman başı sıkışsa, onu arar, Fenerbahçe'yi şöyle yap der, şu işadamını kucağa oturt der. Gerçi biraz yavaş anlar, habire "anlamadım babacığım" der ama, olsun. O kadar kusur, kadı kızında da olur, imam oğlunda da olur. Bilal'den şahane başbakan olur.

Bilal olmazsa...
Rıza Sarraf cuk oturur.
O da maaşallah, Bilal gibi zeka küpü.
Henüz 26 yaşındayken 86 milyar dolarlık altın ihracatı yaptı!
Ayrıca... Değil başbakan, henüz milletvekili bile değilken, bakanların yarısı zaten emrindeydi. Kabine yönetmeyi gayet iyi bilir. Hayırseverdir. Hayır işlerini sever. Bakanlarımıza sevabına kol saati takar, sevabına takım elbise alır, sevabına çikolata kutusu gönderir. E kalp kalbe karşı tabii... Bakanlarımız da onu sever. İçişleri bakanımız mesela, gerekirse önüne bile yatar. Üstelik... Asrın liderimiz kendisini yuhlayanları yumrukluyor, yerlerde tekmeletiyor. Rıza da "hırsız var" diyeni, korumalarına yakalattırıyor, ağzını burnunu kırdırtıyor. Mübarekler, ruh ikizi.

Tam halef-selef olsun.
Böyle başa böyle tarak olsun.

Yok eğer, Rıza da uymazsa...
Müteahhit Cengiz olsun.

"Tecavüz kaçınılmazsa, zevk almaya bak" derler. Nasıl olsa milletin orasına koyacak, bari başbakan olarak koysun.
Hem ihaleleri götürsün, hem ülkeyi seçime götürsün.
Ahaliyi donuna kadar soymalarına rağmen, sayın ahalimiz itiraz edeceğine "soyuyorsa beni soyuyor, sana ne" diyorsa... "Gör bak, milletin orasına koyacağız" diyen müteahhite, törenle plaket veriliyorsa... Allah yardımcımız olsun!
Müteahhit Cengiz de olmazsa...
Sayın Apo olsun.

Hatırlarsınız, tapesi sızmıştı. "Tayyip'in beni üçüncü kişi olarak konumlandırması tesadüf değil" demişti. Nedir devlet protokolü? Birinci kişi cumhurbaşkanı, ikinci kişi meclis başkanı, üçüncü kişi başbakan... Hal böyleyken, tesadüf olarak kalmasın, resmiyet kazansın, "Yeni Türkiye" protokolüne geçilsin. Apo tek başına başbakan olmasa bile, hiç olmazsa "eşbaşbakan" olsun.

(Toplum olarak dün akşam ne yemek yediğimizi bile unutuyoruz ama... Bunlar asla unutulmasın.)
Yasin el Kadı, dışişleri bakanı olsun. Recep İvedik, kültür bakanı olsun. Orhan Gencebay, Bülent Ersoy, Hande Yener, Mustafa Sandal, götünün kılıyım diyen Şafak Sezer, kabineye girsin. Akillerden Kadir İnanır'la Hülya Koçyiğit "devlet" bakanı yapılsın. Burhan Kuzu gene bakan yapılmasın, düz milletvekili kalsın, delirsin. Acun, hükümet sözcüsü olsun, meclis tv'de survivor gösterilsin.

Google'dan ayet sallayan, bakara makaracı Egemen Bağış'ı da diyanet işleri başkanlığına getirdin miydi, tadından yenmez gari.

Necmettin Bilal Erdoğan

İmam hatipten mezun oldu, ABD'ye gitti, Indiana Üniversitesi'nde iktisat okudu, Harvard Üniversitesi John F. Kennedy Okulu'nda yüksek lisans yaptı, babasının kendisini okutabilmek için parası yoktu, Ramsey'in sahibi Remzi Gür'ün bursuyla okudu ama, Maryland'da 261 bin dolara ev aldı, askerliğini 21 gün bedelli yaptı, şirketler kurdu, ızgara köfte işinden pırlantacılığa, kozmetikten hediyelik eşyaya kadar her sektöre daldı, 2004'te evlendi, şahitliğini İtalya başbakanı Silvio Berlusconi yaptı, Tayyip Erdoğan oğlu Bilal'e Necmettin Erbakan'ın adını vermişti, Necmettin Bilal yapmıştı ama, sonradan araları bozulduğu için, Bilal evlenirken Necmettin Erbakan'a düğün davetiyesi bile gönderilmedi. TÜRGEV'in mütevelli heyetine girdi, bu vakıf İbni Haldun Üniversitesi kurdu, Bilal üniversitenin başkanvekili oldu, ayrıca İnsan ve İrfan Vakfı'nın, İlim Yayma Cemiyeti'nin, Okçular Vakfı'nın kurucularından oldu, adeta vakıf uzmanıydı, sadece 5 bin liralık malvarlığıyla kurulan TÜRGEV'in 2012 yılında 156 milyon liralık malvarlığı vardı, Bilal'in yönetim kuruluna girmesiyle beraber 31 bin kat büyümüştü, Palet Okulları'nın kurucusu oldu, Dünya Etno Sporları Konfederasyonu başkanı oldu, abisi Burak gemicikler (!) almıştı, Bilal de abisi gibi armatör oldu, denizcilik ve inşaat şirketi kurdu, 2017 yılında şirket bünyesindeki beş tankerciğini 75 milyon dolarcığa sattığı ortaya çıktı, toplam kaç gemisinin olduğu bilinmiyordu, 2015 yılında İtalya Bologna'ya gitti, Johns Hopkins Üniversitesi Avrupa-Avrasya Çalışmaları Bölümü'nde doktora yapacaktı, şırrak, kara para suçlamasıyla soruşturma başlatıldı, apar topar İtalya'dan ayrılmak zorunda kaldı, Tayyip Erdoğan "oğlum şu anda İtalya'ya dönerse tutuklanabilir, İtalya oğlumla uğraşacağına mafyayla uğraşşın" dedi!

Kadir

Seferberlik Tetkik Kurulu'nu kapatan kim?
Asrın liderimiz.
Peki şimdi, seferberlik ilan eden kim?
Gene asrın liderimiz!

Makarayı az geri saralım...
2009 senesinin aralık ayı bitiyordu, yılbaşına gün sayıyorduk... Fetocu polisler Çukurambar'da bir otomobili durdurdu, sivil kıyafetli iki subayı gözaltına aldı. Biri albay, biri binbaşıydı. "Bülent Arınç'a suikast" manşetleri patladı. Suikastçı diye yakalanan subaylar Seferberlik Tetkik Kurulu Başkanlığı'nda görevliydi. Bugün fetoculuktan aranan ve yurtdışına kaçan hakim, araştırma yapacağım ayağıyla Seferberlik Tetkik Kurulu'nun "kozmik oda"sına girdi.

Evinin önündeki suikasttan kılpayı kurtuldu denilen Bülent Arınç, Ankara'da bile değildi, o sırada Manisa'daydı!

Bu ucuz müsamereye rağmen... Asrın liderimiz "tarihi süreç yaşadığımızı, çok vahim bir olayla karşı karşıya" olduğumuzu belirtiyor, "aziz milletimiz oynanan oyunu görüyor" diyordu.

Şak... "Kozmik odayı inceleyen hakime suikast yapacaklardı" dediler, askeri plakalı iki otomobili durdurdular, yedi askeri gözaltına aldılar. Heyecan fırtınası esti... "Kozmik takibe suçüstü, bu defa kaçamadılar, mühimmatla yakalandılar, dinleme cihazları var" manşetleri atıldı. Yandaş televizyonlarda "hakimin saniyelerle kurtulduğu" anlatıldı.

Utanmazlığın daniskasıydı. Çünkü... Suikastçı diye gözaltına alınan askerler, lojmanlarda görevli olan aşçı, marangoz ve elektrikçiydi. Bagajda "mühimmat" olarak sebze-meyve bulunmuştu! Dinleme cihazı diye gazetelerde fotoğrafını bastılar, mutfak robotuydu!

Aşçı uzman çavuş, deniz kuvvetleri komutanı'nın aşçısıydı. Yarbay Ali Tatar gibi donanmanın seçkin subaylarını "komutana suikast yapacak" diye hapse tıkıyorlar, aynı komutanın aşçısını "hakime suikast yapacak" diye yakalıyorlardı!

Nasıl olsa hiç kimse çıkıp "kardeşim bu ne şapşal örgüt, subaylar hakimi vursa, aşçılar komutanı zehirlese daha pratik olmaz mı?" diye sormuyordu!

"Gözetleme yaptığı" söylenen bir başka uzman çavuşun ise, gözü bozuktu iyi mi... Raporluydu, göz doktoruna gidiyordu.

Hakime suikast işi komediye dönüşünce, şak, hakime kargoyla faili meçhul zarf geldi, zarfın içinden tehdit mektubuyla, sekiz adet kalaşnikof mermisi çıktı. Ekstra ucuz müsamereydi... "Bakın gördünüz mü, aşçı dediler ama, hakimi kurşunla tehdit ediyorlar" manşetleri atıldı. Kozmik hakimin zehirlenme ihtimali olduğu, bu nedenle evinden sefertasıyla yemek getirdiği bile yazıldı.

Hemen peşinden... "Bülent Arınç'a suikast yapacaktı" denilen albayın, sorgulama sırasında bir kağıt parçasını yutmaya çalıştığı, bu kağıtta Arınç'ın oturduğu apartmanın isminin yazdığı haberleri patladı.

Düşünebiliyor musunuz... Adam bordo bereli albay, üç lisan biliyor, sayısız defa yurtdışında gizli operasyona katılmış, gel gör ki, Ankara'daki apartmanın ismini aklında tutamamış, kağıda yazmış, sora sora adres arıyor! Sayın ahalimizi bu saçmalığa inandırdılar.

Bu iki subay, aslında, genelkurmay'dan bilgi sızdırdığı tahmin edilen bir subayı "köstebek" şüphesiyle takip etmek için, genelkurmay'ın emriyle oradaydı. Kroki filan yalandı, kumpastı. Subaylar, o kağıdın kendilerine ait olmadığını, polis tarafından ceplerine sokuşturulduğunu söylediler, kriminal inceleme istediler. Subayların ısrarına rağmen kriminal inceleme yapılmadı. Subayların ve oradaki polislerin elyazısı örnekleri alınsaydı, vaziyet kabak gibi ortaya çıkacaktı. Yapılmadı. Subaylar serbest bırakıldı ama, ortada suç ve suçlu olmamasına rağmen, kozmik odadaki aramaya devam edildi.

Netice?

125 milyon word sayfası ebatında "devlet sırrı" çalındı.

Memleket işgale uğrarsa... "Milli seferberlik" sırasında görev yapacak olan doktorların, eczacıların, mühendislerin, avukatların, kuryelik yapacak olan taksicilerin, çiçekçilerin, silah kaçıracak olan balıkçıların, ekmek çıkaracak olan fırıncıların, buluşma noktası bakkalların listesi, kapı numaraları, adresler, kodlar, hepsi çalındı.

Memleket işgale uğrarsa, direnişi örgütleyecek olan "kuvayi milliye"nin... 1952'den 2010'a kadar, Seferberlik Tetkik Kurulu'nda görev yapan herkesin, yaklaşık 100 bin sivil yurtseverin isimleri, gitti.
Bitmedi...
Seferberlik Tetkik Kurulu'nun 16 şehrimizde 16 bölge başkanlığı vardı. Kozmik oda kumpasından üç sene sonra, 2013'te, necdet beyin genelkurmay başkanlığı döneminde, asrın liderimizin başbakanlığı döneminde, yüksek askeri şura kararıyla, Seferberlik Tetkik Kurulu'nun 11 bölge başkanlığı kapatıldı. Ankara, İstanbul, İzmir, Bursa, Trabzon, Konya, Gaziantep, Amasya, Malatya, Muğla ve Ağrı'daki bölge başkanlıklarına kilit vuruldu.

Aradan birkaç ay geçti geçmedi, geriye kalan beş bölge başkanlığı da kapatıldı, İskenderun, Diyarbakır, Van, Kars ve Edirne'deki bölge başkanlıklarına da kilit vuruldu.

Böylece... 1952'de kurulan Seferberlik Tetkik Kurulu komple lağvedilmiş oldu.

Edirne'den Ağrı'ya, memleketin tek santimetrekaresinde bile "seferberlik" tetkik kurulu bırakılmadı, kökü kazındı.

Hal böyleyken...
Ne diyor şimdi asrın liderimiz?
"Seferberlik ilan ediyorum" filan.

Hadi cümleten hayırlı seferberlikler...
Aziz milletimiz geçen "sefer" olduğu gibi, bu "sefer" de oynanan oyunu görüyordur mutlaka!

Kadir Kayan

Kadir Kayan, Bülent Arınç'a suikast ayağıyla kozmik odaya giren hakimdi, sayın hükümetimiz tarafından ödüllendirilmişti, Yargıtay üyesi yapılmıştı, 15 Temmuz'dan sonra yakalamaya çalıştılar ama, çoktan yurtdışına kaçtığı ortaya çıktı. Kozmik odanın TÜBİTAK tarafından görevlendirilen bilirkişilerini yakalamaya çalıştılar, gene çok geçti, onların da yurtdışına kaçtığı anlaşıldı. Fetocular göz göre devletin sırlarını çalmış, Akp korosu ayakta alkışlamıştı, kozmik odanın kozmik olmayan tek sırrı buydu!

Jöleli

TL'den YTL'ye geçildi, asrın liderimiz "paramıza itibar kazandıracağımıza dair söz vermiştik, alınterimizin semeresi ortaya çıktı" dedi. Dolar 1.3 lira oldu.

YTL'den gene TL'ye geçildi, asrın liderimiz "yıllar yılı paramızın değer kaybetmesinden şikayetçiydik, şimdi hamdolsun paramızın değer kazanmasından iftihar ediyorum" dedi. Dolar 1.4 lira oldu.

Liradan altı sıfır atıldı, asrın liderimiz "paramızın değeri neredeeen nereye geldi, eskiden tuvalete bir milyon liraya gidiliyordu be, şimdi artık bir liraya gidiliyor, biz işte buyuz" dedi. Dolar 1.5 lira oldu.

Jöleli "bir dolar bir lira olacak" dedi.
Dolar 1.6 lira oldu.

TL'nin simgesi tanıtıldı, törende konuşan asrın liderimiz "paramızın artık tıpkı dolar gibi, euro gibi bir simgesi var, simgemizin çıpaya benzemesi, paramızın güvenli bir liman olduğunu vurguluyor, paramızın artık haysiyeti var, paramız bağımsızlığı, gururu ve onuru temsil ediyor, paramız şahlanıyor,

küresel bir aktör olarak öne çıkıyor, Türkiye Cumhuriyeti vatandaşları artık cüzdanındaki parasıyla gurur duyuyor, iktidarımızın özetini paramızın itibarında görmek mümkündür" dedi. Dolar 1.7 lira oldu.
Merkez bankası başkanımız "TL'yi aslanlar gibi koruyacağız, dövizin belini kıracağız, dolar yıl sonunda 1,9 olacak" dedi. Yıl sonu geldi, dolar 2,2 lira oldu.

Ekonomi bakanımız "dolarla oynayanın elleri yanacak, ellerinde patlayacak, bu ülkenin aslanlar gibi lideri var" dedi. Dolar 2,3 lira oldu.

Asrın liderimiz "bakın çok açık ve net söyleyeyim, dolara yatırım yapanlar yaya kalabilir" dedi. Dolar 2.4 lira oldu.

Asrın liderimiz "sakın dolar alarak köşeyi dönerim gibi bir yaklaşım içine girmeyin, duvara çarparsınız" dedi. Dolar 2.5 lira oldu.

Asrın liderimiz, ekonomi bakanımız ve merkez bankası başkanımızla toplantı yaptıklarını belirterek "işi tatlıya bağladık" dedi. Dolar 2,6 lira oldu.

Asrın liderimiz "bir ara hatırlarsınız dolar kurunu dillerine dolamışlardı, şimdi bakın gördünüz, kurlar dengeye oturdu" dedi. Dolar 2,7 lira oldu.

Asrın liderimiz "dolar kurlarının dengeye oturduğunu söylemiştik" dedi. Dolar 2,8 lira oldu.

Başbakanımız Binali Yıldırım "dolardan bize ne, dolsa ne olur dolmasa ne olur, biz kasaya dolana bakalım" dedi. Dolar 2,9 lira oldu.

Asrın liderimiz "her gittiğim davette, her katıldığım nikahta söylüyorum, en az 3 diyorum, hanım kardeşlerime sesleniyorum, ben en az 3 tavsiye ediyorum" dedi. Başka bir mevzuda konuşmuştu ama, bu defa denk getirmişti... Dolar en az 3 lira oldu!

Asrın liderimiz "malum dolar fiyatı düştü, Rusya'yla alışverişlerimizde lira ve ruble kullanırsak, dolar daha da düşer" dedi. Dolar 3,1 lira oldu.
Asrın liderimiz "biliyorsunuz dolar kuru kendini korudu, çok yükselecek, patlayacak diyenler, beklenen neticeyi alamadılar, böyle bir durum söz konusu olmadı" dedi. Dolar 3,2 lira oldu.

Hükümet sözcümüz "dolar kuru bizdeki nedenlerden ötürü değerlenmiyor, telaşlanacak bir durum olmadığını söylemek isterim" dedi. Dolar 3,3 lira oldu.

Yiğit Bulut

Yıllar sonra bu ülkenin gençleri "Akp'nin ekonomik vizyonu nasıldı acaba?" diye merak ederlerse, kısaca "jöleliydi" diye cevap vermek yeterli olacak sanırım... Aydın Doğan'ın bacanağı olan eski kültür bakanı Namık Kemal Zeybek'in damadıydı, Aydın Doğan'ın gazetelerinde ve televizyonlarında ekonomi yorumculuğu yapıyordu, boşandı, Aydın Doğan medyasındaki işine son verildi, Doğan medyasındayken Akp karşıtıydı, milliyetçiydi, ekonomi yönetimini yerden yere vuruyor, özelleştirmelere karşı çıkıyor, halkın köleleştirildiğini filan söylüyordu, Doğan medyasından ayrılınca, aniden Akp borazanı haline geldi, bir uçtan öbür uca savruldu, "Tayyip Erdoğan benim Atamdır, Atatürk bile onun attığı cesur adımları atamazdı, iki tabancam yüzlerce mermim var, ben ölmeden kimse Tayyip Erdoğan'a dokunamaz" filan demeye başladı, yandaş medyada yönetici yapıldı, Tayyip Erdoğan tarafından başbakanlık danışmanı yapıldı, Tayyip Erdoğan cumhurbaşkanı olunca saraya danışman yapıldı. Saçı daima inek yalamış gibiydi, saçına sürdüğü kalın jöle tabakası nedeniyle "jöleli" lakabıyla tanınıyordu.

Ike

Sene 1959... Eisenhower, Türkiye Cumhuriyeti'ne resmi ziyaret yapan ilk ABD başkanı oldu.

İsmet İnönü'yü hiç sevmezdi.
İkinci dünya savaşına girmeyeceğimiz belli olunca çok sinirlenmişti, "bizden emir almayan Türklerin bağımsız hareket etmesine uyuz oluyorum" diyememiş, "Türk ordusunu Almanlara karşı seyretmek isterdim" demişti.

Adnan Menderes'i Celal Bayar'ı pek severdi.
İktidara geldikten hemen bir ay sonra Türk ordusunu ABD'nin emrine verip, bizimle hiç alakası olmayan Kore'ye savaşa göndermelerini pek takdir etmişti, İncirlik'i peşkeş çekmelerini, Türk topraklarına Amerikan füze rampaları, radar istasyonları kurmalarını pek beğenmişti.

Türkiye'yi ABD'nin kucağına oturtan Demokrat Parti'ye teşekkür mahiyetinde ziyarete geldi.

Haysiyetsiz basınımız o zaman da haysiyetsizdi, Türkiye'ye çok büyük önem verdiğini, sadece Türkiye'ye geldiğini yazdılar. Halbuki, İtalya, Pakistan, Hindistan, Afganistan, İran, Yunanistan, Fas, Tunus, Fransa, İspanya turuna çıkmıştı, 11 ülke geziyordu. Geçerken Türkiye'ye de uğrayacak, sadece bir gece kalacaktı.

Yalaka basınımız o zaman da yalakaydı.
"Eisenhower'ın şeref dolu hayatı, sulhsever lider Eisenhower, hür dünyanın başkanı Eisenhower, evine hoşgeldin başkan Eisenhower, çalışkan başkan Eisenhower, başkanla mühim işler konuşulacak, işte başkan Eisenhower'ı getirecek olan uçan saray, boeing 707 başkan Eisenhower'ı güneş hızıyla getirecek, Eisenhower'ı yüzbinler coşkuyla karşılayacak, Amerika başkanı muazzam tezahüratla karşılanacak" şeklinde manşetler atıldı.

Ankara'nın bulvarlarına ve kavşaklarına zafer takları kuruldu, bu zafer taklarına "we like Ike" sloganı yazıldı. Eisenhower'ın lakabı Ike'ydı. "I like Ike" sloganı, Eisenhower'ın seçim sloganıydı. Yani... Başkent Ankara'nın her yerine bu slogan asılarak, Türkiye Cumhuriyeti'nin de Eisenhower'ın seçmeni olduğu ilan ediliyordu!

Ayrıca, bu zafer taklarına gene İngilizce "Daima eleleyiz Ike, Türkler senin hakiki dostlarındır Ike" sloganları yazıldı.

Elektrik direklerine Amerikan bayrakları çekildi. Yol kenarlarına ilkokul öğrencileri sıralandı, hepsinin eline kağıttan Amerikan bayrakları tutuşturuldu. Eisenhower'ın 60 metrekarelik tuval üzerine devasa boy yağlı boya portresi yaptırıldı, Dil Tarih Coğrafya Fakültesi'nin binasına asıldı. Eisenhower'ın geçeceği güzergaha, bir değil, iki değil, 12 askeri bando yerleştirildi.

Eisenhower, Esenboğa'ya indi. Siyah bir otomobile bindirildi, kortej eşliğinde, motorlu polislerin eskortluğunda şehre

getirildi. Tam şehrin girişinde, kortej durdu, ABD başkanı siyah otomobilden indirildi, yol kenarlarında bekleyen Türk halkını selamlaması için üstü açık otomobile bindirildi.
O otomobil, Lincoln'dü.
K serisi, cabriolet'ydi.
Siyahtı.
Tavanı bez'di.
Arkaya toplanıp, açılıyordu.
Sadece 45 adet üretilmişti.
12 silindirdi.
Üç ileri, manuel vitesti.
Dört kapılıydı.
Koltukları deri, kahverengiydi.
Sağ ön koltuğu katlanırdı.
1934 modeldi.

Eisenhower bu tören otomobiline bindi, fotoğrafta görüldüğü üzere, şapkasını sağ eline aldı, kollarını kupa kazanmış futbolcular gibi havaya kaldırdı, Türkiye Cumhuriyeti'nin başkentinde, alkışlana alkışlana, ayakta tur attı. Misafir devlet adamından ziyade, şehri fethetmiş muzaffer bir komutan edasındaydı.

O otomobil...
Atatürk'ün otomobiliydi!

23 Nisan, 29 Ekim gibi özel günlerde, özel törenlerde Atatürk'ün halkı selamlaması için, 1934'te, maliye bakanlığı tarafından satın alınmıştı. Rahmetli olana kadar, sadece Atatürk tarafından kullanıldı. Manevi değeri nedeniyle, 1938'ten sonra İsmet İnönü tarafından kullanılmadı. Atatürk'ün naaşı 1953'te Anıtkabir'e defnedildi, bu otomobil de 1958'de yine maliye bakanlığı tarafından Anıtkabir'e devredildi, ordu donatım tamir fabrikasında onarımı ve bakımı yapıldı, müze olarak sergilenmesi için Anıtkabir'de duruyordu.

İşte bu otomobil...
1959'da Anıtkabir'den çıkarıldı.
Türk halkını selamlaması için Eisenhower'ın altına verildi.
Sonra işi bitince tekrar Anıtkabir'e gönderildi.

Sembol otomobille... Sembolik mesajdı.

Türk halkı, cumhuriyet tarihi boyunca o otomobilin üzerinde sadece Atatürk'ü ve ABD başkanını gördü!

Bugün 9 Kasım, yeni ABD başkanı belli oluyor.
Yarın 10 Kasım.

Bir dakikalık saygı duruşunda... Veya, Anıtkabir müzesinde bu otomobilin önünde fotoğraf çektirirken düşünelim diye yazıyorum.

Peşpeşe dizilen aynı tespihin taneleri...
Demokrat Parti, Adalet Partisi, Anavatan Partisi, Akp.
Kendi başımızdaki Amerikancı zihniyet değişmediği sürece...
ABD'nin başına Clinton gelmiş, Trump gelmiş, hikaye.

Dwight Eisenhower

"Ike" lakaplı general-başkan Dwight Eisenhower'dan 31 yıl sonra George Bush geldi, sonra Bill Clinton geldi, babasından 14 yıl sonra oğul George Bush geldi, en son Barack Obama geldi. Peki ya bizimkiler? En önce Celal Bayar gitti, Adnan Menderes iki defa gitti, İsmet İnönü başbakanken iki defa gitti, Cevdet Sunay gitti, Nihat Erim gitti, Bülent Ecevit üç defa gitti, Süleyman Demirel beş defa gitti, Kenan Evren gitti, Turgut Özal altı defa gitti, Tansu Çiller üç defa gitti, Mesut Yılmaz gitti, Abdullah Gül iki defa gitti, Tayyip Erdoğan tüm zamanların rekorunu kırdı, 22 defa gitti. İsrail, İngiltere, Almanya ve Fransa'dan sonra, tüm dünyada Washington'a en çok giden ülke Türkiye'ydi, ne kadar gurur duysak azdı yani!

Silvio

Utanç Duvarı yıkıldı, yeni bir dünya kuruluyordu, insanoğlu geleceğe dair umutluydu, ama... "Küreselleşme" denilen saçmalık hayata geçirildi.

Devletlerin şirket mantığıyla yönetilmesi fikri, kulağa hoş geliyordu. Vatandaş kavramının müşteri kavramına dönüşmesi umursanmadı. Sınırsız popülizm, lümpenleşmeyi tırmandırdı. Ahlakın, onurun yerini "ciro ve kâr" aldı. Toplumların tek kutsalı, para oldu.

Böyle olunca nooldu?

İtalya'nın başına Berlusconi gibi bir maganda geçti. Cebinde parası olduğu için kendisini herkesten akıllı zannediyordu. Devlet adamından ziyade, şımarık, küstah, hıyarın biriydi. İtalya toplumunu ikiye böldü, yarısı ayakta alkışlarken, yarısı utançtan yerin dibine giriyordu. Neticede, vergi kaçakçılığından, tecavüze kadar pekçok suçtan yargılandı, mahkum oldu.

Fransa'nın başına Sarkozy gibi bir dangalak geçti. Fransız devrimini, Fransız demokrasisini değil, adeta Rus çarlarını andırıyordu. Fransız nezaketini değil, mafya babalarını yansıtıyordu. Lüks düşkünü, kirli, karanlık ilişkileri olan, herkesi küçük gören, aşağılayan, oy için yalan söyleyen, eyyamcı biriydi. En yüksek oyu ben alıyorum, ne istersem yaparım diye düşünüyordu. Neticede, yolsuzluk, hukuka müdahale, seçimde usulsüzlük gibi suçlardan yargılandı.

Almanya'nın başına Merkel geçti. Amerikan basını tarafından senelerdir "dünyanın en güçlü kadını" seçiliyor ama, Alman basını tarafından "Doğu Alman köylüsü" olarak nitelenmekten kurtulamıyor.

İngiltere "brexit" dedi, Avrupa Birliği'nden ayrıldı. Ayrılmayalım diyen başbakanlarını dinlemediler, Kraliçe'ye bile kulak asmadılar, ayrılalım dediler. Üzerinde güneş batmayan imparatorluğun halkı... Kendisini küresel saldırıdan koruyabilmek için, kapıyı pencereyi kilitlemekten, eve kapanmaktan başka çare bulamadı.

Yunanistan'ın başına Çipras geçti. Emperyalist ülkeler tarafından kurulan, kurulduğundan beri Amerikan uydusu olan Yunanistan, küreselleşmeden kaçabilmek için öylesine öbür tarafa savruldu ki, sovyetler yıkıldıktan 25 sene sonra komünist olmaya karar verdi.

(Bizi yazmayayım!)

Ve ABD...
New York kırosu kazandı.
Avrupa kıtasındaki Utanç Duvarı'nın yıkılmasından sonra hayata geçirilen küreselleşme saçmalığı, bumerang gibi döndü dolaştı, Amerika kıtasının ortasına Utanç Duvarı örülmesine vardı!

Varoş-liboş oylarıyla, ilk siyah başkan olmasından başka hiçbir özelliği bulunmayan Obama'yı seçtiler. Sonra tam aksi tarafa savruldular, ağzından çıkanı kulağı duymayan, hıristiyan-beyaz olmayan herkesi aşağılayan, langır lungurluğuyla meşhur Trump'ı seçtiler. Bismillah, daha beyaz saraya bile oturmadı ama... Amerikan toplumunun hiçbir başkan döneminde böylesine bölündüğünü görmedik.

Çünkü... Küreselleşmeyi dayatmanın, devletleri şirket olarak yönetmenin, onur yerine ciroyu, ulus yerine parayı gözetmenin kaçınılmaz neticesidir bu.

Vatandaş olmak yerine müşteri olmayı kabul edersen...
Devletten baba şefkati beklersin ama, anca baba'sını alırsın!

Silvio Berlusconi

Yolsuzluktan ve küçük yaştaki kızlarla fuhuş yapmaktan hüküm giyen Berlusconi, İtalya başbakanıyken, Tayyip Erdoğan'ın aile dostuydu, hatta, küçük oğlu Bilal'in nikah şahidi olmuştu. Düğün salonuna girerken kendisine jest yapılmış, klasik Türk müziği yayını kesilmiş, Pavarotti'den arya çalınmıştı. Silvio pek memnun olmuştu, "meraviglioso" demişti, "harika" yani... Geline evlilik cüzdanını Silvio vermişti, gelinin elini öpmüştü, damada saat, geline kolye, Tayyip Erdoğan'a kristal vazo, Eminanım'a bilezik hediye etmişti.

Timur

Sene 1402...
Timur'un generaliydi, meşhur fil ordularının komutanıydı, Ankara'ya geldi, Çubuk ovasına karargahını kurdu, fillerine zırh giydirdi, zincirlerle birbirine bağladı, 32 filden oluşan devasa bir dozer meydana getirdi, süpüre süpüre ovaya daldı, hilal şeklinde konumlanan Yıldırım Bayezid'in ordusunu tam göbekten darmadağın etti, esir düşmesine sebep oldu, parçalanan Osmanlı fetret devrine girdi, az daha tarihten siliniyordu. Ecdadımızı böylesine haşat edip, kaderimizi felaketin eşiğine getiren o adamın ismi, İsen Buga'ydı.

Gel zaman git zaman... Başkentin havaalanı Etimesgut'taydı.

Akp gibi cumhuriyetimize dair her şeyi değiştirme hastalığı olan Demokrat Parti, 1951'de, havaalanının yerini değiştirmeye karar verdi. Çubuk ovasını gözlerine kestirdiler. İsen Buga aşağı, İsen Buga yukarı, fil karargahını kurduğu yerin adı, Türkçeyi esnetme kabiliyetimiz sayesinde Esen Boğa olmuştu. Havaalanını tam oraya kondurdular.
Böylece... Türkiye Cumhuriyeti başkentinin havaalanına, 600 senelik hezimetin, düşman generalinin adını koymuş oldular!

Peki, İsen Buga ne demekti?
Bilgi sahibi olmadan fikir sahibi olan, her şeyi çok bildiğini zanneden karşıdevrimci Demokrat Partililer, buna da hiç kafa yormamıştı.

İsen Buga...
Mutlu Öküz demekti!

Yani... Ankara'ya iktidarımızın ve milli iradenin imzasını atalım derken, dünya tarihinde, kendi başkentinin havaalanına, kendi elleriyle "mutlu öküz" tabelası asan ilk ve tek iktidar partisi oldular.

Sene 2016...
Demokrat Parti'nin devamıyız diyen Akp, tıpkı Demokrat Parti gibi başkente imzasını atmak istedi. Ve, kökeni tıpkı Esenboğa gibi 1402'ye dayanan Kazan'ın adını Kahramankazan yaptı.

O yörenin ahalisi elbette kahramandır ama... Kazan nedir?
Savaşı kazan manasında mıdır?
Zafer kazan mıdır?
İşte ona pek kafa yormadılar.

Halbuki kazan, bildiğimiz yemek pişirmeye yarayan, çorba kaynatmaya yarayan kazandır! Çünkü... O bölge, Ankara savaşında Osmanlı ordusu tarafından aşevi olarak kullanılıyordu. 85 bin kişilik orduydu. 85 bin kişiyi her gün doyuracaksın, kazanları düşün gari... O derece büyük, o derece çoktu. Yıldırım Bayezid esir düşünce, ordu ricat etti, taşınması zor olan yükte ağır ne varsa orada bıraktı, kaçtı. Osmanlı ordusu bölgeden çekilince, geriye adeta "kazan denizi" kalmıştı. Terkedilen yüzlerce kazan, bozgun anıtı gibiydi.

Kaybedişin kazan'larıydı.

O yemek kazanları, döndü dolaştı, esenboğa gibi dilimize yerleşti, sanki zafer kazan'manın simgesiymiş gibi, ilçenin adı oldu.

Demokrat Parti zihniyetinin devamı olan Akp de, kazan'ın aslında ne kazan'ı olduğunu hiç düşünmeden, Kahramankazan yaptı.

(Yöre ahalisini onore etmek istiyorsak, kazan'a kahraman ilave edeceğimize, kazan'ın adını değiştirmemiz daha doğru değil miydi?)

Maraş'ın kahramanı olur.
Urfa'nın şanlısı olur.
Antep'in gazisi olur.
Kahraman kazan olur mu birader...
Çizgi film adı mı bu!

Timur

İsen Buga'nın resmi yok. Yemek kazanı fotoğrafı koysam, ahaliye ayıp olacak. Bari Timur'un büstünü koyayım dedim. Kahramankazan unvanını işte bu arkadaşa borçluyuz!

Seferi

14 Ağustos'u 15 Ağustos'a bağlayan gece...
Abdullah Ekinci, kendisine bağlı militanları topladı.
Pkk'nın kurucularındandı, kod adı "gözlüklü Ali"ydi.
"Silahlı propagandaya başlıyoruz, Şemdinli'yi basacağız" dedi.

Planı detaylarıyla açıkladı. Grubu ikiye ayırmıştı, birincisi saldırı grubuydu, diğeri ajitasyon grubuydu, herkesin ne yapacağını tek tek anlattı. Önce saldırı grubu hareket edecek, beş dakika sonra öbür grup devreye girecekti. Eylem saati tam 21.30'du. Dağıldılar.
15 Ağustos saat 20'de, Berarej mevkiinde ceviz ağacının altında toplandılar. Gündüzün kavurucu sıcağı ayaza dönmüştü, hava zifiri karanlıktı. Saat 21.10'da Şemdinli girişindeki trafonun yanına geldiler, "hacı" kod adlı Seferi Yılmaz'la buluştular. Şemdinli'yi avcunun içi gibi bilen Seferi Yılmaz, başka bölgelerden gelen teröristlere kılavuzluk yapacaktı, önlerine düştü. Saldırı

grubunun yarısını, karakolun karşısındaki caminin yanına, duvar kenarına yerleştirdi. Geriye kalanları, inşaat halindeki askerlik şubesine götürdü. İnşaata girdiler. İçerde beş-altı işçi yatıyordu. Korkmayın, size bir şey yapmayacağız dediler, başlarına silahlı bir nöbetçi bırakıp, çatıya çıktılar. Ellerinde roketatar, Belçika yapımı Nato piyade tüfeği G1, Sovyet yapımı, ayaklı, uzun namlulu, Diktiriyof tabir edilen, makineli tüfek PK vardı. En önce roketatarın tetiğine bastılar, subay gazinosu vuruldu. Ardından yaylım ateş başladı. Aşağıdan yukardan, sınır tabur komutanlığı, ilçe bölük komutanlığı, subay gazinosu hedef alındı. Aralıksız beş dakika sürdü. Saldırı grubu geri çekilirken, ajitasyon grubu kahvehanelere daldı, "Kürdistan'ı kurduk, yaşasın PKK" sloganları atarak, vatandaşlara bildiri dağıttı. Hep birlikte geri çekildiler, gene trafonun yanında buluştular. Her şey 10 dakika içinde olup bitmişti. Şemdinli'den ayrılmadan önce, bombalı pankart astılar. Üzerinde Kürtçe "halka duyuru, tüm yollar mayınlıdır" yazıyordu.

Milattı bu.
İhanetin miladı.

Türkiye Cumhuriyeti devleti, 15 Ağustos 1984 gecesi saat 21.30'da, tarihinde ilk kez bölücü terör örgütü tarafından vuruldu. Eruh ve Şemdinli eşzamanlı olarak basıldı.

Eruh'ta er Süleyman Aydın şehit oldu. Bölücü teröre verdiğimiz ilk şehitti. Bu nedenle, Şemdinli önemsenmedi, zamanla unutuldu, toplumsal hafızada sadece "Eruh baskını" kaldı.

Şemdinli'den bahsetmeyip, Eruh baskınını önemsemek, Pkk'nın da işine geliyordu. Çünkü, Eruh baskınını Pkk'nın rol model aldığı, heykelini bile diktiği Mahsum Korkmaz gerçekleştirmişti.

Halbuki...
Türk milleti, 15 Ağustos 1984 gecesi bir değil, iki şehit vermişti!

Şemdinli baskınında, jandarma astsubay çavuş Memiş Arıbaş ağır yaralanmıştı. 1963 doğumluydu. Aksaraylı'ydı. Helikopterle koma halinde Van'a götürüldü, oradan uçakla GATA'ya kaldırıldı ama, beş gün dayanabildi, son nefesini verdi. Baba ocağındaki kabrinde, şehadet tarihi olarak "15 Ağustos 1984" yazıyor.

E, bakıyoruz bugün...

Memiş Arıbaş'ın mezun olduğu astsubay okulu kapatıldı.
Memiş Arıbaş'ın mensubu olduğu jandarma genel komutanlığı, Türk Silahlı Kuvvetleri'nden koparıldı, adeta belediye zabıtası yapıldı.
Memiş Arıbaş'ın kaldırıldığı GATA'yı padişah Abdülhamid'in hastanesi yaptılar, türbanlı biyokimyagere devrettiler.
Ve...
Memiş Arıbaş'ı Şemdinli'de şehit eden, tarihteki ilk Pkk baskınında kılavuzluk yapan "hacı" kod adlı Seferi Yılmaz, şu anda Şemdinli'de belediye başkanı!

Hâlâ deniyor ki, hesap soracağız, kanları yerde kalmayacak filan...
Hastirin ordan!

Seferi Yılmaz

Tescilli Pkk'lı Seferi Yılmaz, 2005 yılında, kara kuvvetleri komutanının "çete lideri" yapıldığı Feto operasyonunda "baş aktör" oldu. Şemdinli'de Seferi Yılmaz'a ait Umut Kitabevi bombalandı, bir kişi öldü, halk sokaklara döküldü, çatışmalar yaşandı, bombacı oldukları gerekçesiyle iki astsubay tutuklandı. Dönemin kara kuvvetleri komutanı Yaşar Büyükanıt, tutuklanan astsubaylardan biri hakkında, böyle bir şey yapmasının mümkün olmadığı manasında "tanırım, iyi çocuktur" dedi. Van savcısı Ferhat Sarıkaya iddianame hazırladı, Yaşar Büyükanıt hakkında "suç örgütü kurmaktan" soruşturma açılmasını talep etti. Bunun üzerine, Hakimler ve Savcılar Yüksek Kurulu, savcı Ferhat Sarıkaya'yı meslekten ihraç etti, avukatlık yapması bile yasaklandı. Ancak, aynı Ferhat Sarıkaya... 2010 yılındaki yetmez ama evet referandumundan hemen sonra, göreve iade edilerek, Ankara savcılığına atandı! Kara kuvvetleri komutanını "sanık" yapmaya çalışan savcı, Akp'nin kanatları altındaydı, dönemin TBMM başkanı Bülent Arınç "hamisi"ydi, meslekten atıldığı sırada savcı Sarıkaya'ya sahip çıkmış, TBMM'de hukuk müşaviri olması için iş teklif etmişti. Aynı Ferhat Sarıkaya... 15 Temmuz darbe girişiminden sonra itiraflarda bulundu, fetocu mahkeme başkanının yönlendirmesiyle Yaşar Büyükanıt'ı hedef aldığını anlattı, iddianameyi kendisinin değil, fetocu polislerin yazdığını söyledi, "bunların fethullahçı olduğunu sonradan öğrendim, kandırıldım, kullanıldım" demeye getirdi, HSYK tarafından tekrar açığa alındı. Bunun yaptıklarının yüzde birini bile yapanlar tutuklanırken, bu sadece açığa alınmıştı, 2017 itibariyle korunup kollanmaya devam ediliyordu. Seferi Yılmaz ise, 2014'te Şemdinli belediye başkanı seçildi, hükümetimizin Pkk açılımı sırasında belediye başkanı olmasına göz yumuldu, açılım sona erince, harç bitti yapı paydos, 2016'da belediye başkanıyken yine tutuklandı.

Rüzgar

Karton bisküvi kutusunu düzleştirmişler, rögar kapağı olmayan kanalizasyon çukurunun üstüne örtmüşlerdi. Dilara beş yaşındaydı, üstüne bastı, içine düşüverdi. Tee dört kilometre uzakta, kanalizasyonun dereyle birleştiği bataklıkta buldular cesedini... Senelik 15 milyar dolar bütçesi olan, rögar kapağı olmayan, bir de vicdanı olmayan İstanbul'un kurbanı olmuştu. Tüm Türkiye, İstanbul büyükşehir belediyesinin badem bıyıklı sorumsuzlarından, yandaş taşeron firmadan hesap sorulmasını bekliyordu. Dilara'nın babası çıktı, "şirketle helalleştik" dedi, şikayetini geri çekti, tüm sorumsuz sorumlular yırttı. Müteahhide ihale, Allah'a havale'ydi.

Konya Taşkent'e bağlı Balcılar beldesindeki kaçak Kuran kursu binası gaz sızıntısından patladı, çöktü, 17'si kız çocuğu 18 insanımıza mezar oldu. Binanın ruhsatı yoktu, itfaiye raporu yoktu, milli eğitim izni yoktu, diyanet izni yoktu, yurt izni yoktu, denetleyen yoktu, 18 cenaze vardı, sıfır şikayet vardı! Gene helalleşilmişti.

İstanbul'a alt tarafı yağmur yağdı, 21 kişi boğularak can verdi, ölenlerden 8'i kadın işçiydi, servis aracındayken sel sularına kapılmışlardı. Asrın liderimiz "derenin intikamı" dedi. Belediye başkanımız Kadir Topbaş, daha bilimsel bir açıklama yaptı, "sprey gazları ozonu deliyor, buzullar eriyor, bu şiddetli yağışlar ondan" dedi. 22 senedir İstanbul'u, 14 senedir Türkiye'yi yönetenlerin hiç kabahati yoktu yani, sprey kullananların suçuydu. Pazarlığa kişi başı 60 bin liradan başlandı, 110 bine el sıkışıldı. Kadın işçilerin aileleri şikayetlerinden vazgeçti, en başta spreyci Kadir bey, herkes yırttı!

Yandaş müteahhidin kule inşaatındaki asansör 32'nci kattan çakıldı, 10 işçi feci şekilde can verdi. Hayatını kaybeden işçilerden Bilal'in avukatı açık açık söyledi, "biz ve yedi aile şirketten tatmin edici para aldık, şikayetten vazgeçtik" dedi. Çalışma bakanımız

Faruk Çelik, kan parası için "olması gereken bir şey, iyi bir durum" dedi. Ahmet Kiziroğlu o zamanlar başbakandı, "şehit hükmündedirler" dedi.

Akp'nin cankuşu Ensar Vakfı'nın yurdunda 10 erkek çocuğuna tecavüz edildiği, cinsel istismara uğrayan çocukların sayısının 45 olduğu, tecavüzlerin üç sene aralıksız devam ettiği ortaya çıktı. Aile bakanımız "bi kerecik" dedi. Şikayetçi olmasınlar diye, ailelere 10'ar bin lira sus parası verildiği yazıldı, davanın üstü apar topar örtüldü.

Mavi Marmara'da öldürülen vatandaşlarımızın hayatına karşılık 20 milyon dolar tazminat alındı. Dünya tarihinde görülmemiş bir rezaletle, uluslararası kan parasına TBMM'de onay verildi. Yandaş gazeteci televizyona çıkıp, pişkin pişkin izah etti, "bu para aileleri teselli eder, dertlerine derman olur" dedi.

En son...
Şehidin eşi şikayetten vazgeçti.
Sinan Çetin'in oğlu sıyırdı.

Kronolojik olarak "en son" dedim ama, aslında ne ilktir, ne de son... Çünkü bir ülkede "adalet" olabilmesi için, kanun değil, millet lazımdır.

Bir baba kızının cenazesi, bir anne oğlunun tabutu, bir kadın kocasının mezarı, bir erkek eşinin kefeni üzerinden alışveriş hesabı yapıyorsa... Zavallılık bu seviyedeyse, tamah ölümüneyse... O ülkede adaletten de bahsedilemez, milletten de.

Kaç paralık adamsın.
Bozuk para gibi harcandı.
Paran kadar konuş.
Üç kuruşluk tip.
Ciğeri beş para etmez.
İnsanı tarif eden atasözlerinde bile para birimini ölçü olarak kullanan milletin... İnsan hayatının değerini parayla ölçmesi anormal midir?

Rüzgar Çetin

Film yönetmeni Sinan Çetin'in 30 yaşındaki oğlu Rüzgar, İstanbul Beşiktaş'ta direksiyon hakimiyetini kaybederek, karşı şeritten gelen polis otomobiline kafadan patlatmış, bir polisin hayatını kaybetmesine sebep olmuştu. Alkollüydü. Bu kazaya kadar, aşırı sürat, tehlikeli şerit değiştirmek gibi, tam 28 defa trafik suçu işlemiş, alkollü araç kullanmaktan ehliyetine iki defa el konulmuş, 2,5 yıl süreyle trafikten men edilmişti. Ehliyetini aldığı yer çok şaşırtıcıydı, çünkü, İstanbul'da yaşamasına rağmen, tee Hakkari Yüksekova'dan almıştı! Polisi şehit ettiği yerde, üç yıl önce, gene direksiyon hakimiyetini kaybederek takla atmış, yaralı kurtulmuştu. Ayrıca, ruhsatsız silah taşımak, havaya ateş açmak, muştayla yaralama gibi suçlardan sabıkası vardı. Polisi şehit ettiği için güya 15 yıl hapis istemiyle yargılanıyordu, dokuz ayda çıktı. Polisin eşine 1,5 milyon lira ödediği yolunda haberler yapıldı, bu haberler yalanlanmadı. Burası Türkiye'ydi... Paran varsa, insan öldürmen sorun değildi.

Kanuni

"Asmalı Konak" dizisi pek revaçtaydı bi aralar... Kapadokya'ya turlar düzenleniyordu, sanırsın arkeoloji müzesidir, konağın odalarını gezmek için bilet alınıyordu.

"Doktorlar" dizisinde cerrah rolünü şarkıcı Kutsi oynuyordu, ameliyatımı siz yapın diye başvuranlar oldu iyi mi... Muayane etsin diye bebeğini getiren, alzheimerlı babasını getiren bile oldu.

"Çocuklar Duymasın"ın rol icabı annesini, gerçekten "yılın annesi" seçtiler, hatta rolden vazgeçtik, o dönemde çocuğu bile yoktu.
"Karagümrük Yanıyor" diye dizi yapmaya kalktılar, cezaevinden telefon geldi, Karagümrük'ü yakacak adam anasının karnından doğmadı ulann denildi, şak, diziyi yayından kaldırdılar.

"Kurtlar Vadisi"nde Çakır öldü, gazetelere harbi harbi vefat ilanları verildi, gıyabi cenaze namazı kılındı, mevlit okutuldu, helva dağıtıldı, Çakır'ı rol icabı vuranı sokakta kıstırıp ağzını burnunu kırdılar.

"Sağır Oda" dizisinde suikast ihbarı yapıldı, savcıları göreve çağıran dangalak köşe yazarları oldu.

"Akasya Durağı"nda kuyumcu soygunu vardı, etraftan görenler gerçek zannedip 155'e ihbarda bulundu, terörle mücadele ekipleri operasyon düzenledi, maskeli sanatçıları az daha vuruyorlardı.

"Beyaz Gelincik"te eroin satıcısı vardı, tesadüfen yolda gördüler, "çocukları zehirleyen şerefsiz işte bu" diye, döve döve hastanelik ettiler.

Anadolu uygarlıkları hakkında belgesel çekmeye çalışan televizyon ekibi, Kayseri Kalesi'ne Bizans bayrağı asma gafletinde bulundu, Bizanslı kıyafeti giyen figüranlar yumruklandı, ekmek çarpsın Türk'üz diye yalvardılar, nafile... Taksi durağından temin edilen Türk bayrağı surlara çekildi, hep birlikte İstiklal Marşı okundu.

"Hacı" dizisinin o haftaki bölümünde ABD protesto ediliyordu, çekimler cami avlusunda yapılıyordu, Cuma namazından çıkan ahali galeyana geldi, tekbir getirmeye başladılar, etraftan duyan koştu, arbede çıktı, oradan geçen sivil polisler müdahale etti, Amerikan bayrağını yakan oyuncuyu gözaltına almaya çalıştılar.

"Ezel" dizisinde cep telefonu numarası göründü, arayan arayana... Turkcell'e şikayet yağdı, "Ezel'i arıyoruz, aradığınız numara kullanılmamaktadır mesajı çıkıyor!"

Asrın liderimiz bi ara kafayı "Muhteşem Yüzyıl" dizisine taktı, "bizim öyle ecdadımız yok, biz öyle Kanuni tanımadık, dizinin yönetmenini ve yayınlayan televizyonun sahibini kınıyorum" dedi... "Kınıyorum" lafından hemen sonra diziye aniden ramazan ayı geldi, Topkapı Sarayı'nda komple oruç tutmaya başladılar, haremdeki göğüs dekolteleri kayboldu, hamam sahneleri yok oldu, Hürrem aniden türban taktı, namaza başladı.

Aynı "Muhteşem Yüzyıl" dizisinde, padişah Halit Ergenç, şehzade Mehmet Günsür'ü boğdurdu, sayın ahalimizde 461 sene sonra jeton düştü, şehzade Mustafa'nın Bursa'daki türbesine akın edildi, İstanbul'dan Ankara'dan gelenler vardı, 461 sene sonra yas tutuluyordu, kimisi dua ediyor, kimisi keşke o çadıra girmeseydi diye ağlıyor, kimisi de babasının elleri kırılsın diye beddua ediyordu. Aslına bakarsanız, türbenin bulunduğu Muradiye külliyesinde restorasyon vardı, ziyarete kapalıydı ama, baktılar ki sayın ahalimiz zabıtalara saldıracak, mecburen külliyeyi açıp, ziyarete izin verdiler. Sultan Abdülhamid'in torunu Harun Abdülkerim efendi, El Cezire televizyonuna konuştu, dizi biter bitmez telefonunun çalmaya başladığını, küfürler yağdığını, en yakın dostlarından bile rencide edici sözler duyduğunu, "Hürrem'in tohumları" diye mesajlar aldığını anlattı. Bir vatandaşımız, Kanuni Sultan Süleyman, Hürrem Sultan ve Rüstem Paşa hakkında savcılığa suç duyurusunda bulundu, şehzade Mustafa'nın katillerinin cezalandırılmasını istedi, şüphelilerin adresini "Topkapı Sarayı, İstanbul" olarak gösterdi.

"Süper Baba", "Bizim Aile" ve "Yazlıkçılar" dizilerinin, 28 Şubat sürecinde Ergenekoncular tarafından psikolojik harekat için kullanıldığı iddia edildi, yandaş medya bunu ciddi ciddi haber yaptı.

"Ekmek Teknesi", "Kalp Gözü", "Sırlar Dünyası" ve "Kurtlar Vadisi"nin Balyozcu generallerin emriyle Donanma tarafından fişlendiği öne sürüldü. Yalaka televizyonlarımızda bu mevzuyla alakalı tartışma programları düzenlendi.

İngilizceleri gelişsin diye askeri lise öğrencilerine "Game of Thrones"u seyrettiren öğretmen subayları, askeri casusluk kumpasına monte ettiler, bilahare TSK'dan attılar.

"Tek Türkiye" dizisinden yola çıkıp, dizide adı geçen tarikatı hapse tıktıkları ortaya çıktı.

"Şefkat Tepe"yi seyreden asrın liderimiz "sevgili peygamberimizi miraçtan indirip kamyona bindirdiler" dedi, "Sungurlar" timi komple gözaltına alındı.

İki sene önce bu örnekleri sıralayıp "ister misin Arka Sokaklar'ın komserleri de haşhaşi çıksın" diye yazmıştım.
İki sene sonra hakikaten çıktı kardeşim!

Rıza baba'nın ekibinde yeralan komiser Hakan, haftasonu yayınlanan bölümde, kripto fetocu olduğu iddiasıyla gözaltına alındı, 15 Temmuz darbecisinin kankası olduğu, darbecinin hesabına para yatırdığı anlaşıldı, Türkiye ekran başında şoke oldu, çünkü komser Hakan bile fetocuysa, içimize sinsi sinsi bu kadar sızmışlar demek ki.

Elbette alt tarafı dizidir ama, nolur noolmaz, bence öbür komserlerin durumu netleşene kadar "Arka Sokaklar"dan uzak durmanızda fayda var. Rıza babayı severiz ama, neticede babamızın oğlu değil... Dizi seyredeceğiz derken göt altına gitmeyin yani!

I. Süleyman

Değerli sanatçılarımız Halit Ergenç'le Mehmet Günsür, "Muhteşem Yüzyıl" dizisindeki rollerini öylesine başarılı, öylesine gerçekçi canlandırdı ki, sayın ahalimizin tarih bilgisi öylesine yalapşaptı ki... Dizi seyredilene kadar tee 461 yıldır "Kanuni" diye büyük saygı duyulan sultan Süleyman, cinayetten sanık oldu iyi mi!

Zahid

Fakir fukaraya yardım ediyoruz ayaklarıyla mütedeyyin insanlarımızdan bağış toplayan Kimse Yok Mu Derneği, fetocu çıktı. Afrika'da açları doyuruyoruz dümeniyle kurban parası topladıkları, Somali'de dana kestik, Uganda'da koyun kestik deyip, kurban paralarını Pensilvanya'ya havale ettikleri anlaşıldı.

Üstelik... İşte bakın sizin kurbanı böyle kestik, şöyle dağıttık diye CD'ler gönderiyorlardı, kurban bağışında bulunanlar bu CD'leri seyredip, hayırlara vesile oldukları için dua ediyorlardı, meğer, beş senedir herkese aynı CD'yi gönderiyorlarmış iyi mi... Herifler bir tane kurban kesmiş, seyreden herkes kendisininki zannediyormuş!

Bu dernek ne zaman kuruldu?
2004'te, Akp iktidara gelir gelmez kuruldu.
2006'da, Akp hükümeti tarafından "kamu yararına çalışan dernek statüsü" verildi.
2007'de, Akp hükümeti tarafından "izinsiz yardım toplama yetkisi" verildi.
2008'de TBMM başkanlığı tarafından, TBMM Üstün Hizmet Ödülü verildi.

Şimdi fetocu dedikleri bu derneğe üstün hizmet ödülü verdiklerinde, TBMM başkanı kimdi? Herhalde İsmet İnönü'ydü!

Almanya'daki Deniz Feneri'ni hatırlarsınız...
Mübarek ramazan ayında burnuna sinek konmuş Afrikalı aç çocukların fotoğraflarını gösterip, "asrın iyilik hareketi" sloganıyla mütedeyyin insanlarımızdan bağış topluyorlardı. Kurban bağışlarını sahte faturalarla indiragandi yaptıkları, kendilerine villa aldıkları, gemi aldıkları, zekat paralarını sevgililerine yedirdikleri, dinibütün pozları verirken, Las Vegas'ta kumara bile gittikleri ortaya çıktı.

Türkiye'deki Deniz Feneri de, tıpkı Kimse Yok Mu Derneği gibi, 2004 senesinde, Akp iktidara gelir gelmez sahneye çıkmıştı.

2004'te kamu yararına dernek statüsü alabilmek için Danıştay'a başvurdu. O zamanlar, bu izni sadece Danıştay verebiliyordu. Deniz Feneri derneği, Danıştay'dan izin istedi. Danıştay reddetti, izin vermedi. Aradan biraz zaman geçti, tekrar Danıştay'a başvurdu, tekrar izin istedi. Danıştay gene reddetti, gene izin vermedi. Bunun üzerine ne oldu biliyor musunuz... Akp hükümeti zart diye devreye girdi, zurt diye dernekler kanununu değiştirdi, Danıştay'dan izin alınması şartını kaldırdı, izin yetkisini bakanlar kuruluna verdi.

Danıştay engeli ortadan kaldırılır kaldırılmaz, Deniz Feneri'ne bakanlar kurulu kararıyla "kamu yararına çalışan dernek statüsü" verildi. Bir sene sonra, 2005'te "izinsiz yardım toplama yetkisi" verildi, vergiden muaf tutuldu. 2007'de TBMM başkanlığı tarafından TBMM Üstün Hizmet Ödülü verildi.

Deniz Feneri'ne üstün hizmet ödülü verdiklerinde, TBMM başkanı kimdi? Muhtemelen İsmet İnönü'ydü!

Çağdaş Yaşamı Destekleme Derneği'ne saldırdılar, Çağdaş Eğitim Vakfı'na saldırdılar, Atatürkçü Düşünce Derneği'ne saldırdılar... TBMM üstün hizmet ödülü verilen ve "dindar" denilen derneklerden birinin Almanya ayağı dolandırıcı çıktı, öbürü hem dolandırıcı hem fetocu çıktı.

Samimi fikrimi sorarsanız...

Kendi memleketimizde bunca şehit ailesi, bunca gazi varken, garibanlık yüzünden okuyamayan bunca çocuğumuz varken, özellikle kız çocuklarımızın eğitimi için yurtlara, burslara, her bir kuruşu altın değerinde yardımlara ihtiyacımız varken...

Sayın ahalimiz, haritadaki yerini bile bilmediği Myanmar'a kurban bağışlıyorsa, Sudan'da Kongo'da iftar veriyorsa, kendi çocuğunun okulunu bok götürürken, Tanzanya'ya okul yaptırıyorsa... Bu ahaliyi soymak sevaptır!
O nedenle...
"Hayırlara Vesilenin Sözcüsü" ismiyle dernek kurma hazırlıklarına başladım. Henüz kendilerine danışmadım ama, Bekir Coşkun, Uğur Dündar ve Emin Çölaşan'ı mütevelli heyetine almayı düşünüyorum. Cibuti'de imam hatip üniversitesi açıp, Etiyopya'da deve keseceğiz, karda kışta üşümesinler diye Senegalli çocuklara gocuk alacağız. Müjdat Gezen'den rica ettim, bağışta bulunan mütedeyyin hayırseverlere göndereceğimiz CD'leri bizzat hazırlayacak.

Panama'dan bi hesap numarası ayarlar ayarlamaz, yayınlayacağım, bağışlarınızı gönderirsiniz. Yok ben illa hemen vereyim derseniz, çantayla-poşetle elden teslim alma servisimiz mevcuttur.

E haliyle, meclis başkanlığımız bi üstün hizmet ödülü de bize takdim eder gari.

Zahid Akman

Akp tipi bürokrasinin sembol örneklerinden biriydi. İmam hatip lisesi, ilahiyat fakültesi mezunuydu. Asıl ismi, Aykut Akman'dı. "Dünyadan elini eteğini çeken, Allah'a yönelen" manasındaki "Zahid"i sonradan ismine ilave ettirmişti. Bağlı olduğu nakşibendi şeyhi Zahid Kotku'ya hürmeten bu ismi almıştı. Kanal 7 televizyonunun Ankara temsilciliğini, Washington temsilciliğini yaptı. Akp tarafından, tüm televizyonları denetlesin diye RTÜK başkanı yapıldı. RTÜK başkanıyken... Almanya'daki Deniz Feneri davası kapsamında tutuklandı. "Almanya'da toplanan bağış paralarını usulsüz şekilde Türkiye'ye sokmak, evrakta sahtecilik ve nitelikli dolandırıcılık"la suçlanıyordu. Şak... Deniz Feneri savcıları, sanık yapıldı, Zahid Akman serbest bırakılıp, tanık yapıldı! Tarihte böyle kepazelik görülmemişti. Deniz Feneri savcılarından Abdülvahap Yaren, "hırsızları koruma altına alan bir güç var, ben bu güce 'hırsızların imparatoru' diyorum, hem altındaki figüranları koruyor, hem kendisine ulaşılmasını engelliyor, kim olduğu belli, halk arasında tabir vardır, arife tarif gerekmez, damda gezer miyav der, isme gerek var mı?" demişti... Sadece üç ay tutuklu kalan Zahid Akman, TRT dahil, tüm televizyon kanallarının üye olduğu Televizyon Yayıncıları Derneği'nin başkanlığına seçildi!

Ahmet, Mehmet

"Türkiye, Ak Parti eliyle muazzam bir dönüşüm yaşadı. Ak Parti, Kemalist cumhuriyeti demokratik hale getirdi. Türkiye süratle demokratikleşiyor. Kemalist anlayış bunu anlamak istemiyor, Ak Parti'nin ayağını çelmeliyor. Cumhuriyeti kuran zihniyet, müslüman bir halkın demokrat olamayacağına o kadar inanmış ki, demokrasiden ziyade laiklikten dem vuruyor. Ben körü körüne Ak Parti'yi savunmadım, Türkiye'yi dönüştürecek iradeye destek verdim, elbette statükonun yanında yer alacak değilim."

Kime ait bu sözler?
Mehmet Altan'a.

Yandaş *Star* gazetesinin başyazarıyken, yandaş *Yeni Şafak* gazetesine verdiği röportajda anlatmıştı.

"Otoriter anlayışlara boyun eğmeyen Çetin Altan'ı demokrasi ve özgür düşünce adına şükranla selamlıyorum. Demokrasinin temeli, tahammül duygusudur. Bugün mutlulukla ifade ediyorum ki, Türkiye artık ne Çetin Altan'ı 300 kez mahkeme kapılarına çağıran ve düşünceyi mahkum eden Türkiye'dir, ne de Nazım Hikmet'i 12 yıl boyunca hapishanelerde tutan Türkiye'dir. O alıngan, o vehimler üreten Türkiye, artık yerini özgüvene bırakmıştır."

Bu sözler kime ait?
Asrın liderimize.

Kültür ve sanat büyük ödülü'nü Çetin Altan'a bizzat elleriyle takdim ederken söylemişti.

"Sayın başbakanın konuşması olağanüstü güzeldi, müthiş bir nezaketi, zerafeti vardı. Dünyanın en rafine ülkelerindeki ödül törenlerini aratmayacak mükemmellikteydi. Türkiye'nin dönüşümü, gelişimi açısından beni çok mutlu etti. Türkiye renklendi, çiçek açtı."

Bu sözler?
Gene Mehmet Altan'a ait.

Babasına asrın liderimiz tarafından ödül verilirken söylemişti.

"Orada bir ödül töreninden daha başka şeyler gördüm. 82 yaşındaki bir yazar konuşurken, bir başbakan, genç bir delikanlı gibi kenara çekilip ayakta dinledi. Çok şey gördüm ama, bunu hiç görmemiştim. Böylesine doğal bir nezaket, böylesine zarif bir saygı... Bu topraklarda rastlanmamış bir sahneydi. Çok etkilendiğimi itiraf edeyim. Bir şeyler değişiyor duygusuna kapıldım, ümitliyim. Yazarları linç ettiren, hapislere attıran başbakanlardan, yazarlara saygı gösteren başbakana gelmek az iş değil."

Peki ya bu sözler?
Ahmet Altan'a ait.

Babasına asrın liderimiz tarafından ödül verilince, fetocu The Taraf gazetesinde yazmıştı.

"Sayın Altan ailesi, değerli babanızın siz sevgili ailesine veda ederek sonsuz yolculuğa uğurlanışını büyük üzüntüyle öğrenmiş bulunuyorum. Ülkemizin yetiştirdiği müstesna gazetecilerden biri olan babanızın vefatı, memleketimiz için büyük kayıp olmuştur. Duyduğunuz acıyı yürekten paylaşıyor, sabır ve başsağlığı diliyorum."

Bunun kime ait olduğunu biliyorsunuz.
Hulusi beye ait.

"Sayın" Ahmet'le Mehmet'in babası öldüğünde "sevgili" Ahmet'le Mehmet'e "yürekten" taziye mesajı göndermişti.
Netice?
Sayın Mehmet tutuklandı.
Sevgili Ahmet tutuklandı.

Altan biraderlerin Mehmet olanı taa en başında doğru tespit yapmış yani... Türkiye hakikaten muazzam bir dönüşüm yaşıyor, Kemalistlerin kafası basmıyor!

Ahmet Altan

Mehmet Altan

Akp'nin bir zamanlar en büyük destekçisi olan Altan biraderlere, 2017 itibariyle, FETO'nun medya unsurları oldukları gerekçesiyle "TBMM'yi ortadan kaldırmaya teşebbüs etmek, Türkiye Cumhuriyeti Hükümeti'ni ortadan kaldırmaya teşebbüs etmek ve anayasal düzeni ortadan kaldırmaya teşebbüs etmek" suçlarından, üçer kez müebbet hapis talep ediliyordu. Tayyip Erdoğan, Altan biraderler hakkındaki iddianamede "suçtan zarar gören" sıfatıyla yeralıyordu. Müebbetlerden başka... "Silahlı terör örgütüne üye olmamakla birlikte, örgüt adına suç işlemek" suçundan 15'er yıl hapisleri isteniyordu. Hazin ve ibretti.

Abdülhamid

Atatürk'ün mareşal üniformalı tablosunu depoya kaldırtan TBMM başkanı İsmail Kahraman, Dolmabahçe Sarayı'nda padişah Abdülhamid'i anma sempozyumu düzenledi. "Ne yazık ki tarihi ve kültürel miras bilinmiyor, özellikle gençler bilmiyor, unutturuluyor, hükümdarımız Abdülhamid'e vefa borcumuz var" dedi.

Bence de öyle.

Mesela, bu topraklardaki ilk "rakı" fabrikası Abdülhamid döneminde kuruldu. Şahsen büyük vefa borcum var.

(Kendini yeni Osmanlı filan zanneden İsmail Kahramangiller, rakının 19 Mayıs 1919'da icat edildiğini zanneder ama... İlk rakı fabrikası Cumhuriyet'ten 22 sene önce kuruldu. Hem de, bizzat Abdülhamid'in başmabeyincisi Sarıcazade Ragıp Paşa tarafından Tekirdağ'da kuruldu. Padişahın isteği, şeyhülislam'ın onayıyla kuruldu. O dönemin en meşhur markaları, Deniz Kızı Rakısı ve Üzüm Kızı Rakısı'ydı. Deniz Kızı Rakısı'nın asıl ismi Tenedos Rakısı'ydı ama, etiketinde güzeller güzeli bir deniz kızı resmi olduğu için, ahalimiz Deniz Kızı Rakısı diyordu. Abdülhamid döneminde üretilen tüm rakı markalarının etiketinde, kız resimleri kullanılıyordu.)

Peki, bu topraklardaki ilk "bira" fabrikası kimin döneminde kuruldu? Gene Abdülhamid döneminde kuruldu.

Gel de vefa borcu hissetme birader.

(Cumhuriyet'i kuranlara "ayyaş" diyorlar ama... Abdülhamid döneminde, yılda 10 milyon litre bira tüketiliyordu. Cumhuriyet bu rakama, yani Osmanlı'nın içtiği kadar biraya, anca 1940'lı yıllarda ulaşabildi. Henüz bira fabrikası kurulmadan önce, övünmek gibi olmasın, Osmanlı'da ilk birahane İzmir'de açıldı. Birahanelerin açılma iznini veren de, Abdülhamid'in babası Abdülmecid'ti.) Osmanlı'nın ilk "şampanya" fabrikası da Abdülhamid döneminde kuruldu. Resmi, mühürlü evrak var, Abdülhamid'in izniyle kuruldu.

(Abdülhamid şampanya fabrikası kurdurduğunda, elitler kurdu denilen Cumhuriyet'in kurulmasına 30 sene vardı. Şampanya fabrikasını, musevi Alatini kardeşler kurdu. Abdülhamid hazretleri, bu Alatini kardeşleri madalyayla ödüllendirdi, kendi elleriyle, bir değil, iki değil, üç defa "Mecidi Nişanı" taktı. Musevi Alatini kardeşlerle öylesine cankuştu ki, tahttan indirilip Selanik'e gönderildiğinde, üç sene boyunca, Alatini ailesine ait Alatini Köşkü'nde kaldı.)

Abdülhamid efendimiz, rakı, bira ve şampanya fabrikası kurdurdu ama, kendisi "rom" tercih ederdi. Bizzat torunu Osman Ertuğrul televizyonda anlattı: "Dedem rom içerdi, babama söylerdi, bak ben bunu içiyorum, çünkü bu yasak değil, Kuran'a bak, orada şarap diyor, şekerden yapılanın bahsi geçmiyor derdi."

Acayip "sigara" içerdi Abdülhamid... Birini yakar, birini söndürür, vapur gibi tüttürürdü. Saraydaki işi sadece sigara sarmak olan özel ustalar vardı. Kızlarının hatıralarında yazıyor, sürgüne giderken, bavullara en önce sigara paketleri doldurulmuştu.

(Türk tütünüyle yapılan Amerikan sigarası Ateshian'ın tiryakisiydi. Chicago'da üretilen bu sigara, New York, Boston ve San Francisco'nun yanısıra İstanbul ve Kahire'de satılıyordu. Hatta, Ateshian firması, 1900'lerin başında Amerikan gazetelerine verdiği reklamlarda "Türk sultanı Abdülhamid'in içtiği sigarayı için" sloganını kullanıyordu. Bu reklamlarda "haremde, oryantal giysiler içinde sigara içen, saçı açık, hatta göbeği görünen, seksapel bir kadın" resmi kullanılıyordu. Paketi 25 cent'ti.)

Abdülhamid'in en önemli tarihi ve kültürel miraslarından biri ise... Bu topraklardaki ilk "kerhane"yi açtırmasıydı.

(Fuhuş elbette vardı, şehre yayılmasını önlemek, kontrol altına alabilmek için, varlıklarını ticarethane olarak sürdürmelerini sağladı. Acem'in hanesi, Alaycı Kadri'nin hanesi, Keseci Hürmüz'ün hanesi, Langa Fatma'nın hanesi gibi evler vardı, zaptiye rüşvet alıyor, göz yumuyordu. Abdülhamid buna son verdi. İstanbul Karaköy'deki Zürefa Sokak'ı hizmete açtırdı. Bugün hayvan zannedip zürafa sokak diyorlar, aslında zürefa'dır, Osmanlıcadır, lezbiyen anlamına gelir. Kendini muhafazakar zannedenler inanmakta güçlük çekecektir ama, bu topraklar kerhane kültürünün kurumsallaşmasını Abdülhamid'e borçludur.)

Ha bu arada... Binlerce yurtseveri Fizan'a Yemen'e sürgün etmiş, zindanlarda boğdurmuş, hafiyeleriyle jurnallerle 33 sene kan kusturmuş, Mısır'ı Tunus'u Kıbrıs'ı Sırbistan'ı Karadağ'ı Romanya'yı, toplam 1,5 milyon kilometrekare toprağı kaybetmiş, tarihçilerin bileceği iştir... Ben kendi payıma, vefa borcumuzu ödemek için "hayırlı" faaliyetlerini yazıyorum!

Dolayısıyla... "Gençlerimiz tarihi ve kültürel mirası bilmiyor, kendisine vefa borcumuz var" diyerek, Abdülhamid'i parlatmaya çalışan İsmail Kahraman'ı hakikaten tebrik ediyorum.

Padişahımızın doğumgünü vesilesiyle düzenlenen sempozyuma, eskort kızlar çağırıp, şampanya ve rom servisi yaparsanız dört dörtlük olur yani... Ben bile iki duble atmaya gelirim gari.

II. Abdülhamid

Akp iktidarı 2002'den 2014'e kadar 12 yıl boyunca Osmanlı mevzularına hiç değinmiyordu, Tayyip Erdoğan'ın cumhurbaşkanı olmasından itibaren, aniden, Osmanlı modası başlatıldı. 1927'de kanunla yasaklanan saltanat armaları ve padişah tuğraları, serbest bırakıldı. İstanbul Üniversitesi kampüsünün ana giriş kapısındaki "TC" ibaresi söküldü, yerine Abdülaziz tuğrası takıldı. TBMM çatısı altında Vahdettin ve Abdülmecid için anma törenleri düzenlendi. En çok yüceltmeye çalıştıkları, rol modelleri Abdülhamid'di. GATA'nın adını Abdülhamid yaptılar, Karabük Üniversitesi'nde Abdülhamid'e onursal doktora filan verdiler, TRT'de dizisini yaptılar. Ama maalesef, Abdülhamid'e dair tüm bilgileri kulaktan dolmaydı, Atatürk'e "ayyaş" iftirası atmaktan çekinmeyenler, Abdülhamid'e dair gerçekler yazıldığında adeta çılgına dönüyor, resmi belgelere bile inanmak istemiyordu. Abdülhamid'in torunuyum diye ortaya çıkan biri vardı mesela, Nilhan Osmanoğlu, tapusu dedeme ait diyerek İstanbul Boğazı'ndaki Galatasaray Adası'nda hak iddia ediyordu, kendisine "sultan" diye hitap edilmesini istiyordu, "parlamenter sistem canımıza yetti" falan diyerek Akp'yi şakşaklıyor, tek adam rejimine "evet" kampanyası yürütüyordu. Bu arkadaş televizyona çıktı, "Napolyon'un Abdülhamid Han hakkında meşhur sözü vardır" dedi, Napolyon'un "Abdülhamid Han benden sonra ikinci zengindir" dediğini anlattı. Halbuki... Napolyon öldüğünde Abdülhamid henüz dünyaya gelmemişti, İkinci Napolyon öldüğünde Abdülhamid hâlâ dünyaya gelmemişti, Üçüncü Napolyon öldüğünde Abdülhamid henüz tahta bile çıkmamıştı, Dördüncü Napolyon zaten yoktu. "Torunuyum" diyenin bile Abdülhamid bilgisi bu kadarken, gerisini düşünün gari!

Selami

Tiyatrolar dörde ayrılır.
Serbest tiyatrolar.
Grekoromen tiyatrolar.
Yağlı tiyatrolar.
Karakucak tiyatrolar.

İsmail Dümbüllü başpehlivandı.
Koca Yusuf, Hamlet'i oynadı.
Muhsin Ertuğrul kıspetle gezerdi.
Kurtdereli darülbedayidendi.

Bu nedenle, şehir tiyatrolarının başına güreş hakemi getirdiler!

Tübitak'a hayvanat bahçesinden müdür atadılar. Aslına bakarsanız, deneylerde fare kullanıp, uzaya maymun gönderdiklerine göre, hayvanat bahçesinden müdür gelmeyecekti de, nerden gelecekti?

İett otobüs müdürünü, devlet demiryolları'na genel müdür yaptılar. Trene "Piri Reis" adını koydu! Böylece, dünya tarihinde ilk kez trene denizci adı verilmiş oldu.

İstanbul belediyesi ulaşım müdürünü THY'ye genel müdür yaptılar, "ha vapur, ha boeing, ikisi de aynı kapıya çıkar" diyemedi, "uçak ve metro birbirine az çok benziyor" dedi, apronda deve kestiler.

Anayasa mahkemesi'nin başına iktisatçı getirdiler.
Maliye raportörünü danıştay başkanı yaptılar.
Emniyet müdürünü kültür bakanı yaptılar, kültür müsteşarını milli savunma bakanı yaptılar, güya restorasyonla düzelttiler, Aspendos'a mutfak mermeri döşediler, Erzurum Kongresi'nin yapıldığı müze binaya duşakabin koydular, beş bin senelik aşkar höyüğü'ne belediye hizmeti diye süs havuzu monte ettiler.

İstanbul'a emniyet müdürü getirdiler.
Polis değildi.

"NASA da kim oluyor, onlar bizim çok gerimizde" dediler, Türksat'a Sosyal Güvenlik Kurumu'ndan müdür atadılar.

– Efenim, astronotların sigorta primleri yatırılmamış...
– Mars projesini iptal edin derhal!

Kaymakamı, TRT genel müdürü yaptılar.

– Efenim, ana haber bülteninde hangi haberleri verelim?
– Valiye sormam lazım.

PTT genel müdürünü tenis federasyonu başkanı yaptılar. Bilahare, tenis federasyonundan aldılar, danıştay üyesi yaptılar iyi mi...

İstanbul belediye başkanımız, muhallebici, o nedenle her yağmurda koskoca şehir sütlaca dönüyor, mimar olarak herhangi bir eserini hatırlamıyorum ama, profiterölü fena değil.

Ölü yıkayıcıyı, fen fakültesine genel sekreter yaptılar.

Başçavuşu MİT müsteşarı yaptılar, MİT müsteşarına başçavuş dediğim için beni mahkemeye verdiler, savcı ifademi almak için çağırdı, "sayın savcım, adam başçavuş, amiral mi deseydim" dedim, savcı gülmekten boğuluyordu, başçavuş meselesinden takipsizlik aldım ama, az daha savcıyı öldürmeye teşebbüsten tutuklanıyordum.

Darbeci-casus diye içeri tıktıklarını general yaptılar, general yaptıklarını darbeci-casus diye içeri tıktılar, milli savunma bakanı imam, başkomutan kantin asteğmeni... Fetonun imamları giriyor diye askeri liseleri kapattılar, genelkurmay başkanının mezun olduğu liseyi imam hatip yaptılar.

Hastalara moral vermek için, hastanelere imam atadılar.
– Hocam apandisitim patladı.
– Yasin oku.
– Hocam tansiyonum düştü.
– Uzan şu seccadeye.
– Hocam basur oldum.
– E, fıtratında var.
– Hocam tahlillerim nasıl?
– Eşhedü en laa...

Hastane imamını, aynı hastaneye müdür yaptılar. Cami imamlarını öğretmen olarak atadılar, beden eğitimi öğretmenini başhekim olarak atadılar. En son... Veterineri tıp fakültesine dekan yaptılar.

Netice kardeşim?
Memleketin çivisi çıktı.
Neresini tutarsan, orası elinde kalıyor.

Ve hal böyleyken... Başbakan yardımcısı Numan Kurtulmuş açıkladı, "bundan böyle içki içiyor içmiyor diye ayırmayacağız, liyakata önem vereceğiz" dedi.

E, kriter tamamdır yani.

Bundan böyle, bira içenler daire başkanı, viski içenler genel müdür, rakı içenler müsteşar...
Üstüne cila olarak şampanyayı da patlattın mıydı, devlette feto meto kalmaz gari!

Selami Altınok

Akp'nin "liyakat" atamaları genellikle çok komikti ama, bazıları "feci" sonuçlara yol açtı. Selami Altınok mesela, polis değildi, İstanbul Emniyet Müdürü yapıldı. Vali bile sayılmazdı, çünkü, alt tarafı bir yıldır valilik yaptığı 60 bin nüfuslu Aksaray'dan başka valiliği yoktu. İstanbul'da hiç görev yapmamıştı, bu atamayla, 17 milyon insanın emniyeti, güvenliği, hayatı riske atılmıştı. Kendisi bile “polis teşkilatını tanımaya çalışıyorum, fazla ilgilenmediğim bir teşkilat, öğrenmeye gayret ediyorum” demişti. Netice... İstanbul’da sadece 19 ay görev yaptı, bu 19 ay içinde, Burakcan Karamanoğlu karanlık şekilde öldürüldü, Dolmabahçe Sarayı’na iki defa silahlı saldırı yapıldı, Çeçenistanlı kadın canlı bomba Sultanahmet’te patladı, Özbek din adamı Buhari suikastla öldürüldü, ABD Başkonsolosluğu silahlı saldırıya uğradı, Sultanbeyli’de polis karakolu bombalandı, İstanbul’un göbeğindeki İstanbul Adliyesi basıldı, savcı Selim Kiraz rehin alındı, şehit edildi. Bu büyük liyakat faciasına rağmen, ödüllendirildi... İçişleri bakanı yapıldı! Selami Altınok içişleri bakanıyken, Ankara’nın göbeğinde, Türkiye tarihinin en ağır terör saldırısı meydana geldi, 101 insanımız katledildi. Selami Altınok gibi tecrübesiz birini, hotantu kabilesinde bile emniyet müdürü yapmazlardı, çadır devletlerinde bile içişleri bakanı yapmazlardı ama, burası Türkiye’ydi, liyakat filan hiç önemli değildi, önemli olan biat’tı. “Polis bile değil, nasıl emniyet müdürü olur” dediğimiz Selami Altınok, içişleri bakanlığından sonra, Emniyet Genel Müdürü yapıldı!

Yavuz

Asrın liderimiz dünya çapındaki (!) sanatçılarımıza iftar verdi. E ben de bunların iftihar ettiğimiz eserlerini sizler için derledim.

Orhan Gencebay...
Yazıklar olsun, yazıklar olsun,
kula kulluk edene, yazıklar olsun!

Sibel Can...
Bu devirde kimse sultan değil, hükümdar değil, bezirgan değil,
bu kadar güvenme hiç kendine, kimse şah değil, padişah değil!

İbrahim Tatlıses...
Allah cezanı verecek, alem sana gülecek, bize bu ettiklerini,
dünya alem bilecek!

Bülent Ersoy...
Dilerim tanrıdan gülmesin yüzün, huzura ermesin benliğin özün,
sevgiden şefkatten mahrum kalasın, cennetten kovulan tek kul
olasın!

Gülben Ergen...
Sen doğru ben baya yanlış, bay doğruyla bayan yanlış, sanki
her şey sana kalmış, dünya istediğin kadarmış, yok mu bu işte

bir yanlış, herkes ellerinden kaymış, yalnız tahtında otur dur o zaman!
Serdar Ortaç...
Hadi diyelim birçok deli sevdi, senin için her şeyi verdi, ya bir gün olur sana bel kıvırırsa? Binlerce dansöz var!

Murat Dalkılıç...
Yalancısın, iftiracısın, bir destur de, bir efendi ol, bir özür dile, ele güne bile bile, rezil olma döne döne!

Hande Yener...
Hatayı ben en başında yaptım, aynı evi senle paylaşarak, kendimi çok takdir edeceğim, ayrılığı kutlayarak!

Mustafa Ceceli...
Bu dünya fanidir sakın aldanma, mağrur olup tac-ı tahta dayanma, yedi iklim benim diye güvenme, uyan ey gözlerim gafletten uyan!

Alişan...
Vala ben seni sevdim seveli halım yamandır, belin bükülsün felek, bu ne kötü zamandır, lahayee haye hayee!
(Uzun hava)

Emel Sayın...
Taç olsan başıma takmayacağım, nur olsan gözüne bakmayacağım, seni hiç anmayacağım, tövbeler tövbesi!

Coşkun Sabah...
Bu son buluşmamız, bu son görüşmemiz, bir mevsimlik senle aşkımız, hiç faydası yok ayrılmalıyız!

Davut Güloğlu...
Bulunmaz Hint kumaşı gibisin, zemzem ile yıkanmış gibisin, kendini ne sanıyorsun, kulağına küpe olsun, bu da sana kapak olsun!

Seda Sayan...
Ne ellerinle ne gözlerinle, dokunma bana, ne sözlerinle ne bakışınla, çık hayatımdan!

Petek Dinçöz...
Süpürge ettim saçlarımı, kabullendim suçlarını, hasta ettin sen beni hasta, hasta olan sendin aslında!

Kutsi...
Hataları yıllarca bende aradın yar, hata senin kanında var!
İbrahim Erkal...
Vefasızlar hayırsızlar, Allahından korkmayan kullar, içim yanar ciğerim sızlar, kitapsızlar eyyy imansızlar!

Cengiz Kurtoğlu...
Gelmeyin üstüme sakın gelmeyin, dostu arkadaşı kırarım bugün, gözümde anılar canlandı yine, kadehi şişeyi kırarım bugün... (Cengiz Kurtoğlu'nun sarhoşluğu pis oluyor galiba, bir daha iftara çağırmamakta fayda var.)

Berdan Mardini...
Yüreğimin en kuytusunda, kendime sakladığımsın, senden çocuğum olsun istiyorum, gözleri senin gibi baksın... (En az üç çocuk, en az üç nakarat.)

Hakan Peker...
Bir efsaneydi efsaneydi senle beraber olmak, gözlerinde buluşup ellerine dokunmak, saatlerce uzanıp hep yanında kalmak, bir efsane senle beraber olmak... (Hakan Peker'in bu güfteyi huber köşkü'ndeki iftardan sonra yazdığı tahmin ediliyor.)

Yavuz Bingöl...
Ben bir küçük cezveyim, elden ele gezmeyim.

Yavuz Bingöl

Akp dönemi, kimin sanatçı, kimin dalkavuk olduğunu göstermesi açısından hazin bir dönemdi. Müjdat Gezen, Levent Kırca, Fazıl Say, Ferhan Şensoy, Genco Erkal, Fikret Otyam, Edip Akbayram, Bedri Baykam, Tarık Akan, Rutkay Aziz, İlhan İrem, Timur Selçuk gibi bir avuç sanatçımız iktidar baskısına boyun eğmezken... Çoğunluk maalesef biat etmiş, belediye konserlerinden üç kuruş kazanmak için "halkın sanatçısı" olmak yerine "akp sanatçısı" olmayı kabullenmişti. Tayyip Erdoğan'ın yanında poz verenler işsiz kalmıyordu, reklam teklifleri alıyor, dizilerde oynuyordu. Yavuz Bingöl en trajik örneklerden biriydi, bir zamanlar koyu CHP'liyken, şimdi "son nefesime kadar Tayyip Erdoğan'ın yanındayım" filan diyordu. Tayyip Erdoğan, Gezi olaylarında öldürülen 14 yaşındaki Berkin'in annesini mitingde yuhalattı, Yavuz Bingöl bunu bile "normal" ve "insani" bulduğunu söyledi. Yavuz Bingöl'ün annesi yaşayan efsaneydi, halk ozanı Şahsenem Bacı'ydı. 1980 öncesinde toplumsal muhalefetin sesiydi, iktidarların karşısında yeralır, türküleriyle halkın sorunlarını dile getirirdi. Alzheimer'dı. Oğlunun yaptıklarından haberdar değildi. Annesi yerine babası Yılmaz Bingöl konuştu, "keşke ben de Alzheimer olsaydım da, bu yaşananları hatırlamasaydım, oğlumun açıklamalarını biz gerçek Atatürkçüler olarak, Alevi kitlesi olarak tasvip etmiyoruz, biz atadan dededen CHP'liyiz, nasıl değiştiğini anlamıyorum, oğlumun dik durmasını isterdim, yalakaların yolunda olsun istemezdim" dedi. Yavuz Bingöl'ün kardeşi Oğuz Bingöl de, sosyal medya hesabından tarihe not düştü: "Ah anacığım, yiğit anacığım, bir gün gelip de Alzheimer olduğuna, olan bitenin farkında olmayışına sevineceğim aklıma gelmezdi!"

Gulbeddin

1976.
Sultanahmet Camisi'nin önü ana baba günüydü, iğne atsan yere düşmezdi. Mahşeri kalabalık cuma namazına girmemiş, cuma namazından çıkacak kişiyi bekliyordu. Namaz bitti, sanırsın maç bitti, sanki cami değil stadyum dağılıyor gibiydi, ortalık tezahürattan yıkılıyordu. Ve, beklenen kişi kapıda göründü... Muhammed Ali.

Kolunda Erbakan vardı!

Hangisinin dünya ağır sıklet boks şampiyonu olduğunu tanımasan, Foreman'ı Erbakan'ın nakavt ettiğini zannederdin, o derece kasılıyordu.

Müslüman alemini derinden etkileyen Amerikalı efsane sporcunun, Türkiye'de badem siyasetine alet edildiği gündü... Hepimizin kahramanı Muhammed Ali'nin hepimize ait olmadığını, sadece kendilerine ait olduğunu ilan ediyorlardı. Muhammed Ali'nin yumruğunu, kendilerinin yumruğuymuş gibi sunuyorlardı.

Türkiye o zamanlar da bugün gibiydi, merak etmeyi sevmiyordu.

Mesela... O güne kadar Türkiye'yle alakalı bir tek cümlesi bile bulunmayan Muhammed Ali, neden kalkıp 24 saatliğine

İstanbul'a geldi? Erbakan dahil, Türkiye'den hiç kimseyi tanımıyordu. Türkiye'den tanıdığı bir tek kişi bile yokken, İstanbul'a gitmesini, bademlerin şovuna katılmasını kim istedi? Madem Türkiye'yi bu kadar çok seviyordu, peki neden döndükten sonra, ömrünün sonuna kadar Türkiye'yle alakalı bir tek cümle bile kurmadı? Muhammed Ali'yi bu seyahate yönlendiren kimdi? Türk halkının Muhammed Ali sevgisini siyasal dincilere eklemlendiren kimdi? İrtibatı kim sağladı, niye?

Hiç merak edilmedi.

Erbakan, Amerikan karşıtıydı,
Muhammed Ali, Amerikan yönetimine posta koyuyordu.
Olsa olsa bu amaçla gelmiştir denildi, geçildi.

İki sene sonra, 1978.
Cemal Kamacı'ya milli selamet partisi'nden davet geldi.
"Seni Erbakan hocamızla tanıştırmak istiyoruz" denildi.

Cemal Kamacı, yerli Muhammed Ali'ydi. Avrupa şampiyonu olan ilk Türk boksördü. Yaşayan efsaneydi. Tıpkı Muhammed Ali'nin maçları gibi, tüm Türkiye işi gücü bırakır, ekran başına geçer, Cemal Kamacı'nın maçını seyrederdi, adeta hayat dururdu.

Cemal Kamacı, milli selamet partisi'nin teklifini reddetti. Siyasetle hiç işi yoktu, niyeti yoktu, üstelik, Erbakan'ı hiç sevmiyordu. Israr ettiler. Alt tarafı tanışacaksın, hepsi bu filan dediler, neticede ikna ettiler. Kasımpaşa Kültür Sarayı'ndaki parti şenliğine getirdiler. Cemal Kamacı otomobilinden iner inmez omuzlara aldılar, "mücahit Kamacı, mücahit Kamacı" diye sloganlar atarak, salona soktular. Salon tıklım tıklım doluydu. Kürsüde genç, uzun boylu biri vardı. Şiirler okuyordu. Milli selamet partisi gençlik kolları başkanıydı, Tayyip Erdoğan'dı!

Tayyip Erdoğan, Cemal Kamacı'yı anons etti, kürsüye çağırdı, peşinden Erbakan'ı anons etti, kürsüye çağırdı. Erbakan, şampiyon boksorün yumruğunu havaya kaldırdı, "bu yumruk bundan böyle milli selamet için vuracak" dedi! Cemal Kamacı ne olduğunu anlayamadan, kendisini siyasetin tam göbeğinde buldu.

O güne kadar hiç tanışmadığı Tayyip Erdoğan'ın organizasyonuyla, o güne kadar hiç sevmediği Erbakan'ın yumruğu olmuş oldu!

Sadece bununla kalsa iyiydi. Erbakan zart diye "seni il başkanı yapacağız" dedi. Cemal Kamacı direndi, "benim bu taraklarda bezim yok, bu işlerden anlamam" dedi. Erbakan gayet rahat bi şekilde "Avrupa şampiyonu olmuşsun, il başkanı mı olamayacaksın" dedi. Her şey çok çabuk gelişiyordu... Tayyip Erdoğan iki otobüs dolusu adam getirdi, sinema salonunda kongre yapıldı, divan başkanlığını da Tayyip Erdoğan yaptı, Cemal Kamacı zurt diye il başkanı oldu.

O güne kadar hiç tanımadığı Tayyip Erdoğan'ın organizasyonuyla, o güne kadar hiç sevmediği Erbakan'ın il başkanı olmuş oldu!

Yedi sene sonra, 1985.

İran'da Humeyni şah'ı devirmiş, Sovyetler Afganistan'ı işgal etmişti... Bölgemizdeki bu iki gelişmeye karşı pozisyon alabilmek için, CIA Türkiye şefinin "bizim çocuklar" dediği Kenan Evren tayfası darbe yapmış, Türkiye'yi ABD çıkarları doğrultusunda şekillendirmişti.

Milli selamet'in yerine refah partisi kurulmuştu, siyaset yasağı olan Erbakan'ı ufak ufak yeniden sahneye çıkarıyorlardı. İstanbul spor ve sergi sarayında, Tayyip Erdoğan'ın top koşturduğu Erokspor tarafından "boks maçı" ayarlandı. Tee dokuz sene önce boksu bırakmış olan Cemal Kamacı'yla Yugoslav Popoviç diye adı sanı duyulmamış biri gösteri maçı yapacaktı. Organizasyonun evsahibi refah partisi il başkanlığıydı. İl başkanı, Tayyip Erdoğan'dı.

Bu dandik maçın önemi, Erbakan'a şov yaptırmaktan ibaret değildi. Maçın asıl onur konuğu, CIA tarafından organize edilip, Afganistan'da Sovyetlere karşı kullanılan Gulbeddin Hikmetyar'dı!

CIA'yle ilişkisi Afganistan'ın işgalinden çoook önce 1973'te başlamıştı. Sovyet işgalinden itibaren, bugün Suriye'deki IŞİD gibi, tetikçi güç olarak kullanılıyordu.

Amerikan karşıtı denilen Erbakan'la CIA'in has adamı Hikmetyar salona el ele girdiler. Mehter marşı eşliğinde "mücahit erbakan, mücahit hikmetyar" sloganlarıyla alkışlandılar. Emperyalizm karşıtı şiirler okundu, duygular coştu, ağlayanlar oldu. Erbakan'la Hikmetyar yan yana oturdu. Hikmetyar'a mikrofon verdiler, konuşma yaptı, "sizin gibi imanlı gençler adına söz veriyorum, Sovyetleri yeneceğiz" dedi. Ağlayanlar hıçkırıklara boğuldu. Cemal Kamacı kim olduğu belirsiz Popoviç'i sayıyla yendi, Erbakan ringe çıktı, Cemal Kamacı'nın yumruğunu havaya kaldırdı.

Asrın liderimizi Hikmetyar'ın dizinin dibinde otururken gösteren meşhur fotoğraf var ya... İşte o gece çekildi.

Beyaz Saray'ı korkudan titreten mazlumların yumruğu Muhammed Ali olduğumuzu falan zannederken... Kendimizi bi anda CIA'in dizinin dibinde, BOP eşbaşkanı olarak bulduk yani!

Hep böyle nakavt ettiler bu milleti.

En beklemediği yerden...
Gardı nereden açıksa, oradan indirdiler aparkatı, kroşeyi.

Gulbeddin Hikmetyar

Kabil Üniversitesi'nde elektrik mühendisliği öğrencisiyken, 1973'te, sol görüşlü öğrenci liderini öldürmek suçundan tutuklandı. Pakistan istihbarat örgütü tarafından hapisten kaçırıldı, CIA tarafından devşirildi, Sovyet işgaline karşı direnişin askeri kanat sorumlusu yapıldı, dünyanın dört bir yanından, 44 ülkeden gelen 35 bin köktendinci militanı eğitip, savaştırdılar. Ruslar Afganistan'dan çıkarılınca, Afganistan başbakanı yapıldı. Radyo ve televizyonlarda müzik yayınını yasakladı, bütün sinemaları kapattı. 1996'ya kadar CIA'in dizinin dibinde oturdu. İran'a yanaşınca, CIA'yle ipleri koptu, ABD ve Birleşmiş Milletler tarafından "küresel terörist" ilan edildi, tüm malvarlığı donduruldu. ABD terörist ilan edince, Türkiye de terörist ilan etti, Hikmetyar'ın terörist ilan edildiği bakanlar kurulu kararının altında Tayyip Erdoğan'ın imzası vardı. 2015'te Afganistan'daki şartlar değişti, Afgan hükümetiyle Hikmetyar arasında barış anlaşması imzalandı, Birleşmiş Milletler tarafından kara listeden çıkarıldı, şak, Türkiye tarafından da kara listeden çıkarıldı. 2017 itibariyle, 70 yaşındaki Hikmetyar'ın ağır hasta olduğu, tedavisi için ABD'nin bilgisi dahilinde, Tayyip Erdoğan'ın gönderdiği ambulans uçakla Türkiye'ye getirildiği öne sürülüyordu.

Rıza

(New York federal savcısı Preet Bharara'ya iletilmesi ricasıyla, United States Attorney's Office, 1 st. Andrew's Plaza, New York City)

Sevgili Preet...
Hayırsever rıza bey'i tutuklayarak bizleri rencide ettiğin yetmiyormuş gibi, hayırsever rıza bey'in bizim bakanlarımızı rüşvetle satın aldığını açıklayarak kalbimizi kırmaya devam ediyorsun.

Sanırım anlamadığın şu...
Sizin gibi geri kalmış ülkelerde yadırganabilir ama, bizim gibi ileri demokrasilerde rüşvet ayıp değildir. Hele ki rüşvet veren kişi hayırseverse, pek takdir edilir. Hatta, hapisten çıkar çıkmaz hükümetimizin bakanları tarafından törenle plaket bile verilir.

Bak mesela... Bizim gibi ileri demokrasilerde hayır işi nasıl yapılır? Vakıfla yapılır. Bu ülkenin hükümeti, hayırlara vesile olması için 2008 senesinde Vakıflar Kanunu hazırladı. Hırsızlık, dolandırıcılık, hileli iflas, üçkağıtçılık, haysiyetsizlik, şerefsizlik, adilik, namussuzluk gibi suçlardan mahkum olan kişilere "vakıf kurma imkanı" tanındı iyi mi!

"Kardeşim, hırsızlık parasıyla vakıf olur mu?" diye sorulduğunda, bu hükümetin başbakan yardımcısı çıkıp ne dedi biliyor musun? "Hırsızlar ya da dolandırıcılar hayır işi yapmak istiyorsa, sen yapamazsın deme hakkımız olmadığı inancındayız" dedi.

Sen daha neyin hesabını soruyorsun?

Belki utanırsın diye yazıyorum... Hayırsever rıza bey'in el konulan paraları faiziyle iade edildi, tekerlekli bavulla sürüklene sürüklene zorla taşınan o paraları, hayırlara vesile olması için Kızılay'a bağışladı, Kızılay da kabul etti... Okuyunca yüzün kızardı di mi?

Sevgili Preet...
"Milletin orasına koyacağız" diyen havuzcu müteahhit, ilahiyat fakültesi yaptırdı bu memlekette.
Daha dün bizim diyanet'e "hırsızlık, kumar, fuhuş, uyuşturucu gibi haram parayla yapılmış camide namaz kılınır mı?" diye sordular, bizim diyanet de fetva verdi, "caizdir" dedi. Sen daha ne konuşuyorsun?

Vay efendim neymiş, kefaletle bırakırlarsa Türkiye'ye kaçarmış, bizim siyasilere rüşvet vererek saklanırmış filan... Niye saklansın ki birader? Havalimanının VIP kapısında davul zurnayla karşılayıp, "Türkiye seninle gurur duyuyor" diye tezahürat yapmazlarsa, sana söz veriyorum, türgev'e bağışta bulunurum.

Özetle Preetçiğim...
Kınıyorum seni.
Gel vazgeç şu inadından.
Takalım sana bi Patek Philippe kol saati, salıver hayırseverimizi.

Rıza Sarraf

Reza Zarrab, Türkçe meali Rıza Sarraf'tı, 29 yaşındaydı, Türkiye'nin altın ihracatının yüzde 46'sını tek başına yapıyordu! Yılda 11 milyar dolarlık ticaret çeviriyordu, uçakları yatları, Boğaz'da yalıları vardı. Tebriz doğumlu, Azeri kökenli, İranlı, TC vatandaşıydı. Türkiye'ye henüz 24 yaşındayken, Royal Denizcilik firmasıyla girmişti, 10 farklı sektörde faaliyet gösteren Royal Holding'in sahibiydi, ailesi Dubai'de yaşıyordu, şarkıcı Ebru Gündeş'le evliydi, ekonomi sayfalarından çok magazin sayfalarından tanınıyordu, eşinin kapısına bir kamyon gül yaprağı filan döktürüyordu. Güftekardı, bestekardı, arabesk-fantazi şarkılara söz yazıyordu, Ebru Gündeş'e İbrahim Tatlıses'e Sibel Can'a şarkılar vermişti. 17/25 Aralık operasyonu patlayınca, Cumhuriyet tarihinin en büyük yolsuzluk skandalının başaktörü olduğu ortaya çıktı. Tutuklandı ama, sayın hükümetimizin hamleleri neticesinde sadece 74 gün sonra serbest bırakıldı. Tayyip Erdoğan, onun için "hayırsever işadamıdır" diyordu. Rıza Sarraf rezaleti neticesinde, ekonomi bakanı Zafer Çağlayan, içişleri bakanı Muammer Güler, şehircilik bakanı Erdoğan Bayraktar istifa etmek zorunda kaldı, AB bakanı Egemen Bağış görevden alındı, ayakkabı kutusuna istiflenmiş dolarlarla enselenen Halkbank genel müdürü istifa etti, 17/25 Aralık operasyonunu yürüten bütün polis, savcı ve hakimler fetoculuktan içeri atıldı veya yurtdışına kaçtılar, TBMM'de güya soruşturma komisyonu kuruldu, Akp'li üyeler tarafından adı geçen bakanların hepsi ak'landı. İş bitti sanılıyordu... 2016'da ABD'ye giden Rıza Sarraf, New York Güney Bölge Başsavcısı Preet Bharara tarafından tutuklandı, hapse tıkıldı, İran'a yönelik ambargoyu delmek, kara para aklamak suçlarından 75 yıl hapis istemiyle yargılanmaya başlandı. Tam bir yıl sonra, Mart 2017'de ABD'ye giden Halkbank genel müdür yardımcısı Mehmet Hakan Atilla, aynı suçlardan tutuklandı, Rıza Sarraf'ın suç ortağı olduğu iddiasıyla hapse tıkıldı. Rıza Sarraf'ın avukatlarının Türkiye'ye geldiği, gizlice Tayyip Erdoğan'la görüştüğü ortaya çıktı, bu gizli görüşme dava dosyasına girdi, dünyaya afişe oldu. Ekim 2017 itibariyle, uluslararası kepazelik bu merkezdeydi.

Fikri

Hükümetimizi tanıyalım.

Başbakan Binali Yıldırım... 17/25 Aralık'ta bacanağı gözaltına alındı, milletin orasına koyacağını ifade eden havuzcu müteahhit "Binali kalırsa yaşadık" dedi, oğlu kumarhanede yakalandı.

Başbakan yardımcısı Numan Kurtulmuş... "AKP'liler Harun olmaya geldiler, Karun oldular, eğer bunlar 2023'te iktidarda olursa, 2023'te evine icra gelmeyen kalmaz, eğer bunlar 2023'te iktidarda olursa, 2023'te başbakanın çocukluk arkadaşı, askerlik arkadaşı, mahalleden arkadaşı, belediyeden arkadaşı ve şoförlerinden başka hiç kimse milletvekili olamaz, buna müsaade etmeyeceğiz, AKP gibi firavunlaşmayacağız, kamu kaynaklarını kendimize ve yandaşlarımıza peşkeş çekmeyeceğiz, İsrail'in vagonu olmayacağız, AKP Amerikan mandasıdır" dedi.

Başbakan yardımcısı Tuğrul Türkeş... "Tayyip Erdoğan niye çıkıp vallahi de billahi de benim evimde böyle paralar yoktur demiyor? Benim tek talebim o'nun yargılanmasıdır. Milliyetçiliği ayağımın altına alırım diyor, senin o bacağını kırarlar. Terör örgütünün faaliyetleri, bizzat AKP iktidarı tarafından meşrulaştırıldı, ülkeyi felakete sürüklüyorlar. AKP'liler televizyon programlarında karşımıza çıkamıyor, AKP hükümeti suskun, miskin, korkak, çünkü dumanlı münasebetler hasıldır. Dış mihraklarla enerji ticareti noktasında, Türkiye'nin menfaatlerinden çok, hususi menfaatleri ön plandadır. Süleyman Şah türbesinin taşınması, zuldür, hezimettir. Bizans bile birçok AKP'liden daha millidir, daha Türk'tür" dedi.

Başbakan yardımcısı Veysi Kaynak... "Rüşvet alanlar hapse girmesin, görevini kötüye kullananlara ceza indirimi yapılsın" diye kanun teklifi verdi.

Başbakan yardımcısı Mehmet Şimşek... Majestelerinin vatandaşı.

Adalet bakanı Bekir Bozdağ... Binali Yıldırım'ın bacanağını kurtarmak için yargıya müdahale ettiği gerekçesiyle İzmir

Başsavcılığı tarafından hakkında fezleke hazırlandı, fezlekeyi hazırlayan başsavcı zart diye görevden alındı, zurt diye takipsizlik kararı verildi.

Çalışma bakanı Süleyman Soylu... "AKP hükümeti bayramları bile millete zehir etti, insanlarımız gülmeyi unuttu, bunlar beceriksiz, yetersiz, paçalarından yolsuzluk akıyor, ihale ve yandaş belediyeciliği yapıyorlar, Eyy recep tayyip erdoğan, boyan döküldü, emir eri oldun, rantın babası oldun, at üstünde duramayan kişi ülkeyi de yönetemez, Türkiye'yi yolsuzluk çukuruna batırdılar, tüyü bitmemiş yetimin üzerinden siyaset yapıyorlar, AKP mensupları genel başkanlarını padişah olarak görüyor, başbakan da kendisini padişah olarak görüyor, bu hükümete zıkkımın kökünü göstereceğiz, tayyip erdoğan'ın altı ayda hurdasını çıkarırım" dedi.

Ekonomi bakanı Nihat Zeybekçi... "Çocukken çok yoksuldum, yırtık donlu Nihattım" dedi, boğazda yalı aldığı ortaya çıktı, boğazda yalı aldığını ortaya çıkaran gazetecilere "pislik yalayıcılar, paçavralar, şerefsizler" dedi. İhracatçılar Meclisi'nin töreninde Numan Kurtulmuş'la birlikte hayırsever rıza bey'e plaket verdi, "o şahsı ilk defa gördüm" dedi.

Enerji bakanı Berat Albayrak... Damat.

Spor bakanı Çağatay Kılıç... Kuzeni önceki gün mafya usulü öldürüldü, cesedi ormana atıldı.

Tarım bakanı Faruk Çelik... Kardeşi zimmetten tutuklandı, kendisi de 2006'da ayağından kurşunlandı.

İçişleri bakanı Efkan Ala... Herhangi bir gelişmiş ülkede, değil insan, bu kadar sayıda kuş öldürülsün, o ülkenin içişleri bakanı tası tarağı toplar istifa eder, Efkan Ala hâlâ oturuyor.

Orman bakanı Veysel Eroğlu... Dünyadaki ilk ve tek "inşaat" mühendisi "orman" bakanı.

Sağlık bakanı Recep Akdağ... Pantolon paçalarını çoraba sokun.

Bilim bakanı Faruk Özlü... "Savunma bakanı olmayı bekliyordum, bunu beklemiyordum" dedi. 36 senedir savunma sanayi müsteşarlığında çalışıyordu, savunma sanayi müşteşar yardımcısıydı, TBMM milli savunma komisyonu başkanıydı, neden savunma bakanı yapılmadığını kendisi bile anlamadı, "bilim" bakanı olmasına rağmen "bilimsel" olarak izah edemedi. Halbuki "izahı" alttaki bakanlıktaydı!

Milli savunma bakanı Fikri Işık... Bilim bakanıydı. İsmet Yılmaz sürpriz şekilde milli eğitime kaydırıldı, savunma bakanlığı koltuğu boşaltıldı, savunma bakanı olmasına kesin gözüyle bakılan Faruk Özlü tuhaf şekilde bilim bakanı yapıldı, hiç kimse nedenini anlamadı, Fikri Işık sürpriz şekilde milli savunma bakanı yapıldı.

Çünkü, sayın basınımız henüz farkında değil.
Savunma bakanı, imam.
Tarihte ilk!

Fikri Işık

İmam hatip lisesi mezunu milli savunma bakanımızın ilk icraatı, askeri liseleri kapatmak oldu. Kuleli gibi, Heybeliada Deniz Lisesi gibi, Türk tarihinin demirbaşlarından sayılan askeri liselerin kapısına kilit vuruldu. Balyoz, Ergenekon ve 15 Temmuz süreçlerinin genelkurmay başkanları Necdet Özel ve Hulusi Akar, askeri lise değil, düz lise mezunuydu, Necdet Özel'in okuduğu liseyi de imam hatip yaptılar! Böylece, sonradan da olsa, tarihte ilk kez "imam hatip lisesinden mezun" genelkurmay başkanımız olmuş oldu! Fikri Işık'ın 2017'deki açıklamalarına göre, TSK yeniden yapılandırılacak, imam hatip mezunları subay yapılacak, kurmay sınıfı komple kaldırılacaktı.

Mehmet

Topluyorlar bunları...
Pamuk eller cebe diyorlar.
Mehmet'le Celal tiko para 100'er milyon dolar veriyor.
Nihat'a telefon ediyorlar, madem beyefendi istiyor, lafı bile olmaz, bi 100 milyon da ben toka edeyim diyor.
İbrahim'in haberi oluyor, daha cazip bir öneri getiriyor, ihaleye beni de dahil edin, 150 vereyim diyor.

Biri kıllık yapıyor, itiraz ediyor.

Güzel kardeşim diyor, siz 100 veriyorsunuz ama şakır şakır ihale kaptınız, ben henüz ihale mihale almadım, niye ödeyeyim?
Makul bi soru tabii...
İzah edip, ikna ediyorlar.
Güzel kardeşim diyorlar, henüz ihale kapmadım diye endişelenme, biz de keriz değiliz herhalde, bu paraları sokaktan toplamıyoruz, verilmesi gerekiyor ki, veriyoruz, nasıl olsa katbekat çıkaracağız.
Kıllık yapanın aklına yatıyor.
O da çıkarıp ödüyor.

Bir başkası yardım istiyor, kaz gelecek yerden tavuk esirgenmez, ödemesine ödeyeyim ama, o kadar nakdim yok diyor.
Dert ettiği şeye bak Allah aşkına, ileri demokrasilerde çare tükenmez.
Akıl veriyorlar, yol yordam öğretiyorlar, şu devlet bankasına koş, selamımızı söyle, tıkır tıkır kredi çek, kap getir papelleri diyorlar.

Getir demesi kolay...
630 milyon dolar bu.
Ayakkabı kutusuna sığmaz.
Memleket hırsız dolu.
Maazallah ya çalınırsa?

Düşünüyorlar, taşınıyorlar.
Zırhlı minibüse yüklüyorlar.
Zırhlı minibüsle ulaştırıyorlar!

Teslimat tamamlanıyor.
Keyifler yerine geliyor.
Sohbet başlıyor.
Biri gevrek gevrek gülüyor, bak görüyorsun, yeraltından nasıl çalışıyorum, hep bana değil, bütün kardeşlerimi düşünüyorum diyor.
Öbürü, biliyorum diyor, Nihat'ın ağzı kulaklarına vardı diyor.
Gevrek gevrek gülen arkadaş, "Binali kalırsa yaşadık" diyor, "gör bak, bu milletin a..ına koyacağız" diyor.
Öbürü de, inşallah inşallah diyor.

Hangi Binali'den bahsettiklerini pek çıkaramadım ama...

Bu şartlarda n'aapsın Nihat?
Koymazsa kabahat.

Mehmet Cengiz

İnternete düşen ses kayıtlarında "milletin a.ına koyacağız" dediği ortaya çıkan Rizeli müteahhit Mehmet Cengiz'in ismi, ilk kez, 90'lı yıllarda Mesut Yılmaz'ın başbakanlığı döneminde duyuldu, Karadeniz Otoyolu ihalesi verilmişti, Rizespor'un onursal başkanıydı, 2002'den itibaren Akp iktidarıyla roketledi, Eti Bakır verildi, Eti Alüminyum verildi, Oymapınar barajı verildi, Ilısu barajı verildi, Ordu havalimanı ihalesi verildi, Meram elektrik dağıtım, Uludağ elektrik dağıtım, Çanakkale elektrik dağıtım, Akdeniz elektrik dağıtım verildi, Alanya limanı, Hopa limanı, Ereğli limanı, Giresun limanı verildi, Ilgaz tüneli ihalesi, Ankara-İstanbul hızlı tren ihalesi verildi, üçüncü havalimanı ihalesi verildi, Akkuyu nükleer santralının yarısı Ruslara yarısı buna verildi, üstüne, yüzmilyonlarca liralık vergi borçları silindi, TMSF elindeki Hüseyin Avni Paşa Köşkü verildi, hâlâ doymuyor, hâlâ "milletin a.ına koyacağız" diyordu. Bu küfürü nedeniyle mahkemeye verildi, güya yargılandı, sekiz bin lira manevi tazminat ödemesine hükmedildi. Milletin milyarlarca dolarını cebine doldurdular, aynı millete en ağır küfürü ederek sadece sekiz bin lirayla sıyırdı.

Ağca, Samast, Hüseyin, Murat

Milli futbolcu Emre Belözoğlu sabah namazına giderken otomobiliyle yayaya çarptı, yaya öldü, Emre derhal serbest bırakıldı, karakoldan çıkarken "Türkiye seninle gurur duyuyor" tezahüratı yapıldı.
Milleti dolandırmaktan aranan Jet Fadıl, havalimanının VIP kapısından Türkiye'ye giriş yaptı, "Türkiye seninle gurur duyuyor" diye alkışlandı, tutuklandı, bi süre yattı, hapisten çıkarken "Türkiye seninle gurur duyuyor" diye alkışlandı.

Abdi İpekçi'nin katili Mehmet Ali Ağca'yı sokağa saldılar, yoluna güller döküldü, "Türkiye seninle gurur duyuyor" diye bağırıldı, bilahare, yanlış hesapladıkları, erken saldıkları ortaya çıktı, gene içeri tıktılar, biraz daha yattı, gene saldılar, yoluna karanfiller döküldü, "Türkiye seninle gurur duyuyor" diye bağırıldı.

Hrant Dink'in katili Ogün Samast duruşmalara girerken "Türkiye seninle gurur duyuyor" sloganları atıldı, cinayet haftasında oynanan futbol maçlarına Ogün Samast gibi beyaz bere takarak gelen taraftarlar "Türkiye seninle gurur duyuyor" diye tezahürat yaptı.

İnsanları domuz bağıyla öldürüp, mezar evlerine gömen Hizbullahçıları serbest bıraktılar, hapishane kapısında karşılayanlar "Türkiye sizinle gurur duyuyor" sloganlarıyla halay çekti.

Kerkük'e karışırsanız Diyarbakır'a karışırım diyerek Türkiye'ye posta koyan, Pkk'nın evsahibi Barzani, Akp kongresinde onur konuğu yapıldı, "Türkiye seninle gurur duyuyor" diye ayakta tempo tutuldu.

"Barutun kokusu düştü burnuma, dört bir yanı istiyorum dibinden patlatayım, ya ölüm ya kurtuluş, artık savaş zamanıdır, tutmak istiyorum Kürdistanımı" şeklinde hümanist (!) şarkılar söyleyen Şivan Perwer, Akp mitinginde asrın liderimizle elele sahneye çıktı, düet yaptı, "Türkiye sizinle gurur duyuyor" diye alkışlandı.

Polat Alemdar üniversitede konferans verdi, salon inim inim inledi, "Türkiye seninle gurur duyuyor!"

Hakan Şükür henüz Akp'liyken, henüz yurtdışına kaçmamışken, ben aslında Türk falan değilim dedi, yandaş medyada "Türkiye seninle gurur duyuyor" manşetleri atıldı.

78 yaşındaki Hüseyin Üzmez, 13 yaşındaki kız çocuğuna cinsel istismardan tutuklandı, bi ara bırakıldı, televizyon televizyon dolaşıp "hovardayım, benim hayatıma giren kadınlar benimle beraber olmasalardı fahişe olurlardı" dedi, "Müslüman olduğun için sana iftira atılıyor, Türkiye seninle gurur duyuyor" diye makaleler yazıldı.

Gezi protestosuna katılan gençler hakkında "yaptığınız eylemi si.eyim, vatan hainleri, meydanı Ermenilere bıraktınız, Allah belanızı versin çapulcular" diye tweetler atan güreşçiye "Türkiye seninle gurur duyuyor" adıyla facebook sayfası açıldı.

Gezi protestoları sırasında katil polis, Ethem Sarısülük'ün suratına ateş etti, öldürdü, ertesi gün Ethem'in vurulduğu yere "değerli Türk polisi, Ankara sizinle gurur duyuyor" yazılı pankart asıldı.

Keriz Feneri'nin sanığı Zahid Akman serbest bırakıldı, kapıda karşılayanlar "Türkiye seninle gurur duyuyor" diye alkışladı.

17/25'te oğlu tutuklanan ekonomi bakanı, oğlu tutuklanan içişleri bakanı, oğlu gözaltına alınan toki bakanı ve bakara makaracı devlet bakanı, sanki UEFA kupasını kazanmışlar gibi otobüsün üstüne çıkıp, elele poz verdiler, rabia işareti yaptılar, ahaliyi selamladılar, sayın ahalimiz de "Türkiye sizinle gurur duyuyor" diye alkışladı.

Kendi ellerimizle beslediğimiz, tırlarla silah-cephane gönderdiğimiz köktendinci teröristler, Reyhanlı'yı havaya uçurdu, 52 insanımız hayatını kaybetti, asrın liderimiz Reyhanlı'ya taziyeye gideceğine, atladı uçağa ABD'ye gitti, dolaştı, geldi, anca 15 gün sonra lütfedip Reyhanlı'ya gitti, otobüslerle şakşakçı taşıdılar, "Türkiye seninle gurur duyuyor" diye tezahürat yaptırdılar.

Soma'da 301 madencimizi diri diri gömdüler, Ermenek'te 18 madencimizi diri diri boğdular, Ermenek'e giden enerji bakanı Taner Yıldız'a "Türkiye seninle gurur duyuyor" diye tezahürat yaptılar.

Ensar Vakfı'ndaki sapık, oğlan çocuklarına üç sene boyunca tecavüz etti, aile bakanı Sema Ramazanoğlu "buna bir kere rastlanmış, Ensar Vakfı'yla gurur duyuyoruz" dedi, o hafta Akp grup toplantısında ayakta alkışlandı, "Türkiye seninle gurur duyuyor" sloganları atıldı.
Hal böyleyken...
Malum şahsın tetikçisi olan hırt, gazeteci Can Dündar'a kurşun sıktı. Niye yaptın diye sordular, "vatan haini olduğu için" dedi.

Akp Türkiyesi'nin özeti.
Hırsızsan katilsen dolandırıcıysan sapıksan...
Türkiye seninle gurur duyuyor, övünebilirsin.
Yok eğer malum şahsın canını sıkıyorsan...
Sana da sıkarlar, vatan hainisin.

Mehmet Ali Ağca

Ogün Samast

Hüseyin Üzmez

Murat Şahin

Mehmet Ali Ağca, gazeteci Abdi İpekçi'yi öldürmüş, yakalanmış, Maltepe askeri cezaevinden kaçırılmış, gidip Vatikan'da Papa 2'nci Jean Paul'ü vurmuş, gene yakalanmış, İtalya'da 19 yıl hapis yatmış, 19 yıl sonra Türkiye'ye iade edilmişti, Abdi İpekçi'yi öldürmekten idama çarptırılmış, 36 yıl hapis cezasına çevrilmişti, sayın Akp hükümeti döneminde, sadece beş yılda serbest bırakıldı, Türkiye ayağa kalktı, sayın Akp hükümeti "pardon" dedi, "günleri eksik hesaplamışız" denildi, yeniden tutuklandı, sekiz yıl daha yatacağı açıklandı, dört yıl yattı, 2010'da komple bırakıldı. Mehmet Ali Ağca "mesihim" diyordu, idam cezası almışken sadece 10 yılda yırttı, bu da olsa olsa mesihin mucizesiydi! Ogün Samast, 2007'de gazeteci Hrant Dink'i öldürdü, yakalandı, 18 yaşından küçüktü, çocuk mahkemesinde yargılandı, "beraatimi talep ediyorum" dedi iyi mi... Cezaevinde evlendi. Sadece 22 yıl hapis cezasına çarptırıldı, indirim mindirim, 2021 yılında 32 yaşındayken tahliye olacak. Hüseyin Üzmez, güya gazeteciydi, 1952'de Demokrat Parti'nin laiklik karşıtı faaliyetlerini eleştiren *Vatan* gazetesinin sahibi ve başyazarı Ahmet Emin Yalman'ı tabancayla vurmuş, ağır yaralamış, 10 yıl hapis yatmıştı, her fırsatta gururla (!) dile getiriyordu, gazeteci vurmakla övünüyordu, 2008'de şeriatçı *Akit* gazetesinin yazarıyken, 76 yaşındayken, 14 yaşındaki kız çocuğuna cinsel istismardan tutuklandı, bırakıldı, tekrar tutuklandı, 13 yıl hapis cezasına çarptırıldı, iki yıl yattı, 83 yaşındayken sağlık sorunlarından ötürü tahliye edildi, 12 gün sonra öldü. Murat Şahin, Akp aleyhine yayınlar yapan *Cumhuriyet* gazetesinin genel yayın yönetmeni Can Dündar'a İstanbul Çağlayan Adalet Sarayı'nın bahçesinde, kameraların önünde ateş etti, ayağına sıktı, Can Dündar'ı vuramadı, Ntv muhabiri Yağız Şenkal'ı bacağından yaraladı, tutuklandı, bırakıldı, tekrar tutuklandı, 12 yıl hapis cezasıyla yargılandı, altı ay sonra tahliye edildi. Akp Türkiyesi... Katillerle, sapıklarla, dolandırıcılarla, gazeteci vuranlarla gurur duyan, bunları koruyup kollayan bir ülkeydi.

2012.
Takunyalı İhlas Holding'ten TGRT'yi satın alıp, ismini Fox Tv olarak değiştiren dünya medya imparatoru Rupert Murdoch, atv'yle *Sabah*'ı da almak için Ankara'ya geldi, asrın liderimizle buluştu, baş başa görüştü, hatıra olarak da John Philby'nin kitabını hediye etti.

Murdoch, Tgrt'yi Ahmet Ertegün aracılığıyla almıştı. Ertegün'ün dedesi Üsküdar Özbekler Tekkesi'nin şeyhiydi. Babası, Washington büyükelçimizdi. Beyaz Saray'ın pek kıymet verdiği bir aileydi, babası görev başında vefat etmiş, cenazesi Missouri zırhlısıyla gönderilmişti.

Murdoch'ın babası ise, 1915'te *Melbourne Age* gazetesinin muhabiri olarak Çanakkale savaşını takip eden Avustralyalı gazeteciydi. Cephede gözlemler yapmış, sonra da sekiz bin kelimeden oluşan meşhur "Gelibolu mektubu"nu yazarak, gizlice Avustralya başbakanına göndermişti. "İngiliz istihbaratı Londra'ya yalan raporlar gönderiyor, Çanakkale geçilemez, boşuna ölüyoruz" demişti.

Murdoch'un asrın liderimize hediye ettiği *The Empty Quarter* isimli kitabın yazarı John Philby, İngiliz casusuydu. Anadili gibi Arapça biliyordu. Güya müslüman oldu. Şeyh Abdullah ismini aldı. Biz Çanakkale'de İngilizlerle boğuşurken, Osmanlı'ya isyan bayrağı açan Mekke Şerifi Hüseyin'e yardımcı olması için Arabistan'a gönderildi. Bir yandan sırtımızdan hançerleyen Arapları organize etti, bir yandan İngiliz petrol şirketlerine imtiyaz topladı, bir yandan da tarihi eserleri araklayıp İngiltere müzelerine sattı, servet yaptı.

İngiltere'ye dönünce, siyasete atıldı, seçilemedi, küstü. İkinci dünya savaşında saf değiştirdi, kendi ülkesini satmaya başladı, çaktırmadan Hitler'e çalıştı. Yakalandı, bir süre tutuklandı, sonra ev hapsine alındı, savaş bitince İngiltere'yi terketti, Lübnan'a taşındı. Kalpten öldü. Beyrut'ta müslüman mezarlığına gömüldü.

Bu casus arkadaşın bir oğlu vardı, Kim Philby... O da babası gibi Cambridge'ten mezundu, o da sular seller gibi Arapça biliyordu, o da casustu. 1947'de konsolosluk sekreteri ayağıyla İstanbul'a gönderildi. CIA ve MI6'in irtibat görevi için Washington'a tayin edildi. Soğuk Savaş tarihine "asrın casusu" olarak geçti. Çünkü, çift taraflı çalışıyordu. Köstebekti. Sovyet gizli servisi tarafından devşirilmişti, Moskova'ya bilgi satıyordu. Şüphelenildi, takip edildi, bir türlü suçüstü yapılamadı ama, kovuldu. O da gitti, babası gibi Beyrut'a yerleşti. Güya gazeteciydi.

Gel zaman git zaman, 1961'de Anatoliy Golitsy isimli KGB subayı ABD'ye iltica etti, bülbül gibi öttü. Kim Philby'nin ipliğini pazara çıkardı. Aranan kanıt nihayet bulunmuştu. İngiliz siciminin boynuna dolanmak üzere olduğunu anlayan Kim Philby, Suriye üzerinden Ermenistan'a, oradan Rusya'ya kaçtı.

Daha önce bir İngiliz, bir Amerikalı eşinden boşanmıştı, bu sefer Polonya kökenli Rus yazar Rufina Pukhova'yla evlendi. Hayatı roman oldu, Hollywood'ta film oldu. Alkolik oldu. İki defa intihara kalkıştı, beceremedi. 1988'de babası gibi kalpten gitti. Rusya, onun hatırasına posta pulu bastırdı.

Ölümünden sonra ortaya çıktı ki... İstanbul'da çalıştığı sırada, SSCB'nin İstanbul başkonsolosluğunda görevli olan ve İngiltere'ye iltica etmek isteyen Konstantin Volkov isimli KGB subayını, usta manevralarla bizzat kendi elleriyle KGB'ye teslim etmişti. Çünkü, Volkov'un çantasında köstebeklerin listesi vardı ve listenin en başında Kim Philby yazıyordu!

Bu casus arkadaşın, kendisi gibi casus olan babasına dönersek... Suudileri örgütleyen John Philby, Irak'ın örgütlenmesi işini Gertrude Bell isimli bir kadınla yürütüyordu.

Gertrude casustu. Oxford mezunuydu. Türkçe, Arapça, Farsça, Kürtçe dahil, şakır şakır yedi lisan biliyordu. Çok güzeldi. Kızıl saçlı, yeşil gözlü, narin yapılıydı. Gören çarpılıyordu. Etrafına ışık saçıyordu. Arkeolog ayaklarıyla Mezopotamya'yı karış karış gezdi, aşiretleri örgütledi. 1919'da Paris Konferansı'na delege olarak katıldı. Haritaladı... Kürt, Arap, Türkmen bölgelerine ayırdı, bugünkü Irak'ın sınırlarını elleriyle çizdi. 1924'te Türkiye'yle İngiltere arasında imzalanan Irak sınırı, onun eseriydi. Bir de kral buldu... John Philby'nin kankası Şerif Hüseyin'in oğlu Faysal'ı, kukla olarak Irak tahtına oturttu.

Araplar ona "çöl kraliçesi" diyordu. Hiç evlenmedi. Âşıktı aslında... Binbaşı Dick Doghty-Willie'ye âşıktı. Talihsizliğe bakın ki, binbaşı evliydi. Gizli gizli mektuplaşıyorlar, buluşuyorlardı ama, binbaşı eşinden boşanmıyor, Gertrude bunalıma giriyordu. Meseleyi biz çözdük... Binbaşıyı Çanakkale'de vurduk, herif öldü, aile faciası yaşanmasına gerek kalmadı!

Gertrude'un Türk nefreti böyle başlamıştı. Sevgilisi ölünce kendini Kahire'ye attı, İngiliz gizli servisinin Arap bürosuna katıldı. Yukarda özetlediğim işleri halletmek için Irak'a geçti. Önce bizim kuyumuzu kazdı, sonra kendi başını yedi. 1926'da, 58 yaşındayken aşırı dozda uyku hapı alarak, intihar etti. Bağdat'ta İngiliz mezarlığına gömüldü.

Kendini öldürmeden önce, gene arkeolog ayaklarıyla defalarca Anadolu'ya geldi. Kadın konusundaki zafiyetimizi biliyordu, gayet iyi kullandı, kapıları ardına kadar açtırdı. Yetmedi, istediği gibi kurcalasın, memlekette cirit atsın diye, yanına rehber bile verdik iyi mi... Hakkını verdi. Memlekette dört döndü. Ne Diyarbakır bıraktı, ne Adana, ne Konya, ne Kayseri, ne Kapadokya... Cudi'ye bile tırmandı. Kürt köylerini listeledi, hangi aşiret devletten yanadır, hangi aşiret ihanete müsaittir, şeceresini çıkardı. Nereler kuytudur, nerelerden nerelere geçilir, haritaladı. Mesela bir mektubunda "Zaho kampında konakladım" diyordu. Bilmiyorum bi yerlerden hatırlıyor musunuz, Zaho kampını!

Antakya'ya gitti. Karkamış'ta kazı yaptı. Bugün ne hale geldiğini gördüğümüz Suriye sınırında kiliseleri geziyorum dümeniyle, ahalinin etnik kökenini, mezheplerini raporladı. Öldüğünde, kendisinden geriye, elyazısıyla 16 günlük, iki bine yakın mektup, yedi bin fotoğraf kaldı.

Mustafa Kemal 19 Mayıs 1919'da Samsun'a çıktı, Gertrude dört ay sonra Anadolu'ya sızdı, Malatya'ya geldi, Kürt aşiretlerini devşirmeye çalışan İngiliz casusu binbaşı Noel'le buluştu, Elazığ'a geçmek isterken enselendi, kendisiyle anladığı lisandan konuşuldu. Kuvayi milliyecilerin padişahçılara pek benzemediğini öğrenmiş oldu, milli mücadele bitene kadar Anadolu'ya adım atmadı.

Dedim ya, hiç evlenmemişti. Ama, anne sayılırdı. Çünkü "manevi oğlum" dediği biri vardı. Yarbay Thomas Edward Lawrence... Namı diğer, Arabistanlı Lawrence!

Evlat yetiştirir gibi yetiştirdi, yol gösterdi, akıl hocalığını yaptı, nüfuzlu kişilerle tanıştırdı. Arabistanlı Lawrence, kendisinden 20 yaş büyük olan bu kadın için "annemden farksız, bildiğim her şeyi ondan öğrendim" diyordu.

Tayyip Erdoğan'la Abdullah Gül'ü kaldığı oteline, ayağına getirtip madalya takan Suudi kralı var ya... İşte bu Lawrence'in Cidde'de yaşadığı evi restore ettirdi, kapısına da kocaman harflerle "bu ev Türklere karşı savaş vermemize yardımcı olan Lawrence'in karargahıdır" diye plaket astı!

Neyse... 1953'te henüz 46 yaşındayken motosiklet kazasında ölen Arabistanlı Lawrence'ın hayatı film oldu. 1962'de vizyona girdi, en iyi yönetmen dahil, yedi dalda Oscar kazandı. ABD Kongre Kütüphanesi tarafından, tarihi değeri nedeniyle, Ulusal Film Arşivi'nde koruma altına alındı.

Ancak...
The End olmadı.

Gertrude Bell'in hayatı da film oldu. *Çöl Kraliçesi* isimli filmde, efsane kadın casusu Oscar ödüllü Nicole Kidman canlandırdı. Çekimleri Fas'ta ve Ürdün'de yapıldı. Beş bin figüran kullanıldı.

Bu cuma günü vizyona giriyor.

Zamanlaması ne tesadüf di mi.

Kimbilir, yazarak anlatamıyoruz, belki seyrederek anlarız... Mesela, Mısır doğumlu İslam Teşkilatı sekreteri Ekmeleddin efendinin, neden yeni chp tarafından tıpış tıpış cumhurbaşkanı adayı ilan edildiğini, bu arkadaşın neden mhp tarafından tbmm başkanlığına aday gösterildiğini, İngiltere kraliçesi'nin dindar cumhurbaşkanımıza neden şövalye madalyası taktığını, genelkurmay başkanımızın neden sünnet çocuğu gibi Suudi kralının yanına oturtulduğunu, asrın liderimizin Suudi kralına madalya takmaya neden doyamadığını, Suriye'ye neden bulaştığımızı, Rus uçağını neden düşürdüğümüzü, Kürdistan kuran Barzani'nin Akp kongresinde neden onur konuğu yapıldığını, Katar'a neden nöbetçi askeri üs kurduğumuzu, laiksiz anayasayı, 14 senedir iktidarda olmalarına rağmen hiç hatırlamayıp, 14 sene sonra aniden Kut'ül ammare'yi hatırlamalarını, 14 sene sonra aniden başlayan Kut'ül ammare sevdasını filan... Belki daha iyi kavrarız.

Popcorn yemeyi ihmal etmeyin, iyi seyirler Türkiye.

Kim
Philby

John
Philby

Thomas Edward
Lawrence

Kim Philby'nin hayatını anlatan *Büyük İhanet* isimli kitapta, İstanbul'da görev yaptığı günlere geniş yer veriliyor. Tanıkların hatıralarıyla derlenen bu kitaptaki bilgilere göre, Moda Deniz Kulübü'nde takılıyor, bir gecede 50 kadeh brendi içiyor, Park Otel'de çılgın partiler düzenliyor, İstiklal Caddesi'ndeki barlarda kadın avlıyordu. 1947 yılında İstanbul'da 17 ülkenin istihbarat teşkilatı faaliyet gösteriyordu. Taksim'deki en ünlü gazinoda sahneye çıkan, müttefik subaylarını baştan çıkaran, beyaz tenli kömür saçlı egzotik Türk güzeli dansöz bile, aslında İngiliz casusuydu. İstanbul'da cirit atan İngiliz istihbaratının raporlarına göre, "Türk hükümeti Almanlardan korkuyor, Sovyetlere güvenmiyor, İngilizleri ve Amerikalıları sevmiyordu ama, bütün casusluk faaliyetlerine göz yumuyor"du. 70 yıl sonra, 2017'de... Vaziyetimiz maalesef daha kötüydü. Yabancı istihbarat teşkilatları sadece İstanbul'da değil, Ankara'dan Diyarbakır'a, Hatay'dan İzmir'e, memleketin tüm sathında cirit atıyordu. Arap yarımadası, John Philby ve Lawrence sayesinde Osmanlı'dan koparılmıştı ama, İngilizlerle işbirliği yaparak Türkleri sırtından bıçaklayan Arap ülkeleri, Akp iktidarında baştacı edildi, memleketin malı mülkü, bankaları şirketleri yalıları otelleri, Arap sermayesine satıldı. Tayyip Erdoğan her fırsatta Mehmet Akif Ersoy'un dizelerini dile getiriyordu: "Türk Arapsız yaşayamaz, kim der ki yaşar, delidir, Türk Arap'ın hem sağ gözüdür, hem sağ elidir!"

Gökçek

Ankara'ya yağmur yağdı, Melih Gökçek vatandaşa tavsiyede bulundu, "sele uykuda yakalanmayın, üst kat komşunuzda kalın" dedi.

İstanbul'a yağmur yağdı, 21 kişi boğuldu, asrın liderimiz "derenin intikamı" dedi. Kadir Topbaş daha bilimsel bi izahatta bulundu, "sprey gazları ozonu deliyor, buzullar eriyor, bu yağışlar ondan" dedi.

Yandaş müteahhitin inşaatında asansör çakıldı, 10 işçi can verdi, Ahmet Kiziroğlu "şehit hükmündedirler" dedi.

Ankara'da belediye otobüsü durağa daldı, 12 insanımız hayatını kaybetti, sağlık bakanımız "fren boşalması" dedi.

Hızlı trende 41 vatandaşımız sizlere ömür... TCDD genel müdürü "belediye otobüsüymüş gibi düşünün, yol belediyenin, otobüs belediyenin, şoför belediyenin, otobüs kaza yapınca hangi belediye başkanının istifasını istediniz de, şimdi benim istifamı istiyorsunuz" dedi. TCDD genel müdür vekili "her şey Allah'tan" dedi. Akp milletvekili "kem gözlerin nazarı" dedi. Ulaştırma bakanımız "her sene karayollarında beş bin kişi ölüyor" dedi. Asrın liderimiz "bu bölgede 1950'den beri kaza oluyor" dedi.

Köprüdeki tamirat İstanbul trafiğini felç etti, karayolları genel müdürümüz çözüm önerisinde bulundu, "tatil imkanı olanlar İstanbul'u terkederse, İstanbullular rahat eder" dedi.

Soma'da 301 madencimiz katledildi, sorumluluk kime ait diye soruldu, asrın liderimiz cevapladı, "İngiltere'de 1862'de madende göçük oldu, 204 kişi öldü, Fransa'ya geliyorum, 1906'da dünya tarihinin en ölümlü ikinci kazası oldu, Japonya'ya bakıyoruz, 1914'te 687 ölü, gaz ve kömür karışmasının neden olduğu sanılıyor, değerli arkadaşlar Çin'de metan gazı patlaması oluyor, Hindistan'da metan gazı alev alıyor, bakın Amerika, teknolojisiyle her şeyiyle, 1907'de 361 ölü var, bunlar olağan şeylerdir, fıtratında var."
Memleketi keneler sardı, Kırım Kongo kanamalı ateşinden ölen ölene... Sağlık bakanımız "pantolon paçalarını çoraba sokun" dedi.

Söndürmeyi beceremediler, Antalya Manavgat bir hafta yandı kardeşim... Orman genel müdür yardımcımız "tek iyi tarafı ormanlarda kene kalmadı" dedi.

Afrika uçuşlarında yeterli önlem alınmadığı için Ebola virüsünün Türkiye'ye bulaştığı iddia edildi, THY genel müdürü yüreğimize su serpti, "Ebola aslında göründüğü kadar kötü bir şey değil, Allah göstermesin bulaşınca öldürüyor" dedi.

İstanbullular doğalgaz faturalarından şikayet etti, Kadir Topbaş "az yakın, iki kazak giyin" dedi.

Pirinç zamlandı, tarım bakanımız "bulgur yiyin" dedi. Peki kırmızı et fiyatları niye zamlandı diye sordular... "Vatandaşın refahı arttı, refahı arttığı için vatandaş bol bol koyun eti, inek eti yiyor, bol bol et yenince, etin fiyatı yükseliyor" dedi.

Maliye bakanımıza "işsizlik niye artıyor" diye sordular, "aslında artmıyor, sadece daha çok iş arandığı dönemlerde artıyor" dedi.

Nükleer santral patlarsa ne olacak diye sordular, asrın liderimiz "ha nükleer santral kurmuşsun, ha evine mutfak tüpü bağlatmışsın, riski aynı" dedi. Enerji bakanımız "ABD'de yapılan bir araştırmaya göre, bekarların ölüm oranı daha yüksek, bekarlık nükleer santralden daha tehlikeli" dedi.

Cephanelik patladı, 25 şehit verdik, orman bakanımız "Hindistan'da Pakistan'da olur böyle şeyler" dedi.

İlkokullarda süt dağıttılar, onbinlerce çocuk hastanelik oldu. Milli eğitim bakanımız "zehirlenme değil, süte karşı hassasiyet" dedi. Bülent Arınç "çocuklar aşırı dozdan rahatsızlanmış olabilir" dedi. Diyarbakır valisi "sütten değil, psikolojik" dedi. Sivas valisi "zehirlenme değil, süt biraz bozuk" dedi. Konya valisi "zehirlenmediler, etkilendiler" dedi. Edirne valisi "açlıktan mideleri bulanmıştır" dedi.

Vergilere zam yapıldı.
Maliye bakanımız "zam değil, güncelleme" dedi.

Emeklilerin PTT'deki maaş kuyrukları çileye döndü. PTT genel müdürümüz "maaş kuyrukları emeklilerimiz için sosyal aktivite, kendi yaşıtlarını görüyorlar, kuyrukta sohbet ediyorlar" dedi.

Ankara'da su sıkıntısı başladı. Melih Gökçek "Ankaralılar tatile çıksın, annelerini babalarını ziyaret etsinler, biraz rahatlarız" dedi.

Deprem oldu, Van Erciş yerlebir oldu, arama kurtarmada yetersiz kalındı, insanlarımız enkaz altında bağıra bağıra can verdi. Yabancı ülkelerden gelen kurtarma ekiplerini niye kabul etmedik diye sordular. Beşir Atalay "kendi potansiyelimizi görmek istedik" dedi.

İş kazalarında, işçi ölümlerinde dünya rekoru kırdık. Ekonomi bakanımız "iş kazaları medeniyet göstergesidir" dedi.

Canlı bombaları niye yakalayamıyorsunuz diye sordular. Ahmet Kiziroğlu "hepsinin tek tek isim listesi elimizde ama, eylem yapmadan tutuklayamayız, Türkiye sebepsiz yere insanların tutuklanabileceği bir ülke değil" dedi.

Kilis'te 18 kişi öldü. Kilis valisi "bu roketlerin buraya düşüyor olması eleştiriliyor, tabii ki düşecek, havada mı kalacak, yerçekimi var" dedi.

Laik miyiz, tartışılıyor ama...
Layık olduğumuz kesin!

Melih Gökçek

Akp dönemi, bilime, hukuka, demokrasiye, insan haklarına uymadığı halde, sanatı kültürü aşağıladığı halde, her seçimde oy desteğini biraz daha yükselterek koltuğunda oturmaya devam edenlerin dönemiydi. En çarpıcı örnek, Melih Gökçek'ti. Daima tartışmalı bir yönetim sergilemesine rağmen, ANAP'tan Keçiören belediye başkanı oldu, Refah Partisi'nden Ankara milletvekili oldu, 1994'te Refah Partisi'nden, 1999'da Fazilet Partisi'nden, 2004'te 2009'da 2014'te Akp'den Ankara büyükşehir belediye başkanı oldu, beğenmediği sanatın "içine tükürürüm" diyordu, Bülent Arınç'ın ifadesine göre "Ankara'yı parsel parsel satmış"tı, hakkında açılmış yüzlerce yolsuzluk soruşturması ve yolsuzluk davası vardı ama, Türkiye'nin başkentini en uzun süre yöneten kişi oldu, 2017 itibariyle hâlâ koltuğundaydı, 2019'da tekrar aday olacağını açıklamıştı ama bu kitap basıma hazırlandığı günlerde en çok konuşulan konulardan biri onun da Topbaş gibi istifaya zorlandığıydı!

Hacı robot

Tillo evliyalarının kerametleri projesi var. Lise öğrencilerimiz tarafından tasarlandı, TÜBİTAK tarafından bilimsel bulunarak, sergiye kabul edildi. Bu projede, şeyh ismail fakirullah, şeyh hamzel kebir, sultan mahmud memduh, şeyh hasan-ül fatirin gibi evliyalarımızın kerametlerine yer veriliyor. Özellikle, aynı anda iki yerde birden görülebilen şeyhin kerameti gerçekten çok bilimsel.

Mahremiyeti koruyan önlük projesi var. Lise öğrencilerimiz tarafından tasarlandı, TÜBİTAK yarışmasında bölge birincisi seçildi. Projeye göre... EKG çekilirken hastanın göğüs bölgesinin çıplak olması gerekiyor, bu durum hastada utanma, sıkılma, heyecanlanma etkisi yapıyor, bu önlüğü hastaya giydiriyoruz, önlüğün göğüs bölgesi kapalı, sadece elektrotların yerleştirileceği kadar delikler var, böylece sağlık personeli hastaya hiç temas etmeden, göğüs bölgesini hiç görmeden, mahremiyet çerçevesinde EKG çekebiliyor.

Hacı robot var... Ortaokul öğrencilerimiz tarafından tasarlandı, TÜBİTAK Bilim Fuarı'na kabul edildi. Robot ihram giyiyor, Kabe'yi tavaf ediyor, Arafat vakfesini yerine getiriyor. Daha da geliştirilmesi ve haccın diğer vaciplerini yerine getirebilmesi için sponsor aranıyor.

Ayet okunmuş fasulye projesi var. Lise öğrencilerimiz tarafından tasarlandı, TÜBİTAK Bilim Fuarı'na kabul edildi. Ses yalıtımlı üç ayrı saksıya fasulye ekiliyor, birinci saksıya dünyaca ünlü hafızlar Mustafa İsmail ve Abdüssamed'in sesiyle Kuran'ı Kerim okunuyor, ikinci saksıya gürültülü şarkılar okunuyor, üçüncü saksıya hiç ses verilmiyor. Bir hafta sonra... Gürültülü şarkılar okunan saksıda çimlenme bile olmuyor, sessiz ortamdaki saksıda 11 santimlik fasulye oluyor, ayet okutulan saksıda 33 santimlik fasulye yetişiyor.

Kötü söz kavanozu projesi var. Lise öğrencilerimiz tarafından hazırlandı, TÜBİTAK Bilim Şenliği'nde sergilendi. İki cam kavanoza iki parça peynir konuluyor, öğrencilerimiz sırayla bir kavanoza iyi sözler söylüyor, bir kavanoza kötü sözler söylüyor. Üç günün sonunda... Kötü söz kavanozundaki peynir küfleniyor.

Tatlı kelam projesi var. Lise öğrencilerimiz tarafından hazırlandı, TÜBİTAK Bilim Şenliği'nde sergilendi. İki saksıya, aynı bitki ekiliyor, bir saksıya tatlı sözler söyleniyor, öbürüne hiçbir şey söylenmiyor. Bir ay sonra... Tatlı sözler söylenen bitki daha çok büyüyor.

Allah'ın emri peygamberin kavliyle projesi var. Lise öğrencilerimiz tarafından hazırlandı, TÜBİTAK tarafından bilimsel bulundu. Değerlerimiz çerçevesinde aile birliği kurulurken, erkek tarafının kız tarafına bu proje kapsamında yaklaşması gerektiği izah ediliyor.

Bir selam da bizden size selamünaleyküm projesi var. Lise öğrencilerimiz tarafından hazırlandı, TÜBİTAK Bilim Şenliği'nde sergilendi. Siz yolda gördüğünüz ve tanımadığınız birine selamünaleyküm diyorsunuz, o da size aleykümselam diyor, proje bu.

Hal böyleyken...

Neymiş efendim... Kısa adı PISA olan Uluslararası Öğrenci Değerlendirme Programı'nın sonuçları açıklanmış, imamlaştırılan eğitim sistemimiz tel tel dökülüyormuş, OECD ülkeleri arasında sonuncuymuşuz, öğrencilerimiz fen bilimleri ve matematikte 14 sene geriye gitmiş, 2003 senesine göre daha kötü durumdalarmış, kendi lisanında okuduğunu anlama ortalaması bile düşmüş, neredeyse yarısı okuduğunu anlamıyor, kavramıyormuş, aynı eğitimi alan Avrupa ülkelerindeki akranlarına göre üç sene geriden geliyorlarmış, Afrika seviyesine yuvarlanmışız filan.

Bana sorarsanız, bu araştırmayı yapanların ne ilimden haberi var, ne bilimden... Akp'nin muhteşem eğitim politikasını kıskanıyorlar.
Şimdilik sadece tübitaktan proje aşamasındayız... Okullarımızı komple "proje okul" haline getirelim, siz asıl o zaman görün oecd'yi moecd'yi!

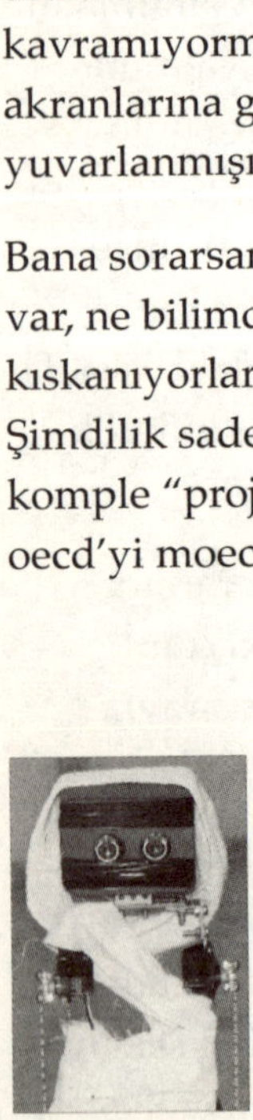

Hacı robot

2017'de dünyada... Üzüm tanesinin kabuğunu çıkarıp, yerine kusursuzca dikebilen ameliyat robotları geliştirilirken, ıspanak yaprağından kalp dokusu üretilirken, bitkisel hayata girmiş insanlara umut olarak, bilinç'in fiziksel kaynağı keşfedilirken, tıp fakültelerinde kadavra yerine sanal gerçeklik gözlüğü kullanılırken, her bir dakikada 240 milyon e-mail atılırken, Google'da her bir dakikada 4.2 milyon arama yapılırken... 2017'de

Türkiye'de, bilimsel icat diye, öğrencilere işte bunu yaptırıyorlardı. TÜBİTAK'ın bilim fuarına kabul ettiği hacı robot, 30 santim boyundaydı, hareket etmesini sağlayan tekerlek mekanizması oyuncakçılarda 300 liraya satılıyordu.

Savvas

İzmir, sıcak bir yaz günü, akşamüstü... 30'lu yaşlarda, sarışın güzel bir kadın direksiyonda, eski yoldan Çeşme'ye gidiyordu.

Otomobilin hafif sağa çektiğini hissetti, kenara yanaştı, baktı, lastiği inmişti. Hay Allah, ne yapacağım şimdi diye düşünürken, yanından geçen otomobil az ilerde durdu, geri geri geldi, sürücüsü indi, genç bir delikanlıydı, yardım edebilir miyim diye sordu. Kadın kırık dökük Türkçesiyle konuştu, çok mutlu olurum dedi. Delikanlı stepneyi çıkarıp, lastiği değiştirirken sohbet ettiler, kadın Yunan'dı, Yunanistan'ın İzmir Başkonsolosluğu'nda çalışıyordu. Delikanlı ise, pilottu, Türk Hava Kuvvetleri'nde üsteğmendi. İş bitti, el sıkışıp ayrılırlarken, kadın telefon numarasını verdi, müsait olduğunuzda bir teşekkür kahvesi ısmarlamak isterim dedi. Yoldaki bu tesadüfle... Büyük balık yakaladığının farkındaydı.

Bir kaç gün sonra Alsancak'ta buluştular, kahvelerini yudumlarken yanlarına biri geldi, a-aa merhaba dedi, sanki oradan geçiyormuş da tesadüfen denk gelmiş gibi davrandı. Halbuki bu defa, tesadüf mesadüf yoktu... Savvas Kalenderidis'ti. Kendisini Yunan Başkonsolosluğu'nun ticaret ataşesi olarak tanıttı, anadili gibi, pürüzsüz Türkçe konuşuyordu. Çünkü ticaret micaret hikayeydi, Yunan gizli servisinin casusuydu, rütbesi yarbaydı. Sarışın kadına yılışan salak pilotumuz, çapkınlık yapayım derken oltaya takılmıştı.

Kalendiridis alttan girdi üstten çıktı, parayı gösterdi, pilotu angaje etti, istenen belgeleri aktarırsa tatlı bir hayat sürebilirdi. Şerefsiz kabul etti. Küçük bi pürüz vardı... Acaba gerçekten pilot muydu? Subay mıydı? Ya Yunan istihbaratına sızmak isteyen Türk casusuysa? Test etmek gerekiyordu. Turist ayağıyla bindirdiler yata, kıyıları geziyormuş ayağıyla, adı lazım değil, hava üssü bulunan Yunan adasına götürdüler. Önce sorguladılar, sonra uçurdular. 12'den vurduklarını anladılar, tamam dediler. Pilottu, subaydı, haindi.

Başladı çalışmaya... Kalenderidis'in yönlendirmesiyle, Çiğli ana jet üssünde görevli istihbarat yüzbaşısıyla temasa geçti. Yüzbaşı ağız ishaliydi. Üsteğmen sohbet ediyormuş gibi sorular soruyor, yüzbaşı hiç şüphelenmiyor, bülbül gibi ötüyor, uçak sayıları, intikaller, hatta harekat planlarını anlatıyor, üsteğmen de bu bilgileri Kalendiridis'e aktarıp, cebini dolduruyordu. Bilahare, gene yönlendirmeyle, bir deniz astsubayını bağladı. Hayati önem taşıyan telsiz frekans kodlarına ulaştı, bunları da sattı. Şahane casusluk yaptığını, kimsenin ruhunun bile duymadığını düşünüyordu ama, aslında... MİT tarafından ruh gibi takip ediliyordu.

Çünkü, kendini playboy zanneden, film yıldızı zanneden bu hain üsteğmen, evliydi. Eşini ihmal ediyordu. Giyimine kuşamına bir başka önem verir olmuştu. Eve sık sık geç geliyor, bazen nöbet filan diyerek hiç gelmiyordu. Eşi şüpheleniyordu. Malum, evli erkekler iyi bilir, kadınların hissiyatından daha yetenekli bir istihbarat teşkilatı henüz icat edilmedi dünyada... Kocasının kredi kartında maaşlarından daha fazla harcama olduğunu görmüştü. Kendileri geçim sıkıntısı çekerken, kocası şakır şakır para harcıyordu. Takip etti! Sevgilisi olduğunu, Karşıyaka'da sevgilisine ev tuttuğunu tespit etti iyi mi... Aldatılan kadın, kavga çıkarıp boşanmak yerine, memleket adına çok faydalı bir davranışta bulundu, gitti kocasının komutanına, tek tek anlattı, bu herif bu parayı nerden buluyor diye sordu. MİT... İşte bu sorunun cevabını bulmak için devreye sokulmuştu.

Ve görüldü ki...
Hain subay, Savvas Kalenderidis'le temas halindeydi.
MİT bir taşla iki kuş vurmuştu. Çünkü, bu Kalenderidis denilen puşt, yukarda Allah var, kendi devleti adına işini çok iyi yapan, ele avuca sığmayan, MİT'in devamlı takibi altında olmasına rağmen bir türlü kıstırılamayan casustu.

Anadili gibi Türkçe ve Kürtçe biliyordu. Hakkında bazı efsaneler var ama, Anadolu'dan mübadeleyle Yunanistan'a göçmüş bir ailenin çocuğu olduğu tahmin ediliyordu. Karadeniz özel ilgi alanıydı. Trabzon, Rize, Artvin, Giresun, Sinop, devamlı oralara seyahat ederdi. Türk vatandaşıymış gibi davranır, Savaş

Kalender adını kullanırdı. Kafası karışık gençlerle arkadaşlık kurardı. Karadeniz'den en az 20 genci Yunanistan'a üniversite okumaya götürdüğünü, her ay 500 euro maaş almalarını sağladığını biliyoruz mesela... Bugün araştırmacı-tarihçi ayağına yatarak Pontus'la alakalı kitap yazanların bazıları, bizzat bu Kalenderidis'in bağladığı arkadaşlardır! Ege'de olağanüstü faaliyet gösteriyordu. Her yaz rutin haber haline gelen orman yangınlarındaki kibriti, elbette o çaktırıyordu. Bazen tur rehberlerini, bazen fırıncıları, bazen inşaat işçilerini satın alıyordu. Tarifesi 500 ila 700 euro arasındaydı. Göze batmayan sıradan vatandaşları, askeri takiplerde kullanıyordu. 1997'de Kırıkkale'de mühimmat fabrikası havaya uçtu, ortalık savaş alanına döndü, üç kişi hayatını kaybetti, bu patlamanın arkasında Kalenderidis'in olduğundan herkes adı gibi emindi, ancak, somut belge bulunamadı, suçüstü yapılamadı, dedim ya, yetenekli puşttu, yakalanamamıştı. Dinleme üslerimizin santim santim haritasını çıkardı, deşifre olan bu askeri tesislerin mevcut yerinden sökülüp, taşınmasına sebep oldu. Çeşme Çiftlikköy'de, tenhada, havuzlu villası vardı. Yunan adalarına avanta geziye götürülmesi karşılığında götünü vermeye hazır olan yılışık gazetecilerimizi, Yunan müziği dinlemeyi entelektüel faaliyet zanneden lavuk akademisyenlerimizi, ticari menfaat peşinde koşan züppe işadamlarımızı, bu havuzlu villasında toplar, eskort Rus kızlarını getirir, sabahlara kadar parti verir, sonra da bu gerizekalıları inek gibi sağardı. Yayınevi kurdurdu, bunların parasıyla, bunlara kitaplar yazdırdı, Yunanistan hayranlığını pompalattı. Turizm şirketi kurdurdu, Yunan adalarına gitmeyi trend haline getirdi. Hain üsteğmen meselesi, hiç hata yapmadan çalışan Kalenderidis'in bardağı taşıran damlasıydı... Görüntülendi, belgelendi, itiraflar alındı, üsteğmen, yüzbaşı ve astsubay tutuklandı. Normalde dört sene görev yapması gerekirken, büyük başarısı nedeniyle yedi senedir İzmir'de bulunan Kalenderidis vaziyeti kavramıştı, deşifre olduğunu anlamıştı. Aniden buhar oldu. Yunanistan'a kaçtı.

Gel zaman git zaman, Suriye'den kovulan Abdullah Öcalan, döndü dolaştı, Yunanistan'ın kucağında kaldı, Kenya'daki Yunan Elçiliği'ne saklandı. Sonrası malum, dokuz kişilik ekibimiz Kenya'ya uçtu, Öcalan'ı paketledi, memlekete getirdi. MİT müsteşarı, ekibimizi kucakladı, kutladı, Çankaya Köşkü'ne götürdü. Cumhurbaşkanı Demirel'di. Kahramanlarımızı Atatürk'ün Pembe Köşkü'ndeki tarihi makam odasında karşıladı, arkalarına "TC Cumhurbaşkanı S. Demirel – 18.2.1999" yazısı kazınmış, som altından kol saatleri hediye etti. Ve o tarihi konuşmayı yaptı... "Sizlerle hatıra fotoğrafı çektiremiyorum. Sizler çok gizli bir görevi başarıyla ifa ettiniz. Şartlar, bundan sonra da gizliliğin korunmasını gerektiriyor. Sizleri bir fotoğraf karesinde buluşturmanın sakıncalı olduğunu düşünüyorum" dedi.

Cumhurbaşkanımız bunları söylerken... Bir başka fotoğraf karesi, dünya ajansları tarafından servis ediliyordu. Öcalan'a eşlik eden ve Nairobi Havalimanı'nda sap gibi ortada kalan Yunan gizli servisi albayının fotoğrafıydı. Savvas Kalenderidis'ti!

İzmir'de görev yaparken defalarca Suriye'ye giden, Bekaa vadisinde Apo'yla görüşen, Yunan gizli servisiyle Pkk'nın kontağını sağlayan kişi, Kalenderidis'ti. Apo ona çok güveniyordu. Aralarında sağlam bir bağ oluşmuştu. O nedenle, Yunanistan'dan Kenya'ya uçarken, Kenya'da elçilikte saklanırken, yanında sürekli Kalenderidis vardı. Ve... MİT'e karşı ikinci yenilgisini almış oluyordu, İzmir'de enselenmiş, Kenya'da madara olmuştu.

Gizli kimliği açığa çıkınca, emekliye sevkedildi, sivile soyunduruldu. Türkiye aleyhine faaliyetlerine devam etti. "Pontus'u Kurtarma Vakfı"nı kurdu. Karadeniz bölgemizin üzerinde Yunan bayrağının dalgalandığı Pontus haritası bastırdı, Yunan adalarında ücretsiz dağıtılmasını, özellikle Türk turistlere verilmesini sağladı. *Kardeşim Apo* diye kitap yazdı, Yunan adalarında imza günleri düzenledi. Murat Karayılan'ın yazdığı *Bir Savaşın Anatomisi* kitabını Yunancaya çevirdi, bu kitabın tanıtım törenini Atina'da Yunan Savunma Bakanlığı Savaş Müzesi'nde yaptırdı. Hâlâ sık sık, sahte kimliklerle Yunan adalarından Türkiye'ye geçiyor, nostalji yapıyor.

Kalenderidis emekli edildikten sonra, Türkiye'de bazı gelişmeler oldu... PKK'yı tanık, TSK'yı sanık yaptılar. Türk Silahlı Kuvvetleri'nin yarısını asrın iftirasıyla hapse tıkıp, ordudan attılar, geriye kalan yarısını fuhuşçu casus iftirasıyla içeri atıp, tasfiye ettiler. Donanmamızı imha ettiler, F16'larımızı uçuracak pilot kalmadı. Suikast yalanıyla kozmik oda'mıza girip, soyup soğana çevirdiler. Tapusu Türkiye'ye ait olan 18 adamızı, resmen Yunanistan'a terkettiler. Türk bankasını, yönetim kurulunda Yunan gizli servisi başkanının bulunduğu Yunan bankasına satmaya kalktılar!

Ve dün öğreniyoruz ki... 15 Temmuz darbe girişiminden sonra helikopterle Yunanistan'a kaçan üç subay, Türkiye'ye iade edilmeyecekmiş, bu üç hain subayın gizli askeri sırlarımızı, milli yazılımlarımızı falan Yunanistan'a verdiği konuşuluyormuş.

E düşünüyorum da... Kalenderidis bu olan biteni seyredip, acı acı gülümsüyordur mutlaka.

Ulan diyordur kendi kendine...
Kelleyi koltuğa alıp, iğneyle kuyu kazar gibi amma uğraşmıştık, meğer bu milletin içinde ne kadar çok gönüllü hain varmış!

Savvas Kalenderidis

1960 doğumlu Savvas Kalenderidis, 1987'yle 1998 arasında İzmir'de görev yaptı. 2010 yılında *Hürriyet* gazetesi Atina temsilcisi Stelyo Berberakis'e röportaj verdi, İzmir'deki faaliyetleri hakkında kısaca "her yurttaşın yapacağı gibi sadece vatanımı müdafa etmek için çalıştım" dedi. Kesinlikle haklıydı. Kendisi gibi Yunan istihbarat elemanı olan Vasilis Yanopulos'la birlikte Türkiye'ye çok zarar vermişti ama, Yunanistan açısından gerçek bir vatanseverdi, Yunanistan'la işbirliği yapan bizim "vatan hainleri" gibi değildi. Kalendiridis, Apo'nun Kenya'da nasıl kaptırıldığını *Hakikat Saati* isimli kitabında anlattı... "Kenyalılarla görüştüm, Öcalan'ın Yunan elçiliğinden uzaklaşması için iki saat süre tanıdılar, Öcalan'ı istediği yere götürecek özel uçağı tahsis edeceklerini söylediler, elçiliğe dönüp durumu Öcalan'a anlattım, Hollanda, Finlandiya veya Almanya'ya gitmeyi düşündük, Öcalan elçilikten ayrılmak istemedi, Yunan elçisi Kostulas mecbur olduğumuzu, Kenyalıların tehdit ettiğini söyleyince, Öcalan mecburen kabul etti, Nairobi havaalanına geldik, Kenyalı görevliler konvoyun arasına girdi, Öcalan'ı yönlendirip özel uçağa bindirdiler, Öcalan'ın yanında olan Dilan, Nujyan, Melisa ve İbrahim başlarına geleni anladıklarında üstüme saldırdılar, beni tekmeliyor ve 'liderimiz nerede, ne yaptınız' diye bağırıyorlardı, 10-15 dakika sonra büyükelçi Kostulas geldi, 'daha fazla kepaze olmayalım, Atina'ya haber vermem gerek, ne diyeyim, Apo'yu kaybettik mi diyeyim?' dedi, büyükelçiye Atina'dan gelen emir Öcalan'ın arkadaşlarını havaalanında bırakıp, ortadan kaybolmamız şeklindeydi, hırsız gibi kaçmamız isteniyordu, büyükelçinin rezidansına gitmek için taksi ararken, özel uçağın havalandığını gördüm, saat 21'di, büyükelçiye uçağı gösterdim, 'Apo bu uçakta, umarım Ankara'ya götürülmüyordur' dedim."

Süleyman Hilmi

150 sene önce... Silistre kalesini korumaya çalışıyoruz, 10 bin kişiyiz, Rus ordusu kapıya dayanmış, onlar 80 bin kişi, boğaz boğaza kapışma oluyor. İslam bey bir yiğit adam, ecdadında 42 şehit var, uzaktan seyretmeyi kendine yediremiyor, gönüllü olarak kaleye gitmeye karar veriyor. Âşık aynı zamanda... Sevdiğine uğruyor, vedalaşıyor, duygusal durumlar yaşanıyor. Sevgilisi Zekiye, o da yürekli bir kız, güya uğurluyor sevdiğini ama, hemen peşinden giyiyor erkek kıyafetlerini, "benim adım Adem" diyerek, gönüllüler arasına karışıyor. Savaş mavaş, kan gövdeyi götürüyor, canlarını hiçe sayan kahramanlar onurlu bir vatan mücadelesi veriyor, gözünü budaktan sakınmayan İslam bey yaralanıyor, Adem kılığındaki Zekiye ona hastabakıcılık yapıyor, yaralarını sarıyor. Neticede Rus ordusu pes ediyor, çekiliyor, defolup gidiyor. Tam bu kutlu günde, katmerli mutluluk yaşanıyor, kale kumandanının aslında Zekiye'nin babası olduğu ortaya çıkıyor iyi mi... Kızını hiç görmemiş, öldü bilmiş, meğer bir başka meseleden haksızlığa uğrayıp rütbeleri sökülünce, utancından evinden ayrılmış, adını değiştirmiş, kendisini vatan için savaşmaya adamış... Velhasılkelam, baba kız kucaklaşıyor, İslam beyle Zekiye muratlarına eriyor, evleniyorlar.

Vatan yahut Silistre bu.

Namık Kemal'in eseri.
Fikirleriyle en başta Mustafa Kemal, tüm yurtseverleri derinden etkileyen vatan şairiydi. Özgürlük, bağımsızlık gibi kavramları edebiyatımıza sokan, *Vatan yahut Silistre* gibi eserleriyle Türkiye Cumhuriyeti'nin temellerine harç koyan Jön Türk gazeteciydi.

Başına gelmeyen kalmadı tabii... *Vatan yahut Silistre*'nin orijinal adı Vatan'dı, vatan kelimesi sakıncalı kabul ediliyordu, sarayın sansürü nedeniyle Silistre adıyla sahneye konuldu, salon hınca hınç doldu, kalabalık sokaklara taştı, seyredenler "yaşasın vatan, yaşasın millet" diye sloganlar attı. E haliyle... Hemen ertesi sabah Namık Kemal tutuklandı, muzır neşriyat gerekçesiyle gazetesi kapatıldı, Kıbrıs'a sürgüne gönderildi, 38 ay orada sürgün yaşadı, cezası bitti, İstanbul'a döndü, döndü ama, asayişi bozduğu gerekçesiyle Midilli'ye sürgüne gönderildi, İstanbul'a ayak basmasın diye adadan adaya dolaştırıldı, Rodos'a, oradan Sakız'a gönderildi, henüz 48 yaşındayken vefat etti.

Namık Kemal, *Vatan yahut Silistre*'yi yazdığı için ömür boyu süründürülüp, kahrından öldürüldüğü sene, 1888'de...
Süleyman Hilmi dünyaya geldi, aynı Silistre'de.

Medrese tahsili için İstanbul'a geçti, talebe yetiştirmeye başladı, cemaatleşti. Gel gör ki... Devran dönmüş, Namık Kemal'in fikirleri Türkiye Cumhuriyeti olarak vücut bulmuştu, tekkeler zaviyeler tarikat yuvaları kapatıldı. Süleyman Hilmi yeraltına indi, İstanbul Çatalca'da çiftliğe yerleşti, tenhada, gözden ırak, tarikat eğitimiyle çocukların beynini yıkamaya devam etti, Anadolu'ya yayıldı, Sakarya'da Kütahya'da Antalya'da Adana'da yasadışı yatılı kurslar açmaya başladı, gözaltına alındı, vaizlik yetkisi elinden alındı. Karşıdevrimci Demokrat Parti iktidar olunca, engel mengel kalmadı, İstanbul'un göbeğinde, Çamlıca'da, malikanede kurs açtı. Yurtdışına açıldı, ABD'de Avrupa'da şubeleşti. 1959'da öldüğünde, sağ iktidarların himayesindeki müritlerinin sayısı bir milyonu aşmıştı. Cemaati yoluna tam gaz devam etti, milliyetçi cephe hükümetlerini fırsat bildiler, siyasete daldılar... Adalet Partisi'nden, Anap'tan, Refah Partisi'nden, Akp'den milletvekili oldular, hatta bakan oldular.

Böyle böyle, usul usul, sinsi sinsi... Namık Kemallerden Süleyman Hilmilere savruldu Türkiye.

Geleceği aydınlatan fikirlerden, ortaçağ karanlığına sürüklendi. Aklı, bilimi, kültürü, sanatı, kuvayi milliye ruhunu, devrimleri, çağdaş yaşamı, birey olmayı reddetti, zihinlere duvar örmeyi, kula kul olmayı tercih etti.

Silistre AB'ye girdi.
Vatan işte bu halde.

Ve şimdi utanmadan deniyor ki, Adana Aladağ'daki cemaat yurdunun yangın merdiveni kilitliymiş, kilitli değilmiş filan...
Hikaye.

Aklına kilit vurduğunda o çocuklarımızı zaten çoktan yaktı Türkiye!

Süleyman Hilmi Tunahan

"Mavi takkeliler" olarak bilinen Süleymancıların, Türkiye genelinde binden fazla öğrenci yurdu vardı. Herkes beyaz takke taktığı için, farklı olmak isteyen Süleyman Hilmi Tunahan mavi takke takıyordu, müritleri de bu yüzden mavi takke kullanıyordu. 2016 yılında, Adana Aladağ'da Süleymancılar cemaatine ait öğrenci yurdunda yangın çıktı, 6 ila 10 yaşlarındaki 11 kız çocuğu feci şekilde hayatını kaybetti. Denetimsiz, kontrolsüz yurtta yanarak can veren çocukların hepsi garibandı, çaresiz ailelerin çocuklarıydı. Aladağ'daki devlet yurdu iki yıl önce meydana gelen alt tarafı 4.7 şiddetindeki depremde ağır hasar görmüş, çürük raporuyla yıkılmış, yerine yenisi yapılmamıştı, Sinanpaşa ortaokulunda okuyan kız öğrenciler bizzat milli eğitim yetkilileri tarafından Süleymancıların yurduna yönlendirilmiş, cemaatin kollarına terkedilmişti. Ağır ihmal, sorumsuzluk, ne ararsan vardı, resmen cinayetti, Akp hükümeti sessiz kalıyordu. Evladını kaybeden ailelere, cemaat yöneticileri tarafından baskı yapıldı, şikayetçi olmamaları için 30'ar bin lira teklif edildi, bu paraya rağmen şikayetinden vazgeçmeyen aileler, duruşma öncesinde adliyede yumruklu saldırıya uğradı. Türkiye Barolar Birliği ve CHP ailelere sahip çıkıyordu, Ekim 2017 itibariyle dava devam ediyordu.

Sefer

10 yaşındaki erkek çocuklarına tarikat yuvasında senelerce tecavüz ediliyor, aile bakanı "bi kerecik" diyor.
11 yaşındaki kız çocuklarını koynuna alan 70 yaşındaki sapıklara af çıkarılıyor, başbakan "bi kereliğine" diyor.

Anlatayım size o "bi kere"yi...

Herifin biri 16 yaşındaki kuzenini zorla kaçırdı, imam nikahıyla kapatıp, eve hapsetti, pencereden dışarı bakıyor diye kıskandı, bıçakla delik deşik ederek öldürdü. Güya 14 sene verdiler, alt tarafı dört sene yattı, afla çıktı. Belediyede işe girdi, aynı yerde çalışan biriyle tartışırken, belinde taşıdığı ruhsatsız tabancayı çekti, dran dran, vurdu. Neyse ki, vurduğu kişi ölmedi, ameliyat mameliyat, kefeni yırttı. Vurulan kefeni yırtınca, vuran da yırttı. Nasıl olsa ölmedi deyip, yaralamadan dört sene hapis verdiler.

Ama, bir gün bile yatmadı. Çünkü, cezayı ertelediler, sakın bir daha yapma deyip, belindeki ruhsatsız tabancayla birlikte sokağa saldılar. Konu komşu devreye girdi, çöpçatanlık yaptı, bu herife kız buldular iyi mi... Resmi nikahla evlendi. Resmen evliyken, gitti dul bir kadınla yaşamaya başladı. Yakında boşanacağım, şimdilik idare et, şu anda resmi nikah yapamam ama, evimin tapusunu senin üstüne yapacağım dedi. İki sene oyaladı. Tapuyu mapuyu vermeyince, hır çıktı, dul kadın bağırıp çağırmaya başladı. Sen misin bağıran... Baltayı kaptı, savurdu, kadının kafasını harrss diye ikiye böldü. İkinci defa kadın öldürmüştü, bu defa güya 15 sene verdiler, alt tarafı altı sene yattı, gene çıktı. Mahalleli gene devreye girdi, bu herifi, Hande Ataizi'nin sunduğu "dest-i izdivaç" programına gönderdiler. E böylesine cazip, pırıl pırıl damat adayı her zaman bulunmaz, kapanın elinde kaldı, Arap asıllı bir kadınla evlendi. Neyse ki, o kadını öldürmedi, boşandı. Talihsizlikler (!) hep onu bulmuştu yani... Şansını tekrar denemek için, bu defa, Flash tv'deki "ne çıkarsa bahtına" isimli evlilik programına katıldı. Canlı yayında "kader kurbanıyım" dedi. "Dürüst bir insanım, yalan söylemem, yuva kurmak benim de hakkım, 62 yaşındayım, şeker hastasıyım, bir su verenim olsun istiyorum" dedi. Bu program sırasında, bir kadınla daha imam nikahıyla yaşadığını itiraf etti, acaba onu da öldürdü mü diye merak edildi, onu öldürmemişti. Böylece... Üçü gayrimeşru, beş kadınla evlenip sadece ikisini öldürdüğü ortaya çıktı. Duygulu anlar yaşandı. İki ay sonra... Normalde insan içine çıkmaması gereken bu herif, Seda Sayan'ın show tv'deki evlilik programına konuk edildi. Seda Sayan gayet güzel sohbet etti, seyircilere dönüp "bu kadar güleryüzlü bir katil gördünüz mü?" diye sordu. Kahkahalarla alkışladılar. Herifin öldürdüğü kadınlardan birinin oğlu, telefonla canlı yayına bağlandı, "bu herifin televizyona çıkarılmasından rahatsızlık duyuyorum" diye tepki gösterdi. Seda Sayan "niye rahatsız oluyorsun ayol?" diye sordu. Çocuk isyan etti, "niye olacak yahu, oradaki herif annemi öldürdü, normalde hapiste olması lazım, televizyon televizyon geziyor" diye bağırdı. Kadın örgütleri ayağa kalktı, ancak, yandaş televizyonların yorumcuları derhal kulp buldu, bu kadın örgütlerinin "aslında pkk'lı" olduğu söylendi. Rezilliği meclise taşıyan Chp'nin kadın milletvekillerine yandaş medyada hakaret yağdırıldı, "botokslu vekiller" filan denildi. Neticede güya soruşturma açıldı ama, reşit bile olmayan imam nikahlı eşlerini hunharca katleden heriflerin ekranlara çıkarılmasının, alkışlanmasının, sevimli damat adayı olarak gösterilmesinin "basın özgürlüğü"ne girdiğine hükmedildi.

Bu memleketin ne kadar arsızlaştığının, yüzsüzleştiğinin, toplumun ne hale getirildiğinin göstergesiydi. Utanma, sıkılma, ayıp gibi kavramların tedavülden kalktığının kanıtıydı.

Ve siz hâlâ merak ediyorsunuz...
Nasıl oluyor da, torunu yaşındaki kız çocuklarına musallat olan sapıklara "aile birliği" adı altında af yasası çıkarılabiliyor? Böyle bir yasa, nasıl oluyor da TBMM'ye getirilebiliyor?

Karikatüristler "terörist" diye hapse tıkılırken, tescilli kadın katilleri "basın özgürlüğü"nden faydalanıyorsa... Diyanet'in resmi internet sitesinden "babanın öz kızına şehvet duyması haram değildir" diye fetva veriliyorsa... 76 yaşındaki şeriatçının koynuna sokulan 14 yaşındaki kız çocuğuna, adli tıp kurumu tarafından "ruh sağlığı bozulmadı" diye rapor veriliyorsa... Yetiştirme yurdundaki erkek çocuklarına tecavüz eden din dersi öğretmeni, sosyal hizmetler müdürü yapılıyorsa... Akp milletvekili, hayvanlara tecavüz eden insanlara, yeniden hayvan sahibi olmaları için "bir şans daha" verilmesini öneriyorsa... Bu memleketin adalet bakanı, 11 yaşındaki kız çocuklarının dedeleri yaşındaki heriflerin yatağına sokulmasını "küçüğün de rızasıyla" diye izah ediyorsa... Çocuklara bayram hediye eden dünyadaki tek meclis'in, çocuklara tecavüzü aklaması anormal mi kardeşim?

Sefer Çalınak

Türkiye'de 2002-2015 arasında, 5406 kadın öldürüldü. Kadına yönelik şiddet haberlerinin artması üzerine, bu istatistiki bilgiler gizlenmeye, küçültülmeye başlandı, gerçeği öğrenmek için TBMM'de verilen soru önergeleri bile cevapsız bırakılıyordu. Kadın cinayetlerinin yüzde 90'ını koca, baba, kardeş gibi aile bireyleri işliyordu. Aile bakanlığının verilerine göre, Türkiye'de her iki kadından biri fiziksel veya cinsel şiddet görüyordu. Her 10 kadından biri, hamileliği sırasında kocasından dayak yiyordu. Her 10 kadından biri, 15 yaşından küçükken cinsel istismar yaşadığını söylüyordu. Buna rağmen... Sefer Çalınak gibi tescilli-katmerli kadın katilleri, kadınlar tarafından sunulan, kadınlar tarafından seyredilen, kadın programlarına konuk yapılıyordu! Sayın ahalimiz farkında değildi ama, bu inanılmaz rezalet, Reuters, Guardian, USA Today, BBC gibi uluslararası saygın medya kuruluşları tarafından tüm dünyaya duyuruluyor, "İslamcı hükümet döneminde Türkiye'deki kadın haklarının hızla gerilediği" anlatılıyordu!

Bekir

Bolu'da imam nikahıyla evlendirilen 11 yaşındaki kız çocuğunun sekiz aylık hamile olduğu ortaya çıktı. Samsun'da otomobil çarptı diye koma halinde hastaneye getirilen 14 yaşındaki kız çocuğunun, imam nikahlı eşi tarafından odunla dövüldüğü, sonra da kaza süsü vermek için motosikletle üzerinden geçildiği anlaşıldı. Ordu'da 13 yaşındayken para karşılığında evlendirilen kız çocuğu, sürekli dayak yediği 40 yaşındaki herifin evi terketmesi üzerine, kendi ailesi tarafından kabul edilmedi, henüz 17 yaşındayken üç çocuğuyla ortada kaldı. Gaziantep'te özel hastanede 18 yaşında birinin kimliğiyle doğum yaptırılan kız çocuğunun, aslında 12 yaşında olduğu tespit edildi. Adana'da 13 yaşındaki kız çocuğuna düğün yapıldı. Sakarya'da kuzeniyle evlendirilen 15 yaşındaki kız çocuğu, evden kaçıp polise sığındı. Tekirdağ'da bir noterin, 14 yaşındaki kızlarını evlendirmek isteyen ana-babaya muvafakatname verdiği belirlendi. Tokat'ta evlendirilen 12 yaşındaki kız çocuğunun dört aylık hamile olduğu anlaşıldı. Ağrı'da 16 yaşında evlendirilen kız çocuğu, işkence yapılmış, tuvalette eli kolu bağlanmış halde bulundu. İzmir'de 12 yaşında evlendirilen kız çocuğu, sezaryenle doğum yaptı. Adana'da imam nikahıyla evlendirilen 16 yaşındaki kız çocuğu, trenin önüne atladı. Korunması Gereken Çocuklar Sempozyumu'nda konuşan Gümüşhane Üniversitesi öğretim üyesi, bizzat yaşadığı hadiseyi anlattı, "yol kenarında bir kız çocuğunu kucağında bebeğiyle ağlarken gördüm, 16 yaşındayken evlendirilmiş, anne olmuş, bebeğinin eli yanmış, ne yapacağını bilmiyor, bebeğiyle birlikte ağlıyordu, aslında orada bir anne ağlamıyordu, iki çocuk ağlıyordu" dedi. Kayseri'de para karşılığında evlendirildiği herif tarafından sokağa atılan, kamyonet kasasında yaşayan 15 yaşındaki kız çocuğu, av tüfeğiyle canına kıydı. Konya'da 16 yaşındayken evlendirilen kız çocuğu, inşaatın yedinci katından atladı. Siirt'te

dünyaya geldi, ismi Kader'di, 12 yaşında evlendirildi, 13 yaşında anne oldu, 14 yaşında canına kıydı, adı üstünde kaderi böyleymiş denildi, geçildi. 12 yaşındayken iki bilezik karşılığında 40 yaşındaki evli herife kuma verildiği ortaya çıkan kız çocuğu "yanına yatmaya korkardım, bana oyuncak almayınca ağlardım" dedi. 11 yaşındayken 40 yaşındaki herifle evlendirilen kız çocuğu "çocuk doğuramıyor diye dövüldüğünü, üç dört sene kaynanasının koynunda yattığını" söyledi. 30 yaşında biriyle evlendirilen 13 yaşındaki kız çocuğu, seneler sonra gazete röportajında anlattı: "İlk gece beni tek başıma odaya soktular, korkudan bayıldım, kolonya verdiler, evlendirildiğim kişi odaya geldi, 'hadi gel seninle evcilik oyunu oynayalım' dedi, bu cümleyi hayatım boyunca unutmayacağım..." 12 yaşındayken okulundan alınıp, başlık parası karşılığında 50 yaşındaki herifin koynuna sokulduğu anlaşılan kız çocuğu "derslerim çok iyiydi, rüyamda sürekli mezun olduğumu, diploma aldığımı görüyorum" dedi. Henüz 14 yaşındayken 10 bin lira karşılığında, beş çocuk, dokuz torun sahibi 70 yaşındaki herife verilen kız çocuğu, seneler sonra bu konuda araştırma yapan üniversite ekibine anlattı, "annemi asla affetmeyeceğim, hayatımı değiştirme imkanım olsaydı, en önce babamı değiştirirdim" dedi.
Akp hükümeti, işte bu sapıklara af kanunu çıkarmaya çalışıyor. Geceyarısı sessiz sedasız meclisten geçirirken muhalefet partilerine yakalanan adalet bakanımız "bunlar tecavüzcü değil, cinsel istismar suçunu zorla işlemiş kişiler değil, tamamen ailelerin ve küçüğün de rızasıyla yapılmış işler" diyor... Adalet bakanımızın "küçüğün de rızasıyla yapılmış işler" dediği işler, işte bu işler!

Ve bu işler... Sadece ahlaksız babalar, utanmaz dünürler, sapık damatlarla yapılmıyor. İmamlarla yapılıyor.

İmamlar nikah kıyıyor.
İmamlar onaylıyor.
Babalar istedikleri kadar ahlaksız olsun, dünürler istedikleri kadar utanmaz olsun... İmamlar rıza göstermese, bu insanlık suçu işlenebilir mi?
İmamlar, nikahını kıy diye kendilerine getirilen kız çocuklarını polise, jandarmaya, savcıya bildirse, bu talihsiz kız çocukları, babaları hatta dedeleri yaşındaki sapıkların yatağına sokulabilir mi?

İmamlar, bu işlerin olmazsa olmazıdır.

Adalet bakanımız imamdır.
İyi bilir bu işleri!

Bekir Bozdağ

Yozgat Akmağdeni imam hatip lisesini bitirdi, Uludağ Üniversitesi ilahiyat fakültesini bitirdi, aynı üniversitede dinler tarihi üzerine yüksek lisans yaptı, aynı zamanda Selçuk Üniversitesi hukuk fakültesini bitirdi, hem hukukçu, hem din adamı diploması aldı, hem diyanet işleri başkanlığından sorumlu başbakan yardımcısı oldu, hem adalet bakanı oldu. Ama maalesef, ne gerçek manada din adamı, ne de hukuk adamı olabildi. 2013'te adalet bakanlığı koltuğuna oturdu, Ergenekon-Balyoz-Casusluk kumpaslarından, 17/25 Aralık yolsuzluk rezaletinden, 15 Temmuz darbe girişiminden, onbinlerce kişinin tutuklandığı FETO davalarına kadar, tarihte eşi benzeri görülmemiş hukuk garabetlerinin tamamı, onun adalet bakanlığı döneminde yaşandı. Dünya böyle adalet bakanı görmedi!

Karayılan

Açılım'ın revaçta olduğu günlerdi. Murat Karayılan, Kandil'de basın toplantısı düzenledi. Yüce Türk basını koştura koştura gitti. Bazı yalaka köşe yazarlarımız, aman geç kalmayayım diye iki gün önceden gitti. Bizim gaztecileri kalaşnikoflarla karşıladılar. Apo posterleriyle, PKK bayraklarıyla donatılmış mekanlarda tavuk-pilav yedirdiler. Muz cumhuriyeti'nden geldikleri için, muz ikram ettiler. Karınlarını doyurunca, hepsini sıraya soktular, donlarına kadar aradılar. Kamyonet kasalarına bindirip, dağa çıkardılar.

160 gazteci gelmişti. Alayını çadıra soktular. Karayılan, Apo posteriyle PKK bayrağının önüne oturdu. Konuşma yapacağı masada, 34 ayrı televizyon kanalının mikrofonu vardı. Anadolu Ajansı bile oradaydı. Devletin resmi haber ajansı, Kandil'e gönderilmişti. Tarihte ilk'ti.

Karayılan, "Türkiye dışına çekileceklerini" müjdeliyordu. Yüce Türk basını da "bravo, şahane, yaşasın" manşetleri atıyordu. 50 bin insanımızın ölümünden sorumlu terör örgütü, "sivil toplum örgütü" gibi gösteriliyor, güzellemeler yapılıyordu.

Mesela... PKK'lılardan bile daha çok PKK'cı olan bi gazteci var. Şunları yazmıştı: "Kandil'e çıktık, PKK'nın pasaport kontrolünden geçtik, çat pat Türkçe konuşan, kontrol noktasının şefi olduğu anlaşılan sevimli bir delikanlı 'abi ben sizi bir yerden tanıyorum' diye sordu, 'televizyondan olabilir mi?" dedim, 'tabii ağabey, televizyonda seyrettiydim, bu adam cesur adam be dediydim' dedi."

Demek ki neydi?
Teröristler "sevimli delikanlı"ydı.
Teröristlere sevimli delikanlı diyenler de "cesur adam"lardı.

Bir başkası aynen şöyle döktürmüştü: "Güzel bir ceviz ağacının dibinde, öğle yemeğindeyiz, keyifle yiyoruz, etrafta incir ağaçları, dut ağaçları, pembe pembe çiçekler açmış, Kürdistan gülleri..."

Ne romantik di mi?

Kandil'den canlı yayınlar yapılıyordu. "Geri çekildikleri falan yok" diyenlerin, topluma yalan söylediği anlatılıyordu. PKK'nın çekilme konusunda "gayet samimi" olduğu anlatılıyordu. "Geri çekildikleri falan yok" diyenlerin, ırkçı olduğu, faşist olduğu anlatılıyordu.

PKK'ya yakınlığıyla tanınan Fırat Haber Ajansı da oradaydı. Ancak... Fırat Haber Ajansı muhabiri, Karayılan'ın ne dediğini değil, bizim gaztecilerin neler dediğini gözlemlemişti, bizim gaztecileri haber yapmıştı. Sayın gaztecilerimiz "kendi çalıştıkları kurumları şikayet etmiş"lerdi. "Kürdistan haberleri yaptıklarını, ama, bağlı bulundukları editörler tarafından sansürlendiklerini, haberlerinin değiştirildiğini anlatmış"lardı. Yani açıkça, kendi çalıştıkları kurumları PKK'ya ispiyonlamışlardı.

Kuyruğa girdiler, sırayla Karayılan'ın yanına oturdular, sırıta sırıta poz verdiler. Kadın gaztecilerden biri, o gurur duyduğu hatırasını şöyle ambalajlamıştı: "Açıkçası çatık kaşlı olacağını düşünmüştüm, halbuki Murat Karayılan sohbet boyunca gülümsüyor. Kariyer hırsı yok. Bir lokma bir hırka. Saygılı. Kültürlü. Bilimsel konuşuyor."

Zannedersin, tonton, babacan bi aile büyüğünü tarif ediyordu. Teröristten ziyade "terörişko"ydu. Okuyunca, insanın PKK'ya katılası geliyordu.

Ana haber bültenlerinde ballandıra ballandıra yayınlandı, ekrana bi tek mekap'la çıkmadıkları kaldı. Gazetelerde neredeyse tam sayfa verildi. Haber kanallarında günlerce başka mevzu yoktu. PKK'yla barış kelimeleri yan yana kullanılıyor, örgüt meşrulaştırılıyordu.

Bunlar olurken... Türkiye Cumhuriyeti Genelkurmay Başkanı "terörist" sıfatıyla hapisteydi. PKK tanık, TSK sanık'tı. İmralı'ya muhabbet, Silivri'ye müebbet'ti. Tayyip Erdoğan bu davaların savcısı'ydı. Bülent Arınç'a göre, "iyi ki bu komutanlarla savaşa girmemiştik, Türkiye bağırsaklarını temizliyor"du. Sayın Apo ise, öğrenciliğinde namaz kılan, oruç tutan, derin devlet tarafından kandırılan, talihsiz bir gençti, zavallı apocuk'tu. Bu pompalanıyordu.

Ya şimdi?

Aynı gazeteler, aynı televizyonlar anlatıyor: PKK'nın açılım döneminde yerleştirdiği bombalara "uyuyan bombalar" deniyormuş. Son günlerde işte bu "uyuyan bombalar" patlatılıyormuş. Çünkü, açılım döneminde güvenlik önlemleri gevşetilmiş, meydan tamamen PKK'ya bırakılmış, PKK da uyuyan bombalarını rahat rahat, yollara, köprülere, tünellere yerleştirmiş. En son Siirt'te patlayan, sekiz şehit verdiğimiz bomba, uyuyan bombalardanmış. Bombanın üzeri defalarca asfaltlanmış, kimsenin ruhu bile duymamış. Amerikan gazetelerine konuşan PKK yöneticileri, "açılım görüşmeleri sırasında daha da büyüdük, istediğimiz gibi organize olduk" diyorlarmış.

İyi de...

Uyuyan'ları anladık.
Uyutan'lar ne olacak?

O bombalar uyusun da büyüsün diye, millete ninni söyleyenler kimlerdi?

Milleti "uyutan"ları manşetlerinizde ekranlarınızda günlerce patlatacaksınız... Sonra da utanmadan, "uyuyan" bombalar patladı diyeceksiniz, öyle mi?

Murat Karayılan

Sayın basınımız tarafından "bir lokma bir hırka, saygılı, kültürlü, bilimsel konuşuyor" diye öve öve bitirilemeyen Murat Karayılan, 1979'da PKK'ya katılmış, 12 Eylül darbesinde Suriye'ye kaçmış, Öcalan'ın yakalanmasından sonra PKK'nın başına geçmişti, 1999'dan itibaren PKK'nın tüm silahlı eylemlerinin bir numaralı sorumlusuydu, ABD tarafından "uyuşturucu kaçakçısı" ilan edilmişti. Sayın hükümetimizin açılım saçmalığı sayesinde Kandil'de basın toplantısı düzenleyip, sayın basınımızla poz verirken, Türkiye Cumhuriyeti Devleti'nin "en çok aranan teröristler listesi"nin en başındaydı!

Müezzinoğlu

Sağlık bakanı Mehmet Müezzinoğlu, "cumhurbaşkanı yerine başkan seçmiş olsaydık, Türkiye bugünkü kaosu yaşamazdı" demiş.

Demek ki neymiş?
Rejim yanlışmış.
Mevcut rejimi beğenmeyen bu arkadaş... Yunan vatandaşıydı.

Gümülcine'de doğmuştu, tahsil yapmak için rejimini beğenmediği Türkiye Cumhuriyeti'ne geldi. "Medrese"den tasdikname getirmişti, bu belgeyle herhangi bir okula kaydolabilmesi mümkün değildi. Buna rağmen, rejimini beğenmediği Türkiye Cumhuriyeti, ona yardımcı oldu, "misafir öğrenci" statüsüyle, imam hatip lisesine kaydedildi.

Liseyi bitirince, anca, Atatürk Üniversitesi ziraat fakültesi zooloji bölümünü kazanabildi. Gel gör ki... Rejimini beğenmediği Türkiye Cumhuriyeti, onun gibilere büyük bir imkan sağladı. "Yabancı uyruklular sınavı"na girdi, hampadan, İstanbul Üniversitesi Cerrahpaşa Tıp Fakültesi'ne yazıldı. Rejimini beğenmediği Türkiye Cumhuriyeti, özbeöz Türkiye doğumlulara haksız rekabet yaratıp, yabancı uyruklulara bu avantajı sağlamasaydı, cerrahpaşa'yı rüyasında bile göremezdi. Rejimini beğenmediği Türkiye Cumhuriyeti, onu hekim yaptı.

Diplomayı kaptı, koşa koşa Yunanistan'a döndü. Koşa koşa döndü ama... Yunanistan, bunu insan yerine bile koymadı, hekim olarak çalışmasına izin vermedi. Hadi bakalım, gene istikamet değiştirdi, sınırdan gizlice geçti, rejimini beğenmediği Türkiye Cumhuriyeti'ne kaçtı.

Yunanistan bunu zart diye vatandaşlıktan attı. Haymatlos oldu. Vatansız yani... Vatansız kaldı. Rejimini beğenmediği Türkiye Cumhuriyeti, ona vatan verdi, Türkiye Cumhuriyeti nüfus cüzdanı verdi. Rejimini beğenmediği Türkiye Cumhuriyeti'nin vatandaşı oldu.

Soyadı bile yoktu. Yunanistan'dan geldiğinde sadece Mehmet'ti. İmam hatipe kaydolurken baba adı sorulmuş, Ali cevabını verince, Mehmet Alioğlu diye yazılmıştı. 1986'da rejimini beğenmediği Türkiye Cumhuriyeti'nin nüfus cüzdanını alırken, hayatında ilk kez, 31 yaşındayken, gerçek manada soyadı sahibi olabildi. Bugün eğer çocuklarına, torunlarına, gururla soyadını verebiliyorsa, rejimini beğenmediği Türkiye Cumhuriyeti sayesinde verebiliyor.

Rejimini beğenmediği Türkiye Cumhuriyeti'nde... Birey oldu. Hastane sahibi oldu. Milletvekili oldu. Bakan oldu. Vatandaşlıktan atıldığı Yunanistan'a, rejimini beğenmediği Türkiye Cumhuriyeti'nin pasaportuyla gidebildi. Bir daha adım atamadığı doğduğu topraklarda, baba ocağındaki camide, rejimini beğenmediği Türkiye Cumhuriyeti'nin pasaportu sayesinde cuma namazı kılabildi.

Hayatı boyunca ne kazandıysa, rejimini beğenmediği Türkiye Cumhuriyeti sayesinde kazandı. Ama... Bakanlık koltuğuna oturur oturmaz, bismillah ilk iş, bakanlığındaki TC ibaresini kaldırttı.

Türkiye Cumhuriyeti'nin beğenmediği rejiminden faydalanarak TBMM'ye girdi, o TBMM'nin seçtiği cumhurbaşkanlarına "saksı" dedi.

Şimdi de akıl öğretiyor. Mevcudiyetini borçlu olduğu Türkiye Cumhuriyeti'nin mevcut rejiminin yanlış olduğunu söylüyor.

E, insan hakikaten merak ediyor... Nasıl oluyor da, bunların alayının ortak özelliği "nankör"lük oluyor!

Mehmet Müezzinoğlu

Akp iktidarında... Devlet hastanelerindeki ölüm oranı yüzde 40 arttı. Devlet hastanelerinde 2010 yılında 83 bin kişi hayatını kaybederken, 2014 yılında 114 bin kişi hayatını kaybetti. Çünkü, durumu kritik hastaların çoğuna özel hastanelerde bakılmıyor, zordaki hastalar özel'den devlete sevkediliyor, devlet hastanelerinde yeterli bakım sağlanamıyor, bu ağır istatistikler oluşuyordu. Akp iktidara geldiğinde 2002'de 209 milyon kişi hastaneye giderken, 2014'te ülke nüfusunun neredeyse dokuz misli, 644 milyon kişi hastaneye gitmişti! 2002 yılında 769 milyon kutu ilaç satılırken, 2014 yılında 1 milyar 970 milyon kutuya çıktı. 2016 yılında acil servise başvuran vatandaş sayısı kaçtı biliyor musunuz? 100 milyon kişiydi! Tüm dünyada nüfusundan daha fazla acile başvuran tek ülke, Türkiye'ydi. Çünkü, acil servise gidince fark ödenmiyordu. İnsanlarımız iki lira üç lira farkı bile ödeyemeyecek durumda olduğu için, mesai saatinin bitmesini bekliyor, acil servislere yığılıyordu. 2002 yılında iki milyon kişi ameliyat olurken, 2014 yılında 14 milyon kişi ameliyat olmuştu! Bunun adı, performanstı. Akp hükümeti, performans adı altında, doktorlara hastanelere ameliyat karşılığı para ödüyor, bu yüzden habire ameliyata yükleniliyordu. Akp sadece parası olanların sağlıklı hizmet alabildiği bir sistem yaratmıştı, katkı payı, katılım payı, reçete parası gibi çeşitli yollarla fark ücreti alınıyor, hasta vatandaşlar "müşteri" konumuna getiriliyordu. Piyasacı sağlık hizmeti yüzünden, anne ve bebek ölüm hızları arttı. Şehir hastaneleri icat edildi. Şehir hastaneleri denilen, özelleştirmenin Truva atıydı. Yandaşa arsayı buluyorlar, yandaş o arsaya bina yapıyor, o binayı o yandaşa 49 yıllığına kiralıyorlar, yüzde 70 doluluk garantisi veriyorlar, doktoru hemşireyi devlet veriyor, doktorun hemşirenin maaşını devlet veriyor, hastanenin gelirini o yandaş alıyor, binadaki kafeterya, kuaför gibi işletmeler bile o yandaşa ait oluyordu. Şehir hastaneleri, kamu-özel ortaklığı kisvesi altında, kamu adını kullanarak, küresel sermayeye kaynak yaratıyor, halkın sağlığı yandaş işadamlarına pazarlanıyordu. Sağlık çalışanlarının özlük hakları verilmiyor, fazla mesaiye zorlanıyor, itiraz edenler sürülüyor, taciz ediliyordu. Her dört sağlık çalışanından biri taşerondu. Vaziyet bu haldeyken... Sağlık bakanı Müezzinoğlu, kendi asli görevini düzgün şekilde yerine getireceğine, 1923'te kurulan Cumhuriyet rejimini beğenmiyor, TBMM'nin seçtiği cumhurbaşkanlarımıza "saksı" diyordu!

Selahattin

Selahattin Demirtaş "bu halk Abdullah Öcalan'ın posterini Kürdistan'a asamayacak da, nereye asacak? Buna alışsanız iyi olur, çünkü biz daha Başkan Apo'nun heykelini dikeceğiz, heykelini" dedi.

Figen Yüksekdağ "biz sırtımızı YPG'ye YPJ'ye PYD'ye yaslıyoruz, söylemekten de çekinmiyoruz" dedi.

HDP milletvekili, Diyarbakır belediye eski başkanı Osman Baydemir "devlet aklına mesajımız var, hassiktirin diyorum" dedi.

HDP milletvekili Abdullah Zeydan "Kürt halkının gücünü test etmeye çalışanlara çağrı yapıyoruz, PKK sizi tükürüğüyle boğar" dedi.

HDP milletvekili Burcu Çelik Özkan, köy korucularına seslendi, "o keleşi size çevirmesini çok iyi biliyoruz, bu memleketten defolup gideceksiniz" dedi.

Seçim öncesi HDP'nin Batman mitinginde "barajı aşarsak, bizler bulutuz, güneşiz, yağmuruz, barajı aşamazsak, benim meskenim dağlardır dağlar" pankartı açıldı.

Ağrı belediye başkanı Sırrı Sakık "ellerinde bayraklarla Mustafa Kemal'in askerleriyiz diyerek saldıranlara demiştim ki, Mustafa Kemal'in askeri değil, generali olsanız ne yazar, it sürüleri" dedi.

HDP milletvekili Altan Tan "CHP yerli inek gibi, dünya kadar ot yedirirsin, sütünde artma olmaz" dedi.

HDP milletvekili Adil Zozani, TBMM çatısı altında, "Kemalizm dediğiniz şey, bir parça Hitler, bir parça Mussolini'dir" dedi.

PKK'lılar Ağrı dağında temsili mezar kazdı, mezar taşına "TC" yazdı, TC'nin gömülme töreninde konuşan HDP milletvekili Hüsamettin Zenderlioğlu "Kürtler uyandı, hiç boşuna çırpınmayın" dedi.

HDP milletvekili Pervin Buldan "PKK terör örgütü değildir" dedi.

Selahattin Demirtaş "HDP, başkan apo'nun projesidir, bunu unutmadan çalışmalıyız" dedi.

Kimse rahatsız olmadı.

Hdp'ye "şerefsiz" denildi...
Ortalık ayağa kalktı!

Kimse kimseye "şerefsiz" demesin.
Elbette.

Peki, isteyen istediğine "hassiktirin, memleketten defolun, it sürüleri, tükürüğümüzle boğarız, size kalaşnikof çeviririz, gömeriz, burası Kürdistan, Chp'li inekler, Atatürk Hitler'dir" diyebilsin mi?

Selahattin Demirtaş

Akp'nin açılım saçmalığı döneminde Türkiye bu hale gelmişti, PKK üzerindeki baskı kaldırılmış, HDP milletvekilleri toplumsal uzlaşma aramak yerine, bundan böyle bizim borumuz öter havasına girmişti. En çarpıcı örnek, HDP genel başkanı Selahattin Demirtaş'tı. Akp yalakası medya tarafından "demokrasi kahramanı" ilan edilmişti. Neredeyse her akşam bir yandaş televizyona canlı yayın konuğu yapılıyor, saatlerce ekranda tutuluyor, çanak sorularla pohpohlanıyor, parlatılıyor, genç seçmenlerin umudu olarak takdim ediliyordu. Mesela... "Ben bir döneğim, dönmek benim mesleğimdir, dönme hızıma kimse yetişemez" diyen *Hürriyet* gazetesi köşe yazarı Ahmet Hakan tarafından CnnTürk'te konuk edilmiş, canlı yayında bağlama çaldırılmış, türkü bile söyletilmişti. Açılım'ın işi bitince, Selahattin Demirtaş'ın da işi bitti... Kasım 2016'da "silahlı terör örgütüne üye olmak, örgüt adına suç işlemek" iddialarıyla tutuklandı, hapse tıkıldı, 142 yıl hapsi isteniyordu. Selahattin Demirtaş'la birlikte HDP eşbaşkanı Figen Yüksekdağ ve dokuz milletvekili tutuklanmıştı. 2017 itibariyle hapisteydiler, hâlâ yargılanıyorlardı. Açılım sürecinde ayakta alkışlayan yandaş kalemler, şimdi utanmadan "terörist" olduklarını, anayasa suçu işlediklerini yazıyordu, mahkemedeki savunmalarına dair "tek kelime" yazmıyordu!

Görmez

Hazreti Muhammed'e Akp amblemiyle nüfus cüzdanı çıkardılar, peygamberimizin çocuklarının arasına "Tayyip" ismini koydular. Cami avlularında ücretsiz olarak dağıtılan dini kitapta

"Tayyibim" başlıklı ilahi vardı, o ilahide "Tayyip'i üzmek, Allah'ı üzmektir" deniyordu. Akp il başkanı "Tayyip Erdoğan bizim için ikinci peygamber gibidir" dedi. Akp milletvekili, Tayyip Erdoğan'a dokunmanın "ibadet" olduğunu söyledi. Akp bakanı, Tayyip Erdoğan'ın doğup büyümesine vesile olan Rize, İstanbul ve Siirt'i "mübarek şehirler" ilan etti. İstanbul'da "helal ve Tayyip ürünler konferansı" düzenlendi, Tayyip ürünlerin en helal gıdalar olduğu anlatıldı. Akp milletvekili noktayı koydu, "Allahu tealanın bütün vasıflarını üzerinde toplayan lider" dedi. Diyanet'in gıkı çıkmadı.
Ramazan ayında dinibütün hayırseverleri dolandırdılar. Keriz Feneri'nin foyasını ortaya çıkaran Cumhuriyet savcısı, açık açık "zekat hırsızlarını koruyan bir güç var, ben bu güce hırsızların imparatoru diyorum" dedi. Diyanet, ölü balık kadar sessiz kaldı.

Cami avlusunda miting yaptılar. Akp'li başbakan yardımcısı, mihrapta imamla beraber seçim konuşması yaptı. Musalla taşının başında oy istediler. Minarelerdeki mahyalara belediye başkanlarının isimlerini yazdılar. Bu ülkenin başbakanı umreye gidip, Kabe'de kendisini alkışlattı, siyasi slogan attırdı. Diyanet ağzını açıp tek söz söylemedi.

Akp'li belediye binasının önüne kabe maketi kurdular, Hira mağarası maketi kurdular, peygamberimizin evinin maketini kurdular, peygamberimizin temsili eşyalarını sergilediler, dört metreye beş metre ebatlarındaki maket kabe'yi tavaf edenlere zemzem suyu ikram ettiler. Akp'li bir başka belediye, maketten hicret parkuru düzenledi, seçmenleri rehber eşliğinde maket Mekke'den maket Medine'ye götürdüler, yol boyunca maket Kabe'yi, maket Merve tepesini, maket Safa tepesini gösterdiler, dekor olarak Ümmü Mabed çadırı kurdular. Diyanet sanki Jüpiter'deydi, görmezden geldi.

"Peygamber ocağı"na kumpas kurdular, "cami bombalayacaklar" dediler, "vicdansızlara sesleniyorum, Allah Allah diye taarruz eden bir ordu, nasıl olur da Allah'ın evini bombalar" diye isyan eden genelkurmay başkanını terörist diye hapse tıktılar. Yılbaşı ağacı süslemekten, yoga yapmaya kadar, her konuda fetva veren Diyanet, Türk Ordusu imha edilirken, en ufak bir tepki vermedi.

Bunca din sömürüsünün neticesinde... Pırıl pırıl Türkiye Cumhuriyeti ortaçağ karanlığına sürüklendi, tarikatlar cemaatler

ya başladı, kara cahil şeyhler cüppeliler mollalar
indi, sahte mehdiler hortladı, "alnı secdeye eriyor" diye devlet kurumlarını ele geçiren emperyalist maşası takkeliler, darbe yapmaya kalktı.

Türkiye göz göre göre bu hale getirilirken gıkını çıkarmayan Diyanet... Şimdi utanmadan çıktı, "15 Temmuz darbe girişimi ve din istismarına karşı birlik" konulu din şurası düzenledi.

Lafı eğip bükmeyelim...
Din istismarından bahsedecek en son kurum, diyanetin kendisidir.

Feto sahte mehdidir.
Bunlar da sahte diyanettir.

Mehmet Görmez

Akp'nin diyanet işleri başkanı Mehmet Görmez'in kim olduğunu anlayabilmek için, kendisinden önceki diyanet işleri başkanına bakmak yeterliydi... Profesör Ali Bardakoğlu, son cumhurbaşkanımız Ahmet Necdet Sezer tarafından diyanet işleri başkanlığına getirildi. Sadece ilahiyatçı değil, hukukçuydu. Dinin siyasete alet edilmesine daima karşı çıktı. Akp'yle hep mesafeliydi, tarafsız-saygın din adamı olarak, asla parti rozeti takmadı. Analar ağlamasın palavrasıyla ambalajlanan Pkk açılımına destek vermedi, "zihinlerdeki parçalanmayı arttırır" diyerek, Kürtçe vaaza karşı çıktı. Cemaatlere-tarikatlara yüz vermedi, bunları Diyanet'e sokmadı. Atatürk devrimlerine sahip çıkıyor, sık sık Atatürk'e atıfta bulunuyordu. İslamiyet'in aydınlık yüzünü temsil ediyor, aklı-bilimi referans alıyor, özellikle kadın hakları konusunda çağdaş adımlar atıyordu. Tayyip Erdoğan "ulemaya soralım" dediğinde, türbanı Diyanet'e sorduklarında, "yasal düzenleme için Diyanet'in görüşünü sormak, laiklik ilkesine aykırıdır" cevabını verdi. E bardağı taşırmıştı... Mustafa Kemal'le birlikte idama mahkum edilen kuvayi milliyeci Mehmet Rifat Börekçi gibi, Ordinaryüs Profesör Şerafeddin Yaltkaya gibi, Profesör Süleyman Ateş gibi, oturduğu koltuğun hakkını veren Profesör Ali Bardakoğlu, Akp borazanlığı yapmadığı için, Akp tarafından görevden alındı. Onun yerine, Akp imamı olarak görev yapan Mehmet Görmez getirildi, Akp'nin istemediği hiçbir şeyi görmedi! Saçını süpürge misali, Akp için sarığını süpürge etti ama görev süresi dolmadan istifaya zorlandı, koltuğundan ayrıldı.

George

Türkiye'nin Washington büyükelçiliği, Amerikan NBC televizyonuna resmi yazı gönderdi, derhal özür dilemesini istedi. Çünkü... Tayyip Erdoğan'ın 15 Temmuz gecesi Almanya'ya kaçmak istediğini, Almanya'dan sığınma talep ettiğini haber yapmışlardı.
NBC televizyonu bu yalan bilgiyi nereden almıştı? Stratfor isimli düşünce kuruluşundan almıştı. Çünkü aslında... Tayyip Erdoğan'ın Almanya'dan sığınma hakkı talep ettiğini, Stratfor öne sürmüştü.

Peki nedir bu Stratfor?

CIA'in gölge kuruluşu olarak tanınıyor. "Küresel istihbarat şirketi" desek daha doğru... Savunma sanayiyle alakalı, petrolle alakalı özel şirketlere de hizmet veriyor, parası karşılığında istihbarat satıyor.

Ve...
Türkiye onu, o da Türkiye'yi çok yakından tanıyor.

Nerden tanıyor derseniz?
WikiLeaks, 2012 senesinde Stratfor'un ipliğini pazara çıkardı, 2004-2011 arasındaki e-postalarını ele geçirdi, çarşaf çarşaf internete koydu. Deşifre edilen şirketiçi yazışmalarda elbette Türkiye de vardı. Stratfor'un Türkiye'de nasıl at koşturduğunu açıkça ortaya koyuyordu.

Mesela... Türkiye'deki bilgi kaynaklarından biri, başbakanlıkta, Tayyip Erdoğan'ın burnunun dibindeydi, Stratfor'a bülbül gibi öten bu kaynağa büyük özen gösteriyorlardı, "sakın açığa çıkmasın, ne istersek yapıyor" diye mesaj vardı.

Bir başkası, CHP'deydi, genel başkan yardımcısıydı, hatta bu herife "TR 705" diye kod numarası bile vermişlerdi.

Satın aldıkları gazeteciler vardı. İstedikleri haberi yayınlatıyorlardı. Yandaş medyanın önemli bir gazetesi hakkında "ortağımız" ifadesini kullanıyorlardı. "Raporu gönderdim, yarın aynen basacaklar" diye mesaj vardı.

Kimisi parayla, kimisi de gönüllü olmuştu, sevabına satıyordu vatanı... Muhafazakar kimliğiyle tanınan bi profesörümüze 1666 dolar ödemişlerdi, dekont vardı.

Ne kamu kuruluşu kalmıştı sızmadıkları, ne bakanlıklar... Elaleme bilgi taşımak için adeta kuyruğa girilmişti. Öyle ki... Stratfor yetkililerinin Türkiye ziyaretlerinde artık neredeyse harcıraha bile gerek duyulmuyordu, Stratfor'un gözüne girebilmek için, otel ayarlayan vardı, şoför ayarlayan, makam otomobili ayarlayan vardı.

Türkiye operasyonunun başındaki arkadaşın, Stratfor başkanı George Friedman'a gönderdiği mesajlarda, yeni bilgi kaynakları şu şekilde tarif ediliyordu: "Türkiye Petrolleri Anonim Ortaklığı'ndan biri kadın iki kişi, erkek Ortadoğu'da enerji güvenliği konusunda uzman, kadın ise Kafkaslar üzerine çalışıyor, güvenlik konferansında tanıştım, işbirliğine hazırlar... Türk ordusunun stratejik araştırma merkezinden bir uzman, işbirliği yapmak istiyor, iletişim bilgilerimizi verdim ama, yeterliliği konusunda şüpheliyim. Türk hava kuvvetleri subayı, stratejik planlamanın başında, hava kuvvetleri komutanı milli güvenlik kurulu'na katılırken, konuşma notlarını bu subay hazırlıyor, sorularım olursa yanıtlamaktan mutluluk duyacağını söyledi. Türk dışişlerinin NATO biriminden bir diplomat, bu birimde gerektiğinde ulaşamadığım çok kişi var, karşılıklı bilgi verme konusunda sözleştik. Uluslararası ticaret müsteşarlığından bir uzman, okul yıllarımdan tanıyorum. Bize daha önce PKK'nın ateşkesleri konusunda üç defa bilgi veren Kürt kaynağım, CHP yönetimine girdi."

Stratfor'un Türkiye'yle alakalı değerlendirme raporunda, şöyle deniyordu: "Siyaset ve güvenlik konusunda stratejik ve taktik konumda çok kaynak var, özellikle ekonomik bilgiler için Türk kaynaklarda çok doğru seçimler yapmışız."

Türkiye uzmanlarından birine şu uyarı yapılıyordu... "Kaynağına hassas yaklaş, uzun uzun konuşturup dikkat uyandıracak sorular sorma, kişisel olarak analiz et, kaynağın değerli olduğuna inanıyorsan, maddi, cinsel veya psikolojik imkanlarla kontrol altına al, bu yollarla görev verebilecek duruma gelirsin."

İhtiyaç fazlası vatan hainimiz vardı. Stratfor'un başkanı, Türkiye için özel genelge yayınlamak zorunda kalmıştı, "kaynakları koordine edin" diyordu, "bilgisi yetersiz kaynaklarla vakit kaybetmeyin" diyordu.

Hani, amele pazarları vardır ya... Bir kamyonet yanaşır, üçe beşe bakılmaz, balıklama atlanır. İşte vaziyet aynen bu haldeydi. Stratfor kamyonunu gören, sorgusuz sualsiz kasasına atlıyordu. Stratfor, işte bu.
Bugün sadece Fethullahçıları konuşuyoruz ama... Devletten özel sektöre, üniversitelerden medyaya, işdünyasından siyasi partilere kadar, dünyada bu kadar çok hain yetiştiren bir başka ülke var mı, inanın CIA bile hayret ediyor, gözlerine inanamıyordur.

George Friedman

Tayyip Erdoğan'ın emriyle, Akp'nin tezlerini dünyaya anlatabilmek için, 2010 yılında, Başbakanlık Kamu Diplomasisi Koordinatörlüğü kuruldu. Tayyip Erdoğan'ın başdanışmanı İbrahim Kalın, koordinatör yapıldı. Bu Kamu Diplomasisi Koordinatörlüğü "akil adamlar" konferansları başlattı. Konuşmacı olarak davet edilen ilk "akil adam" kimdi biliyor musunuz? Stratfor'un başkanı, Türkiye'yi istihbarat açısından adeta inek gibi sağan George Friedman'dı! İstanbul'daki konferansta "uluslararası ilişkiler uzmanı" sıfatıyla konuşan Friedman, "Avrupa sendeliyor, Rusya geri çekiliyor, Türkiye için tarihi atılım dönemi başlıyor, Türkiye askeri ve ekonomik açıdan ABD'ye benzer bir derin güç olacak" dedi. Salonu dolduran ve Osmanlı hayalleri kuran bademler "yaşasın ABD gibi oluyoruz" diye alkışladılar iyi mi.

Emre

"Cemaat'in nasırına ilk olarak 2009'da genelkurmay başkanı İlker Başbuğ bastı, Harp Akademileri'ndeki konuşmasında cemaate tenkitte bulundu, bu konuşmadan sonra internet andıcı gibi suçlamalar ortaya çıkmaya başladı, Fethullah Gülenciler TSK'ya sızmıştı ama, MİT'ten haber alamıyorduk, bize hiç rapor gelmiyordu, 2010 başında her şey netleşmeye başladı, *Taraf* gazetesi TSK'ya karşı tetikçilik yapıyordu, bizim karargahta yaptığımız çalışmalar bile *Taraf*'ta haber oluyordu, haber kaynağını öğrenmeye çalışıyordum, öğrenemiyordum, para kaynağını da öğrenemiyordum, TSK dışında istihbarat toplama ve operasyon yapma yetkim olmadığı için, bilgi almak üzere dönemin MİT müsteşarı Emre Taner'e gittim, Emre Taner bana açık açık 'bu gazeteyle fazla uğraşmayın, bunun altından kalkamazsınız' dedi, anlayamadığım bir cevaptı, bu cevabı gidip genelkurmay başkanı İlker Başbuğ'a söyledim, o da gidip başbakana söyledi, netice alamadık, silahlı kuvvetlerden dışarı sürekli bilgi sızıyordu, kimin sızdırdığını tespit edemiyorduk, Fethullah Gülen'le ilgili araştırma yapmak üzere MİT'ten yardım istedik, MİT müsteşarı Emre Taner "bu adamla uğraşma, yaşlı bir adam, istersen tanıştırayım sizi" dedi, Emre Taner'in cemaat tarafından kuşatıldığını sanmıyorum, bence mevcut siyasi ortam konuşmasına engel oluyordu, emniyet'ten zaten bilgi gelmiyordu, Başbakanlık Takip Kurulu'na yönelttiğimiz sorulara da cevap alamıyorduk, daha sonra bu kurul fiilen toplantı yapmamaya başladı, bu kurulda da 'Fethullah Gülen'le uğraşmayın' gibi bir yaklaşım vardı, genelkurmay başkanı İlker Başbuğ'un emriyle Emre Taner'e tekrar gittim, polisteki cemaatçilerle ilgili çalışma teklifinde bulundum, Emre Taner ekibine bu çalışmanın yapılması talimatını verdi, iki gün sonra beni aradı, 'paşam bu konuyu başka kime söylediniz?' diye sordu, kimseye söylememiştim ama, emniyetten MİT'e gelip 'böyle böyle bir çalışma yapıyormuşsunuz, yapmayın' dedikleri ortaya çıktı, Emre Taner buna rağmen istediğimiz çalışmayı yaptırdı, emniyetteki cemaatçilerin listesini hazırlayıp, başbakana ilettik, gene netice alamadık, MİT müsteşarı değişti, Mayıs 2010'da Hakan Fidan göreve geldi, 2010 yaz aylarında TSK'dan bir evrak basına sızdırıldı, konuyu görüşmek için Hakan Fidan'a gittim, bana açık açık 'bizim cemaatçiler mi yapmış?' diye sordu, belli ki sorduğum konuyla ilgili bilgisi vardı. Fethullah Gülen örgütünün, ökse otunun ağaca yamanıp büyümesi gibi, devlete sarılacağını biliyorduk, Akp'nin kadro ihtiyacı vardı, bunlar da yetişmiş kadrolardı, Fethullah Gülen örgütü daha fazla güç istiyordu, güçlendikçe pervasızlaşıyordu, günü gelince karşı karşıya geleceklerini tahmin etmiştik."

Kime ait bu sözler?

Zurna değil...
Genelkurmay İstihbarat Dairesi Başkanı'yken iftirayla Silivri'ye tıkılan korgeneral İsmail Hakkı Pekin'e ait.

Milli istihbarat teşkilatı böyle olunca, Genelkurmay istihbarat teşkilatı da hapse atılınca... Türkiye Cumhuriyeti devletinin istihbarat işi kala kala kime kalmış oluyor?

Enişte'ye.

Makam şoförünü milletvekili yaptı, şarkıcısını milletvekili yaptı, yalaka gazetecisini milletvekili yaptı, akil adamını milletvekili yaptı, avukatını, tercümanını, mimarını, doktorunu, muhasebecisini, mahalleden arkadaşını milletvekili yaptı... Milli eğitim işlerine Bilal bakıyor, büyük damat enerji bakanı, savunma sanayiyle küçük damat ilgileniyor, istihbarat eniştede.

E hal böyle olunca ne oluyor?
"Ohal" oluyor haliyle.

Emre Taner

2005-2010 yılları arasında MİT müsteşarlığı yapan Emre Taner, 15 Temmuz darbe girişiminden sonra TBMM Darbe Araştırma Komisyonu'na davet edildi. Bir zamanlar genelkurmay istihbarat dairesi başkanına "Taraf gazetesiyle uğraşmayın" diyen, "Fethullah'la uğraşmayın, istersen seni tanıştırayım" diyen Emre Taner, TBMM komisyonuna şunları anlattı: "FETO'yla ilgili bilgiler devletin ilgili kurumlarına sunuldu, 15 Temmuz'un geleceğini gösteren bilgiler alınamamıştır, zaman eleştiri değil, özeleştiri zamanıdır, yeterli olamamanın nedenleri vardır. Dünyanın hiçbir yerinde Türkiye'deki gibi anayasasıyla milli istihbarat teşkilatının görevlerini sınırlayan başka ülke yoktur. MİT, TSK bünyesinde istihbarat yapamaz. Benim çalıştığım dönemde FETO'nun MİT'e sızması mümkün değildi. İsterseniz almazsınız. Benden sonrasını bilemem. MİT bu ülkenin namusudur, müsteşar da teşkilatın namusudur, MİT her dönemde kendisini korumasını bilmiştir. İstihbari literatürde, darbe girişiminde başarısızlık olursa, sonrasında suikastlar gelir. Darbe zor iş. Suikastlara dikkat etmek gerekir."

Nurcu

Sene 2003...
Akp iktidara gelince, Yüksek Askeri Şura kararları kriz haline gelmişti. İrticaya bulaşan subay-astsubay ordudan ihraç ediliyor, Tayyip Erdoğan "şerh" koyuyordu. Mesela... Bir üsteğmen vardı, emrindeki astsubaya "ağabey" diyordu, emir-komuta hiyerarşisi

bozulmuştu, şeyh-mürit ilişkisine dönmüştü, astsubay subaya emir veriyordu, işte bunların bile ordudan atılmasına "itiraz" ediliyordu. Ne yapıldı?

Tayyip Erdoğan'ın gönlü olsun diye, askeri istihbarat devre dışı bırakıldı. "Bundan böyle askeri personelle alakalı raporları, Milli İstihbarat Teşkilatı versin" denildi. Güya orta yol bulunmuştu... MİT, başbakana bağlıydı. Askeri istihbarata güvenmeyen Tayyip Erdoğan, MİT'e güveniyordu.

O günden itibaren, Yüksek Askeri Şura'ya getirilen "irtica raporları"nı MİT hazırladı. Ancak... Enteresan bi durum vardı. MİT tarafından sunulan raporlarda, hep "Kurdoğlu grubu" yeralıyordu. İrticaya bulaşan subay-astsubaylar şu şu şu diye isim isim sıralanıyor, istisnasız hepsinin "Kurdoğlu grubu"na bağlı oldukları belirtiliyordu.

(Mehmet Kurdoğlu grubu, Nurcu'ydu... Nurcular sekiz ana gruptan oluşuyor, Yeni Asya grubu, Şura grubu, Medzehra grubu, Acz-i Mendi grubu, Yazıcılar grubu, Mustafa Sungur grubu, Mehmet Kurdoğlu grubu ve Fethullah Gülen hareketi... Kurdoğlu grubu, Nurcuların en içe kapanık grubu, gazete-televizyon filan kurmadılar, medyada yoklar, merkezleri Ankara ama, iç anadolu ağırlıklı tüm yurtta yaygınlar, "dershane" adını verdikleri evler kuruyorlar, bu evlerde talebe yetiştiriyorlar, çocuklar bir yandan devletin okullarına gidiyor, lise-üniversite eğitimi alıyor, bir yandan bu dershanelere gidiyor, bu dershaneler bildiğimiz üniversiteye hazırlık dershanesi falan değil, adı dershane, dini-ideolojik eğitim veriliyor, tıpkı Gülen cemaatinin ışık evleri'nde olduğu gibi "ağabey" sistemi var, aslında "hizmet hareketi" sıfatı en önce bu Kurdoğlu grubu için kullanılıyordu, sonra her nasılsa, Gülen cemaati "hizmet hareketi" olarak anılmaya başlandı.)

MİT'in Yüksek Askeri Şura'ya sunduğu raporlarda hep bu Kurdoğlu grubu vardı. MİT tarafından irticacı olduğu belirtilen subay-astsubayların tamamı, Kurdoğlu grubu'ndandı. Tuhaftı... MİT'in raporlarına göre, Türk Silahlı Kuvvetleri'ne sızmış başka tarikat veya cemaat yoktu. Varsa yoksa, hepsi, Kurdoğlu grubuydu.

Peki ne yapıldı?
Ne yapılsın... MİT'in verdiği raporlara uyuldu, Kurdoğlu grubuna mensup tüm subay-astsubaylar ordudan ihraç edildi.

İyi güzel de... İrticaya bulaşmış olanların tamamının Kurdoğlu grubuna mensup olmaları mümkün müydü? Mutlaka tek tük sızmışlardır ama, Türk Silahlı Kuvvetleri'nde üniforma giyen irticacıların tamamının bu gruba ait olması mantıklı mıydı? Elbette değildi.

Tarikatçı marikatçı tüm subay-astsubay aynı çuvalın içine konuldu, hepsine "Kurdoğlu" damgası vuruldu, kapının önüne konuldu.

Şimdi sıkı durun... MİT raporlarıyla, 2003'ten bu yana Fethullah Gülen hareketi'ne mensup olup da, Yüksek Askeri Şura kararıyla ihraç edilmiş bir tek subay, bir tek astsubay var mı?

Yok.

Yok ama... İşte bugün görüyoruz, 103 general ve amiral, dile kolay, iki binden fazla subay-astsubay Fethullahçılıktan gözaltına alındı. Genelkurmay başkanının emir subayından, cumhurbaşkanının yaverine kadar, burunlarının dibi bile Fethullahçı çıktı.

E acaba bunca Fethullahçı, MİT'in gözünden mi kaçtı?

İrtica raporları marifetiyle, 2003'ten bu yana... Fethullah Gülen hareketine hiç dokunulmayıp, Fethullah Gülen hareketinin TSK içindeki rakiplerinin temizlenmesi, tesadüf müydü?

Cumhuriyet tarihimizde harp okullarından en fazla sayıda öğrenci 2007-2013 yılları arasında atıldı. Bu tarih aralığı, Fethullah Gülen hareketinin TSK'ya en fazla sayıda öğrenci monte ettiği dönem değil mi? O halde, irticacı mirticacı diye atılan öğrenciler kimdi?

Aynı tarih aralığı, 2007-2013 arası... Asrın iftirasıyla Türk Silahlı Kuvvetleri'nin esir alındığı, Atatürkçü general amiral ve kurmay albayların hapse tıkıldığı, tasfiye edildiği dönem değil mi?

Doğrusu ben pek merak etmiyorum ama, belki akp'ye oy verenlerle, "demokrasi kazandı" diyen süper zeka yeni chp'liler merak edebilir...

Akp'yle cemaat imam nikahlıyken, Fethullahçılara nerdeyse devletin tapusu verilmişken... MİT'e hiç sızmamış olmaları, hiç Fethullahçı MİT'çi olmaması, MİT açısından ne büyük başarı di mi?

Akıncı üssü hariç, hiçbir önemli askeri birliğin katılmadığı, adeta başarısız olmak üzere kalkışılmış kalkışmadan sonra... Henüz sabah bile olmadan, şırrak diye 20 bin kişilik Fethullahçı gözaltı listesinin hazırlanması da, daha büyük başarı tabii!

Said-i Nursi

Bu yazımdaki bilgiler, bizzat genelkurmay eski başkanı İlker Başbuğ tarafından teyit edildi. 15 Temmuz darbe girişimiyle ilgili olarak CNNTürk'te canlı yayına katılan İlker Başbuğ, "MİT cemaatçilerle doluydu, 2002-2010 yılları arasında TSK'dan ihraçlar hep MİT raporlarına göre yapıldı, o yıllarda ordudan atılanlardan bir kişi bile Feto'cu değildi, atılanların hepsi Nurcuların diğer kolu Mehmet Kurdoğlu ekibindendi, bize hep bu yönde rapor veriyorlardı, bugün anlıyoruz ki, Fetocular MİT raporlarıyla rakip cemaatleri ordudan uzaklaştırmakta bizi kullanmışlar" dedi. Kurdoğlu grubu da, Fethullahçılar gibi Nurcu'ydu. Devleti adeta ahtapot gibi saran Nurcular, Bitlis'in Nurs köyünde doğan, Said-i Nursi veya Said-i Kürdi adıyla tanınan, Said Okur'un takipçileriydi. 31 Mart gerici ayaklanmasına katılan, Abdülhamid tarafından seyahat etmesi yasaklanan, hatta tımarhaneye kapatılan, Atatürk döneminde tutuklanan Said-i Nursi, Demokrat Parti tarafından el üstünde tutulmuş, Demokrat Parti iktidarında palazlanmıştı. 15 Temmuz faciasına rağmen, fetocuların devlete-millete verdiği zarar kanıtlanmışken, Akp hükümeti hiç ders almıyor, fetocular dışındaki tarikatleri-cemaatleri koruyup kollamaya devam ediyordu. Menzilciler, Süleymancılar, İskenderpaşacılar, İsmailağacılar, Galibiler, İcmalciler, Cerrahiler, Uşşakiler, Tillocular, Hazneviler, Yahyalılar, Melamiler, Erenköycüler, Kurdoğlucular, Kadiriler, Kırkıncıhocacılar, Meşveretçiler, Medzehracılar, Aczimendiciler, Hüdaiciler, Alvarlılar, Tebliğciler, Kıbrisiler, Yeniasyacılar, Hakikatçılar, Hayratçılar, yüzlerce grup cirit atıyordu... Türkiye Cumhuriyeti Devleti resmen kuşatılmıştı, devlet kurumları birbirinden karanlık tarikatlar-cemaatler tarafından bölüşülüyordu, içişleri bakanlığında ve sağlık bakanlığında fetocuların yerine Menzilcilerin monte edildiği açık açık dile getiriliyordu. 2017 itibariyle, adı geçen tarikat ve cemaatlerin tamamı "dernek" veya "vakıf" adı altında faaliyet gösteriyor, okullar açıyor, üniversiteler açıyor, yurtlar açıyordu. 1925'te kapatılan tekke ve zaviyelerin yeniden açılması için, yandaş gazeteciler eliyle sipariş yazılar yazılıyor, devrim kanunları gevşetiliyor, toplum hazırlanıyordu.

Akın

Akp'nin başımıza ne çoraplar ördüğünü anlattığım *Beraber Yürüdük Biz Bu Yıllarda* isimli kitabımda yazmıştım.

"2012'de Yüksek Askeri Şura toplandı, Ergenekon ve Balyoz iftirasıyla tutuklu bulunan 40 general ve amiral emekliye sevkedildi. Hasdal'dan doooğru Silivri'ye gönderildiler. Beraat etseler bile, geriye dönüşleri yok artık... Kesilip atıldılar. Liyakat sistemi allak bullak edildi. Normal şartlarda iki-üç aday olur, aralarından biri terfi eder. 40 general ve amiral tasfiye olunca, elde kalan yetersiz adaylar otomatik olarak terfi eder hale geldi. Bana sorarsanız, kimlerin tasfiye edildiğinden çok, onların yerine kimlerin oturtulduğu önemli... Akp hükümeti, tasfiye edilenlerin yerine kimleri oturttu?"

Bunları yazdığım için mahkemeye verildim, Akp medyası tarafından Ergenekoncu ilan edildim. Bugün ibretle görüyoruz... Atatürkçü subayları tasfiye edip, onların yerine kimleri oturtmuşlar!

Akp'yle cemaat'in imam nikahını anlattığım *Beraber Yürüttük Biz Bu Yollarda* isimli kitabımda yazmıştım.

"2014'te Yüksek Askeri Şura zart diye kesti attı, Balyoz sanığı olan general ve amirallerin hepsi emekliye sevkedildi. Güya kumpas çökmüştü, haklarının ihlal edildiği Anayasa Mahkemesi tarafından tescil edilmişti, asrın iftirasına uğradıkları kesinleşmişti ama, nafile... Tasfiye edildiler. General-amiral olmalarına kesin gözüyle bakılan Atatürkçü kurmay albayları, temize çıktıkları halde, pasif görevlere verdiler. Adeta "istifa edin, defolun gidin" deniyordu. Gayet açıktı... Terfi sırasında yarışarak geçilemeyen subaylar, TSK'dan atılarak, tasfiye edilerek geçildi. Komuta kademesi onlarsız şekillenecekti. Temize çıkmalarının önemi yoktu, Atatürkçü subaylar orduda istenmiyordu. "Türkiye bağırsaklarını temizliyor" diyenler, tasfiye edilen Atatürkçü subayların yerine kimlerin önünü açıyordu?"

Bunları yazdığım için mahkemeye verildim. Akp medyası tarafından Balyozcu ilan edildim. Benim için "gazeteci değil, militan" diyen herif, şu anda Tayyip Erdoğan'ın başdanışmanı... Netice? Hazin şekilde görüyoruz, Atatürkçü subayların yerine kimlerin önünü açtıklarını!

Donanma komutanı olmasına kesin gözüyle bakılırken, Balyoz davasına isyan ederek, protesto için kariyerinden vazgeçen, kendisini feda eden, istifa eden Atilla Kezek'i anlatırken yazmıştım.

"Kumpas davaları olmasaydı, kimse tutuklanmasaydı, şu anki amiral ve generallerin kaç tanesi general ve amiral olabilirdi? Ben size söyleyeyim, sadece yüzde 10'u... Asrın iftirası atılmasaydı, iftiraya uğrayanlar tasfiye edilmeseydi, şu anki komuta kademesinin yüzde 90'ı terfi alamayacaktı. Terfi alması gerekenler tasfiye edilince, geriye bunlar kaldı. O halde şu soruyu sormalı, bunları oraya kim oturttu?"

Onları oraya "ben bu davaların savcısıyım" diyenler oturtmadı mı?

Tayyip Erdoğan, irticaya bulaştığı için Yüksek Askeri Şura kararlarıyla ordudan atılanlara "şerh" koyuyordu. Aynı Tayyip Erdoğan, dün akşam darbe girişiminde bulunanların terfisine "şerh" koymuş muydu?

Cemaat'in kadrolarını general yapan, amiral yapan kimdi? Fethullahçıları TBMM'ye, emniyete, yargıya monte edenler kimdi? Kendi listesinden milletvekili yapan, bakan yapan, vali yapan, rektör yapan, bu yollarda beraber yürüyen kimdi? Bunlara sahip çıkan, palazlandıran, ne istediniz de vermedik diyen kimdi?

Bundan sonrasını daha dikkatli okuyun lütfen...

Asrın iftirasına uğrayan, kendi ordusu tarafından esir alınan, Maltepe'deki arkadaşlarımı anlatırken yazmıştım.

"Sınıflarında birinci, kariyerlerinin zirvesindeki bu pırıl pırıl adamları, nizami rekabetle geçebilmeleri, komuta kademesindeki ilerleyişlerini durdurabilmeleri normal şartlarda asla ve asla mümkün değildi. Tek yolu vardı. Önce içeri tıkmak, sonra silahlı kuvvetlerden atmak. Başka yolu yoktu. İşte bu arkadaşlarımdan birinin eşi, hiç olmazsa manevi destek versin diye, hava kuvvetleri komutanının eşini aramış... Kuvvet komutanının eşi ne demiş biliyor musunuz? "Size üzüntümüzden dışarıda yemeğe çıkamıyoruz" demiş iyi mi... Vah vah. İçim parçalandı hakikaten. Yaptığınızı beğendiniz mi diye çıkıştım arkadaşlarıma... Siz içerde afiyetle 16'şar sene hapis yiyorsunuz, komutanınız sizin yüzünüzden dışarda yemek yiyemiyor!"

Bu adı geçen hava kuvvetleri komutanını, hava kuvvetleri komutanı yapan kimdi?
Tayyip Erdoğan hükümetiydi.
Ne zaman kuvvet komutanı yapılmıştı?
2013'te, Atatürkçü subaylar ordudan atılırken yapılmıştı?
Kuvvet komutanı olmaya layık mıydı?
Değildi. Orgeneral bile değildi. Korgeneraldi, pasif görevdeydi, emekliliğine gün sayıyordu. Hava kuvvetlerindeki tüm orgeneraller tasfiye edildiği için, bunu apar topar orgeneral yaptılar, hava kuvvetleri komutanı koltuğuna oturttular.
Sonra ne oldu?
Sonrası daha enteresan... Akp bu arkadaşı o kadar çok seviyordu ki, 2015'te görev süresi doldu, emekli etmediler.
Ya ne yaptılar?
İlla karargahta otursun diye Yüksek Askeri Şura üyesi yaptılar.
Kim yaptı bunu?
Tayyip Erdoğan yaptı.

Peki, kim bu Akp'nin pek sevdiği, koruyup kolladığı komutan biliyor musunuz? 15 Temmuz'da darbeye kalkışan Akın Öztürk!

Akp'nin sihirbaz şapkasından tavşan çıkarır gibi, sürpriz şekilde orgeneral yaptığı, kuvvet komutanı yaptığı, emekli olmasına izin vermediği, illa komutan olarak kalsın diye yüksek askeri şura üyesi yaptığı Akın Öztürk... Meğer darbecilerin elebaşıymış!

Akp'nin hiç haberi yokmuş!

Oldu olacak, basit bi soru daha sorayım. TSK bile darbeye karşı kendisini savunmak için organize olamazken... Türkiye'nin ücra köylerine kadar tüm camileri, nasıl oldu da, bu kadar çabuk organize olup sela okudu? Nasıl oldu da, tüm imamlar, tüm müezzinler bu kadar çabuk organize olup, memleketin tüm minarelerinden aynı anda, aynı cümlelerle "sokağa dökülün" çağrısı yapabildi?

Uzun lafın kısası...

"Sahte darbe"nin rüzgarıyla cumhurbaşkanı oldu.
"Monte darbe"nin rüzgarıyla başkan oluyor.

Olan Türkiye'ye oluyor.

Akın Öztürk

15 Temmuz iddianamesine göre, darbe girişiminin "bir numara"sı Akın Öztürk'tü. Davanın ilk duruşmasında verdiği ifadede "birileri tarafından tufaya getirildiğini" anlattı, şunları söyledi... "10 Temmuz'la 15 Temmuz arasında İzmir'de Özdere kampındaydım. Eşim rahatsızlandı. 15 Temmuz'da kara kuvvetleri komutanı Salih Zeki Çolak'ın Ankara'ya gideceğini öğrenince, Çolak'ın geldiği uçakla Ankara'ya geçtim, 15 Temmuz öğle saatlerinde Ankara'ya geldim. Torunlarımı görmek için Akıncı Üssü lojmanlarında ikamet eden kızımın evine gittim, eşimin rahatsızlığı nedeniyle geceyi orada geçirme kararı aldık, korumalarımı ve şoförümü Ankara'ya gönderdim, darbeyle ilgim olsa, bilgim olsa, eşimi kızımı torunlarımı bu işe karıştırır mıyım? Ayrıca, otomobilim, korumam, şoförüm o gece bana lazım olmayacak mıydı, bunları neden 50 kilometre öteye göndereyim? Kızımın evindeyden hava kuvvetleri komutanı Abidin Ünal aradı, 'ağabey Ankara'da uçaklar uçuyormuş, havadaymış, sen Ankara'dasın, üsse geçip bir bakar mısın?' dedi. Bunun üzerine Akıncı üssünün karargah bölgesine gittim, komutan odasına girdim, genelkurmay başkanı Hulusi Akar oturuyordu. İçerde Kubilay Selçuk, Mehmet Dişli, Ömer Faruk Harmancık, Hakan Evrim vardı. Komutan bunları göstererek 'bunlar bu işi yaptı, bunlarla konuş, ikna et, bitirsinler, uzatmasınlar' dedi. Konuya böyle vakıf oldum. Darbe yapanların 143'üncü filo olduğunu öğrendim, oraya gittim, yaptıklarının yanlış olduğunu, vazgeçmeleri gerektiğini anlattım. Hulusi Akar başbakan Binali Yıldırım'la telefonda görüştü, helikopterle gitti, beni de darbecileri ikna etmem için üste bıraktı. Bir başka helikoptere binip başbakanlığa gitmek istedim, helikoptere ateş açıldı, yaralandım, helikopter kalkamadı. Genelkurmay ikinci başkanı Yaşar Güler rehin tutuluyordu, elindeki ayağındaki bağları kestim, kendisini kurtardım. Abidin Ünal'la konuştum, darbecileri askeri savcıya teslim edip hava kuvvetleri komutanlığına gittim. Milli savunma bakanımız Fikri Işık'la görüştüm, yaşadıklarımı anlattım. 1960 darbesini, 1971 muhtırasını, 1980 darbesini, 28 Şubat olaylarını yaşamış, milletin üzerindeki olumsuz etkilerini görmüş bir asker olarak, bu darbe girişimini haklı görecek veya destekleyecek bir kişiliğe sahip değilim, bu darbe girişimiyle ilgim, katkım, hatta haberim yoktur, bu yaftayı üzerime çiviyle çaksalar bile tutturamazlar, ama, belli ki birisi beni buraya monte etmiş."

Anzak

Geldikleri gibi gittiler.
İyi de... Nasıl geldiler?

Ocak 1915.
Avustralya'nın New South Wales eyaletindeki Broken Hill kasabasından geçen trene ateş açıldı. Beş kişi hayatını kaybetti. Güzergahtaki kayalıklarda askeri operasyon yapıldı. Masum sivillere ateş açan iki saldırgan öldürüldü. Ertesi günkü Avustralya gazetelerinde fotokopi gibi tıpa tıp aynı cümleler vardı. "Türkler Avustralya'ya saldırdı, Türkler katliam yaptı" manşetleri atmışlardı. Saldırganların çantasından Türk bayrağı çıkmıştı. Ayrıca, birinin cebinden mektup çıkmıştı, o mektupta her şey itiraf ediliyordu, "padişahın emriyle Avustralya halkına savaş açtıkları" yazıyordu.

Ahali galeyana geldi. İntikam alınacak Türk bulamadıkları için, Osmanlı'nın müttefiki olan Alman göçmenlerin yaşadığı kasabaları bastılar, evlerini ateşe verdiler. Ve, topluca askere yazıldılar!

Tesadüfe bakın ki... Sadece bir ay önce, Britanya imparatorluğu Osmanlı'ya savaş ilan etmişti. Ancak, Avustralya'da zorunlu askerlik olmadığı için yeterince gönüllü bulamamıştı. Tam bu atmosferde, iki Türk saldırgan şırrak diye trene ateş açıp, masum sivilleri katledince, gönüllülük kavramı "vatan borcu"na dönüşmüştü. O gazla gemilere doluşup, Türklerden hesap sormak için Çanakkale'ye geldiler.

Halbuki...
O saldırganlar Türk değildi.

Bunu ben söylemiyorum, seneler sonra bu mevzuyu kurcalayan Broken Hill Tarih Kurumu üyesi Gordon Densie söylüyor.

Saldırganlar, göçmen Afgan'dı. Biri imamdı, biri deveciydi. İmam olanı, çaktırmadan kasaplık yapıyordu. Kasaplar Birliği'ne üye olmadan, caminin bahçesinde kaçak kesim yaptığı için, hakkında dava açılmıştı. Bu davaya kin güdüyordu.

"Padişahın saldırı emrini" gösteren mektup da, palavraydı. İmamın belindeki kuşağından çıkan mektupta, aslında "belediye denetçisi beni suçladı, yalvardım yakardım, dinlemedi, kimseye düşmanlığımız yok, sadece denetçiye kinim var, onu öldürmek istedim" yazıyordu.

Deveci desen... Madenlerde yük taşıyordu, en iyi müşterisi Almanlardı. Savaş çanları çalmaya başlayınca madenler kapanmış, işini kaybetmiş, üç beş kuruş kazanmak için seyyar dondurmacılığa başlamıştı. İşsiz kalmasına sebep olanlara gıcıktı. İmam arkadaşının aklına uymuş, saldırı planına dahil olup, bedel ödetmeye kalkmıştı.

Bu gerçeklere rağmen, halka yalan söylendi,
"Türkler saldırdı" etiketi yapıştırıldı.
Çatışma bölgesine Türk bayrağı monte edildi.

İki sene geçti geçmedi, yangın çıktı dediler, tren saldırısına dair tüm belgeler, askeri yazışmalar, hastane kayıtları kül oldu.

Saldırganlar son model askeri tüfekler kullanmıştı. Açlıktan nefesi kokan imamla deveci o pahalı tüfekleri nasıl satın almıştı, kimden almıştı? Mermileri bittiği halde, neden canlı olarak değil de, ölü ele geçirildiler? Muamma olarak kaldı. Ateş edenlerin başkası olduğu, bu iki salağın önceden öldürülüp, buraya yerleştirildiği bile iddia edildi.

Neticede, Avustralyalı gençler dolduruşa getirildi.
Çanakkale'ye sürüldü.

Kıssadan hisse...

Bir yabancı istihbarat servisi, bir kindar imam ve bir yalancı medyayla, bir milleti felakete sürüklemek mümkündür.

Mahşerin üç atlısını... Yabancı istihbarat servisi, kindar imam ve yalancı medyayı gördüğümüzde, dikkat etmek lazımdır!

Avustralyalı ve Yeni Zelandalı gençler, 200 bin şehit verdiğimiz, her iki taraftan toplam 350 binden fazla insanın hayatını kaybettiği Çanakkale Savaşı'na işte bu kanıtlarla (!) sürüldü... Broken Hill'deki tren saldırısından sonra olay yerinde, güya, bu tüfekler ve bu bayrak bulunmuştu, Avustralya gazetelerinin "Türkler Avustralya'ya saldırdı" manşetini atmaları için maalesef yeterliydi.

Beşir

Asrın liderimiz "Mit müsteşarını Oslo'ya gönderen benim, İmralı'ya gönderen benim, sıkıntısı olan bana söylesin" dedi. Asrın liderimiz, fahri profesördür.

Ahmet Kiziroğlu "ulus devlet ayrıştırıcıdır, ulusçulukla hesaplaşma zamanı geldi, bana Serok Ahmet diyorlar" dedi. Serok Ahmet, profesördür.

Beşir Atalay "Öcalan'ın mesajları bizim de düşüncemizdir" dedi. Apo'nun düşüncelerine aynen imza atan Beşir Atalay, profesördür.

Yalçın Akdoğan "Öcalan kendisi için bir şey istemiyor, Öcalan'ın farklı bir bakış açısı var, olayları okuma kabiliyeti var, tecrübesi var, Öcalan'ın mesajları hassasiyeti yansıtıyor" dedi. Apo'yu bu derece takdir eden, öve öve bitiremeyen Yalçın Akdoğan, doçenttir.

Yasin Aktay "Türk yoktur" dedi, "Öcalan dünyanın geleceğini iyi okuyor" dedi. Akp milletvekili Yasin Aktay, profesördür.

Etyen Mahçupyan "Öcalan nadir insanlardan birisi, çok geniş prestij alanı var, karizmatik, gerçekten bir rehber ve lider" dedi. Akp'nin akil adamı Mahçupyan, Ankara üniversitesinde araştırma görevlisiydi.

Abdullah Öcalan "Anayasa'nın Kürt sorunuyla ilgili bölümlerini Numan Kurtulmuş ve Osman Can kaleme alsın" dedi. Başbakan yardımcısı Numan Kurtulmuş, profesördür. Osman Can, akp milletvekiliydi, profesördür.

Nabi Avcı "konuşmamı güzel Kürtçemizle yapmak isterdim ama, bizim zamanımızda Kürtçe seçmeli ders yoktu, biz bu imkandan mahrum büyüdük, yoksa ben de muhabbetlerimi ifşa edecek kadar Kürtçe konuşabilmeyi arzu ederdim" dedi. Muhabbetlerini maalesef Kürtçe ifşa edemeyen milli eğitim bakanı Nabi Avcı, profesördür.

İsmet Yılmaz "eskiden anneler babalar, evlatlarını askere gönderiyordu ama, tezkere alıp gelecek mi kafasında soru işareti oluyordu, şükürler olsun çözüm sürecini başlatarak ana babaların kafasındaki soru işaretlerini kaldırdık, Ak parti varsa barış var, çözüm süreciyle Türkiye'nin önü parlak" dedi. Tbmm başkanlığı da yapan milli savunma bakanı İsmet Yılmaz, doktora derecelidir.

Orman bakanı Veysel Eroğlu, 25 şehit morgda yatarken "Hindistan'da Pakistan'da olur böyle şeyler" dedi. Kendisi profesördür.

Ayşenur İslam "Ortadoğu'yu biz planlarız, sadece oyuncu değiliz, başaktörüz, 2002 yılında satranç masasının başına oturduk, şah mat dedik, çözüm sürecini bu amaçla başlattık" dedi. Aileden sorumlu eski bakan Ayşenur İslam, doçenttir.

Yücel Sayman "en büyük hayalim Dicle ile Botan'ın birleştiği yere deniz feneri kurmaktır, ışık verir, yol gösterir, oraya deniz feneri yapmayı ben üstleniyorum" dedi. Akp'nin deniz fenerci akil adamı Yücel Sayman, profesördür.

Can Paker "bakın ben garanti veriyorum, ülke bölünmeyecek, bölünme olduğu zaman gelin benim yakama yapışın" dedi. Faturasız beyaz eşya satıyormuş gibi kendi dükkanı adına garanti belgesi veren Akp'nin akil adamı, sorosçu Can Paker'in doktora derecesi vardır.

Baskın Oran "ulus devlet bizim başımızda Allah'ın belasıdır, Türk üst kimliği bölücüdür, Öcalan'ın eli rahatlatılmalı, yoksa metro istasyonları patlar, alışveriş merkezleri patlar, ortalığa ceset parçaları dağılır, korkudan alışverişe gidemezsiniz, alışverişinizi internetten yaparsınız, yiğidin hakkı yiğide verilmeli, sayın Tayyip Erdoğan gibi cesur bir politikacı olmasaydı, biz hâlâ birbirimizi yemeye devam edecektik" dedi. Akp'nin akil adamı Baskın Oran, profesördür.

Doğu Ergil "1985'te doğu raporu hazırladım, annem telefon etti, senden utanıyorum dedi, akil insanlar heyetine katıldım, kayınvalidem beni vatana ihanetle suçladı, kayınvalidem Kadir İnanır'ı çok beğenirdi, Dolmabahçe toplantısından sonra Kadir İnanır'dan rica ettim, kayınvalideyle aram pek iyi değil, arayalım da konuşuver, iyi bir şey yapıyoruz yenge filan deyiver, ikna et dedim, sağolsun kabul etti, repliği de hazırdı, aradık ama, kayınvalidem telefona çıkmadı" dedi. Akp'nin akil adamı Doğu Ergil, profesördür.

Murat Belge "Tayyip Erdoğan'ın yaptığı barışmak değildi, Abdullah Öcalan'la pazarlık yapmaktı, Tayyip Erdoğan'ın kişiliğinde barışmak gibi bir fiilin yeri yoktur, bizim destekleğimiz adam uydurma Tayyip Erdoğanmış, adımız akildi ama akil falan değildik, aklımızı kullanmıyorduk, bize verilmiş bir şey yok, sadece defter kalem verildi, lüzumsuz adamlardık, akil insanlar konu mankeniydi" dedi. Akp'nin aklını kullanmayan akil adamı Murat Belge, doçenttir.

Netice itibariyle...

Barış bildirisi ayağına yatıp, Pkk'yla yeniden masaya oturmamızı isteyen 1128 akademisyene gelene kadar... Onlara beş basan akademisyenlerimiz vardır!

Beşir Atalay

Akp'nin PKK açılımı, Tayyip Erdoğan adına Beşir Atalay tarafından yönetildi. Tayyip Erdoğan'ın "hocam" diye hitap ettiği Beşir Atalay, Akp kurucusuydu, içişleri bakanlığı ve başbakan yardımcılığı yaptı. PKK açılımı çerçevesinde, 2009'dan itibaren... MİT ve PKK yöneticileri Oslo'da masaya oturdu. "Analar ağlamasın" sloganı üretildi, bu neyin açılımı diye soranlara "anaların ağlamasını mı istiyorsun" diye saldırıldı. Cumhurbaşkanı Abdullah Gül, Kuzey Irak için ilk defa "Kürdistan" ifadesi kullandı. 34 terörist üniformalarıyla geldi, Habur'dan törenle Türkiye'ye giriş yaptı, Öcalan'ın emriyle geldik dediler, Diyarbakır'da otobüsün üstüne çıkıp, zafer turu attılar. Özel televizyonlarda Kürtçe serbest bırakıldı. TRT, Kürtçe kanal açtı. YÖK tarafından Kürtçe Enstitüsü kuruldu. Tayyip Erdoğan, sanatçılarla futbolcularla açılım toplantıları yaptı. Apo'yla müzakereler başladı, MİT ve HDP temsilcileri İmralı'yla Kandil arasında kuryelik yaptı. Apo adeta ulusa sesleniş (!) konuşması yaptı, Apo'nun mektubu Nevruz'da Diyarbakır meydanında HDP milletvekilleri tarafından Türkçe-Kürtçe okundu, tüm televizyonlar naklen yayınladı. "Akil insanlar" heyetleri oluşturuldu, halkı ikna etmeleri için şehir şehir dolaştırıldı. Andımız kaldırıldı. Köylere Kürtçe isimler konuldu. Resmi tabelalarda X W Q harfleri serbest bırakıldı. Belediye isimleri Kürtçe yazılmaya başlandı.

Kürdistan adıyla ilk siyasi parti kuruldu. TSK'nın PKK'ya karşı operasyon yapması engellendi. Murat Karayılan'ın Kandil'deki basın toplantısı tüm televizyonlarımız tarafından saniye saniye yayınlandı, devletin resmi haber ajansı Anadolu Ajansı bile Kandil'den PKK bayrağı önünden canlı yayın yaptı. Neticede... Meydanı boş bulan PKK, tarihte hiç olmadığı kadar güçlendi, şehir merkezlerini silah deposuna çevirdi, sığınaklar yaptı, tüneller kazdı, Diyarbakır Sur başta olmak üzere, Güneydoğu'da içsavaş manzaraları yaşandı, açılım faturası olarak 750'den fazla şehit verdik. Beşir Atalay hâlâ "açılımın durdurulması yanlış oldu" diyordu!

Fadıl

Jet Fadıl tutuklandı.
Bence bu değerli işadamımıza çok büyük haksızlık yapıldı.

Niye derseniz...

Kendisini ilk tanıdığımda, Türkiye'nin ilk otomobilini icat etmişti. Siirt, Diyarbakır, Batman, Mardin ve Şanlıurfa'da beş fabrika kuracağını, 1 milyon 250 bin adet otomobil üreteceğini, 264 bin kişiye istihdam sağlayacağını, her sene 12 milyar dolarlık ihracat yapacağını, şimdilik 300 ülkeye distribütörlük verdiğini açıklamıştı.

Fazla detaya girmeden "durdurun bu dolandırıcıyı" diye manşet attım. Çünkü, bütün söylediklerini kabul etsek bile, en azından, dünyada 300 ülke olmadığını biliyorduk. Koç Grubu'nda bile 85 bin kişi çalışırken, bu arkadaş tek kalemde 264 bin kişi çalıştıracaktı.

Şırrak, tazminat davası açtı. Ticari itibarına iftira attığımızı öne sürdü. Kazandı. Evet, davayı kazandı. Bi kaç ay sonra yurtdışına kaçtı ama, kaçmadan önce bizim gazeteden tazminatı aldı.

Sonra gene çıktı ortaya, toplu konut yapacağını söyledi. Jetkent-2, Jetkent-3, Jetkent-4... Şakır şakır temel atıyor, şakır şakır para topluyordu. "En büyük reklamveren" haline gelmişti. Sayın basınımız sayfa sayfa "Jetkent" reklamları yayınlıyordu.

Hiç unutmam... Çalıştığım gazetenin reklam müdürü, ciroyu düşürdüğüm için, beni patrona şikayet etmişti. "Fadıl bey'in dolandırıcı olduğu yolunda asılsız haberler yaptığım" için,

Fadıl bey üzülüyordu, üzüntüsünden bizim gazeteye az reklam veriyordu. Sayın basın olarak, milletin dolandırılmasına ne kadar katkı sağlarsak, ciromuz o kadar artıyordu. Bu nedenle, kendimi affettirmek için, ilk icra kurulu toplantısında "magazin ilavesini filan boşverelim, bul karayı al parayı ilavesi verelim" dedim. "30 kupona Galata kulesini verelim, şahane tiraj yaparız" önerisinde bulundum. Bu makul önerilerim maalesef kabul görmedi.

Kaderin cilvesi... Kısa süre sonra, o reklam müdürünün ekonomi servisindeki bazı tiplerle birlikte gazeteyi dolandırdığı ortaya çıktı. Dükkan içinde dükkan açmışlardı. Reklam parasını kendi ceplerine cukkalayıp, reklam yayınlamak yerine, yıkama yağlama haberler yayınlıyorlardı, hem açıktan ödeme yapıldığı için daha ucuza geliyordu, hem de reklamdan daha etkili oluyordu. Bu sefer, icra kurulu toplantısında "bence bu reklam müdürünü işten atmayın, genel yayın yönetmeni yapın, köşe yazarı yapın, piyasada dolandırıcı gazeteci çok var ama, böylesi az bulunur" önerisinde bulundum. Maalesef bu makul önerim de kabul görmedi.

Bu arada, itibarlı Fadıl bey tutuklanmıştı. Binlerce kişiye satılan konutlar davul tozu minare gölgesiydi. Kimisi kaba inşaat seviyesindeydi, kimisinin tapusu yoktu, kimisi henüz tarlaydı. Üstelik, yurtdışındaki mütedeyyin vatandaşlarımızı tokatlamış, kâr payı dağıtacağım diyerek 230 milyon euro toplamıştı.

Haram diye faiz almayan mütedeyyin vatandaşlarımız, faize giydirilen kâr payı gömleğini pek sevmişti. Faiz haram, kâr payı helaldi. Bavul bavul kayıtdışı parayı, itibarlı Fadıl bey'e vermişlerdi. Fadıl bey de kayıtdışı helal paraları helalinden yemişti.

"Ben kimseyi dolandırmadım, onlar ortak oldu" diyordu. Haklıydı.

1.235 sene hapis cezası isteniyordu.
Bir senede yırttı.
"Pardon yanlışlık yapılmış, tahliye edilmemesi gerekiyor" filan denirken, çoktaaan yurtdışına kaçmıştı.
İnterpol tarafından kırmızı bültenle aranırken, Siirt'ten bağımsız milletvekili adayı oldu. Yüksek seçim kurulundan herhangi biri çıkıp, "kardeşim, herif dolandırıcılıktan aranıyor, nasıl milletvekili adayı olabilir?" demedi. Sayın Siirt ahalisi

alkışlayarak oy verdi. Demokrasi dediğin böyle olurdu. İtibarlı Fadıl bey milletvekili seçildi, itibarına itibar kattı. Dokunulmazlık kazandı. New York uçağıyla İstanbul'a geldi, polise milletvekili mazbatasını gösterdi, kendisini karşılayanlar kafasına güller döktü, 200 araçlık konvoyla İstanbul turu attı.

Gel gör ki... Asrın liderimizi meclise sokmak gerekiyordu. O güne kadar gıkını çıkarmayan Yüksek Seçim Kurulu, Siirt seçimini zart diye iptal etti. Dokunulmazlığı kaldırılan Fadıl bey, zurt diye tutuklandı.

Güya beş sene hapis cezası almıştı ama, belli ki gerekli bağlamalar yapılmıştı, bir sene bile yatmadan çıktı.

Yedi hilalli İslami otel inşaatına başladı. Devremülk yöntemiyle oda satıyordu. Otelin tavanı Kubbet-üs Sahra şeklinde yapılacak, 24 saat aralıksız Kuran'ı Kerim okunacaktı. Hizmet kalitesini göstermek için yıldız yerine hilal kullanıyordu. Malezya Uluslararası İslami Otelcilik Standartları Konferansı'nda yedi hilal sertifikası almıştı.

"Nedir bu Malezya Uluslararası İslami Otelcilik Standartları Konferansı?" diye muhabir görevlendirdim, araştırdık. O güne kadar böyle bir konferans monferans olmadığı ortaya çıktı. İlk'ti. Son'du. Sadece itibarlı Fadıl bey'e sertifika vermişti, sonra bir daha böyle bir konferans toplanmamıştı. O zamanlar televizyonda ana haber bülteni hazırlıyordum, bunu haber yaptım. Hiç unutmam... Reklam müdürümüz beni patrona şikayet etti. Fadıl bey bol keseden reklam veriyordu, itibarını zedeleyici haberlerim yüzünden Fadıl bey üzülüyordu, az reklam veriyordu, ciromuz düşüyordu. Kendimi affettirmek için "ramazanda iftar programımızı bu otelden yayınlayalım, şahane reyting yaparız" dedim. Maalesef bu makul önerim kabul görmedi. "Bari bu otelde İslami izdivaç programı yapalım, çok tutar" dedim. Maalesef bu makul önerim de kabul görmedi.

İtibarlı Fadıl bey, İslami otelin yanısıra, Maldiv adalarından da devremülk satıyordu. Gümbür gümbür televizyon reklamlarıyla tanıtılan "Caprise Gold Maldives Ebu Eyyub El Ensari House projesi"nin küçük bi pürüzü vardı... Ortada ada yoktu!

Değil villa inşa etmek, tabure koymak bile mümkün değildi.

"Aslında buna şükretmek lazım, burdakilere Maldiv'i sattı, Maldiv ahalisine de Kınalıadayı satabilirdi" diye yazdım. Reklam müdürümüz patrona koştu.

Neticede, itibarlı Fadıl bey gene tutuklandı. Kendisini mahkemede savunurken, "8 bin 400 kişiye sattım, bunların arasında milletvekilleri, bankacılar, işadamları gibi münevver insanlar var, bu kadar münevver insanların hepsini kandırmış olabilir miyim" dedi.

İşte tam bu sebeple... İtibarlı Fadıl bey'i tutuklayarak, kendisine büyük haksızlık yapıldığını düşünüyorum. İddiaya girerim, bugün dışarı salsalar, cezaevinin kapısında para toplamaya başlar. Sayın ahalimiz de yeni projesine para ödemek için kuyruğa girer.

Dolayısıyla... Bana sorarsanız, böyle başa böyle taraktır, memlekete ekonomi bakanı olacak kadar mübarek bi adamdır. Tutuklanması hukuk skandalıdır, zulümdür. Dokunmayın Fadılıma.

Fadıl Akgündüz

1956'da Siirt'te doğdu, Yıldız Teknik Üniversitesi elektrik mühendisliğinden mezun oldu, Devlet Yem Sanayi'nde yedi sene kontrolör olarak çalıştı, bilahare, dolandırıcılık işlerine başladı. 2017 itibariyle cezaevinden tahliye oldu, Maldivler işinden bir yıl yatıp sıyırmıştı, tahliye olduktan 10 saniye sonra Silivri cezaevinin kapısında gazetecilere konuştu, "Size söz veriyorum Türkiyemiz kalkınacak, Doğu bölgemiz yatırımlarımla hayat bulacak" dedi!

Berat

Mavi Marmara'yı bastılar.
Asrın liderimiz pek öfkelendi, "cezalandıracağız, affetmeyeceğiz, bedelini ödeteceğiz, alçaklıktır, terördür, zorbalar, haydutlar, tecrit edeceğiz, düşmanlığımız şiddetlidir" dedi. Ahmet Kiziroğlu stratejik konuştu, "pişman edeceğiz, Türkiye'nin 11 eylülüdür, korsanlıktır, yalnızlaştıracağız, hesap soracağız" dedi. Bülent Arınç ağladı.

Asrın liderimiz o zamanlar "kardeşim Esad"la cankuştu. Kardeşim Esad jest yaptı, Türkiye'de müftü yokmuş gibi, Şam müftüsünü gönderdi. Kurbanların cenaze namazını Şam müftüsü kıldırdı.

O zamanlar "Şam'a gidip Emevi camisinde namaz kılacağız" laga lugası yoktu. Stratejik Kiziroğlu "Kudüs'te namaz kılacağız" dedi.

Tam o günlerde "kasap" lakaplı İsrail başbakanı Ariel Şaron öldü. İsrail'le küs olduğumuz için, cenazeye resmi katılım olmadı, taziye mesajı bile yayınlanmadı. Sayın gazetelerimiz "kasap geberdi" başlıkları filan attı. Halbuki... Asrın liderimiz 2005'te İsrail'e gitmiş, kasap'la görüşmüştü. Hatta o kadar yakınlık göstermişti ki, kasap bile "Tayyip Erdoğan'dan öyle enteresan şeyler duydum ki, şaşırdım, Tayyip Erdoğan'ın yeteneklerinden faydalanacağım" demişti. Kasap beyin kanaması geçirince, ilk geçmiş olsun telefonunu asrın liderimiz açmıştı, "Şaron'un sesini duymaktan mutlu olduğunu, bir an önce işinin başına dönmesini temenni ettiğini" söylemişti. Şimdi ise... "Hiç tanışmıyoruz ki, bize ne, ölürse ölsün" ayağına yatılıyordu.

İstanbul 7'nci ağır ceza mahkemesi, Mavi Marmara nedeniyle, İsrail genelkurmay başkanı, İsrail deniz kuvvetleri komutanı, İsrail askeri istihbarat başkanı ve İsrail hava kuvvetleri istihbarat başkanı hakkında tutuklama kararı verdi. Görüldükleri yerde yakalanacaklardı. 9'ar kez müebbet, 18'er bin sene hapis isteniyordu.

Asrın liderimiz Berkin'in annesini yuhalattı, ölmüştür geçmiştir dedi. Bunu dedikten bir gün sonra... Mavi Marmara'dan bir can daha gitti. Baskında yaralanan ve dört senedir bitkisel hayatta olan Uğur Süleyman Söylemez vefat etti. Berkin için "ölmüştür geçmiştir" diyen asrın liderimiz, Mavi Marmara kurbanının evine taziyeye gitti, bizzat Kuran'ı Kerim okudu. Görüntüler basına servis edildi.

İsrail, Gazze'yi vurdu. Cumhuriyet tarihinde bir ilk yaşandı, TBMM kapatıldı. Öğleden sonraki genel kurul çalışmaları iptal edildi, milletvekillerimiz İsrail Büyükelçiliği'nin önündeki protesto eylemine gitti. Kahrolsun İsrail sloganları atıldı, İsrail bayrağı yakıldı. Milletvekillerimiz boynunda Filistin kefiyesiyle dolaşıyordu. Şarkıcı Yıldız Tilbe, "Allah Hitler'den razı olsun, bunlara az bile yapmış, ne kadar haklıymış adamcağız, bu Yahudilerin sonunu müslümanlar getirecek Allah'ın izniyle" diye tweetler attı.

Akp'nin "akil adam"larından *Akit* gazetesi genel yayın yönetmeni Hasan Karakaya, "ey İsrail yönetimi, çoğunuz orospu çocuğusunuz, hakaret değildir, durum tespitidir, İsrail'de çocuğun babası kavramı yoktur, İsrail çocuklarının çoğu piçtir, anaları bellidir ama babaları elli midir, yüzelli midir, orası meçhuldür, işte bu yüzden hepsi orospu çocuğudur" diye yazdı. Akp'nin "akil seviyesi" işte buydu.

Amerikan Musevi Komitesi, asrın liderimize taktığı Yahudi Cesaret Madalyası'nı geri istedi. Asrın liderimiz, alın başınıza çalın dedi, iade etti. Aslında... Yahudilerden aldığı bir değil, iki madalyası vardı. ABD'deki Yahudi kuruluşu ADL'den de üstün cesaret madalyası almıştı. Suratlarına fırlattım ayağına yatılıyordu ama, Yahudi cesaret madalyalarından biri hâlâ asrın liderimizin göğsünde duruyordu.

İstanbul'daki İsrail konsolosluğu taşlı-yumurtalı saldırıya uğradı, camları kırıp, içeri girmeye çalıştılar. Binanın önündeki Akdeniz Heykeli'nin kolunu kopardılar. Halbuki o binada konsolosluk yok. Yapı Kredi Bankası var. Konsolosluk arkadaki blokta yer alıyor, eylemin yapıldığı yerden görülmüyor bile.

Filistin devlet başkanı Mahmud Abbas geldi, kolundan tutup, asrın liderimizin iftarına götürdüler. Bülent Ersoy, Işın Karaca, Alişan, Ece Erken, Soner Sarıkabadayı, Metin Şentürk, Orhan Gencebay, Mustafa Sandal, Cengiz Kurtoğlu, Yavuz Bingöl, Sinan Özen ve İzzet Yıldızhan'la birlikte oturttular. Bülent Ersoy'la yan yana poz verdirdiler, kahkahalar eşliğinde selfie çektirdiler.

"Götünün kılıyım" diyen komedyen Şafak Sezer, İsrail konsolosluğunun önünde İHH otobüsünün üstüne çıkarak, megafonla "tekbiiirrr" diye bağırdı. Bir yandan gülüyordu.

Ve, bunca tiyatrodan sonra İsrail'le barışıyorlar.

Cümleten tebrik ederim ama...
İki küçük pürüz var.

Birincisi... Mavi Marmara basıldığında, asrın liderimiz Şili'deydi. Başbakanlığa Bülent Arınç vekalet ediyordu. Genelkurmay harekat başkanı korgeneral Mehmet Eröz ve deniz harekat dairesi başkanı tuğamiral Cem Aziz Çakmak'la kriz toplantısı yaptı.

Gel gör ki... Akp hükümetinin "en önce akıl danıştığı" bu iki komutan, asrın iftirasıyla tutuklandı. Mehmet Eröz, Ergenekon kumpasıyla 2.5 sene Silivri'de yatırıldı. Cem Aziz Çakmak, Balyoz kumpasıyla 3 sene yatırıldı, kahrından kansere yakalandı, kumpas şehidi oldu.

İsrail'den Mavi Marmara tazminatı alınacak. Peki, Mehmet Eröz'ün senelerini, Cem Aziz Çakmak'ın hayatını kim geri verecek? Bunca tantanadan sonra İsrail'le barışmaya utanmayanlar, Mehmet Eröz'ün şahsından ve Cem Aziz Çakmak'ın hatırasından da utanmayacak mı? Mavi Marmara'ya hüngür hüngür ağlayıp, İsrail'e karşı en önce Mehmet Eröz'le Cem Aziz Çakmak'a akıl danışan, sonra da "Türkiye bağırsaklarını temizliyor" diyenler, şimdi ne diyecek?

İkincisi ise şu...

İsrail konsolosluğunun önündeki protesto eylemine, asrın liderimizin büyük kızı Esra Albayrak da katılmıştı. "İsrail'in tez zamanda ayağını denk almasını ümit ediyorum inşallah, sessiz kalmak istemiyoruz, fiili eylemlere dönüşmeli, boykot ve yatırımların geri çekilmesi gibi batıda büyüyen hareketler var, bu tür şeylerin desteklenmesi gerekiyor" demişti. Hakikaten çok doğru söylemişti.

Gel gör ki, şu an itibariyle, Esra Albayrak'ın eşi enerji bakanımız... İsrail'den doğalgaz alırsak, imzayı bizzat eşi atacak.

"Boykot edilmeli, yatırımlar geri çekilmeli" filan derken, doğalgaz imzasının bizzat eşi tarafından atılması, biraz tuhaf olmayacak mı?
Yoksa takdir-i ilahi mi olacak?

Berat Albayrak

1978'de İstanbul'da doğdu, İstanbul Üniversitesi'nde İngilizce işletme okudu, New York'ta Pace Üniversitesi'nde finans mastırı yaptı, 1996'da Çalık Grubu'nda işe başladı, 2004'te Tayyip Erdoğan'ın büyük kızıyla evlendi, 2007'de Çalık Holding'e genel müdür oldu, 2015'te milletvekili yapıldı, enerji bakanı yapıldı. Gazeteci Sadık Albayrak'ın oğluydu, milli görüş'ün en önemli kalemlerinden biri olan, Milli

Selamet Partisi'nden Refah Partisi'nden milletvekili adayı olan Sadık Albayrak, 1994 yılında, Tayyip Erdoğan'ın faaliyetleri için "Refah Partisi'nin bilgisayarına girmiş virüs" benzetmesi yapmıştı. Tayyip Erdoğan'la dünür olunca, *Yeni Şafak* gazetesindeki yazılarını bıraktı, köşesine çekildi. Kadere bakın ki, Tayyip Erdoğan'ın dünürü, Berat Albayrak'ın babası Sadık Albayrak, 12 Eylül darbesinde, feto kumpaslarının mağdurlarıyla aynı adreste, Silivri'de hapse tıkılmıştı.

Bekaroğlu

Kefere Kemal diyen... Fazilet Partisi'nden milletvekili seçilen, Fazilet Partisi kapatılınca Saadet Partisi'ne geçen, Saadet Partisi'nde genel başkan yardımcısı olan, Saadet Partisi'nden istifa edip Ertuğrul Günay'la birlikte parti kurmaya çalışan, sonra gene Saadet Partisi'ne dönüp, Saadet Partisi'nin İstanbul büyükşehir belediye başkan adayı olan, sonra gene Saadet Partisi'nden istifa edip, Has Parti'nin kurucu genel başkan yardımcısı olan, Has Parti kapatılınca ortada kalan, gene Saadet Partisi'ne dönüp Saadet Partisi'nin Rize belediye başkan adayı olan, seçilemeyince gene ortada kalan, yetmez ama evet referandumunda yetmez ama evet diyen, kumpas davalarını savunan, Ergenekon sanıkları akıl hastasıdır diyen, bu akla ziyan iftirası yüzünden tazminat ödemeye mahkum edilen, sonra... Guguk kuşu tarafından Yeni CHP'ye üye olarak sokuşturulan, bıyıklı olmasına rağmen kadın kontenjanından parti yönetimine sokuşturulan, ailesinin Chp'li olmadığını söyleyen, Chp'ye katıldığı için kızının hüngür hüngür ağladığını söyleyen, CHP'ye geçerek partimi değiştirdim ama çizgimi değiştirmedim diyen, adının üstü çizilmesin mutlaka milletvekili seçilsin diye önseçime sokulmayan, kontenjandan sokuşturulan, Rizeli olmasına rağmen, siyasal İslamcıyken Rize milletvekili olmasına rağmen, Chp Rize'de sıfır çektiği için aman mutlaka milletvekili seçilsin diye İstanbul'dan aday gösterilen, 7 haziranda 9'uncu sıradan aday gösterilen, kılpayı seçildiği için aman mutlaka seçilsin diye 1 Kasım'da 7'nci sıraya yükseltilen, TBMM'ye sokuşturulan, genel başkan yardımcısı yapılan, ulus devletin miadı doldu diyen, ulusalcılar partiden giderse parti güçlenir diyen Mehmet Bekaroğlu, dün bir tweet attı, "Aziz Sancar'ın Nobel ödülü almasına sevindik ama, ödülünü Genelkurmay'a götürmesine şaşırdık" dedi.

Halbuki... Atatürk'e dair bilgi kırıntısına bile sahip olanlar biliyor ki, Anıtkabir Müzesi kurulduğundan beri Genelkurmay'a bağlı.

Anıtkabir'de yatan...
CHP'nin ilk genel başkanı.
Onun hemen karşısında yatan...
CHP'nin ikinci genel başkanı.
Müzeyi açan...
CHP'nin üçüncü genel başkanı.

Ve, işte bu Anıtkabir Müzesi'nin kime emanet olduğunu bilmeyen...
Chp genel başkan yardımcısı!

Üç milyon altı yüz yetmiş beş bin dokuz yüz kırk üçüncü defa, belki bu defa anlaşılır umuduyla, tekrar yazıyorum... CHP'yi geri almadan Türkiye'yi geri alabilmek mümkün değildir.

Mehmet Bekaroğlu

CHP'li değilken Kemal Kılıçdaroğlu'na "çakma gandi" diyordu, bizzat Kemal Kılıçdaroğlu tarafından CHP genel başkan yardımcısı yapıldı. Memleketin başka sorunu kalmamış gibi, ilk iş, CHP genel merkezine mescit açtırdı, "büyük ihtiyaçtı" dedi. Tipik din tüccarı şovuydu... Çünkü, CHP genel merkezine yürüme mesafesinde iki cami vardı, isteyen CHP'liler zaten o camilerde namazını kılıyordu. Kılıçdaroğlu tarafından korunup kollanan Bekaroğlu, kendisini eleştirenlerin partiden atılmasını istiyor, dağdan gelip bağdakini kovuyor misali, "ulusalcı kanat istifa ederse CHP güçlenir" diyordu! 2017 itibariyle, Kemal Kılıçdaroğlu'nun başdanışmanı sıfatıyla CHP milletvekillerine mektup gönderdi. "Tarihin dönüm noktasında CHP" başlıklı mektubunda, altı ok'un "sorun" olduğunu anlatıyordu, ulus devlet kavramının geçmişte kaldığını öne sürüyor, özerklik modeli öneriyor, Türk milleti yerine, Türkiyeli denmesi gerektiğini söylüyordu!

Yuri

Ağustos 2010...
Hatay Samandağ'ın Çevlik köyü sahilinde bir erkek cesedi

karaya vurdu. Vücudu denizde kalmaktan lime lime olmuş, suratı balıklar tarafından yenilmişti, kimlik tespiti yapabilmek imkansızdı. Üzerinde siyah bir mayo şort, boynunda ortodoks haçı şeklinde kolye vardı.

Jandarmanın polisin kayıtlarında kayıp turist ihbarı yoktu. Ceset, Adana adli tıp kurumu morguna kaldırıldı. Dışişleri bakanlığı devreye girdi, ortodoks haçı vesilesiyle, Rus büyükelçiliğini bilgilendirdi. Fakat, Türkiye'de tatil yapan Rus turistlerden de kayıp yoktu.

Bir hafta geçti.
Ne arayan var, ne soran.
Kimdi bu ceset?

Bir hafta sonra... Bu defa Rus elçiliği, dışişleri bakanlığımıza başvurdu. Şam'daki Rus elçiliğinin verdiği bilgiye göre, Suriye'de bir Rus diplomatı on gündür kayıptı. Acaba onun cesedi olabilir miydi?

Lazkiye'den denize girse, Çevlik köyü sahiline vurması için 150 kilometre sürüklenmesi lazımdı. Örneği yoktu, bugüne kadar görülmüş şey değildi. Gene de bakalım denildi. Ve hadise, iyice enteresanlaştı... Çünkü, teşhis için ailesi değil, Rus istihbaratından yetkililer geldi.

Baktılar.
Evet, o dediler.

General Yuri Ivanov'du.
GRU'nun iki numarasıydı.

Rus istihbaratı dört gizli servisten oluşuyor. FSB iç istihbarat, SVR dış istihbarat, FAPSI iletişim-kripto, GRU askeri istihbarat... Bunların içinde, yurtdışında en çok casusa sahip servisin, GRU olduğu söyleniyor. Dokuz milimetrelik "Groza" isimli özel üretim tabancalarıyla, şakır şakır suikast düzenledikleri biliniyor.

52 yaşındaki general Yuri Ivanov, işte bu GRU'nun başkan yardımcısıydı.

Gölgeler dünyasının en gizemli, en ürkütücü adamlarından biriydi.

Bizi çok yakından ilgilendiren faaliyetleri de vardı. Çeçen liderlerden Gazi Edilsultanov, İslam Canibekov, Ali Osaev, İstanbul'da öldürüldü. Birini Başakşehir'de, birini Ümraniye'de, birini Zeytinburnu'nda sokağın ortasında vurdular. Suikastçılar profesyoneldi, hiçbiri yakalanamadı. İstanbul'da sadece "inşaat faaliyetleri"yle ilgilenen AKP'nin dünyadan haberi yoktu. AKP'ye güvenip Türkiye'ye gelen Çeçen komutanlar tek tek ortadan kaldırılmıştı. Ve bu işlerin hepsinin Yuri Ivanov'un emriyle gerçekleştirildiği sır değildi.

Peki, Suriye'de ne işi vardı?

Tartus, Rusya'nın kendi toprakları dışındaki tek deniz üssüydü. Aslında "üs" bile denemezdi. 1971'de kurulmuştu. Tedarik noktası olarak kullanılmıştı, yakıt ikmali filan yapılıyordu. Sığ bir limandı. Kuznetsov uçak gemisini boşver, Moskva gibi kruvazörler bile yanaşamıyordu. Sovyetler ekonomik olarak çökerken, iyiden iyiye ihmal edilmişti, sadece 50 denizci orada görev yapıyordu.

Türkiye'deki inşaat faaliyetleriyle ilgilenen AKP'nin henüz haberi yoktu ama... Rusya, Tartus'ta büyük bir inşaat kararı almıştı.

2010'da başlayan devasa çalışmayla... Liman derinliği arttırılıyor, tamir bakım atölyeleri büyütülüyor, depolar kuruluyor, binlerce personel için binalar inşa ediliyordu.
Alenen hazırlık yapılıyordu!
Rus askeri istihbaratının en güçlü adamı general Yuri Ivanov, işte bu Tartus'u denetlemek için Suriye'ye gelmişti.
Pufff...
Ortadan kayboldu.

10 gün sonra 150 kilometre uzakta Çevlik köyü sahiline vurdu.

Adli tıpta yapılan otopsiye göre, vücudunda silah izi yoktu, darp izi yoktu, suda boğulmuştu. Oysa, sporcu seviyesinde yüzücü olmasından vazgeçtik, bröveli dalgıçtı. Lazkiye'de serinlemek için denize girdi diyelim, ruh gibi peşinde dolaşan korumaları neredeydi?

Korumalarının plajda baygın halde bulunduğu, CIA-Mossad operasyonuyla kaçırıldığı, açık denizdeki sorgudan sonra normal ölüm gibi görünsün diye deniz suyuyla boğulduğu, tekneden atıldığı, cesedin bu nedenle Türk sahiline vurduğu iddia edildi. Böyle miydi? İşin orasını gazetecilerin bilebilmesi elbette mümkün değildi.

Bilinen tek gerçek şuydu:
Yuri Ivanov ölmüştü.
Ve, bu seviyede bir istihbaratçıyı öldürebilmek için, anca bu seviyede bir istihbarat servisi gerekirdi!

Tüm bunlar olurken...
Ağustos 2010'da...
Bizim asrın lideri ne yapıyordu?

Gaziantep mitingindeydi...
Sayın ahalimize bağıra bağıra anlatıyordu.
"Sevgili kardeşlerim, ne yaptılar, milleti korkuttular, Türkiye'nin üç tarafı denizle, dört tarafı düşmanla çevrili dediler, biz ne yaptık, onlar gibi vizyonsuz değiliz, biz geldik, bu anlayışı yıktık, Esad kardeşimle oturduk, iki dost, iki kardeş olduk, mayınları temizledik, vizeleri kaldırdık, kapılarımızı açtık, şimdi benim Gaziantepli kardeşim cebine pasaportunu koyuyor, Halep'e gidiyor, Şam'a gidiyor, Halep'teki Şam'daki Lazkiye'deki Hama'daki Humus'taki kardeşim de cebine pasaportunu koyuyor, istediği gibi Gaziantep'e geliyor, ne oldu, bütün o tehditlerin, o korkuların ne kadar boş olduğu ortaya çıktı, kim kazandı, Türkiye kazandı" diyordu.

Evet...
Suriye'de içsavaşın patlamasına ramak varken, Suriye'ye müdahale etme planlarını çoook önceden yapan Rusya, Tartus limanını savaş gemileri için büyütürken, Rus askeri istihbaratının en önemli adamının cesedi Türk sahillerine vururken, dünyanın en güçlü devletlerinin casusları, Suriye topraklarında "soğuk savaş" yürütürken... Bizim asrın lideri "yetmez ama evet" mitingi yapıyordu, "biz vizyonsuz değiliz, Esad kardeşimle mayınları temizledik, kapıları açtık, kim kazandı, Türkiye kazandı" diyordu!

Mission impossible yani.
Ekmek çarpsın impossible.

Yuri Ivanov

Filler tepişirken çimenler ezilir ama, bazen filler tepişirken gergedan'lar da ezilebiliyordu. Yuri Ivanov'un ölümü, bu ebatta bir ölümdü. Bizim açımızdan ise... İbret alınması gereken bir durumdu. CIA, FSB, MI6, DGSE, Mossad coğrafyasına İETT otobüsüyle girmek, intihardan farksızdı. Bir koyayım üç alayım, Şam'da namaz kılayım filan derken, ala ala anca şehit tabutu alabileceğimizin kanıtıydı.

Sezer

Ne güzel ülkeydi burası...
Ne güzel ülkeydi kardeşim.
Masum.
Saf, temiz.
Hayallerimiz vardı.
Umutlarımız.

Siyah beyaz filmlerimiz vardı.

Annem elimizden tutardı, ağabeyimle benim... İzmir'in imbatı vantilatör gibi ufak ufak üfürürken, Kahramanlar'daki açık hava sinemasına giderdik, yürüyerek... Babam gazoz filan alırdı, eğer uslu durursak... Küçücük sinemada bi kamyon dolusu çiğdem yenirdi, çıt çıt çıt çıt... Hastasıdır İzmirliler çiğdemin... Hani şu sizin ayçekirdeği ya da kısaca çekirdek dediğiniz çiğdeme... Ve, ışıklar sönerdi.

Ayşecik vardı.
Ömercik.
Sezercik.
Masum, saf, umut dolu Türkiye'nin vicdanı olan çocuklar.

O efsane replik mesela...
"Anneciğim, melek yüzlü anneciğim, hasta olma sen anneciğim, ben büyüyünce doktor olucam, sana ilaç getiricem anneciğim."

Burnumuzun direği sızlardı.
Cızz ederdi yüreğimiz.
Kağıt mendiller yoktu o zamanlar, babam elini arka cebine atardı,

ütülenmiş, derli toplu katlanmış bembeyaz mendilini çıkarır, anama uzatırdı hafifçe... Valide zaten hıçkırmaktan perişan.

Ben en çok Sezercik'i severdim.
Kendisi açken bile elindeki lahmacunu sokak köpeğine yediren yufka yürekli yaşıtımı... Veremli annesine bir tas çorba bulabilmek için şeker satan kahramanımı... Alamadığı balonlara iç çekerek bakan hüzünlü arkadaşımı...
En çok onu severdim.
Aman ne kızardım o pis pis sırıtan gaddar üvey babasına, size anlatamam.

Sonra aniden...
Akıp geçiverdi yıllar.
Göz açıp kapayıncaya kadar.

Dün okuyorum gazeteleri... Otomobilini durdurmak isteyen polisle çatışmış, aksiyon filmlerini andıran kovalamacada cayır cayır kurşun yakılmış, önce izini kaybettirmiş, sonra yakayı ele vermiş, meğer uyuşturucu kaçakçılığından aranıyormuş, evine yapılan baskında kokain, tabanca, kalaşnikof bulunmuş, yargılanmış, beş sene hapis cezası almış, operasyonla tutuklanmış, cezaevine konulmuş.

Sezercik büyümüş...
Polat Alemdarcık olmuş!

Halbuki...
Ne güzel ülkeydi burası.
Masum, saf, temiz.
Hayallerimiz vardı.
Umutlarımız.
Siyah beyaz filmlerimiz vardı.

Ve, her şeyi bi kenara bıraktım bugün.
Elimde kağıt mendil...
Belki de "her şey"in cevabı olan soruyu yazmaya karar verdim.

Ne oldu bize kardeşim?
30 yıl içinde böyle...
Ne oldu bize?

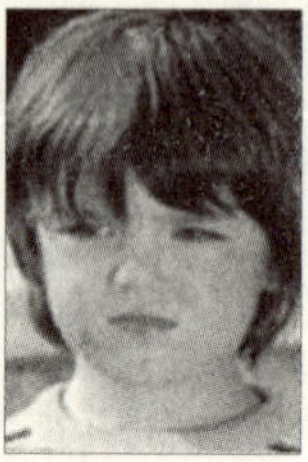

Sezer İnanoğlu

1967 doğumluydu, film yapımcısı Berker İnanoğlu'nun oğluydu, Sezercik serileriyle Yeşilçam'ın 70'li yıllarına damgasını vurdu, 1996'da evlendi, 1997'de eşi intihar etti, bu hadiseyle bunalıma girdi, uyuşturucuya başladı, 2007'de polisle çatıştı, altı ay hapis yattı, 2015'te ruhsatsız kalaşnikof satın almak suçundan beş yıl hapis cezasına çarptırıldı, teslim olmadı, saklanmaya çalıştı, yakalandı, cezaevindeyken ikinci kez evlendi, gözleri doğuştan görmeyen bir kızları oldu, boşandılar, üçüncü kez evlendi, bir yıl sonra boşanma başvurusu yaptı, vazgeçti, 2017'de hastaneye kaldırıldı, henüz 50 yaşındaydı ama, organlarının çoğu iflas noktasındaydı. Dramatik rollerin çocuk yıldızı, gerçek bir trajedinin başaktörü olmuştu.

Münir, Ahmet

Belçikalı aşçı Lucien Olivier, teee 1860'larda Moskova'daki Hermitage restoranın sahibiydi. Bir salata türevi icat etti. Ahaliye parmaklarını yedirdi. Kapısında kuyruk oluyordu. Öyle lezzetliydi ki, şöhreti sınırları aştı, "Olivier salatası" adıyla dünyaya yayıldı.

Bize 60 sene sonra ulaştı. Bolşevik devriminden kaçan Beyaz Ruslar, İstanbul'da restoranlar açtı, menülerde elbette Olivier salatası da vardı. Rus restoranlarında tanıştığımız için, adı Rus salatası oldu.
30 sene böyle yedik.
İkinci dünya savaşı bitti, Moskova gözü bize dikti. Boğazlarda üs talep etti, doğu sınırımızdan toprak istedi. Tam o sırada... Washington büyükelçimiz Münir Ertegün kalp krizi geçirdi, vefat etti.

Propaganda şaheseri Beyaz Saray, bu diplomatik fırsatı kaçırmadı.

Münir Ertegün'ün cenazesi, Missouri zırhlısına yüklendi, ABD'nin dostluk mesajı olarak, Türkiye'ye gönderildi.

Bu "ölüm" hadisesi, Türk-Amerikan ilişkilerinde "doğum" noktasıydı.

Missouri zırhlısı, ABD'nin en büyük savaş gemisiydi. 270 metre boyundaydı. 1600 mürettebatı vardı. Pasifik'te savaşmıştı. Japon imparatorluğunun ABD'ye kayıtsız şartsız teslimiyet belgesi, Missouri'nin güvertesinde yapılan törende imzalanmıştı.

Bu kadar önemli bir savaş gemisinin, adeta cenaze arabası gibi gönderilmesi, ABD'nin Türkiye'ye verdiği değeri gösteriyordu. "Siz hiç merak etmeyin, biz sizi Ruslara karşı koruruz" mesajı veriliyordu.

Hatta, Missouri tek başına yeterli görülmemiş, yanına refakatçi olarak, Providence kruvazörüyle, Power destroyeri ilave edilmişti.

Demem o ki kardeşim...
Tabutu taşımak için filo göndermişlerdi, filo.
Kelimenin tam manasıyla gövde gösterisiydi.

Missouri'nin gelişi, yalaka basınımız tarafından anbean takip ediliyor, vatandaşa duyuruluyordu. Missouri Cebelitarık'tan geçti, Missouri İtalya açıklarında, Missouri Ege sularında filan... Fotoğraflar yayınlanıyordu, gemilerden röportajlar yayınlanıyordu. Peki, yalaka basınımızın o dönemin ilkel şartlarında, Akdeniz'in ortasından fotoğraf çekebilme, röportaj yapabilme imkanı var mıydı? Elbette yoktu. Amerikalılar çekiyor, bunlara veriyor, bunlar da yayınlıyordu. Bugün olduğu gibi, o gün de "sahibinin sesi"ydi, yalaka basınımız.
Neticede...
Boğaza demirlediler.
"Mübarek Cuma" gününe denk getirmişlerdi.
Hayırlara vesileydi!

Bir zamanlar elalemin zırhlıları boğaza demirledi diye kurtuluş savaşı başlatan millet... Elalemin zırhlılarını "kurtarıcı" gibi karşıladı.

Beylerbeyi'nden Üsküdar'a, Beşiktaş'tan Sarayburnu'na kadar bütün sahillere yığılan sayın ahalimiz, sevinç çığlıkları attı, davul zurna çaldı, el salladı... Ve Missouri, toplumsal histeriye dönüştü.

Yalaka basınımız, tarihimizde ilk kez İngilizce manşet attı, sekiz sütuna "Welcome Missouri" dedi. Dolmabahçe sarayının hemen yanındaki Bezmialem Valide Sultan Camisi'nin minareleri arasına "Welcome" mahyası asıldı. Kız Kulesi'ne "Welcome Missouri" afişi asıldı. Hereke'de özel halı dokundu, üzerinde İstanbul haritası vardı, Missouri'nin komutanı oramiral Henry Hewitt'e hediye edildi.

Kerhane bembeyaz badana yapıldı. Duvarlarına "hoşgeldiniz denizciler" yazıldı. Amerikalı bahriyelilere hastalık bulaşmasın diye, doktorlar gönderildi, kerhane komple muayeneden geçirildi. Kerhanede çalışan kadınlar, göbeklerine "welcome" yazdırdı.

Dolarlarını Türk parasına çevirsinler diye, Dolmabahçe'de döviz bürosu açıldı. Taksim meydanına dev boyutlu Missouri fotoğrafı yerleştirildi. TEKEL, Missouri markasıyla sigara üretti. PTT, Missouri anısına pul çıkardı. Vitali Hakko'nun Şen Şapka'sı "Hoşgeldin Missouri" yazılı eşarplar bastı. Amerikan bayraklı uçurtmalar uçuruldu.

İstanbul belediyesi, Beşiktaş'tan Karaköy'e kadar tüm binaları pırıl pırıl boyadı, asfaltı yeniledi. Sadece Amerikalılara hizmet vermesi için, Dolmabahçe'yle Taksim arasında çalışan, 12 adet belediye otobüsü tahsis edildi. Otobüsler ücretsizdi. Sinemalarda, tiyatrolarda 80'er adet koltuk Amerikalılara ayrıldı, bilet alınmayacaktı.

Ankara'da Missouri adıyla lokanta açıldı. Başkentin en iyi lokantalarından biri, adını Washington olarak değiştirdi.

Ve... "Rus salatası" aniden "Amerikan salatası" oluverdi!

Niko ve Aleko, iki kardeş, Rum vatandaşlarımızdı. İstiklal caddesinde, Atlantik ve Pasifik adıyla iki büfe işletiyorlar, tost, sahanda yumurta, sosis filan, bugünkü tabirle fastfood satıyorlardı. Uyanık Niko efendi, şööle cafcaflı bir tabela hazırladı, üstüne "Amerikan salatası 35 kuruş" yazdı, büfesinin camına yerleştirdi... İstanbul kuyruğa girdi!

Memlekette ne kadar büfe, birahane, lokanta varsa, Amerikan salatasının üstüne atladı. Ruslar gelince, Rus salatası, Amerikalılar gelince, Amerikan salatasıydı. Kırk yıllık kani, olmuştu yani.
Üzerinden 70 sene geçti.

Lütfen girin google'a...
Rus salatası tarifi diye arayın.
200 küsur bin sonuç çıkar.
Amerikan salatası tarifi diye arayın.
200 küsur bin sonuç çıkar.

Salata aynı salatadır ama... Sayın ahalimiz, bizimle hiç alakası olmayan bu salata için, Rus ve Amerikan diye, tam ortadan ikiye bölünmüştür.

Türkiye'nin Soğuk Savaş tarihi, budur!
Kore de budur, Suriye de budur!

Münir Ertegün

Ahmet Ertegün

Dedesi İbrahim Edhem Efendi, Özbekler Tekkesi'nin şeyhiydi. Üsküdar'daki bu tekke, Kurtuluş Savaşı sırasında Anadolu'ya asker ve cephane göndermek için kullanılan gizli bir üs olarak çalıştı. İsmet İnönü, Halide Edip Adıvar, Yunus Nadi, Mehmet Akif Ersoy gibi kahramanlarımız, burada saklanmış, Anadolu'ya buradan geçmişti. Bu yurtsever görevi nedeniyle, 1925'te çıkarılan tekke ve zaviyelerin kapatılması hakkındaki kanuna rağmen, kapatılmadı, "kültür merkezi" olarak devam etti. İşte bu tekkenin şeyhi İbrahim Edhem Efendi'nin torunu olan Münir Ertegün, Anadolu'ya geçti, milli mücadeleye katıldı, Lozan Antlaşması'nı imzalayan Türk delegasyonunda hukuk danışmanı olarak yeraldı, Atatürk tarafından Milletler Cemiyeti'ne gözlemci olarak atandı, Bern, Paris, Londra, Washington elçisi oldu, 1944'te vefat etti, Özbekler Tekkesi'ne, dedesinin yanına defnedildi. Sülale boyunca milli mücadele kahramanı olan Münir Ertegün, maalesef... Cenazesini fırsat olarak değerlendiren ABD yönetimi tarafından kullanıldı, Türkiye'nin ABD'ye bağlanması operasyonuna alet edildi. Bu cenazeden 62 yıl sonra, 2006'da... Münir Ertegün'ün oğlu Ahmet Ertegün, TGRT'yi satın aldı, sonra tüm haklarını dünya medya imparatoru Murdoch'a devretti, Murdoch da TGRT'yi Fox TV yaptı. Aslına bakarsanız, danışıklı satıştı. O günün şartlarında bir yabancının gelip, Türk televizyonunun yüzde 25'inden fazlasını satın alabilmesi hukuken mümkün değildi, Ahmet Ertegün belli ki Murdoch adına paravan görevi üstlenmişti. Hatta... Ahmet Ertegün, 39 yıl önce, 1967'de kendi isteğiyle Türk vatandaşlığından ayrılıp, Amerikan vatandaşı olmuştu, TGRT satışından sadece 10 ay önce tekrar başvurmuş, yeniden Türk vatandaşı olmuştu. Ahmet Ertegün, TGRT alışverişinden altı ay sonra, New York'ta Rolling Stones konserinde düşerek kafasını çarptı, öldü, dedesiyle babasının yanına, Özbekler Tekkesi'nde toprağa verildi.

The İbrahim

Nato'ya girdik, İzmir'e Amerikalı yağdı, Çiğli'de inşaat başladı. Toki apartmanı yapar gibi, betonarme iskeleler diktiler. Sayın ahalimiz merak etti, bunlar ne? Salça fabrikası kurucaz, domates kurutucaz dediler. Sayın ahalimiz sevindi. İskeleler bitti, 18'er metre boyunda boru gibi bi şeyler kondurdular. Sayın ahalimiz gene merak etti, bunlar ne? Minare dediler. Evet... Minare dediler.

Gel gör ki, bu minarelerden ezan okunmuyordu, etrafı tel örgülerle çevriliydi, kapısında da kurt köpekli Amerikan askerleri nöbet tutuyordu. Sayın ahalimiz bu durumu da pek merak etti, hani bunlar minareydi? Minare yapmaktan vazgeçtik dediler, bunlar İbrahim dediler.

İbrahim'lerin kenarında IRBM yazıyordu, intermediate range ballistic missile, orta menzilli balistik füze... Rusları vurmak için getirilmişti, Jüpiter füzeleriydi. Üstüne Türk bayrağı monte ettiler, IRBM'ye Ege şivesiyle İrbaam dediler. Sayın ahalimiz bayrağı görünce rahatladı.

İki bin kişiyi, tekrar yazıyorum, iki bin kişiyi ABD'ye götürdüler. NASA'nın Cape Canaveral uzay üssünde eğittiler. Deneme atışı yaptırdılar. Baktılar ki, bizimkiler güzel fırlatıyor, aferin dediler, sırtlarını sıvazladılar. Çiğli'deki minareleri güya Türkiye'nin emrine verdiler. Küçücük bi şartları vardı... Füzelerin anahtarı, Amerikalı subaylarda duracaktı! Minareyi döşeyen, kılıfına uydurmuştu.

Tam o günlerde, ABD senato heyeti geldi. Yalaka basınımız, o zaman da yalakaydı. Ticari yardım için geldiler, zengin olucaz manşetleri atıldı. Sayın ahalimiz sevindi. Halbuki, Amerikan halkının vergileri dikkatli harcanıyor mu diye, füzeleri denetlemeye gelmişlerdi.

Raporları incelediler, rezalet ortaya çıktı. Sayın ahalimizin, trafik levhası, çöp bidonu gibi hedeflere zevk için ateş etme alışkanlığı olduğunu bilmiyorlardı. Hıyarın biri, Hiroşima'nın 100 katı tahrip gücüne sahip füzeye, mermi sıkmıştı iyi mi! Motora isabet etmişti. Güç bataryası patlamış, kontrol paneli devre dışı kalmıştı. Rusya'ya fırlatacaksın, İtalya'ya gidecek, o hale gelmişti.

Derhal önlem aldılar, tel örgülerin çapını genişlettiler. Yaralanmasınlar diye Amerikalı askerleri çekip, füzelerin başına Mehmetçik diktiler. Sayın ahalimiz Mehmetçik'i görünce sevindi.

Neyse ki, Küba krizi bitti. Ruslara özellikle göstermek için kabak gibi ortada durmalarına gerek kalmadı, füzeleri uygun yeraltı tesislerine taşıdılar, kamufle ettiler. Sayın ahalimize, söküp ABD'ye götürdük, siz müsterih olun dediler, sayın ahalimiz sevindi.

Buraya kadar okuduklarınız, minareler süngü, kubbeler miğfer bölümüydü.

Ve dün, Rus uçağını vurduk.
Nato tarihinde, ilk kez bir Rus uçağı düşürülmüş oldu.

E böylece, sevinç çığlıkları atan sayın ahalimize müjdeyi vereyim gari...
Camiler kışlamız "müminler asker"e herkes hazır olsun!

IRBM

İşte İbrahim bu... İsmi Türkçe telaffuz edildiği için, üzerinde de Türk Bayrağı olduğu için, sayın ahalimiz "bizden biri" zannediyordu. Halbuki "The İbrahim"di! Motor bölümü etek şeklindeki muhafaza içinde duruyordu. Boyu 18 metre, çapı 2,74 metreydi. Her biri 1,44 megaton kapasitesiyle Hiroşima'ya atılanın 100 katı gücündeydi.

Abbas Hilmi

Padişahımız efendimiz zat-ı şahane hazretleri, henüz 17 yaşındaki Abbas Hilmi Paşa'yı Mısır'ı yönetsin diye hıdiv yapmıştı. Ama... Bıyıkları yeni terleyen sayın paşamız, hem İngiliz kuklası olduğu için, hem de çölden mölden sıkılıp İsviçre'de yaşadığı için, Mısır'a pek uğramıyordu.

Zahmet edip arada sırada İstanbul'a geldiğinde bile ruhu daralıyor, Nimetullah isimli yatına atlıyor, soluğu püfür püfür Dalaman'da alıyordu. Çünkü, avlanmaya çok meraklıydı. Dalaman o zamanlar ideal av bölgesiydi, tavşanlar, geyikler cirit atıyordu, tapusu da komple hıdiv'indi.

E koskoca hıdiv bu...
Çadırda kalacak hali yok.
Talimat verdi, "buraya şöyle şatafatlı bir av köşkü dikin" dedi. "Kardeşim, sen Mısır valisi değil misin, niye Mısır yerine Dalaman'ı imar ediyorsun?" demesinler diye, "İskenderiye'ye de güzel bir tren garı dikin" dedi. Çekti, İsviçre'ye gitti.
Diktiler...
Adresleri karıştırdılar.
Tren garını Dalaman'a, av köşkünü İskenderiye'ye diktiler!

Yolunuz düşerse, Dalaman tarım işletmeleri genel müdürlüğüne uğrayın lütfen, hâlâ orada... Pencereleri gişe şeklinde, etrafında inekler otluyor. Dünyanın, önünden tren geçmeyen ilk ve tek tren garı... En yakın demiryolu, Aydın'da.

Ve... Rusya'nın Suriye'deki Türkmenlere yönelik hava saldırısını protesto eden sayın ahalimiz, Beyoğlu'nda Rusya Konsolosluğu yerine, yanlışlıkla, bayrağını benzettikleri Hollanda Konsolosluğu'na yumurta fırlattı. Hollanda Konsolosu tweet attı, "gene binayı karıştırdılar, ne zaman Rusya'ya öfkelenseler bize geliyorlar" dedi.

(Hollanda konsolosluk binası 300 senedir, 1714'ten beri orada... Rusya konsolosluk binası ise, 250 senedir aynı adreste... Sanırsın geçen ay açıldılar, sayın ahalimiz hâlâ karıştırıyor.)

Neyse...
Savulun bre gafiller.
Yeni Osmanlılar geliyor!

❧

II. Abbas

Bu arkadaşın hayatı, Osmanlı'nın neden ayvayı yediğinin özeti gibiydi... Babası Mısır Hıdivi'ydi, annesi Emine Valide Paşa'ydı. Valide paşa olur mu demeyin, oldu, padişah Abdülhamid'in canı öyle istemiş, bunun annesine "paşa" unvanı vermişti. İsviçre'de Viyana'da okudu. Babası ölünce, 17 yaşındayken babasının yerine Mısır Hıdivi yapıldı. Hiçbir devlet tecrübesi olmadığı için, bunu yönetsin diye Ahmet Muhtar Paşa'yı buna danışman yaptılar, bu habire seyahate çıktı, Avrupa'yı gezdi dolaştı, hatıralarını kitap yaptı. Bunun otorite boşluğunda İngilizler Mısır'ı parmağında oynatmaya başladı, Lozan Antlaşması'yla hıdivliği sona erdi. 1931'de Mısır'a girmesi yasaklandı, 1944'te Cenevre'de öldü, Kahire'de toprağa verildi. Ömrü boyunca hiçbir işe yaramadı, hiçbir işin ucundan tutmadı, koskoca imparatorluk gümbür gümbür giderken, lay lay lom geziyordu.

❧

İsmail

Tahta geçen padişah, bismillah ilk iş, kendi adına sikke bastırırdı. Hükümdarlık alametiydi.

İlk altın sikke Fatih Sultan Mehmet için bastırılmıştı. Üzerinde "darib'ün nadri sahib-ül-izzi vennasri, filberri velbahri" unvanı bulunuyordu. Yani "izzet sahibi, karaların ve denizlerin hakimi"ydi.

Kanuni'nin sikkesinde "iki karanın ve iki denizin sultanı, Mekke ve Medine'nin hizmet eri" yazıyordu.
Şu anda televizyonda dizisi oynayan 1'inci Ahmed'in sikkesinde "mülkü daim olsun" yazıyordu, henüz 27 yaşındayken gömdüler!

Padişah sikkelerinde genellikle "galibiyeti daim olsun, yüce saltanat yeri, adil sultan, büyük mülklerin sultanı, ömrü uzun olsun" gibi pohpohlamalar bulunurdu.

Bayezid'in sikkesinde "han" ibaresi vardı. "Sultan" unvanı ilk kez Mehmet Çelebi'nin sikkesinde kullanıldı. Yavuz'un sikkesinde "şah" yazıyordu. Abdülmecid'in sikkesinde gül motifi vardı. 3'üncü Selim'in sikkesinde "Konstantiniye" yerine, ilk kez "İslambol" kullanılmıştı.

Vahdettin'in sikkesi pek havalıydı. "El-müstenidu bi-tevfik-ti'r Rabbaniyyeti Meliki'd Devleti'l Osmaniyyeti" yazıyordu. Yani "ilahi yardımlara dayanan Osmanlı devleti meliki, hükümdarı"ydı. Neticede... İlahi yardım aldığı İngilizlerin gemisine binip, kaçtı.

Cumhuriyet tarihimizin ilk sikkesi... "Son Osmanlı Padişahı" pankartıyla tanınan Tayyip Erdoğan için bastırıldı.

Geçen sene, henüz başbakanken, Türk Talebe Birliği ve Birlik Vakfı'nın kompozisyon yarışması ödül törenine katılmıştı. Birlik Vakfı Başkanı sahneye çıktı, Tayyip Erdoğan'ı Fatih Sultan Mehmet'in torunu ilan etti... "12 yılda sessiz devrim yapan büyük bir devlet adamımız var, Fatih'in torunu var, biz sayın başbakanımıza darphanede 22 ayar sikke bastırdık, bir tarafında Fatih'in tuğrası var, öbür tarafında başbakanımızın resmi var, takdim ediyorum, lütfen kabul buyursunlar" dedi. Tayyip Erdoğan sikkesini aldı.

Hani, AKP'nin TBMM başkanlığına aday gösterdiği İsmail Kahraman'ın kim olduğunu merak ediyorsunuz ya... İşte bu.

Tayyip Erdoğan'a padişah torunu sıfatıyla sikke bastıran herif, saltanatı kaldıran gazi meclis'e başkan oluyor.

İsmail Kahraman

Milli Nizam Partisi'nin kurucu ekibindeydi, Anayasa Mahkemesi tarafından "laiklik karşıtı eylemlerin odağı olduğu için" kapatıldılar. Milli Selamet Partisi'ne geçti, amblemleri anahtardı, anahtarın dişlerinde Arapça "Allah" yazıyordu, dini siyasete alet etmenin böylesi görülmemişti, kapatılma ihtarı gelince yeniden çizdirdiler. Refah Partisi'ne geçti, Anayasa Mahkemesi tarafından "laiklik karşıtı eylemlerin odağı olduğu için" kapatıldılar. Fazilet Partisi'ne geçti, Anayasa Mahkemesi tarafından "laiklik karşıtı eylemlerin odağı olduğu için" kapatıldılar. Akp'ye geçmedi... Anayasa Mahkemesi, Akp'nin "laiklik karşıtı eylemlerin odağı olduğu"nu tescil edince, Akp'ye geçti. Ömrü boyunca karşıdevrimci oldu, daima laiklik karşıtı oldu, hep anayasaya aykırı oldu. Akp tarafından TBMM başkanı yapıldı. Ve... Takvimde başka gün kalmamış gibi tam o güne denk getirdi, Anayasa Mahkemesi'nin kuruluş yıldönümünde konuştu, "anayasada laiklik olmamalı, dindar bir anayasa olmalı" dedi.

Bağdadi

Kimin kimi öldürdüğüne değil...
Para kimin cebine giriyor, daima ona bakmak lazım.

Dünyada her gün 88 milyon varil petrol tüketiliyor. 20 sene sonra, her gün 100 milyon varil tüketilecek. Aradaki farkı kim karşılayacak? Nereden gelecek bu değirmenin suyu? Irak'tan...

Uluslararası Enerji Ajansı'na göre, dünya petrol talebindeki artışı tek başına Irak üstlenecek. Hani Saddam'dan kurtarıp, özgürlük getirmişlerdi ya... Son damlasına kadar inek gibi sağacaklar o özgür Irak'ı!

Şii bölgelerindeki yataklarda 115 milyar varil rezerv bulunuyor. Kuzey Irak'ta 45 milyar varil rezerv olduğu tahmin ediliyor. Ne demek bu? En az beş-altı nesile yetecek kadar petrol geliri demek... Doğalgaz rezervlerini saymıyorum bile, varın siz hesap edin.

Kuzey Irak'ın kendi başına petrol ihraç etmesine izin vermeyen Şii Bağdat yönetimi, 10 sene içinde, Irak'ın günlük üretimini 10 milyon varile çıkarmayı hedefliyordu. Bunu başarırsa... Petrol gelirinde Suudi Arabistan'la kafa kafaya gelecekti. Petrol piyasasında Suudilerin Katar'ın Kuveyt'in borusu eskisi kadar ötmeyecekti.

Zart diye IŞİD çıktı ortaya!

Toplama katiller sürüsü... Suriye'de dehşet dengesi kurdu, Tahran-Bağdat-Şam hattını kopardı, Şii Bağdat'ın Suudi Arabistan'a rakip olmasını güçleştirdi. Tesadüf işte... Sadece Kuzey Irak'a dokunmadı, tampon bölge gibi kuzeyle güneyin arasına girdi, Irak'ı ikiye böldü, hatta, Barzani'nin Kerkük'ü almasına vesile oldu. IŞİD, sadece Suudilere ve Barzani'ye yaradı.

Akp'den önce şıpıdık terlikle dolaşan Barzani'nin, şu anda, Katar emiri kadar, Dubai şeyhi kadar petrolü var. Exxon Mobil, Chevron, Hunt Oil, Addax, Heritage Oil, Oryx Petroleum, BP, Shell, Total gibi dünya devleriyle anlaşma imzaladı.

Peki, kuzeyde bunlar olurken, güneyde neler oluyor?

Rus petrol devi Lukoil, 20 milyar varil rezerviyle, dünyanın henüz delinmemiş en büyük petrol alanı Batı Kurna-2'de üretime başladı. Çin devlet şirketi PetroChina, güneyde petrol sahaları satın aldı, 10 bin Çinli işçiyi bölgeye taşımak için, kendi havaalanını inşa etti. PetroChina'nın satın aldığı bölge, eskiden Exxon Mobil'e aitti, Amerikalılar sepetlendi, onların yerine Çinliler oturdu.

(Parantez açalım, fantastik bir film senaryosu uyduralım... Arap baharı ayaklarıyla Libya petrolüne oturan Batı bloğu, gözünü Suriye'ye dikmişti. Kuzey Irak'ın petrolünü Akdeniz'e akıtmak için, Kuzey Suriye'de koridor açılacaktı. Müdahale an meselesiyken, Rusya hamle yaptı, zurt diye Ukrayna'ya daldı. Ukrayna'da çarşı karışınca, Suriye geri planda kaldı, Esad rahat nefes aldı. Batılı ülkeler, Rusya'ya ambargo uygulamaya kalktı. Sadece bir kişi itiraz etti... Fransız petrol devi Total'in ceo'su Christophe de Margerie, Batı'nın Rusya'ya ambargo uygulamasına karşı çıktı. "Oyun kuralları"nın dışına çıkmıştı. Kendi ülkesinin kararını bile sallamamıştı. Total dediğin zurna değildi, dünyanın en büyük 11'inci şirketiydi, 130 ülkede faaliyet gösteriyordu. Total ceo'sunun görüşü, pekçok ülke liderinden önemliydi. Ve o da, Putin'in yanında saf tutmuştu. Sonra ne oldu biliyor musunuz? Geçen sene ekim ayında Moskova'ya gitti, Putin'le görüştü. Paris'e dönmek üzere Vnukova havalimanına geldi, özel uçağına bindi, havalanmak üzere pistte hızlanırken, haşırt, önlerine kar küreme aracı fırladı, burnundaki dört metrelik kar küreme kepçesi uçağa çarptı, tekerlekleri yerden kesilmiş olan uçak, piste çakıldı, alev alev sürüklendi. Total ceo'su, pilotlar, hostes, uçakta dört kişi vardı, hepsi öldü. Batı bloğunda yeralıp, Putin'i destekleyen tek kişi, kendisini en güvenli hissettiği yerde, Putin'in başkentinde, tuhaf bir kazayla can vermişti. Talihsizlik işte!)

(Üç ay sonra... Libya petrolüne oturan Batı bloğunun, Libya harekatını yürüten merkezi Paris'te, Charlie Hebdo basıldı.)

(Paris'e mesaj mıydı acaba?
Çalma kapımı, çalarlar kapını mıydı?)

(Işid görünümlü iki tetikçi saldırmıştı. Peki gerçekten öyle miydi? Kuklaların, kuklacıyı tanıması mümkün müydü?)

(Enteresan ötesi iki açıklama geldi. İran cumhurbaşkanı, İslam adına başvurulan terörizmi kınadı. Hizbullah lideri Nasrallah ise "radikal İslamcılar, Hazreti Muhammed'e hakaret eden karikatüristlerden daha fazla zarar veriyor" dedi. Yani... Şiiler, Sünni kökenli terörizmi kınıyordu. Charlie Hebdo baskını yüzünden, Işid'e destek veren Sünni İslam ülkeleri zor durumda kalmıştı.)

(Sonrası malum, Almanya, İngiltere, İtalya, elli kadar Batılı ülkenin başbakanı, Paris'te protesto yürüşüne katıldı. ABD ise, şaşırtıcıydı, sadece büyükelçisiyle katıldı. ABD adalet bakanı Paris'teydi, buna rağmen katılmadı. Acaba... Hakikaten katılmadı mı, yoksa, Fransa'nın tepkisi yüzünden katılamadı mı? Yoksa hakikaten, onca başbakan karikatüristler öldürüldü diye mi yürüdü zannediyordunuz?)

(Charlie Hebdo'dan sonra bazı sürprizler oldu... Fransa, Rusya'yla 1 milyar 200 milyon euroluk anlaşma imzalamıştı, iki adet helikopter gemisi satacaktı, 210 metre uzunluğundaki gemiler 70'er adet helikopter taşıyabiliyordu, ismi helikopter gemisiydi ama aslında indirme-çıkarma gemisiydi, güvertesinde 16'şar helikopter taşırken, kargosunda 55'er adet tank taşıyabiliyordu. Şak... Paris bu anlaşmayı iptal etti, bu sene teslim etmesi gereken gemileri vermedi.)

(Aynı şekilde, Charlie Hebdo'dan 10 gün sonra... Rusya enerji bakanlığı, taahhütlerini yerine getirmeyen, imzalanmış sözleşmelere uymayan Total'i uyardı. Çünkü, Total'in ceo'su değişince, Total'in Rusya'ya bakışı da değişmişti. Eski ceo zamanında yatırım üstüne yatırım yaparken, yeni ceo gelince, yeni yatırımları boşver, yaptığı anlaşmaları bile iptal etmişti. Total artık Rusya'nın yanında değildi.)

(Ve, 14 gün önce... Mısır'da tatil yapan Rus turistlerin bulunduğu Rus yolcu uçağı, Şarm El Şeyh'ten Sankt Petersburg'a gitmek üzere havalandı, 20 dakika sonra patlama oldu, Sina'ya düştü, 224 kişi hayatını kaybetti, bavulların arasına bomba konulduğu ortaya çıktı. Sıradan Rus vatandaşları hedef alınmıştı.)

(14 gün sonra... Paris'te silahlar patladı, canlı bombalar patladı. 152 kişi hayatını kaybetti. Sıradan Fransız vatandaşları hedef alınmıştı. Acaba gene... Çalma kapımı, çalarlar kapını mıydı?)

(Neyse... Sakın ola ciddiye alınmasın. Uydurduğumuz fantastik bir film senaryosuydu, gerçek değildi, kapatalım parantezi.)

Demem o ki...

Bu yaşanan hadiselerin etnik kökenle, mezheple filan uzaktan yakından alakası yoktur.
45 milyar varil petrolü ver...
Danimarkalılar bile Kürt olur.
Arjantinliler bile Sünni olur!

Ebu Bekir el-Bağdadi

Asıl adı, İbrahim Awwad İbrahim Ali Muhammed al-Badri'ydi, 1971'te, Irak Samarra'da doğdu. Babası imamdı. Bağdat Üniversitesi'nde ilahiyat eğitimi aldı, Saddam Hüseyin İslam Araştırmaları Üniversitesi'nde hatim üzerine yüksek lisans yaptı, Kuran üzerine doktora yapmaya başladı. Bu sırada, amcasının teşvikiyle Müslüman Kardeşler'e, İhvan hareketine katıldı, radikal selefilere yanaştı. Akıl hocası, Afganistan'da Sovyetlere karşı savaşmış İhvan üyelerinden biri Muhammed Hardan'dı, cihat yolunu öneren teorisyenlerin kitaplarını okumaya başladı. İki eşi, altı çocuğu vardı. Bağdat'ın yoksul Tobçi mahallesinde Hacı Zeydan Camisi yakınlarında küçücük bir apartman dairesinde oturuyorlardı, bu camide mahallenin çocuklarına ders veriyordu. ABD 2003'te Irak'ı işgal etti, 2004'te Felluce'de tutuklandı, Camp Bucca cezaevine tıkıldı, 10 ay yattı. Nefret doldu, adeta saatli bomba olarak çıktı. El Kaide'den ayrılıp, Irak kolunu kuran Zerkavi'yle tanıştı. Suriye'ye Şam'a gitti, Irak El Kaidesi'nin propaganda sorumlusu olarak çalıştı. Bir süre sonra başına gelecekleri kestiremeyen, köktendinci terörün kendisine yöneleceğini kavrayamayan Beşar Esad, sırf Amerikalılara zarar veriyor diye, Suriye'yle Irak arasındaki El Kaide trafiğine göz yumuyordu. Zerkavi öldürüldü, onun yerine geçen Mısırlı cihatçı Ebu Eyüp El Mısri, İslam Devleti ilan etti, Bağdadi bu devletin diyanet işleri sorumlusu oldu, bu arada Bağdat'ta doktorasını tamamladı, İslam Devleti Koordinasyon Komitesi'ne girdi, El Mısri ve Ebu Ömer'le birlikte devleti yöneten üç kişiden biri oldu. Öbür ikisi Amerikalılar tarafından öldürülünce, Bağdadi 39 yaşındayken İslam Devleti'nin emir'i oldu, ismini Ebubekir el-Bağdadi olarak değiştirdi. 2011'de Usame bin Ladin öldürülünce, El Kaide'den koptu, Suriye'ye el attı, İslam Devleti'nin ismini Irak Şam İslam Devleti olarak, IŞİD olarak değiştirdi. İnsanlık tarihinin en vahşi eylemlerine imza atmaya başladı, kafa kestirdi, diri diri yaktırdı. Amerikalılar Irak'tan çekilince, etki alanını genişletti. Kendini "halife" ilan etti. 2014'te, Musul'da minbere çıktı, ilk kez dünya kamuoyunun önüne çıkıyordu, üzerinde Abbasi halifelerini çağrıştıran simsiyah bir kıyafet vardı, "sizleri yönetmek için atandım, ama içinizdeki en iyi ben değilim, doğru işler yaptığımı görürseniz beni takip edin, yanlış işler yaptığımı görürseniz bana akıl verin, yol gösterin, Allah'a itaat etmezsem, siz de bana itaat etmeyin" dedi. Bağdadi'nin Cuma hutbesindeki bu sözleri, İslam'ın ilk halifesi Ebubekir'in halife seçilince yaptığı konuşmanın, farklı sözcüklerle uyarlamasıydı. Usame Bin Ladin'den Zerkavi'ye El Mısri'den Ebu Ömer'e kadar, elebaşı kabul edilen isimlerin hepsi tek tek temizlenirken, Ebubekir Bağdadi'ye hiç dokunulmaması, izinin bile bulunamaması, enteresan ötesiydi. Bağdadi'nin Irak ve Suriye'de kurduğu dehşet dengesinin, her zaman ABD çıkarlarına hizmet etmesi, bölgedeki ABD-Rusya satrancında daima ABD lehine sonuçlar vermesi, daha da enteresandı. 2017'de Suriye'de sular duruldu, ABD-Rusya dengesi kuruldu, silahlar susma aşamasına geldi, sınırların kesinleşmesi için pazarlıklara başlanmıştı ki, şak, Bağdadi'nin öldürüldüğü açıklandı. Güya hayalet gibiydi, izi bile bulunamıyordu, tık diye öldürüldü. Çünkü, Suriye'deki vekalet savaşı sona ermişti, IŞİD maşasına artık gerek yoktu, Bağdadi'ye de artık gerek kalmamıştı!

Menderes

Demokrasinin iki çeşidi vardır.
Biri, zor ve gerçek olanı.
Öbürü kolayı, oyun olanı.
Topraksızı topraklandırmadan...
İşçiyi sağlama almadan...
Halkı esaslı eğitmeden...
Olmaz.
Birincisi, köklü değişim ister.
Zordur ama, gerçek demokrasidir.
İkincisi, sandık demokrasisidir.
Okuma yazma bilsin bilmesin...
Toprağı, işi olsun olmasın...
Demagojiyle serseme çevrilen halk, elindeki kağıdı sandığa atar.
Böylece...
Kendi kendini yönetmiş sayılır.
Bu, oyundur, kolaydır.
Amerika bu demokrasiyi yayıyor.

Biz de demokrasinin kolayını seçtik.
Çok şeyler göreceğiz daha...

Kime ait bu sözler?
"Altı ok" amblemini 1933'te grafik olarak çizen, eğitimbilimci, köy enstitülerinin mimarı, uygulayıcısı İsmail Hakkı Tonguç'a ait.

Ne zaman söyledi bu sözleri?
Köy enstitüleri, karşıdevrimciler tarafından kapatıldığında söyledi.
Peki, şu sözler kime ait?
"Müslümanlar, 10 Kasım kurtuluş bayramınız kutlu olsun."

Ankara Balgat SGK Camisi'nin imamına ait... Facebook sayfasına Atatürk'ün fotoğrafını koymuş, "müslümanlar, 10 Kasım kurtuluş bayramınız kutlu olsun" yazmış.
Ayrıca... Emin Çölaşan'ın fotoğrafını koymuş, onun altına da "Bizans artığı orospu çocuğu" yazmış.

Diyanetten maaş alan bu imam'ın görüşlerini okuyunca, İsmail Hakkı Tonguç'un ne kadar ileri görüşlü olduğu bir kez daha ortaya çıkıyor.

Çünkü... Atatürk'ün vefat ettiği günü "bayram" olarak kutlayabilmek için, Emin Çölaşan gibi yurtsevere "bizans artığı orospu çocuğu" diyebilmek için, sadece yobaz olmak yetmez... Özel eğitim gerekir.

Köy enstitülerini kapatıp, onların yerine imam hatipleri monte etmenin, kaçınılmaz neticesidir bu.

Atatürkçü, yurtsever, aydın din adamlarımızı elbette tenzih ediyorum, eminim onlar da bana katılacaktır... Emperyalizmin maşası, karşıdevrimin uşağı, silahsız işgalin borazanı, siyasal dinciliğin arka bahçesi haline getirilmeye çalışılan imam hatiplerin, mutlaka ve mutlaka yeniden ele alınması gerekiyor.

(Yürek yarası bir örnek vereyim size... İzmir Şirinyer'de, Kızılçullu'da Amerikan koleji vardı. Tee 1891'de kurulmuştu. Tam adı, American Collegiate Institute For Boys'du. Adnan Menderes bu okuldan mezun olmuştu. Cumhuriyet ilan edilince, bu okul ve arazisi, bizzat Mustafa Kemal'in emriyle, Amerikalılardan alındı, el konulmadı, 52 bin lira ödendi, tapusu satın alındı. Köy enstitüsü haline getirildi. Adnan Menderes iktidara gelince, ilk iş, köy enstitülerini kapattı, imam hatipleri açtı. Kızılçullu köy enstitüsü binasını ne yaptı biliyor musunuz? Amerikalılara geri verdi, NATO karargahı yaptı!)

Hani CHP ne yapmalı filan diye soruyorsunuz ya... Açıkça, mertçe, kıvırmadan, burdan başlamalı.

Demokrasinin kolay olanını değil...
Zor olanını seçmeli.

Adnan Menderes

27 Mayıs darbesinde korkunç bir insanlık suçu işlendi, Yassıada mahkemesinde o güne kadar görülmemiş bir hukuk katliamı yapıldı, başbakan Adnan Menderes, maliye bakanı Hasan Polatkan ve dışişleri bakanı Fatih Rüştü Zorlu idam edildi. Bu idamlar, hem yıllarca sağ partilerin "mazlum" sıfatıyla iktidar olmasını sağladı, hem de 1950-60 arasında yaşananların hatırlatılmasını, o günleri bilmeyen gençlere nesillere anlatılmasını engelledi. Demokrat Parti dönemine dair olumsuz cümle kurmaya kalkışanlar, "ama idam edildiler" diye susturuldu. O dönemi konuşmak isteyenlerin görüşleri çarpıtıldı, sanki idamları onaylamak istiyorlarmış gibi sunuldu. Amerikan çıkarlarının maşası olan Demokrat Parti'nin karşıdevrim faaliyetleri, asla tartışılamadı, yakın tarihimiz perdelendi, örtüldü. Demokrat Parti iktidarı, bağımsız Türkiye Cumhuriyeti'nin kırılma noktasıydı ama, idamlar yüzünden "tarihin en mazlum iktidarı" olarak kaldı. 2017'de bile bu hâlâ böyleydi... Adnan Menderes'in neden ve aslında kimler tarafından idam ettirildiği bile konuşulamıyordu!

Kılıçdaroğlu

Guguk kuşu.
En tehlikeli...
En sinsi kuş türüdür.

Gözüne kestirdiği yuvanın etrafında dolanır, saksağan yuvası, ispinoz yuvası, ötleğen yuvası fark etmez, yabancı türlerin yumurtlamasını, kuluçkaya yatmasını bekler, uygun zamanı kollar, hedef aldığı yuva boş bırakıldığında, anında gelir, kaşla göz arasında bir yumurtayı yuvadan atar, kendi yumurtasını onun yerine yerleştirir, pırrr, gider.

Yuvanın sahibi geri döner, kendi yumurtalarından birinin dışarı atıldığını, onun yerine kendisinden olmayan yumurtanın monte edildiğini fark etmez, kuluçkaya yatmaya devam eder.

Guguk yavrusu, kendisini oraya monte eden annesi kadar tehlikeli, annesi kadar sinsidir. Hangi yuvaya bırakılırsa bırakılsın, kabuğunu öbür yumurtalardan en az bir gün önce kırar, bir gün önce doğar.

Ve, doğar doğmaz...
Uygun zamanı kollar, yuva boş bırakıldığında, ittirir kaktırır, öbür yumurtaları yuvadan dışarı atar.

Böylece... Yuvanın gerçek evlatları imha edilir, guguk yavrusu kendisine ait olmayan yuvanın tek mirasçısı olur.

Kandırdığı, yuvasına yerleştiği ana'nın şefkatini, fedakarlığını, besleme, koruma kollama, büyütme içgüdüsünü sömürmeye başlar.

Vahametin farkında olmayan zavallı ana besler, besler, besler...
Guguk yavrusu, kendisini besleyen ana'dan daha iri hale gelir.

Artık işi bitmiştir.
Yuvaya ihtiyacı kalmamıştır.
Ne yapar biliyor musunuz?
Yuvayı dağıtır.
Öyle gider.

Yeni CHP...
Guguk kuşudur.

Üç milyon altı yüz yetmiş beş bin dokuz yüz kırk birinci defa, belki bu defa anlaşılır umuduyla, tekrar yazıyorum... Yeni CHP'nin misyonu Yeni Türkiye'ci AKP'yi iktidarda tutmaktır.

Atatürkçüleri, yurtseverleri, ulusalcıları yuvadan dışarı atıp, ikinci cumhuriyetçileri, siyasal İslamcıları, Kürt milliyetçilerini, liboşları, cemaatçileri, soykırımcıları, tescilli ajanları, sorosçuları monte etmek... Gözümüzün içine baka baka "guguk kuşu operasyonu"dur.

Gaflet değildir.
Dalalettir.

Alt kadrolardaki insanlar Mustafa Kemal Türkiyesi ve devrimlerini korumak için çırpınırken, Yeni CHP'nin tepesine paraşütle indirilenlerin amacı, partiyi partisizleştirmektir. Kimliksizleştirmektir.

"Ne yaparsak yapalım kazanamıyoruz" duygusunu, "yenilgiyi kanıksama" duygusunu, Atatürkçü seçmenin zihninde kökleştirmektir.
Üstelik tüm bunları... CHP'yi yuvası olarak bilenlerin, adeta ana şefkatiyle sahip çıkanların, sevgisini, fedakarlığını, sömürerek yapmaktır.

Üç milyon altı yüz yetmiş beş bin dokuz yüz kırk ikinci defa, belki bu defa anlaşılır umuduyla, tekrar yazıyorum... CHP'yi geri almadan, Türkiye'yi geri alabilmek mümkün değildir.

"Sen kim oluyorsun da, bize bunları söylüyorsun" diyenler olabilir... İzah edeyim.
Gençliğe Hitabe'den aldığım yetkiyle söylüyorum.
Tıpış tıpış değil...
Defolup gideceksiniz kardeşim!

Kemal Kılıçdaroğlu

2009 yerel seçimini Akp kazandı, Kılıçdaroğlu kaybetti, "bizim başarısızlığımız olarak yorumlanmamalı, oylarımızı arttırdık, bizim açımızdan çok güzel bir gelişme" dedi, Ecevit kasketi taktı. 2010 referandumunu Akp kazandı, Kılıçdaroğlu seçmen kağıdı çıkarmayı unuttu, oy kullanamadı, "ben İstanbul'da kayıtlı olduğumu sanıyordum, talihsizlik oldu, her şeye rağmen çok olumlu sonuç aldık, iyiye işarettir, Akp çöküyor, iktidara koşuyoruz" dedi, Che Guevara beresi taktı. 2011 genel seçimini Akp kazandı, Kılıçdaroğlu kaybetti, "yüzde 30'un altında alırsam çeker giderim" demişti, yüzde 26 aldı, "yeni oydaşlar kazandık, 12 Eylül'den bu yana en başarılı dönemimizdeyiz, bir sonraki seçimde iktidarız" dedi, kasketle bere dolaba kaldırıldı, Gandi Kemal posteri asıldı. 2014 yerel seçimini Akp kazandı, Kılıçdaroğlu kaybetti, "çıkan sonucu başarısızlık olarak görmüyorum, bir çizgimiz var, sevindirici, kararlılıkla yukarıya gidiyor" dedi. 2014 cumhurbaşkanlığı seçimini Akp kazandı, Kılıçdaroğlu kaybetti, "bu seçimin galibi Erdoğan değildir, sayın Ekmeleddin İhsanoğlu'dur, siyaset dünyamız çok önemli bir aktör kazandı, gelecek açısından ciddiye alınması gereken bir aktördür, bugün seçim olsa yine sayın Ekmeleddin İhsanoğlu'nu aday gösterirdim, kurultaya gitmemizi gerektiren bir sebep görmüyorum" dedi, Ecevit'in kasketi, Che'nin beresi, Gandi filan mazide kaldı, "ben Dersimli Kemalim" dedi. Haziran 2015 genel seçimini Akp kazandı, Kılıçdaroğlu kaybetti, "oylarımız düşerse istifa ederim" demişti, oyları düştü, zafer konuşması yaptı, "baskıcı dönemi sona erdirdik, bizim açımızdan sorun yok, memnunum, istifamı gerektirecek bir sonuç değil" dedi. Kasım 2015 genel seçimini Akp kazandı, Kılıçdaroğlu kaybetti, "durumumuz olumlu, güzel bir seçim geçirdik" dedi, "istifa edecek misiniz?" diye sordular, "Chp'yi diğer partilerle karıştırmayın" dedi, bir hafta sonra röportaj verdi, "oy oranımızın netleşmesinden sonra istifam konuşuldu, açıkçası istifa etmeyi aklımdan bile geçirmedim, yenilendik, iktidara yürüyoruz" dedi. 2017 referandumunu Akp kazandı, Kılıçdaroğlu kaybetti, "bugünden itibaren yeni strateji kuracağız, yarın seçim olacakmış gibi hazırlanmaya başlıyoruz, herkes görecek, güzel şeyler olacak" dedi.

Murat

Sığır.
Latince, bos primigenius taurus... Çift toynaklılar takımının, boynuzgiller familyasındandır. Kaba ve hantal yapılıdır. Kuyrukları püsküllüdür. Geviş getirirler. Boynuzları kırıldığında yenisi çıkmaz. Etinden, sütünden faydalanılır. Derisinden kösele yapılır. Gübresi, tarlada kullanılır. Traktörün giremediği yerlerde ziraatın temel direğidir. Düzenli otlayarak, yayıldığı meranın ıslahını sağlar.

Murat Belge.
Yazar, çevirmen, siyasi aktivist, akademisyen... Nişantaşı High School'da okudu, değişim öğrencisi olarak Massachusetts'e gitti, İstanbul Üniversitesi edebiyat fakültesi İngiliz dili ve edebiyatı bölümünden mezun oldu. Doçent oldu. Fransız düşünürü Althusser'in görüşlerini savundu. Boğaziçi'nde kültür turları düzenledi. Bilgi Üniversitesi'nde karşılaştırmalı edebiyat bölümünü kurdu. Helsinki Yurttaşlar Derneği'nin üyesidir. *Taraf* gazetesi yazarıdır.

Akil insanlar heyetinin üyesi Ahmet Gündoğdu, akil insanların ne kadar faydalı bir heyet olduğunu anlatırken, "ziyaretlerim sırasında yolda gördüğüm çobanla konuştum, hükümetimizin bu yaptıkları sayesinde hayvanlarının yüzünün güldüğünü söyledi, çözüm sürecini hayvanlar bile anlamış ama, bazı insanlar anlamıyor" demişti.

Akil insanlar heyetinin bir başka üyesi Murat Belge ise, zihnimizi bulandıran bi açıklama yaptı, "bizim desteklediğimiz adam, uydurma Tayyip Erdoğanmış, adımız akildi ama, akil falan değildik, aklımızı kullanmıyorduk, bize verilmiş bir şey yok, sadece defter kalem verildi, lüzumsuz adamlardık, akil insanlar konu mankeniydi" dedi.

E çok tatsız bi durum tabii... Şimdi biz bu durumda, memnuniyeti yüzüne yansıyan sığırlara mı inanacağız, Murat Belge'ye mi?

Ben kendi payıma sığırları daha tutarlı buluyorum ama, entelektüel bi neticeye ulaşabilmek için, akil insanlar heyetinin geriye kalan üyelerini göreve çağırıyorum.

Lütfen bi açıklık getirin.
Sığırlar mı yanlış düşünüyor, Murat Belge mi?

Murat Belge

"Entelektüel" adı altında Akp yalakalığı yapan liboşlar, Atatürk Cumhuriyeti'ni beğenmiyor, "ikinci cumhuriyet" hayali kuruyordu. Cengiz Çandar 2007 yılında "ikinci cumhuriyetçilerin milli takımı"nı yazmıştı. Bu takımın kadrosu, Murat Belge, Mehmet Barlas, Hasan Cemal, Etyen Mahçupyan, Orhan Pamuk, Mehmet Altan, Eser Karakaş, Şahin Alpay, Mehmet Ali Birand, Ali Bayramoğlu ve Cengiz Çandar'dan oluşuyordu. 2017 itibariyle... Murat Belge "kandırıldık" diye ağlıyordu. Mehmet Barlas, yandaş *Sabah* gazetesinin başyazarıydı ama, Türkiye'nin en itibarsız gazetecilerinin başında geliyordu. Hasan Cemal, yurtdışına kaçmak zorunda kalmıştı. Etyen Mahçupyan ve Orhan Pamuk, bir zamanlar yere göğe sığdıramadıkları Akp'yi yerden yere vuruyorlardı. Mehmet Altan, tutuklanmıştı. Eser Karakaş, kanun hükmünde kararnameyle İstanbul Üniversitesi'ndeki görevinden atılmıştı. Şahin Alpay, tutuklanmıştı. Mehmet Ali Birand, ölmüştü. Ali Bayramoğlu, yandaş medyadaki işinden atılmıştı, Akp karşıtı haline geldiği için, Akp yandaşları tarafından sokakta görüldüğünde yumruklanıyordu. Cengiz Çandar, tutuklanmamak için yurtdışına kaçmıştı. Atatürk Cumhuriyeti ilelebet payidardı, ikinci cumhuriyetçilerin hali perişandı!

Avni

Adana valisi vatandaşa "gavat" dedi.
Afyon valisi, 25 şehidimiz morgda yatarken, genelkurmay başkanına sucuk hediye etti.
Siirt valisi, ABD başkanı Obama'ya İngilizce tweet attı, "ben Türkiye'denim, Siirt valisiyim, sizi seviyorum, hayatınız ve başkanlığınız çok başarılı, ben de sizin gibi olmayı umut ediyorum" dedi.
Kayseri valisi, 30 Ağustos resepsiyonunda 10'uncu yıl marşı yerine, Akp'nin seçim şarkısını çaldırdı.
Amasya valisi, 29 Ekim resepsiyonunu pastanede yaptı.
İzmir valisi, 9 Eylül resepsiyonuna katılmadı, onun yerine, Akp il başkanının kızının düğününe gitti.
Bursa valisi, Denizli valisi, Balıkesir valisi, valilik tabelalarındaki TC'yi kaldırdı.
Şırnak valisi, Apo'yu tebrik etti, "ciddi gayretleri olan Abdullah Öcalan'ı takdirle karşılıyorum" dedi.
Kilis valisi, Aktütün karakolundaki 15 şehidimizi toprağa verdiğimiz gün, Akp milletvekilinin oğlunun sünnet düğününe katıldı, Akp amblemli pasta kesti.
Amasya valisi "bu memleketi kazanırken çok şehitler verdik, kaybederken de mutlaka şehitlerimiz olacaktır" dedi.
Elazığ valisi "Amerika başkanının karşısında hazır duran başbakan istemiyorum, van münüt diyen başbakan istiyorum" dedi.
Kırklareli valisi "Demokrat parti'nin CHP'yi kapatmaması en büyük talihsizlik" dedi.
İlkokul çocuklarına bedava süt dağıttılar, onbinlerce çocuk hastanelik oldu, Diyarbakır valisi "sütten değil, psikolojik" dedi, Sivas valisi "zehirlenme değil, süt biraz bozuk" dedi, Konya valisi "zehirlenmediler, etkilendiler" dedi, Edirne valisi "açlıktan mideleri bulanmıştır" dedi.
Isparta valisi özel uçakla Kayseri'ye gitti, Kayseri valisiyle birlikte kuaför açılışı yaptılar.

Osmaniye valisi pastane açılışı yaptı, "Osmaniyemiz gün geçtikçe büyüyor, yeni yeni markalar için cazip hale geliyor, pastanemizin her şeyin en güzeline layık olan Osmaniye halkına en iyi imkanları sunacağına inanıyorum, pastanemizin Osmaniye şubesinin sahibi İclal hanımefendiye teşekkür ediyorum" dedi, kurdeleyi kestikten sonra, İclal hanımefendiyle birlikte pastaneyi gezdi, pastalar hakkında bilgi aldı.
Manisa valisi, Turgutlu ilçesine hayırlı olması dileğiyle, şalgam suyu dükkanının açılışını yaptı.
Mardin valisi, resmi incelemeler için gittiği Nusaybin'de elektronik mağazasının açılışını yaptı.
Çorum valisi, Çankırı valisi, Afyon valisi, üçü birden Osmancık'ta market açılışı yaptı, kurdeleyi üçü aynı anda kesti.
Nevşehir valisi, umumi tuvalet açılışı yaptı, tuvaletin kurdelesini törenle kestikten sonra, tuvaletleri ve lavaboları inceledi.
Afyon valisi, kokteylli tören düzenleyerek 6'ncı icra dairesinin açılışını yaptı. Yani bi havai fişek fırlatmadıkları kaldı... Akp iktidara geldiğinde Afyon'da sadece iki tane icra dairesi vardı, vatandaşın borçları hacizleri patladı, kokteylle altıncı açıldı.
Volvo jipi olan valiye, bi tane de Mercedes S320 aldılar. Mercedes'i Volvo'su Mitsubishi jipi olan valiye, Volkswagen minibüs aldılar. Land Cruiser jipi olan valiye, BMW 735 aldılar. Mercedes S320'si ve Toyota jipi olan valiye, Audi Q7 aldılar. Mercedes'i Hyundai jipi olan valiye, Volvo aldılar. Mercedes'i olan valiye, Audi A8 aldılar. Mercedes'i Mercedes jipi Nissan'ı olan valiye, bi tane Volvo aldılar, üstüne bi tane de Audi A6 aldılar.
Elazığ valisi "icabında sayın valim, atlayacaksın kamyonun şoför mahalline sen gideceksin, kömürü sen vereceksin" lafını duyar duymaz, atladı kamyona, götürdü, kendi elleriyle kömür torbası taşıdı.
Iğdır valisi "elbette iktidarın valisiyiz" dedi.
Aydın valisi "utanılacak sıkılacak bi şey değil, hükümetin valisi olmaktan şeref duyarım" dedi.
Muş valisi, cila süngeri getirtti, ayakkabısı tozlanan sağlık bakanının ayakkabısını silmeye kalkıştı.
Akp gazetecisi "ne istediniz de vermedik" diye sitem ederek, Fethullah Gülen'e sordu: "2004'ten önce kaç valiniz vardı, 2004'ten bu yana kaç valiniz oldu?"
Üniversite oyunları için 100 trilyon liraya yaptırılan kayakla atlama kulelerinde heyelan oldu, Erzurum valisi "reklamın kötüsü olmaz, tanıtım oldu" dedi.

Tekirdağ valisi, iftar sofrasında Coca Cola'yı protesto etti, Fanta içti, küçük bi pürüz vardı, Fanta'yı zaten Coca Cola üretiyordu. Ordu valisi, ayakta işemenin "itikadımıza ters" olduğunu söyledi, camilerdeki pisuvarları söktürdü.
Artvin valisi "müslüman Türk kültürünün yaşandığı bir tek yaylalarımız kaldı, oraları da mı turizme açalım" diye itiraz etti. Giresun valisi, ilkokulların mezuniyet törenleriyle ilgili genelge yayınladı, kız öğrencilerin eteklerinin diz kapağını örtecek boyda olmasını, kesinlikle kolsuz ve askılı bluz giydirilmemesini istedi. En son... Edirne valisi, ilkokul çocuklarına bedava süt dağıttı, süt kampanyasının sloganını karatahtaya Arapça yazdı.

Akp'nin çıkarmaya çalıştığı iç güvenlik yasası, valileri "sıkıyönetim komutanı" haline getiriyor, savcıların yetkisini bile valilere devrediyor.

Ne kadar güvenli olacağımızı, varın siz hesap edin gari!

Hüseyin Avni Coş

Akp'nin atadığı valiler, Akp il başkanı gibi çalışıyordu. Bunların en meşhuru Hüseyin Avni Coş'tu. 2003 yılında, Akp iktidara gelir gelmez vali yapıldı, sırasıyla Bingöl, Aksaray, Kırklareli, Aydın, Adana, Sakarya valisi oldu. Öbür valiler en ufak kusuru görüldüğünde kapının önüne konulurken, bu vali aralıksız 14 yıl koltuğunda oturdu. Her gittiği şehirde olumsuz haberlerle gündeme geldi, CHP'li belediye başkanlarıyla takıştı, MHP'li il başkanlarıyla kavga etti, Bingöl'de mesela, vatandaşlar tarafından taşlandı, buna rağmen, toz kondurulmuyor, sürekli korunup kollanıyor, hatta, yılın valisi seçiliyordu. Bu toz kondurulmayan vali... Tayyip Erdoğan'ın belediye başkanlığı dönemine ait yolsuzluk iddiasını araştıran, yolsuzluk filan yok deyip, aklama raporu yazan mülkiye müfettişiydi! Vatandaşa "gavat" demesiyle meşhur bu valimiz, 2017 Haziranı'ndaki valiler kararnamesiyle merkeze alındı.

Saraçoğlu

Dalkavukları vardı.
Soytarıları vardı.
Çeşnicibaşı vardı.

Hekimbaşı da geldi.
Bitkisel tedavi uzmanı İbrahim Saraçoğlu, saraya danışman yapıldı.

1.150 küsur odalı Ak Saray'ın sırf altı aylık ısınma faturasının 10 trilyon lira olduğunu duyunca, başınıza ağrı mı saplanıyor... Nar kabuğunu 1.5 çay bardağı suya atıp kısık ateşte kaynatın, iki tutam ısırgan otu ve rezene ilave edin, süzüp gargara yapın, üstüne üç çay kaşığı hardal tohumu yutup, mikserden geçirilmiş kırmızı soğan bulamaçını ensenize sürün, bi şeyciğiniz kalmaz, ferahlarsınız.

Paraları sıfırla'nın, ayakkabı kutularının, kol saatlerinin, yatak odasındaki kasaların aklandığını hatırlayınca, tansiyonunuz yükseliyor, midenize kramp mı giriyor... Üç diş iri sarmısağı ince ince kıyın, yarım çay bardağı kekik suyu, beş adet maydonuzu sapıyla beraber mutfak robotuna atın, toz halinde çörek otu, küp küp doğranmış turp ve iki avuç kurutulmuş papatya ilave edin, yedi adet keçiboynuzunu elinizle kırarak içine atın, iğrenç bi şey olacaktır, komple çöpe dökün, efendi gibi mercimek çorbası içip halinize şükredin, kramp filan kalmaz.

Işid cirit atıyor, Pkk halay çekiyor, üç milyon Suriyeli girdi, memleket dingonun ahırına döndü diye uykularınız mı kaçıyor... Üç yemek kaşığı biberiyeyi demleyin, iki baş kerevizi rendeleyin, bir tatlı kaşığı çekirdekli siyah kuru üzümü havanda ezip tülbentten geçirin, iki tutam taze ebegümeci yaprağıyla üç tutam tarhun ilave edip, 250 gram karnabaharla üç adet kaktüs incirini haşlayın, gölgede kurutulmuş 15 adet kiraz sapını soğuk sudan geçirin, birer çay kaşığı sinameki ve karanfili, doğal elma sirkesiyle karıştırın, zaten bunları aklımda tutayım derken aklınızda suriye muriye kalmaz, huzur içinde mışıl mışıl uyursunuz.

Beri yandan...

Ormanları katleden, dereleri mahveden, kaplumbağa yumurtlama alanlarını yağmalayan, göçmen kuşların güzergahını bile yokeden, doymak bilmeyen rant talanıyla ekolojik dengeyi bozan, endemik türleri kurutan, cennet vatanın "doğal yaşam"ına adeta savaş açan zihniyetin... Kendi canını kurtarabilmek için doğal yaşamın mucizelerine, bitkilere muhtaç olması, takdiri ilahi değil de, nedir.

İbrahim Saraçoğlu

Profesör İbrahim Saraçoğlu'nun bitkisel tedavi kürleri Tayyip Erdoğan'ı ne kadar iyi etti bilmiyoruz ama, Tayyip Erdoğan'ın danışman kadrosuna girmesi, İbrahim Saraçoğlu'nu gayet ihya etmişti. TRT'nin dokuz bin çalışanı varken, kendisine dışardan program yaptırılmış, 1 milyon 355 bin lira ödenmişti. Sadece TRT'de değil, yandaş televizyonlarda da ekrana çıkarılıyor, kitapları satış rekorları kırıyordu. Bu kazandığı paralar yüzünden, bizzat kendi ailesinin hedefi haline geldi. Öz kızı, damadı ve torununun, şantaj yaparak, tehdit ederek, para sızdırmaya çalıştığını öne sürdü, savcılığa suç duyurusunda bulundu, "kızım benden 550 bin lira ve lüks bir ofis istiyor" dedi. Suçüstü için polisle ortak operasyon yaptı. Seri numaraları alınmış 10 bin lirayı zarfa koydu, kızı, damadı ve torunuyla buluştu, zarfı uzattı, tam aldıkları sırada polis bastı. Yargılandılar. Kızı şantaj suçundan 10 ay hapis cezası aldı, damadı ve torunu şantaja yardım ettikleri için 5'er ay hapis aldı. 2017 itibariyle hâlâ ak saray'da danışmandı ama, hangi konuda "şantaj" yapıldığı, kızının neden "açıklarsam mahvolursun" dediği, muammaydı.

Meşal

Ürdün...
Sıcak, sakin bir gün.

Sekiz kişiydiler. Paris, Roma, Atina üzerinden Amman'a gelmişlerdi. Üçü Fransız, üçü İtalyan, ikisi Kanada pasaportu taşıyordu. Kimisi işadamı, kimisi turist kimliğindeydi. Otellerine yerleştiler. Kanadalı olanlar otomobil kiraladı. Biri yeşil Hyundai, biri mavi Toyota... Ve, o sabah hedefin peşine takıldılar. Saat 10'du.

Hedef, şoförünün yanında oturuyordu. Arka koltukta ikisi kız, üç evladı vardı. Baba işine, çocuklar okula gidiyordu. Tecrübeli şoför aynaya baktı, huylandı. "Takip ediliyoruz" dedi. Hedef, cep telefonunu tuşladı, polisi aradı, plakayı verdi. O sırada, Toyota yanlarından geçti. Çocuklar, Toyota'nın direksiyonunda oturan kişiye neşeyle el salladı, her çocuk gibi... Bir dakika sonra

cep telefonu çaldı, arayan polisti, Toyota'nın Kanadalı bir turist tarafından kiralandığını söyledi, anormal bir durum yoktu. Hedef rahatladı.
Saat 10.30 olmuştu. Wasfi Al-Tal caddesine dönüp, ofisin önünde durdular. İndi. Çocuklarını öptü. Otomobil hareket etti. Tam binaya giriyordu ki, yeşil Hyundai'yi yan sokağa park eden öbür Kanadalı "afedersiniz" diye seslendi. Hedef bir an durakladı, o bir an yeterliydi. Kanadalı elindeki aerosol benzeri tüpten fısss diye bi şey sıktı. Hedef ani refleksle başını çevirdi ama, kaçamamıştı, püskürtülen sıvı sol kulağına denk geldi. Silmek istercesine kulağını ovuşturdu. Şak diye yere yığıldı.

Ofisin önündeki korumalar ne olduğunu anlamamıştı, rahatsızlandı zannettiler, hedefin başına koşuştular. Şoförü ise, olan biteni aynadan görmüştü. Zınk diye durdu. Çocukları indirdi. Kanadalı'nın peşine takıldı. Kanadalı yan sokağa daldı, Toyota orada bekliyordu, bindi, topukladılar. Hedefin şoförü bir yandan süratle takip ediyor, bir yandan cep telefonuyla adres verip, "yolu kesin, yolu kesin" diye bağırıyordu. Yollar kesilene kadar, şoför kesti önlerini, Medine caddesinde, daldı Kanadalılara, can pazarı... Polis yetişti. Kelepçelendiler.

Hedef, apar topar hastaneye götürüldü. Felç olmuştu. Soluk alamıyordu. Bilinci kapanıyordu.

Kimdi?
Halid Meşal'di.

Hani şu, AKP kongresine onur konuğu olarak getirilen, "Hamas sana canım feda" sloganlarıyla alkışlanan Halid Meşal'di.

Sözde Kanadalılar, Mossad ajanıydı. "Süngü" manasına gelen suikast timi "kidon" üyesiydiler. İsrail yakalanmıştı.

Ürdün Kralı Hüseyin öfkeden çılgına döndü, ABD başkanı Clinton'ı aradı, hadiseyi anlattı. Sonra İsrail başbakanı Netanyahu'yu aradı, "benim ülkemde böyle bir işe nasıl kalkışırsın, derhal panzehiri göndereceksin" diye bağırdı. Hemen peşinden, Clinton, Netanyahu'yu aradı, "panzehiri göndereceksin" dedi. Bir saat sonra, İsrail hava kuvvetlerine ait savaş uçağı, Amman'a tekerlek koydu. Panzehir Meşal'e verildi. Kurtuldu.

Kral Hüseyin fırsat bu fırsat diye düşündü. Hamas'ın o dönemki lideri şeyh Ahmed Yasin'i gündeme getirdi. İsrail tarafından hapse tıkılmıştı. "Şeyh'i serbest bıraksınlar, karşılığında bu iki Mossad ajanını bırakayım" dedi. Tırak diye kabul ettirdi. Müebbete mahkum şeyh, beş gün sonra bırakıldı, Ürdün'e gönderildi.

Ürdün Kralı Hüseyin, diplomasi yeteneğiyle şerden hayır çıkarmıştı. Hamas liderlerinden birinin canını, birinin özgürlüğünü kurtarmıştı.

En azından bi teşekkürü hakediyordu.
Ürdün'e teşekkür edildi.
Amman'da üç otel havaya uçuruldu!

Hyatt, Radison ve Days Inn otelleri eşzamanlı olarak canlı bomba saldırısına uğradı. Batılılar bu otellerde kalıyor diye, bu oteller hedef alınmıştı. 57 kişi hayatını kaybetti. El Kaide üstlendi. Güya Batılıları hedef almışlardı ama, ölenlerin 40'dan fazlası müslümandı. İsrail'in beceremediğini dinci terör becermişti, Filistin özel kuvvetler komutanı tümgeneral, ölenler arasındaydı.

Müslümanlara sahip çıkan Ürdün'ü, besle kargayı misali, kan gölüne çevirmişlerdi. Hıristiyan öldüreceğiz diye müslümanları katletmişlerdi.

Hyatt otelde hayatını kaybedenlerden biri, Mustafa Akad'dı. *Çağrı* filminin efsane yönetmeniydi... İslamiyet'e sanat yoluyla büyük hizmet veren, Hazreti Muhammed'in mücadelesini tüm dünyaya adeta ezberleten Suriye asıllı Amerikalı sinemacı, maalesef, din eksenli terörün kurbanı olmuştu.

Canlı bombalardan biri sağ kurtulmuştu. Pimi çekmiş, patlamamıştı. Kadındı. Kocası da canlı bombaydı. Karı-koca gelmişlerdi. Kocası patladı, kendi kurtuldu. İsmi, Sajida Mübarek Rishawi'ydi. Iraklıydı. 2005 senesindeki saldırıdan beri Ürdün'de hapis yatıyor.

Gel zaman git zaman, geçen ay... Ürdün hava kuvvetlerine ait savaş uçağı Suriye Rakka'da düşürüldü. Pilot paraşütle atladı. IŞİD tarafından esir alındı. Takas pazarlığı başladı. IŞİD, esir tutulan Ürdünlü pilota karşılık kimi istedi biliyor musunuz? Canlı bomba Sajida'yi istedi.

Batı basınında yazılanlara göre, IŞİD'le Ürdün arasında yürütülen takas görüşmelerinde Türkiye etkin rol oynuyor, arabuluculuk yapıyor.

Yani... Hazreti Muhammed'e yayın yoluyla hakaret edildiğini söyleyen stratejik derin arkadaşlar, Hazreti Muhammed'e yayın yoluyla en büyük hizmeti veren Mustafa Akad'ın cellatını kurtarmaya çalışıyor.

Hadi hep beraber... Adam kim, yiğit kim, dürüst kim, Kiziroğlu Ahmet hocaaaa, peh peh peh peh!

Halid Meşal

1956'da Batı Şeria'da Ramallah'ın Silvad köyünde doğdu. İsrail, 1967'deki Altı Gün Savaşı'nda Batı Şeria'yı işgal edince, ailesiyle birlikte Kuveyt'e göç etti. Kuveyt Üniversitesi'nde fizik okudu. İslami Hak adıyla öğrenci grubu kurdu, Yaser Arafat ve Filistin Kurtuluş Örgütü'nün liderliğine karşı çıktı, El Fetih'le rekabete girişti, İslami esaslara dayalı Filistin istiyordu. 1987'de kurulan Hamas'ın Kuveyt kolunu yönetti. Kuveyt 1990'da Irak tarafından işgal edilince, Ürdün'e taşındı, 1997'de yukarıda anlattığım suikastı atlattı. 1999'da Suriye'ye geçti. 2004'te Hamas'ın kurucusu ve ruhani lideri Şeyh Ahmet Yasin hava saldırısıyla öldürülünce, Hamas'ın başına geçti. 2012'de Suriye karışınca, Katar'a taşındı. Yine 2012'de Gazze'yi ziyaret etti, 45 yıl sonra ilk kez Filistin topraklarına ayak bastı. 2017 itibariyle, dünyada en kolay giriş çıkış yaptığı ülke, Türkiye'ydi.

Zafer

Ekonomi bakanımız Zafer Çağlayan gazete okurken kol saatinin reklamını görmüş, meğer o sırada hayırsever Rıza oradaymış, sen zahmet etme abi, ben ayarlarım demiş, ayarlamış, biz bakmayalımmış faturayı kimin ödediğine, garanti belgesi kendi adınaymış filan.

Aslına bakarsanız, Zafer Çağlayan'ın suçu yok.
Hani, sünnet çocuklarına kol saati hediye edilir ya... İşte bu geleneği her kim başlattıysa, her şey onun başının altından çıkıyor!

Ver pipiyi.
Al saati.

Bize ilk öğretilen, bu.

Kol saati, pipimizden bile değerli.
Düşün gari.

O yüzden...
Asrın liderimize doğum gününde acaba ne hediye versek diye kafa yoran Akp milletvekilleri, kendi aralarında para toplayıp, asrın liderimize ne hediye etti? Ulysse Nardin marka kol saati hediye etti.

Asrın liderimizin en birinci arkadaşı Silvio Berlusconi, Bilal'in düğününde Bilal'in nikah şahidi olurken, Bilal'e ne taktı? Kol saati taktı.

Dindar cumhurbaşkanımız Abdullah Gül, Katar'a gezmeye gitti, Katar Emiri jest yaptı, geziyi takip eden gazetecilerimizin otel odalarına birer adet ne bıraktı? Kol saati bıraktı.

Fetocular henüz haşhaşi ilan edilmemişken, yalaka gaztecilerimiz Pensilvanya'ya el öpmeye gittiğinde, feto her elini öpen yalakaya ne takıyordu? Kol saati takıyordu.

Geçenlerde magazin sayfalarında manşetti, Bülent Ersoy yeni sevgilisine takmak için ne sipariş etmişti? Kol saati sipariş etmişti.

Ki, rüya tabirlerinde bile vardır.
Rüyada hediye kol saati görmek, getirili işlere, berekete, şöhrete, ikili ilişkilerde muvaffakiyete, ferahlamaya delalettir.

(Dünyanın bütün erkekleri rüyalarında kadın görür, bizim ahali hediye kol saati görüyor iyi mi... İnanmayan internete girsin, baksın, "rüyada hediye kol saati görmek" var, "rüyada hediye kol saati almak" var.)

(Ramazanda diyanete soruyorlar mesela, oruçluyken hediye kol saati almak caiz midir?)
Bu toprakların erkekleri için, adeta erkekliğin tescilidir kol saati... Mürüvvetini görmek gibidir. Kol saatine karşı zafiyetimiz, çocukluğumuzdan bilinçaltımıza işlemiştir. Fiyatı her ne olursa olsun, avanta saat, her şeyden değerlidir.

Ver pipiyi...
Al kol saatini.
Al kol saatini...
Ver memleketi.

Zafer Çağlayan

1995-2007 arasında Ankara Sanayi Odası başkanlığı yaptı, 2007'de Akp milletvekili oldu, sanayi bakanı oldu, dış ticaretten sorumlu devlet bakanı oldu, ekonomi bakanı oldu. 17/25 Aralık yolsuzluk operasyonunda oğlu tutuklandı, bakanlıktan istifa etti, TBMM yolsuzluk komisyonunda Akp oylarıyla aklandı. Ancak... Rıza Sarraf üç yıl sonra ABD'de tutuklanınca, yeniden gündeme geldi. New York savcılığı tarafından Rıza Sarraf hakkında hazırlanan iddianamede, Rıza Sarraf'tan 32 milyon euro ve 10 milyon dolar rüşvet aldığı, 300 bin İsviçre frangı değerinde saat aldığı öne sürülüyordu. 17/25'ten önceki röportajlarda, çok yoksul büyüdüğünden bahseden Zafer Çağlayan, "Converse ayakkabıyı Amerikan filmlerinde görürdüm, maddi durumum yeterli olmadığı için alamazdım, hayatımda ilk Converse ayakkabıyı 2010 yılında alabildim" diyordu. Zafer Çağlayan'ın anca 2010 yılında alabildim dediği Converse 40 liraydı... Bileğindeki Patek Philippe marka saat ise 300 bin İsviçre frangıydı! Eylül 2017 itibariyle, ABD'de devam eden Rıza Sarraf davasına sanık olarak eklendi, hakkında tutuklama kararı çıkarıldı.

Muammer

"Milletin orasına koyacağız" diyen müteahhit, başbakana teşekkür plaketi veriyorsa, "sen paraları sıfırla, merak etme kucağımıza oturacaklar" diyen zihniyet, daha üst makama terfi ediyorsa, oylarıyla bu terfiyi sağlayan vatandaş "soyuyorsa beni soyuyor, sana ne" diye savunuyorsa..."Rahmetli dedem, orospuyla memurun bahşişini en başından ödememizi nasihat ederdi" diyen hayırsever Rıza'ya takipsizlik verilmesi kadar doğal bi sonuç olabilir mi?

Rahmetli dede haklıdır.
Türkiye'nin gururu Fazıl Say'a 10 ay hapis cezası veren hakim, ayakkabı kutusu genel müdürünü tahliye eden hakimse...
İçişleri bakanlığı koltuğunda oturan kişinin "abicim sen rahat ol, gerekirse senin önüne yatarım, ben o pezevenge sana çektirdiğinin hesabını burnundan fitil fitil getiririm" demesi anormal midir?

Gayet normaldir.

Ethem'i kafasından vurarak öldüren polise sadece yedi sene hapis verilirken, bu polisin kafasındaki peruğu çekti diye, Ethem'in annesine 10 sene hapis isteniyorsa...
Analar ağlamasın diyen asrın lideri, Berkin'in annesini yuhlatıyorsa...
İmam hatipli bakana bağlı TÜBİTAK'a, hayvanat bahçesinden yönetici atanırken, astronomi ve uzay bilimleri profesörü Rennan Pekünlü, dincilerin iftira kampanyasıyla, yarın sabah hapse giriyorsa...
Başkentin göbeğinde, Atatürk Orman Çiftliği'ni katlederek SİT alanına diktikleri 300 bin metrekarelik Ak Saray, Danıştay kararıyla resmen kaçakken, tarihi dokuyu, geleneksel mimariyi koruyan, hepsini turizmci yaparak gariban köylülerin yoksulluk kaderini değiştiren Sevan Nişanyan, teee Şirince'de kaçak köy evi yaptığı gerekçesiyle şu anda cezaevindeyse...
Keriz fenerinin savcıları, sanık olurken, Keriz fenerinin sanıkları, tanık oluyorsa...
PKK'yla "müzakere" edilirken, TSK'yla "mücadele" ediliyorsa...
Şehit babasına, vay efendim başbakanımıza hakaret etti diye 1 sene hapis cezası verilirken, "devletten yana değil, dağdakiyle birlikte yaşamak isterim, Türk Bayrağı demeyelim, Türkiyeli bayrağı diyelim" diyenler, akil adamsa...
"Binali bakanlıkta kalırsa yaşadık" diyenler, "üçüncü havalimanı ihalesine beni de dahil edin, havuza 100 değil 150 koyayım" diyenler, "cari açığın yüzde 15'ini tek başıma ben kapattım"diyenler vergi listesinde yokken, Türkiye vergi rekortmenlerine vergi kaçakçısı diye cezalar kesiliyorsa...
Gezi direnişçilerine "Allah belanızı versin çapulcular, yaptığınız eylemi si..yim vatan hainleri, orada polis olmayı çok isterdim" diyen yandaş güreşçiye, milli takım kafilesinde Türk Bayrağı taşıtılırken, kulübünün armasında Türk Bayrağı taşıma hakkı bulunan ve hümanist kampanyalarıyla dünya çapında tanınan Çarşı grubu darbecilikten yargılanıyorsa...
Hümanist dedim aklıma geldi... Görevi, ayrım gözetmeden insanlığa yardım etmek olan Kızılay'ın İstanbul Şube Başkanı "ya bu ülkede eşşek gibi sessizce yaşayacaksınız, ya da defolup gideceksiniz, şerefsizler" diye tweet atarken... Bu insani (!) mesajı atan arkadaş, akp'li bakanın kardeşiyken... İstanbul Büyükşehir Belediyesi'nin sanat danışmanı olan profesör "Yahudi, Ermeni ve Rum'sanız, Gezi eylemlerinde aktif rol almanızı anlayışla

karşılıyorum, soyunuzu araştırın" diye tweet atarken... Berkin hayatını kaybedince, İstanbul emniyetinde görevli polis memuru "kafana sıkan çeviğin ellerinden öperim" diye tweet atarken... Akp gençlik kolları başkanı "Gezi parkından sonra Anıtkabir'i de yıkarız elhamdülillah" diye tweet atarken... Akp'ye muhalif olanların, tweet atar atmaz derhal hapse girmeleri için özel yasa çıkarılıyorsa...

E söylüyor adam.
Pezevenkliğin âlemi yoktur.

A'yakkabı
K'utusunda
P'aranın...
Yeni Türkiye'sidir bu.

Muammer Güler

Niğde, Kayseri, Gaziantep, Samsun valiliği yaptı, 2003-2010 arasında İstanbul valisiydi, Kamu Düzeni ve Güvenliği Müsteşarı yapıldı, 2011'de Akp milletvekili yapıldı, içişleri bakanı yapıldı, 17/25 yolsuzluk operasyonunda oğlunun evinde altı adet büyük boy kasa ve para sayma makinesi ele geçirildi, oğlu tutuklandı, kasalardan 320 bin euro, 90 bin dolar ve 400 bin lira çıktı, bakanlıktan istifa etti, TBMM yolsuzluk komisyonunda Akp oylarıyla aklandı. Ancak... Rıza Sarraf üç yıl sonra ABD'de tutuklanınca, yeniden gündeme geldi. New York savcılığı tarafından Rıza Sarraf hakkında hazırlanan iddianamede, Rıza Sarraf'tan 5,8 milyon dolar aldığı öne sürülüyordu.

Soros

ABD başkanı Trump, asrın liderimizi telefonla aradı.
ABD genelkurmay başkanı geldi, hulusi beyle görüştü.
ABD savunma bakanı geldi, bizim savunma bakanıyla buluştu.
CIA başkanı geldi, MİT müsteşarıyla konuştu.
ABD başkan yardımcısı, binali beyi telefonla aradı.

Netice kardeşim?

El Bab okey.

Rakka için pazarlık ediyoruz.

Kore savaşı sırasında ABD dışişleri bakanı John Dulles açık açık izah etmişti aslında... "En ucuz askeri Türkiye'den temin ediyoruz, Türk askerinin maliyeti 23 cent'e denk geliyor" demişti. John Dulles'in kardeşi de CIA başkanıydı. Dünyadaki bütün "insan pazarları"na bakmışlardı, tezgahlardaki en ucuz fiyat bizim alnımızda yazıyordu!

Sayın ahalimiz "Amerikaa Amerikaa, Türkler dünya durdukçaa, beraberdir seninle hürriyet savaşındaa" diye şarkı söylerken... Nazım Hikmet "23 sentlik asker" şiirini kaleme alıyordu. "Mister Dallas, sizden saklamak olmaz, hayat pahalı biraz bizim memlekette, mesela iki yüz gram et alabilirsiniz, koyun eti, Ankara'da 23 sente... Yahut iki kilo kuru soğan, yahut bir kilodan biraz fazla mercimek, elli santim kefen bezi, yahut da bir aylığına yirmi yaşlarında bir tane insan!"

Bilahare, renkli devrimlerin sponsoru, liboşların gurusu George Soros, 2002 senesinde Sabancı Üniversitesi'nde konferans verdi, "Türkiye'nin en iyi ihracat ürünü ordusudur" dedi.

E hemen ihracata başladık tabii... Amerikan, İngiliz, Alman, Fransız, Hollanda askerleri peyderpey çekildi, onların yerine biz gittik Afganistan'a!

Hiç unutmam, meşhur 1 Mart Tezkeresi döneminde, sayın basınımızda şu haber manşet olmuştu: "Amerikan ordusu Afganistan'daki bin askeri için ayda 28 milyon dolar harcıyor, bin Türk askeri için ise 4,5 milyon dolar harcanıyor. Türkiye aynı görevi altı kat ucuza yapıyor. Türkiye'nin Irak'a 10 bin asker göndermesi, ABD için her ay 240 milyon dolar tasarruf anlamına geliyor."

Ne kadar gurur duysak azdı.
Tasarruflu olmak lazımdı.
İsraf dinimize yakışmazdı!
Tüm bunlardan kısa süre önce ABD eski başkanı Reagan'ın hatıralarını anlattığı *Reagan Günceleri* isimli kitabı piyasaya çıkmıştı. Kitabın bizimle alakalı bölümünde, Turgut Özal'la şahane şekilde anlaştıklarını belirtiyor ve "Türkiye bizim güvenliğimizin bir parçası, bir Türk askeri yılda 6 bin dolara maloluyor, eğer onu bir Amerikan askeriyle değiştirmeye mecbur kalırsak, maliyetimiz 90 bin dolara çıkıyor" diyordu. Hesap gayet netti... Coni'nin günlüğü 246 dolarken, Mehmet'in günlüğü 16 dolardı.

Canımızın fiyatı 23 cent'ten 16 dolara çıkmıştı ama, eskiden altı kat ucuza ölürken, artık 15 kat ucuza ölüyorduk. Fiyatımız artıyor, değerimiz ucuzluyordu, sürümden kazanıyorlardı!

Suriye'de işler boka sardığında, ABD başkanı Obama ekrana çıktı, kendi halkına söz verdi, Işid'e karşı asla kara birliği göndermeyeceğini, Amerikalı askerlerin Suriye'ye ayak basmayacağını açıkladı.
Aynı günlerde, Türkiye henüz Suriye'ye girmemişken, henüz girme ihtimalinden bile kimsenin haberi yokken... El Cezire televizyonuna konuşan Ahmet Kiziroğlu, Mehmetlerimizin aslında çoktaaan nerelere sürüleceğini tek tek anlatıyordu, "Halep civarı, Cerablus bölgesi, Ayn el Arab, bütün bu kuşakta, derinliği değişebilir."

Ve şimdi...
El Bab okey.
Rakka için pazarlık ediyoruz.

Mister Dallas...
Sizden saklamak olmaz
hayat pahalı biraz bizim memlekette,
mesela iki yüz gram et alabilirsiniz,
koyun eti,
Ankara'da 23 sente...
Yahut iki kilo kuru soğan,
yahut bir kilodan biraz fazla mercimek,
elli santim kefen bezi,
yahut da yirmi yaşlarında bir tane insan!

George Soros

"Türkiye'nin Arjantin'den tek farkı, stratejik pozisyonudur, bu stratejik pozisyonuna bağlı olarak, en iyi ihracat ürünü ordusudur" diyen George Soros, Macar Yahudisi, Amerikan vatandaşıydı, finans spekülatörüydü. Doğu Avrupa ülkelerine akıttığı para, Birleşmiş Milletler'in bu ülkelere yaptığı maddi yardımdan bile fazlaydı. Gürcistan Kadife Devrimi'nde, Ukrayna Turuncu Devrimi'nde, Kırgızistan Lale Devrimi'nde Tunus Yasemin Devrimi'nde parmağı vardı, halk devrimi ayağıyla, bu ülkeleri Amerikan çıkarlarına, küresel sermayeye monte ediyordu. 1979 yılında

Açık Toplum Vakfı'nı kurmuştu, 60 ülkede faaliyet gösteriyordu, Türkiye'ye 2001 yılında Açık Toplum Enstitüsü'yle girdi, TESEV'e, Açık Radyo'ya, Bianet'e maddi destek sağlıyordu. Mehmet Barlas'ın kayınbiraderi Can Paker, hem TESEV başkanı, hem de Açık Toplum Enstitüsü'nün danışma kurulu başkanıydı, TESEV için Soros'tan para aldıklarını kabul ediyordu, "adamın 12 milyar dolar serveti var, yatı sevmiyor, uçağı sevmiyor, her sene 600 milyon dolarını insanların iyiliği için harcıyor" diyordu! Tayyip Erdoğan'ın büyük kızı Esra, 2003 yılında TESEV'de staj yaptı. Kemal Kılıçdaroğlu, TESEV'in kurucu üyelerinden biriydi. Kılıçdaroğlu'nun TESEV kurucusu olduğunu gazeteci Barış Yarkadaş ortaya çıkarmıştı, Kılıçdaroğlu önce reddetti, asparagas olduğunu, tamamen hayali olduğunu söyledi, sonra itiraf etti, "TESEV üyesiyim ama çalışmalarına katılmadım" dedi, sonra da bu bilgiyi ortaya çıkan Barış Yarkadaş'ı CHP milletvekili yaptı!

Ticani

Atatürk büstüne tarihte ilk defa, 25 Şubat 1951'de Kırşehir'de saldırıldı. Saldırganlar Ticani'ydi.

Ticanilik, dilimize "yobaz" manasında yerleşmiştir ama, aslında tarikat ismi.

Ticanilik veya Ticaniye, Kuzey Afrika kökenli... 1780'li senelerde, Fas doğumlu Ebu'l Ahmed et-Ticani tarafından Cezayir'de kuruldu; Cezayir, Fas, Tunus, özellikle Senegal, neredeyse bütün Afrika'ya yayıldı. Türkiye'ye 150 sene sonra, 1930'larda, kerameti kendinden menkul Kemal Pilavoğlu diye biriyle girdi.

Bildiğin din bezirganıydı, hukuk fakültesini son sınıfta bırakmış, tarikat marikat ayağıyla yolunu bulmaya başlamıştı, Ahmed et-Ticani'yi rüyasında gördüğünü, şeyhin kendisine el verdiğini, ruhsat verdiğini söyleyerek, mürit toplamaya başlamıştı. Müritlere "ahbap" denirdi.

Kemal Pilavoğlu, klasik tarikat şeyhlerine benzemezdi, sakalı makalı yoktu, her gün tıraş olur, takım elbise giyer, kravat takardı. Janti şeyhti yani... Müritlerine tahta kılıç dağıtır, "itikadın sağlamsa, bu kılıç kavga anında 70 metre uzar" derdi! Kavgada tahta kılıçla kalakalan salaklara "demek itikadın zayıf" denirdi! Müritleriyle beraber seyahat etmez, "siz trenle gidin, ben uçarak geleceğim" derdi. Kendisini uçarken gördüğüne şahitlik eden, kendisi gibi sahtekar yardımcıları vardı. Bu dolandırıcıya inanan garibanlar, yiyecek, para, altın, elindekini avcundakini yağdırırdı. Günün son model otomobilleriyle gezerdi.

Cumhuriyet düşmanlığını paraya çevirir, cebini doldurmak için cehaleti sömürür, "heykel puttur, laiklik dinsizliktir, hilafeti kaldıran Atatürk melundur" derdi. 1934'ten itibaren defalarca kovuşturmaya uğramış, her defasında yemin billah "ticaniliği bıraktığı"nı söyleyerek, sıyırmıştı. En ses getiren eylemini, 4 Şubat 1949'da yaptırdı... İki müridini TBMM'ye gönderdi; dinleyici bölümüne oturdular, milletvekilleri oturum halindeyken, ayağa kalktılar, Türkçe ezanı protesto etmek için bağıra bağıra Arapça ezan okumaya başladılar. Bu eylem, yabancı basına bile "görülmemiş hadise" olarak yansıdı.

Demokrat Parti iktidara gelince, gün bugündür dedi, gemi azıya aldı, daha büyük ses getirmek için, iki müridini Kırşehir'e gönderdi. Neden Kırşehir? Ankara'da takipteydiler. Orası müsaitti. 25 Şubat 1951, karlı bir kış gecesiydi, saat sabaha karşı 4 civarı... Siyah bir otomobil seçmişlerdi. Eski belediye binasının yanına park ettiler. Çekiçlerini aldılar, indiler, yürüdüler. Şehrin tören alanı olarak kullanılan Yeni Çarşı'daki İş Bankası'nın önüne geldiler, orada bulunan, Atatürk'ün beyaz mermere yontulmuş yüzüne vurmaya başladılar, burnunu, çenesini kırdılar, koşarak kaçtılar, aynı otomobille Ankara'ya döndüler.

Memleket ayağa kalktı.
İstanbul, Ankara, İzmir'de halk sokağa döküldü, İstanbul Üniversitesi'nden kalabalık bir öğrenci grubu Kırşehir'de protesto yürüyüşü yaptı. Cumhurbaşkanı Celal Bayar, Çankaya Köşkü'ndeki bronz Atatürk büstünü Kırşehir'e gönderdi, kırılan büstün yerine, içişleri bakanı tarafından törenle yerleştirildi.

Enselendiler tabii... Kemal Pilavoğlu tutuklandı, yargılandı, yedi sene hapis yattı, çıkınca bırakılmadı, jandarma nezaretinde yaşamak üzere Bozcaada'ya sürgüne gönderildi. Eşini, üç çocuğunu aldı, 20 müridiyle birlikte Bozcaada'ya yerleşti. Etrafında sempati toplamak için, öğrencilere bedava defter, kalem dağıttı, bakkal dükkanı açtı, manav açtı, mandıra açtı, fırın açtı, ada ekonomisine hakim oldu. "Şarap günahtır, üzümlerini şarap üretenlere verenler cehennemde cayır cayır yanar" diyerek, müslüman bağcıların yüreğine korku salıyor, adayı terkeden Rumların bağlarını ucuza satın alıyor, pekmez üretiminden servet ediniyordu. Mürit sayısı 150'nin üstüne çıkmıştı, müritler boğaz tokluğuna efendi'ye çalışıyor, karşılığında sevap kazandıklarına inanıyorlardı. Yüksek duvarlarla çevrili, çiftlik evinde oturuyordu. İşlettiği fırının üst katında, çırılçıplak halde, üç erkek çocuğuyla basıldı. İftira mıydı? Başkası bassa, belki iftira denebilirdi ama, 65 yaşındaki tarikat şeyhini 10 yaşındaki erkek çocuklarıyla basan, bizzat kendi eşiydi! Tutuklandı. Bursa'da yargılanırken, 5 ay sonra öldü.

50'li yıllara damgasını vuran sahtekar ölünce, Nakşibendiler, Süleymancılar, Nurcular ön plana çıktı, Ticaniliğin pabucu dama atıldı. Ancak, 25 Şubat 1951'deki Kırşehir eylemiyle Atatürk büstlerine yönelik saldırıların önünü açmıştı, Atatürk heykellerine saldırmayı adeta moda haline getirmişti.

1951-2014 arası toplam sayıyı bilmiyorum ama, sırf 1951'de Atatürk heykellerine yönelik 57 saldırı olmuştu. Arkası çorap söküğü gibiydi.

2010'lara kadar yobazlar saldırdı, AKP'nin iktidara gelişiyle beraber, tıpkı Demokrat Parti iktidarından güç bulmaları gibi, Atatürk heykellerine yönelik saldırılar tırmandı. 2010'lardan itibaren bayrağı bölücüler devraldı. İzliyorsunuz... Kırıyorlar, yakıyorlar, kafasıyla futbol oynuyorlar. Çünkü, mesele sadece "laik-antilaik" meselesi değildir, dincilerle-bölücülerin ortak düşmanıdır Mustafa Kemal Cumhuriyeti.

Ve...

Ticani tarikatının merkez üssü neresiydi biliyor musunuz? Hani geçenlerde, Amerikan gazeteleri "Türkiye'den IŞİD'e militan akıyor, Ankara Hacı Bayram semti IŞİD'in militan devşirme merkezi" diye yazdı ya... Kemal Pilavoğlu'nun merkez üssü, işte o Hacı Bayram semtiydi.
Kırşehir'de Atatürk büstünü kıranlar da, orada yuvalandıkları bir adreste yakalanmıştı. Kemal Pilavoğlu'nun müritlerine elini öptürdüğü Ankara'daki evi de, Hacı Bayram'daydı.

Bazı şeyler hiç değişmiyor bu topraklarda değil mi... Büstlerini yıkan zavallıların, Atatürk'ün fikirlerini asla yıkamayacakları gibi.

Kemal
Pilavoğlu

Türk Dil Kurumu'nun sözlüğünde bile "ticani" kelimesinin karşılığı olarak "yobaz, gerici" yazar... Kemal Pilavoğlu denilen, sapık din tüccarının Türkçeye kazandırdığı sıfatlar işte bunlar!

Haham

Hani şu Süleyman Şah Türbesi var ya... Kıllık yapıp, pişmiş aşa su katmak istemem ama, o Süleyman'ın hangi Süleyman olduğu belli değildir. Kimine göre, Osman Gazi'nin dedesi Süleyman'dır, kimine göre, Kılıçarslan'ın babası Süleyman'dır. İki Süleyman arasında 150 sene vardır!

Türbenin yeri de orası değildir.
1938'de türbenin muhafız kıtası için yeni karakol inşa edildi, küçük bi pürüz vardı, karakolu türbenin yanına inşa etmemişlerdi, bir sene sonra, 1939'da, karakolun yanına yeni türbe inşa edildi, karakolu türbeye getireceklerine, türbeyi karakola götürdüler, mezar oraya taşındı.

Gel zaman git zaman, Suriye hükümeti ben buraya baraj yapıcam, Caber Kalesi sular altında kalacak, türbenizi alın gidin dedi. Haaadi bakalım, 1973'te mezarı gene yerinden çıkardık, tee 15 kilometre uzağa, bugünkü yerine taşıdık.

Bugünkü yerini nasıl tespit ettik derseniz?
Bir albay kafasına göre tespit etti!

Türbeyi taşıması için Türkiye'den gönderilen heyette, İçişleri bakanlığımızı albay Necabettin Ergenekon temsil ediyordu. Küçük bi pürüz vardı... Suriye'ye giderken yanlarına Ankara Anlaşması'nı almamışlardı. Nasıl olsa Şam Büyükelçiliği'nde vardır diye düşünmüşlerdi. Gel gör ki, anlaşma metni Büyükelçilik'te de yoktu iyi mi... Ankara Anlaşması türbenin iki ülke arasındaki hukuki durumunu belirliyordu. E neye göre karar vereceklerdi? Suriyeliler "siz sıkmayın canınızı" deyip, üç farklı yer gösterdiler. Albay Necabettin Ergenekon seneler sonra verdiği röportajında şöyle anlatacaktı: "Bunlardan birini seçin dediler, hakikaten çok güzel manzaralı bir yer seçtik, olay böylece kapandı."

Caber Kalesi'ni kaptırmıştık ama, bizim türbe su kenarında, manzaralı bi yere geçmişti!

Türbede kimin yattığı belli değildi, türbenin yeri orası değildi, işin matrak tarafı, albay Necabettin'in soyadı da aslında Ergenekon değildi... Baltacı'ydı. 1960'da üsteğmenliği döneminde, kendisiyle aynı soyadı taşıyan ve hiç sevmediği biriyle karıştırıldığı için mahkemeye başvurarak, soyadını Ergenekon yapmıştı. Orijinal Baltacı, çakma Ergenekon'du.

İşin ekstra matrak tarafı, çakma Ergenekon soyadı, Ergenekon Terör Örgütü'nün isim babası diye iddianameye girdi!

Çünkü... Kanada'da yaşayan Ergenekon hahamı Tuncay Güney, söz konusu örgüt adının, Veli Küçük'ün komutanlığını yapan albay Necabettin Ergenekon'dan geldiğini öne sürmüştü.

Ergenekon davası komple sahte çıktı. Örgüt mörgüt değildi. Olmayan örgütün Necabettin Ergenekon'dan geldiğini iddia eden Tuncay Güney de, zaten haham değildi!

Tuncay Güney, Necabettin Ergenekon'un oğluyla tanışıyordu. Volkan Kemal Ergenekon, subaydı, askerlere dini propaganda yapmak suçundan yargılanmış, hapis cezaları almış, ordudan ayrılmıştı, Karabağ'da savaşmak için Azerbaycan'a gitmiş, İran'da casus şüphesiyle gözaltına alınmış, 15 gün cezaevinde kalmış, bırakılmıştı, İran'dan dönünce, Yeşil kod adlı Mahmut Yıldırım'ın kendisine İstanbul'da suikast düzenlediğini iddia etti, Yeşil'in iki kere tetiğe bastığını, tabancanın ateş almadığını öne sürdü, bu mevzuyla alakalı olarak poliste herhangi bir kayıt yok, çünkü "şikayetçi olmadım" dedi, eşi subay kızı, kayınpederiyle Veli Küçük devre arkadaşı, Veli Küçük'le oradan tanışıyordu. Peki çakma haham Tuncay Güney'le nerden tanışıyordu? Necabettin Ergenekon'un oğlu "cinler alemi"yle alakalı kitaplar yazıyordu, Tuncay Güney cemaatin Samanyolu televizyonunda program yaparken, parapsikoloji konulu programa konuk olmuştu, orada tanışmışlardı, eşcinsel olduğunu bizzat kendisi açıklayan Tuncay Güney tesettürlü bi kızla evlenince, düğününe gitmişti, Reşat altını takmıştı, altı ay sonra, Tuncay kızı terkedip yurtdışına kaçmış, kendini haham ilan etmiş, bilahare, Necabettin Ergenekon'un oğlu Volkan Kemal Ergenekon'un Veli Küçük'le beraber Azerbaycan'da darbe yapmaya çalıştığını iddia etmişti, buyrun burdan yakın, bir zamanlar Tayyip Erdoğan'ın bayıldığı, şimdilerle Tayyip Erdoğan'ın nefret ettiği savcı Zekeriya Öz, haham Tuncay'a iletilmesi için Kanada adli makamlarına 37 soru göndermişti, küçük bi pürüz vardı, haham Tuncay'ın ev adresi olarak gösterilen adreste, *Yeni Şafak* muhabirinin kardeşi oturuyordu.

Kafanız mı karıştı?

Hadi burda bekliyorum, gidin en baştan okuyun gelin.

Geldiniz mi?
Devam edelim o halde...

Türbede kimin yattığı belli değil, türbenin yeri orası değil, türbenin çakma yerini saptayan kişinin Ergenekon soyadı aslında Ergenekon değil, Ergenekon örgütünü Ergenekon soyadına bağlayan haham, haham değil, Ergenekon örgütü desen, bütün deliller sahte çıktı, örgüt mörgüt değil... Necabettin Ergenekon'un oğlu cinler alemiyle alakalı kitaplar yazarken, Yeşil kod adlı Mahmut Yıldırım'ın oğlu Murat Yıldırım, babasını anlatan kitap yazdı, o kitapta babasının hiç yayınlanmamış bir fotoğrafına yer verdi, Suriye'de çekilmişti, elleri cebinde poz veren Yeşil, son fotoğrafında, Süleyman Şah Türbesi'nin önündeydi.

Demem o ki...
Ortadoğu denilen o coğrafyada, a'dan z'ye her şey belirsizdir, doğru bildiklerin yanlıştır, asla göründüğü gibi değildir, yanılsamalar çölüdür. Tek gerçek vardır, oradan mutlaka uzak durulması, adım bile atılmaması gerektiğidir.

Tuncay Güney

Ergenekon iddianamesine göre, memleketin gelmiş geçmiş tüm karanlık olayları Ergenekoncuların başının altından çıkmıştı. Dava dosyası milyonlarca sayfadan oluşuyordu, yüzbinlerce sayfa telefon dinleme kaydı vardı, kimisinde "Mehmet Ağar'ın Tayyip Erdoğan'dan 60 milyon dolar aldığı" iddia ediliyordu, kimisinde "Deniz Baykal'a beş milyon dolar götürüldüğü" öne sürülüyordu. Deli saçması kahvehane muhabbetleri "kanıt" kabul edilmişti. Bu delilsiz, belgesiz, palavralardan oluşan iddialar, örgütün şeması dahil, Tuncay Güney'in evinde ele geçirilen altı çuval dolusu kağıt parçasına dayandırılıyordu. Akp ve feto medyası tarafından "Ergenekon'un kilit ismi" diye sunulan Tuncay Güney, 1972, Çorum doğumluydu. Mısır'dan Türkiye'ye göçedip, Çorum Kargı'ya yerleşen Yahudi kökenli Sabetaycı bir ailenin çocuğu olduğunu söylüyordu. Lise terkti. 80'lerin sonunda gazeteciliğe başladı, *Sabah*'ta *Milliyet*'te çalıştı, fetocuların Samanyolu televizyonunda Gündemdekiler adıyla, Doruktakiler adıyla programlar yaptı, *Tercüman* ve *Akşam*'da çalıştı. 1997'de askere gitti, GATA'dan aldığı psikiyatri raporuyla askerlikten muaf tutuldu. İki defa evlendi, ikisinden de bir yıl sonra boşandı, eşcinsel olduğu iddia ediliyordu, boşandığı ilk eşi "hiç karı koca olmadıklarını, hiç biraraya gelmediklerini, bu yüzden çocuklarının olmadığını" söyledi, ikinci eşi ise boşanma dilekçesinde "kendisinden sürekli para koparmaya çalıştığını" anlattı. 2001 yılında, dönemin emniyet organize suçlar müdürü Adil Serdar Saçan tarafından dolandırıcılıktan gözaltına alındı, evi arandı, söz konusu altı çuval ele geçirildi, o gün için Ergenekon'a dair herhangi bir işlem yapılmadı. Bu hadiseden sonra ABD'ye gitti, benzin istasyonlarında çalıştı, hıristiyan olduğunu söylüyordu, İran, Irak, Suriye, Lübnan'a giriş çıkış yaptı, bilahare, Kanada'ya geçti, kipa taktı, zülüf uzattı, haham'ım diye dolaşmaya başladı, halbuki, Toronto'daki sinagoglarda kaydı bile yoktu. Kahire'de görülen bir casusluk davasında, gıyabında yargılanan ve 15 sene hapse mahkum edilen Tuncay Bubay isimli Mossad ajanının, aslında Tuncay Güney olduğu öne sürülüyordu. Karmakarışık, karanlık bir tipti. Tarikatlara, cemaatlere yakın olduğu, Fetocuların maşaşı olduğu, Emekli Sandığı'ndan maaş aldığı belirtiliyordu. *Sabah* gazetesi tarafından MİT ajanı olduğu yazıldı, kod adı İpek'ti. Adının geçtiği resmi bir kontrterör belgesi bile yayınlandı. MİT belgeyi doğruladı, ancak "elemanımız değil" dedi. *Yeni Şafak* gazetesine verdiği röportajda "babamın kim olduğunu MİT'çi Mehmet Eymür'e sorun" demişti. Dolandırıcılıktan sabıkalı Tuncay Güney'in, pasaport işlemleri sırasında kılı kırk yaran ABD'den nasıl öyle kolayca 10 yıllık vize alabildiği meçhuldü. "Otorite" muamelesi yapıldı, Mehmet Ali Birand tarafından Kanal D ekranlarında canlı yayına çıkarıldı, TRT'de canlı yayına çıkarıldı, saygın işadamlarına "eroinci" dedi, genelkurmay başkanlarına "çeteci" dedi, dönemin CHP genel başkanı Deniz Baykal'a "ajan" dedi, belgesiz, ispatsız, tanıksız iftira yağdırdı, Akp karşıtı herkesi Ergenekoncu, darbeci ilan etti. 2017 itibariyle... Fetocular komple terörist ilan edilmiş, Ergenekon'un filan kumpas olduğu ortaya çıkmıştı ama, hiç kimse çıkıp "nerde kardeşim bu fetocuların sahte hahamı, neden aranmıyor?" diye sormuyordu!

Erkan

Ulaştırma bakanımızın oğlu Singapur'da kumar masasında yakalandı... Akp'nin oyları en az beş puan artar gari.

Hatırlarsınız... Sayın ahalimizin kendi çocukları işsiz kalıyor, işsiz güçsüz kahvede oturuyor, Akp'nin oyları ufak ufak erimeye başlıyordu. İşte tam o sırada, asrın liderimizin çocuklarının gemicik aldığı ortaya çıktı. Akp oy patlaması yaptı.

N'oluyor demeye kalmadı, ulaştırma bakanımızın, enerji bakanımızın, orman bakanımızın çocuklarının hepsinin aniden armatör oldukları, filolar kurdukları, şilepler, tankerler, feribotlar aldıkları anlaşıldı. Akp üç bakan çocuğu sayesinde üç puan daha koydu.

Kuş gribi varken Akp hayli sarsılmıştı. Sayın ahalimiz tavuk yemiyor, kanatlılardan kaçıyordu, apartmanın çatısına kargalar tünüyor, su sıkın kovalayın diye itfaiyeden yardım istiyordu, kaz tüyü yastık bile kullanmıyordu, yumurta ticareti dibe vurmuştu. Şak... Mısır ithalatının gümrük vergisi yüzde 80'den yüzde 20'ye indirildi, sonra hemen yüzde 70'e çıkarıldı. Meğer bu indir-kaldır arasında, maliye bakanımızın oğlunun gemiler dolusu mısır ithal ettiği, likit yumurta işine girdiği, mısırları tavukları için ithal ettiği, yüzde 80'den 20'ye indirilen vergi katakullisiyle servet kazandığı ortaya çıktı. Sayın ahalimiz ayakta alkışladı, sırf bu ticari zekayı ödüllendirmek için Akp'ye üç puan daha verdi. Bakın "mısır" dedim aklıma geldi... Sayın ahalimiz acaba kimi cumhurbaşkanı seçsek diye düşünüyordu. O dönemde... Abdullah Gül'ün henüz 14 yaşındaki oğlunun ticaret hayatına atıldığı, internet alışveriş şirketi kurduğu, bardakta mısır işine girdiği, alışveriş merkezlerinde stant açtığı ortaya çıktı. Abdullah Gül "oğlum Bill Gates'i örnek alıyor, finansörü annesi" diyordu. 14 yaşında sigortalı olmuş, Ankara Ticaret Odası'na kaydını yaptırmıştı iyi mi... Peki bu iş nasıl olmuştu? "Mezarda emeklilik kanunu" çıkmadan hemen önce, ekonomiden sorumlu başbakan yardımcısı Ali Babacan'ın şirketinde 24 günlüğüne tırışkadan sigortalı yapılmış, bu "naylon sigorta" operasyonuyla "mezarda emeklilik"ten kurtulmuştu. Sayın ahalimiz bu manevrayı pek takdir etti... Kendi çocukları anca 65 yaşında emekli olabilecekken, henüz 14 yaşında patron olan bu çocuğa şapka çıkardı, babasını da Çankaya'ya çıkardı.

Bilahare... Asrın liderimizin küçük oğluyla büyük gelininin, Cihan Kamer'le ortak pırlantacı açtıkları ortaya çıktı. Bu pırlantacı biraderler, babalarının parası olmadığı için hayırsever bursuyla okumuşlardı. Ne mutluydu. Sayın ahalimiz kendi çocuğuna elmas broş takılmış kadar sevindi.

2013 yılına gelindiğinde Akp zorlanıyordu, kendi yaptırdıkları anketlerde bile iktidar olamıyorlardı. 17/25 lağımı patladı. Yatak odalarında para kasaları, ayakkabı kutuları, 700 bin liralık kol saatleri, dolar balyalı çikolata paketleri fışkırdı. Ekonomi bakanının oğlu tutuklandı, içişleri bakanının oğlu tutuklandı, toki bakanının oğlu gözaltına alındı. "Paraları sıfırladın mı" diyen babalar, gece gündüz sıfırlamasına rağmen hâlâ "30 milyon avro kaldı babacım" diyen oğullar ortaya çıktı. Böylece, kime oy versem diye düşünen sayın ahalimizin aklında en ufak bir şüphe bile kalmadı, Akp'li anketçileri utandırdı, Akp'ye görülmemiş derecede oy verdi.

Sayın ahalimizin yaptığına Akp'liler bile inanamamıştı.
Hatta, Bilal bile şaşkınlığını gizleyemedi, "bu sonucu kimse beklemiyordu" dedi.
Açılım, saçılıma dönüştü, beşer beşer şehit tabutları gelmeye başladı. Akp alenen Pkk'ya gözyummuştu, bedelini yoksul ailelerin çocukları canıyla ödüyordu. E haliyle, acaba Akp'nin oyları düşer mi diye merak ediliyordu. Neyse ki... Akp'li bakan ve milletvekili çocuklarının bedelli askerlik yaptıkları ortaya çıktı, sayın ahalimizin

yüreğine su serpildi, müsterih oldu. Akp'liysen canın sağolsun, garibansan, vatan sağolsun'du. Akp anketlerde yüzde 56'ya fırladı.

Ve nihayetinde... "Bahçesinde kızlı erkekli oturuyorlardı, yoldan çıkarım diye o üniversiteye gitmedim" diyen mutaassıp ulaştırma bakanımızın oğlu, kumar masasında otururken yakalandı.

Ha gayret kardeşim...

Hayırlısıyla bi mütedeyyin bakanımızın oğlu da kokain partisinde yakalandı mıydı, başkanlık sistemine geçtik demektir.

Erkan Yıldırım

Binali Yıldırım'ın oğlu Erkan, babasının ulaştırma bakanı olduğu 2002 yılında denizcilik şirketi kurdu, ilk gemisini 2003 yılında aldı. Çok zeki çocuktu, gemi satın aldığında henüz 24 yaşındaydı! Gemi satın alan ilk bakan çocuğuydu. 2017 itibariyle 30 gemisinin olduğu söyleniyordu. CHP bu konuda soru önergesi vermişti ama, kaç gemisinin olduğuna dair cevap alınamamıştı. Beri yandan... Bu yazımdaki kehanet gerçek oldu. Erkan Yıldırım'ın kumarhanede yakalanmasından sadece bir ay sonra, babası başbakan oldu!

Suud

Yaşı 30'un altında olanlar hatırlamaz... Akp'nin iktidara gelmesinin arefesinde, 2002 senesinde, "Ecyad kalesi yıkılıyor" diye dünyayı ayağa kaldırmıştık.

Ecyad tee 1781 senesinde Mekke'ye inşa edilen Osmanlı kalesiydi. Kabe'yi korumak için, Kabe'ye hakim bir tepeye, 23 dönüm arazi üzerine yapılmıştı. Arap yarımadasının elimizden çıktığı birinci dünya savaşına kadar Türk garnizonu olarak kullanılmıştı. Ve, Suudi Arabistan yönetimi bu kaleyi yıkıp, yerine otel dikmek istiyordu.

Dünyayı ayağa kaldırdık. Türkiye Cumhuriyeti devleti, Suudi Arabistan'ı resmen kınadı. "Ecdadımıza hakarettir" denildi, "Türkiye'ye küfürdür" denildi, "Kabe'yi korumak için o kalede can veren şehitlerimizden utanın" denildi. İmza kampanyaları düzenlendi, Unesco'ya şikayet edildi, "Suudi kralı, Taliban gibi sanat eserlerini yıkıyor" denildi. TBMM'de sırf bu mesele için özel oturum yapıldı, milletvekillerimiz ağzına geleni söyledi, yumruğunu kürsüye vurarak "gökkubbeyi başlarına yıkarız" diyen bile oldu. Suudi Arabistan'ın Ankara büyükelçisi, dışişleri bakanlığımıza çağrıldı, fırçalandı, "hele bi yık, hesabını ağır sorarız" filan denildi.

Ciddiye bile almadı herifler.

Önce nispet yapar gibi, Türk düşmanı İngiliz casusun Cidde'de oturduğu evi restore ettiler, kapısına "bu ev Türklere karşı bağımsızlık savaşı vermemize yardımcı olan Lawrence'ın karargahıdır" plaketini astılar. Sonra da yıktılar Ecyad'ı, dozerle.

3 Kasım 2002'de Akp iktidara geldi, 28 Kasım 2002'de Suudi kralı Ecyad kalesinin yerine dikilecek binaların temelini attı. Türkiye'de atmosfer değişmişti. Akp'den itibaren Suudilere gık çıkarılmadı.

Ecyad'ın yerine yedi gökdelen dikildi. "Zemzem kuleleri" olarak tanınan bu gökdelenler, devremülk şeklinde satıldı. En yağlı müşterileri kim oldu biliyor musunuz? Türk vatandaşları oldu. Türkiye'ye pazarlanması için sadece 300 daire ayrılmıştı ama, Türkiye'den gelen daha ilk talepte 1.700 daire kapış kapış gitti.

Beş sene sonra 2007'de... Ecyad'ı yıkan Suudi kralı, takvimde başka gün kalmamış gibi tam 10 Kasım'da Ankara'ya geldi, Anıtkabir'e gitmedi. Türkiye Cumhuriyeti'nin protokol tarihinde bir ilk yaşandı... Cumhurbaşkanı Abdullah Gül ve asrın liderimiz Tayyip Erdoğan, kralın ayağına, kralın kaldığı otele gittiler. Suudi kralına "Türkiye Cumhuriyeti Devlet Şeref Madalyası" takdim ettiler, Suudi kralı da bunlara madalya taktı. Kralın sağına ve soluna oturup poz verdiler.

Ecyad kalesini yıkıp, Lawrence'ın evini restore ettiren Suudi kralı, geçen sene 91 yaşındayken öldü. Reyhanlı için, Ermenek için, Uludere için, Suruç için yas ilan etmeyen Akp hükümeti, derhal "milli yas" ilan etti, tüm yurtta ve dış temsilciliklerimizde Türk bayrağı yarıya indirildi. Asrın liderimiz Afrika'da seyahatteydi, apar topar yarıda kesti, koştura koştura Suudi kralının cenaze törenine katıldı.

Bu arkadaşın 25 çocuğu vardı. Ama, krallık koltuğuna 80 yaşındaki üvey kardeşi oturdu. Gel zaman git zaman... Ahmet

Kiziroğlu, genelkurmay başkanımızın elinden tuttu, Arabistan'a götürdü, hevesini alsın diye kamuflajlı asker kıyafeti giydirilmiş sünnet çocuğu gibi giydirip, Suudi kralının yanına oturttu, hep birlikte poz verdiler. Ortak askeri tatbikatlar yapacağımız açıklandı, yalaka basınımız tarafından "müjde" olarak duyuruldu.

Ve dün ortaya çıktı ki... Suudi Arabistan savaş uçakları, Suriye sınırımızdaki operasyonlara katılmak üzere Adana İncirlik'e konuşlandı. Tarihimizde ilk kez, NATO üyesi olmayan bir ülke, İncirlik üssünü kullanmaya başladı.

Böylece... Kabe'yi koruma noktasından, memleketi koruyamama noktasına geldik. Sınırlarımıza göz kulak olsunlar diye, bedevilerden medet umar hale getirildik.

Bitirmeden ilave edeyim.

Ecyad kalesi henüz yıkılmadan önce, Türkiye'nin "dünyayı başınıza yıkarız" diye efelendiği dönemde, Suudi yönetiminin borazanı olarak bilinen *Okaz* gazetesi şu manşeti atmıştı: "Türkiye kimliği olmayan bir ülkedir, tarih bilinci hakkında konuşacak en son ülke Türkiye'dir."

Kendi payıma özür dilerim.
Haklıymış Arap.

İşte o an... Cumhurbaşkanımız ve başbakanımız, Cumhuriyet tarihinde görülmemiş şekilde, Suudi Kralı'nın Ankara'da kaldığı otele, hatta kaldığı odaya gitmiş, sağına ve soluna oturarak, böyle poz vermişti. Bu fotoğraftan yedi yıl sonra, 2014'te, CHP sözcüsü Haluk Koç şu tarihi bilgiyi açıklamıştı: "Vakıflar Bankası'ndaki Bilal Erdoğan hesabına Royal Protocol isimli bir kaynaktan, muhtemelen Suudi kaynaklı bir yapıdan, 99 milyon 999 bin 990 Amerikan doları havale ediliyor. Bu para beş dakika içinde, Bilal Erdoğan'ın hesabından TÜRGEV'in hesabına aktarılıyor. 100 milyon dolardan bahsediyoruz arkadaşlar... Bu para neyin karşılığıdır? Ne karşılığında Bilal Erdoğan'ın hesabına, sonra da TÜRGEV'in hesabına aktarılmıştır?"

Sykes Picot

Sabırla okuyun lütfen...

"Mardin, Hazreti Ömer tarafından fethedildi. Hazreti Ömer, Mısır'ı Irak'ı İran'ı Medine ruhuyla buluşturdu. Sultan Alparslan'ın ordusunda kavimler aşkla buluştu, Mezopotamya'yla Anadolu meşaleye dönüştü. Sonra Haçlılar geldi, Selahaddin Eyyübi harekete geçti. Ben bakanlar kurulunu açtığımda besmeleyle hamdederim, sol tarafımda Mezopotamya çocuğu, sağ tarafımda Karadeniz çocuğu, en uç noktada Rumeli çocuğu, hamdolsun, Kafkas çocukları, Anadolu çocukları, Balkan çocukları birleşti, hepimiz Alparslan, hepimiz Selahaddin Eyyübi'yiz. Haçlılardan sonra Moğollar geldi, Mezopotamya'yı yakıp yıktı. Söğüt'ten Osmanlı ruhu tecelli etti. Sultan Selim Han ile İdris-i Bitlisi, ortadoğu İslam bütünlüğünü sağladı. Bugün tarumar etmeye çalıştıkları Fatih Paşa Camii'nin banisi, İstanbul'u Bağdat'la, İstanbul'u Kudüs'le, İstanbul'u Medine-i Münevvere'yle buluşturan, Sultan Selim Han'ın yanındaki İdris-i Bitlisi ve Fatih paşaydılar. Hepimiz Fatih paşayız, hepimiz İdris-i Bitlisiyiz. Sonra sömürgeciler geldi, 1798'de Napolyon Mısır'a girdiğinde kalbimize ilk hançeri sapladı. Bu sene Kut'ül Amare'nin yüzüncü yılı, Kut'ül Amare Irak'ta Kut şehri yakınıdır, sömürgecilere karşı Araplar, Türkler, Kürtler, Süryaniler, Keldaniler, Sünniler, Şiiler beraber savaştı, yedi düveli yeneceğimizi gösterdik. Sonra, yükünü hâlâ omuzlarımızda hissettiğimiz, Osmanlı'yı yok etmek için imzalanan gizli Sykes Picot anlaşması, Anadolu'yu Mezopotamya'dan ayırma düşüncesi... Ya Kut'ül Amare kazanacak, ya Sykes Picot kazanacak. Hintli müslümanlar istiklal ordularına yardım etti, Türkiye Cumhuriyeti devleti Hint, Afrika, Orta Asya dualarıyla yükseldi. Bizim babalarımız gizli gizli gittikleri mekanlarda Kuran-ı Kerim öğrendi. 1071 ruhu, Selahaddin Eyyübi ruhu, Mezopotamya ruhuyla 12 Eylül'e karşı mücadele ettik. Yolsuzluklara karşı çıktık. Yunus Emre'nin Türkçesiyle, Feqiye Teyran'ın Ahmed-i

Hani'nin Kürtçesi arasında fark yoktur. Haçlı, Moğol, sömürgeci zihniyetinin sonu olsun."
Nedir bu biliyor musunuz?
Ahmet Kiziroğlu'nun terörle mücadele eylem planı konuşması!

İnanmayanlar, akp'nin resmi internet sitesinden okuyabilir. Cümleler birebir böyle.

Benim anladığım şu... Napolyon pkk'lı. Selahaddin Eyyübi özel harekat polisi. Sultan Alparslan uzman çavuş. Sur'da Cizre'de değil, Medine-i Münevvere yakınlarındaki Kut'ül Amare'de savaşıyoruz, Moğollar pkklılara yardım ediyor ama, İdris-i Bitlisi'yle Keldaniler bizim tarafımızda, Sykes Picot anlaşmasına sinirlenen Sultan Selim Afrikalıların duasıyla haçlılara karşı kabineye girmiş, Hintliler Ahmet Kiziroğlu'nun babasına Kuran'ı Kerim öğretmiş.

Düne kadar iyi kötü bi umudum vardı... Bu konuşmadan sonra görüyorum ki, bu memleketi artık Hazreti Ömer bile kurtaramaz!

Mark Sykes

Georges Picot

Skyes Picot anlaşması, 1916'da, Kut'ül Amare savaşından sonra Britanya'yla Fransa arasında imzalanan, Rusya tarafından onaylanan, Osmanlı'nın Ortadoğu'daki topraklarının paylaşılmasını öngören gizli anlaşmaydı. Bu anlaşmanın prensip görüşmeleri, Fransız elçi Georges Picot'la Britanya savaş bakanının danışmanı yarbay Mark Sykes tarafından yürütüldüğü için Sykes-Picot anlaşması adını aldı. "Yeni Osmanlı" hayaline kafayı takan Ahmet Davutoğlu, "stratejik derinlik" adını verdiği saçma sapan dış politikasıyla, aklınca, Sykes-Picot planını bozacak ve Türkiye'yi yeniden Osmanlı haline getirecekti!

Ertuğrul

Recep Peker.
Chp'nin ilk genel sekreteriydi.
Atatürk genel sekreter yaptı.

Atatürk'le papaz oldu!
Genel sekreterlikten alındı.

Şükrü Kaya Chp'nin genel sekreteri oldu. İnönü'ye gıcıktı. Atatürk 9'u 5 geçe rahmetli oldu, 9'u 6 geçe İnönü tarafından görevden alındı.

Refik Saydam genel sekreter oldu, bismillah ilk iş tüzüğü değiştirdi, "partinin değişmez genel başkanı Atatürk'tür" ibaresini sildirdi, onun yerine "partinin değişmez genel başkanı İnönü'dür" yazdırdı.

Kasım Gülek Chp'nin efsane genel sekreteriydi, kızı gitti, Dsp'den milletvekili oldu. Rahşan Ecevit bile Chp'ye geri döndü, Kasım Gülek'in kızı dönmedi.

Kemal Satır genel sekreter oldu, Ecevit'in partiden kovulması için elinden geleni yaptı. Ecevit partinin başına geçince, Kemal Satır'ı kovdu. Kemal Satır gitti başka parti kurdu, Cumhuriyetçi parti'yle Chp'nin karşısına dikildi, Milli güven partisi'yle filan birleşti.

Bülent Ecevit genel sekreter oldu, kendisini genel sekreter yapan İsmet İnönü'yü devirdi. Sonra eşine Dsp'yi kurdurdu, Dsp'nin başına geçti, genel başkanı olduğu Chp'yle mücadele etti.

Şeref Bakşık genel sekreter oldu, İnönü'nün genel sekreteriydi ama, İnönü'nün altını oyan Ecevit'e çalıştı.

Kamil Kırıkoğlu, Kemal Satır'a gıcıktı, Kemal Satır genel sekreter olunca sinirlendi, Chp'den istifa etti. Kemal Satır Chp'den kovulunca, Kamil Kırıkoğlu Chp'ye geri döndü, İnönü'nün genel sekreteri oldu. İnönü'nün genel sekreteriydi ama, Ecevit'e çalıştı, Ecevit'le birlikte İnönü'yü devirdiler, sonra Ecevit'le ters düştü, istifa etti.

Ertuğrul Günay Chp'nin genel sekreteriydi, Chp genel başkanlığına bile aday oldu, sonra Chp'den kovuldu, gitti Mehmet Bekaroğlu'yla parti kurmaya çalıştı, beceremediler, Bekaroğlu Chp'ye girdi, bu gitti Akp'ye girdi, Akp'den bakan oldu, sonra Akp'den de kovuldu.

Adnan Keskin, Deniz Baykal tarafından genel sekreter yapıldı, sağ koluydu, etle tırnak gibiydiler ama, Baykal'a karşı Sarıgül'e destek verdi. Sonra, Kılıçdaroğlu tarafından örgüt yönetimlerinden sorumlu genel başkan yardımcısı yapıldı, güya 40 senedir örgütçülüğüyle meşhurdu, gel gör ki, kendi örgütüne bile hakim olamadığı ortaya çıktı, ön seçime girdi, seçmediler,

milletvekili adayı bile olamadı.
Tarhan Erdem Chp'nin genel sekreteriydi, Akp'liler bile Chp'ye onun kadar zarar veremedi, sahibi olduğu anket şirketiyle Akp'nin oy oranlarını olduğundan yüksek gösterdi, cumhurbaşkanlığı seçiminde Tayyip Erdoğan'ın lehine siyasi yasakları bile çiğnedi.

Önder Sav, Baykal'ın genel sekreteriydi, gizli gizli Kılıçdaroğlu'na çalıştı, Kılıçdaroğlu'nu genel başkan seçtirdi. "Kemal beyle kimsenin bilmediği yerlerde buluştuk, eşlerimize bile söylemedik, Gürsel Tekin mesela, Kemal'i avucunda tuttuğunu sanıyordu, herkes benim Kemal'le ayrı olduğumu zannetti, o kadar hedef saptırdım ki, Kemal'in aday olduğunu kimse farketmedi" diye anlattı. Kılıçdaroğlu genel başkan seçilince, ilk iş Önder Sav'ı kapının önüne koydu.

Süheyl Batum, Kılıçdaroğlu tarafından genel sekreter yapıldı, Kılıçdaroğlu'na muhalefet edince partiden atıldı.

Gürsel Tekin genel sekreter oldu, örgütü elinde tutan adam olarak tanınıyordu, örgütlenmeden sorumlu genel başkan yardımcılığı da yapmıştı, örgütü ne kadar da şahane şekilde elinde tuttuğu ortaya çıktı, Kılıçdaroğlu'nun anahtar listesinde yeralmasına rağmen parti meclisine seçilemedi. Şarkıcı Atilla Taş bile fazla oy aldı.

Demem o ki...
Genel sekreterin varsa, yenilmek için rakibe ihtiyacın yok.

Chp'de hakikaten bir değişim başlatmak istiyorsanız, hiç kimseye faydası olmayan, sadece Chp'ye zararı olan, şu genel sekreterlik makamını lağvedin kardeşim!

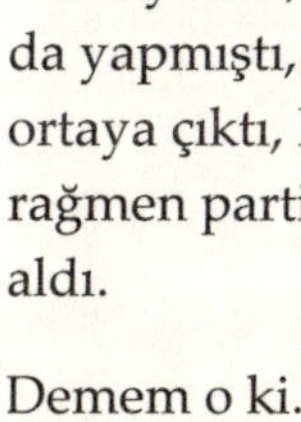
Ertuğrul Günay

1994 yılındaki yerel seçimde, CHP'nin İstanbul büyükşehir belediye başkanı Ertuğrul Günay'dı. Sonradan CHP'li olan Zülfü Livaneli, SHP adayıydı, ki, sonradan CHP'ye geçen Murat Karayalçın SHP'nin genel başkanıydı. Necdet Özkan DSP'nin adayı olmuştu, ki, sonradan CHP'ye geçen Rahşan Ecevit DSP'nin kurucu genel başkanıydı. Eskiden ANAP'lı olan Bedrettin Dalan, DYP adayı olmuştu. Sonradan

CHP milletvekili olan İlhan Kesici ise, ANAP'ın adayıydı. Sandığa gittik... CHP, SHP, DSP birbirini yedi, Bedrettin Dalan'la İlhan Kesici birbirini böldü. Netice... Sadece yüzde 25 oy alan Tayyip Erdoğan aradan sıyrıldı, kılpayı başkan seçildi. O gün için hepsini topladığında üç katı yapıyorlardı, bugün hepsini topluyorsun, yarısı etmiyor. 2017 itibariyle... Kendi ikballeri için o partiden bu partiye transfer olan Ertuğrul Günaylar sayesinde, Akp 15 yıldır tek başına iktidardaydı.

Fuat

Müezzin...
Gel biraz dertleşelim.

Malum, gezi olayları sırasında, bizzat başbakan tarafından "Dolmabahçe Camisi'nde içki içildiği" iddia edilmiş, CHP ve MHP milletvekilleri sana sormuş, sen de "içki içildiğini görmediğini" söylemiştin.

Yalancı din tüccarlarının cirit attığı bi dönemde, yalan söylemeyen din adamını görmek takdire şayandı, ülkemiz adına umut verici, dinimiz adına gurur vericiydi.
Bu nedenle, seni konu alan iki yazı kaleme almıştım.
Birinin başlığı "Müezzin"di.
Diğerinin başlığı "Müezzini bir de FBI sorgulasın"dı.

Okur-yazar olan herkesin gayet kolaylıkla anlayıp, kavrayabileceği şekilde... Her iki yazı da seni onore ediciydi. Hayat mücadelenden kesitler aktarıyor, namuslu din adamı olduğunu, helal süt emdiğini anlatıyordu.

Ayıptır söylemesi, benim yazılar birazcık okunur, milyonlarca defa tıklandı. O yazılarla alakalı olarak yağmur gibi e-posta aldım. Yurttaşlar, sana destek veren yazılarım için teşekkür ediyor, kula kulluk etmeyen din adamlarıyla onur duyduklarını ifade ediyorlardı.

Aradan birkaç gün geçti.
Sabahın körü...
Peş peşe telefonum çalıyor.
- Duydun mu?
- Neyi?

- Müezzin seni dava etmiş...
- Hadi len!

İnan ki, inanmadım.
Tivitır palavrasıdır dedim.
Sonra, gazeteleri bi açtım...
"O müezzin Yılmaz Özdil'e dava açtı" yazıyor, iyi mi!
Yandaşları, yalakaları boşver, Cumhuriyet'te Sözcü'de bile yazıyor. Belli ki, sihirli bi el tarafından servis yapılmıştı, televizyonlar dahil, her platformda yayınlanması sağlanmıştı. Okudum haberleri... "Müezzine hakaret ettiğim, onur ve saygınlığını zedelediğim" öne sürülüyordu!

İnan ki, gene inanmadım.
Adımızı kullanarak internette sahte yazılar yazılıyor, herhalde onlardan biridir dedim. Bizim başbakanlık mesela, sahte tivitır mesajıyla beni Avrupa Birliği büyükelçilerine şikayet etmişti... Gene öyle bi şeydir zannettim.

Az biraz sonra tebligat geldi, harbi harbi savcılığa suç duyurusunda bulunmuşsun müezzin... "Kamu görevlisine hakaret, kişisel verileri hukuka aykırı olarak ele geçirmek, yaymak, halkı kin ve düşmanlığa alenen tahrik etmek"le suçlamışsın!

"Suçlamalar arasında cinayet iddiası da var mı?" diye sordum... Avukatım "galiba bi tek o yok" dedi!

Günlerce sakız gibi çiğnendi bu mevzu... Aleyhimde atıldı tutuldu. Henüz ortada dava bile yokken, manşetlerden karar'lar verildi. Sustum, bekledim.

"Hakaret" demişsin, hakaret yok, aksine övgü var. "Halkı kin ve düşmanlığa alenen tahrik" demişsin, söz konusu yazıları Türkçe bilmeyen Ugandalılara bile okutsak, böyle bir anlam içermediğini söylerler. "Kişisel verileri hukuka aykırı olarak ele geçirmek, yaymak" demişsin, ben o verileri Beyoğlu Müftülüğü'nün internet sitesinden aldım, gizli saklı değil, orada alenen yazıyor... Bekledim.

Beklerken, "niye acaba?" diye düşündüm, sebebini anlamaya çalıştım... "Sen bu adamı mahkemeye ver, gazetelerde linç etsinler, ibreti alem olur, senin hakkında yazılan yazılar kesilir, büyüğümüz efendimiz belki yumuşar, bakarsın seni

affeder" demiş olamazlar di mi? Bekledim.
Suç duyurusunu, *Hürriyet*'in yayımlandığı yer itibariyle Bakırköy Cumhuriyet Başsavcılığı'na yapman gerekirken, İstanbul Cumhuriyet Başsavcılığı'na yaptın. Senin adına, ilk hayal kırıklığıydı. Çünkü, evrakı inceleyen Cumhuriyet Savcısı kabul etmedi, burasıyla alakası yok, doooğru Bakırköy Cumhuriyet Başsavcılığı'na dedi. Evrak, Bakırköy Cumhuriyet Başsavcılığı'na geldi. İncelendi.

Ve, Bakırköy'deki Cumhuriyet Savcısı kapı gibi, adeta ders gibi gerekçe yazdı. Özetlersek: "Yazının içeriğinde, tarzında, yazılışında ve şüphelinin kendisinde, bu suçu işlemekle ilgili olarak kasıt unsurunun bulunmadığı saptanmıştır, kovuşturmaya yer olmadığına karar verildi."

Bu ülkede hâlâ hukuktan yana savcılar var, dava bile açılmadı, temize çıktım. Artık konuşabilirim.

Şimdi bak müezzin...
AKP'liler mahkemeye verir, önemsemem, başbakan tazminat ister, gerekirse yemeyiz içmeyiz, öderiz. CHP'liler hapse girmem için suç duyurusunda bulunur, vız gelir tırıs gider. AKP'li belediye başkanı iftira atar, güler geçerim, CHP'li milletvekili benim hakkımda yalanlarla linç kampanyası başlatır, başlatmazsa hatırım kalır. Yandaş medya küfreder, sokakta büyüdüm, arkamdan havlanmasına alışığım, yadırgamam.

Ama, sen din adamısın.
Yakışmadı müezzin.
Bi çuval inciri berbat ettin.

Hakkımı sana helal etmiyorum, Allah affetsin.

Fuat Yıldırım

"Müezzini altı saat sorguladılar. Camide içki içtiler mi? Görmedim. İyi düşün. Görmedim. Tekrar anlat. Görmedim. İstersen iki milyar kere sor... Din adamıyım diyor, yalan söyleyemem diyor. Erzurum doğumlu. İlkokulu bitirdi, çocukken İstanbul'a geldi. Güngören Birlik Camisi'ndeki Kuran kursunda hafızlığını tamamladı. Fatih Camisi'ndeki Kuran kursunda talim okudu. Yaşıtları üniversitedeydi, onun içinde ukdeydi, gocunmadı, 19 yaşında ortaokula gitti, diploma aldı.

Dolmabahçe Camisi'ne müezzin olarak atandığında, henüz 20 yaşındaydı. Açıktan devam etti, 25 yaşında lise diplomasını da aldı. Dünyanın en güzel manzarasında çalışıyor, dünyanın en güzel manzarasında oturuyor. Hem işyeri, hem evi çünkü orası... Boğaz'a sıfır, çiçek ekili yemyeşil bahçeli, saraya komşu, yeryüzü cenneti... Eşi ve kızıyla birlikte orada yaşıyor. Mevsiminde çinakop bollandığında, evinin önünden olta atıyor. Dostlarıyla mangal yapıyor. Tarihi çardakta çay demliyor, kahve yudumluyor. Galatasaray taraftarı. Gel gör ki, en çok Beşiktaş maçına gidiyor, iki adım mesafe İnönü Stadı... Üç adım Ortaköy. Kedileri var. Martı besliyor. Mutlu, huzurlu bir adam... Cemaatiyle arkadaş gibi, hatta, akraba gibi, dile kolay, 24 senedir orada. He dese, kalır burda. Direnirse, hepsini kaybedebilir. He deyiver diyorlar. Yalan söyleyemem diyor. Daha nasıl anlatsın müezzin? Günde beş vakit yukarda Allah var diyor. Hâlâ, bi daha düşün diyorlar!"

*

Dolmabahçe Camisi'nin müezzini Fuat Yıldırım hakkında işte bu satırları yazmıştım. Beni mahkemeye verdi! Maalesef beni mahkemeye vermesinin kendisine bir faydası olmadı, sürüldü.

Esad

Değerli ağabeyim Uğur Dündar ekranlara geri döndü, Arena programı Halk TV'de başladı. Bir başka değerli büyüğüm Müjdat Gezen'le birlikte konuk olarak katıldık.

Arena'nın içinde, *Yurt* gazetesi ve Halk TV'nin ortaklaşa gerçekleştirdiği Beşar Esad röportajı yayınlandı.

Doğal olarak, kendi ülkesinin çıkarları için ne gerekiyorsa onu söyledi. Tayyip Erdoğan hakkında "yalancı, bağnaz, dürüstlüğü tanımayan, kişilik sorunları yaşayan, en düşük seviyede ahlaki değere bile sahip olmayan" sıfatlarını kullandı. CHP'yi övdü, laiklikten dem vurdu. Ahmet Davutoğlu'na yalancı derken, dengeyi kolladı, Tayyip Erdoğan'la arası limoni olan Abdullah Gül'e toz kondurmadı. Sanırsın İsviçre'nin cumhurbaşkanıdır, demokrasi dersi vermeye kalktı.

Dinledik tabii...

Sonra "en başta Ortadoğu hacivatları, hiçbir yabancı ülke liderinin Türkiye Cumhuriyeti Başbakanı'na hakaret etme hakkı yoktur" dedim. "Televizyonlar üzerinden yürütülen bu tür psikolojik harekatları dinleyeceğimize, pırıl pırıl Türkiye Cumhuriyeti, yüzü Batı'ya dönük Atatürk Cumhuriyeti, nasıl oldu da, bu adamlarla kol kola girdi, nasıl oldu da kendimizi bir anda Ortadoğu bataklığında bulduk, buna kafa yormalı" dedim.

"Tayyip Erdoğan'ın kötü adam olması, Esad'ı iyi adam yapmaz" dedim.

Mesaj yağdı...

"Kaç para aldın RTE'den?" diye sormuş Duygu. "Tayyip'in avukatı" demiş Mehmet. "Sevilen bir lidere, Esat'a hakaret ettiniz" demiş Utku. "Atatürkçü olmadığını gördük" diye öfkelenmiş Ulaş. "Duyduklarıma inanamadım, o konuşan siz miydiniz, dublörünüz müydü?" diye merak etmiş Levent. "Tayyip kendi halkına hakaret ederken bir kelime itiraz ettin mi?" diye sormuş Erhan. "Sözleriniz beni rencide etti, sizi kınıyorum" demiş Mehmet. "Başbakan'a yağ çekerek sempati kazanmak istemişseniz, buna değmezsiniz" diye uyarmış Özgür. "Sizi yanlış tanımışız" diye sitem etmiş Ömür. "En sevdiğim gazeteciydin, adın üstünde yoz, Tayyip seni de korkuttu demek ki, Allah belanı versin" diye saydırmış Sadık. "Tayyip'i savunmaya geçtiniz, size yakışmadı" diye kızmış Bilgi. "Tayyip Erdoğan bu ülkenin kurucularına, mesela İsmet İnönü'ye hakaret ettiği zaman aynı cesareti gösterip, Tayyip Erdoğan bu lafı edemez dediniz mi?" diye sormuş Alpaslan... Ki, hakikaten İnönü'yü savunan hiç yazım yoktur! "Sizi ne zaman satın alacaklar diye bekliyorduk, sizi dinlerken ağlamamak için zor tuttum kendimi, bundan sonra gazete almayacağım, köşe yazısı okumayacağım" diye veda etmiş İsmail. "Esad'ın maruz kaldıklarını bilmeden konuşuyorsun, şerefsizsin, alçaksın, gazeteci bozuntususun" diye bağırmış Cihan. "Abim olsanız bu kadar severim sizi ama, az bile söyledi Esad" diye üzülmüş Bülent. "Senin içyüzünü de öğrendik, neden bir anda değiştin, Silivri'yle mi korkuttular seni" diye kuşkulanmış Ali. "En kritik anda dönüveren piyondan başka bir şey değilmişim" Umut'a göre... "Hayal kırıklığıymışım, Esat'ı eleştirmek benim ne haddime"ymiş Barış'a göre... "Ne siz, ne de devletimizin yöneticileri, Esad'ın siyasi duruşunun ve kişiliğinin yanından bile geçemez, şeriatçıları tercih etmişsiniz, dün bunu gösterdiniz" diye yargılamış Emrah. Pınar'a göre "Tayyip'in kalemi"yim. Erkan'a göre "AKP'nin köpeği"yim. Ahmet'e göre "satılmış olduğum" ortaya çıkmış. "Seni adam yerine koyuyorduk, bugünden itibaren tarihin çöplüğüne atıyoruz, senin de g.t kılı olduğundan zerre kadar şüphem kalmadı artık" demiş Neşe. "Hayırdır, ABD sizi de mi beslemeye başladı?" diye sormuş Emre. "Tayyip'in Esad'a karşı neler yaptığını, Türkiye'yi savaşa sokmaya çalıştığını, teröristleri Hatay'da besleyip, sınırın öteki tarafına savaşmaya gönderdiğini bir kez olsun yazdın mı?" diye merak etmiş Hasan. "El Kaideci misin nesin" demiş Akın. İsmini vermeyip, Santor adıyla mesaj gönderen arkadaş, "Esad tarafından yönetilmeyi AKP tarafından yönetilmeye tercih ederim" demiş."Seni okuduğum için kendimden utanıyorum, bundan sonra okursam namerdim" diye söz vermiş Erkan. "Defol İzmir'e git" diye kovalamış Hakan. "Yandaşsın" demiş Uğur. "İktidara yaranmaya çalışma, halkın yanında ol biraz" diye uyarmış Hasan. "Müslüman Kardeşler seninle gurur duyuyordur herhalde" diye giydirmiş Arzu... Halit'e göre "Tayyip'in ruh ikizi"ymişim. "İlk defa keşke işinden kovulsan diye içimden geçirdim, hak etmiyorsun bu mesleği" diye dua etmiş Oktay. "Bizim başbakanın yanlışlarını anlatacağınıza Sayın Esad'a yüklendiniz, çok komik oldu, umarım maddi çıkar peşinde koşmayan Yılmaz Özdil olmaya devam edersiniz" demiş bir profesörümüz... "Seni çok sevmiştim, yazıklar olsun sana ve senin zihniyetine, gözümüzde çok küçüldün" demiş adaşım Yılmaz. "20 yaşındayım, 13 yaşımdan beri yazılarınızı takip ederim, şimdi ziyan ettiğim yıllarıma yanıyorum, seni okumakla yaptığım aptallığa yanıyorum, laik falan değilsin, açıp biraz tarih oku, Mustafa Kemal kimlerle savaşmıştı, bir düşün bakalım" diye Atatürkçülük dersi vermiş Burak. "Esad'ın sözlerini hakaret olarak algılamıyorum" demiş Şehnaz. "Doğru söyle, bu ülkenin gençlerini Tayyip'in arkasına dizip savaşa göndermek için kaç para aldın?" diye sormuş Yücel. "En büyük hayal kırıklıklarımdan biri olarak tarihe yazıldın, sen başbakanın avukatı mısın, seni okuduğum günlere lanet ediyorum, yalakaların en dibindesin" diye haykırmış Nazım. "RTE'yi aslanlar gibi savundun, içime sindiremedim" demiş İsmail. "Ne çok severek okurdum seni, Esad karşıtlığı üzerinden karşı devrimi selamladın, meğer ne yalakaymışsın, git Tayyip'e danışman ol" diye önermiş Kurtuluş. "Seni vatansever sanırdık, esefle seyrettik, kepazeymişsiniz" demiş Aykan... Duygularını "Esad hakkında söylediklerinizden ötürü Türk halkına özür borçlusunuz" diye özetlemiş Faik. "Kırk yıl düşünsem, Allahüekber diyerek insanların kalbini sökenleri savunacağınız aklıma gelmezdi, yazıklar olsun, inanın artık sizin gibiler yüzünden geleceğimden korkuyorum, bizleri koruyacak tek kişinin Beşar olduğunu düşünüyorum" demiş Sinan. "Size saygım sonsuz ama, kusura bakmayın, kim bu Tayyip Erdoğan'a ne söylerse, onun arkasında olurum" diye kestirip atmış Doğan... Nevzat'a göre "İsrail köpeği"yim. Ekrem'e göre "Vahabi kuklası"yım. "Hocaefendinden ne emir aldın, açıkla da bilelim" demiş Tarık. "Cemaatin sözcüsü müsün?" diye sormuş Neşe. "Müslüman Kardeşler'in avukatı olmak sana mı kaldı, kim verdi sana bu talimatı?" diye merak etmiş Bihlul. "AB'ye bu kadar hayran olduğunu bilmiyordum, meğer boş kutuymuşsun" demiş Kadri. "Ne yani, Esad'ın söylediklerini reddedip, Tayyip'e mahkûm kalmaya devam mı edelim, gezi direnişinde hayatını kaybeden çocukların ailelerine ayıp ettiniz" demiş Kaan. İbrahim'in mesajını çok beğendim, "Müjdat Gezen yalakalar için zeytinyağı getirmiş, jöle getirseydi daha iyiydi" demiş.

Çoook uzun, uzatmayayım.

AKP'nin toplumu ne hale getirdiğinin kanıtıdır bu...

Bir başka ülke liderinin "umut" olarak görülmesi, dışarıdan medet umulması, sadece hükümetin değil, kendilerinden umut kesilen muhalefet partilerinin de can kulağıyla irdelemesi gereken bir tablodur.

Beşşar Hafız el-Esad

1963 darbesinde binbaşıyken hava kuvvetleri komutanı yapılan, 1970 darbesiyle iktidarı ele geçiren, 1971'de Suriye devlet başkanı olan, onbinlerce kişilik katliamlar yapan, en başta PKK, pekçok uluslararası terör örgütüne hamilik yapan, 2000 yılında ölene kadar Suriye devlet başkanı kalan Hafız Esad'ın, küçük oğluydu. Şam Üniversitesi'nde tıp okudu, göz doktoru oldu, İngiltere'de ihtisas yaptı. Ağabeyi Basil, subaydı, babası tarafından devlet başkanlığı için yetiştiriliyordu, şak, trafik kazasında öldü. İngiltere'de yaşayan Beşar, mecburen babasının veliahtı oldu, Suriye'ye dönmek zorunda kaldı, göz doktoruyken genelkurmay başkanı yapıldı. Babası öldüğünde 35 yaşındaydı, zart diye parlamentoyu topladı, cumhurbaşkanlığı için gerekli olan 40 yaş sınırını zurt diye 34'e indirtti, Suriye devlet başkanı oldu. 2011'de patlak veren içsavaşı öngöremedi, Suriye kan gölüne döndü, emperyal güçlerin, köktendinci kuklaların, vekalet savaşının oyun alanı haline geldi. 2017 itibariyle hâlâ koltuğunda oturuyordu ama, 470 bin kişi hayatını kaybetmiş, 18 milyon nüfuslu Suriye'nin 4.8 milyonu mülteci olmuştu, resmi rakamlara göre 3 milyonu, gayriresmi kaynaklara göre 4 milyonu Türkiye'ye gelmişti.

Konstantin

Konstantin, Yunan kralıydı. Kayzer'in kızkardeşiyle evliydi.
Alman imparatorunun hem eniştesi, hem kuklasıydı. Kayzer ne derse onu yapardı, Kayzer izin vermezse tuvalete bile gidemezdi.

İngilizler baktı ki, bu kuklayla olmuyor, başka kukla buldular.
Efendi gibi çekil, tahtını küçük oğlun Aleksandros'a bırak, yoksa hanedanı devirip Venizelos'u başa geçireceğiz dediler.

Konstantin tırstı.
Koltuğu kurtaramıyoruz, bari canımı kurtarayım dedi, kendisi gibi Alman yalakası olan büyük oğlunu yanına aldı, Almanya'ya sığındı.
Aleksandros hayırlı evlattı!
Babasını yolcu etti, tahta geçti.

Lay lay lom bi arkadaştı.
Babası ve abisi varken kral olma ihtimali bulunmadığı için, piyangodan kral olana kadar Yunanistan'a uğramıyor, Oxford'da okuduğu için İngiltere'de yaşıyor, tenis oynuyor, futbol maçlarına gidiyor, otomobil yarıştırıyor, motora biniyor, yelkene biniyor, para saçıyor, kızlarla gününü gün ediyordu.

Kafaya tacı taktılar.
İplerini Venizelos'a verdiler.

Venizelos, İngilizlerle işi bağlamıştı, "takıl bana, seni İzmir'de krallar gibi yaşatıcam" dedi, tuttu kolundan bu kazmayı, İzmir'i işgal ettirdi. Venizelos'un Anadolu'da gözü yoktu, acelesi de yoktu, gözü İstanbul'daydı. Osmanlı paketlendikten sonra, kurşun bile sıkmadan oturduğu İzmir'in ardından, İstanbul'un tapusunu alma niyetindeydi.

Bizim İngiliz kuklası padişah, Mustafa Kemal'e idam fermanı çıkardığında... Öbür kukla Aleksandros, sarayında, sevgili köpeği

Fritz'le oynuyordu.
Bi de maymunu vardı. Moritz.

Maymun Moritz, köpek Fritz'i kıskandı, saldırdı, araya kral girdi, ayırmaya çalıştı, maymun dolmuş iyice tabii, bu saatten sonra kralını tanımam dedi, krala da girişti, kralın yüzü gözü haşat oldu, kan revan... Maymun köpeği öldürdü, askerler de maymunu vurdu.

Ertesi sabah, kralın orası burası iltihaplandı, kan zehirlenmesi olmuştu, ateşi kırka yükseldi, cayır cayır yanıyordu, nane limon kaynatalım bi şeyciğin kalmaz dediler... İzmir'i işgal emrini veren kukla, bağıra bağıra öldü.

Sürgündeki Konstantin, maymuna dua ederek, eskisinden daha güçlü şekilde geri döndü, tahta oturdu. Venizelos bavulu topladı, İngiltere'ye sığındı. İngilizler mecburen üç maymunu oynadı, tahttan indirdikleri Konstantin'in tahta oturmasına ses çıkaramadı. Üstelik, dünya savaşı bitmişti. Almanlar ayvayı yemişti. Artık Konstantin'i de kendi çıkarları için maymuncuk olarak kullanabilirlerdi. Pek beğendiler bu fikirlerini... Şampanya patlattılar.
Gel gör ki, maymun sayesinde tahta dönen Konstantin, maymun iştahlıydı, masada paylaşımı beklemedi, kendini başkomutan ilan etti, mahvoluruz diyen subaylarını dinlemedi, kahraman edasıyla Anadolu'ya saldırdı.

Mustafa Kemal, işte bu ahmakça hamleyi bekliyordu. İzmir ve İstanbul'a yerleşmiş, durarak savunma yapacak olan işgal güçlerini söküp atmak elbette çok zordu. Ancak... Hiç tanımadıkları Ege coğrafyasına yayılan Yunan ordusunu salam gibi dilim dilim doğrayacağını biliyordu. Öyle yaptı.

30 Ağustos budur.

Önce durdurdu, sonra süvarileriyle aralarına girerek, birbirleriyle bağlarını kopardı, sırtı boşta kalan palikarya paniğe kapıldı, İzmir'e doğru kaçmaya başladı. Hoş gelişler ola... İttirdi, denize döktü.

Kukla mucidi Winston Churchill, şu tespiti yapmak zorunda kaldı: "Bir maymun çırmığı, İstanbul'u kaybetmemize ve 250 bin insanın ölümüne mal oldu!"

Siz siz olun...
Yurtta sulh cihanda sulh'un kıymetini bilin, "kukla"lara itibar etmeyin, aman diim, devlet katında "maymun" barındırmayın!

I. Konstantin

1921'de *New York Times* gazetesine verdiği röportajda pek havalıydı, "Mustafa Kemal bir haydut parçasıdır, masadan sinek kovar gibi haritadan silebileceğimiz blöfçü bir sahtekardır" diyordu. Aynı *New York Times* gazetesi, Yunan kralının bu sözleri üzerine makale döşeniyor, "Türklerin işini bitirmek için son 750 yılın en büyük fırsatını yakalamış olan Konstantin'in bu şansı iyi kullanması en büyük dileğimizdir" yorumunu yapıyordu. Ama... Mustafa Kemal tarafından sinek kovar gibi, kovalana kovalana İzmir'den denize döküldü, haritadan silindi, tahttan çekilmek zorunda kaldı, henüz 55 yaşındayken, Ocak 1923'te, Cumhuriyetimizin ilanını göremeden öldü! *New York Times*'ın 750 yıllık umutları bir başka bahara kaldı!

Polat Alemdar

Polat Alemdar, Başbakan'la buluştu, Gezi Parkı'nı konuştu, çıkışta gazetecilere açıklama yaptı. Belki kaçırmışınızdır diye, kayıttan kelime kelime aktarayım istedim. Buyrun...

"Arkadaşlar iyi akşamlar, az önce görüşmeler olmaktaydı, ben yaklaşık iki haftadır herkes gibi evinde oturanlar olsun, gezi parkında olanlar olsun, herkes gibi çok üzgünüm, maalesef Türkiyemiz bunu haketmiyor demekten başka bir şey söyleyemiyorum, sanırım bize nazar değdi, biz dinlemeyi sanırım az önce Hasan beyi dinlerken yeniden idrak ettim, dinleyen bir toplum olmamız gerekiyor, aynı dili kullanmamız gerekiyor, tabii ki kuşaklar arasındaki dil farklılıkları olmakta, biz teknoloji çağında yaşıyoruz şu anda, biz geçmişimde bu kadar kamerayı hatırlamıyorum, tivittırımız var, ne güzel teknolojilerimiz var, imkanlarımız var, bunun dolayısıyla bize bilgi aktarımı oldu, bilgiler geliyor, ama bilgi kirliliği dezenformasyonlarımız var, iletişim eksiğimiz var, iletişimimizdeki kopukluğu birbirimize tahammülümüzle giderebileceğimizi düşünüyorum, ben bu konulardaki hassasiyetimi düşüncelerimi fikirlerimi hissettiklerimi sayın başbakanımla paylaşmak, ona aktarmak istedim, aslında ben suskunluğumu koruyan, yaklaşık 10 gün süresince suskunluğumu korudum, olanları izlemek istedim, gözlemlemek istedim, fevri çıkışlar da yapabilirdim elbetteki ama neler olduğunu bilmek için bekledim, o günden bugüne çok güzel gelişmeler oldu, sorularımın cevaplarını ancak bugün alabildim, o dönemde benim gezi parkına gittiğime dair haber yayınlandı, bunu ben sizler gibi habersizce okudum gazeteden, ben bunu yapmadım, dolayısıyla ordaki arkadaşlarım bunu beni taraf etmeye çalışması, hiç hoşuma gitmedi, mahalle baskısı gibi geldi, medyanın yapmaya çalıştığı buydu, o baskıdan esiri olmak istemedim, bu insanları zoraki taraf olmaya itmemeli bence ve şu andaki düştüğümüz durumda maalesef bütün dünya gözünde üzücü, çünkü Türkiye bunu hak etmiyor, beni yurtdışından bir çok dostum arkadaşım aradı, bunlar yabancı olanlar da var içinde, neler oluyor Türkiye'de dedim, burdan sizin vesilenizle yine onlara cevap vermiş olayım, Türkiye emin, Türk milleti emin ve emin olmaya devam edecek, bize güveninizi asla azaltmayın, biz demokratik söylemlerimizi özgürlük söylemlerimizi sadece söylemlerimizde değil keşke görselde de dünyaya verebilsek, maalesef dünya böyle görmüyor arkadaşlar, keşke öyle görünebilsek, elbetteki bizim demokratik hakkımız, elbetteki güzel şeyler olsun istiyoruz, inşallah olur, bu yakınlaşmalar, uzlaşım, bulunan orta dil, bizim akademisyenlere sosyologlara bilimadamlarına ihtiyacımız var ki, bize bugünü anlatabilsinler, bugün ne oldu, geceden gündüze değil de, bugünden yarına değil de, çok acil olarak değil ama çabuk çabuk yapılması gerekiyor, bizlere sunulması gerekiyor, çünkü biz bu gece karanlığındaki kedi gözleri gibi onları izlememiz gerekiyor, ama bu gözler de ancak bizim ışığımızla görünebilen bir şey, o kedi gözleri bize yol gösterir, benim algıladığım benim düşüncem, bizim doğru anlayışımız olsa gerek, çünkü bizim çok ihtiyacımız var, inanıyorum ki doğru anlamaya başlayacağız, inşallah sağlam yere varacağız, hedefimizi hep beraber belirleyeceğiz, benim söyleyeceğim, birbirimizi Allah için sevelim, bana göre bu ülkeye nazar değmiştir, dua okuyalım, inşallah bu üzerimizden gitsin, güzel şeyler olmakta, inşallah bunlar da geçecek arkadaşlar diyebiliyorum, açıkçası ben hissettiklerim bu düşünceleri anlatmak istedim, topçu kışlasını detaylarıyla son haliyle oluşumlarıyla görmek ve dinlemek de istedim, bana animasyonlarıyla beraber ve nasıl olacağı hakkında olması düşünüldüğü hakkında bunu tabii ki belediyenin yapabileceği sanırım belediye diye biliyorum ben yanlış bilmiyorsam, yapabileceği bir kamuoyu yoklaması ya da oy kullanımı herhalde var yine, referandum olmuyor tam olarak, kelime olarak Türkçesi referandum olmuyor herhalde onun, çünkü o anayasaya bağlı bi şey diye düşünüyorum, ama oy kullanılarak yapılan yine belediyenin yapacağı bir şey, ben neticesinde ben çok sevdim açıkçası, daha fazla yeşilin olduğunu gördüm orda, şu anda da sayın valimizin de ki ilk yani çok güzel diyalog içerisinde gezideki arkadaşlar için ve bu tabii bizler için de çok önemli, çok güzel diyaloglar içerisinde, söylediği gibi orayı illegal örgütlerden dışarda tutabilirsek orası hepimizin, hepimiz orda olmak isteriz, başbakanıma da teklif ettim, inşallah beraber bir gün gidelim dedim gezi parkına, inşallah nasip olur gideriz, çünkü orası e tabii ki dedi, neden olmasın yani ordakilerin arkadaşları da kendi Dolmabahçe'deki mekanına çağırabileceğini söyledi, bu benim de gezmek isteyeceğim, Ankaralısınız Ankaradansınız ya da, İstanbul'a geldiğiniz zaman sizlerin de gezmek isteyebileceği bir mekan, eylemcilerden soyutlanması gerektiğini, illegal anlamda bahsediyorum, yoksa samimi olan bütün ben genç demeyeyim kendimi yaşlı görmek istemiyorum, o yüzden belki o yeni kuşağımızın diyelim, yeni dünya insanı bu kuşağın ile paylaşmak isterim o güzellikleri, neden olmasın, şimdi ben gezi parkına neden gitmem şundan gitmem, bir yerde Atatürk'ün askeriyim, diğer yerde örgütün askeriyim diyen ile aynı yeri paylaşmak Atatürk'e hakarettir aslında, o yüzden orda kültür yozlaşması yapılmakta, değerlerimizin içi boşaltılmaya çalışılıyor diye düşünüyorum, yani benim bu bilgileri nerden aldığımı soracaksınız, benim kardeşim sosyolojik araştırma anlamında ve bu camianın içerisinde oyuncu yönetmen senarist dünyasının içerisinde olduğu için orda bulunmakta, bunu bir sosyolojik araştırma olarak gözlemliyor, yapmak zorunda aslında, o insanlar bizden farklı değil yani, ayrıştırma olmamalı, ikilem yaratılmamalı kimse için, ordan aktardıkları, o tabii ki böyle aktarıyor demek istemiyorum, benim yorumladıklarım böyleydi, örgüt bayrağının altında bulunmam istemeyeceğim bi şey, ama orda safiyane niyetle samimi dostların bulunmasını ve onların yanında benim bulunmamı ben de isterim, olmasın bu illegal bayrakları, her taraf olsun Türk bayrağı, inanın ben ordayım, başka bir şey istemiyorum, arkadaşlar yoldan geldim yola gideceğim, gözlerinizden belli yorulmuşsunuz, Allah hepimize yardımcı olsun, bu günleri geçelim unutalım, unutmayalım pardon, afedersiniz unutmayalım, bunlar bizim için değer, yarınlara taşıyalım ama güzel taşıyalım, Allah hepinize yardım etsin, öncelikle de bana diyeyim, kendime bi torpil yapayım, iyi akşamlar."

Konu neydi hatırlamıyorum ama...
Ben ikna oldum!

Necati Şaşmaz

1971'de Elazığ'da doğdu, lise mezunu, üniversiteyi kazanamadı, ABD'ye gitti, otellerde çalışıyordu, tatil için Türkiye'ye geldi, geri dönüş biletini tam 11 Eylül 2001 gününe almıştı, uçağı okyanus üzerindeyken, New York'taki ikiz kulelere saldırı oldu, ABD'ye varamadan Türkiye'ye döndü, Ankara'da sigorta acentesi açtı, 2003 yılında kardeşi vesilesiyle yönetmen Osman Sınav'la tanıştı, hayatını tamamen değiştiren "Kurtlar Vadisi" dizisinde başrol aldı, kardeşi Raci Şaşmaz bu dizinin senaristiydi. Fenomen haline gelen "Kurtlar Vadisi"ndeki Polat Alemdar rolüyle derin devletin en şöhretli kahramanıydı ama, aslında, askerliğini bile 28 gün bedelli yaptı.

Baki

İstanbul Bağcılar'da IŞİD mağazası açıldı, flamaları-tişörtleri satılıyor. Rakka'ya gitmene gerek yok, Ömerli'deki piknik alanlarını dolaş, aynı... İzmir Karabağlar'da iki dakika yürü, kendini Tel Abyad'da sanırsın. Gaziantep'te Arapça tabela sayısı Türkçe tabelaları geçti. Kahramanmaraş'ta trafik polisleri başka çare bulamadı, trafik kurallarını anlatan Arapça broşür dağıtıyor. Antalya plajlarında nerdeyse mayoyla denize giren kalmadı, dondurma bile Arapça satılıyor.

Taa 2003 senesinde köktendinci terör örgütünün arşivi ele geçirilmişti, 20 bin vatandaşımızın örgüte katılmak için form doldurduğu, biyografisini verdiği, kefil gösterdiği ortaya çıkmıştı. 2015'te form dolduranların sayısı sizce kaç kişi olmuştur?

IŞİD'in Laleli'de ofisi var, askerlik şubesi gibi kullanıyor, Avrupa ülkelerinden gelen iki bin militan bu ofis üzerinden Suriye'ye geçti, ceplerine 400'er dolar harcırah veriliyor.

IŞİD rafinerisi, Türkiye'ye Suriye sınırından şakır şakır mazot sokuyor. Genelkurmay verilerine göre, sadece 2014 senesinde... Toplam 282 kilometre kaçak boru hattı imha edildi, 282 kilometre!

IŞİD militanları Reyhanlı'yı alışveriş merkezi olarak kullanıyor.

Amerikalı gazeteciler James Foley ve Steven Sotloff'un kafasını kesen "cihatçı John" lakaplı IŞİD celladının, mülteci ayaklarıyla elini kolunu sallaya sallaya Türkiye'ye geçtiği ortaya çıktı.

Suriye'de savaşan bazı köktendinci gruplar, Bolu'da eğitildiklerini söylüyor, Sarıkamış'ta kamplarının olduğunu söylüyor. Bunların yemeği bile Ceylanpınar'daki lokantadan geliyor.

İstanbul Fikirtepe'de, Suriye'deki savaş dramını anlatan *Kaçış* isimli film çekilmişti. Film gerçek oldu... Kentsel dönüşüm için yıkılmak üzere boşaltılan binalara, Suriyeliler yerleşti. Kim giriyor, kim çıkıyor, belli değil, kimlik yok, kayıt kuyut yok. Elektriği suyu olmayan, harabeye dönen sokaklarda salgın hastalıklar başgösterdi.

Türkiye'nin 100 senede zor kuruttuğu, 80'li yıllardan beri görülmeyen "şark çıbanı" hortladı. Sayın hükümetimiz üstünü örtmeye çalışıyor ama, sınır şehirlerimizde önü alınamıyor.

Hayvan kaçakçılığı önlenemediği için, "Afrika hastalığı" adı verilen bulaşıcı hastalık Türkiye'ye sıçradı, kırıp geçiriyor, karantinalar başladı.

Türkiye'den çalınan otomobiller Suriye'ye götürülüyor. MİT raporlarına göre, hem binek araç olarak, hem bombalı araç olarak kullanılıyor. Geçen sene 500'ün üstünde otomobil gitti. Bunlardan biri, Aile Bakanı Ayşenur İslam'ın yardımcısının makam otomobiliydi. Bakım için servise gönderildi, servisten araklandı.

Newsweek dergisi "cihad otoyolu" başlıklı analiz yayınladı. Kocaeli Dilovası'ndan Suriye'ye iki minibüs Türk militan gittiğini yazdı. Kocaeli valisi Ercan Topaca "biz sınır şehri değiliz, ülkeye giriş-çıkış varsa, sınır şehirlerimizden olabilir" dedi. Bunu diyen vali, bir hafta sonra, sınır şehrine, Hatay'a vali yapıldı!

O vali Hatay'a gidince... Hatay valisi Celalettin Lekesiz de, emniyet genel müdürü yapıldı. Reyhanlı'da tarihimizin en büyük terör saldırısı olduğunda, Hatay valisiydi. Çok başarılı bulunmuş olmalı ki, polis teşkilatının başına geçirildi!

2003'te İstanbul'da sinagogların bombalanması eylemini organize eden ve "müebbet" hapse mahkum edilen Baki Yiğit, Suriye'de savaşırken öldürüldü. Böylece... İnsanlarımızı havaya uçuran ve güya müebbete çarptırılan teröristin, 2010 senesinde kaşla göz arasında serbest bırakıldığı, herifin de anında Suriye'ye geçtiği ortaya çıktı.

Genelkurmay başkanını "terörist" diye hapse tıkan sayın hükümetimiz, katliam bombacısını sokağa salmıştı.

Danimarka vatandaşı bir IŞİD militanı, gazeteci Lars Hedegard'a suikast teşebbüsünde bulundu, ülkeden kaçtı, İstanbul Atatürk Havalimanı'nda sahte pasaportla yakalandı. Danimarka'nın resmi talebine rağmen, iade edilmedi. Meğer... Bu IŞİD'çiyi arka kapıdan serbest bıraktığımız anlaşıldı. Danimarka ortalığı ayağa kaldırdı, Danimarka basını akp hükümetini yerden yere vurdu, "Türkiye'yle diplomatik ilişkiyi keselim" çağrısı yaptı. Akp'den çıt çıkmadı.

Bizim Türk basını yalakalık yapmaktan gazetecilik yapmaya fırsat bulamadığı için... Ankara Hacıbayram mahallesindeki IŞİD faaliyetlerini, *New York Times* gazetesi haber yaptı. Militan devşirme merkeziydi, en az 100 vatandaşımız Suriye'ye geçip IŞİD'e katılmıştı.

Bild gazetesi, IŞİD'in yedi şehirde silah deposu olduğunu yazdı. Ankara, İzmir, Eskişehir, Konya, Şanlıurfa, Hatay ve Adıyaman'dı.

Daily Telegraf gazetesi, Türkiye'yi İran'a benzetti. *Independent* gazetesi, Pakistan'a benzetti. BBC, Mısır'a benzetti.

Ve, şimdi bakıyoruz...
Tanklarımız ateş açtı.
F16'larımız vurdu.
Bordo bereliler girdi falan.

Goygoycululukta üstümüze yok ama... Bu savaşın sınır hattında olacağını zanneden, fena yanılır.

Baki Yiğit

Türkiye'deki El Kaide yapılanmasını oluşturan beş kişiden biriydi, Usame bin Ladin'le yemek yiyecek kadar yakındı. İTÜ tekstil mühendisliğinde okuyordu, üçüncü sınıfta bıraktı, 1996'da İngilizce öğretmeni eşiyle birlikte Afganistan'a gitti, beş yıl orada yaşadı, bir yıl Pakistan'da yaşadı, 2002'de Türkiye'ye döndü, 2003'te İstanbul'daki bombalı saldırıları organize etti. Neve Şalom, Beth İsrael sinagoglarıyla, İngiltere başkonsolosluğu ve HSBC bankası genel müdürlüğüne yönelik saldırılarda, 59 kişi hayatını kaybetti, 750 kişi yaralandı. İki ay sonra yakalandı. Yargılandı, müebbet hapis cezasına çarptırıldı. Ömrünün sonuna kadar hapiste yatacak zannediliyordu, gündemden düştü. Meğer, 2012'de Suriye'de IŞİD saflarında savaşırken öldürüldüğünde anlaşıldı ki... Müebbet kararını temyiz etmiş, deliller yetersiz denilerek, 2010'da tahliye edilmiş, yurtdışına çıkış yasağı bile konmamıştı. Türk Silahlı Kuvvetleri'nin şeref madalyalı subaylarını "kaçma şüphesi var" diye yıllarca hapiste tutan sayın adaletimiz, tescilli teröristi "kaçmaz" diye salıvermişti!

Hüsnü

Yunan milli bankası, parayı bastırıp Türk bankasını satın almış, yüce Türk basını da manşetlerden havai fişekler fırlatmıştı.

Yunanlar baktı ki, yüce Türk basını hakikaten birinci sınıf yalaka... Topladılar hepsini, Atina'ya götürdüler. Uçak paralarını ödediler, otel paralarını ödediler, yemek paralarını ödediler, iki gün ağırladılar, minibar paralarını bile ödediler.

(Astir Palace'ta kaldılar. İlk bakışta "hastir" gibi duruyor ama, değil, yıldız demek... Ki, basınımızın yıldızlarına da böyle otel yakışırdı zaten!)

Önce kokteyl mokteyl verdiler, sonra bindirdiler otomobillere, Türk bankasını satın alan Yunan bankasının merkez binasına götürdüler.

Yunan milli bankasının yönetim kurulu başkanı "fincanı taştan oyarlar, parayı verenler düdüğü çalarlar" içerikli bi konuşma yaptı.
Bizimkiler pek beğendi. Önce bu lafları yediler, sonra yemekte servis edilen balığı yediler. Üstüne dondurma geldi, onu da yediler.
"Artık doyduysanız, size binayı gezdirelim" dediler. Kaldırdılar hepsini masadan, koridorları gezdirmeye başladılar.

Duvarlarda tablolar vardı.
Hep aynı konu resmedilmişti.
Barbar Türk askeri, zavallı Yunan halkını katlediyor, kadınları çocukları kılıçtan geçiriyor... Kahraman Yunan askeri de, vahşi Türk askerini postalıyla eziyor, yere yatırıp kafasına basıyordu!
Duvarlar bunlarla kaplıydı.
Hakaretin daniskasıydı.

Aslına bakarsanız...
Gezinin amacı buydu.
Bunları göstermek, gözümüze sokmak için, Türk basınını Atina'ya getirmişlerdi.
Göstermek istemeseler, Atina'da gezdirecek yer mi yok, binaya götürmezlerdi. Binaya götürseler, koridorları gezdirmezlerdi. Belli ki açıkça, "parasıyla değil mi kardeşim, kaç paraysa veririz, işte böyle suratınıza küfrederiz" demek istemişlerdi.

Yüce basınımız sineye çekti.
Tırıs tırıs geri döndü.
Ve dönünce, bu geziyle alakalı olarak şunu yazdılar:
"Müjde, 50 Yunan şirketi daha geliyor!"
Kısa süre sonra... Bir başka Yunan bankası, bir başka Türk bankasını satın almak için parayı bastırdı. Yüce Türk basını gene çok mutlu oldu, manşetlerden gene havai fişekler fırlattı. Ne kadar çok bankamız yabancıya satılırsa, basınımız o kadar çok seviniyordu.
Ama bu defa, bir pürüz vardı. Köşe yazarlarımızın ayakta alkışlamasına rağmen, ikinci Türk bankasının ikinci Yunan bankasına satış işlemi bir türlü tamamlanmıyordu. Yüce Türk basını tedirgin olmuştu. Sayın hükümetimiz istiyorken, yüce basınımız istiyorken, bankamız neden hâlâ satılmıyordu?

Meğer...

Yunan bankasının yönetim kurulu üyelerinden biri, Pavlos Apostolides, Yunan Gizli Servisi'nin eski başkanıydı iyi mi! Abdullah Öcalan Kenya'daki Yunan elçiliğinde saklanırken, bu arkadaş, Yunan istihbaratının başındaydı. 80'li yıllarda, Ankara'da casus olarak görev yapmıştı.

Bu yüzden... Milli İstihbarat Teşkilatı, BDDK'yı resmi yazıyla uyarmış, "bankayı bu herife satarsınız, yarın öbür gün, imzası olan herkes yüce divan'da yargılanır, haberiniz olsun" demişti. Satış mecburen iptal edildi.

Sayın Akp'ye ve yüce basınımıza kalsaydı, Türk bankası Yunan istihbaratına verilmişti.

Aynı tarihlerde...
Ziraat Bankası, Yunanistan'da şube açmak istedi.
Bin dereden su getirdiler.
Yunanistan'dan banka satın almamızı boşverin, alt tarafı şube açmamıza bile anca üç sene sonra izin verdiler.

Ve dün, Yunanistan'da referandum yapıldı, Avrupa Birliği'nin yardım paketine "hayır" çıktı.
"Gerekirse sürünürüz, acı çekeriz ama, elaleme boyun eğmeyiz. Sırf paraları bizden çok diye, başka ülkelerin bizi yönetmesine izin vermeyiz" kararı çıktı.

Çünkü Yunan halkı... Kendi ülkesini başkalarına peşkeş çekmekten adeta zevk alan yalaka medyanın goygoylarıyla karar vermiyor.

"Para" kazanılır, kaybedilir, ilerde gene kazanılır, neticede fanidir.
"Onur" kaybedilirse, yerine koyacak para henüz icat edilmemiştir.

Darısı başımıza.

Hüsnü Özyeğin

Pamukbank'ta ve Yapı Kredi Bankası'nda genel müdürlük yaptı, kendi bankası Finansbank'ı kurdu, 2006 yılında 2,8 milyar dolara National Bank of Greece'e sattı, bu satış sayesinde Türkiye'nin en zengin insanı oldu, sayın yalaka basınımız tarafından "Türkiye'nin en zeki işadamı" ilan edildi, "bankasını Yunanistan'a satarak çok kârlı bir iş yaptığı için" ekonomi sayfalarının manşetlerinde havai fişekler fırlatıldı, üniversitelerimizden ödüller kazandı, gençlerimize örnek gösterildi, sayın basınımıza göre, üreten işadamı değil, malını mülkünü satan işadamı "rol model"di. Yunanistan, Finansbank'ı 2016 yılında 2,9 milyar dolara Katar Ulusal Bankası'na sattı. Sayın basınımız gene çok sevindi, Finansbank'ın yanısıra Abank'ın BMC'nin Digitürk'ün Banvit'in Boyner'in boğazdaki yalıların Marmaris'teki otellerin Katar'a satılması "yaşasın" diye alkışlandı.

Tokattin

Osmanlı döneminde Meclis-i Mebusan'a seçilenler "zat-ı hazret-i padişahi" ve "vatana sadakat" üzerine yemin ederlerdi.

Neticede...
Hem vatanı sattılar.
Hem zat-ı hazret-i.

Mustafa Kemal bu tür müsamerelerle ilgilenmedi. Bizim ahalinin yalan yere yemin etmekten çekinmediğini gayet iyi biliyordu. 23 Nisan 1920'de yemin edilmedi. 1921'de çıkarılan ve Türkiye'nin ilk anayasası kabul edilen Teşkilat-ı Esasiye'de de yemin falan yoktu.

1924'te Bilecik mebusu Fikret bey "yemin etmeden olmuyor, illa yemin etmemiz lazım" dedi, TBMM'ye öneri sundu. Böylece... 1924 anayasasına "milletvekili yemini" monte edildi.

"Vatan ve milletin saadet ve selametine ve milletin bila kaydüşart hakimiyetine mugayir gaye takip etmeyeceğime ve cumhuriyet esaslarına sadakattan ayrılmayacağıma vallahi."

1928'de "vallahi" çıkarıldı.
Onun yerine "namusum üzerine söz veririm" yerleştirildi.

1961'de yemin metni uzadı.
"Bağımsızlık, bütünlük, laiklik" üzerine namus sözü verildi.

1982'de biraz daha uzadı.
"Atatürk devrimleri, hukuk, anayasaya sadakat, toplumun huzuru, toplumun refahı, insan hakları ve milli dayanışma" üzerine yemin edildi.
Namus sözü yetmedi, "namus ve şeref" üzerine "ant" içilmeye başlandı.
Üstelik... Sanki daha önce Japon milleti önünde yemin ediliyormuş gibi "Türk milleti önünde" kelimeleri ilave edildi.

Görüldüğü gibi her şey, Bilecik mebusu Fikret beyin başının altından çıkmıştı... Peki kimdi bu Fikret bey?

Memleketin üç tarafı denizlerle çevrili olduğu için, 1924'te Denizcilik Bakanlığı kuruldu. Başbakan Fethi bey, Osmaniye mebusu İhsan beyi denizcilik bakanı yaptı. İhsan bey, bismillah ilk icraat olarak, Yavuz zırhlısının onarım ihalesini Fransız şirketine verdi.

Bilahare... Denizcilik bakanı İhsan beyle, "vallahi diye yemin etmemiz lazım" diyen Bilecik mebusu Fikret beyin, kimseye çaktırmadan ortak şirket kurdukları, devlet adına ihaleyi verdikleri Fransız şirketinden rüşvet aldıkları ortaya çıktı!

Meclis soruşturması açıldı. "İlla yemin etmemiz lazım" diyen Fikret bey bülbül gibi öttü, "2 milyon liralık ihaleden 210 bin lira komisyon aldıklarını, denizcilik bakanı İhsan beyin 100 bin lira kaptığını, kendisinin 55 bin lirayı cebine indirdiğini, geriye kalanı da bürokratlara yedirdiklerini" itiraf etti.

Yüce Divan'da yargılandılar.
Dokunulmazlıkları kaldırıldı.
Mebuslukları düşürüldü.
İhsan beye 2 sene, Fikret beye 4 ay hapis cezası verildi.

(İhsan beye "koskoca bakan olmuşsun, utanmıyor musun?" diye sordular. Gayet pişkindi. "Meclis kürsüsünde konuşurken demokrasi zenginliktir demiyor muydunuz, zenginleştik işte" dedi!)
(Bu hadise, siyaset tarihimize "yavuz-havuz davası" olarak geçti. Hem suçüstü yakalanmasına rağmen evsahibini bastırmaya çalışan "yavuz hırsızlar" vardı, hem de "ihale-rüşvet havuzu" vardı. Bugünkü hırsızların, ihale havuzcularının temeli, teee o günlerde atılmıştı.)

(Fikret beyin tam adı, Takiyyettin Fikret'ti. Cumhuriyetin ilanıyla birlikte laik düzene geçilince, takiyye'yi sildirdi, meclise kayıt yaptırırken Tokattin Fikret olarak yazdırdı. Yavuz-havuz davasında "rüşvet tokatladığı" ortaya çıkınca, tokattin'i de sildirdi. Soyadı kanunu çıkınca, hangi soyadını aldı biliyor musunuz... "Onuralp" soyadını aldı. Rüşvetçi takiyettin-tokattin, "onur"lu oluvermişti!)

Demem o ki...

"Yeminsiz olmuyor, illa yemin etmemiz lazım" diyerek, milletvekili yeminini memleketin başına saran Fikret bey... Yeminine ihanet ederek, cumhuriyet tarihinin ilk yolsuzluğunu yapan milletvekiliydi.

Yeminin mucidi...
Hırsızlığın miladıydı.

Dolayısıyla, yemin metninin bi daha değiştirilmesini, "yalandan kim ölmüş, yemin etsem başım ağrımaz" haline getirilmesini öneriyorum.

Namusluları tenzih ederek... Bugün yemin edecek olan mebuslarımıza hayırlı yolsuzluklar, kazasız-belasız hırsızlıklar temenni ediyorum.

Fikret Onuralp

Yüce Divan tarihimiz Fikret Onuralp ve İhsan Eryavuz'la başladı, şöyle devam etti... Ticaret bakanı Ali Cenani, un fiyatlarının yükselmesini önlemek için emrine tahsis edilen 500 bin lirayı usülsüz harcadı, bir yıl hapis cezası aldı. Mahmut Muhtar Katırcıoğlu paşa, Osmanlı'da bahriye nazırıyken, İngiliz demiryolu şirketine usulsüz para ödediği için tazminata mahkum oldu. Gümrük bakanı Suat Hayri Ürgüplü, kahve ithalatında yolsuzluk yapıldığı dedikodusu üzerine, kendi isteğiyle yargılandı, beraat etti. Ticaret bakanı Mehmet Baydur, İngiliz firmasına usulsüz arpa satıldığı iddiasıyla yargılandı, beraat etti. Sosyal güvenlik bakanı Hilmi İşgüzar, yolsuzluk, kayırma, nüfuz ticareti, suistimalden yargılandı, beş yıl hapis cezası aldı. Gümrük bakanı Tuncay Mataracı, ithalat yolsuzluklarından yargılandı, 36 yıl hapis cezası aldı. Bayındırlık bakanı Şerafettin Elçi, rüşvetten beraat etti, görevi kötüye kullanmaktan iki yıl hapis aldı. Bayındırlık bakanı Selahattin Kılıç, görevi kötüye kullanmak iddiasıyla yargılandı, beraat etti. Devlet bakanı İsmail Özdağlar, rüşvetten beraat etti, görevi kötüye kullanmaktan iki yıl hapis aldı. Bayındırlık bakanı Sefa Giray, otoyol ihalelerinden yargılandı, beraat etti. Bayındırlık bakanı Cengiz Altınkaya, otoyol ihalelerinden yargılandı, beraat etti. Bayındırlık bakanı Yaşar Topçu, otoyol ihalelerinden yargılandı, şartlı salıverilme yasası kapsamında, davanın kesin hükme bağlanması ertelendi. Başbakan yardımcısı Hüsamettin Özkan, Halkbank'ı zarara uğratmaktan yargılandı, suç oluşmadığına kanaat getirildi, beraat etti. Devlet bakanı Recep Önal, Halkbank'ı zarara uğratmaktan yargılandı, suç oluşmadığına kanaat getirildi, beraat etti. Enerji bakanı Cumhur Ersümer, doğalgaz ihalelerinde yolsuzluk iddiasıyla yargılandı, bir yıl sekiz ay hapis cezası aldı. Enerji bakanı Zeki Çakan, kamuyu zarara uğrattığı iddiasıyla yargılandı, beraat etti. Devlet bakanı Güneş Taner, Türkbank ihalesine fesat karıştırdığı iddiasıyla yargılandı, şartlı salıverilme yasası kapsamında, davanın kesin hükme bağlanması ertelendi. Başbakan Mesut Yılmaz, Türkbank ihalesine fesat karıştırdığı iddiasıyla yargılandı, şartlı salıverilme yasası kapsamında, davanın kesin hükme bağlanması ertelendi.

Terminatör

Sene 1942...
İkinci dünya savaşının göbeğiydi. ABD Başkanı Roosevelt, dört Oscarlı yönetmen John Ford'u Beyaz Saray'a çağırdı. Bu görüşme sonrasında, Pentagon'da Hollywood'un irtibat bürosu kuruldu.

O güne kadar, kızılderililer düşmandı. İyi kalpli John Wayne mıhlıyor, masum insanlara saldıran kötü kalpli apaçiler geberiyordu. O günden sonra, düşman rolü Almanlara ve Japonlara verildi.

(İlla uçaklı, tanklı-toplu filmler olarak düşünmeyin. *Kazablanka* mesela... Humphrey Bogart'la Ingrid Bergman'ın romantik aşk hikayesi ayaklarıyla, nazilerden kaçan direnişçilerin ABD'ye iltica etme mücadelesini anlatıyordu. Böylece... Atlantik'in öbür yakasında yaşananlara, Amerikan halkının dikkatini çekmeyi amaçlıyordu.)

70'li yıllarda, Soğuk Savaş vesilesiyle, düşman coğrafyası değişti. Aptal ve suratsız KGB ajanları daima yeniliyor, zeki ve yakışıklı CIA ajanları daima kazanıyor, üstelik, Polonyalı-Macar komünist kızları yatağa atıp, çatır çatır götürüyordu. Komünist kızlar bi tek komünistlere âşık olmuyordu, devamlı Amerikalılara âşık oluyordu.

80'lere gelindiğinde, Rocky ringe fırladı, Rus yarması Ivan Drago'nun ağzını burnunu kırdı. Bilahare... Boks eldivenlerini çıkardı, kafasına bandana bağlayıp, Rambo olarak Vietnam ormanlarına daldı, kötü kalpli çekik gözlülerin hepsini tek başına bıçakladı. Geldi 60 yaşına, kıçının kılları ağardı ama, kötülüklere duyarsız kalamıyor, insaniyet namına iyilik yapmaya devam ediyordu, atladı atına, Afganistan'a gitti, zavallı müslüman Afganları işgalci Rusların elinden kurtardı.

Müslüman alemi pek sevindi.
Artist Rambo'yu alkışladı.

Halbuki, 2000'lere gelinmişti.
Sıra bize gelmişti!

Kızılderililer, naziler, çekik gözlüler, komünistler filan demodeydi. Hollywood'un yeni modası, müslümanlardı.

Çünkü, kahraman (!) Amerikalıları senelerdir hayran hayran seyreden müslümanların haberi yoktu ama... 11 Eylül'den hemen sonra, Bush'un sağ kolu Karl Rove, sinema endüstrisinin devleriyle Beverly Hills'te biraraya gelmişti, "yeni senaryo"lar ele alınmıştı.

Ve, bir başka moda başlamıştı... Hollywood'un beyazperdedeki rolü kesmemiş, gerçek hayatta da rol üstlenmeleri istenmişti.

İyi niyet elçisi rolü.

İlk önce Brooke Shields, Birleşmiş Milletler iyi niyet elçisi oldu. İyi niyetini göstermek için, Basra'daki Amerikan uçak gemisine geldi, bahriyelere iyi niyetlerini sundu. Brooke gemiden ayrılır ayrılmaz, bu defa bahriyeliler iyi niyetini gösterdi, Saddam'ın kafasına füze fırlattı.

Peşinden, Julia Roberts, George Clooney, Andy Garcia, Brad Pitt ve Matt Damon, iyi niyetlerini göstermek için Adana İncirlik'e geldiler. İyi niyetlerini kanıtlamak için, pilot montları giydiler, F16 kokpitlerine oturup, hatıra fotoğrafı çektirdiler. Bu iyi niyetli ziyaretin tüm masrafları *Ocean's Eleven* filminin yapımcısı Warner Bros. şirketi tarafından karşılandı. İncirlik'teki pilotlar da, bu iyi niyetli ziyarete iyi niyetle karşılık verip, Saddam'ı bombaladılar.

Irak'ı yokettiler.
Terminator, Bağdat'a geldi!

Arnold Schwarzenegger, Irak'taki en büyük Amerikan üssü Victory'de iyi niyetli bi konuşma yaptı, "ben yokedici'yi sadece canlandırıyorum, sizler ise gerçek yokedicilersiniz, hepinizi kutlarım" dedi.

Antonio Banderas, Nicole Kidman, Orlando Bloom, Susan Sarandon, Edward Norton, Drew Barrymore, Liam Neeson, Forest Whitaker, Jackie Chan, Danny Glover, Whoopi Goldberg... Hep iyi niyet elçileri.

Bir yere gidiyorlar.
ABD orayı vuruyor.
Veya, önce ABD vuruyor.
Sonra bunlar gidiyor.

En ünlüleri Angelina Jolie.

Afganistan'a gitti, Kosova'ya gitti,
Pakistan'a, Sudan'a, Libya'ya gitti.
Tunus'a, Irak'a, Mısır'a gitti...
Her gittiği yerin altı üstüne geldi!

Üç sene önce Türkiye'ye uğradı, Suriyeli mültecileri ziyaret etti, o günden beri Amerikan uçakları Suriye topraklarını bombalıyor.

Dün gene Türkiye'deydi.

Habire Türkiye'ye gelmeden önce, habire nereye gidiyordu biliyor musunuz... Suriye'ye!

Esma Esad'ın kankasıydı.
Zırt pırt Şam'a gidiyor, Suriye'ye sığınan Iraklı mültecilere iyi niyet gösteriyordu. Hatta, Suriye'ye üçüncü gidişinde, Brad Pitt'i de yanında götürmüştü. Beşar Esad makam otomobilinin direksiyonuna geçmiş, Brad'i gezdirmişti.

Kendini hâlâ başrolde zanneden Tayyip Erdoğan'ı, bastığı yerde ot bitmeyen Angelina'yla sohbet ederken görünce, yazayım dedim bari...

Bu kafayla gidersek, bizi kurtarmaya Denzel Washington mı gelir, Sandra Bullock mu, orasını bilemem gari!

Arnold Schwarzenegger

Irak'taki Amerikan askerlerine "sizler gerçek Terminatörsünüz, hepinizi kutlarım" diyen Arnold Schwarzenegger, sadece artist değildi, aynı zamanda siyasetçiydi, Kaliforniya Valisi'ydi, Cumhuriyetçi Parti'nin adayı olarak seçilmişti. Türkiye'yle alakalı çok özel bir durumu daha vardı... 2003-2011 yılları arasında valilik görevini sürdürürken, 24 Nisan'ı "Ermeni soykırımını anma günü" ilan etti, yetmedi, 22-29 Nisan'ı "Ermeni soykırımını anma haftası" ilan etti. Terminatör rolüyle insan ırkını yoketmeye çalışan, gerçek hayatta Irak halkını yokedenleri "tebrik eden" Arnold Schwarzenegger... Kaliforniya'daki Ermeni seçmenlerine şirin görünmek için, Türk halkını "Nazi" ilan etmekten çekinmemişti.

Abdülkadir

Ahmet Altan: Balyoz planını bin defa getirseler, bin defa basarım.
Cengiz Çandar: Nazilerin yargılandığı Nürnberg mahkemelerinden mülhem olarak... Balyoz davası Türkiye'nin Nürnberg'idir.
Hasan Cemal: Balyoz, Ak Parti'yi hedef alan, bal gibi darbe planıdır.
Fatih Altaylı: Darbe planladıklarından hiç kuşku duymuyorum.
Oral Çalışlar: Balyoz'un darbe planı olmadığını ileri sürmek, komiktir.
Amberin Zaman: Balyoz davası, sivilleşmenin en önemli sembolü.
Hikmet Genç: O kaldırdıkları Balyoz'un altında kendileri kaldı.
Hilal Kaplan: Darbeciler ilk defa hukuka tabi kılınıp, cezalandırıldı.
Ali Bayramoğlu: 28 Şubat'ın devamı olan bir kalkışma, kuyruğundan yakalandı, darbeci neslin tasfiyesi tamamlanmıştır.
Mümtazer Türköne: TSK lağvedilsin.
Mustafa Ünal: Balyoz millete değil, darbecilere indi.
Erhan Başyurt: Toprağın altı cephanelik, üstü darbe planı kaynıyor.
Ergun Babahan: Komuta kademesi baştan aşağı yenilenmeli, silahlı kuvvetler açılımı yapılmazsa, bu ülke yerinde saymaya devam eder.
İsmet Berkan: Güneş balçıkla sıvanmaz, gerçekten darbe hazırlığı var.
Ekrem Dumanlı: Cuntacılar panik yaşıyor, suçüstü yakalananlar çareyi yargı ve medyadaki dostlarını yardıma çağırmakta buluyor,

herkes cuntacıların uzantıları olan gazeteciler üzerine kafa yormalı.
Taha Akyol: 11 ve 17 nolu cd'ler sahte bile olsa, görmezden gelinebilir mi? Darbe çalışması yapıldığından şüphe yok.
Yıldıray Oğur: Balyoz cd'lerini dinledim, o ses kayıtlarında dinlediğimiz şeyin suç olduğunu anlamak için kriminal laboratuvara ihtiyaç yoktu, bir çift kulağa sahip olmak yeterliydi.
Rasim Ozan Kütahyalı: Aslında TSK içine sızmış bir cunta yok, cuntalaşmış bir TSK var, TSK'da her yer cunta.
Nagehan Alçı: Dijital veriler olmasa da, Balyoz darbe hazırlığıdır.
Engin Ardıç: Darbe falan yokmuş diyorlar, çünkü biz eşeğiz... Bunlar nelerine güveniyor da, göz göre göre postalcılığı sürdürüyor yahu?
Emre Aköz: Bazı arkadaşlar, planı hazırlayan askerleri kastederek "deli mi bunlar" diye sormuştu, ben de "bunlar değil filan değil, vicdansız katiller" demiştim, az bile söylemişim.
Mehmet Barlas: Balyoz mimarlarının, kendilerini Türkiye'de değil, Pakistan'da Afganistan'da zannettikleri ihtimali kuvvetlidir.
Ahmet Kekeç: Darbe, yeraltına gizlenmiş silahlarla yapılacaktı.
Mustafa Karaalioğlu: 2003'te 2006'da 2007'de 2008'de yönetime el koymayı amaçladıklarını biliyoruz.
Abdülkadir Selvi: Engin Alan'ın bulaşmadığı darbe planı kalmamış, Başbakan geldiğinde ayağa kalkmamıştı, darbecilik gözünü bürümüş.
Elif Çakır: Asker tamam... Şimdi geç kalınmadan, darbelerin içinde yer alan İstanbul sermayesi ve gazeteciler yargı önüne çıkarılmalı.
Şahin Alpay: Ortaya konan deliller yeterince güçlü, kuşkum yok.
Eser Karakaş: Darbe girişimi olmadığına kimse beni inandıramaz.
Alper Görmüş: Balyoz davasının en önemli delilleri olan 11 nolu cd, 5 nolu harddisk, darbecilerin özbeöz malıdır.

Netice?

Komple beraatle sonuçlanan davanın gerekçeli kararı açıklandı: "Delillerin, iddiaların tamamı sahte."

E şimdi sıra geldi, yukardaki tiplere...

Türkiye Gazeteciler Cemiyeti'ni göreve davet ediyorum.

Bavulcu Mehmet Baransu'ya "yılın gazetecisi ödülü" vermiştiniz... Bu arkadaşlara da basın "şeref" kartı vermenizi teklif ediyorum.

Abdülkadir Selvi

Akp'yi iktidarda tutmak için kalem oynatan bu tiplerin hepsi, feto kumpaslarının tetikçisiydi. Abdülkadir Selvi'nin yeri bambaşkaydı! *Yeni Nesil*'de, *Yeni Asya*'da, TGRT'de, *Yeni Şafak* gazetesinde çalıştı. *Yeni Şafak*'ın Ankara temsilcisiydi ama, basın camiasında "Akp'nin Ankara temsilcisi" sıfatıyla tanınıyordu. Bu meziyeti (!) sayesinde 2016'da *Hürriyet* gazetesine transfer oldu. Öylesine yandaştı ki, kendi ailesi tarafından bile dışlanmıştı. Öz ablası mesela, ağır ifadeler kullanıyordu, "biz Aleviyiz, değerlerimize bağlıyız, keşke simit satıp onurlu yaşasaydı, onu televizyonda gördüğümde televizyonu kapatıyorum" diyordu. Abdülkadir Selvi, Akp'yle cemaat kapışması başladığında, 2013'te, *Yeni Şafak* gazetesindeki köşesinde, Akp adına cemaate şunları soruyordu... "Cemaati bitirmek için 2004'te MGK'da kararlar alındığına cemaat tabanını inandırmaya çalışıyorlar. Madem 2004'ten beri bu hükümet sizi bitirmek istiyordu, o zaman sormak istiyorum. 2004'ten önce kaç valiniz vardı, 2004'ten bu yana kaç valiniz oldu? 2004'ten önce kaç milletvekiliniz vardı, 2004'ten bu yana kaç milletvekiliniz oldu? 2004'ten önce kaç bakanınız vardı, 2004'ten sonra kaç bakanınız oldu? 2004'ten önce kaç üniversiteniz vardı, 2004'ten sonra kaç üniversiteniz oldu? 2004'ten önce ticaret hacminiz neydi, 2004'ten sonra ticaret hacminiz ne oldu? Bu soruları uzatayım mı? Sadece şunu hatırlatmak istiyorum. 2004'ten önce ülkesini terk etmek zorunda kalan ve vatan hasretinden Türkiye'den getirilen toprakları koklarken gözyaşları döken muhterem Hocaefendi'yi, Türkiye Cumhuriyeti Başbakanı'nın ülkeye davet ettiği bir Türkiye size yetmiyor mu?"

Kocabıyık

Tarafsız (!) cumhurbaşkanının, damadı, avukatı, danışmanı, metin yazarı, özel kalem müdürü, tercümanı, müsteşarı, savcısı, şarkıcısı, mimarı, akil adamı, yandaş gaztecisi milletvekili adayı oldu.

Atatürk'e "hayvan" diyen, TBMM'ye "pezevenkler meclisi" diyen şeriatçının oğlu, milletvekili adayı oldu.

"Doğduğum yer Kürdistan'dır, asker bölgeden çekilmelidir, Öcalan muhatap alınmalıdır, dağdan inene iş verilmelidir, gerillanın ailesine para yardımı yapılmalıdır" diyenin oğlu, milletvekili adayı oldu.

"Aday olduğumu televizyondan öğrendim" diyen aday var.

"Laiklik kelimesi anayasadan çıkarılmalı" diyen aday var.

"Adaleti cennette alacaksınız" diyen hukuk profesörü aday var.

"17 Aralık günah işleme özgürlüğüne müdahaledir, günahları ortaya saçarak Allah'ın hududuna müdahale ediyorlar" diyen aday var.

"Ayakkabı kutusundaki paralar bizim hayır için topladığımız bağışlardır" diyen aday var.

Tayyip Erdoğan'ı "Bizans imparatoru" ilan eden adamın eşi, aday.

Tayyip Erdoğan "afedersin çok çirkin, Ermeni bile dediler" derken, "2002'den beri Ak Parti'ye oy veriyorum, Tayyip Erdoğan gibisi yüz yılda bir gelir" diyen Ermeni aday var.

"Kadının fıtratında erkeğe köle olmak var, erkek sahip olur, kadın ait olur" diyen aday var.

İnternete düşen ses kaydında "Tayyip Erdoğan'ın demokratik bir Türkiye inşa edebileceği kanaatinde değilim, entelektüel birikiminin bu çapta olduğuna inanmıyorum" dediği ortaya çıkınca, "ses kaydındaki ses bana ait ama, o fikirler bana ait değil" diyen aday var.

"Yolda gördüğüm çobanla konuştum, çözüm sürecini sordum, hayvanlarımın yüzü gülüyor dedi, çözüm sürecini hayvanlar bile anlamış ama, bazıları anlamamakta ısrar ediyor" diyen aday var.

Atatürk Orman Çiftliği'nin birinci derece doğal SİT alanını, üçüncü dereceye düşürerek, yağmalanmasının önünü açan aday var.

Halk TV'de yolsuzlukları dile getiren değerli ağabeyim Uğur Dündar, Nedim Şener, Haluk Koç ve Aykut Erdoğdu hakkında tweet atıp, "dört tane puşt" diyen aday var.

CHP'deyken CHP genel başkanına hitaben "senin gözlerinde Atatürk'ü gördüm" deyip, şimdi AKP'den aday olan var.

Türkiye Cumhuriyeti aleyhine Avrupa İnsan Hakları Mahkemesi'nde dava açan var.

"Sabiha Gökçen Dersim'i bombaladı, protesto ediyorum, Sabiha Gökçen Havalimanı'na inip kalkan uçaklara binmem" diyen aday var.

"Hırsızlık yapan iktidar tarafından mı yönetilmek istersin, yoksa, vesayetçi iktidar tarafından mı diye sorsalar, hırsızlık yapan iktidarı tercih ederim" diyen aday var.

Tayyip Erdoğan makam aracının içinde bayılıp kilitli kaldığında, camı kırmak için balyoz kullanılmıştı. O balyozu satın alıp, "Osmanlı tuğrası gibi, ömrüm boyunca evimin en güzel köşesinde saklayacağım" diyen aday var.

AKP hakkında "Harun olmaya geldiler, Karun oldular, biz AKP gibi firavunlaşmayacağız, kamu kaynaklarını kendimize aktarmayacağız, AKP Amerikan mandasıdır" diyen, sonra AKP'ye geçen aday var.

"AKP ülkeyi yolsuzluklar çukuruna batırdı, Tayyip Erdoğan padişah olmak istiyor, Tayyip Erdoğan'ın altı ayda hurdasını çıkarırım" diyen, bilahare AKP'ye geçip, "Allah'a yemin ederim ki, bütün meselelerin çözülmesinde en yetkili lider Tayyip Erdoğan'dır, Türkiye'nin ilelebet ve ebedi başkanıdır" diyen aday var.

"Eşi ve kızlarıyla başörtülü aile pozları veren başbakan, AB normlarına uymuyor, AKP'yi Alman Hıristiyan Demokratlar'la kıyaslamak, Almanlara haksızlıktır, Milli Görüş teşkilatı en az terör örgütleri kadar tehlikelidir" diyen, sonra AKP'ye katılan aday var.

Amerikan vatandaşı olduğunu gizlediği için Türk vatandaşlığından çıkarılan Merve Kavakçı'nın kızkardeşi aday oldu, eltisi aday oldu.

"Suriye'ye silah gönderdiğimiz iddiası külliyen yalan, yivsiz av tüfeği ve kurusıkı tabancalar gönderdik, sportif amaçlı" diyen aday var.

Bir zamanlar "muhterem hocaefendi" dedikleri Fethullah Gülen hakkında "bu saatten sonra milletin öfkesini kavga kesmez, millet intikam istiyor, millet kan istiyor, kan kusturanlara kan kusturulsun istiyor" diyen aday var.

Kendisi hakkında "bunu aday yapmayalım, bunun yerine ceketimizi koysak gene seçilir" denilen aday var.

10 Kasım'da şeriatçı gazeteye "olmasaydı da olurduk" diye ilan veren aday var.

"Fazıl Say hangi kerhanede dünyaya geldi" diyen aday var.

"Türk diye bir ırk yoktur" diyen aday var.

"Ankara'yı parsel parsel satan" Melih Gökçek'in oğluyla, "chp zihniyeti yüzünden hıristiyan oldum" diyen Tuğçe Kazaz'ı aday yapmadığı için biraz kırgınım ama... Gene de güzel bi kadro kurdu Ahmet Kiziroğlu!

Hüseyin Kocabıyık

Yandaş *Yeni Asır* gazetesinde köşe yazarken, Halk TV'de yolsuzlukları konuşan Uğur Dündar, Nedim Şener, Haluk Koç ve Aykut Erdoğdu hakkında "dört tane puşt" diye tweet atan, namuslu gazetecilere namuslu siyasetçilere yönelik bu tür hakaretleri sayesinde Akp'de yükselen, İzmir milletvekili yapılan, TBMM feto darbe girişimini araştırma komisyonu üyesi yapılan Hüseyin Kocabıyık... Tescilli Feto yalakasıydı! Ergenekon-Balyoz kumpasları döneminde Pensilvanya'ya gitmiş, Fethullah Gülen'i ziyaret etmiş, bağlılığını bildirmiş, el pençe divan durmuştu. *Yeni Asır*'daki köşe yazılarında feto'ya şu methiyeleri düzmüştü... "Fethullah Gülen Hocaefendi belki de son 1000 yılın en büyük Türk büyüklerinden birisidir. Onu ve arkadaşlarını tehdit gibi görenler, bu vatana hamasi laflardan başka hangi yeryüzü başarısını tattırdılar ki? Ona düşmanlık edenlerin utanması ve oturup bin kere düşünmesi gerekir. Anadolu coğrafyasının mütevazı insanlarının yüreklerinde var olan potansiyel enerjiyi bir hareket enerjisine dönüştürmüş ve Türklerin ilk küresel organizasyonunu kurmuştur. Bu büyük insanı kendi ülkesinden çekip gitmeye zorladık, 70 milyonun utanç duyacağı bir durumdur bu... Evrensel Türk Rönesansı'nı başlatan bir Türk mucizesidir. Şekspir nasıl ki İngilizce yazmış, İngiliz gibi düşünmüş ama bütün insanlığın ortak duygularına hitap etmişse, o da bir Müslüman Türk gibi yazan, konuşan ve bir Müslüman Türk gibi düşünen biri olarak tüm insanlığın ortak duygularına, ortak sorunlarına, ortak acılarına hitap ediyor. Ceviz büyüklüğünde beyinleriyle Fethullah Gülen üzerine küfür romanları yazan bizim sözde muharrirlerimiz ne kadar komik geliyor insana, bir bilseniz!"

Şafak

Akp'nin üç dönem kuralını destekliyorum, meclise yeni simalar lazım... Milletvekili adaylarımı açıklıyorum.

Mesela bana sorarsınız, "göt kılıyım" diyen Şafak Sezer mutlaka milletvekili olmalı... Berkin'in annesinin yuhalalatılmasını "insani" bulan Yavuz Bingöl... Özgecan'ı öldürüp yaktıklarında "mini eteği giyip, soyunup, laik sistemin ahlaksızlaştırdığı sapıklar tarafından tacize uğrayınca bas bas bağırmayacaksın" diyen Nihat Doğan... Ak Saray'ı gezdikten sonra "abartıldığı kadar yok, benim evim daha şaşaalı" diyen Hülya Avşar... "Türkiye Cumhuriyeti'nin kurulmasında bir yanlışlık var, adımızın Osmanlı olarak devam etmesini çok isterdim" diyen Sinan Çetin... "CHP zihniyetine tepki göstermek için hıristiyan oldum" diyen Tuğçe Kazaz, milletvekili olmalı.

Bizzat ablası tarafından "onu gördüğümde televizyonu kapatıyorum, keşke simit satıp onurlu yaşasaydı" denilen Abdülkadir Selvi... "Afedersin çok daha çirkin, Ermeni diyenler bile oldu" demesine rağmen "Tayyip Erdoğan'ı çok seviyorum, babama benziyor" diyen Etyen Mahçupyan... "Atatürk bile onun attığı cesur adımları atamazdı, Tayyip Erdoğan benim atam'dır" diyen jöleli... "Ak Saray'ı eleştirenler kıskançlıktan konuşuyor, yabancı oyuncularımız Ak Saray'ı görünce Türkiye vatandaşı olmaya karar verdi" diyen Abdürrahim Albayrak... Tayyip Erdoğan'ın elinden ödül alırken "Türkiye rönesansı yaşıyor, bugün George Orwell olsa, sizi ayakta alkışlardı, o yetmez, Daniel Defoe da kalkar, o da alkışlardı" diyen Alev Alatlı, milletvekili olmalı.

Papa ziyarete geldiğinde "Doğu Roma'nın patronu, Batı Roma'nın patronunu ağırlıyor" diyerek, Tayyip

Erdoğan'ı "Bizans imparatoru" ilan eden TİKA başkanı... Gezi olayları sırasında Tayyip Erdoğan'ı ziyaret edip "sanırım bize nazar değdi, dua okuyalım, inşallah bu nazar üzerimizden gitsin" diyen Polat Alemdar... "Yaptığınız eylemi si..eyim, vatan hainleri, orada polis olmayı çok isterdim, Allah belanızı versin eylemci çapulcular" diyen güreşçi... Bugüne kadar hiç görülmemiş sazan türlerini tespit ederek "Recepi" ve "Eminea" isimlerini veren Recep Tayyip Erdoğan Üniversitesi'nin bilimadamları... Padişahımız efendimiz zat-ı şahane Abdülhamid'e fahri doktora veren Karabük üniversitesi rektörü, milletvekili olmalı.

Bilal olmalı.

"Dedemin nasihatıdır, orospuyla memurun bahşişini önceden vereceksin" diyen hayırsever Rıza Sarraf... Ayakkabı kutusundaki paralarla imam hatip yaptıracağını söyleyen Halkbank genel müdürü... Milletin orasına koyacağını söyleyen müteahhit... "Tapeleri dinlemek, inanmak haramdır" diyen ilahiyatçı... "Allah'ın bütün vasıflarını toplamış lider" filan denilirken, kendisine 1 milyon liralık Mercedes makam otomobili alınan diyanet işleri başkanı Mehmet Görmez, milletvekili olmalı.

Deri pantolonlu sarhoş çıplaklar tarafından üstüne işenen başörtülü bacım..."Hamile kadınların sokakta dolaşması terbiyesizliktir" diyen tasavvuf düşünürü..."Kadın itaat etmeli, çokeşlilik yasal olsun, kocama bekar arkadaşımı tavsiye ettim, üstüme imam nikahıyla alabilirsin dedim" diyen muhafazakar aile danışmanı Sibel Üresin, milletvekili olmalı.

"Noel Baba evlere neden bacadan giriyor, dürüst biri olsaydı kapıdan girerdi" diyen müftü... Vatandaşa "gavat" diyen vali... Gençlere hitaben "ulan pezevenkler, kaltaklar, köpekler, kitapsızlar" diyen akil adam... Madenciyi yerlerde tekmeleyen danışman... "Bir bilge adaaam, bir yiğit adaaam" diye Kiziroğlu Ahmet bey şarkısını söyleyen Ayna grubu, milletvekili olmalı.

Üç dönem'e takılan 60-70 milletvekilimiz var ama... O üç dönem'i bize her dönem'de hatırlatan yüzlerce şöhretimiz var, müsterih olmalı!

⋙⋘

Şafak Sezer

Akp'den nemalanan yalaka sanatçımız çoktu ama, hiçbiri Şafak Sezer mertebesine ulaşamamıştı. Gezi parkı protestolarına katılmış, bu görüntüleri medyaya yansıyınca, iş kaygısıyla pişman olmuş, derhal Akp'nin iftarına gitmiş, Tayyip Erdoğan'ın önünde diz çökerek, elini öpmeye çalışmış, özür dilemişti. Bu ikiyüzlü tavrı nedeniyle eleştirilince, twitter adresinden cevap vermiş, sanat tarihimize geçen şu mesajı yazmıştı: "Evet yalama oldum, göt kılıyım, hadi dağılın, bir dahaki iftarda takla atıcam, nasıl olsa mesleğimiz soytarılık!"

⋙⋘

Taner, Alp

Soma'da bildim bileli maden var, Soma bildim bileli DSP'liydi, CHP'liydi, taşeron sistemini 2004'te Türkiye Taşkömürü Kurumu'na soktular, 2004'ten beri Soma'da AKP kazanıyor.

Soma şehitlerini soğuk hava deposuna kavun gibi istifledikleri Kırkağaç'ta, dile kolay, 35 sene boyunca Kayadipli ailesi başkanlık etti, Demirel'in kalesiydi, tarımı öldürdüler, halkı maden işçiliğine mahkum ettiler, 2009'dan beri AKP kazanıyor.

İzmir Kınık'ta dolaşırken, elindeki çekirdeği yanlışlıkla yere düşürsen, ağaç çıkar, öylesine mümbittir toprakları ama, ekiyorsun para etmiyor, elde avuçta tek geçim kaynağı kaldı, 25 kilometre ötedeki Soma... Ve, Kınık'ta 30 Mart'ta AKP kazandı.

Savaştepe'yle Soma; birine Balıkesir'in ilçesi, öbürüne Manisa'nın ilçesi diyoruz ama, aslında bitişik komşular... Savaştepe'de eskiden hayvancılık yapılırdı, artık yapılamıyor, maden işçiliğinden başka ekmek yok, 30 Mart'ta AKP kazandı.

AKP'nin en zayıf olduğu Ege Bölgesi'nde, ekonomisi madene mahkum ilçeleri AKP'nin kazanması tesadüf müdür?

Ege'den çıkalım, Karadeniz'e uzanalım, Zonguldak Büyükşehir Belediyesi CHP'liyken, taşeron cehennemi Kozlu'yu AKP'nin kazanması da mı tesadüftür?

İnsanların iş bulma konusunda çaresiz, alternatifsiz bırakılması, gırtlağına kadar borca sokulması, sendikasızlaştırılıp, açgözlü kodamanların iki dudağının arasına baktırılması, taşeronlaştırılıp, köle haline getirilmesi, AKP'ye yarıyor.

O yüzden... Başbakan'ın yumrukladığı madenci genç, "sayın başbakanımız maalesef istemdışı tokat vurdu, şikâyetçi olmayacağım, kendisini seven biri olarak, şu anda Soma kömür işletmesinde çalışıyorsam, özelleştirmesinden dolayı, onun sayesinde çalışıyorum" demek zorunda kaldı. Başka ne desin? Ağzını açanı işten kovuyorlar, kelepçeleyip hapse tıkmaları işten bile değil.

Taşeron sistemi, işte budur.

Korku impatorluğunun ekonomi modelidir.
Birbirini besler.
Ne kadar korku, o kadar taşeron, ne kadar taşeron, o kadar korku'dur.

Taner Yıldız

Alp Gürkan

2014'te Soma'da tarihimizin en ağır maden faciası meydana geldi, 301 madencimiz şehit oldu. Yandaş işadamı Alp Gürkan'a ait madende yaşananlar, iş kazası filan değildi, ihmalle özetlenemezdi, bildiğin sömürü katliamıydı. İnsan hayatını hiçe sayarak, daha kısa sürede daha fazla para kazanma hırsının sonucuydu. İnsanlık dışı çalışma şartlarının, kara vicdanlı uygulamaların, gözü dönmüş servetlerin, merhametsiz büyümenin sonucuydu. Akp'nin enerji bakanı Taner Yıldız, katliamdan sadece dokuz ay önce, ramazan ayında, Alp Gürkan'ın maden ocağına gelmiş, Alp Gürkan'la birlikte ocağı gezmiş, işçilerle iftara katılmış, bu madende ne kadar temiz çalışıldığını göstermek için "bembeyaz tulum" giyinmiş, örnek alınması gereken bir işletme olduğunu söylemiş, can güvenliğinin ön planda tutulduğunu anlatmış, öve öve bitirememişti! Biri enerji bakanı, öbürü Akp döneminde madenden köşeyi dönen patrondu. Biri taşeronu kurumsallaştırdı, öbürü taşeronla hem köşeyi döndü, hem de tarihimizin en ağır maden faciasına sebep oldu.

Haşim

Haşim Kılıç'ı pek severlerdi.
Yere göğe sığdıramazlardı.

Dün okuduk...
Sabah "yargıya siyaset soktu" demiş.
Star "kaba ve sığ" manşeti atmış.
Akşam "Kenan Evren"e benzetmiş.
Güneş "mehdiliğe soyundu" demiş.
Takvim lafı hiç dolandırmamış...
Direkt "paralel" demiş.
Yeni Şafak "muhalefet lideri" demiş.
Akit hangi başlığı uygun bulmuş?
"O artık tarihin çöplüğünde!"

E müstahak.

Çünkü, bu memlekette hukuk dersi verecek son kişidir Haşim Kılıç... Bu memlekette hukuk guguk olduysa, bu memleketi anayasaya aykırı parti, anayasaya aykırı kadrolar yönetiyorsa, baş sorumlularından biri, Haşim Kılıç'tır.

Tayyip Erdoğan'ın kötü adam olması, Haşim Kılıç'ı iyi adam yapmaz.

Daha düne kadar aynı tespihin taneleri değiller miydi? İnsanlar sahte sidilerle, yalancı tanıklarla hapse tıkılırken, hukuk cinayetleri yaşanırken, ölümler, intiharlar olurken, gıkını çıkarmadan oturmuyor muydu koltuğunda Haşim Kılıç? Şimdi mi geldi aklına vicdan?

Bu memlekette senelerdir insanlara eziyet çektiriliyorsa, adım adım diktatörlüğe gidiliyorsa... Haşim Kılıç gibiler "zamanında" sesini çıkarmadığı için gidiliyor.

Sizi bilmem... 12 senedir susan Haşim Kılıç'ın, emekliliğine üç gün kala zeytinyağı gibi üste çıkmaya çalışmasına, Haşim Kılıç gibilerin sorumluluğunun unutulmasına, benim gönlüm ve mantığım razı olmuyor.

Ve, 12 senedir adaletsizliklere göz yuman Haşim Kılıç, şu anda bir nevi "ilahi adalet"le karşı karşıya... 12 senedir kendisini alkışlayanlar tarafından linç ediliyor.
Sokağa çıkamaz hale getirmezlerse, hatırım kalır!

Haşim Kılıç

Eskişehir iktisadi ticari ilimler akademisi mezunuydu, 1990'da Turgut Özal tarafından Anayasa Mahkemesi üyeliğine seçildi, cüppe giydiği törene Danıştay ve Yargıtay başkanları katılmadı, 2007'de Anayasa Mahkemesi başkanı yapıldı, Türkiye Cumhuriyeti tarihinin ve hatta dünya hukuk tarihinin hukukçu olmayan ilk Anayasa Mahkemesi başkanıydı. Eşi türbanlıydı, bu sayede yükseltildiğini söyleyen herkese tazminat davası açtı. Refah Partisi, Fazilet Partisi ve AKP kapatma davalarında "red" oyu kullandı, "parti kapatmayı demokrasiye aykırı bulduğunu" söylüyordu ama, DEHAP, HADEP, DTP kapatma davalarında "kabul" oyu kullandı. Siyasal İslam sözkonusu olunca "demokrat" oluyordu. Görevi boyunca, türban yasağının kaldırılmasından, 367 tartışmasına kadar, daima Akp lehine kararlar aldı. Giderayak "hükümet karşıtı" ayağına yattı, cumhurbaşkanlığı için adaylığı konuşulunca, aniden Akp'yi eleştirmeye başladı! Kendisini bir zamanlar "hukuk kahramanı" ilan eden yandaş medya tarafından yerden yere vuruldu, 2015'te emekli oldu.

Evren

1993... Kenan Evren'in yağlıboya tablosu açık arttırmayla satışa sunuldu, işadamları kıyasıya yarıştı, 5 bin lirayla başladı, 50 milyon liraya yükselince, Kenan Evren "yeter artık" dedi, Sakıp Sabancı'nın oldu.

1993... Kenan Evren'in yağlıboya tablosu, Kenan Evren Lisesi Vakfı'nın gecesinde açık arttırmayla satıldı, 10 bin lirayla başladı, arttıran arttırana... 110 milyon liraya Koç Grubu'nda kaldı.

1993... Kenan Evren, Marmaris'te sergi açtı, bi tablosu 500 milyon liraya Nuh Çimento tarafından satın alındı. Ancak, Nuh Çimento hangi tabloyu satın aldığını bilmiyordu, hatta, sergiyi bile gezmediler, tabloları görmediler! Kenan Evren'in röportajda anlattığına göre "hangisini isterseniz, onu verin" dediler. Kenan Evren de "anne sevgisi" isimli tablosunu verdi. Kenan Evren "o kadar para etmediğini ben de biliyordum ama, ne yapayım, sanatsever, hayırsever insanlar işte" dedi.

1997... Kenan Evren, Ankara'da sergi açtı, "hamamda kızlar" isimli tablosu, kimliği açıklanmayan bi müteahhit tarafından 600 milyon liraya satın alındı. Kenan Evren'in "hamamda kızlar"ı *Hürriyet*'in tatil ekinde yayımlanan "bayram hamamları" fotoğrafından arakladığı iddia edildi. Kenan Evren "ne yapsaydım yani, kızları hamama götürüp, öyle mi resim yapsaydım" dedi.

1998... Kenan Evren'in "Denizli horozu" isimli tablosu, Denizli'de açık arttırmayla satıldı, Denizlili tekstilciler, sanayiciler kıyasıya kapıştı, 100 milyon lirayla başladı, 10 milyar liraya turizmci'de kaldı.

1998... Kenan Evren'in "Atatürk" isimli yağlıboya tablosu, Cumhuriyet Balosu'nda açık arttırmayla satıldı. Cumhurbaşkanı Demirel'in de katıldığı görkemli gecede, seçkin davetliler vuruştu, 250 milyon liradan başladı, 105 milyar liraya Ali Balkaner'de kaldı. Ali Balkaner, Evren'in tablosunu Demirel'e hediye etti!

1998... 105 milyar liralık fiyat, Kenan Evren'i "yaşayan en pahalı Türk ressamı" yapmıştı. Kenan Evren "en yüksek ikinci fiyata satılan tablom oldu" dedi. Demek ki, 105 milyardan daha pahalı tablosu vardı. Ama, o tablonun kim tarafından satın alındığını açıklamadı.

1998... Bilahare, en yüksek fiyata satılan tablonun hangisi olduğu ortaya çıktı. Kültür Bakanlığı Resim Heykel Müzesi, Kenan Evren'in "begonvilli duvar" tablosunu 300 milyar liraya satın almıştı iyi mi!

1999... Kenan Evren, *Playboy*'a çıplak poz veren, dünya şampiyonu Alman buz patenci Katarina Witt'in tablosunu yaptı. "Şelale altında bir güzel" isimli tablosu için "belki sürpriz yapıp bi sergimde gösteririm ama, kaç milyar verirlerse versinler, satmam" dedi.

2001... Kenan Evren, İzmir'deki sergisini iptal etti. "Ekonomik kriz var, benim tablolarım en aşağı 20 milyar lira, bu ortamda kimse gelip de tablo almaz" dedi.

2001... Haklıydı netekim! Fiyatlar gevşemişti. Ankara'da sergi açtı, "sigara içen ihtiyar" tablosu, anca 1 milyar 300 milyon liraya Halis Toprak tarafından alındı.

2002... İstanbul'da sergi açtı, "asla satmam, belki gösteririm" dediği, Katarina Witt tablosunu satışa çıkardı. 10 milyar etiket koydu. Alıcı çıkmadı. Elinde kaldı.

2003... İstanbul'da sergi açtı, yağlıboya tabloları, ıkına sıkına 1 milyara alıcı bulabildi. Suluboyaların yüzüne bile bakan olmadı. Getirdiği gibi geri götürdü.

2005... TMSF, batık bankacı Ali Balkaner'in haczedilen mallarını sattı. Aralarında, Kenan Evren'in "portre" isimli tablosu da vardı. Verile verile, 600 lira verildi.

2006... Türk Lirası'ndan sıfırlar atılmıştı. Evren'in sıfırları ise, daha hızlı erimişti. İzmir'de sergi açtı, bin lira etiket koyduğu tabloları, 500 liraya zorla gitti.

2007... Kenan Evren'in yakın dostu Mustafa Deliveli'ye hediye ettiği ve Lidya Oteli'nin borçlarından ötürü el konulan "orman", "ağaç" ve "sazlıklı göl" isimli tabloları, icra yoluyla satışa sunuldu. 3'üne birden istene istene toplam 5 bin lira istendi. Alıcı çıkmadı. Fiyat indirildi. Gene alıcı çıkmadı.

2009... Cumhurbaşkanlığı, Çankaya Köşkü'nde sergilemek üzere, portresi bulunmayan eski cumhurbaşkanlarının yağlıboya tablosunu yaptırmak istedi, Mimar Sinan Güzel Sanatlar Üniversitesi'ne başvurdu. "Yaşayan en pahalı ressam" Kenan Evren'in tablosunu yapacak ressam bulunamadı! Üniversite Senatosu'nun kararını nazik bi dille açıklayan rektör, "bizden mezun hiçbir ressam, Kenan Evren'in tablosunu yapmaz" dedi.

2010... Kenan Evren'in Akbank Kültür Sanat Eğitim Merkezi tarafından 1993'te kuşekâğıda bastırılan Kenan Evren Resim Sergisi Kataloğu, internette sadece 14 liraya satışa sunuldu. Kimse almadı.

2011... Kenan Evren'in İş Bankası tarafından 1994'te kuşekâğıda bastırılan Kenan Evren Resim Sergisi Kataloğu, internette 5 liraya satışa sunuldu, 5 lira! Kimse almadı.

2014... Yargılanıyor.

Tayyip Erdoğan, Çankaya'ya çıkınca Kenan Evren'in yetkilerini kullanacak filan deniyor ya... "Kenan Evren yetkileri" işte budur.

Güç ondayken, arttıran arttırana.
Devran dönünce, sıfır lira!

Kenan Evren

1977... Dönemin başbakanı Demirel, Yüksek Askeri Şura'ya iki ay kala "darbe" endişesiyle Kara Kuvvetleri Komutanı Namık Kemal Ersun'u görevden aldı. Beş gün sonra seçim oldu, hükümet değişti, Ecevit azınlık hükümetiyle başbakan oldu, "Yüksek Askeri Şura'ya alt tarafı 40 gün var, vekaleten birini atayalım" dedi, Birinci Ordu Komutanı Adnan Ersöz'ü Kara Kuvvetleri Komutanlığı'na vekaleten atadı. Ancak, bu atama kararından hemen sonra Meclis'ten güvenoyu alamadı ve hükümeti kurma görevi yine Demirel'e verildi. Demirel MC Hükümeti kurdu, Ecevit'in vekaleten atadığı generali "asaleten" Kara Kuvvetleri Komutanı yapmak istemedi, Üçüncü Ordu Komutanı Ali Fethi Esener'i Kara Kuvvetleri Komutanı yapmak istedi, kararname hazırladı, Çankaya'ya gönderdi. Cumhurbaşkanı Fahri Korutürk, terfi teamüllerine aykırı bulduğu bu kararnameyi geri çevirmedi ama, onaylamadı, 30 Ağustos'a kadar bekletti. Hatta "aylardır bir komutan bile seçemediğimiz kara kuvvetlerinin zaferini nasıl kutlarım" diye tepki göstererek, Ankara'daki 30 Ağustos Zafer Bayramı törenine katılmadı, İstanbul'da kaldı, İstanbul'daki Zafer Bayramı törenine katıldı. Türkiye bu protestoyla çalkalanırken, geceyarısı saat 02.30'da Genelkurmay'dan Kara Kuvvetleri Komutanlığı'nı vekaleten yürüten Adnan Ersöz'e "kozmik" bir mesaj geldi Ersöz açtı, okudu, şak diye emekli oldu! Tarihimizde ilk kez 30 Ağustos'ta, Kara Kuvvetleri Komutanlığı makamı boş kaldı. Mecburen Genelkurmay Başkanı Semih Sancar "vekaleti" üstlendi. Ve, Çankaya ile hükümet arasında mekik dokumaya başladı. "Çayda dem, meslekte kıdem'e uygun olması için enteresan bi formül bulundu, Birinci Ordu Komutanı'yla birlikte İkinci ve Üçüncü Ordu Komutanı da emekliye sevkedildi. Bu operasyon yapılınca, Jandarma Genel Komutanı Nurettin Ersin'in Kara Kuvvetleri Komutanı olacağı zannedildi. Ancak öyle olmadı, bir sürpriz daha oldu, Nurettin Ersin Birinci Ordu Komutanlığı'na atandı. "Oradan sonrası emeklilik" gözüyle bakılan, hiç hesapta olmayan Ege Ordu Komutanı Kenan Evren, şırrak diye Kara Kuvvetleri Komutanı oldu. Bilahare, genelkurmay başkanı oldu, 12 Eylül 1980'de darbe yaptı! Gel zaman git zaman, teee 2014'te... Ahı gitmiş vahı kalmış Kenan Evren, demokrat ayağına yatan AKP tarafından "darbecilikten" yargılanmaya başlandı. "Demirel'e muhtıra vermek, anayasayı ve TBMM'yi ortadan kaldırmaya teşebbüs suçu"ndan müebbet hapis cezası aldı, rütbesi er'liğe indirildi. 2015'te, 97 yaşındayken, tedavi gördüğü GATA'da öldü. Evren ölünce Yargıtay süreci devam eden kamu davası düştü, 12 Eylül'ün üstü örtüldü.

Egemen

Dindar cumhurbaşkanı seçen, dindar hükümetin, dindar bakanı, Ankara'daki hacivat gazetecilerden biriyle konuşuyor.

Her cuma bir ayet sallıyorum diyor.
Google'a gir, atıyorum, Kuran'da kardeşlik, Kuran'da nankörlük, Kuran'da bilmem ne diye search yap, hepsi çıkıyor, ordan beğen bi tane, salla gitsin diyor.
Sabah 5'te çaktım bi tane.
Bakara makara diyor.

Tavsiyesine kulak ver.
Gir google'a.

Şöyle der Bakara suresi...
"Öyleleri vardır ki, inanmadıkları halde, Allah'a inandık derler. Allah'ı ve müminleri aldatmaya çalışırlar. İyi bilin ki, ortalığı bozanların ta kendileridir. İman edenlere rastladıkları zaman, inandık derler. Şeytanlarıyla yalnız kaldıkları zaman, seninle beraberiz, biz onlarla sadece alay ediyoruz derler."

Unutmadan...
"Sığır" demektir bakara.

Montajsız Türkçe meali... Bunca kepazelikten sonra, sandığa "sığır" gibi gitmemek lazım anlamına gelir!

Egemen Bağış

Babası 1974-79 arasında Adalet Partisi'nden Siirt belediye başkanıydı. New York'ta Baruch College'da insan kaynakları eğitimi aldı, aynı üniversitede kamu yönetimi üzerine yüksek lisans yaptı. New York'ta tercüme bürosu işletiyordu, Türk-Amerikan Dernekleri Federasyonu başkanıydı, 17 senedir ABD'de yaşıyordu, 2002'de Akp milletvekili oldu, Tayyip Erdoğan'ın da tercümanıydı, özellikle, özelleştirmeler döneminde Tayyip

Erdoğan'ın kamuoyuna yansıyan veya gizli kalan tüm ikili görüşmelerinin tanığıydı, AB bakanı yapıldı. 17 Aralık yolsuzluk operasyonunda Rıza Sarraf'la akçeli ilişkileri olduğu iddiasıyla, içişleri, ekonomi ve şehircilik bakanıyla birlikte görevden alındı, Sarraf ailesinin Türk vatandaşlığı işlerini hallettiği, bunun karşılığında "dolar istiflenmiş çikolata kutusu" aldığı konuşuluyordu, TBMM yolsuzluk komisyonunda Akp oylarıyla aklandı. 2015'ten itibaren bir daha milletvekili yapılmadı.

Zekeriya

Tayyip Erdoğan "ben bu davanın savcısıyım" dedi.

Zekeriya Öz'ün altına kendi makam aracını verdi.

Doğu Perinçek'i tutukladılar. Tuncay Özkan'ı tutukladılar. Tayyip Erdoğan'ı üç kuruş'a mahkum eden avukat Kemal Kerinçsiz'i içeri tıktılar. 83 yaşındaki İlhan Selçuk'a örgüt lideri dediler. Ne zaman AKP kapatma davasıyla ilgili gelişme olsa, hemen Ergenekon'dan birilerini hapse attılar, gündemi değiştirdiler. Kuddusi Okkır'ın tedavisini engellediler, öldürdüler; Ergenekon'un kasası ilan etmişlerdi, cenaze aracının parasını bile haberi takip eden gazeteciler ödedi. Paşaları tutukladılar, Türkiye bağırsaklarını temizliyor dediler. 27 defa hacca gidip, zimmetine para geçirmekten suçlu bulunan hoca'larına af çıkardılar. Atatürk'ü dinsiz, sarhoş, kalpsiz, bencil, psikolojik bunalımda gösteren *Mustafa* belgeselini ayakta alkışladılar, gazetelerinde pohpohladılar. CIA ajanı Graham Fuller'ın, AKP'ye övgüler düzüp, Kemalizm'i yerden yere vurduğu *Yeni Türkiye Cumhuriyeti* isimli kitabını, yere göğe sığdıramadılar, televizyonlarında ballandıra ballandıra reklamını yaptılar. Seçimde parmak boyasını kaldırdılar, mezarlardan seçmen fışkırttılar, yaşayanlar buhar oldu, ölüler seçmen oldu. Yargıtay Onursal Başsavcısı Sabih Kanadoğlu'nun evini bastılar. Kimlerin evinin basılacağını, henüz evler basılmadan önce TRT'den yayınladılar. Tayyip Erdoğan, bunlar daha işin başı, daha neler gelecek dedi. Nereden biliyordu nelerin geleceğini? Sahte haham'ı TRT'ye çıkardılar, genelkurmay başkanlarına çeteci dedirttiler. Yandaş gazetelerin manşetlerinde idam sehpaları kurdular, haysiyet cellatlığı yaptılar, köşe yazılarında tutuklanacakların listelerini yayınladılar, Nazi Almanyası'ndaki gibi, adeta kapıları işaretlediler. En iyi hangi gazeteciler küfür ediyorsa, o gazetecileri makam uçağına aldılar. PKK itirafçılarına itibarlı adam muamelesi yaptılar, PKK kurşunuyla tekerlekli sandalyeye mahkum olmuş, övünç madalyalı albay Abdülkerim Kırca, canına kıydı. Sigaya çekilen Profesör Uçkun Geray, öldü. Gözaltına alınan Erhan Göksel, öldü. Mustafa Balbay'ı tutukladılar, 4 sene 9 ay yatırdılar. Profesör Haberal'ı tutukladılar, 4 sene 4 ay yatırdılar. Profesör Fatih Hilmioğlu, sağlıklıydı, içeri attılar, kanser edip, bıraktılar. Profesör Türkan Saylan'ın evini bastılar, fahişe bile dediler, rahmetli oldu, cenazesine çiçek bile göndermediler. Boş lav silahlarıyla Kardak kahramanlarını hapse tıktılar. Fethullah Gülen'i bitirme planını bizzat kendileri hazırladığı halde, sanki hiç haberleri yokmuş gibi, The Taraf'a manşet yaptırdılar. Yarbay Ali Tatar kafasına sıktı; intihar değildir, Ergenekon öldürmüştür dediler. Aşçı yakaladılar, suikastçı dediler. Bülent Arınç'a suikast yalanı icat ettiler, bu yalanı kozmik oda'nın kapısını kırmak için levye olarak kullandılar. Bülent Arınç, bu suikastı küçümseyenler ahmaktır dedi. Deniz Feneri kepazeliğini örttüler, sanıkları tanık yaptılar, savcıları sanık yaptılar. Bizim patrona, can sıkıcı yayınlar yapmasın diye bir milyar dolar giydirdiler. TSK cami bombalayacak dediler. Sahte cd'leri, bavul'ları alkışladılar, pırıl pırıl subayları hapse attılar, ordudan attılar. Dinciler ordudan atılırken şerh koydular, Atatürkçüler ordudan atılırken şerh merh koymadılar. Subayların eşlerine bile iftira attılar, albay Berk Erden'i öldürdüler. Öldüremediklerini casus ilan ettiler. Başsavcı İlhan Cihaner'i tutukladılar, Cinderella'yı Buggs Bunny'i bile gözaltına aldılar. Artık biz fişliyoruz dediler. Bize oy vermeyenlerin kanı bozuk dediler. Bizim gibi düşünmeyenler, iki cihanda lekeli dediler. 23 Nisan'da koltuğa oturtulan çocuğa, ister asarsın ister kesersin dediler. PKK'yla masaya oturduğumuzu iddia edenler, şerefsizdi... Baykal kasetle infaz edilirken, ağızları kulaklarındaydı. Hanefi Avcı'ya sahip çıkmadılar. Tayyip Erdoğan'ı görünce ayağa kalkmayan Engin Alan'ı Silivri'ye gönderdiler. Teğmen'e sehven yüklenmesine, Soner Yalçın'ın Nedim Şener'in Ahmet Şık'ın tutuklanmasına göz yumdular. Kaşif Kozinoğlu'nun şüpheli ölümüne bi kına yakmadıkları kaldı. Muhsin Yazıcıoğlu'nun helikopteri düştü, öldüğünden emin olana kadar, başka tarafta aradılar. Hizbullahçıları sokağa bıraktılar. İzmir belediye başkanına 400 sene istediler. Adana belediye başkanını MHP'ye geçince hapse tıktılar. Fenerbahçe'yi ele geçirmek için, Aziz Yıldırım'ı tutukladılar. Kendi siyasi çıkarları için, insanlarımızı Mavi Marmara'ya doldurup, ölüme gönderdiler. Kafa kesen, yürek söken şeriatçı teröristlere kucak açtılar, üs kurdular. Cumhuriyetin tek taş pırlantalarını sattılar, saman ithal ettiler. Bu memleketin derelerini savunan öğretmen Metin Lokumcu'yu biber gazıyla öldürdüler. Çağla bademler büyüsün de badem olsun diye, üniversite sınavına şifre koydular, biz tatmin olduk dediler. Şemdin Sakık'ı tanık yaptılar. İlker Başbuğ'u terörist diye müebbete mahkum ettiler. Genelkurmay başkanı ve kuvvet komutanları topluca istifa etti, bizim Necdetimiz var dediler, sucuk hediye ettiler. Uludere'yi bombaladılar. Madımak'ı zamanaşımına uğrattılar, milletimize hayırlı olsun dediler. Hazreti Muhammed'e nüfus kağıdı çıkarıp, Tayyip'i peygamberimizin oğlu ilan ettiler. Başbakanımız bizim için ikinci peygamber gibidir dediler. Başbakanımız Allah'ın bütün vasıflarını kendisinde toplamış liderdir dediler. 19 Mayıs'ı yasakladılar. Atatürk ilkelerini ders kitaplarından çıkardılar. Atatürk anıtına çelenk koymak kabahat oldu, ceza yazdılar. Sonra, Atatürk suç oldu, posterine-çıkartmasına trafik cezası yazdılar. *Nutuk* suç delili oldu. Bayrak suç delili oldu. Atatürkçülere terörist holigan dediler. İki ayyaş dediler. Andımızı yasakladılar. Şehitlere bi kaç Mehmet dediler. Apo, Nevruz'da ulusa sesleniş konuşması yaptı. TC kaldırıldı. Türk yok dediler. Halka gavat dediler. İstanbul Barosu Başkanı Ümit Kocasakal'ı meslekten atmaya, hapse tıkmaya çalıştılar. Merdan Yanardağ'ı tutukladılar. Ethem'in suratına ateş ettiler. Ali İsmail'i sopalarla döve döve katlettiler. Polisi seri katil yaptılar, Abdullah'ı, Ahmet'i öldürdüler. Van münüts şovunda, çocukları nasıl öldürdüğünüzü biliyoruz, siz öldürmeyi iyi bilirsiniz diye bağırıyordu... Çocuk öldürdüler, Berkin'e kıydılar.

Derken...
Ayakkabı kutusu bi yakalandı kardeşim.

Savcı Tayyip Erdoğan "ben yapmadım, haşhaşiler yaptı" dedi.

Zekeriya Öz yurtdışına kaçtı.

Zekeriya Öz

Bulgaristan göçmeni bir ailenin çocuğuydu, 1968'de Bursa'da doğdu, 1991'de İstanbul Üniversitesi hukuk fakültesinden mezun oldu, altı yıl Bursa'da avukatlık yaptı, 1997'de savcı oldu, güya askere gitti, 115 kiloydu, obezite tanısıyla askerlikten muaf tutuldu, ilk görev yeri Çine'ydi, Mutki, Bigadiç'ten sonra Ümraniye'ye atandı, 2007'de Ümraniye'de bir gecekonduda 27 adet el bombası bulundu, Ergenekon soruşturması başladı, Zekeriya Öz memleketin en korkulan "özel yetkili savcı"sı oldu, bizzat Tayyip Erdoğan tarafından korunup kollandı, dört yıl boyunca hiç suçu günahı olmayan insanlara kan kusturdu, astığı astık kestiği kestikti, yandaş medya tarafından "heykeli dikilecek adam" ilan edildi, "hukuk kahramanı" ilan edildi. AKP'yle fetocuların arası ufak ufak bozulmaya başladığında, özel yetkileri elinden alındı, Bakırköy Başsavcı Vekilliği'ne yükseltildi, aslında, terfi ettirilerek Ergenekon davasından uzaklaştırılmıştı, oradan Bolu'ya düz savcı olarak gönderildi, 17/25 yolsuzluk operasyonu başlayınca, bir zamanlar AKP'nin gözbebeği olan Zekeriya Öz, AKP'nin can düşmanı oldu, meslekten ihraç edildi, tutuklanmak üzere yakalama kararı çıkarıldı, 10 ağustos 2015'te Sarp sınır kapısından Gürcistan'a kaçtığı ortaya çıktı, Ermenistan üzerinden Almanya'ya geçti, iltica talebinde bulunduğu iddia edildi. 2017 itibariyle, hâlâ Almanya'daydı.

Rüstem

Halit Ergenç "Muhteşem Yüzyıl" dizisinde oğlu rolündeki Mehmet Günsür'ü boğdurdu, sayın ahalimizde 461 sene sonra jeton düştü! Şehzade Mustafa'nın türbesine koşup dua ediyorlar.

E madem öyle... Hayır duayla anılması için, ecdadımızın bir başka hayırlı evladını yazayım bari.

Rüstem Paşa... Hani, evladını boğduran padişahımız sultan Süleyman efendimizin damadı var ya, işte o.

Şerefsizin önde gideniydi.
Rüşvet mikrobunu bu topraklara bulaştıran ilk devlet (!) adamıydı. Damat ve Sadrazam unvanlarından başka bir sıfatı

daha vardı: Ebvab-ı Rüşvet Fatihi... Yani, rüşvet kapısını fetheden kişi!

Para karşılığında beylik-komutanlık satardı, mangırı bastırana makam-mevki dağıtırdı, kendi kesesini dolduranа devlet kesesine ait arazileri peşkeş çekerdi, barış anlaşmaları imzalanırken bile yabancı devletlerden avanta alırdı, işi düşen herkesi yolardı.

Fuzuli'nin "selam verdim, rüşvet değil diye almadılar" dediği dönem, bu arkadaşın dönemiydi.

Koltuğunu korumak için evladını katleden padişahımız efendimize yakışır bi damattı. Koltuğunu korumak için yapmayacağı ahlaksızlık yoktu. Fitnenin, entrikanın, yalanın, iftiranın "ecdadı"ydı.
Güya o kadar dindar'dı ki...
Şahsına ait 8 bin adet Kuran-ı Kerim vardı!

Kefenin cebi yok tabii... Dört kolluya binip giderken, hırsızlıklarıyla biriktirdiği şu serveti bıraktı: 1 milyon 200 bin altın, 11 milyon akçe, 33 iri mücevher, 815 çiftlik, 476 değirmen, 1700 köle, 12 bin 900 at, 500 altın eyer, bin gümüş eyer, 130 altın üzengi, 1100 deve, 1200 sığır, 2 bin zırh, 1500 gümüş tolga, 5 bin kaftan, 860 altın kabzalı-mücevher süslü kılıç, bin gümüş mızrak... Kendisinin çalıp çırpıp, mücevher tutkusuyla ünlü olan eşi Mihrimah'a devrettikleri ise, bilinmiyor.

Ve, bakıyoruz 461 sene sonra...

Şehzade Mustafa'nın akranları, evlatlarımız, Ethemler, Ali İsmailler, Abdullahlar hâlâ katlediliyor. Rüstem Paşalar hâlâ baş tacı.

Yakışır sayın ahalimize.

Rüstem Paşa

Ozan Güven

"Muhteşem Yüzyıl" dizisinde Ozan Güven tarafından muhteşem şekilde canlandırılan Rüstem paşa, aslında Hırvat'tı, devşirildi, vezir oldu, Kanuni'nin Hürrem'den doğma tek kızı Mihrimah'la evlendirildi, padişaha damat oldu, sadrazam oldu, Venedik raporlarında "tehlikeli, minyon yapılı, çirkin, kırmızı suratlı, kötü bakışlı biri" olarak tasvir ediliyordu, "sarayda o kadar güçlü ki, ona ikinci sultan Süleyman denilebilir" diye tarif ediliyordu. 1662'de öldü, çevirdiği onca entrikaya rağmen, doğal yollarla ölen ender Osmanlı paşalarından biri oldu. Ölümünün ardından hakkında iyi mersiye yazılmayan tek Osmanlı paşasıydı!

Çiçero

Sene 1943.
Ankara.

Elyesa Bazna.
Kosova doğumlu, Arnavut kökenli, Türk vatandaşıydı. Çankaya Köşkü'ne komşu İngiliz Büyükelçiliği'nde uşaktı. Aslında hep opera sanatçısı olmak istemişti. Servet sahibi bir kazanova olarak, konteslerle baroneslerle aşk yaşarken görürdü kendini, rüyalarında... 40 yaşına gelmişti, cebinde üç kuruş yoktu, fırtınalı kaçamaklardan vazgeçtik, merhabalaştığı kadın bile yoktu. Üstelik, İngilizlerden nefret ediyordu. Babasının ölümünden sorumlu tutuyordu onları... Bi gün, Almanya Büyükelçiliği Müsteşarı Jenke'nin kapısını çaldı. Gizli bilgilere ulaşabiliyorum, isterseniz satarım dedi. Müsteşar, konuyu Büyükelçi Von Papen'e açtı. Papen vaziyeti Berlin'e bildirdi. 29 Ekim 1943 gecesi, Cumhuriyet Bayramı törenlerinden döndüğünde, Berlin'in cevabı masasındaydı: Deneyin...

İngiliz Büyükelçi Sir Hugessen, gizli belgelerin tutulduğu kasanın anahtarını boynunda taşıyordu. Uyurken bile çıkarmıyordu. Elyesa, balmumumdan kalıp hazırladı, banyoda büyükelçinin sırtını sabunlarken, anahtarın ölçüsünü aldı. Bu taktiği Almanlar vermişti. Bir de fotoğraf makinesi vermişlerdi. Büyükelçi her öğleden sonra piyano çalmaya başladığında, Elyesa kasanın bulunduğu odaya sızıyor, Almanların yaptırdığı kopya anahtarla açıyor, dokümanları şakır şakır fotoğraflıyordu.

Trafik başladı.
Her film rulosuna 20 bin sterlin kapıyordu. Dokümanların yanı sıra, duyduklarını da anlatıyordu. Radar gibi dinliyor, bülbül gibi ötüyordu. Ama doğru mu söylüyor, yalan mı, henüz belli değildi. Ocak 1944'te, Sofya bombalanacak dedi. Hadi canım dediler. Sofya bombalandı! Kendini kanıtlamıştı. Güzel güzel konuştuğu

için, hatipliğiyle ünlü filozofun adını, "Çiçero" kod adını verdiler ona.

Aynı günlerde... Ankara'da Almanya Büyükelçiliği'nde Nele Kapp adında bi kız çalışıyordu. Sekreterdi. 24 yaşındaydı. Babası diplomattı, Almanya'nın Sofya Büyükelçisi'ydi. Dünya savaşı patlamadan önce, liseyi Cleveland'da okumuştu, oraları özlüyor, ABD'de yaşamak istiyordu, Nazilerden nefret ediyordu. Bi gün... Dişi iltihaplandı. Hayatı değişti. Dişçi, Yahudi bir Alman'dı, laf lafı açtı, istersen seni Amerikalılarla tanıştırırım dedi. Genç kızın yüzünde güller açtı. Amerikalılar da, Alman Büyükelçiliği'nde çalışan Amerikan sempatizanı kızın üstüne atladı doğal olarak... Buluştular.
Rastgele diye atılan olta, büyük bi balık yakalamıştı.
Çok büyük bi balık.

Genç kız, ilk randevuda, sizden söz vermenizi istiyorum dedi, eğer aktaracağım bilgi işinize yararsa, lütfen bana sığınma hakkı tanıyın... Sekreterin teklifi, ABD'nin Ankara Büyükelçisi Laurence Steinhardt'a iletildi. Onay alındı. Sekreter, tarihin akışını değiştiren bilgiyi anlattı: İngiliz Büyükelçiliği'nde bizimkilerin Çiçero dediği biri çalışıyor, Çiçero aradığında bizim elçilikte büyük hareketlilik oluyor, küçük rütbeli görevliler falan dışarı çıkarılıyor, Nazilerin kulağı bu Çiçero!

Amerikalılar derhal İngilizleri uyandırdı. Tüm personel tek tek sorgulanmaya başlandı. Çiçero enseleneceğini anladı, tası tarağı topladı, İstanbul üzerinden Mısır'a, oradan Arjantin'e kaçtı.

Tabii Naziler de uyanmıştı.
Çiçero'yu kim ispiyonladı?

Sorgu sual başlayınca, sekreter kız, Amerikalılara yalvardı, hayatım tehlikede... Amerikalılar sözünü tutacaktı. Ama, ciddi bi sorun vardı. Türkiye tarafsız ülkeydi. Köstebek'in ABD Büyükelçiliği'ne sığınması olacak iş değildi. Peki ne yapıldı? Sekreter kızın sarı saçları siyaha boyandı, adresi meçhul, gizli bir eve yerleştirildi, bir hafta saklandı. Naziler fıldır fıldır takipteydi, yana yakıla arıyorlardı. İstanbul'a götürülmesi çok riskliydi. Önce Suriye üzerinden çıkarmayı düşündüler, sonra vazgeçtiler, karayoluyla İzmir'e götürdüler, gemiyle Kıbrıs'a geçirip, Mısır'a, oradan da ver elini ABD.

Elyesa, Arjantin'e ayak bastı, tehlikelerden uzaktaydı, hayatının garantide olduğunu düşünüyordu. Üstelik, cebi doluydu, 300 bin sterlini vardı, beyler gibi yaşamasına yeter de artardı. Gel gör ki... Daha ilk alışverişte acı gerçekle karşılaştı. Almanların ödediği paralar, sahteydi. İngiliz ekonomisini çökertmek için, Nazilerin Berlin'de bastırıp, el altından piyasaya sürdüğü sahte sterlinlerdi. İngilizlere kazık atarken, Almanlardan ağır kazık yemişti. Aç biilaç kaldı, süründü. Savaştan sonra döndü dolaştı, gene Ankara'ya geldi, tutunamadı, Berlin'e gitti, boğaz tokluğuna gece bekçiliği yaptı. 1970'te, 66 yaşında, sefalet içinde öldü.

Hayatı film oldu.
Hollywood'da...
Hatıralarını *I was Cicero / Ben Çiçero'ydum* başlığıyla kaleme alıp, *Stern* dergisine satmıştı. Yönetmen Joseph Mankiewicz, 1952'de, bu hatıraları *5 Fingers / 5 Parmak* adıyla sinemaya uyarladı. Elyesa rolünü, o dönemin efsane aktörü James Mason oynadı. Elyesa'nın hayatı, iki Oscar aldı.

Sekreter Nele'nin ise, savaştan sonra kimliği değiştirildi; izi kaybedildi. Kaliforniya'ya yerleştirildiği, garsonluk yaptığı, evlendiği, bir çocuğu olduğu iddia edildi. Gerisi bilinmiyor.

Demem o ki...
Türkiye böyle bi yer.
İstihbaratçıların savaş alanı.

Zor coğrafyadır.
Hassastır, hayatidir, ciddi iştir.

E bakıyoruz bizim bademlere... Pazara karpuz getirir gibi, yüklemişler top mermilerini kamyona, zabıtaya yakalandılar.

Güya gizli operasyon yapıyorlar.
Afrika'daki Hotantu kabilesinin bile haberi var!

Elyesa Bazna

İngilizler onu eğitimsiz ve şapşal buluyordu, İngilizce bilmediği zannediliyordu. Halbuki, az daha, insanlık tarihinin en büyük suikastına sebep oluyordu. Tahran Konferansı'yla alakalı buluşma yeri, buluşulacak gün, saat gibi kritik bilgileri sızdırdı. Naziler bu bilgiler ışığında "Long Jump-Uzun Atlama" adı verilen operasyonu hazırladı. Bazı tesadüfler ve bazı aksilikler neticesinde bu operasyon gerçekleştirilemedi, başarısız oldu. Naziler, Tahran'a gönderdikleri tetikçileriyle Long Jump'ı başarsaydı, ABD başkanı Roosevelt, Sovyet lideri Stalin ve İngiltere başbakanı Churchill aynı anda öldürülecekti!

Haşhaşiyun

Tayyip Erdoğan cemaat'in adını koydu:
"Haşhaşiler."

Kimdir bu Haşhaşiler?

Aslında Haşhaşiyun'dur. İnsanlık tarihinin en gizemli adamı Hasan Sabbah tarafından 11'inci yüzyılda kurulan, siyasi-askeri figürlere yönelik suikastlarıyla devlet yönetimlerini dizayn etmeye çalışan tarikat... Bugünkü İran, Irak ve Suriye topraklarında yaygındı, Büyük Selçuklu'nun en güçlü döneminde, ortaçağ İslam coğrafyasının belirleyici faktörlerinden biriydi.

Rivayet o ki... Hasan Sabbah'ın fedaisi olarak seçilen kişiye haşhaş veriliyor, mayıştırılıyor, uyutuluyordu. Fedai, gözlerini cennet'te açıyordu. Rengarenk bitkiler, cıvıl cıvıl kuşlar, mis gibi kokular ve sarışın esmer kumral, şahane huriler... Fedai istediği kızla beraber oluyor, aklı başından gidiyor, sonra yine haşhaş verilerek uyutuluyordu. Bu defa gözlerini odasında açıyor ve henüz yaşarken cennete gidip geldiğini düşünüyordu; Hasan Sabbah cennetin kapılarını açan adamdı. Böylece... Fedailer yeniden cennete gitmek için yanıp tutuşuyor, bağımlısı haline geldikleri haşhaş'ın etkisiyle gözünü budaktan sakınmıyor, Hasan Sabbah'ın suikast emirlerini yerine getiriyordu. Ve, o sahte cennet elbette, efsane Alamut kalesinin arka bahçesinden başka bir yer değildi.

Nesilden nesile abartılarak, bire bin katılarak aktarılan, muhtemelen palavralarla dolu bu esrarengiz öykülerde, tek gerçek vardı, suikast... Haşhaşiyun kelimesi, döndü dolaştı, başta İngilizce, hemen tüm Batı lisanlarında "assassin" yani "suikastçı" halini aldı.

Tayyip Erdoğan çıktı, cemaat'i işte bunlara benzetti.

Cemaat haşhaşi olunca, Başbakanımız da Büyük Selçuklu Sultanı oluyor tabii.

Peki, Büyük Selçuklu Devleti, bu haşhaşilerle nasıl mücadele etmişti?

Cavlakiler'le...
Alamut kalesini düşüremeyince, fedailerle başa çıkamayınca, örgütün karşısına örgüt koyalım dediler, haşhaşilerin karşısına cavlakileri diktiler. Cavlakiye tarikatı, siyasi güç için dini alet etmekte sakınca görmeyen, bu uğurda suç işlemekten çekinmeyen, tehlikeli bir örgüttü. Saçı, sakalı, bıyığı, hatta kaşlarını bile kazıyan, vücutta-kafada tek kıl-tüy bırakmayan müritlerden oluşuyordu. Bu tarikat da, Türkçeye kelime kazandırdı. "Cascavlak" kelimesinin kökeni, bu arkadaşlardı.

E şimdi bakıyoruz...
Bi tarafta savcı-polis.
Öbür tarafta, ayakkabı kutuları, yatak odasında para sayma makinesi, 700 bin dolarlık avanta kol saati, hapisteki herifin uçağıyla umre seyahati, vakıfçı oğlan, rüşvetçi enişte, çantacı bacanak, sırf parkesi bile 350 bin dolarlık villalar.

Vaziyet hakikaten...
"Cascavlak" yani!

Hasan Sabbah

Fars mı Arap mı, bilinmiyor, Şiiliğin İsmailiye koluna bağlı bir ailenin çocuğu olarak 1052'de İran'ın Kum şehrinde dünyaya geldiği biliniyor. Hazar Denizi kıyısındaki sarp kayalıklara kurulu, "kartal yuvası" manasına gelen "Alamut" kalesini satın aldı, müritleriyle buraya yerleşti, ölümüne kadar 34 yıl boyunca bu kaleden hiç ayrılmadı, hatta odasından bile çok nadiren çıktığı söyleniyordu, muazzam bir kütüphanesi olduğu, dönemin bilginlerini ağırladığı, matematik, astronomi, büyü konularında derin bilgiye sahip olduğu rivayet ediliyordu. Suikastçılarını robot haline getirmek için haşhaş kullanıyordu ama, kalesinde içki içmeyi, çalgı çalmayı bile yasaklamıştı, kurallar konusunda tavizsiz eşitlikçiydi, yakınlarını bile kollamazdı, oğullarından birini mesela, içki içti diye öldürmüştü. Suikastçıları üniforma gibi tek tip, beli kuşakla bağlı beyaz giysi ve kırmızı çizme giyiyor, kırmızı başlık takıyordu. Zehirli ok, mızrak veya hançer kullanıyorlardı, mutlaka göğse saplıyorlardı. "Suikastçı" kelimesinin mucidiydi ama, 72 yaşında, yatağında, eceliyle öldü!

Recep ivedik

Efsane *Gırgır*'ın efsane tiplemesi vardı, Utanmaz Adam.
Karaktersiz karakter'di.
Şerefsizin önde gideniydi, adı Şeref'ti.
Oku oku doyamazdık.

Bi ara Dallas modaydı.
Ceyar.
Haysiyetsizlik abidesiydi, babasını bile dolandırıyordu. Salgın gibi yayıldı, memlekette nerdeyse bütün tabelalar değişti, Dallas kafe, Dallas kuaför, Dallas market peydah oldu, Dallas eczanesi bile vardı. Herkes birbirine "naber lan Ceyar" diye sesleniyordu. Hiç kimse "Bobby" olmaya özenmiyordu.

Mükremin Çıtır'la Tirbuşon, bir baltaya sap olamamış, işsiz güçsüz, yumurta topuk serserilerdi, magandanın Feriştah'ıydılar, izlenme rekoru kırdılar.

Sayın ahalimizden en çok mesaj alan yarışmacı, gelin oldu, damadı uyuşturucu komasından ölü buldular, tabuta Türk bayrağı sardılar, kaynana Semra'yı "şehit anası" ilan ettiler. Fatih Camisi'ndeki cenaze töreninde izdiham oldu, sayın ahalimiz tabutla fotoğraf çektirebilmek için birbirini ezdi. Televizyonlar kesintisiz dörder saat canlı yayın yaptı, muhabirler geniş açı almak için minareye çıktı, kayınpeder sevgilisiyle geldi, musalla başında tekme tokat kavga çıktı, polis dağıttı, kaynana bayıldı, kalabalıktan bunalan hıyarın biri "bomba var" diye bağırdı, panik yaşandı, akşam ana haber bültenleri komple bu haberle başladı bitti. Hiç unutmam, o sırada atv haber'i yönetiyordum, beş bin dolar vereyim tabutun önüne kamera takayım dedim, prensipte anlaştık, parada anlaşamadık.

O kadar şarkı yarışması yapıldı, en çok kim sevildi?
Cinayetten sabıkası olan, esrarla yakalanan Bayhan.

Polat Alemdar, ailemizin katili... Tetikçisi Memati'yle birlikte üniversitede konferans verdiler, salon inim inim inledi, Türkiye sizinle gurur duyuyor diye, dakikalarca ayakta tezahürat yapıldı.

Behlül gizli gizli yengesini düdüklerken, "Bihter'e kocası tecavüz edecek" diye bir hafta boyunca anons yaptılar... Benim rahmetli valide bile, tecavüz sahnesini kaçırmasın diye misafirlikleri filan iptal etti.
Fatmagül olsun da, ister Hülya Avşar olsun, ister Beren Saat olsun, hiç fark etmiyor, yeter ki tecavüz olsun, reyting daima garanti.

Bu dizileri "ahlaki açıdan" denetleyen RTÜK'ün başkanı, Deniz Feneri'nden tutuklandı iyi mi!

Recep İvedik.
Öküzün önde gideni.
Tüm zamanların gişe rekortmeni.

Türkiye'de örnek tavırlar sergileyen bir insanın örnek alındığını asla göremezsiniz.
Doğru, küçümsenir.
Yanlış, onore edilir.

İnternette yılın valisi anketi yaptılar, vatandaşa "gavat" diyen vali açık ara birinci seçildi.

Dünya beyefendisi rahmetli Erdal İnönü'ye "uzaylı E.T." lakabı takılmıştı.
Ananı da al git diyene, asrın liderimiz deniyor.

Bu millet... Tabanca sesi duyduğu zaman, saklanacağına, balkona pencereye koşup, nereden ateş edildiğini görmeye çalışan, dünyadaki tek millettir. Olumsuzluğu merak eder.

İyi haberi bangır bangır manşet yap, kimse okumaz.
Kötü haberi istersen tek sütuna koy, tıklana tıklana bi hal olur.

Futbola bakışımız da böyledir.
Efendi gibi spor programı yap, kimse suratına bile bakmaz, pislik yap, küfret, dedikodu saç, yalan söyle, iftira at, herkes adeta büyülenmiş gibi ekrana yapışır, nefes almadan seyreder.
Rakip kulübe hakaret etmeyen başkan, istifaya çağrılır, rakibe dümdüz giden başkan, alkışlanır.
Centilmen teknik direktörler pısırık bulunurken, taraftarın en sevdiği teknik direktör, ağzı en bozuk olan, hakemlerle en çok hır çıkaran, sağı solu tekmeleyen, etrafını aşağılayan teknik direktördür.

Del Bosque...
"Bu göbekli haliyle olsa olsa Yeniköy kasabı olur" dediler.
Adam gitti, Dünya Kupası'nı kazandı.
Biz kasap işlerinden çok iyi anladığımız için, inek ithal ediyoruz, kuzu ithal ediyoruz.

Löw...
"Alman köylüsü" dediler.
Adam gitti, Dünya Kupası'nı kazandı.
Biz köy işlerinden çok iyi anladığımız için, saman ithal ediyoruz.

Ve, Şenol Güneş...
"Karizması yok" dediler.
"Prada giymiyor" dediler.
"Saçı demode" dediler.
"Kaleciden antrenör olmaz" dediler.
Gene şampiyon oldu, futbol tarihimizin en büyük teknik direktörü olduğunu bir kez daha kanıtladı.

Spordan kültüre, ekonomiden diplomasiye, elbette özellikle siyasette... İnsan sarrafıyız maşallah!

Şahan Gökbakar

Bu ne dingil hayat yavv, en kral entilekteli donumda silkelerim, Britanikha takib ederim, kadının yaşı erkeğin maaşı sorulmaz koçuum, konuşma layn, agresifim kompleksliyim, yürü git layn, sen suya düşsen hiç batmazsın çünkü senin tipin kayık, lan dingil o dilini gopartırım senin, aç şu camı mamı apuş arası kokuyo resmen yavv, hayvanım ama evcil değilim, bah bahiim bende öyle göz var mı bah bahiim. amanına minnoş muck, annem somun ekmeği arasına makado koyardı, ekinler baş vermeden kör buzağı topallamazmış, orama koma burama ko... Türk sinema tarihinin gelmiş geçmiş en çok izlenen filmi *Recep İvedik*'te "espri" diye kullanılan ve seyircilerini kahkahalara boğan bazı replikler işte bunlardı!

Yasin

Cibiliyetsiz'sin.
Vampir'sin.
İki cihanda lekeli'sin.
Gavur'sun.
Hasta kafa'sın.
Milletin malının peşkeş çekilmesine karşıysan, sermaye ırkçısı'sın. Vatan haini'sin. Bizzat başbakanımız izah etti, hazımsız tip'sin, şizofren tip'sin. Kudurmuştan beter'sin. 1959'dan beri AB'ye gireceğiz diye kandırıldığımızı hatırlatıyorsan, vizyonsuz'sun, cahil'sin. Bahtsız bedevi'sin. Keriz Feneri rezaletini yazıyorsan, iftiracı'sın, İsrail ajanı'sın. Seçmene avanta kömür, bulgur, buzdolabı dağıtılmasına itirazın varsa, çirkin'sin, antidemokrat'sın, halk düşmanı'sın. Hukuku guguk yaptılar diyorsan, Ergenekoncu'sun, darbeci'sin, beyinsiz'sin, soytarı'sın, geçmişin lekeli, çete avukatı'sın, mafya'sın, densiz'sin, ahlaksız'sın, müfteri'sin, karanlık komplocu'sun, kirli senarist'sin.

Hükümetimizin referandumlarına hayır diyorsan, ya bakanımızın söylediği gibi, aklından zorun var'dır, ya da liboşun yazdığı gibi, vicdansız'sın, bağnaz'sın. Tayyip Erdoğan'ın canını sıkarsan, ucube'sin. Bülent Arınç'ın asabını bozarsan, yaratık'sın.

Devrimciysen, dudakların lekeli, ülkücüysen, contaları yakmış'sın. AKP'ye ak demiyorsan, edepsiz'sin. Seçmensen, kaz güdemeyene, koyun güdemeyene oy vermeyeceksin, güdülecek'sin. Bakanlarımızı gördüğün zaman, takla atacak'sın, göbek atacak'sın.

Anan ağlıyorsa, ananı da alıp gidecek'sin. İşsizsen nankör'sün. Cebine ilaç parası sokuşturulduğunda, dilenci değilim diyorsan, olsa olsa ruh halin bozuk'tur. Çocuklarımızı hastanelik eden süt bozuk olamaz, senin çocuğunun psikolojisi bozuk'tur. Madenciysen güzel ölü'sün. Gazeteciysen, tasmalarından kurtardılar seni, bildiğin köpek'sin.

Şehitsen, kelle'sin.
Alt tarafı, bi kaç mehmet'sin.
Gaziysen, gaziliğini bileceksin, istismar etmeyecek'sin.
PKK'yla masaya oturduklarını iddia ediyorsan, şerefsiz'sin, müfteri'sin, haysiyetsiz'sin.

Türban takmıyorsan, dinsiz'sin.
Kızlı-erkekli bahçede oturuyorsan, yoldan çıkar'sın, kızlı-erkekli bankta oturuyorsan, kucakta oturuyor'sun, kızlı-erkekli yurtta kalıyorsan, orası fuhuş yuvasıdır. Tüsiad gibi düşünüyorsan, pornocu'sun. Kürtaj yaptırdıysan, katliamcı'sın, sezaryen yaptırdıysan, katil'sin. Dindar gençlik değilsen, tinerci'sin. İmam hatibe gitmediysen, satanist'sin. Ayyaş'sın. Alkolik'sin. Çapulcu'sun. Vandal'sın. Zavallı kemirgen'sin. Ulan'sın. Be'sin.

Atatürkçüysen, terörist holigan'sın.
Türk bayrağıyla yürüyorsan, marjinal'sin.
Alt kimlik'sin.
Ulusalcıysan, kafatasçı'sın, ırkçı'sın, faşist'sin.
Milliyetçiysen, ayaklar altında'sın.

AKP milletvekili söyledi.
Kanın bozuk.
AKP valisi söyledi.
Gavat'sın.

En son ne öğrendik?
AKP yöneticisi söyledi.
Türk değil'sin.

Türk filan yok.

Haklı olabilir aslında.

Çünkü bırak Türk'leri... Yabancılar bile Türk milletine bu kadar hakaret edilmesine sessiz kalmazdı herhalde!

Yasin Aktay

ODTÜ sosyoloji bölümünden mezun oldu, profesör oldu, yandaş *Yeni Şafak* gazetesinde köşe yazıyordu, 2015'te AKP milletvekili yapıldı. Bayburt Üniversitesi'nde konferans verirken "milletin ne olduğu siyasilerin kararıyla doldurulan bir şeydir, milletin tanımı siyasiler tarafından yapılmış, sana 'Türksün' demişler, ne demek Türklük? Var mı böyle bir şey, Türk nedir mesela? Türk dediğin sentezdir, Türk diye bir ırk yok" dedi. Türk filan yok diyen bu arkadaş... Hazreti Muhammed'e saygı göstermek için söylenen salavat'ı, Tayyip Erdoğan için türküye çevirdi, Türkçe-Kürtçe karışımıyla, "heval Tayyip Erdoğan, salli ala Muhammed, serok Tayyip Erdoğan, salli ala Muhammed, ak parti ak parti, salli ala Muhammed" şeklinde söyledi.

Şivan

barutun kokusu, düştü burnuma
dört bir yana istiyorum
dibinden patlatayım
adamlar gibi, dağlara düşeyim
tutmak istiyorum, Kürdistanımı

taa ki Kürdistan
zavallı ve perişan
esir düşene kadar
uykuya daldılar
esaret uykusuna daldılar
uyudular, uyudular
bazı kereler başlarını kaldırdılar
fakat, düşman kellelerini kesti

ya babam, acaba ne yapalım?
insanlık istemiyorlar

saldırın ve tutun
kemiklerini kırın
o pislik iğrençleri
içimizden çıkartın

el ele verelim, ilerleyelim
vatan için yürüyelim
ya ölüm
ya kurtuluş
güneş bizim için doğdu
uyanın uykudan çabuk
artık savaş zamanıdır

Şivan Perwer'in bazı şarkılarının sözleri bunlar...
Ne kadar hümanist, ne kadar kardeşçe di mi?

"Çoban" demektir, Şivan.
Kaval dinler gibi dinlememek lazım.

Hadi cümleten hayırlı düetler.

Şivan Perwer

Asıl adı İsmail Aygün'dü, Şivan Perwer takma adını kullanıyordu, Gazi Üniversitesi'nde matematik okudu, müzik eğitimi almadı, 1976'da Almanya'ya yerleşti, Alman vatandaşı oldu, Pkk'nın Almanya'da organize ettiği Nevruz kutlamalarının değişmez sanatçısıydı, sahneye peşmerge kıyafetiyle çıkıyordu, 2013'te, 37 yıl sonra ilk defa, Akp'nin Pkk açılımı vesilesiyle Türkiye'ye döndü, Akp'nin Diyarbakır mitinginde İbrahim Tatlıses'le birlikte Kürtçe düet yaptı, protokolde bulunan Emine Erdoğan gözyaşlarını tutamadı, ağladı, Mesut Barzani sahneye çıktı, Diyarbakır halkına hitaben Kürtçe konuşma yaptı, bilahare Tayyip Erdoğan sahneye çıktı, Şivan Perwer'le İbrahim Tatlıses'in ellerini şampiyon olmuş boksör gibi havaya kaldırdı.

İmparator

Fatih Terim kadar şampiyonluk kazanıp, Fatih Terim kadar taraftarı olup, Fatih Terim kadar sevilmeyen bir başka teknik direktör yoktur herhalde.

Tayyip Erdoğan kadar seçim kazanıp, Tayyip Erdoğan kadar taraftarı olup, Tayyip Erdoğan kadar sevilmeyen bir başka başbakan da yoktur sanırım.

Fatih Terim kadar omuzlara alınmasına, pohpohlanmasına rağmen; "imparator" bile denmesine rağmen... Fatih Terim kadar, kendisine "saygı gösterilmediği"nden şikayet eden, yolunu kesmek için kendisine karşı devamlı "komplo tezgahlandığı"nı düşünen teknik direktör yoktur.

Başbakan kadar el üstünde tutulmasına, alkışlanmasına rağmen; "başkan, tek adam, reis" denmesine rağmen... Başbakan kadar, kendisine "saygı gösterilmediği"nden şikayet eden, yolunu kesmek için kendisine karşı habire "komplo tezgahlandığı"nı düşünen başbakan yoktur.

Bana sorarsanız, bu garip durum... Sayın ahalimizin "futbol"u ve "siyaset"i çok biliyor olmasından kaynaklanıyor. İstisnasız, herkesin teknik direktör, herkesin devlet adamı olmasından kaynaklanıyor.
Gir mesela en yakın bakkala... Real Madrid karşısında hangi taktikle oynanması gerektiğini anlatsın. Sor manavın çırağına, Mourinho halt etsin. Veya bin taksiye, aklına gelen gelmeyen her mevzuda, ben diyeyim diplomattır, sen de ekonomi profesörüdür, illa ki çözüm önerileri vardır. Ya da, çık şöyle Eminönü'ne, rasgele mikrofon uzat, ilaç için tek bir kişi "o konuyu bilmiyorum" desin, mesleği bırakırım; mutlaka bilir. Şu anda bu satırları okuyan "iki kişiden biri"nin "bu herif *Hürriyet*'te yazıyorsa, ben haydi haydi *Washington Post*'ta yazarım" diye düşünmesi gibi.

Aslına bakarsanız, sayın ahalimizin kendisini "otorite" hissetmesinin önemli sebepleridir, Fatih Terim'le Tayyip Erdoğan... Ona bakar, bi de kendine bakar, fark göremez, hatta tıpatıp kendinden görür, "o yapıyorsa, ben de yaparım" diye düşünür.

Ve aslına bakarsanız, Fatih Terim'le Tayyip Erdoğan'ın bunca başarıya, bunca zafere rağmen, bu kadar gergin, bu kadar öfkeli, bu kadar tahammülsüz... Koltuğu, makamı, mevkisi, kariyeri için bu kadar tedirgin olma sebebi de budur.

"Ben olduğuma göre, başkası niye olmasın" diye düşünür.

Fatih Terim

Futbolun beşiği İngiltere'de efsane teknik direktör Alex Ferguson 13 defa İngiltere şampiyonu oldu, beş defa İngiltere Lig Kupası'nı aldı. üç defa İskoçya şampiyonu oldu, dört defa İskoçya Kupası'nı aldı, iki defa Kupa Galipleri Kupası'nı aldı, iki defa UEFA Kupası aldı, iki defa Şampiyonlar Ligi Şampiyonu oldu, iki defa Süper Kupa aldı, iki defa Kıtalararası Kupa'yı aldı, anca "sir" olabildi. Bizimki tek kupayla "imparator" oldu. Sayın ahalimiz asalet dağıtma konusunda Britanya Kraliçesi'ne oranla fazla bonkördü!

Ferid

1919'da Damat Ferid hükümetinin "heyet-i nasiha"sı vardı.
Bu hükümetin "heyet-i akil"i var.

O heyetin amacı, vilayet vilayet dolaşıp, işgale direnmemeleri, büyüklerimiz ne diyorsa onu yapmaları konusunda "ahaliye nasihat" etmekti. Bu heyetin amacı da, vilayet vilayet dolaşıp, direnmemeleri, büyüklerimiz ne diyorsa onu yapmaları konusunda "ahaliye nasihat" etmek.

O heyetin mensupları 7'şerliydi.
Bu heyetin bölgeleri 7'şerli.
O heyet nisanda kurulmuştu.
Bu heyet de nisanda kuruldu.
O heyet padişah efendimizi "Dolmabahçe"de ziyaret ettikten sonra görevine başlamıştı. Bu heyet de başbakanımızı aynı mekanda, "Dolmabahçe"de ziyaret ettikten sonra görevine başlıyor.
O heyet maneviydi.
Bu heyetin de hiçbir yetkisi yok.
O heyette müftü vardı.
Bunda imam var.
O heyette Ohannes Efendi vardı.
Bunda muadili var.
O heyette liboş vardı.
E kambersiz düğün olmaz.
Bunda da var.

O dönemin basını "muhabbettin temin edileceğini, nifakın yok edileceğini" anlatıyordu. Bu dönemin basını da fotokopi gibi "barışın sağlanacağını, hayırlara vesile olacağını" anlatıyor.
O dönem, biri şöyle yazmıştı...
"Millicilik bağnazlıktır.
Milliyetçilik dedikleri, medeniyet için afettir."
Bu dönem, hangi birini yazayım!
O heyetin başkanları, her gittikleri vilayetten sadrazama telgraf çekiyor, gözlemlerini aktarıyor, memleketin sevinçlere gark olduğunu, tebaanın bila istisna sadakat gösterdiğini bildiriyordu.
Bu heyetin başkanları da, Başbakan'a rapor hazırlayacak.

O heyet işe yaramamıştı.
Bu heyeti henüz bilmiyoruz.

Ama kesinlikle bildiğimiz şu...
O heyeti tarih unutmadı.
Bakın bugün bile konuşuyoruz.
Bu heyet de asla unutulmayacak.
Çünkü, şöyle demiş milli şair...
Tarihi tekerrür diye tarif ediyorlar.
İbret alınsaydı, tekerrür mü ederdi.

Damat Ferid Paşa

Hariciyede memurdu, Paris, Berlin, Petersburg ve Londra elçiliklerinde katipti, padişah Abdülmecid'in kızı, Vahdettin'in ana bir kardeşi Mediha Sultan'la evlendirildi, vezir oldu, paşa unvanı verildi, kayınbiraderi Vahdettin'in saltanatında kariyeri parladı, sadrazam oldu, İngiliz finosuydu, memleket işgal edildiğinde sırf İngilizlere yaranmak için 90 bin sandık cephaneyi denize döktürdü, Mustafa Kemal hakkında idam fermanı ve idam fetvası çıkarttı, Sevr Anlaşması'nı imzaladı, tarih böyle vatan haini görmedi, 9 Eylül'de vatan kurtuldu, 22 Eylül'de Fransa'ya kaçtı, Cumhuriyet'in ilanını göremedi (!) 6 Ekim 1923'te öldü. Vahdettin bile "dünyada üç melun vardır, bunlar sacayağıdır, biri bizim hemşire, biri zevci olan Ferid, biri de oğlu Sami" dediğine göre, Damat Ferid'in nasıl bir şerefsiz olduğunu düşün gari!

Orhan

"Kürt başka PKK başka denilemez" diyen akil mi? Akil.

"Devletten yana değil, dağdakiyle birlikte yaşamak isterim" diyen akil mi? Akil.

Bismillah, dakka bir gol bir, akil olduğunu öğrendiği anda "her iki taraf da şehit" deyip, sonra "pardon" diyen akil mi? Akil.

Peki, "Türk bayrağı demeyi tartışmamız lazım, Türkiye bayrağı demeyi öneriyorum, ya da devlet bayrağı olabilir" diyen akil mi? O da akil.

"CHP kapatılsın" diyen? Akil.
MHP'ye saydıran? Akil.

Gazete kupürünün başlığını belge diye yayınlayıp, içinde öyle yazmadığı halde... Mustafa Kemal döneminde caminin ahır yapıldığını öne süren... Başbakanı da yanıltan, akil mi? Akil. Elalemin Soros'undan para aldıklarını açık açık anlatan, "aslında biz istemiyoruz, o veriyor" diyen, "mesela faaliyetlerimiz için 500 bin dolar bulursak, 500 bin de o veriyor" diyen arkadaş, akil mi? Akil.

AKP sözcüsü, akil adamları eleştiren gazetecilere sinirlenip "densizler" dedi ama... Liste açıklanmadan önce, akil adamlara "sakil" adamlar diyen, adı geçenlerin "PKK'nın safında olduğunu" iddia eden, "bunlarda akıl olsaydı Türkiye'nin çıkarlarını düşünürlerdi" diye akıl veren, "kuzu kurda emanet edilmesin" diye uyaran gazeteci, akil mi? Akil.

(Orhan Gencebay'ın "berhudar ol" albümündeki en dramatik şarkının "vatan sağ olsun" adını taşımasına ise, hiç girmeyeyim!)

Ve sanırım, ölümü gösterip sıtmaya razı etmek istiyorlar.
Ben kendi payıma ikna oldum kardeşim...
Akil bunlarsa, direkt İmralı'yla görüşelim!

Orhan
Gencebay

Gerçek adı Orhan Kencebay'dı, arabesk müziğin Orhan Baba'sıydı, 1998'de devlet sanatçısı unvanı almıştı, binden fazla beste yaptı, kaset-plak-cd satışında 300 milyon gibi yaklaşılması bile zor rakamlara ulaştı, 35 sinema filminde başrol oynadı, "Bir Teselli Ver", "Batsın Bu Dünya", "Hatasız Kul Olmaz", "Yarabbim" gibi eserleri adeta marş gibi ezbere bilinirdi, Türkiye'nin sevgilisiydi. Siyasal İslamcılar, liboşlar, sorosçular, yalakalar ve Pkkcılarla birlikte Akp'nin akil insanlar heyetine girince, toplum nazarında sahip olduğu tüm kariyer yerlebir oldu. "Kalbimde ritm bozukluğu var, sağlığım elvermiyor" filan diyerek, akil insanlar heyetinden ayrıldığını açıkladı ama, iş işten geçmişti. Kendi şarkısıydı... Kula kulluk edene yazıklar olsun'du!

İdris

"Yapma yahu, nerden bileyim beni görünce sevindiğini, takla at da göreyim bakiim..."

"Dışarda özgürlük yoksa, tutuklanınca niye şikayet ediyorsunuz? Tutuklananlar dışarı çıkmak istediğine göre, demek ki, dışarda özgürlük var."
"AKP öksürürse, Türkiye zatürree olur."
"AKP'nin korunması lazım, hep sahiplenilmesi, desteklenmesi, sevilmesi, sayılması lazım."
"3G teknolojisi gibi 3T yapımız var, kadın kolu, gençlik kolu, ana kademe, açık edelim artık, 3T'yiz biz."
"Bu topraklar kiralık sebze bahçesi değil, şekerpancarı tarlası değil."

"Viyana'da Türk hemşerilerimle buluştuk, ulu çınarın gölgesinin altında..."
(Vatandaş seslendi: Sayın bakanım, o ağaç çınar değil, ıhlamur ağacı.)
"Ben iki ağacı alıp da, karıştırmış değilim ki... O ağaç, ıhlamur ağaçlarından daha büyük ve kalın gövdeli ağaçtı. Ağacı filan suçlamıyorum, birileri ağacı suçladı diyebilir, bazı şeyleri öngörebiliyorum."
"Light militandım."

"Şehitlik de gazilik de, nasip işidir, bizim Iğdır'a gelmemiz de nasip işidir, aniden karar verdik, geldik."
"Yeni demir coplar, vatandaşa sokakta sunulan hizmeti çok daha kaliteli hale getirecek."
"Biber gazımız tamamen doğal bitki olup, kalite güvenlik belgesiyle kullanılmaktadır."
"Biber gazı parfüm değildir."
"Başka milletlerden insanlar Türkiye'de yaşamak için can atıyor."
"Vicdan sorgulamasına lütfen karışmayınız, benim vicdanım bana, sizin vicdanınız size aittir."
"1 her zaman 0.9'dan büyüktür, 1 her zaman yarımdan büyüktür, bizim hedefimiz 1'i 1.10, 1.20 ve 1.5'e yüceltmektir, büyük daima iyidir, o büyüğü 0.75'e indirerek, yarıma indirme planları yapabilirler."
"Geçimli'de atılan havan mermisiyle, Ankara'da yazılan yazıların bir farkı yoktur."
"Teröre neyiyle destek veriyor, belki resim yaparak tuvale yansıtıyor, şiir yazarak şiirine yansıtıyor, günlük makale yazarak..."
"İstanbul'da oturmuş köşesine, almış kalemini eline, içiyorsa purosu, içiyorsa içeceğiyle beraber, gökyüzünün derinliklerine, denizin maviliklerine, bahçelerin yeşilliklerine bakarak yazı yazanlar, büyük ulema, büyük mütefekkir grubu... Ağzına tıkarım o yazıları senin!"
"Kimin ne sözü varsa, söyleyebiliyor, en anlamsız, en absürd düşüncelere bile bu ülkede yer var."

Bana göre yılın adamı...
İdris Naim Şahin'dir!

İdris Naim Şahin

Tayyip Erdoğan'la imam hatipten sınıf arkadaşıydı, Tayyip Erdoğan İstanbul büyükşehir belediye başkanı olunca, belediyede genel sekreter yardımcısı oldu, Akp kurucuları arasında yeraldı, 2002'de Akp milletvekili yapıldı, 2011'e kadar Akp genel sekreterliği yaptı, 2011'de içişleri bakanı yapıldı, içişleri bakanıyken yukarıda sıraladığım birbirinden tuhaf açıklamaları yaptı. 2013'te görevden alındı, bambaşka birine dönüştü, bakanken "Akp öksürürse Türkiye zatürree olur" filan diyordu, bakanlık koltuğu altından alınınca Akp'yi yerden yere vurmaya başladı, 17/25 yolsuzluk operasyonunda ipler tamamen koptu, fetocu oldukları gerekçesiyle tutuklanan polisleri savundu, Akp'den istifa etti, Millet ve Adalet Partisi'ni kurdu, sonra kendi kurduğu partisinden de istifa etti. Tayyip Erdoğan "onun da şantaj kasetleri var, o kasetleri açıklayacaklar diye korkarak bizim partimizden ayrıldı gitti, biliyorum" dedi. İdris Naim Şahin, varlık sebebi olan Tayyip Erdoğan'ın bu açıklamasıyla siyaseten bitti!

Mas Kom Yah

Ayhan bey, fabrikatördür.
Benzetmek gibi olmasın ama, Tüsiad üyeleri gibi kalantordur yani... Namazla niyazla alakası yoktur. Camiye anca bayramdaaaan bayrama gider. Oğlunu, ecnebi tahsili alsın diye avrupa'ya gönderir. Etrafındakiler uyarır, etme eyleme derler, gavurlara verme çocuğu, kalsın burda, dinini öğrensin... Ayhan bey güler, geçer, inanç'tan değil, bilim'den yanadır. Gel zaman git zaman, oğlu avrupa'dan döner, ki, dinsiz olmuştur! Söylemişlerdi işte sana, bilim ha, al sana bilim... Ayhan bey perişan olur, pişmandır, ancak, henüz ebesinin örekesini tam olarak görmemiştir. Şak... Fabrikası işgal edilir. Ekmek verdiği işçiler, sosyal adalet vaadiyle kandırılmış, yakıp yıkmış, malını mülkünü gasp etmiş, ibadeti bile yasaklamıştır. İyi de, kimin başının altından çıkmıştır? Kimdir milletin zihnini bulandıran iblis? Maalesef, vicdan sahibi Ayhan bey'in salya sümük yalvarmasına acıyarak işe aldığı, farkında olmadan koynunda beslediği yılan'dır o... Namuslu insanları fıştıklayan ve Müslüman Türk olarak bildikleri işçi, meğer yahudi'dir. Kimliğini değiştirmiş, aralarına sızmış, kanlarına girmiştir. Öylesine soysuzdur, ahaliyi mukaddesattan öylesine saptırır, ki, Ayhan bey'i linç ederek öldürürler.

Tiyatro bu.
Adı, "Mas Kom Yah."

Mason'un Mas'ı.
Komünist'in Kom'u.
Yahudi'nin Yah'ı.

Yöneten...
Recep Tayyip Erdoğan.

Birlikte sahneledikleri arkadaşlarının anlattığına göre... Milli Selamet Partisi gençlik kollarındayken, sahaflardan *Kızıl Pençe* diye bi kitap bulmuşlar, adını "Mas Kom Yah"a çevirmişler, Başbakanımız hem başrolü, Ayhan bey'in oğlu'nu oynamış, hem de yönetmenliğini üstlenmiş... Hatta, Mustafa Kemal'in "Cumhuriyet baloları" düzenlediği Ankara Palas'ta Erbakan'ın önünde oynamışlar, hoca bayılmış, alkışlamış.

Alkışlanmayacak gibi değil tabii.
Senaryo dediğin böyle olur.
Şekspir halt etmiş yani.

Sosyal içerikli.
Milli-manevi.
E hiç kadın da yok.
Daha ne?

Bana sorarsanız, "Muhteşem Yüzyıl"ı derhal yayından kaldırıp, "Mas Kom Yah"ı dizi olarak çeksinler... Siyenbisiye'yle lig tivi dahil, bütün kanallar her akşam onu versin, gündüzleri ha bire tekrar edilsin.

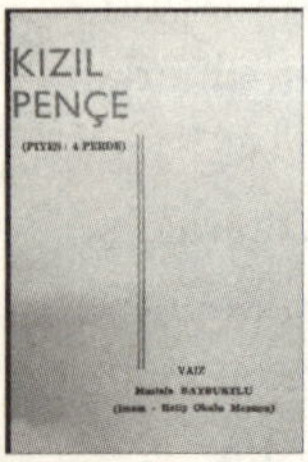

Mustafa Bayburtlu

1969'da Çorum'da İmam Hatip Kitabevi tarafından basılan dört perdelik "Kızıl Pençe" piyesini Mustafa Bayburtlu yazmıştı, vaizdi, kendisinin imam hatip mezunu olduğunu kitabın kapağında özellikle vurguluyordu, "komünizmle ve siyonizmle mücadele uğrunda can veren İslam mücahidlerine ithaf olunmuş"tu. "Beni hocaya göndermediniz dinsiz yaptınız, dinini imanını unutmuş leş sürüleri, Lenin benzeri soysuz köpekler, Karl Marks ve Stalin benzeri kızıl salyalı itler, moskof köpeklerinin küfür kokan ulumaları, her olayın arkasında aydın geçinen üniversite hocaları bulunuyor, komünist piçlerin yardakçısı sosyalist köpekler, asıl adı Mişon olan yahudi bozması soysuz, bütün şer rejimler yahudi icadıdır, geberene dek vurun kızıl soysuza" gibi hümanist (!) replikler vardı.

Bolkiah

"Bu ülkenin ışığı, Atatürk'ün yüceliğini yansıtıyor."
Gabon Cumhurbaşkanı

"Her zaman ileri görüşlü, bilge, laik, devrimin babası."
Benin Cumhurbaşkanı

"Modern Türkiye'nin yaratıcısı, hayranlıklarımı sunarım."
Ekvador Devlet Başkanı

"Lider, vizyoner, hatıran önünde saygıyla eğiliyoruz."
Kolombiya Cumhurbaşkanı

"Arnavutluk milleti Mustafa Kemal'e minnettardır."
Arnavutluk Cumhurbaşkanı

"Yüce devlet adamı, milletim adına saygı sunarım."
Brezilya Devlet Başkanı

"Dünyaya ilham kaynağı, onurla, şerefle anıyorum."
Zanzibar Cumhurbaşkanı

"Bu ulusun kahraman Ata'sı, Allah ruhunu kutsasın."
Malezya Başbakanı
"Asil ruh, seni ziyaret onurdur."
Nijerya Cumhurbaşkanı

"Sonsuza kadar yaşa."
Çin Başbakanı

"Vizyonu, kararlılığı, cesareti ve demokrasi mirasıyla dünyaya ilham vermeye devam eden Atatürk'e saygılarımı sunmak benim için onurdur."
ABD Başkanı

"Aziz hatıran halkımın kalbinde daima yaşayacak."
Azerbaycan Cumhurbaşkanı

"Modern tarihin büyük şahsiyeti...
Saygılarımı sunmak onurdur."
İngiltere Kraliçesi

"Tarihin akışını değiştirdi, yeni bir tarih yarattı."
İsrail Devlet Başkanı.

"Yurtta barış, dünyada barış...
Kendi sözlerim gibi söylüyorum."
Papa

Veeeee...

"Bu ülkeye yaptığım ziyaret sırasında, hükümetin şahsıma göstermiş olduğu sıcak ve içten konukseverlik için teşekkür ederim. Yapmış olduğum ziyaret, beni ziyadesiyle memnun etmiştir."
Brunei Sultanı

Girin internete bakın.
Doğu'dan Batı'ya, Kuzey'den Güney'e, yerkürede... Anıtkabir Özel Defteri'ni imzalarken, Mustafa Kemal'den tek kelime bile bahsetmeyip, AKP Hükümeti'ne teşekkür eden, bi tek bu arkadaş var!

E haliyle...
10 Kasım'da, tüm kainatta, gidilecek tek yer var!

Hassanal Bolkiah

Tayyip Erdoğan 2012'de Endonezya'ya gitmişti, resmi gezi programını bir gün uzattı, Türkiye'ye dönmek yerine bir günlüğüne Brunei'ye geçti, böylece, 1938'den bu yana tarihte ilk kez 10 Kasım törenleri başbakansız yapıldı. "Ata'ya saygı duruşunda sap gibi ayakta durmaya gerek yok" diyen Tayyip Erdoğan, Anıtkabir'de durmak yerine, Brunei Sultanı'nın sarayında poz vermeyi tercih etmişti. Her santimetrekaresinden petrol fışkıran Brunei, mutlak monarşiyle yönetiliyor ama, aslında İngiliz mandası... "Dindar" ayaklarına yatan sultan Bolkiah'ın 40 milyar doları var, 1788 odası bulunan altın kaplama sarayı var, altın kaplama 257 tuvaleti var, ikisi altın kaplamalı yedi uçağı var, Rolls Royce, Ferrari, Lamborghini, birisi komple altından yedi bin otomobili var, yanlış okumadınız, yedi değil, yedi bin otomobili var. Dünya görgüsüzlük şampiyonasında Suudilerle yarışabilen sadece bu var!

Obama

Hiç beyzbol oynanmadığı halde, dünyada en çok beyzbol sopası satılan dördüncü ülke, Türkiye'dir. Buna mukabil, aynı Türkiye'de beyzbol topu ve beyzbol eldiveni satışı, sıfırdır.

Üstelik, resmi istatistiktir...
ABD'de bile beyzbol sopası pazarı her sene yüzde 5 büyürken, Türkiye'de yüzde 15 büyür.

Dolayısıyla... Obama'nın Tayyip Erdoğan'a gösterdiği beyzbol sopası'nın ne anlama geldiğini diplomatlara sormanın alemi yoktur.

Taksicilere sor...
Anlatsınlar.

(Bende var mesela... Babamdan miras kaldı. Alsancak Kısmet Taksi'ye beyzbol kültürünü getiren kişiydi, rahmetli... Obama'ya Çekiç Hank hediye etmiş, babam ise, Ceksın'dan satın almıştı. Ceksın, duraktaki taksileri yıkayan, bu arada, NATO'da görevli Amerikalılardan mal alışverişi yaparak yolunu bulan, şopardı.)

(O zamanların taksileri Şevrole, Buik, İmpala filan, geniş geniş, ferah... Şoför koltuğuyla, kapı arasına, değil beyzbol sopası, fırıncı küreği koysan, gene sığardı. Sonradan, bizim yerli otomobillere geçildi. Beyzbol sopasını koyuyorsun, kapı kapanmıyor, kapı kapansa, boydan kurtarmıyor, arka koltuğa binmeye çalışan yolcunun ayağına takılıyor. Duraktakiler levyeye geçti. Babam vazgeçmedi. Hırlaşma pozisyonunda, bi saniye deyip, bagajdan çıkarıyordu.)

Tarihçesine gelirsek... Memleketin beyzbol sopası'yla ilk tanıştığı yer, İzmir ve Adana'dır. Çünkü, İzmir ve Adanalı taksiciler, henüz siyah-beyaz televizyon icat olmamışken, NATO ve İncirlik'teki Amerikalılar vesilesiyle, beyzbol diye bi sporun varlığından haberdar olmuş, kriko'dan bile önemli olan beyzbol sopası'nı keşfetmişlerdi. Buralardan yayıldı. Edirne'den Ardahan'a moda oldu.

Bakın Ardahan dedim, aklıma geldi... Ardahan'da hiç Amerikalı olmamasına rağmen, geçen ay, Ardahanlı bi taksici, arabayı yıkarken etrafa su sıçratıyorsun diye posta koymaya kalkan beş sivil polisi, benim rahmetli gibi bagajdan çıkardığı beyzbol sopasıyla hastanelik etti.

Sıfırı, 75 lira.
Gir internete...
İkinci eli, 25 lira.

Öyle hale geldi ki... Artık sadece taksicilerin aksesuvarı değil, öbür esnaf da kullanıyor. Bursalı kuyumcunun biri, maskeli, eli silahlı soyguncuyu, tezgah altında tuttuğu beyzbol sopasıyla haşat etti geçenlerde... Ağzını yüzünü dağıttı. Nerden geldiğini şaşırıp, silahı milahı bırakarak kaçmaya çalışan herifi, parmak izine gerek kalmadan, kan izinden takip ederek enselediler, düşün gari.

Demem o ki... Beyzbol sopası'nın ne anlama geldiğini diplomatlara sormanın alemi yoktur, mesaj açıktır.

İngilizce bilmeyenin...
Anladığı dildendir.
Durmak yok, yola devam da...
El frenini çekip inersem.
Kafanı kırarım demektir!

Barack Hussein Obama

Obama başkan seçildi, ilk yurtdışı gezisini Türkiye'ye yaptı. Obama gelmeden önce Anıtkabir'de Misak-ı Milli kulesine oda parfümü sıkıldı, Çankaya köşkünde dip köşe temizlik yapıldı, dindar cumhurbaşkanımız Abdullah Gül, vişneli yaprak sarması, peynirli suböreği, içliköfte, tava lagos, deniz börülcesi, enginarlı mantı, safran sosu gezdirilmiş limon kremalı fıstıklı baklava, nevzine ve kaymaklı ayva tatlısıyla, corvus teneira ve sarafin cabernet sauvignon şarapları ikram etti. TBMM'ye geçen Obama'ya bizzat meclis başkanımız tarafından gümüş tepside çifte kavrulmuş lokum tattırıldı, turkuaz çini tabak hediye edildi. Normalde meclise pek uğramayan mebuslarımız, iki saat önceden yerlerine oturdu, girer girmez ayağa fırlayarak dakikalarca alkışladı, coşkuyla alkışlamaktan avuçları kızardı, çıkışta hatıra fotoğrafı çektirmek için kuyruğa girdiler. İstanbul'a geçen Obama'ya Dolmabahçe sarayı müsabihan köşkü'nde sanat musikisi dinletisi sunuldu, Obama'yla asrın liderimiz elele oturdu, duygulu anlar yaşandı, Obama nezaketen müziği dinliyormuş gibi yaptı, şu enstrümanın ismi ne diye sordu, kanun dediler, ağırlama heyetinden biri sırıtarak espri yaptı, kanun ama mecliste çıkardığımız kanunlardan değil dedi, Obama gülmedi, havayı yumuşatmak için ud'la country parça çalmaya başladılar, Obama dayanamadı, kalkalım artık dedi. Sultanahmet Camisi'ne geçen Obama, kapıda ayakkabılarını çıkardı, müslüman aleminin gönlünü fethetti, sayın ahalimizden ağlayanlar oldu, Obama'nın çoraplı ayakları akşam ana haber bültenlerinde azz sonra'yla duyuruldu, kapıda çıkardığı ayakkabılarının önden, yandan, yukardan, her açıdan görüntüleri yayınlandı, 45 numaraydı, mobese kamerasından gösteren televizyon bile oldu. Ayasofya'ya girerken, sütunun kenarında oturan sokak kedisinin kafasını okşadı, şırrak, kediyi canlı yayına çıkardılar. "Gli" isimli mübarek kedinin şaşı olduğu, daha önce Ayasofya'yı ziyaret eden Papa tarafından okşanarak kutsandığı anlaşıldı, Ntv'ye çıkan emekli bi diplomat, Obama'nın hayvan sevgisini anlattı. Tophane-i Amire'ye geçerek, üniversite öğrencilerine konuşan Obama, sanki beş vakit namaz kılıyormuş gibi "ezandan önce bitirelim" dedi, duygu sağanağı yaşandı, Obama'nın ezana hürmetinden ötürü gözyaşlarına boğulanlar oldu, Habertürk'e çıkan bi ilahiyatçı, Abd başkanlarının namaza saygısını anlattı. Adanalı kebapçılar beş koyun keserek yaptıkları beş metrelik kebabı Obama'ya ithaf edip, Beyaz Saray'a gönderdi. Bartınlı ev kadınları, belediye önünde basın açıklaması yaparak, first leydi Michelle Obama'ya tel kırma işlemesi şal postaladı. Ceyhanlı bir vatandaşımız, haber ajansları aracılığıyla duyurdu, Obama'nın kızlarına cooker cinsi yavru köpek hediye edeceğini müjdeledi. Ama, Sivas esnafı daha atik davrandı, kangal yavrularının çoktan gönderildiği açıklandı. Van'ın Gürpınar ilçesine bağlı Çavuştepe köyünde 44'üncü başkan Obama şerefine 44 kurban kesildi, alınlarına sürüldü, davul zurnayla halay çekildi, Çavuştepe sakinleri adına Cnntürk'e konuşan Abdülkerim Kulaz "her zaman arkasındayız, çocuklarına da bir gözü mavi, bir gözü sarı Van kedisi hediye edeceğiz" dedi. O zamanlar star haber'deyim... E baktık ki, sayın ahalimiz Obama'ya bayılıyor... Obama'nın ninesinin Kogelo köyünden hemşerileri olan ve Kayseri imam hatip lisesinde okuyan Kenyalı öğrencileri canlı yayına çıkardık. Sayın ahalimiz kameranın önüne doluştu, "Türkiye sizinle gurur duyuyor" diye omuzlara aldılar, pastırma yedirdiler, Kenyalı imam hatiplilere gesi bağlarında dolanıyorum'u söylettik, reyting rekoru kırıldı. Ertesi gün... Eşşek yükü uydu parası ödedik, harbi harbi Kenya'nın Kogelo köyünden canlı yayın yaptık iyi mi... Obama'nın uzaktan teyzesinin görümcesini, halasının bacanağını filan, kolundan yakaladığımızı yayına çıkardık, dilleri dönmedi, selam diyemediler, salam Türkiye dediler, yemek pişirdikleri kazanları ters çevirip darbuka yaptılar, bi konser kardeşim, yıkıldı ortalık... Değerli ağabeyim Uğur Dündar meslek hayatı tarihinde ilk defa gülmekten bülteni sunamadı, araya reklam girmek zorunda kaldık. Rakip kanallardaki Ali Kırca'yla Mehmet Ali Birand'ın kendi bültenlerini bırakıp, stüdyolarındaki televizyonlardan yan gözle bizim ekranı seyrettiklerini biliyorum. Samsunlu yerel sanatçı, üzerine "Mister Obama" kazıttığı kemençeyi Abd büyükelçiliği'ne gönderdi. Konyalı kunduracı Obama'ya özel ayakkabı imal etti, seçimi kazanırsa bir çift göndereceğim diye kendi kendime söz vermiştim dedi. Vezirköprülü el sanatları öğretmeni, Obama ailesine seccade, yemeni ve Osmanlı yeleği tasarladı. Beyşehirli balıkçılar, buğulama yapsınlar diye, air force one uçağına 6.5 kilo sazan gönderdi. "İyi de bu balıklar yolda kokmaz mı?" diye sorulunca, "bi şeycik olmaz, strafor kutularda buzladık" dediler. Zonguldaklı emekli işçi, Devrek bastonu kargoladı. Deri konfeksiyoncuları derneği, Obama'ya siyah deri ceket yaptırdı, Susurluk kuzu derisinden yapılan ceketin astarı şile bezinden, düğmeleri buffalo boynuzundandı. Halı ihracatçıları birliği, Obama'ya özel halı dokuttu, sekiz ayda hazırlandı, düğümleri Bursa ipeğinden yapıldı. Bir baklava firması, Obama için özel, kuş üzümlü, fıstıklı, çikolatalı baklava icat etti, "Obama Baklava" ismini Türk Patent Enstitüsü'ne tescil ettirdi, Obama'nın kaldığı otele gönderdi. Bir aydınlatma firması, Obama'ya abajur hediye etti, abajarun ismi "umudun ışığı"ydı, Obama'nın dünyayı aydınlatmasını sembolize ediyordu. Vakko, kadife kumaştan, lale motifli kravat hediye etti, first lady Michelle Obama için de, Kanuni Sultan Süleyman tuğralı, Haliç desenli eşarp tasarlandı. Uzaylı sanatçımız Mustafa Topaloğlu "Hello Obama, hoşgeldin başkanlığa, durdur bu savaşları, bitsin artık gözyaşları, geri getir umutları" şeklindeki klibini yayınladı, hit oldu. Siirt valisi, Obama'ya ingilizce tweet attı, "ben Türkiye'de valiyim, sizi seviyorum, hayatınız ve başkanlığınız çok başarılı, sizin gibi olmayı umut ediyorum" diye yazdı. Henüz akp'ye geçmemiş olan saadet partisi genel başkanı Numan Kurtulmuş, Obama'ya tebrik telgrafı çekti. Kambersiz düğün olmaz, Akp şakşakçısı tobb başkanı Rifat Hisarcıklıoğlu "Obama'ya güvendiğini" açıkladı. Obama gitmeden önce mutlaka okusun diye, akp yandaşı bi kamuoyu araştırma şirketine anket yaptırıldı, Bush'tan yüzde 90 oranında nefret eden sayın ahalimizin, Obama'yı yüzde 99 oranında sevdiği tespit edildi, akp yağdanlığı gazetelerimiz "I love Obama" başlıklarıyla çıktı.

*

Bunca yalakalıktan sonra... Bizim hükümet Irak ve Suriye konusunda nazlanıyordu, ABD'nin Barzani ve YPG'yle iş tutmasına itiraz ediyordu, tam o sırada telefon çaldı, Obama arıyordu, Obama'yla Tayyip Erdoğan telefonda konuştular, bu telefon görüşmesi bizim hükümet tarafından sayın ahalimize duyurulmadı, kimsenin haberi yoktu, şırrak, Beyaz Saray duyurdu, Beyaz Saray'ın resmi internet sitesine bu telefon görüşmesinin fotoğrafı konuldu, Obama'nın elinde beyzbol sopası vardı! Bu beyzbol sopasından sonra bizim hükümetin nazlanması filan kalmadı, bir dediklerini iki etmedik, ne istiyorlarsa yaptık.

*

Sayın ahalimiz Obama'yı "müslüman çocuk" diye seviyordu ama, ABD tarihi boyunca hiçbir ABD başkanı döneminde Obama'nın dönemi kadar Müslüman katledilmedi.

Hilmi

- Darbe girişimi var mı?
- Var da diyemem yok da diyemem.
- Tanık olacak mısınız?
- Kasaptaki ete soğan doğramam.

- Buyrun, nihayet tanık oldunuz.
- Şarküterideki sucuğa yumurta kırmamı beklemiyordunuz herhalde.
- İyi de beş sene yattılar.
- Denizdeki balığa limon sıkamazdım.
- İntihar edenler oldu.
- Çırpılmamış kese yoğurduna sarmısak ezemeyeceğim gibi, manavdaki kavuna da rakı açamazdım.
- Rahmetli olanlar var.
- Sağılmamış ılık süte zaten kakao katamazdım ama, kızarmamış parmak patatese ketçap sıkabilir miydim sizce? Mayoneze banabilir miydim?
- Tamam da, TSK'dan atıldılar.
- Patlamamış mısıra kola mı açsaydım? Fırındaki simide tulumpeyniri mi dilimleseydim? Kusura bakmayın, yoğurulmamış çiğköfteye marul saramazdım.
- Ama, komutan sizdiniz.
- Bendim de diyebilirim, ben değildim de diyebilirim, dünya kupası seyrederken şnorkel takamazdım, eczane rafındaki pastile bademcik şişirmem.

- Hiç sorumluluğunuz yok mu?
- Manifaturacıdaki kumaşa takım elbise provası vermedim bugüne kadar, mefruşatçıdaki tül perdeyi örttüğüm de görülmemiştir, kırtasiyecideki kalemtıraşı kullandığım nerde duyulmuş?

- Neticede ne diyorsunuz yani?
- Tarladaki brokoliye...

Hilmi Özkök

2002-2006 arasında genelkurmay başkanıydı, "sivil paşa, demokrat paşa" sıfatlarıyla Akp yandaşı medya tarafından pohpohlanıyordu. 2007 yılında *Nokta* dergisi tarafından eski deniz kuvvetleri komutanı Özden Örnek'e ait olduğu iddia edilen darbe günlükleri yayınlandı. *Nokta*'nın haberine göre, 2003-2004 yıllarında bazı kuvvet komutanları tarafından Sarıkız, Ayışığı, Yakamoz, Eldiven kod isimleriyle darbeler planlanmış, güya Hilmi Özkök karşı çıkmıştı. Gazeteciler, Hilmi Özkök'e bunların doğru olup olmadığını sordu. Hilmi Özkök "darbe planı var da diyemem, yok da diyemem, kasaptaki ete soğan doğramam" dedi. Bu tuhaf ifade üzerine, yandaş medya "darbeden kurtulmuşuz" çığlıkları atmaya başladı. Hemen peşinden asrın iftirası "Balyoz" haberleri patladı. Emrindeki pırıl pırıl subaylar, madalyalı generaller feto kumpasıyla hapse tıkılırken, Hilmi Özkök gıkını bile çıkarmadı. TSK'nın fetocular tarafından imha edilmesine sessiz kaldı. Balyoz iftirasıyla tutuklanan eski birinci ordu komutanı Çetin Doğan, "Hilmi Özkök'ün askeri okuldaki lakabı köstebekti" deyince, gazeteciler gene Hilmi Özkök'e mikrofon uzattı, doğru olup olmadığını sordu. Hilmi Özkök bu defa doğruladı, "ilkokuldayken bir köstebek yakalamıştım, nasıl takip ettiğimi, nasıl kıstırıp çuvala soktuğumu ballandıra ballandıra anlatırdım, bu yüzden akranlarım bana Köstebek Hilmi derlerdi" dedi!

Mehmet

Abdullah Gül...
Exeter Üniversitesi'nden.
Ekmeleddin İhsanoğlu...
Exeter Üniversitesi'nden.

Ne hoş tesadüf di mi?

Maliye Bakanımız Mehmet Şimşek de Exeter'den.

İngiltere'nin prestijli eğitim kurumlarından biridir. Arap ve İslami Araştırmalar Enstitüsü vardır. Kürt Araştırmaları Enstitüsü vardır.
Bu iki enstitüsü vesilesiyle... Arabistanlı Lawrence'ın torunları, İngiliz istihbarat servisi elemanları, Ortadoğu uzmanı olabilmek için, burada eğitilir. Petrol zengini Arap ülkelerinden bol sıfırlı, yüklü bağışlar alır. Bu çetrefil durumlar, elbette burada okuyan diğer öğrencileri bağlamaz. Özellikle finans alanında ve kamu yönetiminde gayet başarılı insanlar yetiştirir.

Mesela... Milli Güvenlik Kurulu Genel Sekreterimiz Muammer Türker, Exeter'dendir.

Siirt valimiz, Elazığ valimiz, Eskişehir valimiz, Gümüşhane valimiz, Kilis valimiz, liste çoook uzundur, Exeter'dendir.

İstanbul'da İzmir'de Bolu'da Erzurum'da Şanlıurfa'da Muş'ta Rize'de Batman'da Kırşehir'de Sivas'ta Tunceli'de vali yardımcılığı yapan birbirinden değerli yöneticilerimiz, ki, hepsini yazmaya kalksak ansiklopedi olur, Exeter'dendir.

Geçen ay görevden alınan, Polis Akademisi Başkanımız Profesör Remzi Fındıklı, Exeter'dendi.

Bayrampaşa kaymakamı, Araklı kaymakamı, İspir kaymakamı, Ardeşen, Bayramiç, Dilovası, Göksun, Pazarcık, Bulanık, Bergama, Konak, Kula, Osmangazi kaymakamları, ben diyeyim 100 kaymakam, siz deyin 200 kaymakam, Exeter'dendir.

Kamu İhale Kurumu başkanımız, Göç İdaresi Genel Müdürlüğü başkan yardımcımız, İller İdaresi Genel Müdürlüğü daire başkanımız, Toprak Mahsulleri Ofisi genel müdürümüz, daha sayayım mı, Başbakanlık Yatırım Destek ve Tanıtım Ajansı başkanımız, Mülkiye Teftiş Kurulu başkan yardımcımız, Araştırma ve Etütler Merkezi başkanımız, Türkiye Cumhuriyeti Şeker Kurumu Başkanımız, inanın saymakla bitmez, Milli Eğitim Bakanlığı Avrupa Birliği Genel Müdürlüğü Daire Başkanımız, Başbakanlık Devlet Arşivleri Genel Müdür Yardımcımız, Exeter'lidir.
Bürokrasimizde yolu Exeter'den geçmeyen neredeyse yok gibidir.

İyi ki var şu Exeter yani.
Yoksa maazallah...
Nasıl yönetecektik biz bu devleti.

Mehmet Şimşek

1967'de Batman Gercüş'ün Arıca köyünde doğdu, annesi ve babası Türkçe bilmiyordu, kendisi de Türkçeyi ilkokulda öğrendi, imam hatip ortaokulunda okudu, Gercüş lisesinden sonra Ankara Üniversitesi Siyasal Bilgiler Fakültesi'nden iktisat diploması aldı, Etibank bursuyla İngiltere'ye gitti, Exeter'de ekonomi üzerine yüksek lisans yaptı, Amerika Birleşik Devletleri'nin Ankara Büyükelçiliği'nde işe girdi, burada dört yıl kıdemli ekonomist sıfatıyla çalıştı, ABD'de oturma izni aldı, New York'a taşındı, UBS Bank'ta çalıştı, yatırım danışmanlık şirketi Merill Lynch'e geçti, Londra'ya yerleşti, yıllık 770 bin dolar maaş alıyordu, 2006'da Akp tarafından Merkez Bankası Başkanlığı'na getirilmek istendi, Cumhurbaşkanı Ahmet Necdet Sezer tarafından veto edildi, 2007'de Akp milletvekili yapıldı, maliye bakanlığı ve ekonomiden sorumlu başbakan yardımcılığı yaptı, Cumhuriyet tarihinin ilk ve tek "İngiliz vatandaşı" bakanıydı.

Barlas

Cadı avı başladı... "Şu 28 Şubatçı, bu 28 Şubatçı" filan denilerek, tutuklanması istenen gazetecilerin listesi yayınlanıyor. Halbuki, basın camiasından "28 Şubatçı" olduğunu bildiğimiz sadece bi isim var.

Kuki.

Mehmet Barlas'ın şempanzesi.

28 Şubat sürecinin en şöhretli basın kahramanıydı. Altı aylıkken Afrika'dan kaçırılarak Türkiye'ye getirilmiş, bir aileye satılmış, o aile bakamayınca, Mehmet Barlas sahip çıkmış, evine almıştı. Gazetelere haber olmadığı gün yoktu. Televizyon programlarına bile çıktı.

Mehmet Barlas, köşesinde sık sık Kuki'den bahsediyor, yemek yerken çatal kullandığını, ağzını peçeteyle sildiğini, kola'yı bardağa koyup içtiğini, dişini fırçaladığını yazıyordu. Hatta, evin köpeği Gofret'i kuyruğundan tutup, kucağına alarak okşadığını, tanıdığı insanların boynuna sarılıp, öptüğünü, yaralı birini gördüğü zaman, yarayı üfleyerek acıyı dindirmeye çalıştığını, 30 kilo olmasına rağmen, 120 kiloluk halteri kaldırabildiğini anlatıyordu.

Maceraları efsane haline gelmişti. Canan Barlas'ın Kuki'yi yürüyüşe çıkardığı, lunapark'a götürdüğü, oturdukları sitede salıncağa bindirdiği iddia ediliyordu. "İşte Kuki'nin çok özel görüntüleri" diye, uzaktan çekilmiş paparazzi fotoğrafları yayınlanıyordu.

Bazı gazeteciler, Kuki'nin köşe yazarı yapılmasını öneriyordu. Mehmet Barlas ise, cevaben, Kuki'yle karşılıklı röportaj yapıyor, bırak köşe yazmayı, genel yayın yönetmeni olabileceğini söylüyordu.

Röportaj şöyleydi.
- Sayın maymun... Bir gazeteye yönetici olsaydınız, ne gibi projelerinizi hayata geçirirdiniz?
- Gazetenin tirajı artmayınca, bakkallarda, marketlerde bedava dağıttırırdım. Sonra da bu bedava dağıtılan gazeteleri tiraj rakamına ekleyip, reklam isterdim.

(İnsanları taklit eden sayın Kuki'nin ne kadar vizyoner bi gazeteci olduğunu görüyoruz... Aynen taklit ediyorlar.)

Peki, 28 Şubatçı olduğunu nerden çıkardın derseniz?
Mehmet Barlas'ın köşesinden çıkardım.
12 Eylül döneminde darbecileri evinde ağırladığı hatırlatılınca, güya espri yaparak, şunu yazmıştı: "Kaç kere anlatacağız olayın içyüzünü... Bizim şempanze Kuki 28 Şubatçı."

(Sonra... Kuki büyüdü, evde bakımı güçleşti, doğal ortamlarında yaşama imkanı sağlayan Londra'daki Monkeyworld'e gönderildi. Böylece, Türk basınındaki Kuki haberleri kesildi.)

E bakıyoruz bugün.
Linç çığlıkları manşet.
Onu mahvet.
Bunu yok et.
Kuki bunlardan iyi gazeteciydi.

Huh hu hu diye konuşuyordu ama...
En azından "hu-kuki"ydi.

Mehmet Barlas

Her devrin gazetecisiydi, iktidarda Turgut Özal varsa Özalcıydı, Tayyip Erdoğan varsa Erdoğancı'ydı. Darbeci Kenan Evren'i bile darbe döneminde evinde ağırlamıştı, Fethullah Gülen'e övgüler düzmüştü. Yandaş *Sabah* gazetesinin başyazarıydı, Tayyip Erdoğan'la röportaj yaparken, "çok insancılsınız, çok sıcakkanlısınız, bal gibi tatlı bir adamsınız" filan diyordu. 2007 yılında Tayyip Erdoğan'ın yanağını okşarken objektiflere yakalandı, o güne kadar "yalaka"ydı, o günden sonra "yanaka" oldu!

Karzai

Karzai...
Amerikan vatandaşı.
Petrol şirketinde çalışıyordu.
Petrol şirketi Amerikan.

Eşi, Afganistan'ın först leydi'si güya...
Pakistan'da yaşıyor.
Oğlu da.

Bi kardeşi restoran işletiyor, Washington'da.
Öbür kardeşi restoran işletiyor, Chicago'da.
Kayınbiraderi mobilyacı, Virginia'da.
Yeğenleri desen... Kaliforniya'da.

New York Times gazetesi yazdı...
Bi kardeşi senelerdir CIA'den maaş alıyor.
Bi başka kardeşi uyuşturucu baronu.
Kız kardeşi de var...
Onun restoranı Massachusetts'te.

Hükümet kurdu.
1-2 değil, 12 bakanı Amerikan vatandaşı.

Mesela, Adalet Bakanı'nın diploması Nebraska'dan.

Ekonomi Bakanı Kanada'dan.
Ticaret Bakanı Illinois'den.
Eğitim Bakanı Alabama'dan.
Tarım Bakanı Omaha'dan.

(Rahmetli Ecevit'in dili sürçmüş, "Afganistan genel müdürü" demişti bunun için... Meğer doğru söylemişti.)

Resmi olarak, sadece 525 dolar maaş alıyor.
Daily Telegraph manşet yaptı...
Dubai'de emlak kralı.
90 milyon sterlinlik gayrimenkulü var.
Sırf Palmiye Adası'nda 12 villası olduğu söyleniyor.

Bu Afganistan'dan...
ABD askeri çekiliyor.
İngiliz askeri kaçıyor.
Alman kaçıyor.
Fransız kaçıyor.
İspanyol kaçıyor.

Türkiye nöbete gidiyor!
Evlatlarımız ölüyor.

Şehitlerimizin aziz hatırasına saygısızlık etmek istemem ama...
O Karzai.
Biz niyazi.

Hamid Karzai

Kurmay Albay Faruk Sungur, binbaşı Serkan Doğan, binbaşı Mithat Çolak, binbaşı Şükrü Bağdatlı, binbaşı İsmail Cem Yakınlar, yüzbaşı Adil Erdoğan, yüzbaşı İlker Aydın, üsteğmen Murat Yıldız, üsteğmen Tahsin Barutçu, üsteğmen Okan Melikoğlu, kıdemli başçavuş Salih Helvacı, başçavuş Esat Kalkan, kıdemli üstçavuş Mehmet Akbaş, uzman çavuş Önay Vurucu, uzman çavuş Mevlüt Baydur, uzman çavuş Adem Şengül, uzman çavuş Mehmet Ali Şahin... Afganistan'da şimdilik 17 şehit verdik, Karzai'nin umurunda mı, sanmıyorum... Peki bu evlatlarımızın oralarda şehit düşmesi, Türkiye'nin umurunda mı?

Mehmet

Tutuklu gazeteciler için "gazeteci değil tecavüzcü" dediler. Baktılar ki, okuma yazma bilmeyenler bile yemedi... Manşeti değiştirip, gazeteci sayılmazlar, çünkü "sarı basın kartları yok" dediler.

Bak orası doğru.

Şu arkadaş mesela.

Almanya'da taksi şoförüydü. Direksiyonu denize kırdı, gemicikleri koordine etmek için, Keriz Feneri işletmeye başladı. Allah'ın Kitap'ın adını verdi, hayırlara vesile olması için bağışları topladı, 17 tane taksi sahibi oldu, garibanlara filika gönderiyoruz ayaklarıyla, kendine filo kurdu. Kirada otururken, bir villa, beş daire aldı. Türk vatandaşlığından çıktı. Sonra vazgeçti, Türk vatandaşlığına geri döndü. Dönmüşken, gözü döndü, iki ülke arasında "kanal" kurdu, tokatladığı paraları bu kanalda "yedi..." Eski günlerini unutmuştu ama, orasının Almanya olduğunu da unutmuştu. Enselendi. Dolandırıcılıktan içeri girdi. Malvarlığına el kondu. Türkiye'deki malvarlığının listesi istendi, ancak, burasının Türkiye olduğu unutulmuştu, malvarlığı listesi gönderilmedi! Türkiye'deki ortaklarını ortaya çıkarmaya çalışan namuslu savcılar derhal görevden alınıp, hapse tıkılmaları için sürüm sürüm süründürülürken... Şartlı tahliye oldu. Şu anda, tamirhanede çalışıyor görünüyor.

Sarı basın kartı aldı!

"Sarı basın kartı olmayan gazeteci değildir" diyen Başbakanımızın... Başbakanlık Basın Yayın Enformasyon Genel Müdürlüğü, bu arkadaşa sarı basın kartı verdi.

Hem de...
Sürekli sarı basın kartı.

Tecavüzcüler çomak sokmasaydı...
Başbakanlık uçağına da alırlardı!

⋙⋘

Mehmet Gürhan

Deniz Feneri'ndeki bağış yolsuzluğu, Almanya'da "asrın dolandırıcılığı" olarak nitelendirildi. Frankfurt iflas masasına kayıt yaptıran dokuz bin mağdur vardı. Deniz Feneri e.V.'nin yöneticisi Mehmet Gürhan'a 41 milyon euroyu amaç dışı kullanmak, 11 milyon euroyu buhar etmek ve dolandırıcılık yapmak suçundan 5 yıl 10 ay hapis cezası verildi. Almanya Deniz Feneri'nin tüm malvarlığına kamu adına el konuldu, derneğin borçları ödendikten sonra geriye kalan parası Kızılhaç'a aktarıldı. Deniz Feneri davasına bakan Alman hakim Johann Müller, Deniz Feneri olayının sadece dolandırıcılık olmadığını, "demokrasi karşıtı" bir olay olduğunu kayda geçirdi. Savcı Kerstin Lötz ise, "asıl faillerinin Türkiye'de bulunduğunu" söyledi.

⋙⋘

İhsan

Punta'da bayram vardı...
Yunan ordusu pasaport'tan karaya çıkmış, İzmir metropoliti Hrisostomos etekleri zil çala çala koşmuş, haçıyla takdis edip, "evlatlarım, ne kadar Türk kanı içerseniz, o kadar sevaba girmiş olacaksınız" diyerek yere kapanmış, toprağımıza ilk ayak basan Yunan albayının çizmelerini öpüyordu.

Aniden, uzun boylu, siyah takım elbiseli bir delikanlı fırladı ortaya... Elinde revolver tabir edilen toplu tabanca vardı. Bastı tetiğe, trak trak trak! Efsun alayının sancaktarı karpuz gibi düştü atının sırtından... Kahkahaları suratlarında dondu. Baktılar ki, tek başına, sarıverdiler etrafını, ilk süngüyü iman tahtasına sapladılar, sonra neresine denk gelirse orasına... Hasan Tahsin'di o. Henüz 30'unda.

Böyle başladı macera.

Hükümetimiz hâlâ işgali yalanlıyor, "bu tür şayialara ehemmiyet vermeyin" diyordu. Mustafa Kemal ise "vakit tamam" demişti, "Anadolu'ya geçiyoruz."

Ateşten gömleği giymişti ulus, aktı gitti, aylar yıllar, canlar... Takvimler 30 Ağustos 1922'yi gösterdiğinde, yer gök yarılıyordu. Yüzbaşı Kanellopulos, hatıra defterine çaresizce şunları yazıyordu: "Türk topçusu susmuyor, titreyerek güneşin batmasını bekliyoruz."

Onun batmasını beklediği güneş, bizim için doğuyordu.

Kudurmuştu Ali Kemal... Efendilerinin büyük gazetecisi! Köşesinden kin kusuyordu. "Bu millici mahluklar kadar başları ezilesi yılanlar hayal edilemez, düşmanlar onlardan bin kere iyidir" diyordu.

O "mahluk"lardan biriydi, İzmirli süvari teğmen Yıldırım... 18 yaşındaydı. Vurulmuştu. 40 derece ateşli olmasına rağmen, hastaneden kaçmış, cepheye koşmuş, bugün kendi adını taşıyan Küçükköy İstasyonu'nu almaya çalışırken, son nefesini vermiş, bahçesine gömülmüştü.

Yıldırım toprağa düşerken, 30 kadar Yunan askeri, savunmasız Kuzuluk köyüne girdi. Gözleri Fatma'ya takıldı. 15'indeydi. "Taze incir gibi" dediler, sırıtarak... Kaçtı Fatma, evine kapandı, kapıyı kilitledi. Omuzladılar. Açılmadı. Yakalım dediler, evi yakalım, nasıl olsa çıkar. Çaktılar kibriti, alev alev... Çıkmadı kardeşim. Çıkmadı Fatma.

Teğmen Şevket, Uşak'tan geçiyordu o sırada... Sakarya'da şehit düşen Yüzbaşı Basri'nin anacığı yakaladı kolundan, "Basrim nerde?" diye sordu. İçi çekildi Şevket'in, boğazı düğümlendi. "Arkadan geliyor ana" dedi. Söyleyemedi gerçeği... Ve, ömrünün sonuna kadar unutamadı bu yalanını, "kendimi asla affetmedim" diye yazdı, o güne dair hatırasını.

"Bedelli askerlik" yoktu o zamanlar. Zenginse canı sağolsun, garibansa vatan sağolsun denmiyordu. Albay "deli" Halit, belinin sağ tarafında "namuslu" dediği tabancasını, belinin sol tarafında "namussuz" dediği tabancasını taşıyordu. İşgalciye "namuslu"yla sıkıyor, işgalciden korkup kaçana "namussuz"u gösteriyordu, "tercih senin yiğidim" diyordu, "istersen buyur kaçmaya çalış!"

Deli'ren biri daha vardı. İstanbul'daki işgal kuvvetleri komutanı general Charpy, öfkeden deliye dönmüştü. Elindeki haritayı yırttı, fırlattı attı, "bu hızla yarın İzmir'e girerler" dedi. İnanamıyordu. 250 bin kişilik devasa ordu, Fahrettin Altay'ın süvarileri tarafından darmadağın edilmişti. Hayalet gibi, bi ordan bi burdan çıkıyorlar, birliklerin arasına dalıyorlar, hızar gibi biçiyorlar, blok halinde hareket etmesi gereken orduyu, lokma lokma bölüyorlardı.

Kaçıyordu Yunan.
Ecel peşlerinde.

Ve, 9 Eylül... Çiçekler açıyordu İzmir'in dağlarında. Bornova'dan boşaldılar aşağıya, dörtnala... Sonradan adı Kahramanlar olan semte geldiler. Ödenecek bedel vardı daha... İkinci tümen dördüncü alaydan Konyalı Mehmet, Akşehirli Hakkı, Avanoslu Ahmet, son şehitler... Bugün anıtları var orada. "Vatan ve Namus" yazıyor altında.

Yüzbaşı Şerafettin, teğmen Ali Rıza, teğmen Hamdi, bismillah ilk iş, koştular Hasan Tahsin'in düştüğü yere, hükümet konağının alnı kabağına diktiler al sancağı... Minarelerden ezan sesi yükselirken, Belkahve'deydi Mustafa Kemal, İzmir'i seyrediyordu.
İşgal edildiği gün, bir ulusun kurtuluş savaşını başlatan, işgali sona erdiği gün, o ulusun kurtuluş savaşını sonlandıran... Dünyada bu özelliğe sahip tek şehir... İzmir'i seyrediyordu.

Nif'te kendisi için hazırlanan bağevine gitti. Tek kat, taş, penceresiz, gaz lambasının ışığıyla aydınlanan, buram buram Ege kokan bağevine... Yorgundu. Yemek getirdiler. Yemedi. Cıgara çıkardı. Kahve istedi. "Biliyor musun İsmet" dedi... "Bir rüya görmüş gibiyim."

Karabasanla başlayan, 3 yıl 3 ay 22 gün süren, mucizeyle biten bir rüya... Çiçekler açıyordu İzmir'in dağlarında.

Taa ki... AKP'nin ilahiyatçı mebusu İhsan Şener, TBMM çatısı altında, "biliyor musunuz" diye başlayıp, "Yunanlıların Türklerle savaşı yok. Bütün şehitlikler temsili" diyene kadar.

Yassu vre!

İhsan Şener

İmam hatipten mezun oldu, ilahiyat fakültesinden diploma aldı, Abdullah Gül'ün danışmanıydı, iki dönem Akp milletvekili yapıldı, 2017 itibariyle Tayyip Erdoğan'ın başdanışmanıydı. Danışman olarak habire kendisine danışılan bu arkadaş, TBMM İnsan Hakları Komisyonu'nda konuşurken "Yunan tarihinde Ege'de Türklerle yapılmış bir savaş yok, oralardaki şehitlikleri dolaştık, şehitliklerin hepsi temsili" dedi. Şu an okurken bile gözlerinize inanamadığınızdan eminim ama... Bu Akp'li imama göre, Yunanlılar Anadolu'yu işgal etmemişti, istiklal savaşında Yunanlılarla savaşmamıştık, 9 Eylül'de İzmir'den denize dökmemiştik, milli mücadele şehitlerimizin tamamı uydurmaydı, temsiliydi!

Seyit

Sene 1937.
Mustafa Kemal, başbakan Celal Bayar'la birlikte Tunceli'ye gelip, Murat Nehri üzerindeki Singeç Köprüsü'nün açılışını yapacaktı. Köprünün ucunda karakol vardı. Basıldı. 33 asker şehit edildi. Hemen peşinden... Telefon hatları kesildi, pusular kuruldu, Mazgirt Köprüsü havaya uçuruldu, jandarma taburu vuruldu, 56 asker daha şehit oldu.
Film koptu.

Elebaşı Seyit Rıza'ydı... Başbakanımız Tayyip Erdoğan'ın "hikayesi yürek burkucudur" dediği Seyit Rıza.

Kukla'ydı...
Kendisini oynatanların ipleri bıraktığını hissedince, paniğe kapıldı, İngiltere Dışişleri Bakanı'na mektup yazdı, Suriye'deki İngiliz Elçiliği'ne gönderdi.

Yalvaran mektubunda, Anadolu için "çorak toprak" derken, "Kürdistan bereketli toprak diyordu.
"Sayın ekselansları" diye başlıyor, "Türk Hükümeti yaptığı anlaşmalar sayesinde dış baskılardan kurtuldu, Dersim'e girmeye kalkıştı, Türk ordusunu başarısızlığa uğrattık, direnişimiz karşısında Türk uçakları bombalamaya başladı" diye vaziyeti anlatıyor, "sayın ekselanslarına sesleniyorum, hükümetinizin

yüksek manevi etkisinden Kürt halkını yararlandırmanızı istirham ediyorum, en derin saygılarımın kabulünü rica ediyorum" diye bitiriyor, "Seyid Rıza" diye imzalıyordu.

Hal böyleyken... Seyit Rıza'yı "masum" göstermeye çalışan arkadaşlar, böyle bir mektubun asla varolmadığını iddia ediyor. Altında kabak gibi "Seyid Rıza" imzası bulunmasına rağmen, Seyit Rıza yazmadı, Nuri Dersimi yazdı diyorlar. Üstelik, sanki Fransa babamızın oğluymuş gibi, "o mektup Fransa'ya yazıldı, Fransa Devlet Arşivleri'nden doğrulamak mümkün" diyorlar.

Gel gör ki...

Londra'da The National Archives diye bi yer var. İngiltere devlet arşivi... Kayıt ofisine gidiyorsun, "FO 371/20864/E5529" numaralı belgeyi rica edebilir miyim kardeş diyorsun, hay hay deyip, yukardaki mektubu veriyorlar. 50 pens filan, fotokopisini alabiliyorsun.

Demem o ki.
Taa 1937'ye gitmek zor ama... Buckhingham Sarayı'yla The National Archives'in arası metroyla üç dakka.

Hazır, frak giyerek yakasına şövalye nişanını takan Cumhurbaşkanımız Abdullah Gül ordayken... Yemekte Windsor kuzusu ikram eden Kraliçe'ye "tarihimizle yüzleşelim" dese fena olmaz yani!

Seyit Rıza

Dersim isyanının elebaşıydı, devlete silah çekti, bölgede terör estirdi, askerlerimizi şehit etti, Hozat'ı işgal etti, Cumhuriyet yanlısı aşiretleri bastı, yakalandı, askeri mahkemede yargılandı, 1937'de Elazığ Buğday Meydanı'nda asıldı. Tayyip Erdoğan 2011'de TBMM çatısı altında, Dersim'den özür diledi, Seyit Rıza'yı savundu, "Seyit Rıza'nın hikayesi yürek burkucudur" dedi, şunları söyledi: "Babalarını arayan iki masum çocuk, süngületiliyor. Alevler içinden fırlamak isteyen bir genç, kalasla alevlerin içine itiliyor. Mazgirt halkı doğranırken, merhamet sahiplerinden biri çocukları derenin kenarında saklamak istiyor, bu vaziyeti haber alıyorlar, çocukları öldürme emri veriliyor, kara suratlı bir adam bulunuyor, dere içinde titreşe titreşe bekleyen 20 masumun işi bitiriliyor. Murat suyu kandan kıpkırmızı akıyor. Yuvalar yıkılıyor. 13 bin 806 kişinin katledildiği resmi belgede ifade ediliyor. Bakın, deprem felaketinden bahsetmiyorum, öldürülenlerden bahsediyorum. CHP'nin geçmişinde bunlar var."

Vahdettin

Gazeteler yazdı...
"Türkiye Büyük Millet Meclisi, tarihinde ilk kez bir padişah için, Sultan 1'inci Abdülmecid'in ölümünün 150'nci yıldönümü vesilesiyle anma töreni düzenliyor. Padişah tuğralı davetiyeler, milletvekillerine gönderildi. Anma töreni 17 Kasım'da Dolmabahçe Sarayı'nda yapılacak."

Kendini Atatürkçü zanneden gaz'teciler derhal gaza geldi haliyle... Vay efendim, Cumhuriyet'in yaşgününü kutlamıyorlarmış da, Abdülmecid'in ölüm yıldönümüne tören yapıyorlarmış filan.

Padişah Abdülmecid öleli kaç sene oldu?
Evet, 150 sene oldu.

Peki, hangi gün öldü?
26 Haziran.
Hangi gün doğdu?
25 Nisan.
Tahta hangi gün çıktı?
1 Temmuz.

E hani 17 Kasım?

Hep söylerim, yurtsever'in salağı hain'den fazla zarar verir yurda... Güya cumhuriyetçi olduğunu zanneden tipler Abdülmecid ismine sazan gibi atladı ama "17 Kasım"ın Abdülmecid'le falan alakası yoktur.

17 Kasım... Mustafa Kemal için idam fermanı yazan Vahdettin'in Türkiye'den defolup gittiği gündür!

"Dersaadet işgal orduları başkumandanı General Harrington cenaplarına... İstanbul'da hayatımı tehlikede gördüğümden, İngiltere devlet-i fahimanesine (yüce devletine) iltica ve bir an evvel naklimi taleb ederim efendim" diye dilekçe yazıp, hiç utanmadan, "halife-i müslimin" diye imzalayan Vahdettin'in, İngiliz işgal zırhlısının ambarına fare gibi saklanarak kaçtığı gündür!

Alenen...
Vahdettin'i anıyorlar.

Hazır, alayınız Dolmabahçe Sarayı'nda toplaşmışken...
Mustafa Kemal'in son nefesini verdiği odada yapın bari töreninizi de, tam olsun!

VI. Mehmet

Osmanlı İmparatorluğu'nun 36'ncı ve son padişahıydı. Sultan Abdülmecid'in sekizinci oğlu, kendisinden önce tahta geçen V. Murad, II. Abdülhamid ve V. Mehmet Reşad'ın küçük kardeşiydi. Münzevi bir hayat yaşadı, 1918'de 57 yaşındayken tahta çıktı. "Ben bu makam için hazırlanmadım, vücutça rahatsız olduğumdan layıkıyla tahsil edemedim, yaşım kemale erdi, dünyada bir emelim kalmadı, bu makamı bekleyiş içinde değildim, fakat takdiri ilahi böyle teveccüh etti, bu ağır vazifeyi deruhde eyledim, şaşmış bir haldeyim, bana dua ediniz" dedi. Korkaklığı ve basiretsizliği yüzünden İngilizlerin kuklası haline geldi, Mustafa Kemal hakkında idam fermanı ve idam fetvası çıkarttı. 17 Kasım 1922'de haremiyle birlikte yurtdışına kaçtı, Boğaziçi'nde demirlemiş olan Malaya isimli İngiliz zırhlısına bindi, İngiliz hükümeti İngiltere'ye gelmesine izin vermediği için, mecburen Malta'ya gitti. Oradan Mekke'ye geçti ama, gene İngiliz hükümeti izin vermediği için oturamadı, İtalya'ya taşındı, bir süre Cenova'da kaldı, en son San Remo'ya yerleşti, 1926'da 65 yaşındayken vefat etti, Şam'da Sultan Selim Camisi'nin bahçesinde toprağa verildi. Türbesi Türkiye'de olmayan tek padişahtır.

Mümtazer

"Apo'yu paşa yapalım.
Maaş bağlayalım.
Bodrum'a gönderelim."

Zaman gazetesi yazarı Mümtazer Türköne'nin önerisi bu.

Apo şimdi bitti işte!

Birincisi, paşaları kimse sallamıyor artık, matah bi mevki değil. İkincisi, devlet memuru maaşıyla Bodrum'da yaşanmaz, anca sürünülür.

Üçüncüsü ise...

Maça Kızı'nda güneşlenen Apo, Bizden Kaçmaz objektiflerine yakalandı, azz sonra... Fink'e damsız girmeye çalışan Apo, kapıdaki goriller tarafından dövüldü, birazdan... Flaş, flaş, flaş, Apo'nun Lerzan Mutlu'ya güneş yağı sürdüğü doğru mu, yılın magazin bombası mega magazinde... Gümüşlük'te romantik gece, Apo'yla paparazzilere yakalanan ünlü manken, aşk dedikoduları için ne dedi, birazdan... "Bu memleket bitmiş kardeşim" diye bağırdı, Halikarnas'ın kapısında cüzdanı çalınan Apo'nun isyanı, azz sonra... Cemil İpekçi'nin Apo için tasarladığı Bodrum sandaletleri, Türk televizyonlarında ilk kez, mega magazinde... Apo'ya bir birayı 30 liraya kakaladığı için gözaltına alınan bar sahibi, "Irkçılık suçlamasını kabul etmiyorum, ben Türk-Kürt ayırmadan herkese geçiriyorum" dedi, birazdan... Flaş, flaş, flaş, Apo botoks mu yaptırdı, azz sonra!

Şaka bir yana...
"Paşa yapılsın, maaş bağlansın, Bodrum'a yerleştirilsin" önerisini duyunca, Apo bile üzülmüştür herhalde halimize, "vah vah" demiştir içinden, "Allah kimseyi bunların durumuna düşürmesin" demiştir!

Mümtazer Türköne

Ankara Üniversitesi Siyasal Bilgiler fakültesinden mezun oldu, profesör oldu, Gazi Üniversitesi'nde öğretim üyesi olarak çalıştı, 12 Eylül'den önce ülkücüydü, darbede tutuklandı, Tansu Çiller'in başdanışmanı oldu, dümeni feto'ya kırdı, *Zaman* gazetesinde yazmaya başladı, neredeyse her akşam bir yandaş televizyon kanalına çıkıyor, Akp şakşakçılığı yapıyordu, 16 yıllık eşinden boşandı, kendisinden 20 yaş küçük öğrencisi Özlem Piltanoğlu'yla evlendi, Özlem Piltanoğlu Türköne 2007'de Akp'den milletvekili yapıldı, 2011'de boşandılar. Mümtazer Türköne 2011'de Akp'den milletvekili aday adayı oldu, başvurusu kabul edilmedi, aynı yıl, cumhurbaşkanı Abdullah Gül tarafından Atatürk Kültür Dil Tarih Yüksek Kurumu'na yönetim kurulu üyesi yapıldı, halbuki bu arkadaş her fırsatta Atatürk'e küfretmekten zevk alıyordu, "Atatürkçü olmayı hakaret sayarım, Atatürk ideolojisi darbeler ideolojisidir, Atatürk ideolojisi faşist ideolojidir" diyordu, toplumdan gördüğü büyük tepki üzerine istifa etmek zorunda kaldı, Akp-feto kavgası başlayınca iyice gözden düştü, 15 Temmuz darbe girişiminden sonra tutuklandı, 2017 itibariyle "silahlı terör örgütüne üye olmak ve darbeye teşebbüs suçu"ndan müebbet hapsi isteniyordu.

Köksal

- TBMM Başkanı kim olsun?
- Köksal Toptan olsun.
- Niye?
- Eşinin başı açık çünkü.

Milletin kıçında don yokken, eşinin başının açık olması, Köksal Toptan'ın 1 trilyon 200 milyar liralık makam otomobiline binmesini mazur mu gösteriyor?

Eşinin başı açık olan Köksal Toptan, bu ülkeyi din devletine çevirmeye çalışan hangi yasanın Meclis'ten geçmesini engelledi? Eşinin başının açık olması, Köksal Toptan'ın türbanı siyasi sembol olarak kullanan partinin bir mensubu olduğu gerçeğini değiştiriyor mu?

Anayasa Mahkemesi'nin AKP hakkında aldığı "laiklik karşıtı odak" kararı, eşinin başı açık diye Köksal Toptan'ı bağlamıyor mu? AKP, yüce mahkemenin kararıyla, laikliğe aykırı eylemlerin odağı olduğuna göre, sırf eşinin başı açık diye, laik midir Köksal Toptan?

Dokunulmazlıkların kaldırılması için ne yaptı, eşinin başı açık olan Köksal Toptan? Yolsuzluk iddialarıyla ilgili soru önergeleri için ne yaptı?

Devletin her tarafı badem bıyıklılarla doldurulurken, eşinin başı açık olan bürokratlar adeta mesleki soykırıma uğrarken, eşinin başı türbanlı olanlar, sırf eşinin başı türbanlı diye başköşelere yerleştirilirken, ne yaptı Köksal Toptan?
Uzun lafın kısası...

Bize eşinin başı açık Meclis Başkanı lazım değil.
Bize, vergilerimizle keyif çatmayacak, milleti soydurmayacak, yolsuzlukların üzerine gidecek, dokunulmazlıkları kaldıracak, insanları türbanlı-türbansız, senden-benden diye ayırmayacak, dinin siyasete alet edilmesine izin vermeyecek, Atatürk Cumhuriyeti'nin temellerine dinamit koymayacak Meclis Başkanı lazım.

Yapsın bunları Köksal Toptan...
Eşinin yerine ben takayım türbanı!

Köksal Toptan

Süleyman Demirel'in has adamlarından biriydi, 1977'de Adalet Partisi'nden milletvekili oldu, devlet bakanı oldu, 12 Eylül döneminde Süleyman Demirel'in avukatlığını üstlendi, DYP milletvekili oldu, DYP-SHP koalisyonunda milli eğitim bakanı oldu, Süleyman Demirel cumhurbaşkanı olunca, DYP genel başkanlığına aday oldu, seçilemedi, kültür bakanı oldu, şak, dümeni Akp'ye kırdı, 2002'de Akp milletvekili oldu, 2007'de TBMM Başkanı yapıldı, 2009'da tekrar TBMM başkanı yapılmadı, 2015'ten itibaren milletvekili bile yapılmadı. Akp, iktidardaki yerini sağlamlaştırana kadar Köksal Toptan gibi tipleri kullandı, işi bitince boş süt şisesi gibi kapının önüne koydu. 2002'de cumhurbaşkanı Ahmet Necdet Sezer'di, TBMM başkanlığına Bülent Arınç getirilmişti, 2007'de Abdullah Gül cumhurbaşkanı olunca, "devletin ilk üç makamı türbanlı mı oluyor" tartışması başlamış, Akp geri vitese takmış, TBMM başkanlığına eşi türbansız olan Köksal Toptan'ı getirmiş, toplumda denge sağlamıştı. 2009'dan itibaren artık kimin ne dediği hiç önemli değildi, Akp devleti ele geçirmişti, Köksal Toptan kenara çekildi, TBMM başkanlığına eşi türbanlı olan Mehmet Ali Şahin getirildi. 2009'dan itibaren cumhurbaşkanı, TBMM başkanı, başbakan türbanlıydı.

Yılmaz, Şener, İbrahim

Başbakanımız sanatçı açılımı yaptı.

Esasoğlan konuştu.
Figüranlar dinledi.
Şener Şen, Adanalı.
Sinan Çetin, Vanlı.

Yılmaz Erdoğan, Hakkarili.
Necati Şaşmaz, Elazığlı.
Göksel Arsoy, Kayserili.
Mustafa Altıoklar, Ordulu.
Mehmet Aslantuğ, Samsunlu.
Özcan Deniz, Ağrılı.

Assolist konuştu.
Uvertürler dinledi.

İbrahim Tatlıses, Şanlıurfalı.
Kenan Doğulu, Gaziantepli.
Kıraç, Kahramanmaraşlı.
Ferdi Tayfur, Adanalı.
Nükhet Duru, Niğdeli.
Yavuz Bingöl, Karslı.
Alişan, Bingöllü.
Teoman, Giresunlu.
Safiye Ankaralı ama...
Faik Elazığlı!
Onur Akın, Bitlisli.
Sinan Özen, Rizeli.
Feryal Öney, Konyalı.
Cengiz Kurtoğlu, Artvinli.
İzzet Yıldızhan, Diyarbakırlı.
Neşet Ertaş, Kırşehirli.
Ferhat Göçer, Şanlıurfalı.

Londra Filarmoni'de yetişmediler yani.
Berklee College mezunu da yok.

Başbakan açılımı anlatırken, Doğu'nun Batı'ya göre ne kadar geride bırakıldığını söyledi ama, istisnalar hariç, salonda neredeyse Batı doğumlu yok!

Çünkü, memlekette "bölgesel" ve "etnik" ayrımcılık olmadığının kanıtıdır sanatçılarımız... Beklerdim ki, "bu memlekette ayrımcılık olsa, biz zirveye çıkabilir miydik?" desinler.

Demediler.

Dolayısıyla, kimse kusura bakmasın... Asıl isimleri Abdullah Bazencir, Bahriye Tokmak, Turan Bayburt, Hatice Yıldız olan sanatçılarımızın, şimdi çıkıp, sahne isimleriyle "ayrımcılık var" demesi, AKP'nin kendine "ak" demesi gibi bi şeydir!

Yılmaz Erdoğan

Şener Şen

İbrahim Tatlıses

Akp döneminde sanata ve sanatçılara yönelik korkunç işler yapıldı, buna rağmen, sanatçı sıfatını taşıyan bazı isimler Akp'ye eklemlenmekten kaçınmadı. Yılmaz Erdoğan ve İbrahim Tatlıses, Akp'den çoook önce şöhreti yakalamışlardı, Türkiye'de hiç kimse nerede doğduklarıyla, etnik kökenleriyle, mezhepleriyle ilgilenmemişti, Türkmüş-Kürtmüş filan diye ayrım yapılmamış, yetenekleri yüceltilmiş, baştacı edilmişlerdi. Ama maalesef, ellerine geçen ilk fırsatta "barış ve demokrasi" ayaklarıyla "etnik milliyetçilik" yapmaktan çekinmediler. Akp'nin Pkk açılımı sırasında, Yılmaz Erdoğan "akil" oldu, şehir şehir dolaşıp ahaliyi açılıma ikna etmeye çalıştı, İbrahim Tatlıses Akp mitinglerine katıldı, Diyarbakır meydanında Barzani'nin huzurunda Şivan Perwer'le düet yaptı. Fazıl Say gibi uluslararası gururumuza hapis cezası verilmesine, Levent Kırca, Müjdat Gezen gibi duayenlerin mahkeme mahkeme süründürülmesine, İnsanlık Anıtı'nın ucube diye yıkılmasına, Bedri Baykam'ın bıçaklanmasına, Tarık Akan'ın Zeki Alasya'nın cenazesine bile hakaret edilmesine gıkını çıkarmayan Şener Şen... 2016'da ak saray'da düzenlenen törende, bizzat Tayyip Erdoğan'ın elinden Cumhurbaşkanlığı Kültür Sanat Büyük Ödülü'nü aldı. Hayranları gözlerine inanamadı. Bekir Coşkun, herkesin hislerine tercüman olarak, şu satırları yazdı: "Kimileri hiç ölmez, Levent Kırca, Tarık Akan, Zeki Alasya, Neşet Ertaş, ölseler bile yaşamaya devam ederler bizde... Ve, birkaç gün önce bir cinayet işlendi bende... Şener Şen, o sevdiğim bendeki Şener Şen'i öldürdü, daha yaşarken."

Talat

"14 Kasım 1983.
Bağımsızlıktan bir gün önce.
Denktaş kürsüye çıktı...
KKTC'yi ilan edeceğiz dedi.
Benim partim CTP'ydi.
Acilen toplandık.
Sert tartışmalar yaşandı.
Neticede oylama yapıldı.
Ben hayır oyu kullandım.
Hatta, evet çıkmasın diye büyük çaba harcadım.
13 hayır çıktı.
14 evet çıktı.
Bir oyla kabul edildi.
Eve döndüğümde ağladım.
Hayatımda ilk kez ağladım.
Hayır denmeliydi."

Mehmet Ali Talat'a ait bu sözler.
Talat'ın Kıbrıs'ı isimli kitapta anlatmıştı.

Sonra ne oldu?
"Hayır" dediği, kurulmasına "evet" dendiği için üzüntüsünden ağladığı KKTC'ye önce başbakan, sonra cumhurbaşkanı oldu.
Koltuğa "hayır" demedi!

Sonra ne oldu?
Kurulmasına "hayır" dediği KKTC'nin kepenklerinin kapatılması anlamına gelen Annan Planı'na "evet" dedi, ahaliden de "yes be annem" demesini istedi.

Hayır'ı dedirtememişti.
Yes'i dedirtti.

Sonra ne oldu?
"Hayır" diyen taraf AB'ye girdi.
Sadece girse gene iyi...
Veto hakkına kavuştu.
KKTC'ye ambargo kaldırılsın mı sorusuna da, doğal olarak "hayır" dedi.

Sonra ne oldu?
Bizim tarafta nihayet jeton düştü.
"Annan'ı da al git" dendi.

Dendi ama...
Geçti Brüksel'in pazarı.
Sür eşeği Girne'ye be annem.

Mehmet Ali Talat

Türkiye Cumhuriyeti'nde okudu, ODTÜ elektrik mühendisliğinden mezun oldu ama, Türkiye Cumhuriyeti'ne daima karşı oldu. ODTÜ'de okurken TÜBİTAK bursu bağlanmıştı, bursu bir ay sonra kesildi, çünkü her platformda, bursunu aldığı Türkiye Cumhuriyeti'ni yerden yere vuruyordu. 1974'teki barış harekatı sırasında, Mehmetçik mücahitlerle birlikte Kıbrıs'ta vuruşurken, o Kıbrıs'ta bile değildi. Kuzey Kıbrıs Türk Cumhuriyeti devletine cumhurbaşkanı bile oldu ama, Kuzey Kıbrıs Türk Cumhuriyeti'nin devlet olmasına daima karşı oldu. Akp'nin Kıbrıs bayisi gibiydi, hayatı boyunca sadece Akp'den övgüyle bahsetti, ulusal kahramanımız Denktaş'ın tasfiye edilmesi için elinden geleni yaptı, daima Tayyip Erdoğan'ı alkışladı, "Tayyip Erdoğan bizim adımıza konuşabilir" dedi. 2015 itibariyle silindi gitti.

Abdülkadir

Hablemitoğlu...
İçişleri Bakanı Aksu, "bu menfur saldırıyı lanetliyorum, nefretle kınıyorum" dedi.
Neve Şalom, Beth Israel...
İçişleri Bakanı Aksu, "bu alçakça saldırıları lanetliyorum, nefretle kınıyorum" dedi.
HSBC, konsolosluk...
İçişleri Bakanı Aksu, "bu alçakça saldırıları lanetliyorum, nefretle kınıyorum" dedi.
Kuşadası'nda patlama...
İçişleri Bakanı Aksu, "bu saldırıyı lanetliyorum, şiddetle, nefretle kınıyorum" dedi.
İstanbul'da polis şehit...

İçişleri Bakanı Aksu, "bu menfur saldırıyı lanetliyorum, nefretle kınıyorum" dedi.
Rahip Santoro...
İçişleri Bakanı Aksu, "yaşam hakkına yapılan bu saldırıyı lanetliyorum, nefretle kınıyorum" dedi.
Cumhuriyet'e peş peşe bombalar...
İçişleri Bakanı Aksu, " huzurumuzu hedef alan bu saldırıları nefretle kınıyorum" dedi.
Danıştay basıldı...
İçişleri Bakanı Aksu, "bu saldırıyı lanetliyorum, şiddetle, nefretle kınıyorum" dedi.
Diyarbakır'da bomba...
İçişleri Bakanı Aksu "insanlık dışı saldırıyı lanetliyorum, nefretle kınıyorum" dedi.
Hrant Dink...
İçişleri Bakanı Aksu "insanlık dışı saldırıyı lanetliyorum, nefretle kınıyorum" dedi.
Malatya Zirve Yayınevi...
İçişleri Bakanı Aksu "insanlık dışı saldırıyı lanetliyorum, nefretle kınıyorum" dedi.

İçişleri Bakanı Aksu hakkında Meclis'te verilen gensoru önergesi reddedildi...
İçişleri Bakanı Aksu "insanlık dışı saldırıyı lanetliyorum, nefretle kınıyorum" dedi.

Abdülkadir Aksu

Diyarbakır'da doğdu, Kahramanmaraş'ta Rize'de Gaziantep'te valilik yaptı, 1987'de ANAP milletvekili oldu, Turgut Özal'ın içişleri bakanı oldu, içişleri bakanlığı koltuğunda otururken Profesör Muammer Aksoy, Çetin Emeç, Turan Dursun, Hiram Abas, Bahriye Üçok, korgeneral Hulusi Sayın, MİT eski müsteşarı Adnan Ersöz suikastları yaşandı, 1996'da ANAP'tan ayrıldı, Refah Partisi'ne geçti, Erbakan'ın genel başkan yardımcısı oldu, Refah kapatılınca Fazilet'e geçti, Fazilet kapatılırken Akp'ye zıpladı, 2002'de Akp milletvekili oldu, hem Abdullah Gül'ün hem Tayyip Erdoğan'ın içişleri bakanı oldu, 2002-2007 arasında yukarda sıraladığım karanlık olaylar yaşandı, 2015'ten sonra milletvekili yapılmadı. Eskiden Fethullah Gülen'in sağkolu olan, sonradan itirafçı olan Nurettin Veren bir televizyon programında açık açık "Abdülkadir Aksu cemaatle birlikte çalışıyordu" dedi!

Erbakan

Herkes yargısız infaz'dan şikayetçi ama...
İnfazsız yargı var aslında.

Bakın, 27 kez hacı olmasına rağmen bir trilyon lirayı araklamaktan mahkum olan Erbakan, yırttı.

Başlıklar şöyle...
"Gül affetti."
"Gül kurtardı."
"Gül özgürlüğünü verdi."
"Gül hayata döndürdü."

Sanırsın, Malta zindanlarında yatıyordu.
Zincire vurulmuştu.
Kırbaçlıyorlardı zavallı hocayı!

Kardeşim...
Bir eli yağda bir eli balda, çiftlik ebadındaki denize nazır havuzlu villasında oturan adama, Alcatraz Kuşçusu muamelesi yapmayın Allah aşkına... Ver o trilyonu bana, değil bir sene yazlıkta, tuvalette otururum, tuvalette!

Peki nedir?
Şudur...

Laikliğe aykırı eylemlerin odağı olduğu için iki defa partisi kapatılan, daha sonra laikliğe aykırı eylemlerin odağı olduğu tescillenen üçüncü partisi tarafından Çankaya'ya çıkarılan Abdullah Gül "29 Ekim" doğumlu... Laikliğe aykırı eylemlerin odağı olduğu için dört defa partisi kapatılan Necmettin Erbakan da "29 Ekim" doğumlu.

E hal böyleyken... "Cumhuriyet çocukları" birbirine destek olmayacak da, kime olacak?

Necmettin Erbakan

İstanbul Erkek Lisesi'nden sonra İstanbul Teknik Üniversitesi'nde makine mühendisliği okudu, İTÜ tarafından Almanya'ya gönderildi, Aachen Teknik Üniversitesi'nde doktora yaptı, İTÜ'de doçent oldu, profesör oldu, Gümüş Motor'u kurdu, TOBB başkanlığına seçildi, 1969'da Adalet Partisi'nden milletvekili aday adayı oldu, Demirel tarafından veto edildi, Konya'dan bağımsız aday oldu, seçildi, "milli görüş" olarak tabir edilen siyasal İslam'ın temellerini attı, Milli Nizam Partisi'ni kurdu, bu parti Anayasa Mahkemesi tarafından kapatılınca, İsviçre'ye gitti, 1973 seçimlerinden önce Türkiye'ye döndü, Demirel'in oylarını bölmesi için hava kuvvetleri komutanı Muhsin Batur ve orgeneral Turgut Sunalp tarafından ikna edilerek Türkiye'ye getirildiği iddia edildi, Milli Selamet Partisi'ni kurdu, Ecevit'le koalisyon hükümeti kurdu, Demirel ve Türkeş'le birlikte Milliyetçi Cephe hükümetlerini kurdu, 12 Eylül darbesinde altı ay tutuklu kaldı, 10 yıl siyaset yasağı aldı, 1987'de referandumla siyasete geri döndü, Refah Partisi'nin başına geçti, 1995 seçimlerinde yüzde 21 oyla birinci parti oldu, Tansu Çiller'le Refahyol hükümetini kurdu, başbakan oldu, 28 Şubat süreciyle istifaya zorlandı, Refah Partisi kapatıldı, beş yıl siyaset yasağı aldı, Fazilet Partisi'ni kurdurdu, Fazilet Partisi kapatılırken milli görüş hareketi bölündü, Akp ortaya çıktı, Erbakancılar Saadet Partisi'ni kurdu, 2002'de bir trilyon liralık hazine yardımını harcanmış gibi göstermekten iki yıl dört ay hapis cezasına mahkum edildi, Konya'dan bağımsız milletvekili olmak istedi, adaylığı Yüksek Seçim Kurulu tarafından kabul edilmedi, Saadet Partisi'nin başına geçti, kayıp trilyon davasında aldığı ceza Yargıtay tarafından onanınca Saadet Partisi'nden ayrılmak zorunda kaldı, cezası cumhurbaşkanı Abdullah Gül tarafından affedildi, tekrar Saadet Partisi'nin başına geçti, 2011'de vefat etti, vasiyeti gereği devlet töreni yapılmadı, Zeytinburnu Merkezefendi mezarlığında toprağa verildi.

*

"Bizim partimizin kurucuları Sultan Fatih hazretleri, Sultan Yıldırım hazretleri, Sultan Murat, Sultan Melikşah, Ulubatlı Hasan, Orhan Gazi, Akşemseddin, Sultan Yavuz, Sultan Hamid'dir" diyordu. "İmam hatipler bizim arka bahçemiz" diyordu. "Gün gelecek, rektörler başörtülü kızlarımızın önünde selam duracak" diyordu. "Saadet Partisi fabrikadır, alıyor müslümanı, başına üç tane çivi çakıyor, bir tanesi cihad çivisi, bir tanesi haftalık toplantı çivisi, bir tanesi milli gazete çivisi, bir insanın başına bu üç çivi çakılmışsa, artık şuurlu müslümandır" diyordu. "Adil düzen gelecek, geçiş dönemi sert mi olacak, yumuşak mı olacak, tatlı mı olacak, kanlı mı olacak, altmış milyon buna karar verecek!" diyordu. "Okullarda çocuklara 'Ne Mutlu Türküm Diyene' diye bağırtıyorlar, bu yanlış" diyordu.

*

Tabutuna Türk bayrağı örtülmedi. Cenazede yaklaşık bir milyon kişi vardı, ilaç için bir tane bile Türk bayrağı yoktu!

Recep

Deli dana.
Kuş gribi.
Şimdi de kene.
Hayvanat kafayı bize taktı.

Süperzeka vatandaşımız tavuk yetiştirmeye karar vermiş, 50 tane civciv almış, başaşağı saksıya gömmüş, sulamış, ertesi sabah büyüdüler mi acaba diye bakmış ki, hepsi telef... Herhalde yanlış ektim diye düşünmüş, 50 civciv daha alıp, bu defa ayaklarından saksıya gömmüş, sulamış, ertesi sabah onlar da telef... Galiba kendi başıma beceremeyeceğim, bilimsel yardım alayım bari demiş, üniversiteye mektup yazıp, vaziyeti anlatmış, ne yapmam lazım diye sormuş... Bir hafta sonra üniversiteden cevap yazısı gelmiş, "saksının toprağından numune gönderin, tahlil edelim."

Gülüyorsunuz di mi?
Gülmeyin.

Bakın geçenlerde Elazığ'da yaşandı.
Yukarıdaki gibi fıkra değil, gerçek...
Keçi sağarken bir kadının ağzına sinek kaçtı. Yanlışlıkla yuttu. Sineğin midesinde çoğalmasından korktuğu için ne yaptı biliyor musunuz? Haşere ilacı içti!

"Seçmen" buysa... O seçmenin seçtiği sağlık bakanı da "keneye karşı pantolon paçalarını çoraba sokun" diyorsa...

Birbirini imha etmek için Ergenekon falan kurmaya ihtiyacı yoktur o milletin... Er'kene'kon halleder!

Recep Akdağ

Erzurum'da doğdu, Erzurum'da okudu, Erzurum Atatürk Üniversitesi Tıp Fakültesi'nden mezun oldu, Erzurum'da profesör oldu, meslek hayatı boyunca Erzurum dışına çıkmadı, tüm kariyeri Erzurum'la sınırlıydı, 2002'de Akp milletvekili yapıldı, 2002-2013 arasında kesintisiz sağlık bakanlığı yaptı, iki yıl aradan sonra 2016'da tekrar sağlık bakanı yapıldı, 2017 itibariyle efsane Refik Saydam'dan sonra en uzun süreyle görev yapan sağlık bakanıydı. Bu kritik bakanlığın Recep Akdağ döneminde Menzil cemaati tarafından doldurulduğu, hatta bu cemaatin Recep Akdağ'ın yerine sağlık bakanı olan Mehmet Müezzinoğlu'nun çalışmasını engellediği, bu nedenle Recep Akdağ'ın yeniden sağlık bakanı yapıldığı iddia ediliyordu, fetoculardan temizlenen devlet kadrolarına Menzilcilerin yerleştirildiği öne sürülüyordu. Recep Akdağ elbette bu haberlerin hepsini yalanlıyor, tekzip gönderiyordu, ancak, herhangi bir mesleki başarısı görülmemiş, sıradan bir çocuk doktoru, nasıl oluyor da 14 yıldır sağlık bakanlığı koltuğunda oturuyor, işte bu pek açıklanamıyordu!

Enver

Zimbabve muhalefet lideri, Hollanda elçiliğine sığındı. Bolivya devrik lideri, ABD elçiliğine sığındı. Ekvador eski devlet başkanı, Brezilya'ya sığındı; Ekvadorlu milletvekilleri, Kolombiya'ya sığındı.

Gineu-Bissau devrik lideri, Portekiz elçiliğine sığındı. Iraklı Şii lider, İran'a sığındı. İran eski savunma bakan yardımcısı, ABD'ye sığındı. Saddam'ın kızları, Ürdün'e sığındı. Saddam'ın ressamı, Avusturya'ya sığındı. Kırgızistan devrik lideri, Kazakistan'a sığındı. Özbek lider, Norveç'e sığındı. Taliban yöneticileri, Pakistan'a sığındı. Amerikalı Siyah Kurtuluş Ordusu'nun kadın lideri, Küba'ya sığındı. Kübalı voleybolcular, ABD'ye sığındı. Suriye'ye sığınan terörist Öcalan, önce İtalya'ya, sonra Yunanistan elçiliğine sığındı. Sevgilisi, Almanya'ya sığındı. Fehriye Erdal, Belçika'ya sığındı. Çeçen folklor ekibi, Finlandiya'ya sığındı. Sovyet balet Mikhail Baryshnikov, Kanada'ya sığınmıştı. Amerikan karşıtı Amerikalı, efsane satranç ustası Bobby Fischer ise İzlanda'ya sığınmıştı. İsviçre'de ırkçı parti seçimi kazanınca,

250 İsviçre vatandaşı, İsveç elçiliğine sığındı. Kuzey Koreli balıkçılar, Güney Kore'ye sığındı.

Bize sığına sığına kim sığındı biliyor musunuz?

Malezyalı oğlancı sığındı iyi mi!

Ülkelerarası "ikili ilişki" diye buna derim ben.

Enver İbrahim

Malezya başbakan yardımcısı ve maliye bakanıydı, hakkında ağır yolsuzluk iddiaları vardı, yetmedi, eşinin şoförüyle ters ilişkiye girdiği, Aziz Ebubekir isimli şoförü seks kölesi olarak kullandığı ortaya çıktı, tutuklandı, Malezya'da eşcinsellik suç kabul edildiği için, altı yıl hapis yattı. 2004'te tahliye oldu, ana muhalefet partisinin başına geçti, 2008'de bu defa erkek danışmanıyla ters ilişkiye girdiği ortaya çıktı, tutuklanmamak için Kuala Lumpur'da Türkiye Cumhuriyeti Büyükelçiliği'ne sığındı. "Neden Türkiye'yi tercih ettiniz?" diye sordular, "ben Türkiye'ye çok yakınım" dedi. Malezya basını enteresan detaylar veriyordu, "Enver İbrahim'le Tayyip Erdoğan'ın çok eskiden beri tanıştıkları, her ikisinin de 70'li yıllarda Suudi Arabistan tarafından finanse edilen Dünya Müslüman Gençlik Teşkilatı üyesi oldukları" yazılıyordu. İki gün pazarlık yapıldı, tutuklanmama garantisi verildi, Enver İbrahim elçiliğimizden ayrıldı. Ancak, yargılama devam etti, 2015'te Malezya Yüksek Mahkemesi eşcinsel ilişkiye girmekten suçlu buldu, beş yıl hapis cezası verildi, beş yıl siyaset yasağı getirildi, 2016'da yeniden hapse atıldı.

Pamuk

Orhan Pamuk Nobel aldı.
Hadise komediye dönüştü.

Koca koca gazeteciler diyor ki...
"Orhan Pamuk'u hiç okumadım ama gurur duyuyorum."

Bazıları da diyor ki...
"Okumak için büyük çaba harcadım, zorladım kendimi, bir defa, iki defa, üç defa, olmuyor, okunmuyor, ama ne kadar sevindiğimi anlatamam, gurur duyuyorum."
Ben hayatımda böyle matrak bir olay görmedim.

Biz diyoruz ki...
"Okuduk, gurur duymuyoruz."
Adam diyor ki...
"Cahilsiniz siz, ben okumadım ama, bak gurur duyuyorum."

Okuyup beğenmeyen, cahil.
Okumayıp beğenen, entelektüel.

Millete saldırmak, serbest.
Millete saldıranı beğenmemek, yasak.
Mecbursun beğenmeye.

Hatta şunu diyen bile var...
"Okumaya çalıştım, bitiremedim, çünkü ne dediğini anlamadım, ama bu ödül Türkçeye verilmiştir, o nedenle gurur duyuyorum."

Nasıl olsa kimse sormuyor...
Güzel kardeşim!
Bu ödül Türkçeye verildiyse, sen Türkçe okuyan, Türkçe yazan, Türkçe konuşan bir gazetecisin, hiç merak etmedin mi, Türkçe yazılmış bir romanı neden anlamıyorsun?

Orhan Pamuk

2005 yılında *Das Magazin* isimli İsviçre dergisine röportaj verdi, "bu topraklarda 30 bin Kürt ve 1 milyon Ermeni öldürüldü, benden başka kimse bundan bahsetmeye cesaret edemedi" dedi. Hemen ertesi yıl 2006'da, Nobel Edebiyat Ödülü verildi. Yazarak değil, konuşarak Nobel edebiyat ödülü alan, yazdıklarıyla değil, konuştuklarıyla ünlü olan tarihteki ilk edebiyatçıydı! Orhan Pamuk'a Nobel ödülü verildiği gün, Fransa'da "soykırım yok diyeni hapse tıkan yasa" çıkarıldı.

Grivas, Sampson, Agopyan

EOKA.
"T"erör yarattı mı? Yarattı.
"T"anıttı mı davasını? Tanıttı.
"T"oprak aldı mı? Aldı.
ASALA.

"T"erör yarattı mı? Yarattı.
"T"anıttı mı davasını? Tanıttı.
Şimdi sırada ne var?
"T"oprak.

PKK.
"T"erör yarattı mı? Yarattı.
"T"anıttı mı davasını? Tanıttı.
Şimdi sırada ne var?
"T"oprak.

Eoka'yı ne zaman bitirdik?
Kıbrıs'a çıktığımızda, 1974'te.
Asala ne zaman kuruldu?
Hemen bir sene sonra, 1975'te.

Asala'yı ilk ne zaman vurduk?
1983'te.
PKK ilk ne zaman vurdu?
Hemen bir sene sonra, 1984'te.
"T"esadüf işte.

Açılım'cı arkadaşların ortak paydasının, yes be annem'ci, hepimiz ermeniyiz'ci, yetmez ama evet'çi olması ise, olsa olsa, büyük tesadüftür!

Georgios
Grivas

Nikos
Sampson

Agop
Agopyan

Ethniki Organosis Kyprion Agoniston, EOKA, yani, Kıbrıslıların Milli Mücadele Örgütü, 1950'li yılların başında albay Georgios Grivas tarafından kuruldu. Kıbrıs'ta doğan, Atina Askeri Akademisi'nden mezun olan Grivas, 1919'daki Yunan işgali sırasında İzmir'e çıkanlar arasındaydı, ikinci dünya savaşından sonra Kıbrıs'a döndü, adayı Yunanistan'a bağlamak için "Enosis" adı verilen saplantılı projesiyle terör estirmeye başladı, Türk katliamları yaptı, kalpten öldü.

*

1971 yılında Grivas'ın yerine Nikos Sampson geçti, EOKA örgütü EOKA-B olarak anılmaya başlandı. Fanatik derecede Türk düşmanı olan, köy baskınlarına bizzat giderek "kendi elleriyle Türk öldürmekten zevk aldığını" söyleyen, Makarios taraftarı Rumları bile katleden Sampson, aslında gazeteciydi, "muharebe" anlamına gelen *Mahi* gazetesinin sahibiydi, Yunanistan'daki albaylar cuntasının desteğiyle 15 Temmuz 1974'te Kıbrıs Cumhurbaşkanı Makarios'a karşı darbe yaparak, Kıbrıs'ta "Yunan Cumhuriyeti" ilan etti, kendini de cumhurbaşkanı ilan etti, Türk askeri Kıbrıs'a çıktığında, Yunanistan'a kaçtı, güya yargılandı, güya 18 yıla mahkum edildi, hapis mapis yatmadı, hastalığı bahane edilerek, tedavi için Fransa'ya gönderildi, 1993'te elini kolunu sallaya sallaya Kıbrıs'a döndü, gazetesinin başına geçti, 2001'de öldü, kalabalık bir törenle gömüldü. Gazetesi *Mahi*, 2017 itibariyle hâlâ yayımlanıyordu, oğlu Sotiris Sampson, Magosa milletvekiliydi.

*

Armenian Secret Army for the Liberation of Armenia, ASALA, yani, Ermenistan'ın Kurtuluşu için Ermeni Gizli Örgütü, 1975'te Beyrut'ta Agop Agopyan tarafından kuruldu. 21 ülkenin 38 şehrinde, 110 silahlı saldırı düzenledi, 42 diplomatımızı, 15 vatandaşımızı katletti. Agop Agopyan'ın asıl adı Harutyun Tokaşyan'dı, Irak Musul doğumluydu, Mihran Mihranian, Vahram Vahramian, Iran Irmian, Bedros Havanasyan takma adlarını kullanıyordu, 1988'de Atina'da evinin önünde havalimanına gitmek üzere taksi beklerken, kimliği belirsiz iki kişi tarafından öldürüldü, namlusu kesilmiş av tüfekleriyle göğsüne ve kafasına sıkıldı, 36 yaşındaydı, üzerinden Abdül Muhammed Kasım adıyla Yemen pasaportu çıktı, cenazesi Irak'a götürüldü, Musul'a gömüldü.

Hayati, Bülent, Zeyid

Sivas'ta insanları yaktı.
Kırmızı bültenle aranıyordu.
Kırmızı bültenle aranırken...
Belediyeye başvurdu.
Nikahını kıydılar.
TSK'ya başvurdu.
Askere aldılar.
Polise başvurdu.
Ehliyet verdiler.

Devlete başvurdu.
Sigortalı işe soktular.
İstanbul Belediyesi'ne başvurdu.
Metroya gişe memuru yaptılar.

Aynı Sivas'ta...
Aziz Yıldırım şu şu numaralı cep telefonundan, Mecnun Odyakmaz'ın şu şu numaralı cep telefonuna, saat 14.57'de ne dedi? Büyük Otel'in lobisinde tokalaşıp, asansörlerin karşısındaki koltuklarda oturanlar kim? Müsait pozisyonda kafayla gol atabilecekken, atmayan futbolcunun eşi hangi saatte doğum yaptı? Fenerbahçe otobüsü 20.29'da, dikkatinizi çekerim, yaklaşık bir saat değil, 20'yi tam 29 geçe nereye geldi? Camları füme Mercedes minibüse, kimler, kaçta bindi, nereye gitti? Siyah spor çantayı sağ elinde taşıyan kim? Bir menajerin şu şu numaralı cep telefonu saat 23.06'da Kocaeli Sefa Sirmen Tesisleri'nden sinyal verirken, Sivas Nuri Demirağ Havalimanı'ndan şu şu plakalı beyaz Megane'la ayrılıp, Erzincan yolu üzerindeki Peugeot bayiinde duran, ikinci kata çıkıp, şu şu numaralı cep telefonuyla konuştuktan sonra, şu şu plakalı siyah renkli Honda'ya binerek, Sivasspor tesislerine giden öbür menajer... Hepsi fotoğraflanmış. Hepsi dinlenmiş. Nefes alıp vermeleri bile izlenmiş. Hatta, Bülent Uygun'un fazla tereyağlı yediği için kilo aldığı detayı bile var.

Kırmızı bültenle aranan herif, belediyenin, askerin, polisin, devletin gözünün önünde, nikah kıyıp, askere gidip, ehliyet alıp, işe sokulup, İstanbul metrosunda gişe memuru yapılırken... Fenerbahçe saniye saniye takip ediliyor, fotoğraflanıyor, dinleniyor, kaydediliyor.

Ve hâlâ deniyor ki...
Madımak katilleri niye yakalanmıyor?

Aleviler takım kurup, Süperlig'e yükselmediyse, hükümetimiz n'aapsın kardeşim!

❧

Hayati
Yazıcı

Bülent
Tüfenkçi

Zeyid
Aslan

Madımak katliamında insanları diri diri yakan sanıkların avukatları, Akp döneminde il başkanı oldu, belediye başkanı oldu, milletvekili oldu, bakan oldu, hatta başbakan yardımcısı oldu. Tokat milletvekili Zeyid Aslan, gümrük ve ticaret bakanı Bülent Tüfenkçi, başbakan yardımcısı Hayati Yazıcı, bunlardan bazılarıydı. Madımak davası 2012 yılında zamanaşımına uğradı, dava düştü, Tayyip Erdoğan'a "ne düşünüyorsunuz?" diye sordular, "milletimiz için, ülkemiz için hayırlı olsun, yıllar yılı içerde olan vatandaşlar vardı" dedi!

Rifat

1923-2002.
Akp'den önce memleketimiz haçlılar tarafından yönetiliyordu, ahalimiz patates dinindendi. Hamdolsun ki, seçimi Akp kazandı.

2003.
Camiler ibadete açıldı. Akp'den önceki dönemde camiler ahır yapılmıştı, namaz kılacak yer yoktu.

2004.
İmam hatip liseleri açıldı. Akp'den önce memlekette imam olmak yasaktı. İlla din adamı olmak isteyen, Heybeliada ruhban okuluna gidiyordu. Henüz türgev yurtları açılmamıştı, zavallı çocuklarımız manastırlarda barınıyordu, rahibeler tarafından büyütülüyordu.

2005.
Diyanet işleri başkanlığı kuruldu. Akp'den önce din işlerimiz Fener Rum Patrikhanesi'ne bağlıydı, bilahare, AB'ye uyum çerçevesinde Vatikan'a bağlanmıştı. Bu ayıba son verildi.

2006.
Ramazan bayramı kutlanmaya başlandı. Akp'den önce böyle bir bayram yoktu. Ramazandan sonra ne yapacağımızı bilemezdik. Kimimiz kurban keserdi, kimimiz yılbaşı ağacı dikerdi, kimimiz hıdrellez geldi diye ateşten atlardı, kimimiz paskalya yumurtası boyardı. Bir türlü işin içinden çıkamazdık. İmdadımıza asrın liderimiz yetişti. "Bakıyorsunuz, bayramın adını değiştirdiler, ne oldu bayramın adı, tatil oldu, olmaz öyle, bu bayram dört dörtlük Ramazan bayramıdır, buna kültürel erozyon denir, değerlerimizin erozyona uğramasına fırsat vermemeliyiz, inkıraza götürür" dedi.

2007.
Tarihimizde ilk defa dindar cumhurbaşkanı seçildi. Akp'den önceki cumhurbaşkanları dinsizdi, bazıları putperestti, Özal taocuydu.

2008.
Anadolu çocuklarının üniversiteye giriş yasağı kaldırıldı. Akp'den önce sadece elit, tuzu kuru, kaymak tabakanın çocukları girebiliyordu. Ben mesela, ODTÜ elektrik elektroniği kazanmıştım ama, babam Arşidük olmadığı için kaydımı yapmamışlardı. Annesi Kontes olanları puanı tutmasa bile alıyorlardı. Ailende Lord varsa, yüksek lisans yapabiliyordun, yatay geçiş için Barones akraba yeterliydi. Bahar şenliği filan avam'dı, devrim stadında Ascot yarışları yapılırdı, kantinde petrus satılıyordu. Monako prensesi Caroline, İspanya kralı Felipe, York dükü William, Paris Hilton falan, hep ODTÜ mezunudur. Çok şükür ki, babamın Remzi diye bi arkadaşı vardı, manifaturacı, sağolsun sponsor oldu, gittim Harvard'ta okudum.

2009.
Umre seyahati, sosyetik hanımlarımıza serbest bırakıldı. Akp'den önce sosyetik hanımlarımızın umreye gitmesi yasaktı, görülmüş şey değildi. Akp bi geldi kardeşim, hepsi koşa koşa umreye gitti. Gerçi dönüşte free shop'tan viski alırken yakalandılar ama, olsun gari... Asrın liderimiz ne demişti? "İçki içen alkoliktir, içki içen bize oy veriyorsa, alkolik değildir."

2010.
Umre seyahati, sosyetik hanımlarımızdan sonra işadamlarımıza da serbest bırakıldı. Akp'den önce işadamlarımızın umreye

gitmesi yasaktı, duyulmuş şey değildi. TOBB yönetim kurulu mesela, tobb'luca umreye gitti, tobb başkanı rehber imam oldu, yönetim kurulunu başlarından aşağı dökmek suretiyle zemzemle yıkadı. İbadetlerini saklı gizli yaptıkları için, yanlarına yalaka gazetelerin ekonomi muhabirlerini almışlardı, bol bol fotoğraf çektirip hidayete erdiklerini kamuoyuna ve asrın liderimize duyurdular, dönüşte viskiyi bırakacaklarını müjdelediler. Bunların fotoğraflarına bakarken benim bile maneviyatım arttı, helali hoş olsun, hepsine özelleştirmeden ihale veresim geldi.

2011.
Sanatçılarımızın oruç tutması ve iftar açması serbest bırakıldı. Akp'den önce sanatçılarımızın oruç tutması ve iftar açması yasaktı, o güne kadar ne görülmüş ne duyulmuştu. Akp'li belediyeler iftar çadırları kurunca, sanatçılarımız da kuyruğa girdi. O akşamki iftarın faturasını hangi dinibütün sanatçımız ödediyse, ana haber bültenlerinin canlı yayınına o dinibütün sanatçımız çıktı. İftar çadırları hayırlara vesile oldu, sanatçılarımıza bereket geldi, belediye çadırında iftar açanlar belediye konserlerinde sahneye çıktı.

2012.
Sünnet olmaya başladık. Akp'li belediyeler toplu sünnet şöleni başlatana kadar sünnet olmazdık. Ben kendi payıma, anca geçen sene, Ümraniye belediyesinin toplu sünnet şöleninde kestirdim.

2013.
Amerika'yı keşfettik. Akp'den önce Amerika'yı keşfettiğimizi bilmiyorduk. Aslına bakarsanız, Kristof Kolomb bile bilmiyordu. Bizimle beraber, bütün dünya asrın liderimizden öğrendi. "Amerika'yı Kolomb değil, 1178'te müslümanlar keşfetti, Kolomb gittiğinde dağın tepesinde cami gördü" dedi.

2014.
Cenaze töreninde ne yapacağımızı öğrendik. Akp'den önce ne yapacağımızı bilmezdik, başsağlığı dileyip, dua edeceğimize, dans ederdik. Neyse ki, asrın liderimiz öğretti... "Bu ne biçim iştir yauv, ölüm karşısında dans edilir mi, bizim kültürümüzdeki yeri nedir, ailesine bir başsağlığı dile, biliyorsan bir fatiha oku" dedi.

2015.
Cenazelerimizi ne yapacağımızı bilmiyorduk, kimini yakıyorduk, kimini denize atıyorduk, kimisi öylece ortada kalıyordu. Neyse ki, asrın liderimiz onu da öğretti... "Her müslüman ülkede ölü yıkayıcılarına ihtiyaç var, her müslümanın ölüsünü yıkayabilecek bilgiye kabiliyete erişmesi lazım, yoksa ölüleriniz ortada kalır" dedi.

2016.
Cuma namazı serbest bırakıldı. Akp'den önce Cuma namazına gitmek yasaktı. Cuma namazına gitmek isteyenlere eziyet ediliyordu, mesai arkadaşları tarafından kırbaçlanıyorlardı. Hatta sırf işkence olsun diye, takvimlerden Cuma günleri kaldırılmıştı, perşembeden direkt cumartesiye geçiliyordu. Hamdolsun ki, Ahmet Kiziroğlu genelge çıkardı, bundan böyle isteyen herkes Cuma namazına gidebilecek.

Rifat Hisarcıklıoğlu

Akp hükümetleri, sanki Akp'den önce bu memleket müslüman değilmiş, Akp'yle beraber müslüman olmuş gibi davranıyordu. Akp'nin gözüne girmek isteyen işdünyası da, ne kadar dindar olduğunu kanıtlamak için tuhaf gösteriler yapıyordu. Tuhaflıkların başında TOBB başkanı Rifat Hısarcıklıoğlu geliyordu. 1.5 milyon üyesi bulunan Türkiye Odalar ve Borsalar Birliği'ni Akp'nin emrine vermişti, Akp'yi ayakta alkışlıyordu, daima Akp uygulamalarını savunuyor, daima muhalefetteki CHP'yi eleştiriyordu, TOBB başkanından ziyade, Akp ilçe başkanı gibiydi. En çarpıcı icraatını (!) 2012 yılında gerçekleştirdi. Ramazan ayıydı, TOBB'un yönetim kuruluyla birlikte özel uçakla Suudi Arabistan'a umreye gittiler, Rifat Hisarcıklıoğlu Akp döneminde defalarca umreye gittiği için tecrübeliydi, rehber imamlığı üstlendi, Medine'ye iner inmez sabah namazı kıldılar, Hazreti Muhammed'in ve Hazreti Ömer'in kabirlerini ziyaret ettiler, cuma namazından sonra Uhud'a geçtiler, kutsal mekanları ziyaret edip, namaz kıldılar, Mescidi Nebevi'de iftar açtılar, Cidde'ye geçtiler, İslam Kalkınma Bankası başkanıyla toplantı yaptılar, ihrama girdiler, dualar eşliğinde Mekke'ye hareket ettiler, Kabe manzaralı Hilton oteline yerleştiler, 21'nci katta iftar açtılar, Kabe'yi tavafla umre görevine başladılar, namazlarını kılıp, Safa ve Merve tepesi arasındaki Say'a geçtiler, yedi tur ve saç kesimi sonrasında terasa çıkıp, veda duası ettiler, rehber imam

Rifat Hısarcıklıoğlu tüm yönetim kurulu üyelerinin üstüne baştan aşağı zemzem döktü, Cidde'den havalanıp Ankara'ya döndüler, TOBB merkezine gittiler, Fenerbahçe-Galatasaray süper kupa maçını televizyondan seyrettiler, maçtan sonra sahura kadar yönetim kurulu toplantısı yaptılar. Peki bunca detayı nereden biliyoruz derseniz... Rifat Hısarcıklıoğlu'nun adeta "çanta" gibi yanında taşıdığı bazı ekonomi yazarları vardı, zemzemle yıkama dahil, tüm detayları adım adım yazmışlardı, oradan biliyoruz!

Yusuf

1, 1, 2, 3, 5, 8, 13, 21, 34...
Fibonacci serisidir bu.

Eğitimsiz bir göz bakarsa, peş peşe sıralanmış, alakasız sayılar gibi durur. Halbuki... Her sayı, kendinden önceki iki sayının toplamıdır. Aslında "düzen" oturmuştur, tıkır tıkır işler ama, sıradan göz göremez.

Matematik zannedersin...
Hayatın ta kendisidir.

Her olayın, kendinden önceki olaylarla bağlantısı olduğunu anlatır bize... İki adım öncesini görürsek, bir sonraki adımın ne olacağını da kabak gibi görebiliriz.

Yani... Ötesinin ne olacağını merak etmek yerine, berisine bakmak yeterlidir.

Çankaya 21...
YÖK 34'tür.

55, üniversitede türban.
89, lisede türban.
144, ilkokulda türban.

Fibonacci serisinin son halkası olan yeni YÖK Başkanı'nın "başörtüsünü serbest bırakırsak artmaz, tam aksine azalır" lafı... Bilimsel olarak yanlıştır.

Ve, tek yanlış değildir...

Bu, 5'inci YÖK Başkanı.

1'inci, Ankara Üniversitesi ve Hacettepe Üniversitesi rektörüydü.
2'nci, 19 Mayıs Üniversitesi.

3'üncü, Karadeniz Teknik.
4'üncü, Galatasaray rektörüydü.

Ya 5'inci?
Rektör değil.
Dekan bile değil.
Herhangi bir fakülteyi ya da üniversiteyi yönetmemiş biri, hepsini birden yönetecek.

Albayın, tuğ, tüm, kor ve or'u atlayıp, direkt genelkurmay başkanı olmasıdır. Muhabirin, editör, yazı müdürü olmadan, genel yayın yönetmeye kalkmasıdır. Vali olmamış kaymakamın, içişleri bakanlığı koltuğuna kurulmasıdır.

Yönetemez.
Yönetemeyeceğini göreceğiz.

Yusuf Ziya Özcan

Ahmet Davutoğlu gibi Malezya'dan gelenlerden biriydi. 1992-94 arasında Malezya İslam Üniversitesi'nde öğretim üyesi olarak çalıştı. 2007'de Abdullah Gül tarafından YÖK başkanlığına atandı, Akp'nin atadığı ilk YÖK başkanıydı. Üniversitelerin çıkarları yerine Akp çıkarlarına hizmet etti. Yukarıdaki öngörümüz gerçekleşti, Yusuf Ziya Özcan döneminde üniversiteye sokulan türban, kısa süre sonra ilkokula kadar, hatta anaokuluna kadar indi. Akp'nin bir dediğini iki etmeyen Yusuf Ziya Özcan, ödüllendirildi, diplomasiyle filan hiç alakası olmadığı halde, 2012'de Polonya Büyükelçisi yapıldı, 2016'da yaş haddinden emekli olana kadar büyükelçilik keyfi sürdü.

Topbaş

Aslında her şey "Londra gibiyiz" ayaklarıyla başladı.
Çift katlı otobüs getirdiler.
Ama, küçük bi pürüz vardı...

Londra'da trafik tersten akıyor, duraklar solda, dolayısıyla çift katlıların kapıları da soldaydı. İstanbul'da sağdan gidecek, duraklar da sağda... Eşşek yükü para ödedikleri gıcır gıcır otobüslerin soldaki kapılarını söküp, kaynakla parça ekleyip kapattılar, sağ tarafını kaynakla kesip, soldan sökülen kapıları sağa taktılar. Oldu sana Londra!

Bilahare, sevdiler bu estetik ameliyat işini, metro yapamadık, bari metroymuş gibi yapalım dediler. Yolun ortasına yol yaptılar. Durakları da, yolun ortasına yaptıkları yolun ortasına diktiler. Ama, küçük bi pürüz vardı... Çift katlıların kapısını soldan söküp sağa taktıkları için, yolun ortasına diktikleri duraklar, çift katlıların solunda kaldı! İndirmeye-bindirmeye yanaşamıyordu. Londra diil miyiz kardeşim dedi biri... Hee, Londra'yız... Haaadi bakalım, çift katlıları yolun sağından değil, solundan götürmeye başladılar. Oldu sana tam Londra.

Ama, küçük bi pürüz vardı... Raysız, imitasyon metro, tek hat üstünde gayet güzel gidiyor gidiyor gidiyor, gelemiyordu! Yol bitince, kafayı asansörün kapısına kaptırmış gibi sıkışıp kalıyor, dönemiyordu. İşte o anda, hattın başladığı ve bittiği yere U dönüşü için kavşak yapmayı unuttukları anlaşıldı. Derhal kriz masasını topladılar, zabıtaları devreye soktular. Pazarda domates kontrolü yapması gereken zabıtalar E5'e fırladı... El kol işaretleriyle trafiği durduruyor, balina ebatlarındaki metrobüsleri E5'e çıkarıyor, geniiiiş bi kavisle, tekrardan hatta sokuyordu.

Ama, küçük bi pürüz vardı... Trafik keşmekeşine çözüm olarak icat edilen metrobüsler, zabıta marifetiyle yoldan çıkıp, tekrardan yola girme manevrası sırasında, trafiği hiç görülmediği kadar felç ediyordu. Yumruklaşmalar başladı. Zabıtalar, direksiyon başında sinir krizi geçiren asabi vatandaşlarımız tarafından dövülüyordu. Kriz masasını topladılar. Trafik sıkışıklığına çözüm olarak icat ettikleri metrobüsleri, trafiğin yoğun olduğu saatlerde seferden çekme kararı aldılar iyi mi! Hava kararıp, el ayak çekilince trafik rahatlıyor, bu süperzeka arkadaşlar da metrobüsleri yeniden sefere koyuyordu.

Ama, küçük bi pürüz vardı... Seferlerin başladığı saatlerde, sokakta kimse kalmadığı için, metrobüsler boş boş gidip geliyordu. Baktılar ki, şoförden başka kimse binmiyor, kriz masasını topladılar, E5'in ortasına uçan daire gibi havada duran U dönüşü yerleri yaptılar.

Ama, küçük bi pürüz vardı... U dönüşünü "deneme-yamulma" yöntemiyle, geç de olsa akıl etmişler, yolun ortasına diktikleri duraklara insanların nasıl geleceğini düşünmemişlerdi. Metrobüs şakır şakır gidip geliyor, ahali teee uzaktan seyrediyor, arada önce duvar gibi bariyer, sonra da yoğun trafik olduğu için, E5'in ortasına dikilen duraklara geçemiyorlardı. Kriz masası topladılar. Düşünüp taşınırlarken, biri "üstgeçit mi yapsak?" dedi. Öbürleri alkışladı.

Ama, küçük bi pürüz vardı... Öylesine titiz planlama yapmışlardı ki, Hollanda'dan apar topar kiraladıkları otobüslerin durak levhalarını sökmeyi unutmuşlardı. Kiminde Utrech yazıyordu, kiminde Eindhoven... Üstelik, sanki memlekette şoför kalmamış gibi, otobüslerle beraber Hollandalı şoförleri de kiralamışlardı. "Birader nereye gidiyor bu?" diye sorulduğunda, "Ben anlamiyo Turkce" cevabı veriyorlardı. Deneme-yanılma yöntemiyle, Eindhoven'e binersen, Cevizlibağ'a, Utrech'e binersen, Topkapı'ya gideceğin anlaşıldı... E baktılar ki, bu iş tamamdır, "asrın procesi" denilen metrobüsü, köprüyü geçirip, Anadolu yakasına götürmeye karar verdiler.

Ama, küçük bi pürüz vardı... Tanesini 1.5 milyon Euro'cuğa aldıkları 70 otobüs anca düz yolda gidiyor, yokuşta çekmiyordu! Kadıköy'den binenler, şoförün "beyler bi el atalım" anonsuyla köprü yokuşunda iniyor, ittiriyor, düze çıkınca, gene biniyordu. Kriz masası topladılar. Bildiğin körüklü otobüsleri devreye soktular, metrobüsmüş gibi yaptılar. Tanesi 1.5 milyon Euro'cuğa alınan 70 otobüsü düz yerlerde, körüklüleri yokuşta kullanmaya başladılar.

Ama, küçük bi pürüz vardı... Yağmur yağdı, metrobüs hattı Fırat Nehri'ne döndü. Zodyak çalışıyor, otobüs çalışmıyordu. Kriz masası toplandı. İncelendi. Yolun ortasına yaptıkları yolu, normal yoldan beş santim aşağı yaptıkları ortaya çıktı. Seferleri durdurup, asfaltı yükselttiler. Bu sefer kar yağdı... Muhallebici-mimar belediye başkanımızın asfaltı, sütlaca döndü. Seferleri durdurup, çukurları yamadılar.

Ama, küçük bi pürüz vardı... Tamirat için bölüm bölüm kapatıp, çift yönlü yolu tek yönlü kullanırken, zaten ters yön kullanan şoförlerin nevri döndü! Sağdan mı gidiyorduk, soldan mı filan derken, tek hat üzerinde kafa kafaya tokuşmaya başladılar. Nasıl becerildi bilmiyorum, iş makinesi metrobüse çarptı, ölenler oldu. Tamirat nihayet bitti, kalan sağlarla devam edildi.

Ama, küçük bi pürüz vardı... Asrın procesi, muhteşem hesap-kitap nedeniyle asrın maliyeti'ni yaratmıştı. Kriz masası toplandı. Milleti rahatlatmak için yapılan metrobüse, zam yapıldı!

Ama, küçük bi pürüz vardı... Metrobüs zammı, mahkeme duvarına tosladı. Badem olmadığı anlaşılan bi hakim çıktı, "zam mam yapamazsınız" dedi. Bu işi de yüzlerine gözlerine bulaştırmışlardı, mimariye, mühendisliğe aykırı olduğu gibi, hukuka da aykırıydı. Ahali biletlere dava açtı. Kriz masası toplandı. Tırıs tırıs geri çekildi, kontratak olarak, Avcılar'a doğru tam gaz devam edildi.

Ama, küçük bi pürüz vardı... Altı sene önce, bizzat kendileri tarafından yapılan, bizzat başbakanımız tarafından törenle hizmete açılan, 37 trilyon liracığa mal olan Avcılar tüneli, metrobüslere dar geliyor, manevra yapmasını engelliyordu. Kriz masası toplandı. Trafiği rahatlatması için 37 trilyon liracık harcanarak açılan tünel, beton duvarla kapatıldı! Metrobüslerin manevra yapmasına uygun yeni kavşak inşaatına başlandı.

Asrın proce'sini seneler evvel ilk yazmaya başladığımda, sadece iki paragraftan ibaretti. Etap etap 13 paragrafa ulaştı. Maceramız, durmak yok, yola devam ediyor. Küçük bi pürüz var... Eskiden köşeye sığıyordu, bu gidişle yakında sayfaya sığmayacak.

Kadir Topbaş

İmam hatip okudu, ilahiyat fakültesinden mezun oldu, sonra Mimar Sinan Üniversitesi'nden mimarlık diploması aldı, 1994-98 arasında Tayyip Erdoğan'ın danışmanıydı, 1996'da Refah Partisi'nden Bakırköy belediye başkanlığına aday oldu, seçilemedi, 1999'da Fazilet Partisi'nden Beyoğlu belediye başkanı seçildi, 2004'te Akp'den İstanbul büyükşehir belediye başkanı seçildi, 2009 ve 2014'te tekrar kazandı, 2017 itibariyle bu görevini sürdürüyordu ki 2017'yi tamamlayamadı, Eylül ayında istifaya zorlandı ve istifa etti. İstanbul büyükşehir belediyesinin yıllık bütçesi 10 milyar dolardı. Yani... 2004'ten beri sadece İstanbul belediyesini değil, 130 milyar dolar gibi devasa bir milli serveti de yönetmişti!

*

15 Temmuz darbe girişimi sırasında New York'taydı, Birleşmiş Milletler tarafından organize edilen yerel yönetimler toplantısına konuşmacı olarak gitmişti. Ama... Söz konusu resmi programının 13 Temmuz'da olmasına rağmen, anca 20 Temmuz'da Türkiye'ye döndü. 15 Temmuz'u duyar duymaz Türkiye'ye dönmediği için, özellikle Akp medyasında yerden yere vuruldu, "darbeden haberi mi vardı?" iddiaları ortaya atıldı. "Kadir Topbaş'ın oğlunun Pensilvanya'da çiftliği olduğu, fetoculuktan tutuklanan Hüseyin Avni Mutlu'nun İstanbul valisi olmasını Kadir Topbaş'ın sağladığı, damadının cemaat finansörü olduğu" yazıldı. Şak... Kadir Topbaş'ın damadı Ömer Faruk Kavurmacı tutuklandı. Pierre Cardin, Cacharel, US Polo gibi markaların lisansörü Aydınlı Grup'un yönetim kurulu başkanıydı, fetocuların işadamı örgütü Tuskon'da yönetim kurulu üyesiydi, 2017 itibariyle Tuskon iddianamesiyle 15 yıl hapsi isteniyordu. Damat tutuklanınca, Chp milletvekili Fikri Sağlar, başbakan Binali Yıldırım'ın cevaplaması istemiyle şu soru önergesini vermişti: "Feto'nun İstanbul imamı Kadir Topbaş mıdır?"

Mustafa

Derin Tarih diye bir dergi var. Genel yayın yönetmenliğini Mustafa Armağan diye bir herif yapıyor.
Tescilli Atatürk düşmanı.
Belgesiz, şahitsiz, düpedüz yalanlarıyla Atatürk'e ve devrimlerine iftira üstüne iftira atıyor.

Feto'nun tetikçisiydi.
Feto'yu öven kitaplar yazıyordu.
Yazdığı bu yalama kitaplar, fetocuların kurduğu gazeteciler yazarlar vakfı tarafından basılıyordu.
Feto'nun onursal başkan olduğu bu vakıfta yöneticilik yapıyordu.
Fetocuların *Zaman* gazetesinde köşe yazıyordu.
Fetocuların televizyonunda program yapıyordu.
Fetocuların dergisinde genel yayın yönetmenliği yapıyordu.
Fetocuların Abant toplantılarında daima başroldeydi.
Akp yandaşı *Yeni Şafak* gazetesine geçti.

Derin Tarih dergisi, *Yeni Şafak* gazetesinin de sahibi olan Albayrak grubu tarafından 2012'de piyasaya sürüldü. İlk sayısının tanıtım toplantısı TBMM Milli Saraylar Sergi Salonu'nda Bülent Arınç'ın himayesinde yapıldı. Bülent Arınç o zamanlar henüz fetoculukla suçlanmıyordu, kendisine bizzat Akp medyası tarafından

Manisalı Lawrence filan denmiyordu, başbakan yardımcısıydı, pek keyifliydi, "derginin ismi pek manidar, biz derin devleti biliyorduk, şimdi de derin tarihi duyuyoruz" diyordu.

İşte bu *Derin Tarih* dergisinin ilk sayısından beri genel yayın yönetmenliğini Mustafa Armağan denilen herif yapıyor. Gerçeklerle uzaktan yakından alakası olmayan mevzuları, sanki gerçek tarihmiş gibi kakalamaya çalışıyor, somut gerçekleri çarpıtmaya gayret ediyor. *Derin Tarih* dergisinin yanısıra, gene Albayrak grubuna ait olan yandaş televizyonda *Derin Tarih* adıyla program sunuyor. Defalarca yalanlanmasına rağmen, foyasının defalarca meydana çıkmasına rağmen, defalarca rezil-i rüsva edilmesine rağmen, adeta suratına tükürülmesine rağmen, hiç istifini bozmuyor. En son... Latife Hanım'ın mektubunu yayınlıyoruz ayağıyla Atatürk'e kin kustu, yetmedi, Afet İnan'a dil uzattı, Atatürk'ün manevi kızıyla nikahsız birliktelik yaşadığını öne sürüp, "yatıp kalktıklarını" söyledi.

İğrençliğin bu seviyesine "insan" olan herkes isyan etti tabii... Sosyal medyada ortalık ayağa kalktı. En büyük tepkiyi de, haliyle, Chp'liler gösterdi. Chp milletvekilleri, Chp belediye başkanları, savcıları göreve çağırdı.

İyi de...

2014'teki cumhurbaşkanlığı seçimine kadar... Bu Mustafa Armağan denilen Atatürk düşmanı herifin yönettiği, Akp yandaşı *Derin Tarih* dergisinin "danışma kurulu üyesi" kimdi?

Ekmeleddin İhsanoğlu'ydu!

E şimdi, hazır bu Mustafa Armağan denilen herifin son pespayeliği gündemdeyken...
Ve hazır, 2019 seçimlerinde kimlerin cumhurbaşkanı adayı olacağı tartışılırken...

Atatürkçü CHP kadroları, Kemal Kılıçdaroğlu'na sormayacak mı... Partide kimsenin haberi yokken, adı bile geçmiyorken, bu Ekmeleddin İhsanoğlu'nu kimin talimatıyla aday yaptığını açıklamayacak mısın hâlâ?

Mustafa
Armağan

Yalanlarla dolu kirli bir sicile sahip olmasına rağmen, Akp'nin "akil" insanlar heyetine dahil edildi, Tayyip Erdoğan tarafından ak saray'da tarihçiler sofrasına oturtuldu. *Abdülhamid'in Kurtlarla Dansı*, *Ufukların Sultanı Fatih Sultan Mehmed*, *Büyük Osmanlı Projesi*, *Asım'ın Nesli*, *Türkçe Ezan ve Menderes* gibi, palavralarla dolu kitaplar yazdı. Türk Tarih Kurumu şeref üyesi Profesör İlber Ortaylı, bu arkadaşı şöyle özetledi: "Allah'ın hödüğü, bi bok bildikleri yok, bunlar cahil adamlar, suratına baksan halde turp sattırmazsın!"

Rıza, Kadir, Abdurrahman

Evet'ten beri...
Atatürk'e küfredenler çoğaldı.

Yandaş televizyona çıkıp belgesiz, tanıksız iftiralarıyla Atatürk'ün eşi Latife Hanım'a ve manevi kızı Afet İnan'a dil uzatmışlardı, şimdi de, nurcu meczubun biri çıktı, mübarek annemiz Zübeyde Hanım'ın genelevde çalıştığını söyledi, Atatürk'e 1938'de geberen piç dedi.

Bu tür sapıkça iftiraların, Atatürk'le alakalı iğrenç yalanların, Cumhuriyet tarihimizdeki somut gerçeklerin çarpıtılmasının, hepsinin kökeni, Rıza Nur diye bir ruh hastasına dayanıyor.

Atatürk tarafından *Nutuk*'ta adı sanı verilerek suçlanınca, Atatürk'e kinlenen, İsmet İnönü'den delicesine nefret eden, yurtdışına yerleşen, İngilizler tarafından devşirilen, ruh hastası bir vatan hainiydi.

Ruh hastasını mecazi manada kullanmıyorum, bilimsel manada ruh hastasıydı. Teşhis konmuştu. "Psikolojik rahatsızlıkları olduğunu, şizofreni türevi bir sıkıntısı olduğunu" bizzat kendisi söylüyordu.

1927'de Atatürk tarafından kaleme alınan *Nutuk*'ta suçlanınca, oturdu, 1928'de bir kitap yazdı. *Hayat ve Hatıratım* adını verdiği iki bin sayfalık kitapta, güya anılarını anlatıyordu.

Bir yalanın bir başka yalan tarafından çürütüldüğü, akıl almaz hezeyanlarla dolu bu kitapta... Atatürk'e hem "eşcinsel" diyordu, hem "kadın düşkünü" diyordu. Bir sayfada "bir kıza tecavüz ettiğini" söylerken, bir başka sayfada "erkeklerle ağaç altlarında şehvetle öpüştüğünü" anlatıyor, bir başka sayfada "Çankaya Köşkü'nü kerhaneye çevirdiğini, 30 kadınla birlikte mum söndü yaptığını" öne sürüyordu. Atatürk ve arkadaşlarının, ev kiralayıp fuhuş yaptıklarını, milletvekillerinin "pezevenklik" yaptığını, bu fuhuş evinin polis tarafından basılıp, mühürlendiğini anlatıyordu. Bazı milletvekillerinin bakan olmak için öz kızlarını Atatürk'e verdiklerini anlatıyordu. Atatürk'ün beğendiği kadın öğretmenleri fahişe yaptığını, kız mekteplerini dolaştığını, nerede kız görüp gözüne kestirse "eşkıya gibi omuzlayıp götürdüğünü" anlatıyordu. Atatürk için "ayyaş" diyordu.
Sabah akşam "körkütük" olduğunu söylüyordu.

Atatürk'ün "para canlısı" olduğunu, "şahsi servet" yaptığını söylüyordu.

Zübeyde Hanım'ın "fahişe" olduğunu, "Selanik'te kerhanede çalıştığını" söylüyordu. Babasının Ali Rıza Bey olmadığını, Abdoş diye biri olduğunu, Abdoş'un Sırp veya Bulgar olduğunu söylüyordu. Zübeyde'nin bu Abdoş'un "metresi" olduğunu söylüyordu. Atatürk'ün "piç" olduğunu, bu nedenle mirastan pay alamadığını söylüyordu.

Bu Rıza Nur denilen ruh hastası öylesine saplantılıydı ki... "Kendi karısının namussuz bir kadın" olduğunu, "kendi karısının evdeki kızları çırılçıplak soyup, dans ettirdiğini" anlatıyor, "kendi karısının kendisini boynuzladığını" söylüyor, "galiba bu boynuzlamada Mustafa Kemal'le İsmet'in parmağı var" diyordu.

Bir başka sayfada kendisinin eşcinsel olduğunu itiraf ediyor, "Harbiyeli bir çocuğu düşünmeden edemediğini, aklından hiç çıkmadığını" anlatıyor, "bu çocuğa âşık oldum, bu aşkın sonu livatadır" diyordu.

Okurken gözlerinize inanamadığınızdan eminim ama, aynen bunları yazıyordu.

Bu kitabı yayımlamadı... 1935 senesinde British Museum'a teslim etti. Teslim ederken "1960 senesine kadar yayımlanmayacak" şartı koydu. Neden böyle bir şart koydu? Muhtemelen, adı geçen tüm şahitlerin 1960'a kadar vefat edeceğini, yalanlarını yalanlayacak kimse kalmayacağını düşünmüştü. Yoksa, yurtdışındaydı, istediği yayınevine gider, istediği zaman yayımlatırdı. İftiralarını, nefretini, kinini, gelecek kuşaklara, kindar nesillere bırakmak istemişti.

1942'de öldü. Öldükten yedi sene sonra 1949'da, *Hayat ve Hatıratım*'ın bir kopyası, Fransa Ulusal Kütüphanesi'ne bağışlandı. Kim bağışladı? Meçhul... Neden Fransa'ya bağışlandı? O da meçhul.

Bilinen gerçek şuydu:
Rıza Nur'un iftiraları, hem İngiltere'nin hem Fransa'nın elindeydi.
Şimdi gelelim, zurnanın ekstra zırt dediği yerlere...

Bu yalanlarla dolu kitabı ilk kim yayımladı biliyor musunuz? Hani, kafasında Maraş dondurmacıları gibi fes'le dolaşan Kadir Mısıroğlu var ya... İşte o yayımladı!

Nasıl yayımladı?
Kendisi anlattı...
"1968 senesinde Rıza Nur'un British Museum'a verdiği hatıralarının mikrofilmi elime geçti, Altındağ Yayınevi diye hayali bir yayınevinin adıyla yayınladım" dedi.

Bu işler Türkiye'de ne kadar kolay değil mi?
Tee 1928'de vatan haini tarafından yazılan, tee 1935'te İngilizlere teslim edilen notlar, tee 40 sene sonra mikrofilm halinde bu herife elden ulaştırılıyor, bu herif de sahte yayınevi kurarak, yayımlayıveriyor.

Ve...
"10 Kasım'da 9'u 5 beş geçe kenefe gidin" diyen...
"Mustafa Kemal'in verdiği zararı Yunan yapmazdı" diyen...
Milli şairimiz Mehmet Akif Ersoy'a "sersemin teki" diyen...
"Çanakkale harbi büyük bir harp değildir" diyen...
Bakırköy Akıl Hastanesi'nde yatan, bu Kadir Mısıroğlu denilen herif... Asrın liderimiz tarafından "tarihçi" diye ak saray'da ağırlandı.

Bitmedi.

Rıza Nur'un bu sapık iftiralarını içeren kitabı yasaklandı.
24 sene sonra tekrar izin verildi, 1992'de tekrar basıldı.
Yeni baskıda bu kitabı yayıma hazırlayan editör kimdi biliyor musunuz?
Abdurrahman Dilipak'tı!

Akp'nin akil insanı!

(1919'dan beri, peş peşe dizilen aynı tespihin taneleridir.)

Rıza Nur yaşasaydı...
Türk Tarih Kurumu başkanı filan yapılırdı!

Rıza
Nur

Kadir
Mısıroğlu

Abdurrahman
Dilipak

Rıza Nur, 1938'de Atatürk'ün vefatından sonra Türkiye'ye döndü, Beyoğlu'nda köhne bir apartman dairesi kiraladı, *Tanrıdağ* adıyla dergi çıkardı, 1942'de öldü, kimsesi yoktu, İstanbul valiliğinin araştırmasına rağmen varisleri bulunamadı, cenazesi belediye tarafından kaldırıldı, Merkezefendi mezarlığına gömüldü, 238 liralık cenaze masrafı devlet tarafından karşılandı. Arkadaşı bile yoktu. Dolayısıyla, Atatürk'e iftiralardan oluşan hatıralarının ne kadarını kendisi yazdı, ne kadarını İngiliz istihbaratı monte etti, tespit edebilmek imkansızdı. Varisleri olmadığına göre, öldükten sonra hatıralarının bir kopyasını Fransızlara kim verdi, faili meçhul kaldı.

*

Kadir Mısıroğlu, Bakırköy akıl hastanesinde yattı, Cerrahpaşa psikiyatri kliniğinde yattı, 1977'de Erbakan'ın Milli Selamet Partisi'nden milletvekili adayı oldu, seçilemedi, 12 Eylül darbesinde yurtdışına kaçtı, vatandaşlıktan çıkarıldı, Almanya'dan oturma hakkı aldı, İngiltere'den siyasi iltica talebinde bulundu, kabul edildi, Türk vatandaşlarına turistik vize verirken bile bin dereden su getiren Almanya ve İngiltere, bu arkadaşa kapılarını açıvermişti, 1991 yılında Turgut Özal cumhurbaşkanıyken, Türk Ceza Kanunu'nun 163'üncü maddesini yürürlükten kaldırdı, gericilere gün doğdu, Türkiye'ye döndü, Osmanlılar İlim İrfan Vakfı'nı kurdu, Sebil Yayınevi'nin sahibiydi. 2015'te Tayyip Erdoğan tarafından ak saray'daki tarih-kültür sofrasına oturtuldu, Türkiye Cumhuriyeti'nin cumhurbaşkanı "Çanakkale harbi büyük bir harp değildir" diyen bu herifle "milli mirasımız ve gelecek tasavvurumuz" üzerine sohbet etti!

*

Abdurrahman Dilipak, fetocuların Gazeteciler Yazarlar Vakfı'ndan "onur ödülü" aldı, ömrü boyunca karşıdevrimci oldu, köktendinci *Akit* gazetesinin yazarıydı, Akp'nin "akil" insanıydı.

Ankarapithecus

Denizli'nin horozu meşhurdur.
Van'ın kedisi.
Sivas'ın kangalı.
Karaman'ın koyunu.

Ankara'nın keçisini bilirdik.
Meğer maymunu meşhurmuş.
Arkeologlar öyle diyor.

Gazeteler haber yaptı hafta sonunda.
Bir fosil bu aslında.
10 milyon yaşında.
Adı, Ankarapithecus.

Bizim Ankara'nın sembolü olan bu maymun, bildiğin maymunmuş ama, nabza göre şerbet veren bir maymunmuş aynı zamanda.

Çünkü hem "orangutan", hem "şempanze", hem de "goril"in özelliklerini taşıyormuş... Bir vücutta, üç karaktermiş.

Baktı ki, orangutanlar hakim oldu bütün ormana...
Orangutan gibi davranıyormuş.
Goriller mi geldi başa?
Goril oluveriyormuş.
Peki ya filler basarsa ortalığı?
Fil olacak hali yok ya...
Şebeklik yapıyormuş sempatik görünmek için.

Şerefsiz bir maymun yani.

Okudum bu haberi, acayip ilgimi çekti doğrusu.
Size de aktarayım istedim.
Çünkü bana göre, arkeologlar yanılıyor.
Bu maymun neslinin tükenmiş olduğunu sanmıyorum.
Tanıyorum bir yerden...
Dilimin ucunda, çıkaramıyorum.
Belki sizin de gözünüz ısırıyordur.

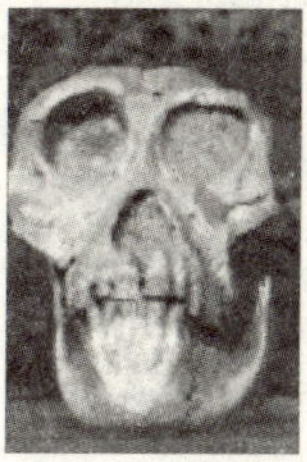

Ankarapithecus Meteai

İnsansı primat... 27 kilogram civarındaydı, meyveyle besleniyordu. Kalıntıları ilk kez 1957'de, efsane paleontolog Profesör Fikret Ozansoy tarafından Ankara Kızılcahamam'da Sinaptepe'de bulundu, hominoid evrimine ilişkin Türkiye'deki ilk fosildi. Bilimsel adı, Ankarapithecus Meteai'ydi. Profesör Ozansoy, Maden Tetkik Arama Enstitüsü'nde çalıştığı için, MTA'dan türetilerek, meteai sıfatı eklenmişti. Sonradan kısaca "Ankara maymunu" denildi. Nasıl götürüldü, nasıl araklandı orasını bilmem ama, 10 milyon yaşındaki üst çene parçası Londra'da Doğal Tarih Müzesi'nde sergileniyor.

Hariri

Sene 1976.
Aylardan şubat.
Türkiye'nin Beyrut Büyükelçiliği Başkatibi Oktar Cirit, Hamra Caddesi'nde bir kafede çayını içiyor, gazetesini okuyordu.
Ermeni terörist sinsice yaklaştı, art arda tetiğe bastı. Şarjörünü boşalttı, diplomatımızın iman tahtasına... Bir şehit daha vermişti Türkiye.

Yakalandı mı bu tetikçi?
Yakalanmadı.

Aynı Lübnan'da, THY büromuz bombalandı mı?
Bombalandı.
Turizm büromuz bombalandı mı?
Bombalandı.
Büyükelçiliğimiz tarandı mı?
Tarandı.

Büyükelçiliğimize füze fırlatıldı mı?
Fırlatıldı.
Türk Büyükelçiliği'nin askeri ataşesiyle idari ataşesinin otomobilleri havaya uçuruldu mu?
Uçuruldu.

PKK'nın olduğu gibi, Asala'nın da yuvası mıydı Lübnan?
Yuvasıydı.
Türkiye'nin Paris Başkonsolosluğu'nu silahlarla işgal edip, 56 Türk'ü rehin alan, Konsolos Kaya İnal'ı ağır şekilde yaralayan, güvenlik görevlimiz Cemal Özen'i şehit eden 4 terörist, Lübnanlı mıydı?
Lübnanlı'ydı.

İstanbul'da Topkapı Sarayı'nı otomobilin bagajına yerleştirdikleri bombayla havaya uçurmayı planlarken, erken patlaması sonucu ölen 2 terörist, Lübnanlı mıydı?
Lübnanlı'ydı.

Asala ilk radyo yayınını nerede başlattı?
Beyrut'ta.

Beyrut'taki bu radyodan yayınlanan Asala bildirisinde, Türkiye'ye sefer yapan bütün uluslararası hava yollarının "hedef alınacağı" açıklandı mı?
Açıklandı.

Bu Lübnan, Lübnan kaynaklı bunca vahşete rağmen, sözde Ermeni soykırımını tanıdı mı?
Tanıdı.
Bizi "bebek katili" ilan etti mi?
Etti.

Bu Lübnan'da Ermeni nüfus var mı?
Var.
Ermeni Partisi var mı?
Var.
Ermeni bakan var mı?
Var.

Peki, bu Lübnan'ı "korumaya" gidecek olan BM Gücü'nde Ermenistan var mı?
Yok.

Kim var en önde?
Biz.

Bitmedi...

Bu Lübnan, sözde soykırımı ne zaman tanıdı?
2000'de.
Lübnan Parlamentosu'nun bizi bebek katili ilan eden kararından üç ay sonra yapılan seçimde, kim başbakan seçildi?
Hariri.
Değiştirdi mi bu kararı?
Değiştirmedi.

Yani, bir anlamda, o da onayladı mı bizim bebek katili olduğumuzu, soykırımcı olduğumuzu?
Onayladı.

Biz ne yaptık bunun karşılığında?
Türk Telekom'u ona verdik.

E aferin.

Refik Hariri

Saad Hariri

Lübnanlı mütevazı bir çiftçi ailesinin çocuğuydu, önce inşaat, sonra bankacılık, ardından yayıncılık sektörüne girdi, Lübnan'da içsavaşta kan gövdeyi götürürken, Suudi Arabistan'da servet yaptı, barış sürecinde ülkesine döndü, "Beyrut'u yeniden inşa eden adam" olarak tanındı, 1992-95 ve 2000-2004 arasında Lübnan başbakanı oldu, dünyanın en zengin dördüncü insanıydı, ABD, İsrail ve Suudi Arabistan'a çok yakındı, 2005'te bir tonluk dinamitle havaya uçuruldu. Şirketlerinin başına küçük oğlu Saad Hariri geçti, babası suikastla öldürüldükten 10 ay sonra Türk Telekom'u satın aldı. 2009-2011 arasında babası gibi Lübnan başbakanı olan Saad Hariri, 2016'da yeniden koltuğa oturdu, 2017 itibariyle başbakandı.

Thomas

Bugün size, Amerikan halkının en korktuğu ve en nefret ettiği "terörist"i tanıtacağım.

İsmi, Thomas Sherek.
Türk vatandaşı!

Hem de sonradan olma değil.
İzmir doğumlu.
Ama Türkçe bilmiyor.
Ana dili Arapça.

Peki ne yaptı da, bu kadar nefret ediliyor bu tuhaf Türk'ten?

Bir nükleer santralı havaya uçurdu.
ABD Savunma Bakanı'nı kaçırdı.
ABD Başkanı'nın uçağını düşürdü.

Oha!
Valla.

Tek başına mı yaptı bu işleri?
Hayır.
Los Angeles'ta oturan bir aile var.
Bunun ortakları...
İşinde gücünde okulunda "normal bir aile gibi" yaşıyorlar.
Ama aslında onlar da terörist.
Örgütün uyuyan hücresi.

Üstelik, onlar da Türk!

Bir de elebaşları var.
Habib.
Buyrun bakalım, o da Türk!

ABD'yi birbirine katan ve Arapça konuşan bu Türk örgüt, Ankara'dan, İstanbul'dan talimatlar alıyor.
Yani anlaşılıyor ki, merkez üsleri Türkiye'de.

İyi de kardeşim, niye bizim haberimiz yok derseniz?

Bir televizyon dizisi bu.
ABD'nin en çok seyredilen dizilerinden.
Meraklıları bilir.
İsmi "24..."

Türkiye'de de yayınlandı.
Ama, Türkiye'de yayınlanan bölümlerinde "Türk" ve "Türkiye" kelimeleri makaslandı.

Ve önceki gün, televizyon Oscar'ı olarak nitelenen Emmy Ödülleri sahiplerini buldu. Los Angeles'teki muhteşem tören, tüm dünyada olduğu gibi Türkiye'de de yayınlandı. Biz Türkleri Arapça konuşan azılı teröristler olarak gösteren bu dizi, beş dalda Emmy aldı.

Şahane bi Türkiye tanıtımı oldu yani!
Haberiniz olsun istedim.

Thomas Sherek

ABD'nin en çok izlenen "istihbarat" dizisi 24'teki Türk terörist Thomas Sherek işte buydu... 1 Mart 2003 tezkeresinin TBMM'de reddedilmesinden sonra Amerikan dizilerinde ve Hollywood filmlerinde aniden "Türk teröristler" peydah oldu. Mesela, Libya'da ABD büyükelçisinin öldürülme olayının anlatıldığı *Bingazi'nin Gizli Askerleri* filminde, elçilik binasını yakan teröristlerden biri Türk bayraklı tişört giyiyordu. "NCIS Los Angeles" dizisinde, beyaz takkeli kalaşnikoflu teröristleri taşıyan gemi, Türk gemisiydi, Türk bayraklıydı, geminin adı da Hamidiye'ydi. *Out of Reach* filminde, Polonya'daki Türk konsolosluğu terör yuvasıydı, üstüne, çocuk ticareti yapılıyordu. *War Dogs* filminde, Türk tankları ve bizzat Tayyip Erdoğan gösteriliyordu. Böyle örnekler giderek artıyordu. Bize biçilen bu roller, Türkiye'de sadece magazin sayfalarında yeralıyordu, sayın basınımız bu meseleyi magazin zannediyordu ama, aslında, dünya kamuoyu "Türk terörist" kavramına alıştırılıyordu. "Köktendinci teröristse mutlaka Türk'tür" mantığı yerleştiriliyordu.

Şeyh

Gazetelerimiz manşet manşet yazıyordu.
"Şeyh bereketi."
"Rekor fiyat."
"Her metrekareye bir kilo altın!"
"Para peşin."

"Maktum aldı, borsa coştu."
"977 trilyon liraydı, başkan Kadir Topbaş yuvarlak hesap 980 yapalım dedi, şeyh kabul etti. Başkan Topbaş imzanın kendi kalemiyle atılmasını istedi, bu kalemi saklayacağım dedi."

Star gazetesi...
"Burma bilezik."
Vatan gazetesi...
"Arap şövalyesi."

Hürriyet gazetesi...
"5 milyar dolarlık teravih."

Sabah gazetesi...
"Atlara şiir okuyan şeyh..."

Gene *Sabah* gazetesi...
"Dört şeyh gelse, cari açık kapanır."

Zaman gazetesi...
"Yabancının alması sevindirici."

Yeni Şafak gazetesi...

Gazetelerimizin yazdığına göre...
Şeyh'in dikeceği kuleler burgu şeklinde olacak.
300 metre yüksekliğinde olacak.
Biri 70, öbürü 94 katlı olacak.
İş Bankası'nın kulesine 125 metre fark atacak.
Jakuzilerinde boğaz keyfi yapılacak.
Şeyh en üst katta oturacak.
En geç 2008'de bitecek.

Netice?

Dün itibariyle süre doldu.
Şeyh parayı ödemedi.
Kule mule yok.

Muhammed bin Raşid el-Maktum

Birleşik Arap Emirlikleri devlet başkan yardımcısı, Dubai hükümdarıydı. Akp'nin ilk yıllarında "Türkiye'ye para yağdıran adam" olarak sunuldu, ekonomi ne zaman sıkışsa "Şeyh Maktum milyar dolarlarla geliyor" manşetleri atılırdı, halbuki hepsi palavraydı. Yapa yapa bir tane alışveriş merkezi yaptı. Onun da hem çok matrak, hem çok hazin bir hikayesi vardı... Dubai şeyhi, alışveriş merkezine "içki ruhsatı" almak için Üsküdar Belediyesi'ne başvurdu. "Dindar" ayaklarına yatarak, kimseye içki ruhsatı vermeyen, hatta mevcut içki ruhsatlarını bile yenilemeyen Akp'li Üsküdar belediyesi, "Arap şeyhimiz istiyor" diye "içkili bölge" icat etti iyi mi... Şeyhin alışveriş merkezini "içkili bölge" kapsamına alıverdi!

Hakan

"Hakan Fidan milletvekili adayı olmak için istifa etti."
– Kendisini ayakta alkışlıyorum.
– Adeta içimden geçeni okudu.
– Duyunca, işte bu diye haykırdım.

"Hakan Fidan milletvekili aday adaylığını geri çekti."
– Fevkalade bir karar.
– Hislerimize tercüman oldu.
– Kendisine de bu yakışırdı.

"Hakan Fidan emekli ediliyor."
– Eee böyle, kendi etti kendi buldu.
– Çok şımarmıştı.
– Bulunmaz Hint kumaşı zannetti.

"Hakan Fidan'ın Ak Saray'a danışman yapılacağı konuşuluyor."
– Nefis bir hamle.
– Çok akıllıca bir manevra.
– Böyle değerler kolay yetişmiyor.

"Hakan Fidan kovuluyor."
– Defolsun gitsin.
– Elimizi sallasak ellisi.

– Adam yerine koyanda kabahat.
"Hakan Fidan'ın dışardan bakan yapılacağı iddia ediliyor."
– Biçilmiş kaftan.
– Dua edelim, görevi kabul etsin.
– Başbakanlığa bile cuk oturur.

"Hakan Fidan'ın bakan olmasını Tayyip Erdoğan istemedi."
– Truva atı lazım değil.
– Brütüs'e özendi herhalde.
– Tipinde meymenet yok.

"Hakan Fidan'ın yeniden MİT müsteşarı yapıldığı açıklandı."
– Vatan sana minnettar.
– Onsuz olmazdı.
– MİT uçurumdan döndü.

Medya denemez.
Ko'medya bu!

Hakan Fidan

1986'dan 2001'e kadar Türk Silahlı Kuvvetleri'nde astsubaydı, ABD'ye gitti, University of Maryland University College'da siyaset bilimi okudu, Bilkent Üniversitesi'nde doktora yaptı, askerlikten istifa etti, Avustralya'nın Ankara Büyükelçiliği'nde siyasi danışman olarak çalıştı, Akp iktidara gelir gelmez, Başbakanlığa bağlı Türk İşbirliği ve Koordinasyon Ajansı TİKA başkanlığına atandı, 2007'de başbakanlık müsteşar yardımcısı yapıldı, 2008'de Atom Enerjisi Kurumu yönetim kurulu üyesi yapıldı, 2010'da Milli İstihbarat Teşkilatı müsteşar yardımcısı yapıldı, 2010'da MİT Müsteşarı yapıldı, henüz 42 yaşındaydı, en genç MİT müsteşarıydı. 2014'te oğlunu evlendirdi, nikah çok gizli tutuldu, sadece bir kare fotoğraf Anadolu Ajansı'ndan servis edildi, Tayyip Erdoğan, Yalçın Akdoğan ve diyanet işleri başkanı Mehmet Görmez nikah şahidiydi, gelin türbanlıydı. Nikahı filan çok gizli tutmayı başarmışlardı ama... PKK'yla Oslo tapesi kabak gibi deşifre oldu, fetocular tarafından az daha tutuklanıyordu, MİT tırları yakalandı, uluslararası rezalete dönüştü, Ahmet Davutoğlu ve genelkurmay ikinci başkanıyla yaptığı Suriye planları internete düştü, Cumhuriyet tarihinin en ağır istihbarat zafiyetleri, en ağır terör saldırıları onun döneminde yaşandı, 2015'te Akp'den milletvekili olmak için istifa etti, Tayyip Erdoğan izin vermediği için aday olamadı, başvurusunu geri çekip, yeniden

MİT müsteşarı oldu, güya devletin en önemli istihbarat makamında oturuyordu ama, cumhurbaşkanının kendisi hakkındaki görüşünü bile bilmiyordu. Hepsinden önemlisi... Tayyip Erdoğan darbe girişimini eniştesinden öğrendiğini açıkladı, Hakan Fidan'ın 15 Temmuz gecesi ne işe yaradığı muammaydı. 2017 itibariyle hâlâ MİT müsteşarıydı.

Martin

Tüfek icat oldu.
Mertlik bozuldu.
E bizde de tüfek yoktu.
ABD başkanı, bizim padişahımız efendimize haber gönderdi, "size uygun fiyatla tüfek satalım" dedi. Padişahımız efendimiz pek mutlu oldu. Tanesi 4 dolardan 114 bin Enfield marka tüfeği kakaladılar.

Taaa içsavaşta kullandıkları, modası geçmiş tüfeklerdi.

Baktılar ki, bizimkilerin dünyadan haberi yok, yağlı kapı... "Size güzel bi indirim yapalım, daha kaliteli tüfek verelim" dediler. Tanesi 7 dolardan 125 bin Springfield marka tüfek sokuşturdular.

ABD yönetimi, Springfieldlerin siparişi için Henri Metclaff isimli bi yüzbaşıyı görevlendirmişti. 4 dolarlık dandik tüfeği, indirim yaparak 7 dolara kakalayan bu arkadaşa, üstün gayretlerinden ötürü, padişahımız efendimiz tarafından madalya verildi!

Adamlar gördü ki, bunlar kerizin önde gideni... Tüfeklerin gemiyle nakliye masrafını bile bize ödettiler.

Bilahare, Oliver Winchester methimizi duydu, İstanbul'a koştu. Padişahımızın huzuruna çıktı, "gelin ben size tüfeklerin en iyisini, Winchester'ı satayım, kızılderililerin kökünü bunlarla kazıdık, şahane öldürüyor, üstelik, mermide indirim yaparım, canınız çektiği kadar, bol bol öldürürsünüz" dedi.

Aynı zamanda, Connecticut senatörüydü. "Siz beni bağlayın, ben de sizin Beyaz Saray'daki işlerinizi bağlayayım" demeye getirmişti.

O güne kadar, Osmanlı'nın ABD'ye ihracatı, ithalatın iki katıydı.

Bu alışverişten sonra, ABD'den ithalat, ihracatı ikiye katladı!

Winchester'ın menzili kısaydı, anca 200 metreye kadar vurabiliyordu ama... Amerikalılar ekonomik hedefi 12'den vurmuştu.

Bu sefer, Bulak bey devreye girdi. Asıl ismi Edward Blacque'tı... Fransızdı. Eşi Amerikalıydı. Washington büyükelçimizdi!

Gavur'dan huylanan sayın ahalimiz uyanmasın diye, "bu ne biçim müslüman?" demesinler diye... "Edward bey" dememişler, kulağa hoş gelsin diye "Bulak bey" şeklinde tercüme etmişlerdi. Doğma büyüme Edward'ı, sayın ahalimize Bulak bey diye kakalamışlardı.
Bulak bey, padişahımız efendimize nefis bi öneri getirdi, "Winchester falan hikaye, biz en iyisi Martini Henry marka tüfeklerden alalım, bunların menzili 1700 metre, tee anasının nikahı bile vuruyor" dedi.

Hani şu, at "Martini" debreli hasan derler ya...
Veya, aynalı "Martin" yaptırdım da narinim...
İşte o Martini Henry.

Ruslarla kapışmak üzereydik, uzun menzilli tüfek lazımdı, padişahımız efendimizin aklına yattı, "Martini alalım bari" dedi.

Bulak bey, gene nefis bir öneri getirdi, "ABD devletinden almayalım, pahalıya gelir, Providence Tool Company'den alalım, özel şirket, daha ucuz olur" dedi. Ona da "peki" denildi.

Tanesi 15 dolardan 300 bin Martini aldık. Süngüsü de 1 dolar 25 sent'ti. 16 dolar 25 sent'e geliyordu. Ama... Ödemeyi ABD dolarıyla değil, İngiliz şiliniyle yapacaktık. O niye? Çünkü, şirket Amerikan'dı ama, tüfek İngiliz malıydı.

Kendisi Fransız, eşi Amerikalı olan, güya Türk büyükelçi, Amerikan şirketi üzerinden İngiliz malı ayarlamıştı. Hayırlara vesile olmuştu!

Kabzasına da padişahımız efendimizin tuğrası işlenmişti. Pek fiyakalıydı. Pek beğenildi.

İşin ekstra matrak tarafı... Tool şirketi, ödemeyi geciktirdiniz diye mazeret uydurdu, tıkır tıkır parasını ödediğimiz 48 bin Martini ve 4 milyon mermiyi teslim etmedi. Üstüne, beni zarara uğrattınız diye tazminat davası açtı. N'ooluyor demeye kalmadı... "50 bin Martini daha sipariş ederseniz, hem vermediğim Martinileri veririm, hem de tazminat davasını geri çekerim" dedi. Padişahımız efendimiz düşündü taşındı, kabul etti iyi mi! 50 bin Martini daha sipariş etti. Tool şirketi –ki, bu kadar enayilik üzerine, ben de olsam aynı şeyi yapardım– parasını ödediğimiz tüfekleri gene vermedi. Bu defa, padişahımız efendimiz ABD mahkemelerinde karşı dava açtı. "Öyle kafana göre dava açamazsın, teminat göstermen lazım" dediler. Padişahımız efendimiz, Konya, Kastamonu ve Adana vilayetlerinden gelecek vergileri teminat olarak gösterdi. Tam duruşmalar başlıyordu ki, Tool şirketi iflas ettiğini açıkladı. Neticede, ödediğimiz paraları kaptırdık, 48 bin Martini ve 4 milyon mermi yerine babayı aldık.

Neyse... Ruslarla savaştık. Martinilerin 50 bin tanesini Plevne'de, 40 bin tanesini Kars Kalesi'nde Ruslara kaptırdık. Ruslar, bu Martinileri hem bize karşı kullandı, hem de 9 bin tanesini Japonlara sattı.

Bu sefer Almanlar devreye girdi, "Amerikalılar sizi söğüşlüyor, gelin biz size tüfeklerin kralını, Mauser'i satalım" dediler. Padişahımız efendimiz pek sevindi. Mavzerleri aldık, Martinileri depoya kaldırdık.

Unutmuştuk Martinileri... Ermeni kalkışması başlayınca, aniden hatırladık. Hamidiye alayları kurduk, aşiretlere dağıttık. Ruslar da, kaptırdığımız Martinileri depodan çıkardı, Ermenilere dağıttı.

Hepimiz birbirimizi Martinilerle vurduk.

Vuracak Ermeni kalmayınca, aşiretlere ferman saldılar, "işiniz bitti, Martinileri geri verin" dediler. Ama... Aşiretler salağa yattı, "ne martinisi, hangi martini, bizde martini filan yok" cevabını verdiler. Hiçbiri toplanamadı. Martiniler aşiretlerde kaldı.

Gel zaman git zaman... Dersim patladı. Padişahımız efendimizin kendi elleriyle dağıttığı Martiniler, bize doğrultuldu, bizi vurdu.

Suriye'ye giderken enselenen MİT tırları, budur.

Sen yeter ki birbirini vur.
Silah verenin çok olur.

Şu anda gene saray'dan yönetildiğimiz için, padişahlık

döneminden örnekler verdim.
Biraz yakın tarihe gelip, 12 Eylül öncesinde kardeş kardeşi vursun diye, Bulgaristan'dan yüklenen, Karadeniz sahillerine boşaltılan gemileri de anlatabilirdim.
Veya, PKK'nın kullandığı Rus kalaşnikoflarını, Alman el bombalarını, İtalyan mayınlarını, İspanyol-Belçika tabancalarını da anlatabilirdim.

Türkiye Cumhuriyeti'nin maalesef... Kendi tarihinden bile ders almayan tipler tarafından yönetildiğinin kanıtıdır, MİT tırları.
"Yurtta sulh cihanda sulh" diyen Atatürk'e, yatıp kalkıp dua etmemiz gerektiğinin kanıtıdır.

Martini Henry

Drama köprüsü ve Hekimoğlu türküleriyle Anadolu kültürünün bir parçası olan Martini Henry, tek kurşun atıyordu, kara barutluydu, çok şiddetli patlama sesi çıkarıyordu, İsviçreli tasarımcı Friedrich von Martini ve İskoç tasarımcı Alexander Henry tarafından geliştirildiği için bu ismi almıştı. Bir milyon adetten fazla satıldı. Üretimi tee 1889'da sona erdi ama, Afganistan'da bugün bile hâlâ kullanılıyor.

Fehmi

İnanmakta güçlük çekebilirsiniz ama, Akp'nin de cemaat'in de temeli, Atatürkçülüğün kalesi İzmir'de atıldı.

Sene 1967...
İzmir'de Akevler Konut Kooperatifi kuruldu. Devasa bir arsaya, müstakil mahalle oluşturacak şekilde apartmanlar dikildi. Fikir babası, milli görüşçülerin teorisyeni Süleyman Karagülle'ydi. Fehmi Koru'nun kayınpederiydi. Abdullah Gül'ün dayısıyla birlikte Akevler'in kurucularındandı. Kooperatifin ortaklarını kendi

zihniyetlerine, kendi yaşam biçimlerine mensup insanlardan seçtiler, aralarına başka komşu almadılar. Kendi esnaflarını oluşturdular, kendi bakkalları vardı, kendi eczaneleri oldu, ortak fırından ekmek aldılar, aynı doktora gittiler. "Milli görüş komünü" oluşturdular.

Bilahare... Türkiye'nin tamamını Akevler'e dönüştürmeye karar verdiler. Akevler'den yeşeren fikirle, Milli Nizam Partisi'ni kurdular. 1970'de kurulan bu parti, zamanla, Milli Selamet, Refah, Fazilet, sonra da Saadet ve AKP olarak vücut buldu.

Akevler kurulurken... Fethullah Gülen, Kestanepazarı'nda ufak ufak efsane haline gelmeye başlamıştı, kulaktan kulağa ismi yayılıyordu, vaazlarını hiç kaçırmayan hatırı sayılır bir esnaf grubu oluşmuştu, Manisa'dan Denizli'den gelenler vardı. Fethullah Gülen bu insanları, öğrenci yurdu kurmaları için teşvik etmeye başladı. Bugün "ışık evi" tabir edilen cemaat yurtlarının ilki, 1972'de Bozyaka'da kuruldu. Peş peşe yenileri açıldı, 10 sene içinde Yamanlar Koleji'ne dönüştü.

Bu iki zihniyetin... "Türkiye'yi aslında ne hale getirmek istediği"nin ilk göstergesiydi bunlar.

Önce evleri ayırdılar.
Bakkalları ayırdılar.
Kendi esnafları, kendi toptancılarından alışveriş etti.
Öğrenci yurtlarını ayırdılar.
Okulları ayırdılar.
Dersaneleri ayırdılar.
Paraları oldu... Bankaları ayırdılar.
Faizsiz finans ayağıyla kendi bankacılık sistemlerini yüceltip, gerisini kötülediler.
İşdünyasını ayırdılar.
Müsiad filan icat ettiler.
Hayır kurumlarını ayırdılar.
Kurban derilerini bile ayırdılar.
Gazetelerini ayırdılar.
Televizyonlarını ayırdılar.
Öbürlerini almayın dediler.
Öbürlerini izlemeyin dediler.
Otelleri ayırdılar.
Harem-selamlık oteller kurdular.

Kuaförleri ayırdılar.
Tesettür kuaförlerine gittiler.
Restoranları ayırdılar.
Huqqa gibi alkolsüz mojito mekanlarına gittiler.
İktidara geldiler...
Alt kültür üst kültür dümeniyle, etnik kökenleri ayırdılar.
Onlar alevi, ben sünniyim diye, mezhepleri ayırdılar.
Milleti ayırdılar...
Senden-benden diye.
Bakın, cumhurbaşkanı seçildi.
Bismillah ilk iş, Çankaya Köşkü'nü ayırdı.
Böyle böyle, bugüne geldiler.

Vardıkları yer neresi?
Artık birbirlerini ayırıyorlar.
Çünkü... Bu tür zihniyetlerin "başkalarıyla birlikte yaşama kültürü" yok.

Mesele ne siyasidir, ne hukukidir, ne de İslami'dir.
Saçına türban takman, camiye gitmen, kriter değildir.
İstersen yalakalık yap, istersen ağzınla kuş tut, hikayedir.

Kendilerinden değilsen, ayrısın... Türkiye'nin badem iktidarında yaşadığı sosyal sıkıntının temeli budur.

1967'de neredeyseler...
Bugün de oradalar.

Hayata bakışları "ayırma-ayrılma" üzerine kurulu...
Dünyaya daima Akevler penceresinden bakıyorlar.

Fehmi Koru

Akp'yle fetocuların ortak paydası, kesiştiği noktaydı. 1977'de Milli Selamet Partisi'nden milletvekili adayı olan Turgut Özal'ın seçim kampanyasını yürütmüştü, Abdullah Gül'le üniversite yıllarından beri arkadaştı, Fethullah Gülen'le en çok fotoğrafı olan gazeteciydi. İmam hatip okudu, ilahiyat fakültesinden mezun oldu, lisan öğrenmek için bir yıl İngiltere'de yaşadı, Arapça öğrenmek için bir yıl Suriye'de yaşadı, ABD'ye gitti, Harvard Üniversitesi'nde Ortadoğu Araştırmalar Merkezi'nde yüksek lisans yaptı, Massachusetts Institute of Technology'de iki yıl araştırma görevlisi olarak bulundu. Gazeteciliğe *Milli Gazete*'de başladı, *Zaman* gazetesinin kuruluşundan itibaren 13 yıl boyunca genel yayın yönetmeni, Ankara temsilcisi ve başyazarı oldu, 11 yıl boyunca *Yeni Şafak* gazetesinin başyazarı oldu, *Star* ve *Habertürk*'te köşe yazarlığı yaptı. Akp'yle cemaat'in arası bozulunca, Fehmi Koru'nun de defteri dürüldü, kapının önüne konuldu. Gazetecilik hayatı boyunca Bülent Şirin, Taha Kıvanç, Faruk Yeni, Fehmi Muzafferoğlu, A. Akıncı gibi sahte isimler kullandı, asılsız, belgesiz iftiralarla Akp ve cemaat lehine tetikçilik yaptı. Kendisi bir numaralı fetocuydu ama, özellikle 15 Temmuz'dan itibaren Akp muhaliflerini fetoculukta suçlamaya utanmadı! En son, 2017'de, *Sözcü* gazetesinin sahibi Burak Akbay ve *Sözcü* gazetesi hakkında açılan soruşturmanın iftira kaynağı yine Fehmi Koru'ydu.

Ethem

Sabah, atv, *Takvim*.
Dinç Bilgin'indi.
El konuldu.
Önce damadın şirketine, sonra yandaş müteahhide verildi.
Star tv, *Star* gazetesi.
Cem Uzan'ındı.
El konuldu.
Televizyon Akp şakşakçısı işadamına verildi, gazete ise "Tayyip Erdoğan'a âşık oldum, iki erkek arasında böyle ilahi aşk olabiliyor" diyen yandaş işadamına verildi.
Show Tv, Skytürk, *Akşam, Güneş*.
Karamehmet'indi.
El konuldu.
Televizyonların birisi "Alo Fatih"e verildi, gerisi "anam babam çocuklarım eşim Tayyip Erdoğan'a feda olsun, Allah'ın 300 yılda bir nasip ettiği lider" diyen yandaş işadamına verildi.
Hürriyet'i terbiye etmek için, defalarca Türkiye vergi rekortmeni olan Aydın Doğan'a dünya basın tarihinde görülmemiş ebatta vergi cezası kesildi.
Milliyet, Vatan.
Aydın Doğan'ındı.
Telefonda hüngür hüngür ağlayan "sizi üzdük mü patron" diyen şakşakçı işadamına verildi.
Kanaltürk.
Tuncay Özkan'ındı.

Zorla Akın İpek'e sattırıldı, sonra el konuldu, kapatıldı.
Digitürk.
Karamehmet'indi.
El konuldu.
Katarlılara verildi.
Cine 5.
Erol Aksoy'undu.
El konuldu.
Katarlılara verildi.
Anadolu Ajansı.
Devletindi.
Akp ajansı haline getirildi.
TRT.
Devletindi.
Borazan yapıldı.
Cumhuriyet gazetesinin başyazarı, yazarları, Ankara temsilcisi hapse atıldı.
Ulusal Kanal'ın sahibi, genel yayın yönetmeni hapse atıldı.
Kanal B'nin sahibi hapse atıldı.
Avrasya Tv'nin sahibi hapse atıldı.
Odatv'nin sahibi, çalışanları hapse atıldı.
Aydınlık gazetesinin başyazarı, yazarları, genel yayın yönetmeni hapse atıldı.
Yurt gazetesinin genel yayın yönetmeni hapse atıldı.
Fetocu Samanyolu, *Zaman* ve The Ţaraf'ın desteğiyle yandaş medya korosu oluşturuldu, işleri bitince onlara da el konuldu, kapatıldı.
Emin Çölaşan, Bekir Coşkun, Uğur Dündar, Özdemir İnce, Rahmi Turan, Oktay Ekşi, Soner Yalçın, Necati Doğru, Ege Cansen, Can Ataklı, Ümit Zileli, Saygı Öztürk, Oray Eğin, Banu Avar, Hulki Cevizoğlu, Nihat Genç, Ruhat Mengi, Ayşenur Aslan, Musa Ağacık, Mustafa Mutlu, Mine G. Kırıkkanat, Cüneyt Ülsever, Rıza Zelyut, liste çoook uzun, işten attırıldı, istifaya zorlandı.
Hüsnü Mahalli hapse atıldı.
Yeniçağ'a kumpas kurdular, onurlu kalem Yavuz Selim Demirağ'ı susturamadıkları için tutuklamaya çalıştılar.
Cumhuriyet'i bastılar, genel yayın yönetmenini, yazarlarını, karikatüristini hapse attılar, *Cumhuriyet* internet sitesinin genel yayın yönetmenini tutukladılar.
Hürriyet gazetesinin genel yayın yönetmenliğini de yapan 35 yıllık gazeteci, CHP milletvekili, CHP'nin medyadan sorumlu

genel başkan yardımcısı Enis Berberoğlu'nu hapse attılar. Arkadaşlarımız Gökmen Ulu'yu Mediha Olgun'u iftirayla hapse attılar, *Sözcü*'nün sahibi Burak Akbay hakkında iftirayla yakalama kararı çıkardılar.

Hal böyleyken... Asrın liderimiz sadece 10 gün önce Huber Köşkü'nde medya yöneticilerine iftar verdi, "hapisteki gazeteciler teranesi tutturmuş gidiyorlar, halbuki bugün medyamızın daha renkli, daha demokratik, daha çoğulcu olduğu muhakkaktır, bir gerçektir" dedi.
Ve... Katarlı El Cezire televizyonuna ambargo uygulanınca, aynı asrın liderimiz isyan etti, "dünyadaki basın örgütlerine sesleniyorum, basın özgürlüğü elinden alınan bir medya kuruluşunun faaliyeti engellenmek isteniyor, buna karşı çıkmak için ne bekliyorsunuz" dedi.

Ben de burdan *Sözcü* gazetesinin yöneticilerine sesleniyorum... Logomuzdaki "TC" ibaresini silip, onun yerine "Arabın Yalellisi" yazdırmak için daha ne bekliyorsunuz!

Ethem Sancak

Üniversite yıllarında "solcu"ydu, hatta Maocu görüşleri savunuyordu, hatta Doğu Perinçek tarafından kurulan Türkiye İşçi Köylü Partisi'nin Diyarbakır il başkanıydı. Ecza deposu kurarak ticarete atıldı. Dümeni sağa kırdı, Akp'ye eklemlendi. "Hazreti Muhammed'in soyundan geldiğini" söylüyordu. TMSF tarafından el konulan *Star* gazetesini ve televizyon kanalı 24'ü aldı, sonra bu gazete ve televizyonu Rixos'un sahibi Fettah Tamince'ye sattı. TMSF tarafından el konulan *Akşam* ve *Güneş* gazeteleriyle SkyTürk televizyonunu aldı. Yine Karamehmet'e ait olan ve yine TMSF tarafından el konulan BMC'yi aldı. 2007'de TBMM'den üstün hizmet ödülü aldı. İslam ve Bilim Tarihi Araştırmaları Vakfı'nı kurdu. Akp'yle cemaat kapışmadan önce, sık sık Fethullah Gülen'i ziyarete gidiyordu, "kendimi Gülen hareketine ait görüyorum" diyordu. Akp'yle cemaat bozuşunca "Pensilvanya'daki CIA ajanları" diye manşet attırdı. Tayyip Erdoğan'a bağlılığını göstermek için "Tayyip Erdoğan'ın müridiyim, âşığıyım" diyordu.

*

Koç Grubu 10 yıldır yerli tank üzerinde çalışıyordu, Altay tankını Koç Grubu üretecekti, ancak, 2017 yılında sürpriz bir gelişme yaşandı, Koç

Grubu'nun son üretim teklifi savunma sanayi müsteşarlığı tarafından uygun bulunmadı, reddedildi. Tank üretimi işinin BMC'ye verileceği konuşuluyordu. Ethem Sancak âşık olmakta haklıydı!

*

Ethem Sancak, Akp döneminde kendisine verilen medya grubunu 2017'de Tayyip Erdoğan'ın yakın adamı Hasan Yeşildağ'a sattı. Hasan Yeşildağ, 1999 yılında Tayyip Erdoğan'a hapis cezası verildiğinde, bilerek küçük bir suç işleyerek Pınarhisar Cezaevi'ne girmiş, Tayyip Erdoğan'ı içerde bizzat karşılamış, dört aylık hapsi boyunca Tayyip Erdoğan'ın korumalığını yapmış, görüşmelerini ayarlamıştı. Hasan Yeşildağ için "Tayyip Erdoğan'ın eli ayağı" tanımı kullanılıyordu.

Zafer

Kadınlarımızın dramıdır.
Adam bir sene askerlik yapar.
Elli sene anlatır.

Tam teçhizatlı 25 kilometre koşardık, arkadaşımı sırtımda taşıdım, kaplumbağa yedim, çıngıraklı engereği sote yaptım, çarşı iznine tankla çıktım, Aksaz'dan atladım Foça'ya kadar yüzdüm, denizaltıya mayın yapıştırdım, 37 gün uyumadığımız zamanlar oldu, dağda 45 gün aç kaldık, komando bıçağıyla ayı avladım, komutanın kızı bana hastaydı, pilot yolda bayıldı, F16'yı ben indirdim, devre arkadaşımın paraşütü açılmadı, diklemesine süzülüp havada yakaladım filan.

Hiç kimse askerde patates soyduğunu anlatmaz. Kenef nöbeti tutarken hatırası olanı duyamazsın. Ağaca tekmil verdiğini söylemez. Yılan yedim, kaplumbağa ısırdım, sallar... Halbuki, bakın geçenlerde Manisa'da alt tarafı besin zehirlenmesi oldular, beş gündür ağlaya ağlaya bi hal oldular, sanırsın kışlaya atom bombası düştü.

Hatırlarsınız, Kurtlar Vadisi'ndeki tiyatrocu çıktı, "Kıbrıs'ta vatan için 10 kişiyi öldürdüm, acımasız bir savaştı, genç bir Rum esiri havan topuna zincirlenmişti, sorguya çektim, suratıma tükürdü, alnından vurdum, sonra çatışmada dokuz Yunan askerini öldürdüm, et yiyemiyorum hâlâ, aklıma kokmuş cesetler geliyor, Yunan kurşunu miğferimi deldi geçti, saçımı kopardı, bir milim aşağıdan gitseydi, şu anda yoktum" dedi. "Beşparmak Dağları'nı tek başıma aldım, Makarios'un rahibelerini yatağa attım" da diyebilirdi. Çünkü... Kıbrıs'ta sadece 20 gün kaldığı, kantinde çalıştığı, nöbet bile tutmadığı, eline silah bile almadığı, torpil yaptırıp Türkiye'ye kaçtığı ortaya çıktı!

Kimisi badanacı olduğu halde, kozmik oda'da askerlik yaptığını, savaş planlarının kendi elinden geçtiğini anlatır, kimisi çaycı olduğu halde, paşanın kendisini oğlu gibi sevdiğini, devlet sırlarını emanet ettiğini söyler, kimisi de tabur komutanın şoförü olduğu halde, kendisine gizemli havalar vererek "yemin imzası attım, anlatamam, bildiklerim benimle birlikte mezara gidecek" falan der. (Böyleyiz biz... Subaylarımızı, astsubaylarımızı, uzmanlarımızı, onların emri altında vuruşan kahramanlarımızı tenzih ediyorum. Onlar zaten anlatmaz. Gerisi, milyonlarcası palavradır.)

Asker ocağında mıntıka temizliğinden başka işe yaramayan osuruktan tipler, hafta sonu çarşı iznine çıkar, fotoğraf stüdyosuna girer. Kafaya bandana bağlayıp tırtıllı komando bıçağı ısıran mı ararsın, maket roketatarla dekordan mevziye yatan mı... Tahtadan el bombasını ayak bileğine bağlayarak, zodyakla poz vereni bile gördüm. Ben alt tarafı sekiz ay kısa dönem piyade oldum, devre arkadaşlarımın yarısı koluna paraşütçü dövmesi yaptırdı. Bize şarjörü dolu G3 bile vermediler, tankla fotoğrafı olanlar var. Savaş uçağına yaslanıp hatıra fotoğrafı çektirene kimse sormuyor nasıl olsa, "birader sen pilot muydun?"

(Tırışkadan askerdim ama, suç dosyam acayip kabarıktır. İlk hapis cezamı, nöbette olmam gereken saatte bando bölüğünde tromboncuyla pinpon oynarken yakalandığım için almıştım. Sahte imzayla başkasının yerine çarşı iznine çıktığımda da delirmişti üsteğmen, bir hafta disko'ya tıkmıştı beni... Neyse ki, en iyi "aç aç" biletini ben sattığım için üç günde affetmişlerdi. Eski bi *Playboy* kapağı ayarlamıştım, avcı taburuna girip, aç aç'a bu gelecek diye gösteriyordum, biletler 20 saniyede tükeniyordu!)

Üç sene öncesine kadar, nüfusa oranla en fazla fotoğraf stüdyosu bulunan şehrimiz, Burdur'du. Niye biliyor musunuz... Burdur'un nüfusu 70 bin kişiydi ama, bedelliler 270 bin kişilik fotoğraf çektiriyordu! Zahmet edip yorulmasınlar diye, tugay'ın içine bile fotoğraf stüdyosu kurulmuştu. Her sene ihaleyle kiralanıyordu. Parasıyla askerlik yaptıran genelkurmayımız, fotoğraflardan

komisyon alıyordu.
(Sayın hükümetimiz sayesinde, şimdi artık bedellilerin kışlaya gitmesine bile gerek kalmadı, bankadan dekont almaları yeterli oluyor, bu nedenle Burdur'daki fotoğraf sektörü komaya girdi.)

Tatil köyü gibiydi bedelli tugayı... Butiği vardı, hediyelik eşya dükkanı vardı, kantinlerde meze bile bulunuyordu, canın çekerse, dışardan pizza sipariş edebiliyordun, otobüsle Antalya'ya gezmeye götürüyorlardı. Ama istisnasız hepsinin "Rambo" fotoğrafı var. Stüdyoda dağ posterinin önünde maketlerle poz verip, facebook sayfalarına koyuyor, altına da "şehitler ölmez vatan bölünmez" filan diye döşeniyorlardı. "Cudi eteklerindeyken" diye yazan bile vardı!
Ve şimdi...

15 Temmuz darbe girişimi sırasında, Kızılay'da tek başına tankları durduran, o sırada yaralanan, gazi unvanı alan, gazi tazminatı alan, gazi maaşı bağlanan, yandaş medyada "beş tankı durduran kahraman" diye manşet yapılan arkadaş "çakma gazi" çıktı!
Yandaş medyaya verdiği röportajlarında "ben yetim büyüdüm, vatanım yetim kalmasın diye tanklara siper oldum, Anadolu halkı yetim kalmasın diye çarpıştım, dört tankı durdurdum, beşincide ezildim, çenem dağıldı, kemiklerim kırıldı, hiç önemli değil, vatan olmadan can olmuyor" diyordu.
Meğer... Cep telefonunun o gece Kızılay'dan sinyal bile vermediği ortaya çıktı, bizzat kendi akrabası karakola giderek ihbar etti, "kahraman falan değil, kavga ettik, çenesini ben kırdım, devleti dolandırıyor" dedi.
Tankları durduran kahraman gazi (!) hakim karşısına çıktı, paraları iade etti, gazilik haklarımdan vazgeçiyorum diye dilekçe verdi.

İnsan "gerçek kahramanlarımız" adına hakikaten üzülüyor ama, "vatan kurtaran aslan" hikayelerimiz genelde böyle sonuçlanıyor.

Fatih Sultan Mehmet ayaklarıyla 19 Mayıs'ın karşısına 15 Temmuz'u koymaya kalkınca, Ulubatlı Hasan'ın da anca bu kadar oluyor!

Zafer Onaran

15 Temmuz gecesi beş tankı durdurduğunu iddia eden, ama aslında, akraba dayağıyla "gazi" olan arkadaş, işte buydu!

Veli

17 Ağustos 1999.
Sabahın 7'si.
Çoluğu çocuğu evde bırakmış, yazıişlerindeki haber manyağı arkadaşlarımla birlikte gazeteye koşmuştuk. Sabit telefonlar kesik, cepler kaput, yollar kilit, viyadükler enkazdı, Adapazarı'na gidilemiyordu. Deprem bölgesinin dünyayla irtibatı kesilmişti.

Pilot muhabirimiz vardı, rahmetli Murat Öztürk... Ne idüğü belirsiz abuk sabuk tipleri gazeteci zanneden sayın ahalimiz farkında değildi ama, dünyanın en önemli hava fotoğrafçılarından biriydi Murat ağabey... Pırpır uçağı bisiklet rahatlığıyla kullanırdı, akrobasi pilotuydu.

Depremden hemen sonra sabah saat 5'te Hezarfen'den havalanmış, Gölcük üzerinden dalmış, felaketin üstünde dolaşıp, tıkır tıkır basmıştı deklanşöre... Uçağı yan yatırır, lövyeyi dizleriyle tutar, pencereyi açar, öyle çekerdi. Vakitten kazanmak için, yere inmemiş, filmleri naylon torbaya koymuş, olimpiyat stadının yanındaki tarlaya atmıştı. Biz de adeta paraşüt gibi süzülen torbayı kapmış, filmleri yıkatmıştık. Hep birlikte tarifsiz bir ıstırapla bakıyorduk ışıklı masada, inanılması güç manzaraya.

Taş üstünde taş kalmamıştı.
Apartmanlar
Okullar
Hastaneler
Donanma
Hepsi çökmüştü.

Tripodla çeksen bu kadar net olamazdı. Kabus, bütün çıplaklığıyla gözümüzün önündeydi. Tam sayfa yetmedi, iki tam sayfa yayınladık. Türk basın tarihinde ilk kez bir fotoğraf 18 sütun yayımlanmıştı. Taa uçaktan çekildiği için, Adapazarı'nın neredeyse yarısı sığmıştı tek kareye... İşte o anda, devasa büyüklükteki fotoğrafta, hepimizi derinden sarsan çarpıcı detayı farkettik.

Sadece camiler ayaktaydı!

Ertesi gün bölgeye gidip, kendi gözlerimizle de gördük, minaresi yıkılanlar, yamulanlar olmuştu ama, adeta nükleer bomba düşmüş coğrafyada sadece camiler ayakta kalmıştı.
Elbette uhrevi bir sonuç değildi.
Gayet dünyeviydi.
Kuldan korkmayan...
Allah'tan korkmuştu.
Cami inşaatında malzemeden çalmamıştı.

Üç ay sonra aynı tabloyu Düzce'de gördük. Serçeparmağı kalınlığında demirlerle 10 katlı binaları dikenler, camilere kazma sapı gibi demir kullanmıştı. Gene bir tek camiler ayaktaydı.

Onbinlerce insanımız, kuldan kanundan çekinmeyen, sağlam cami yaparak Allah'ın gözüne girebileceğini düşünen hırsız-dindar zihniyetin kurbanıydı.

Ve dün...
Yine depremle irkildik.
Çok şükür can kaybımız yok.
Ucuz atlattık.

Mübarek ramazan günü, teravih kılarken tekrar düşünmek için bir vesile daha yani.
Bina olur, rejim olur, devlet olur...
Hepsi temele dayanıyor, hepsini kolonlar taşıyor, aslında hepsi aynıdır.
Hırsız-dindar olmaya devam ederek, ayakta kalabilmemiz mümkün değildir!

***

Veli Göçer

Marmara depreminde 20 bin kişi hayatını kaybetti, 2100 dava açıldı, 1800'ü affa girdi, 110'u zamanaşımına uğradı, 189'unun cezası ertelendi, sadece biri günah keçisi ilan edildi, müteahhit Veli Göçer, o da sadece yedi yıl yatıp, yırttı. Veli Göçer'in oğlu Can Göçer de güya babasıyla aynı davadan yargılanıyordu, yedi yıl firar etti, zamanaşımına uğradı, hapis bile yatmadan yırttı. Aslına bakarsanız, Veli Göçer de hiç hapis yatmayacaktı, müteahhit olmadığını, emlakçı olduğunu söylüyordu, yıkılan apartmanlarla alakası olmadığını iddia ediyordu, devlet Veli Göçer'in yakasını bırakmak üzereydi. Ancak, Veli Göçer'in yaptığı apartmanlardan birinde 11 yaşındaki oğlunu kaybeden acılı bir baba, dedektif gibi çalıştı, apartmanları Veli Göçer'in yaptırdığını kanıtladı, bu kanıtlar sayesinde hiç olmazsa yedi yıl yatmasını sağladı. Yalova Çınarcık'ta inşa ettiği 400 konutu çöken, 195 kişinin ölümünden sorumlu tutulan Veli Göçer, tahliye edildikten sonra, yine Yalova Çınarcık'ta apartmanlar yaptı ve sattı iyi mi!

***

Süleyman

"Tarihçi yazar" sıfatıyla, Atatürk'e ve manevi kızı Afet İnan'a hakaret eden Süleyman Yeşilyurt, güya tutuklanmıştı, ilk duruşmada tahliye edildi, böyle adalet olur mu filan deniyor.

Şimdi bakın...

Afet İnan.
Bursa Kız Öğretmen Okulu'nu bitirdi.
İsviçre Lozan'da Rochemont okulunda yatılı okudu, lisan eğitimi aldı.
İstanbul'da Notre Dame de Sion'dan mezun oldu.
İsviçre'ye Cenevre Üniversitesi'ne gitti, Sosyal Bilimler Fakültesi'nin Yakın Çağ ve Modern Tarih Bölümü'nden diploma aldı, aynı üniversitede "Türk Halkının ve Türk Tarihinin Antropolojik Karakteri" teziyle doktora yaptı.
Ankara Dil Tarih Coğrafya Fakültesi'nde doçent oldu, profesör oldu.
Türk Tarih Kurumu asbaşkanı oldu.

Ankara Üniversitesi, Hacettepe Üniversitesi, Ege Üniversitesi ve Kara Harp Okulu'nda tarih dersi verdi.
UNESCO Türkiye Milli Komisyonu yönetim kuruluna seçildi, 1955'ten 1979'a kadar Paris'teki genel kurullarda Türk Tarih Kurumu'nu temsil etti.
Türkiye Cumhuriyeti Türk Devrim Tarihi kürsüsü başkanıyken, emekli oldu.
Türk tarihi, Türkiye Cumhuriyeti devrim tarihi ve kadın haklarına dair kitapları, dokuz lisana çevrildi.
Türk Tarih Kurumu'nun ve Çocuk Hakları Koruma Derneği'nin kurucularındandı, Türk Kadınının Sosyal Hayatı Tetkik Kurumu ve Milli Kütüphaneye Yardım Derneği'nin üyesiydi. Yurtdışında, Cenevre Tarih ve Arkeoloji Topluluğu'nun, Paris Uluslararası Antropoloji Enstitüsü'nün, Kopenhag Uluslararası Kadınlar Birliği'nin ve Venedik Avrupa Kültürü Cemiyeti'nin üyesiydi.
Peki... "Tarihçi yazar" sıfatıyla, Afet İnan'a hakaret eden Süleyman Yeşilyurt tarihçi mi?
Kendisi söylüyor, "tarihçi değilim" diyor.

Neci aslında bu?
Ulaştırma bakanlığında ve turizm bakanlığında büro memuruydu.

Üniversite mezunu mu?
İki yıllık... Gazi Eğitim'de Türkçe okudu, hepsi o.

Gençliğinden beri araştırmacı falan mı?
Hayır.
Kitaplarını emekli olduktan sonra yazmaya başladı.

Afet İnan, Fransızca, İngilizce, Almanca, Arapça, Farsça, Osmanlıca biliyordu. Bu arkadaş lisan biliyor mu? Bilmiyor.

Osmanlı tarihi hakkında yazıyor, Osmanlıca da mı bilmiyor?
Bilmiyor.
Kendisi röportajında anlatıyor, "eski Türkçe bilmiyorum, aile büyüklerim biliyor, tercümeleri kayınvalideme yaptırıyorum" diyor.

Hem vallahi hem billahi.
Herif güya tarihçi, tarihi belgeleri kaynanasına okuttuğunu söylüyor!

Dolayısıyla... Bu tür herifleri, mahkemeye vererek, üç gün daha fazla tutuklu kalmasını sağlayarak filan, Atatürk'ü koruyamayız.

Atatürk'e gerçekten saygı duyuyorsak, Atatürk'ün manevi şahsiyetine sahip çıkmak istiyorsak, cehaletle mücadele etmeliyiz.

"Bunlar elit, bunlar seçkinci" yaftalarından korkmamalıyız. Afişe etmeliyiz, suratlarına vurmalıyız.

Cahili yüceltmek demokrasi değildir.
"Konuyu bilmiyorsan, bari haddini bil" demektir, demokrasi.

Süleyman Yeşilyurt

Akp döneminde tutukluluk süreleri dünya hukuk tarihinde görülmemiş derecede uzun tutuluyordu, tutuklama mekanizması "cezalandırma" olarak kullanılıyordu, iddianameler bir türlü yazılmıyor, insanlar aylarca tutuklu bırakılıyor, kendilerini mahkemede savunmalarına fırsat verilmiyor, duruşmaya çıkarılmıyordu. Atatürk'e ve Afet İnan'a açıkça küfür eden Süleyman Yeşilyurt ise, 12 Mayıs'ta tutuklandı, sadece beş gün içinde 17 Mayıs'ta iddianamesi yazıldı, sadece 13 gün sonra 1 Haziran'da duruşmaya çıkarıldı ve ilk duruşmada tahliye edildi, güya 7,5 yıl hapsi isteniyordu, gözaltına alınmasından bırakılmasına kadar hepi topu 18 gündü. Akp yandaşı olunca, Akp hukuku çok süratli işliyordu!

Gülerce

Atatürkçü Düşünce Derneği Başkanı ve *Cumhuriyet* gazetesi yazarı Muammer Aksoy katledildiğinde, bu herif fetocuydu, *Zaman* gazetesinde yazıyordu, "hocaefendiyi çok seviyorum, çok sayıyorum, dünyada dostluğundan şeref duyduğum tek insandır" diyordu.

Cemaatlerle tarikatlarla mücadele eden, Ankara Üniversitesi ilahiyat fakültesinin ilk kadın akademisyeni ve *Cumhuriyet* gazetesi yazarı Bahriye Üçok katledilğinde, bu herif kıdemli fetocuydu, *Zaman* gazetesinde yazıyordu, "hocaefendimiz gibi samimi, ihlaslı, Sahabe efendilerimizi hatırlatan başka birini tanımadım, etle tırnağım, kendisine yapılan hakaretler vicdanıma bıçak gibi saplanıyor" diyordu.

"Devlet eliyle laiklik yokediliyor, bunun içinde askeri rejim de var, tarikatlara cemaatlere alınan çocuklar 30 yıl sonra general olacaklar, Cumhuriyet'e karşı ayaklanacaklar" diyen *Cumhuriyet* gazetesi yazarı Uğur Mumcu katledildiğinde, bu herif fetocuların Samanyolu televizyonunda yorumcuydu, "beni hizmet'in namlusuna sürün, bir atımlık mermiyim, nereye atıyorsanız atın" diyordu.

Yani...
Tetikçi gazeteciler bunun yanında amatör kalırdı.
Mermi gazeteciydi!

Atatürkçü Düşünce Derneği Başkanı ve *Cumhuriyet* gazetesi yazarı Profesör Ahmet Taner Kışlalı katledildiğinde, bu herif fetocuların *Zaman* gazetesinde genel yayın yönetmeniydi, fetoyu Mevlana'ya Yunus Emre'ye benzetiyordu, "ufku geniş kanaat önderi" diyordu, "Anadolu Müslümanlığının çağdaş temsilcisi" diyordu.

"Fethullahçılar sahte raporlarla askeri okullara giriyor, Fethullahçılar müritlerini Meclis'e taşıyor, vali, kaymakam, polis müdürü oluyorlar, korunup kollanarak Türk Silahlı Kuvvetleri'ne sızıyorlar, Akyazılı Vakfı'nın Maltepe Askeri Lisesi'ndeki örgütlenme biçimine şaşarsınız, askeri lise öğrencilerini 'laik devleti yıkacağız, sizden olmayan subayları ordudan temizleyeceksiniz' diye eğitiyorlar, Maltepe Askeri Lisesi'nden atılan Fethullahçı öğrenciler, yatay geçişle Anadolu liselerine alındı, Fethullah Gülen'in tek amacı var, Türk Silahlı Kuvvetleri'nde iyice örgütlenip, askeri darbeyle devleti ele geçirmek, Fethullah Gülen askeri darbe planı yapıyor" diyen *Cumhuriyet* yazarı Hikmet Çetinkaya, bangır bangır *Din Baronu'nun Kazları*'nı yazdığında... Bu herif, fetoculara ait Gazeteciler ve Yazarlar Vakfı'nın mütevelli heyeti başkanıydı, *İslam'ın Gülen Yüzü* adıyla kitap yazıyor, "hocaefendi teröre düşmandır, sevgiyi sever, dostluğa dosttur, ismiyle müsemma, İslamiyet'in gülen yüzüdür" diyordu.

Feto kumpası Ergenekon'la *Cumhuriyet* gazetesine saldırılırken, başyazarı İlhan Selçuk gözaltına alınırken, yazarları Profesör Erol

Manisalı ve Mustafa Balbay tutuklanırken... Bu herif, Ergenekon kumpasının tetikçiliğini yapan *Zaman* gazetesinde başyazardı, kendisi anlatıyor, "*Zaman* gazetesi baskıya girmeden önce bütün sayfaları Pensilvanya'ya fakslanıyor, feto tek tek kontrol ediyordu, fetonun izni ve onayı olmadan tek bir haber ve yazı çıkmıyor"du.

Fetocuların kumpası Ergenekon, Balyoz, Askeri Casusluk, Odatv, Şike davaları devam ederken... *Cumhuriyet* gazetesi yazarı Kadri Gürsel "Akp iktidarı devletin kapılarını Gülen hareketine sonuna kadar açtı, Gülen hareketi devletin içinde örgütlendi, kadrolaştı" derken... Bu herif, aynı televizyon programında, Kadri Gürsel'in yüzüne karşı fetocuları savunuyor, "milletin evladı kendi devletinin kurumlarına sızar mı, insanları zan altında bırakmayın, sayın Gülen beraat etti, hâlâ aynı şeyler söyleniyor, bu hareketle ilgili konuşan herkese tavsiye ediyorum, ne olur sayın Gülen'in kitaplarını okuyun" diyordu.

Bu herif tanık...
Cumhuriyet gazetesi fetoculuktan sanık!

Aynı herif tanık...
Sözcü gazetesi fetoculuktan sanık!

"Mermiyim" diyor herif.
Gururla söylüyor.
"Nereye isterseniz oraya sıkın" diyor.

Hüseyin Gülerce

Fethullah Gülen'in en yakın adamlarından biriydi, aslında fizik öğretmeniydi, 1983'te ANAP'tan milletvekili adayı oldu, kazanamadı, 1989'da fetocuların *Zaman* gazetesinde köşe yazmaya başladı, 1995'te gazetenin genel yayın yönetmeni oldu, 25 yıl boyunca "Fethullah Gülen'in sağkolu" sıfatıyla, fetocuların başyazarı oldu, 25 yıl boyunca fetocuların propagandasını yaptı, fetoculara ait Gazeteciler ve Yazarlar Vakfı'nın 1994'te kurulduğu günden itibaren mütevelli heyeti başkanıydı, "basındaki fetocular kimdir?" denilince Fehmi Koru'yla birlikte ilk akla gelen isimdi, Pensilvanya'ya gidip feto'yla birlikte poz veren gazetecilerin başında geliyordu. 17/25 Aralık yolsuzluk operasyonunda, şak, "itirafçı" oldu, Akp tarafına geçip fetocuların ipliğini pazara çıkardı, övgüler düzdüğü feto'ya "CIA ajanı, Türkiye düşmanı" demeye başladı. Fetocu oldukları gerekçesiyle 250 bin kişi hakkında soruşturma açılırken, 50 bin kişi hapse atılırken, bir numaralı fetocu Hüseyin Gülerce'nin kılına bile dokunulmadı, üstelik, 2015'te Akp yandaşı *Star* gazetesinde işe alındı. *Sözcü* gazetesi ve *Cumhuriyet* gazetesi aleyhinde yürütülen soruşturmalarda utanmadan "tanık" olarak ifade verdi!

Dürrizade

"Kuvayı Milliye adı altında çıkardıkları fitne ve fesatla, anayasaya aykırı olarak halktan zorla para toplamak, asker almak, bunun aksine hareket edenlere işkence ve eziyet ederek, şehirleri yakıp yıkmaya kalkışmak suretiyle iç güvenliği bozanların tertipçisi oldukları iddiasıyla haklarında dava açılan Üçüncü Ordu Müfettişliğinden alınarak askerlik mesleğinden çıkartılmış bulunan Selanikli Mustafa Kemal Efendi, miralaylıktan emekli İstanbullu Kara Vasıf Bey, mirliva Salacaklı Fuat Paşa ile eski Vaşington elçisi Midillili Alfred Rüstem ve sıhhiye eski müdürü İstanbullu doktor Adnan Bey ile üniversite Batı edebiyatı eski öğretmeni Halide Edip Hanımın, sahip oldukları askeri ve mülki rütbe ve nişanlarla, her türlü resmi unvanlarının kaldırılmasına ve idamlarına, halen firarda bulunmaları dolayısıyla mallarının haczedilmesine dair, gıyaben verilen hüküm ve karar tasdik edilmiştir. Bu Padişah Buyruğu'nu yürütmeye Harbiye Nazırı görevlidir."

Vahdettin tarafından Mustafa Kemal hakkında çıkarılan idam fermanı...
19 Mayıs aslında budur.

"Dünyanın düzenini sağlayan ve kainat gününe kadar İslam'ın varlığını sağlayacak olan Halife hazretlerinin yönetimi altında bulunan İslam beldelerinde bazı kötü niyetli insanlar, anlaşarak ve birleşerek ve kendilerine başkan seçerek, Padişah'ın sadık tebaasını uydurdukları yalanlarla aldatarak ve Padişah'ın emirlerine aykırı olarak, isyan ederek, asker toplayarak, görünüşte askerlere yiyecek ve teçhizat temin etmek için, gerçekte maddi çıkar sağlamak amacıyla, dini emirlere aykırı

olarak bazı vergiler koyarak, kulların mallarını ve eşyasını gasp ederek, çapul ve yağma ile halka zulmederek ve Osmanlı ülkesinin bazı beldelerine saldırarak, yıkarak ve tahrip ederek, Padişah'ın masum kullarını katlederek, kanlarını akıtarak ve Halife tarafından görevlendirilmiş ve ona sadık nice sivil ve asker memur ile din görevlilerini makamlarından zorla azlederek ve kendi yandaşlarını bu görevlere getirerek ve Hilafet merkezi olan İstanbul ile her türlü ulaşım, nakil ve haberleşme yollarını keserek ve devletin gönderdiği emirlerin uygulanmasını engelleyerek ve devlet merkezini memleketin diğer bölgelerinden ayırarak ve Hilafet makamının gücünü zayıflatmaya çalışarak, Halife'nin emirlerini dinlemeyerek Yüce İslam Hilafetine isyan ederek, Osmanlı devletinin dirlik ve düzenini ve memleketin asayişini bozmak amacıyla yalan ve uydurmalarla halkı isyana teşvik eden, bozguncu oldukları açık ve kesin olan bu bozguncu reislerinin ve yandaşlarının dağılmaları hakkında Padişah tarafından verilen emirleri dinlemeyerek, inat ve fesatlarında ısrar ederler ise, bozgunculukları ve kötülükleri kesin olup, İslam'ın yüce kuralları gereğince öldürülmeleri meşru ve farz olur mu? Beyan buyurula.
Cevap: Allah bilir ki, olur.
Bu suretle, Yüce İslam Hilafetinin yetkilerini elinde bulunduran Müslümanların adaletli imamı Halifemiz Sultan Vahdettin Han Hazretlerinin etrafında toplanıp, savaşmak amacıyla gönderilmiş olan yüce emre uymak ve bu isyancılarla savaşmak vacip olur mu? Beyan buyurula.
Cevap: Allah bilir ki, olur.
Bu suretle, Yüce İslam Halifesi tarafından isyancılarla savaşmak için görevlendirilmiş olan askerler savaşmaz ve firar ederlerse, büyük günah ve suç işlemiş olup, dünyada şiddetli cezayı ve ahirette büyük azabı hak etmiş olurlar mı? Beyan buyurula.
Cevap: Allah bilir ki, olurlar.
Bu suretle, isyancılarla savaşma hakkında verilmiş olan Padişah'ın yüce emrine uymayan bütün Müslümanlar suç işlemiş olup, şiddetli cezayı hak etmiş olurlar mı? Beyan buyurula.
Cevap: Allah bilir ki, olurlar."

Vatan haini Mustafa Sabri efendi tarafından yazılan, vatan haini şeyhülislam Dürrizade Abdullah efendi tarafından onaylanan,

vatan haini sadrazam Damat Ferid tarafından imzalanan, Vahdettin tarafından yürürlüğe konulan, işgalci İngiliz ve Yunan uçaklarıyla Anadolu'ya havadan yağdırılan, Mustafa Kemal hakkında çıkarılan idam fetvası...
30 Ağustos aslında budur.

"Dersaadet işgal orduları başkumandanı General Harrington cenaplarına... İstanbul'da hayatımı tehlikede gördüğümden İngiltere yüce devletine iltica ve bir an evvel naklimi talep ederim efendim... Halife-i Müslimin Mehmet Vahidettin."

İngiliz zırhlısının ambarına fare gibi saklanarak kaçan Vahdettin'in, "efendim" diyerek yalvardığı işgal komutanı aracılığıyla, Britanya Kralı'na yazdığı sığınma dilekçesi...
9 Eylül aslında budur.

Kukla tek adam'lar ve Allahsız dinciler, daima emperyalizmin uşağıdır.
Her 19 Mayıs'ta tekrar tekrar hatırlanması gereken, asla unutulmaması gereken tek gerçek, aslında budur.

İstanbul işgal altındayken, 1920'de, Osmanlı'nın şeyhülislamı oldu. Sadece üç ay 25 günlük kısa görev süresi içinde, Atatürk hakkında idam fetvası çıkardı, Sevr anlaşmasına onay verdi, yani, böylesine kısa süre içinde vatana ihanet dünya rekoru kırdı! Kurtuluş Savaşı zaferle sonuçlanınca, Rodos'a kaçtı, Hicaz kralı Şerif Hüseyin'e sığındı, Mekke'ye gitti, 1923'te 54 yaşındayken Mekke'de öldü.

Vasip

İstanbul valisi vasip bey, ABD konsolosluğu tarafından düzenlenen ABD Bağımsızlık Günü kutlamalarına katıldı.

İstanbul valisi vasip bey, Pakistan konsolosluğu tarafından düzenlenen Pakistan Milli Günü kutlamalarına katıldı.

İstanbul valisi vasip bey, Kore konsolosluğu tarafından düzenlenen Kore Cumhuriyeti Ulusal Günü kutlamalarına katıldı.

İstanbul valisi vasip bey, Japonya konsolosluğu tarafından düzenlenen Japonya Milli Günü kutlamalarına ve Japon İmparatoru Akihito'nun doğum günü kutlamalarına katıldı.

İstanbul valisi vasip bey, KKTC konsolosluğu tarafından düzenlenen KKTC Kuruluş Yıldönümü kutlamalarına katıldı.

İstanbul valisi vasip bey, Azerbaycan'ın Kazakistan'ın Türkmenistan'ın Özbekistan'ın Kırgızistan'ın Tataristan'ın İstanbul konsoloslarıyla birlikte Nevruz kutlamalarına katıldı.

İsrail konsolosluğu tarafından düzenlenen İsrail Milli Günü kutlamalarına İstanbul valisi vasip bey adına yardımcısı katıldı.
Almanya konsolosluğu tarafından düzenlenen Almanya Birlik Günü kutlamalarına İstanbul valisi vasip bey adına yardımcısı katıldı.
Rusya konsolosluğu tarafından düzenlenen Rus Zafer Günü kutlamalarına İstanbul valisi vasip bey adına yardımcısı katıldı.
Macaristan konsolosluğu tarafından düzenlenen Macaristan Özgürlük Savaşı kutlamalarına İstanbul valisi vasip bey adına yardımcısı katıldı.
Malta konsolosluğu tarafından düzenlenen Malta Bağımsızlık Günü kutlamalarına İstanbul valisi vasip bey adına yardımcısı katıldı.
Hindistan konsolosluğu tarafından düzenlenen Hindistan Cumhuriyet Bayramı kutlamalarına İstanbul valisi vasip bey adına yardımcısı katıldı.
Brezilya konsolosluğu tarafından düzenlenen Brezilya Bağımsızlık Günü kutlamalarına İstanbul valisi vasip bey adına yardımcısı katıldı.
Bulgaristan konsolosluğu tarafından düzenlenen Bulgaristan Ulusal Günü kutlamalarına İstanbul valisi vasip bey adına yardımcısı katıldı.
Sudan konsolosluğu tarafından düzenlenen Sudan Bağımsızlık Günü kutlamalarına İstanbul valisi vasip bey adına yardımcısı katıldı.

İstanbul valisi vasip bey, Çin konsolosluğu tarafından düzenlenen Çin Ulusal Bayramı kutlamalarına katıldı.

İstanbul valisi vasip bey, Kuveyt konsolosluğu tarafından düzenlenen Kuveyt Milli Günü kutlamalarına katıldı.

İstanbul valisi vasip bey, Katar konsolosluğu tarafından düzenlenen Katar Milli Günü kutlamalarına katıldı.

19 Mayısımızı kutlayacağız...
vasip bey izin vermiyor!

Vasip Şahin

Akp döneminin İstanbul valileri "tarihe damga vurdu" desek, yanlış olmaz... Akp iktidara gelir gelmez İstanbul'a vali yapılan Muammer Güler, 17/25 Aralık yolsuzluk skandalının baş aktörlerinden biri oldu. Muammer Güler'den sonra İstanbul valisi yapılan Hüseyin Avni Mutlu, 15 Temmuz darbe girişiminden sonra, fetocu olduğu gerekçesiyle hapse atıldı. İstanbul emniyet müdürü Hüseyin Çapkın, yaş haddinden emekli olması gerekiyordu, hülle yapıldı, vali yapıldı, vali unvanı sayesinde İstanbul emniyet müdürlüğü görevine devam ettirildi, 17/25 Aralık yolsuzluk operasyonunda görevden alındı, merkez valisi yapıldı, 15 Temmuz darbe girişiminden sonra fetocu olduğu iddiasıyla hapse atıldı. Hüseyin Avni Mutlu'nun yerine İstanbul valisi yapılan Vasip Şahin, 2017 itibariyle hâlâ görevdeydi, Akp'nin kitlesel törenlerine ses çıkarmayıp, Chp'nin törenlerine "güvenlik" gerekçesiyle yasak koyuyordu, başka da bi icraatı yoktu.

Duane

Beyaz Saray onayladı.
Pentagon, Suriye Kürdistanı'na ağır silahlar veriyor.

E merak ediliyor...
Neler oluyor?

30 sene önceydi...
İran-Irak savaşıyordu.
Humeyni'nin ordusu, Kuzey Kore ve Çin füzeleri kullanıyordu.
Saddam'ın ordusu, Rusya, Fransa ve Çin füzeleri kullanıyordu.
Birbirlerine fırlatıyorlardı.

İki tarafta da su gibi petrol vardı.
Musluklar şakır şakır akıyordu...

ABD kovayı dolduramıyordu.
E, böyle olmuyordu tabii.

ABD başkanı, artist Reagan'dı.
Reagan'ın başkan yardımcısı ise, bir zamanlar CIA başkanı olan baba Bush'tu.
Saddam'a elçi gönderdiler.
"Biz seni çok seviyoruz, acayip takdir ediyoruz, İran'a gıcığız, sana yardım edelim" dediler.
Rahmetli Saddam pek salaktı.
Kabul etti.

İtalyan bankası Banca Nazionale del Lavoro üzerinden kredi verdiler. Öylesine paraya boğdular ki... Irak devleti, Amerikan yardımı alan ülkeler sıralamasında zart diye üçüncülüğe yükseldi. Saddam'ın kulaklarından bile dolar fışkırıyordu. Elbette hepsi borçtu, geri ödenecekti. "Arkadaşlar arasında paranın lafı bile olmaz, yeni kuyular açarsın, ödersin" dediler.

Silah satmaya başladılar... Verdikleri parayı katbekat geri alıyor, aldıkları parayı borç olarak geri veriyor, borç olarak verdikleri parayı silah satarak geri topluyorlardı. Kendisini çok zeki zanneden Saddam, halk arasındaki tabirle kulampara sarması'na girmişti.

Bu böyle tankla topla filan olmayacak dediler, sana çok daha büyük para verelim, teknoloji öğretelim, kimyasal ve biyolojik silahlar geliştir, İran'ın kafasına at, işi komple bitir dediler. Şahane fikirdi... Kendisini çok akıllı zanneden Saddam'ın aklına yattı. Ufak ufak üretip, İran'a fırlatmaya başladı.

(Kaşla göz arasında, Kürtlerin kafasına da attı... Çünkü, Barzani-Talabani, İran'ı destekliyordu, Saddam fırsat bu fırsat dedi, onların kafasına da kimyasal attı. Çoluk çocuk beş bin insan hayatını kaybetti. Yani... Şu anda "biji Obama, biji Trump" diye tezahürat yapan, Amerikan bayraklı tişörtler giyen peşmergeler, bizzat Amerikan füzeleriyle can vermişti. Hatta... Birleşmiş Milletler Güvenlik Konseyi'nde Saddam'ın kimyasal silah kullanmasını eleştiren bir karar alınacaktı, ABD ve İngiltere karşı çıktı, ret oyu kullandılar, "kimyasal silah filan yok, olsa bizim haberimiz olurdu" dediler. O zamanlar Saddam önemliydi, beş bin Kürt ölmüş, elli bin Kürt ölmüş, Washington'ın umurunda bile değildi.)
Aynı günlerde...

Yarbay Oliver North diye bi arkadaş icat ettiler, İran'a gönderdiler, güya İran'a ambargo uyguluyorlardı, kendi ambargolarını kendileri deldiler, mollalarla gizli gizli görüştürdüler, "biz aslında sizi çok seviyoruz, Saddam'a fena halde gıcığız, size gizli gizli yardım edelim" dediler. Tahran yönetimi, düşündü taşındı, tarihlerine yakışmayacak derecede öküzce davranarak, peki dedi, kabul etti.

Şah döneminde İran'a satılan Amerikan malı uçakların yedek parçalarını ve Amerikan malı gıcır gıcır füzeleri, İsrail şirketi üzerinden İran'a sattılar iyi mi... İran yönetimi, Amerikan malı füzeleri Amerikan malı uçaklarla Saddam'ın kafasına attı, bunların karşılığında, hem fahiş fiyatlar ödedi, hem de Lübnan'da Hizbullahçı arkadaşlar tarafından kaçırılan Batılı rehineleri serbest bıraktı.

Bir taşla iki kuş vuran Beyaz Saray, neden üç kuş vurmayalım şekerim dedi... İran'dan aldığı paraları, İsviçre ve Panama üzerinden, tee Nikaragua'ya götürdü, demokratik seçimle işbaşına gelmiş hükümeti devirmeye çalışan kontrgerillalara gizli gizli verdi. Neden gizli gizli verdi? Çünkü aslında, Amerikan Kongresi, insanlık suçu işleyen kontrgerillalara yardım yapılmasını yasaklamıştı, CIA kendi devletinin yasağını deliyordu.

(Bu müthiş operasyonun beyni, bir zamanlar CIA'in İstanbul ve Ankara'da istasyon şefi olan, istihbarat efsanesi Duane Clarridge'tı. Şu kadarını söyleyeyim, James Bond onun yanında anca karikatür olabilirdi, Ortadoğu'dan Latin Amerika'ya her taşın altında o vardı. Yarbay Oliver North, emrindeki icra subaylarından biriydi. Türkiye'yi ikmal durağı olarak kullandı... İsrail ve Kıbrıs Rum Kesimi'nden havalanan St. Lucia Havayolları'na ait nakliye uçakları, Ankara Esenboğa'ya iniyor, oradan Tahran'a gidiyordu. Resmi evraklarda petrol kuyusu malzemesi olarak görülenler, bildiğin füzeydi. Aslına bakarsanız, Portekiz üzerinden Nijerya uçaklarıyla taşınacaktı ama, Portekiz "beni karıştırmayın abi" deyince, Duane Clarredge'ın istediği gibi at koşturduğu Türkiye üzerinden taşındı.)

Neyse... İran-Nikaragua meselesi duyulunca, rezalet ortaya çıkınca, artist Reagan şahane rol yaptı, benim bu casus filminden hiç haberim yok, her şeyi bu şerefsiz Oliver North yapmış dedi, Amerikan basını da vay şerefsiz Oliver manşetleri attı, sorumluları yargılıyormuş gibi yaptılar, herkes serbest bırakıldı, hadisenin üstü örtüldü.

Neticede...
Bir milyon İranlı öldü.
Yarım milyon Iraklı öldü.
150 milyar dolarlık yıkım oldu.
Belki de en hazin tarafı...
Birbirlerine sekiz sene füze attılar ama, İran-Irak sınırı santim değişmedi.

Tüm bunlar olup biterken, bizimkiler nerdeydi?
İETT'deydi.
Ümraniye-Sultanbeyli hattına kafa yoruyorlardı!

Dolayısıyla, Pentagon Kürtlere silah veriyormuş, Kremlin Esad'a uçak veriyormuş, İsrail Barzani'yi kucağına oturtmuş filan, endişe etmeyin, müsterih olun... Asrın lideriyiz, emin ellerdeyiz!

Duane Clarridge

İstihbarat dünyasının "karanlıklar prensi"ydi, 1968'de CIA'in İstanbul istasyon şefiydi, Dewey Maroni kod adını kullanıyordu, Altıncı Filo olaylarını, gençlerimizin Amerikan bahriyelilerini denize döküşünü, Gümüşsuyu'nda Boğaz'a Dolmabahçe üstünden bakan bir CIA ajanının evinden çaresizce izlemişti, 1970'de İstanbul'dan Ankara'ya geçti, 1973'e kadar Ankara istasyon şefi olarak görev yaptı, ikinci eşiyle Türkiye'de tanışıp evlendi, ikinci eşinden doğan oğluna, en yakın arkadaşlarından biri olan MİT İstanbul bölge başkanı Tarık Şahingiray'dan esinlenerek "Tarık" adını koydu, Doğu Bloku ülkelerine seyahat eden Türk işadamlarını bilgi sızdırmak için ajan olarak kullandı, Türkiye'nin yanısıra Nepal, Hindistan, Pakistan, Afganistan, İtalya, Nikaragua, Panama ve Irak'ta görev yaptı, CIA'de Latin Amerika bölüm şefi, Avrupa bölüm şefi ve Kontrterör Merkezi Başkanlığı yaptı, 1955-1991 arasında aktif görevdeydi, emekli olduktan sonra *Her Devrin Casusu* adıyla kitap yazdı, 2016 yılında 83 yaşındayken yemek borusu kanserinden öldü.

Burhan

Domates 10 lira oldu.
Akp'nin anayasa profesörü burhan kuzu, ahaliye akıl öğretti.
"Mevsiminde yerseniz pahalı olmaz" dedi.

Dört dörtlük bilim insanı maşallah.
Hukuktan anladığı gibi tarımdan da çok iyi anlıyor.

Dana kıyma mesela...
Mevsiminde yemediğimiz için pahalı.

Benzini mevsiminde kullanmıyorsun, sonra dünyanın en pahalı benzinini kullanıyoruz diye ağlıyorsun... Sen benzini turfanda kullanmazsan, sera benzin kullanırsan, Burhan naapsın?

Niye saman ithal ediyoruz?
Mevsiminde yemediğin için.

Şimdi bak güzel kardeşim...

İskenderun demir çelik.
Ruslar yaptı.
Parasını domatesle ödedik.
Seydişehir alüminyum.
Ruslar yaptı.
Parasını portakalla ödedik.
Aliağa rafinerisi.
Ruslar yaptı.
Parasını salatalıkla ödedik.
Oymapınar barajı.
Ruslar yaptı.
Parasını mandalinayla ödedik.
Çünkü...
Mart 1967'de Türkiye'yle Rusya arasında anlaşma imzalandı, Haziran 1967'de *Resmi Gazete*'de yayımlandı. Bu anlaşma çerçevesinde, Sovyetler Birliği tarafından Türkiye'de bir demir çelik fabrikası, bir alüminyum fabrikası, bir hidroelektrik santrali, bir petrol rafinerisi, bir sülfürik asit fabrikası, bir lif levha fabrikası, bir cam fabrikası "anahtar teslimi" kurulacaktı. Parasını, teçhizatını, malzemesini Ruslar verecekti, Türk personeli eğitecekti.

Hibe değildi.
Peki, geri ödeme nasıl yapılacaktı?
Sebze meyve narenciyeyle!

Anlaşmanın dokuzuncu maddesinde aynen şöyle yazıyordu:
İş bu anlaşma çerçevesinde, Sovyet teşekküllerince sağlanacak kredi, teçhizat, malzeme, teknik hizmetler ve Türk personelin mesleki eğitim bedeli, narenciye, yaş sebze meyve, kuru üzüm, zeytin ve fındıkla ödenecektir. Geri ödeme bedeli olarak Türkiye'den Sovyetler Birliği'ne ihraç edilecek malların fiyatları, dünya fiyatları esas alınarak tespit edilecektir.

İş bu anlaşma çerçevesinde... Türkiye'nin en büyük demir çelik işletmesi İskenderun Demir Çelik'i yaptılar. Seydişehir Alüminyum'u yaptılar. Oymapınar Barajı'nı yaptılar. Aliağa Petrol Rafinerisi'ni yaptılar. Bandırma sülfürik asit fabrikasını yaptılar. Artvin lif levha fabrikasını yaptılar. Çayırova cam fabrikasını yaptılar. Türk sanayisinin omurgasını oluşturan bu hayati tesisler sayesinde, hem onbinlerce insanımız iş buldu, hem de Türkiye milyarlarca dolarlık ithalattan kurtuldu, dışarıya bağımlılığı azaltıldı.

Ve, bunların karşılığında tek kuruş ödemedik.
Hepsinin parası domatesle salatalıkla portakalla mandalinayla üzümle fındıkla ödendi.

Türk tekstilinin temeli kabul edilen Nazilli Sümerbank basma fabrikası, 1937'de Ruslar tarafından kuruldu. Başlangıçta, Türk personele işi öğretmek için 120 Rus mühendis çalıştı. Kredisi, makinaları, her şeyinin parası narenciyeyle ödendi.

Kayseri Sümerbank bez fabrikası, 1935'te Ruslar tarafından kuruldu. Projesi, Nazilli basma fabrikasının da mimarı olan Ivan Sergeyeviç Nikolayev tarafından çizildi, o dönem itibariyle sadece Sovyetler'in değil, dünyanın en önemli mimar-mühendislerinden biriydi. Açıldığı gün üç bin kişiye istihdam sağladı. A'dan z'ye her şeyinin parası yaş sebze meyveyle ödendi.

1961'de Arpaçay barajı, Ruslar tarafından yapıldı. 1979'da Orhaneli termik santrali, Ruslar tarafından yapıldı. Ödeme şekli aynıydı, domates kabak biber greyfurttu.

Atatürk vizyonuydu.
Seneler boyu sorunsuz devam eden anlaşmaların altında İsmet

İnönü'nün Celal Bayar'ın Bülent Ecevit'in Süleyman Demirel'in imzası vardı. Hem yurtta sulh cihanda sulh'la düşmanı dost yapmışlar, hem para harcamadan memleketi kalkındırmışlar, hem de Allah'ın bu topraklara bahşettiği tarımsal zenginliği takas aracı olarak kullanıp, köylümüzü çiftçimizi ihya etmişlerdi.

Bakmasını bilirsen...
Domatesle fabrika, baraj, rafineri, hidroelektrik santrali yaparsın.
Görmesini bilmezsen...
Menemen bile yapamazsın.

(Uçak krizinden beri, Türkiye'yle Rusya arasında domates-buğday üzerinden bilek güreşi yaşanıyordu. Onlar bizden domates almıyor, biz de onlardan buğday almıyorduk. Asrın liderimizle Putin masaya oturdu, uzlaşma sağlandı. Varılan anlaşmaya göre... Onlar bizden domates almamaya devam edecek ama, biz onlardan buğday alacağız iyi mi! Takdire şayan bi anlaşma oldu yani!)

Dolayısıyla...
"Ben çobanım" diyen asrın liderimizin burhan kuzu'sunu tebrik ediyorum.
Atatürk Cumhuriyeti'ni beğenmeyip, rejimi değiştiren sayın ahalimizin, domatesi 110 liraya, hatta 210 liraya yemesini temenni ediyorum!

Burhan Kuzu

"Gebertilen teröristlerin muayenesi yapılmalıdır, görülecektir ki, önemli bölümü sünnetsizdir... Size bir şey söyleyeyim mi, gemisini kurtaran kaptan, vah garibin haline... Uyanık solcular tutturmuşlar, sol yolsuzluk yapmaz diyorlar, sağ yolsuzluk yapar diyorlar, bu lakırtıyı Anadolu'da desen, has..tir şurdan derler... Rusya Daeş petrolünü Suriye'ye pazarlıyor, fakat suçu bize atıyor puşt... Müjdat Gezen gibiler sanatçı bozuntusudur, memlekete yüktür... Parlamenter sistem yıllardır anamızı belledi... Yasama yürütme yargı ayrı gibi görünür ama, sadece görünürde ayrıdır... Tayyip Erdoğan ülkemizi küresel güç haline getirdi, ona laf söyleyen çarpılır... Başkanlık sistemini tartışmak günah değildir, dört dörtlük sevaptır... Orta Afrika ülkesinde hıristiyan yamyamlar, kestikleri müslümanların uzuvlarını yiyor, Fransa bu canilere ses çıkarmıyor... Sol,

iktidara az geldiği için az hırsızlık yapıyor... Sol temize çıkacakmış, nah çıkar..."
Bu ve benzeri sözlerin sahibi olan Burhan Kuzu, anayasa profesörüydü iyi mi!
Reyhanlı'da bombalı saldırı oldu, 52 kişi hayatını kaybetti, o gece Türkiye yas tutarken, Burhan Kuzu oğluna düğün yaptı, erteleme gereği duymadı, üstelik, "düğünün tartışılması ahlaksızlıktır, hayat devam ediyor, düğün ertelemek caiz değildir" dedi.

Hasan

Asrın liderimiz, Avrupa İnsan Hakları Mahkemesi'ne başvurdu mu hiç?
Başvurdu.
Hapis cezasına çarptırılmıştı, adil yargılama yapılmadı dedi, Avrupa İnsan Hakları Mahkemesi'ne başvurdu.

Hiç kimse çıkıp "eyy asrın liderimiz, hem Avrupa'ya haçlı ittifakı diyorsun, hem de memleketi haçlılara şikayet ediyorsun" dedi mi? Demedi. Anayasal hakkıydı, hakkını kullandı.

Asrın liderimiz, Avrupa İnsan Hakları Mahkemesi'ne bir defa daha başvurdu mu?
Bir defa daha başvurdu.
Mahkumiyetine ilişkin sicil kaydı silinmişti ama, Yargıtay bu kararı yok sayıyordu, hukukum çiğnendi dedi, yürütmeyi durdurma kararı için Avrupa İnsan Hakları Mahkemesi'ne başvurdu.

Hiç kimse çıkıp "eyy asrın liderimiz, hem Avrupa'ya gavur toprakları diyorsun, hem de memleketi gavur topraklarına şikayet ediyorsun" dedi mi? Demedi. Anayasal hakkıydı, hakkını kullandı.

Asrın liderimiz, Avrupa İnsan Hakları Mahkemesi'ne üçüncü defa başvurdu mu?
Üçüncü defa da başvurdu.
Hem de YSK'ya karşı başvurdu.
Siyasi yasak getirilmişti, seçme seçilme hakkı elinden alınmıştı, Yüksek Seçim Kurulu kararının haksız, yanlış ve hukuksuz olduğunu belirterek, Avrupa İnsan Hakları Mahkemesi'ne başvurdu.

Hiç kimse çıkıp "eyy asrın liderimiz, hem Avrupa'ya nazi diyorsun, hem de memleketi nazilere şikayet ediyorsun" dedi mi? Demedi. Anayasal hakkıydı, hakkını kullandı.

Dindar cumhurbaşkanımız Abdullah Gül, Avrupa İnsan Hakları Mahkemesi'ne başvurdu mu?
O da başvurdu.
Eşi Hayrünnisanım, först leydi olmadan önce türban taktığı için üniversiteye kayıt yaptıramamıştı, haklarım engellendi dedi, Avrupa İnsan Hakları Mahkemesi'ne başvurdu.

Hiç kimse çıkıp "eyy dindar cumhurbaşkanı, kendin muhalefetteyken, Avrupa'ya hıristiyanlar birliği diyordun, Türkiye'yi zenginler köşkünün bahçesindeki köpek kulübesine koyacaklar diyordun, şimdi bizim memleketi o köpek kulübeli hıristiyanlar birliğine mi şikayet ediyorsun" dedi mi? Demedi. Anayasal hakkıydı, hakkını kullandı.

Atatürk Cumhuriyeti'ne her türlü küfürü eden ticani *akit* gazetesinin, yobaz yazarları Abdurrahman Dilipak'la Hasan Karakaya, Avrupa İnsan Hakları Mahkemesi'ne başvurdu mu?
Onlar da başvurdu.
Vefat eden deniz kuvvetleri komutanı hakkında hakaret içerikli yazılar yazmış, tazminata mahkum edilmiş, tazminatı ödeyemedikleri için Abdurrahman Dilipak'ın evine haciz gelmişti, ifade özgürlüğümüz ihlal edildi dediler, Avrupa İnsan Hakları Mahkemesi'ne başvurdular.

Hiç kimse çıkıp "ulan din bezirganları, üç kuruş para için Vatikancı mı oldunuz" dedi mi? Demedi. Anayasal haklarıydı, haklarını kullandılar.

Akp hükümeti, Avrupa İnsan Hakları Mahkemesi'ne başvuruyor mu?
Başvuruyor.
Hollanda devleti, vatandaşlarımızı köpeklere ısırtıp, aile bakanımızı kovalayarak kapının önüne koyduğunda, bizzat asrın liderimiz açıkladı, "bunların yaptığı hukuksuzluktur, göreceksiniz Avrupa İnsan Hakları Mahkemesi'ne gideceğiz, bütün bakan arkadaşlarımız Avrupa İnsan Hakları Mahkemesi'ne müracaat yapacaklar" dedi.

Hiç kimse çıkıp "eyy asrın liderimiz, bunlar haçlı-hilal savaşı başlattı diyorsun, bunlar müslüman kardeşlerimizi şehit ettiler, yaktılar diyorsun, sonra da bizim memleketi müslüman yakanlara şikayet ediyorsun" dedi mi? Demedi.

Egemenlik gaspedildi.
Oylarımız çalındı.
Resmen suç işlendi.
Hukukun gırtlağı sıkılıyor.
CHP, Avrupa İnsan Hakları Mahkemesi'ne başvurmaya hazırlanıyor.

Daha şimdiden ne deniyor?
"Milletin iradesine saygı duymayan ikiyüzlü Cehape zihniyeti, kendi milletini yabancılara şikayet ediyor!"

Hasan Karakaya

Gezi parkı direnişine katılan gençlere "köpek oğlu köpekler, ulan pezevenkler, ulan kaltaklar, düpedüz orospuluktur" diyordu. Ali İsmail Korkmaz polisler tarafından dövülerek öldürüldüğünde, kamera kayıtları apaçık yayınlanırken, "siz istediğiniz kadar dövülerek öldürüldü deyin, merdivenden düşerek ölmediği ne malum" diyordu. Tayyip Erdoğan'ın basın müşaviri Soma'da madenciyi yerlerde tekmelediğinde "tekmelerine sağlık" diyordu. Profesör Türkan Saylan'ın vefatının ardından ağır küfürler sıralıyor ve "ölülerin arkasından konuşulmaz diye bir kural yok" diyordu. Akp'nin himayesinde bunları söyleyen herif, Akp'nin "akil" insanlar heyetindeydi. Tayyip Erdoğan'ın Arabistan gezisine eşlik ederken, Medine'de öldü, viagra'dan öldüğüne dair haberler yayınlandı.

Sadi

Ergenekon sahte çıktı.
Balyoz sahte çıktı.
Askeri Casusluk sahte çıktı.
Bülent Arınç'a suikast sahte çıktı.
Üniversite soruları çalındı.
KPSS soruları çalındı.

Başörtülü bacıma saldırdılar, yalan çıktı.
Camide içki içtiler, yalan çıktı.

Asrın liderimizin diploması senelerdir tartışılıyor, henüz diploma gösterilemedi.

Akp'nin seçim şarkısı "dombıra" araklama çıktı. Söz ve müziği kendisine ait olan Arslanbek Sultanbekov "şarkımı çaldılar, üstüne üstlük anonim diyerek, beni hırsız durumuna düşürdüler" dedi.

Akp'nin seçim reklamı, Sony'nin Playstation reklamından aşırma çıktı.

Akp milletvekillerinin, kanun çıkarılırken TBMM'de sahte oy kullandıkları ortaya çıktı.

Akp milletvekilinin "Yeliz" isimli sahte sosyal medya hesabıyla TBMM'den yayın yaptığı ortaya çıktı.

Akp teşkilatlarının sahte evrakla sahte üye kaydettikleri ortaya çıktı.

Saray, kaçak.

Yerli otomobil, Cadillac'tan çalıntı çıktı.

Akp'li belediyenin sporcusu, atletizm tarihimizde bir ilki başardı, olimpiyatta altın madalya kazandı, dopingli çıktı.

Akp tarafından "kamu yararına çalışan dernek" statüsü verilen, "izinsiz yardım toplama izni" verilen, TBMM Üstün Hizmet Ödülü verilen Deniz Feneri'nin Almanya ayağında bağışları çaldılar. Bağışların nasıl çalındığı konusunda bilgi almak için Keriz Feneri'ne telefon ettim, telesekreterde hangi şarkı çalıyordu biliyor musunuz... Hem vallahi hem billahi, dümbeleği "çala çala" yoruldu bileklerim çalıyordu!

TBMM lokantasındaki yemekleri çaldılar, resmi makam araçlarıyla götürdüler, Meclis'in aşçı ve garsonlarını sahte evraklarla özel restoranda çalıştırdılar. TBMM'nin çay ocaklarından elde edilen çay paralarını çaldılar, aralarında kırıştılar. TBMM'nin temizlik malzemesi alımında sahte evrakla hırsızlık yaptılar. TBMM'nin bulaşık malzemesi alımında sahte evrakla sahte ihale verdiler. TBMM'nin güvenliğini sağlamak için satın alınan kameraların ihalesinde hırsızlık yaptılar. TBMM bilgi işlem dairesinin cihaz alımında hırsızlık yaptılar. TBMM'deki Vakıfbank şubesi soyuldu, kapıya anahtar uydurarak içeri girdiler, 150 adet para çekme kartını çaldılar. TBMM kafeteryasındaki LÖSEV bağış kutusu çalındı. TBMM basın bürosundan dizüstü bilgisayar çalındı. TBMM halkla ilişkiler binasından Kuran'ı Kerim çalındı. TBMM tuvaletinde unutulan çantadan, para çalındı. TBMM'deki diğer hırsızlık vakalarında, cüzdan, cep telefonu, fotoğraf makinesi, gözlük, hatta çeyrek altın çalındı.

TBMM'nin sağlık faturalarında hırsızlık yapıldığı ortaya çıktı, hastanede beş gün yatıp, 266 gün yattım diye fatura getiren oldu, sahte ilaç reçetesi getiren oldu, sahte evraklarla haftada beş gün tahlil yaptırdığını, iki ayda bir gözlük değiştirdiğini, 32 dişine implant çaktırdığını iddia eden milletvekillerimiz var.

TBMM'ye bağlı saray ve kasırlar soyuldu, gümüş şamdanların, zillerin, masa örtülerinin, abajurların, halıların, tabloların çalındığı ortaya çıktı.

Bu TBMM'de hırsızlık komisyonu kuruldu, bakanlarımızın 17/25'te hırsızlık yapmadıkları kararı çıktı.

En son...
Referandumda oylar çalındı.

Mühürsüz oyların geçerli sayılması için YSK'ya başvuran Akp temsilcisinin, TBMM'deyken sahte oy kullanma rezaletine karıştığı ortaya çıktı.

Sadi Güven

Hakim'di. Akp'yle beraber kısmeti açıldı, 2005'te adalet bakanlığı müsteşar yardımcısı yapıldı, 2008'de Yargıtay üyesi yapıldı, 2010'da Adalet Akademisi yönetim kurulu üyesi yapıldı, 2013'te Yüksek Seçim Kurulu başkanı yapıldı. Türkiye Cumhuriyeti'nin rejiminin oylandığı 2017 referandumunda, oylama tamamlanmak üzereyken, sandıkların kapanmasına yakın, şırrak, mühürsüz oy pusulalarının kabul edileceğini açıkladı. Hayır oyları öndeydi, mühürsüz oyların geçerli kabul edilmesiyle evet'ler kılpayı öne geçti, Türkiye'nin rejimi değişti. Halbuki, Yüksek Seçim

Kurulu'nun bu kararı, kanuna aykırıydı, Seçimlerin Temel Hükümleri Kanunu'nda açıkça "üzerinde ilçe seçim kurulu ve sandık kurulu mührü bulunmayan zarflar, geçersiz sayılır" yazıyordu. Akp'nin Yüksek Seçim Kurulu başkanı, Seçimlerin Temel Hükmü'ne uymuyordu... 1 milyon 400 bin oy farkıyla evet çıktı, yani, 701 bin kişi hayır deseydi, hayır çıkacaktı. Matematik böyleyken, 2.5 milyon mühürsüz oy kabul edilmişti!

Yeliz

"Yeliz" lakabıyla tanınan Akp milletvekili Ahmet Hamdi Çamlı, CHP'yi yerden yere vurdu. Kendisi asrın liderimizin şoförü olduğu için, otomobil üzerinden örnek verdi, "Almanya araba yapıyor, biz daha bir araba yapamadık, utanmıyor muyuz, sıkılmıyor muyuz, yazıklar olsun şu CHP'ye" dedi!

Sosyal medya yıkıldı tabii...
İktidarın, kendi yeteneksizliği nedeniyle muhalefeti suçlaması pek matraktı.
15 senedir memleketi yöneten Akp'nin, otomobil yapamadığı için CHP'yi suçlaması komikti.
Herkes işin bu tarafına takıldı.

Halbuki...

Ernst Reuter.
İktisat profesörüydü.
Nazi zulmünden, Hitler'den kaçtı, 1935'te, ailesiyle birlikte, Mustafa Kemal'in Türkiyesi'ne sığındı.
CHP tarafından sahip çıkıldı.
Önce ulaştırma bakanlığında görev yaptı. Ankara ve İstanbul'da şehiriçi ulaşım üzerine çalıştı. Sonra Ankara Üniversitesi'ne geçti, Siyasal Bilgiler Fakültesi'nde şehircilik dersi verdi. Türkçeyi akıcı şekilde öğrendi, belediyeler bankası, belediye maliyesi, mesken meselesi üzerine Türkçe kitaplar yazdı. Kaymakam adaylarına mahalli idareler üzerine eğitim verdi. 11 sene boyunca genç Türkiye'nin kalkınmasına katkı sağladı. Vücut yapısı itibariyle dev gibi adamdı, işinden evine bisikletle gidip gelirdi, herkes onu "kasketli bisikletli koca Alman" diye tanırdı. İkinci dünya savaşı bitti, 1946'da Almanya'ya döndü, Berlin Belediye Başkanı oldu. Yanmış yıkılmış Berlin'i öylesine ayağa kaldırdı ki, *Time* dergisi

tarafından "dünyayı yöneten 10 kişi"den biri seçildi. Atatürk'ü ve Türkiye Cumhuriyeti'ni asla unutmadı, gönüllü büyükelçimiz gibi çalıştı. 1953'te vefat edene kadar "Türkiye ikinci vatanım" dedi.

Ernst'in oğlu vardı.
Edzard.
Annesi ve babasıyla birlikte Ankara'ya geldiğinde henüz yedi yaşındaydı.
Küçücük yüreği endişeyle pır pır atıyordu. Kimseyi tanımadığı, lisanını bile bilmediği ülkede, sonu belirsiz bir maceraya yolculuk ediyorlardı, ister istemez korkuyordu. Ama, çok çok kısa bir sürede her şey yoluna girdi. Genç Türkiye Cumhuriyeti'nin genç başkenti, Nazilerden kaçan bu aileyi, geleneksel Türk hoşgörüsüyle bağrına bastı. Dün yabancıyken, bugün bizden'diler. Edzard'ın arkadaşları oldu, komşularla misafirlikler başladı. Bir Türk mühendisle evli Alman kadından ders aldı, Türkçe öğrendi, hem de okula başlayabilecek kadar Türkçe öğrendi, rüyalarını bile Türkçe görmeye başladı, ilkokulu, ortaokulu, liseyi Ankara'da okudu. Kendisini evinde, yuvasında, mahallesinde hissediyordu artık, kelimenin tam manasıyla Ankaralı olmuştu. 18 yaşındayken, ailesiyle birlikte Almanya'ya döndüler. Humboldt Üniversitesi'nde matematik okudu, Berlin Üniversitesi'nden hukuk diploması aldı. Daimler Benz'de işe girdi. Hızla yükseldi, zirveye çıktı, yönetim kurulu başkanı oldu. Tıpkı babası gibi, kendilerine kucak açan Atatürk'ü ve Türkiye Cumhuriyeti'ni asla unutmadı. "İkinci vatanım Türkiye için mutlaka bir şey yapmalıyım, az da olsa borcumu ödemeliyim" dedi... 1967'de, Otomarsan'ın, yani Mercedes Türk AŞ'nin kurulmasını sağladı. Alman efsanesi Mercedes, bugün İstanbul'daki fabrikasında otobüs, Aksaray'daki fabrikasında kamyon üretiyor.

Ankaralı Edzard, 90 yaşında...
"Ne Mutlu Türküm Diyene" çerçevesinde "Türkiye benim ikinci vatanım" demeye devam ediyor.

Özetle.

Yeliz ak saray'ın şoförü ama...
Aksaray'daki Mercedes'ten haberi yok!

Akp otomobil yapamıyor, orası doğru...

Türkiye bugün Mercedes üretiyorsa, Atatürk'ün CHP'si sayesinde üretiyor!

Ahmet Hamdi Çamlı

Bu okuduğunuz yazıyı kaleme aldım, ertesi gün, Ahmet Hamdi Çamlı basın açıklaması yaptı. "Yeliz" lakabıyla tanınan bu arkadaşın basın açıklamasını, imla hatalarına dokunmadan, kelimesi kelimesine yayımladım. Cumhuriyet, işte şu kafayla karşı karşıyaydı...

*

"Fitnenin SÖZCÜ'sü "köpek öldürene" mahkum Yılmaz özDİL'e...

Bu ülkede, tam bir fitnenin SÖZCÜ'sü haline gelmiş, millete ve değerlerine hakaret üretme bataklığına dönmüş "gazte"nin, fitnenin özDİL'i olmuş Yılmaz özDİL'i bu sefer de bize sarmış.

Kimyasal atıkçıların hassasiyetiyle hijyenik eldiven ve kıyafetlerini giyerek mevzuyu ele alırsak, alkolden süngerimsi bir hal almış başın içindeki beyin, normal fonksiyonlarını da icra edemez bir hale pörsümüş.

Ülke Tv'de yapmış olduğumuz bir saatten fazla süren programda, 2. Dünya harbinde yerle bir olan, taş taş üstünde kalmayan ve o moloz yığınından ayağa kalkıp dünyanın en zengin ülkelerinden birisi olan Almanya'nın (vs Avrupa ülkeleri) geldiği noktayı ve buna karşın zenginliği ile 100 senedir (bir haftalık Kıbrıs çıkartması hariç) doğru dürüst savaş yapmamış Türkiye'mizin daha bir tek yerli bir araba, kendimize ait bir marka üretememiş olmasını ve nedenlerini değerlendirirken verdiğim bir örnek üzerinden, fitnenin SÖZCÜ'sünün özDİL'i yine bir tantana üretmiş.

Ulusal parkın Şirinleri de oynaşıp duruyor...

Zavallı özDİL ve gibiler, köpek öldürene mahkum olduğu için hepten sıfırlamış. Hem ters, hem de baş aşağı sallanarak gidiyor.

Eskiden bakanlık, valilik, belediye imkanlarıyla, milletin parasıyla, patlatıp içtikleri pahalı marka şampanyaları şimdi bulamadıkları için "rejim krizi" yaşıyorlar.

Hırsızlık dönemi bittiği için, alkol oranı yüksek ama fiyatı düşük "Köpek Öldürene" mahkum oldular. Bu da ciddi manada tahribat yapıyor tabi. Kalite düşük...

Ne anlıyor, ne görüyor, ne de duyuyor. Cumhuriyet'çi pozlarıyla ÇAMURİYET'çilik yapıyor bi idrakler...

Yoksa bu kadar kötü ve rezil millet düşmanı bir tarihin üstünde

konuşacak bir şey bulmayı bırak, insan içine çıkacak yüz bulamaz normal standartlarda olan insanlar...
Şantaj, montaj, dublaj ustası, artizi zanatçısı, bu Ulusal Park'ın, 10. Yılında takılıp kalmış divane plastik plakları, yeni lakaplar üreterek diplerdeki dünyalarında şen olsunlar, şen olsunlar ama kendileriyle çok farklı dünyalarda, ekmeklerini helal yoldan kazanan şoförlere asla bulaşmasınlar!
(Şoförlük meselesiyle alakalı da onlarca açıklama yapmama rağmen)
Bu milletin onurlu Şoförlerini ve şoförlük mesleğini aşağılayan alçakların sakinleri şunu iyi bilsinler ki, sonra lağımı patlamış sokağın ıslağından geçmek zorunda kalan şoförün aracının çamurluklarına sıçrayan olursunuz!
Ernst ve oğlu Edzard'la zorlanarak da olsa kurduğun duygusal bağı ve buradan icat edebilecek CHP başarısı ancak köpek öldürenle ütülenmiş bir kafanın kerametiyle izhar olur. Bu keramet de sana yakışır, fitnenin özDİL'i... Aksaray'daki Mercedes kamyon fabrikasının kurulmasını sağlayan Turgut Özal'a hiç ilişmedin ki özDİL!
Sonra; FİAT var, Renault var, Toyota var, Hyundai var, Honda var ürettiğimiz, senin anladığın ve benim asla bizim olarak kabul etmediğim birçok marka var özDİL'cim. Onları niye unuttun? Yoksa sadece Mercedes'le mi duygusal bir bağın var?
Reis'in işi zor, Asrın Lideri olmak kolay değil tabi; taklitçi, montajcı ve köpek öldüren'ci özDİL gibilerin de vatandaşı olduğu bir ülkenin Cumhurbaşkanı!
Köpek öldürenin tecavüz ettiği bu kafadan, Alman nerde, biz neredeyiz diye bir muhasebe neticesi çıkacak bir azim, gayret ve milli hırs beklemek zaid olur...
O kafa anca Batılının yaptıklarıyla ettikleriyle mutlu olur ve ancak onu taklit etmekle huzur duyar. Bizim Ulusal Park'ın şirinlerine de bu huzur yeter ve artar.
En iyisi, siz bize bulaşmadan, Köpek öldüren eşliğinde 10. Yıl marşına devam...
İstanbul Milletvekili Ahmet Hamdi Çamlı"

Hayrettin

Pervin Par'ı paylaşamayan delikanlı komiser Eşref Kolçak'la bıçkın kaçakçı Hayati Hamzaoğlu, kombinezonla gezinen sarışın vamp kadın Suzan Avcı'nın evinde birbirinin gırtlağını sıkarken, kapı carrt diye açılır, vicdan azabıyla yanıp tutuşan karaktersiz ebe Aliye Rona "durunn" diye haykırarak içeri dalar, "siz kardeşsiniz!"

Pervin'e ilaçlı gazoz içirmeye kalkışan haysiyetsiz çapkın Önder Somer'le, bu şerefsiz komployu tezgahlayan kumarhaneci Kenan Pars kodese tıkılırken, yıllar sonra gerçeği öğrenen iki kardeş hasretle kucaklaşır... Tonton aşçı Necdet Tosun'la azgın hizmetçi Mürüvvet Sim tombul yanaklarını birbirine yaslarken, şoför Vahi Öz'le saftirik uşak Cevat Kurtuluş mutluluktan ağlamaktadır.

Var mı özlemeyen o günleri?

İnek Şaban mesela...
Neydi acaba mezhebi?

Alevi miydi Belgin Doruk, Sünni miydi Ayhan Işık?
Kürt kökenli miydi, yoksa Çerkez miydi Sadri Alışık?
Şakayla karışık sormuyorum bunları...
Kaçımız biliyordu veya doğrusu hiç merak eden olur muydu, Sami Hazinses'in Ermeni olduğunu?
Türkan Şoray, Fatma Girik, Filiz Akın, Hülya Koçyiğit, dört yapraklı yonca... İster türbanlı ol, ister çarşaflı, saçlarını örtmedikleri için sevmeyen var mıydı onları?
Ömercik'e kahrolmayan Musevi, Ayşecik'e gözyaşı dökmeyen Rum var mıydı?
Hulusi Kentmen gibi dedesi olmasını kim istemezdi ki... Peki, hiç kimse düşündü mü bugüne kadar, Hulusi Kentmen'in umreye gidip gitmediğini?
Bizans'ı haşat eden Cüneyt Arkın yabancı düşmanı mıydı?
Hem Karaoğlan, hem Tarkan, ırkçı mıydı Kartal Tibet?
Kaptan Ediz Hun, subay İzzet Günay, savcı Fikret Hakan, polis Ekrem Bora, şafak bekçisi pilot Göksel Arsoy, Jön Türkler'imiz... Osmanlı aleyhtarı mıydı?
Mirasını komple Mehmetçik Vakfı'na bırakan Zeki Müren, darbeci miydi?
Milli duygularımızı doruğa çıkaran efsane film *Bir Millet Uyanıyor*'un görüntü yönetmeni Kriton İlyadis, hangi milletin uyanışını anlattı o filmde, Japon milletinin mi?
Emel Sayın'la Tarık Akan'ın şarkılar söyleyerek el ele dolaşmasına sevinmeyen... Bıraktık mezhebi kökeni filan, Adile Naşit'i Münir Özkul'u sevmeyen insan, insan mıdır?

Siyah beyaz ama, rengarenk değil miydik?
Gençler, sorun büyüklerinize...
Şu veya bu ayrımı var mıydı mahallede?

Elbette farklı farklıydık ama, hepimiz değil miydik?
Birlikte üzülür birlikte sevinir, birlikte güler birlikte ağlamaz mıydık?
Lefter'e milli takım kaptanlığını mesela, Niko'ya ay yıldızlı formayı Lozan Antlaşması gereğince mi vermiştik?
Var mı o günleri özlemle iç çekerek anmayan?

Ve, ne diyor şimdi Akp'nin fetvacısı Hayrettin Karaman...
"Yahudilere Hıristiyanlara yaşam hakkı tanıdığımız gibi, hayır diyenlere de yaşam hakkı tanıyacağız" diyor.

Hayr'ettin, lütfediyor.

Herkes elini vicdanına koyarak cevaplasın lütfen...
Nubar Terziyan mı daha nur yüzlü, daha tonton bir imamdı, yoksa bu Hayrettin Karaman mı?

Hayrettin Karaman

İlahiyat profesörüydü, 2001'de emekliye ayrıldı, Akp yandaşı *Yeni Şafak* gazetesinde yazmaya başladı. Akp'nin işine nasıl geliyorsa, İslamiyet'i o şekilde yorumluyordu. Mesela, 17/25 Aralık yolsuzluk operasyonu sırasında "yolsuzluğa hırsızlık denemeyeceğini" öne sürüyor, "yolsuzluğa hırsızlık demek, dinen iftiradır" diyordu! 2017 referandumunda evet oyu vermenin "farz" olduğunu bile söylüyordu. E karşılıksız kalmıyordu... Oğlu, İstanbul Medeniyet Üniversitesi'ne rektör yapıldı, kendisine ballı koltuk verildi, faizsiz bankacılık faaliyeti yürüten Ziraat Portföy'e danışma kurulu üyesi yapıldı.

RTE

Ak Saray'da 1.150 küsur oda var. Her gün başka bir odasında otursan, turu tamamlayıp yeniden aynı odaya gelmen 3,5 sene sürüyor. Buckingham Sarayı'ndan dört misli büyük, ABD başkanının kullandığı Beyaz Saray'dan altı misli büyük, Elysee Sarayı'ndan 25 misli büyük... Kremlin'in yanına Kızıl Meydan'ı ilave et, Lenin'in mozolesini de koy, bizimkinin arsasında hâlâ 200 bin metrekare boş yer kalıyor.

Ayrıca, Vahdettin Köşkü'nü kullanıyor. Boğaziçi'ne hakim tepede, 50 bin metrekare koru içinde, dört köşkten oluşuyor. Nasıl bir yer olduğunu şöyle izah edeyim... İstanbul'u dinliyorum, gözlerim kapalı / kuşlar geçiyor, derken; yükseklerden sürü sürü, çığlık çığlık / ağlar çekiliyor dalyanlarda / bir kadının suya değiyor ayakları / İstanbul'u dinliyorum, gözlerim kapalı... Orhan Veli, efsane dizelerini bu koruda yazmıştı.

Ayrıca, Dolmabahçe Sarayı'nı kullanıyor. Boğaz'a sıfır, 250 bin metrekare, rıhtımı var, saat kulesi var.

Ayrıca, Beylerbeyi Sarayı'nı kullanıyor. Boğaz'ın kuğusu, 70 bin metrekare, yazlık saray, mermer köşk, sarı köşk, ahır köşk ve deniz köşkünden oluşuyor, halısı bile 136 metrekare... Bahçesindeki heykeller adeta görsel şölen, iç mekanda her şey simetrik, romantik... En takdir ettiğim padişahımız Abdülaziz mesela, Fransız imparatoriçesi Eugenie'yi bu sarayda süslemişti!

Ayrıca, Huber Köşkü'nü kullanıyor. Boğaz'a Tarabya'dan bakıyor, 108 bin metrekare, 64 bin metrekaresi koruluk, organik sebze yetiştirmek için serası var.

Ayrıca, Yıldız Sarayı Mabeyn Köşkü'nü kullanıyor. 500 bin metrekare üzerine oturan sarayın en ihtişamlı binası, havuzlu divanhanesi ve kristal tırabzanlı merdivenleri pek meşhur.

Ayrıca, Beykoz Kasrı'nı kullanıyor. 70 bin metrekare bahçe içinde, nohut oda bakla sofa yani.

Ayrıca, Savarona'yı kullanıyor. 136 metre boyunda, 3 bin 600 metrekare açık alana sahip, 550 metrekare güneşlenme güvertesi var. Sığışamadı... Gecekondu gibi kaçak kat çıktılar.
Ayrıca, Abdülaziz dönemine ait altın varaklı padişah koltuğu kullanıyor.

Ayrıca, kendisi adına, Fatih Sultan Mehmet tuğrasıyla 22 ayar altından sikke bastırıldı.

Ayrıca, örtülü ödenekten sorgusuz sualsiz her sene 1.5 milyar lira kullanıyor, kabaca her gün 4 milyon lira harcıyor.

Ayrıca, 2003'ten bu yana ortalamaya vurursak, haftada bir yurtdışı seyahatine çıkıyor, şimdilik 97 ülkeye 348 defa gitti, kaç kilometre yaptı dersen, dünyanın çevresini 73 defa turladı.

Ve dün...
Mitingde anlattı.
Hayır çadırına gittim, niye hayır diyorsunuz dedim, çağdaş bir ülke istiyoruz dediler, oradan Yavuz Sultan Selim Köprüsü görünüyor, bakın köprüler yaptık dedim, adını niye Yavuz Sultan Selim koydunuz da, niye Tayyip Erdoğan koymadınız dediler, bak dedim, ne kadar "mütevazı"yım görüyorsun değil mi!

Recep Tayyip Erdoğan

Başlarken RTE'yle başladık, bitirirken de RTE'yle bitirelim. Çünkü... "Sen kimsin?" döneminin hiç şüphesiz en önemli aktörüydü Recep Tayyip Erdoğan.

*

Rize Üniversitesi'nin adı Recep Tayyip Erdoğan Üniversitesi olarak değiştirilmiş, Recep Tayyip Erdoğan tarafından açılan Recep Tayyip Erdoğan Üniversitesi'nin açılışında Recep Tayyip Erdoğan'a Recep Tayyip Erdoğan Üniversitesi tarafından fahri doktora cüppesi giydirilmişti. Hurması vardı, ramazan için Lübnan'dan ithal edilen en kaliteli hurmaya "Recep Tayyip Erdoğan hurması" adını vermişlerdi. Uyanık bir Suriyeli mülteci Hatay'da fırın açmış, ürettiği ekmeği "Tayyib" markasıyla satıyordu. Hazreti Muhammed'e Akp amblemiyle nüfus cüzdanı çıkarmışlar, peygamberimizin çocuklarının arasına "Tayyip" adını sokuşturmuşlardı. İstanbul'da "Helal ve Tayyib ürünler konferansı" düzenlendi, seçerken dikkatli olacaktınız, öbürleri haramdı, Tayyipse koy sepete'ydi! Sri Lanka'nın Türkiye fahri konsolosu olan arkadaş, laboratuvarda üretilen yeni tür salkım yapraklı orkide'ye Recep Tayyip Erdoğan adını vermiş, Britanya Kraliyet Bahçecilik Kurumu'nda tescil ettirmişti. Hurma oluyorsa, orkide oluyorsa, ağaç niye olmasın? Kaş Orman İşletme Müdürlüğü, sevgi ağaçları projesiyle, 500 yaşındaki bir anıt ağacı, Recep Tayyip Erdoğan Ağacı yaptı. Recep Tayyip Erdoğan Stadyumu, Recep Tayyip Erdoğan Feribotu, caddesi, bulvarı, parkı, Recep Tayyip Erdoğan Mahallesi vardı. Tayyip Erdoğan'ın başharflerini Türk Lirası'na simge yaptılar. İstanbul Büyükşehir Belediyesi'nin ürettiği tramvay vagonları sefere başladı, adı RTE'ydi. Güya İngilizce yazmışlardı, Railway Transport Equipment diyorlardı ama, başharfleri RTE'ydi. Tercüme edince Raylı Taşıma Ekipmanı oluyordu ki, gene RTE'ydi. Cuma namazlarını kıldığı Aksa Camisi'nin adını Recep Tayyip Erdoğan Camisi olarak değiştirmeye kalktılar, ahalinin tepkisi üzerine geri adım attılar. Recep Tayyip Erdoğan Üniversitesi burnunun dibindeki Karadeniz'de balık arayacağına, tee Fırat Nehri'nde balık aradı, o güne kadar dünya bilim literatürüne girmemiş bir sazan keşfedildi, Recepi adı verildi.

*

Asrın liderimiz hakikaten pek "mütevazı"ydı yani!

Yılmaz Özdil'in Kırmızı Kedi'de yayımlanan kitapları

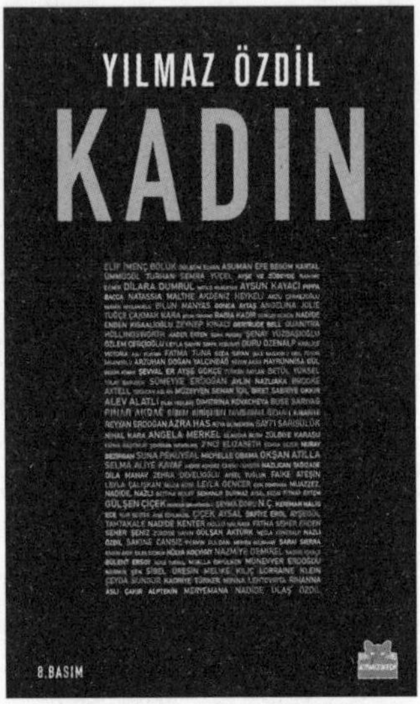

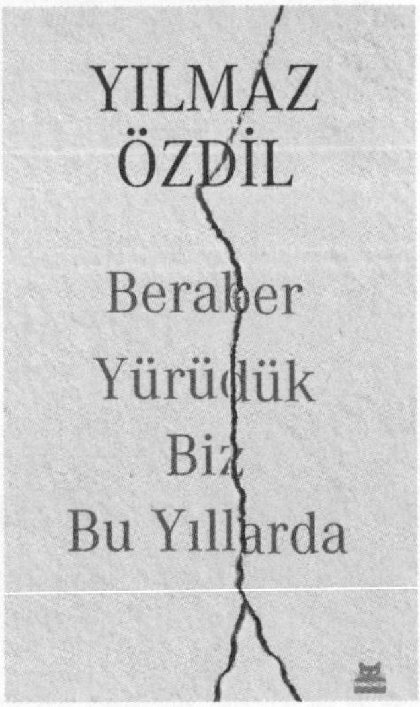